COMPREHENSIVE
MALAY
DICTIONARY

COMPREHENSIVE
MALAY
DICTIONARY

ENGLISH-MALAY
MALAY-ENGLISH

Pelanduk
Publications

Published by
Pelanduk Publications (M) Sdn Bhd
(Co. No. 113307-W)
12 Jalan SS13/3E, Subang Jaya Industrial Estate,
47500 Subang Jaya, Selangor, Malaysia.
e-mail: *rusaone@tm.net.my*
website: *www.pelanduk.com*

1st printing 2000
2nd printing 2007

Comprehensive Malay Dictionary
ISBN 967-978-750-8

Printed and bound in Malaysia

Contents

Preface

The *Comprehensive Malay Dictionary* is specially designed for learners of both English and Malay. As is always the case, the quest of mastering a language must always incorporate a determined effort in building a strong command of its vocabulary. That being so, this edition is meticulously designed as a tool to facilitate the acquisition and development of a broad base of vocabulary that enables the mastery of both these languages.

In an effort to keep abreast with the rapid development taking place in the various fields today, this comprehensive edition not only concentrates on commonplace words and terms used in everyday communication, but also includes a careful selection of new words and terms which are introduced almost daily. Hence, this edition is undeniably an asset for those in pursuit of knowledge as it facilitates understanding of the various forms of literature written in both English and Malay.

Much thought and effort have gone into making this edition a reader-friendly one. Its easy-to-use format which includes simple and precise definitions contributes to its practicality, thus facilitating the learner's search for meanings of a diversity of words. These words are defined using simple and controlled vocabulary to enable easy comprehension. All entries are arranged in a manner that eases cross-referencing and exploration of the relationship between words, a means which helps to widen and enhance the learner's reservoir of vocabulary items. A dictionary is not quite complete without the inclusion of idiomatic expressions which enhances the richness of a language. As such, a selection of these expressions have also been included.

The following features are contributory factors in making the *Comprehensive Malay Dictionary* a useful and necessary language companion.

- Clear and precise definitions—Written using simple and controlled vocabulary to enable easy understanding.
- Up-to-date vocabulary items—Comprises vocabulary items from various fields including technological and computer terms.
- Idiomatic expressions—Includes expressions that are commonly used in everyday communication.
- Cross-reference—Facilitates the exploration of the relationship between words.

- Appendices—Contains helpful information for reference purposes.

It is hoped that this edition would be able to fulfil its aim in facilitating the learner's quest of mastering both Malay and English which, without doubt, could pave the way to greater advancement in the learner's field of endeavor.

Publisher

THE SCRIPT

The Malay language or Bahasa Melayu uses two distinct scripts: Jawi and Rumi.

Jawi is the Arabic form of writing which was introduced to this country by Muslim missionaries in the 15th century, and the knowledge of it is an advantage to the study of advanced Bahasa Melayu and classical Malay literature.

Rumi is, of course, the Roman alphabet which came into use at the advent of British administration. For the purpose of studying the language, it is quite sufficient to know only one of the scripts, and since Rumi is considered to be the easier of the two and also the official script, it is the script used in this book.

PRONUNCIATION

The Vowels

It is an important point to remember that every syllable of a Bahasa Melayu word requires a vowel, without which it would be soundless. In Bahasa Melayu, there are six vowel phonemes, namely *a, e, e (pepet), i, o* and *u*.

a is pronounced *aa* or *ar* as in **tar, bar**, and therefore:

> *saya* (I) is pronounced *sa-yaa*
> *mata* (eyes) is pronounced *ma-taa*
> *kaya* (rich) is pronounced *ka-yaa*

e is pronounced *ere* or *are* as in **mare** or **hare** or **pare**, and therefore:

> *meja* (table) is pronounced *mare-jaa*
> *sewa* (rent) is pronounced *sare-waa*

e (pepet) is pronounced *err*, and the sound is very short indeed, therefore:

> *kera* (monkey) is pronounced *kraa*
> *peta* (map) is pronounced *ptaa*

i is pronounced *ee* as in **feed**, **deed**, etc., but the sound is not long and therefore:

> *pipi* (cheek) is pronounced *pee-pee*
> *biji* (seed) is pronounced *bee-jee*
> *kiri* (left) is pronounced *kee-ree*

o is pronounced *or* or *aw* as in **law**, **raw**, etc., and therefore:

> *bola* (ball) is pronounced *baw-laa*
> *roti* (bread) is pronounced *raw-tee*
> *topi* (hat) is pronounced *taw-pee*

u is pronounced *oo* as in **boot**, **soot**, etc., and therefore:

> *susu* (milk) is pronounced *soo-soo*
> *buku* (book) is pronounced *boo-koo*
> *guru* (teacher) is pronounced *goo-roo*

In closed syllables, that is to say, when these vowels are followed by a consonant, the above rules still stand. Examples:

> *sayap* (wing) is pronounced *sa-yaap*
> *padang* (field) is pronounced *pa-daang*
> *merah* (red) is pronounced *mare-raah*
> *dewi* (goddess) is pronounced *dare-wee*
> *perang* (war) is pronounced *praang*
> *ketam* (crab) is pronounced *ktaam*
> *pipit* (sparrow) is pronounced *pee-peet*
> *kikis* (to scrape) is pronounced *kee-kees*
> *lompat* (to jump) is pronounced *lorm-paat*
> *tongkat* (walking stick) is pronounced *tong-kaat*
> *kasut* (shoes) is pronounced *ka-soot*
> *rumput* (grass) is pronounced *room-poot*

Dipthongs

The dipthongs are *ai, au* and *oi.*

ai is pronounced *igh* or *ie* as in **sigh** or **tie** respectively, and therefore:

> *misai* (moustache) is pronounced *mee-sigh*
> *pantai* (beach) is pronounced *paan-tie*
> *tupai* (squirrel) is pronounced *too-pie*

au is pronounced *ow* as in **now, how, cow**, etc., and therefore:

> *kerbau* (buffalo) is pronounced *ker-bow*
> *hijau* (green) is pronounced *hee-jow*
> *pisau* (knife) is pronounced *pee-sow*

oi is pronounced almost like the English *oy* in **boy, toy, joy**, etc., and therefore:

> *kaloi* (a fish) is pronounced *kar-loy*
> *amboi* (oh!) is pronounced *um-boy*
> *tampoi* (a tree) is pronounced *tum-poy*

The Consonants

In general, the pronunciation of consonants in Bahasa Melayu is the same as in English, but the following should be given special attention.

c is pronounced *ch* as in **chair, chin, much**, etc.

g is always hard such as in **garden, gun, globe**, etc. not as in **ginger.**

h when used as an initial is very soft and hardly audible, e.g. *hidung* (nose), *hulu* (handle), etc. The medial *h* should be distinctly pronounced when it stands between two similar or different vowels. Examples:

pa/h/at	chisel
po/h/on	tree
sa/h/bat	companion
si/h/at	healthy
ma/h/ir	skilled
ba/h/u	shoulder

The final *h* is soft but unlike the English *h*, this must be distinctly pronounced. Examples:

leba/h	bee
ruma/h	house
mera/h	red
sawa/h	rice-field
tana/h	land

The final *k* is soft and hardly audible. It is not exploded as in English. Examples:

budak	child
perak	silver
tarik	to pull

r as a final letter in a penultimate syllable, should be distinctly pronounced. Examples:

kertas	paper
harta	property
derma	donation

But if it falls in the final syllable, it is hardly audible. Examples:

lapar	hungry
pasir	sand
telur	egg

y and *x* are used only in the spelling of borrowed words.
There are Bahasa Melayu sounds which are represented by two letters, in other words, they can be considered as two-lettered consonants. They are: *ng, sy, dh, gh, kh* and *nya; ng* has the same value as it is in English.

sy is the equivalent of *sh* in English.

dh, gh and *kh* are used in the spelling of words originating from Arabic, and there are no such sounds in the English language.
gh almost resembles the *r* in the French word *Paris*. Examples:

masyghul	sad
ghaib	to disappear
ghalib	usual

kh is more or less equivalent to the Scottish *ch* in *loch*. Examples:

khabar	news
ikhlas	sincere
tawarikh	history

ny sound is also absent in English. It should be pronounced like the *n* in the Spanish word *Señor.* Therefore, the words:

minyak (oil) should be pronounced *mi-nyak*

not *min-yak*

or *miniak*

banyak (many, much) should be pronounced *bar-nyak*

not *barn-yak*

or *baniak*

nyanyi (to sing) should be pronounced *nya-nyi*

not *nia-ni*

English — Malay

Aa

a, an *pb.* satu; suatu; se.

aback *kkt.* terkejut; terperanjat.
taken aback terkejut; tercengang; terperanjat.

abalone *kn.* kepah abalon.

abandon *kk.* membatalkan; meninggalkan; menghentikan.
abandoned *ks.* terbiar; ditinggalkan.
abandonment *kn.* pembuangan; penghentian; peninggalan.

abase *kk.* menghina; mengaibkan; menjatuhkan; merendahkan.
abasement *kn.* penghinaan; pengaiban.

abashed *ks.* malu.

abate *kk.* berkurang; mengundur; meringankan; meredakan.
abatement *kn.* pengunduran; penurunan.

abattoir *kn.* pembantaian; rumah sembelih.

abbess *kn.* ketua biara wanita.

abbey *kn.* biara.

abbot *kn.* rahib.

abbreviate *kk.* memendekkan; meringkaskan; menyingkatkan.
abbreviation *kn.* singkatan; kependekan; peringkasan.

abdicate *kk.* turun dari takhta; melepaskan.

abdomen *kn.* bahagian tengah badan; abdomen.

abduct *kk.* melarikan dengan paksa.
abduction *kn.* perbuatan melarikan; penculikan.
abductor *kn.* penculik.

aberrant *ks.* menyeleweng.

abet *kk.* bersubahat dengan; bersekongkol dengan.

abettor *kn.* pendorong.

abide *kk.* berkekalan; berpanjangan; tinggal; berterusan; diam.
abide by mematuhi; berpegang pada; menanggung.

ablaze *ks.* bernyala; terbakar; dijilat api; terang-benderang; berkilauan.

able *ks.* mampu; berupaya; layak; boleh; dapat.
ability *kn.* keupayaan; kebolehan; kemampuan.

ablution *kn.* mandi hadas.

abnormal *ks.* luar biasa; ganjil.
abnormality *kn.* keluarbiasaan.
abnormally *kkt.* secara luar biasa.

aboard *kkt.* atas kapal atau kereta api; kapal terbang.

abode *kn.* tempat kediaman.

abolish *kk.* membatalkan; memansuhkan; menghapuskan; membubarkan.
abolishment *kn.* pemansuhan; penghapusan; pembubaran.
abolition *kn.* pembatalan; pemansuhan; pembubaran.

aborigine *kn.* orang asli; penduduk asli.
aboriginal *ks.* hal berkaitan dengan orang asli.

abort *kk.* terbantut; gugur.
abortion *kn.* pengguguran;

1

keguguran.
abortionist *kn.* penggugur anak.

abound *kk.* terlalu banyak atau berlimpah-limpah.

about *kkt.* lebih kurang; kira-kira; ke sana ke mari; di sana sini; sekitar. *ksd.* di sekeliling; di sekitar; berhampiran dengan; tentang; berkenaan.
about to baru saja hendak; hampir.
about-face, about-turn *kn.* berputar balik; berpusing ke belakang.
how about bagaimana kalau.

above *ksd.* di atas; ke atas; tingkat atas.
above all yang paling penting; terpenting.
above board jujur; bersih.
above ground masih hidup.
above-mentioned *ks.* yang tersebut di atas.

abrasive *ks.* tajam; pedas; melelaskan. *kn.* pelelas.
abrasion *kn.* luka pada kulit.

abreast *kkt.* bersaingan; seiring; beriringan.
keep abreast of mengikut; tidak ketinggalan.

abridge *kk.* meringkaskan; menyingkatkan.
abridgement *kn.* usaha menyingkatkan; kerja meringkaskan; penyingkatan.

abroad *kkt.* di luar negara; di negara asing; di perantauan; keluar negara.

abrogate *kk.* memansuhkan; menghapuskan; membatalkan.
abrogation *kn.* pemansuhan; pembatalan; pemupusan.

abrupt *ks.* mengejut; tiba-tiba; curam; mendadak; tamat; berakhir.
abruptly *kkt.* tiba-tiba; mendadak.
abruptness *kn.* mendadak; gaya yang kasar; tiba-tiba; kecuraman.

abscess *kn.* bengkak bernanah.

abscond *kk.* pergi secara diam-diam; melarikan diri.

absent *ks.* tidak datang; tidak ada; tidak hadir.
absentee *kn.* orang yang tidak hadir.
absent from tidak hadir; tidak datang.
absent-minded *ks.* pelupa.
absent-mindedness sifat pelupa.

absolute *ks.* mutlak.
absolutely *kkt.* sama sekali.
absolution *kn.* pengampunan.
absolutism *kn.* satu sistem pentadbiran kuku besi.
absolute power kuasa mutlak.
absolute ruler pemerintah mutlak.

absolve *kk.* membebaskan atau mengampuni.

absorb *kk.* menyerap; menuntut; meresap.
absorbate *kn.* zat terserap.
absorbed *ks.* leka; asyik dengan.
absorbent *ks.* boleh menyerap.
absorbing *ks.* mengasyikkan.
absorption *kn.* penyerapan; keasyikan.

abstain *kk.* menahan diri; berkecuali; menjauhi.
abstainer *kn.* pengecuali.
abstinent *ks.* berpantang.

abstract *kn.* ringkasan; inti sari. *ks.* tidak dapat dilihat atau dirasa; abstrak.
abstracting *kn.* penapisan.
abstractor *kn.* pengindang.

absurd *ks.* tidak masuk akal; tidak munasabah; mustahil; ganjil.

abundant *ks.* berlebih-lebihan; amat banyak; mewah.
abundance *kn.* kelebihan; kemewahan.
abundantly *kkt.* dengan banyaknya; dengan berlebih-lebihan.

abuse *kk.* menyalahgunakan; mensia-siakan; mendera; menganiaya. *kn.* penyalahgunaan; caci maki; penganiayaan.
abusive *ks.* kata-kata makian; kata-kata kesat.
abusively *kkt.* menggunakan

kata-kata hinaan.

abyss *kn.* jurang yang sangat dalam.

academic *ks.* berkaitan dengan pengajaran dan pemelajaran; akademik.
academy *kn.* perkumpulan seni; sekolah yang dikhaskan untuk bidang tertentu; akademi.

accede *kk.* menyetujui.

accelerate *kk.* melajukan; memecut; mempercepat; bertambah; meningkat.
acceleration *kn.* pemecutan; perbuatan mempercepat; pelajuan.
accelerator *kn.* pencepat.

accent *kn.* tanda; loghat; telor; tekanan; pelat; lidah (bahasa); tumpuan.

accept *kk.* menerima; bersetuju.
acceptable *ks.* dapat diterima.
acceptance *kn.* penerimaan.
accepted *ks.* sudah diterima.

access *kn.* jalan ke sesuatu tempat; peluang atau hak menggunakan sesuatu.
accessibility *kn.* keupayaan mendekati atau mendapat sesuatu.
accessible *ks.* boleh diperolehi; boleh didapati.
accession *kn.* kenaikan takhta; jalan masuk; laluan masuk.

accessory *kn.* alat tambahan; alat gantian; barang kemas; aksesori.

accident *kn.* kemalangan; kecelakaan.
accidental *ks.* secara kebetulan; tidak sengaja.
accidentally secara kebetulan; dengan tidak sengaja.

acclaim *kn.* sanjungan; tepuk sorak. *kk.* mengisytiharkan sebagai; menyanjung.
acclamation *kn.* sambutan meriah.

acclimatise, acclimatize *kk.* menyesuaikan sesuatu dengan iklim.
acclimatisation, acclimatization *kn.*
penyesuaian iklim.

accommodate *kk.* menempatkan; menyesuaikan; memberikan penginapan.
accommodation *kn.* tempat tumpangan; tempat penginapan; penyelesaian.

accompany *kk.* menemani; mengawani; mengiringi; disertai.
accompaniment *kn.* sesuatu yang mengiring.
accompanist *kn.* pengiring lagu.

accomplice *kn.* subahat.

accomplish *kk.* mencapai; menyempurnakan; melaksanakan.
accomplishment *kn.* pencapaian; penyempurnaan; pelaksanaan; kebolehan; kemahiran.

accord *kk.* menganugerahi; memberikan; selaras; sejajar. *kn.* persetujuan; kerelaan; kehendak; kemahuan; permuafakatan.
accordance *kn.* kesuaian.
according *kkt.* mengikut; menurut.
accordingly *kkt.* sewajarnya.
of one's own accord dengan kemahuan; dengan kehendak sendiri.

accordion *kn.* akordion; sejenis alat muzik.

accost *kk.* menegur; menyapa; mendatangi; menghampiri; mendekati.

account *kn.* kira-kira; sebab; keterangan; laporan; akaun.
accountable *ks.* bertanggungjawab.
accountability *kn.* sifat tanggungan.
accountancy *kn.* akauntansi, perakaunan.
accountant *kn.* jurukira; akauntan.
current account akaun semasa.
joint account akaun bersama.
on account of disebabkan; kerana; oleh sebab.
on no account jangan sekali-kali; tidak sekali-kali.

accredit *kk.* mentauliahkan seseorang sebagai duta.

accreditation *kn.* pentauliahan.

accredited *ks.* diiktiraf secara rasmi; diterima umum.

accrue *kk.* akru, bertambah.

acculturation *kn.* pembudayaan.

accumulate *kk.* berkumpul; berlonggok; bertimbun.
accumulation *kn.* penghimpunan; pengumpulan; penimbunan; penambahan.
accumulator *kn.* pengumpul, sesuatu yang menyimpang letrik.

accurate *ks.* tepat.
accuracy *kn.* ketelitian; ketepatan.
accurately *kkt.* dengan tepat; dengan betul.

accuse *kk.* mendakwa; menuduh.
accusation *kn.* tuduhan; dakwaan.
accusative *kn.* sejenis tatabahasa yang digunakan di dalam sesuatu bahasa untuk menunjukkan kata nama dan kata sifat; akusatif.

accustom *kk.* membiasakan diri.

ace *kn.* daun sat (dalam permainan terup); jaguh. *ks.* handalan.

acetate *kn.* sesuatu bahan plastik yang digunakan sebagai bahan asas lejasan fotografi.

ache *kn.* kesakitan; kepedihan.

achieve *kk.* mencapai.
achievement *kn.* pencapaian; kejayaan.

acid *kn.* asid.
acidic *ks.* mempunyai ciri-ciri asid.
acidity *kn.* kemasaman; keasidan.

acknowledge *kk.* mengaku; menghargai; memaklumkan; memberitahu.
acknowledgement *kn.* penghargaan; pengakuan.

acme *kn.* puncak; kemuncak; mercu.

acoustics *kn.* akustik; mengenai bunyi.

acquaintance *kn.* rakan.

acquaintanceship *kn.* perkenalan.

acquire *kk.* memperoleh; mendapat.
acquisition *kn.* satu proses mendapatkan sesuatu.

acquit *kk.* membebaskan.
acquit oneself membebaskan diri sendiri.
acquittal *kn.* pembebasan.

acre *kn.* ekar.
acreage *kn.* kawasan terukur.

acrobat *kn.* orang yang mahir dalam pergerakan badan; akrobat.

acronym *kn.* kata kependekan yang boleh berdiri dengan sendiri (berasal daripada satu nama atau beberapa nama yang digabungkan) cth. berdikari, MALINDO, RISDA, MARA, dll.; akronim.

across *kkt.* bersilang; seberang. *ksd.* menyeberangi; merentasi; melintasi; merentangi; melintangi.

acrylic *kn. & ks.* sejenis asid; akrilik.

act[1] *kk.* berlakon. *kn.* lakonan.
acting *kn.* lakonan.
actor seniman; pelakon lelaki.
actress *kn.* pelakon perempuan; seniwati.
an act berpura-pura.

act[2] *kk.* bertindak; bertindak jadi. *kn.* tindakan; langkah; perbuatan.
acting *ks.* pemangku.
action *kn.* pergerakan; perbuatan; tindakan; aksi.
activator *kn.* penggerak.
active *ks.* rancak; pantas; cergas; aktif.
activity *kn.* kegiatan; kecergasan; aktiviti.
activist *kn.* orang yang bertindak cergas dalam sesuatu perkumpulan atau pertubuhan; aktivis.
act as bertindak sebagai; bertindak selaku.
action committee jawatankuasa bertindak.
active market pasaran cergas; pasaran aktif.
act on behalf bertindak bagi pihak.

take action mengambil tindakan.

act[3] *kn.* statut; akta.

actual *ks.* betul; sebenar.
actualise, actualize *kk.* menjadi; mewujudkan.
actuality *kn.* kenyataan.
actually *kkt.* sebenarnya.

actuary *kn.* aktuari, seseorang yang mengira kemungkinan berlakunya kemalangan, kebakaran, banjir, kehilangan harta benda untuk tujuan insuran.
actuate *kk.* mendorongkan.
actuator *kn.* pendorong.

acupuncture *kn.* perubatan tradisional orang Cina yang menggunakan sejenis jarum untuk dicucukkan ke anggota badan yang sakit; akupunktur.
accupunturist *kn.* ahli akupunktur.

acute *ks.* tajam (tentang dera); runcing; tenat; parah; teruk; genting.
acutely *kkt.* tegang.
acuteness *kn.* ketegangan.

ad *kn.* singkatan bagi perkataan *advertisement.*

adage *kn.* peribahasa; pepatah.

Adam *kn.* Nabi Adam.
Adam's apple halkum.

adapt *kk.* menyesuaikan; memadankan.
adaptability *kn.* keupayaan; menyesuaikan diri.
adaptation *kn.* penyesuaian; penyaduran.
adaptor *kn.* penyesuai; pemadan.

add *kk.* menambah; mencampur; menjumlah.
added *ks.* tambahan.
addition *kn.* tambahan; pencampuran; penjumlahan; lanjutan.
additional *ks.* tambahan.
additionally *kkt.* selain itu; di samping itu.
additive *kn.* bahan campuran.

in addition tambahan; tambahan pula; selain itu.

addenda, addendum *kn.* tambahan kepada buku, ucapan atau dokumen penting.

adder *kn.* sejenis ular yang bisa.

addict *kn.* penagih.
addiction *kn.* ketagihan.
addictive *ks.* menagihkan.

addle *kk.* mengacaukan.

address *kn.* ucapan; panggilan; alamat surat-menyurat.
addressee *kn.* penerima.

adept *ks.* cekap atau mahir.

adequate *ks.* memadai; mencukupi; memuaskan.
adequacy *kn.* kecukupan.
adequately *kkt.* dengan memuaskan; dengan secukupnya.

adhere *kk.* melekat; menempel; taat kepada; mematuhi.
adherent *kn.* pengikut; penganut; penyokong. *ks.* melekat.
adhesion *kn.* perekatan; pelekatan.
adhesive *kn.* & *ks.* perekat; pelekat.

ad hoc *ks.* tidak terancang, mendadak.

adieu *ksr.* selamat tinggal.

ad interim *ks.* pertengahan.

adjacent *ks.* bersebelahan.

adjective *kn.* kata sifat; adjektif.
adjectival *ks.* sifatan.
adjectivally *kkt.* secara sifatan.

adjoin *kk.* bercantum; bersempadanan; berdekatan; bersebelahan.

adjourn *kk.* menangguhkan; menunda; berakhir.

adjust *kk.* membetulkan; melaraskan; menyesuaikan.
adjustable *ks.* boleh diselaraskan; dapat diselaraskan.
adjusted *ks.* dilaraskan; disesuaikan.
adjuster *kn.* seseorang yang bekerja

untuk syarikat insuran untuk menaksir tuntutan insuran.

adjustment *kn.* pembetulan; pelarasan.

ad lib *kk.* tidak mempunyai persediaan.

ad libitum *kn.* pertuturan atau dialog yang tidak tersurat pada skrip penerbitan tetapi dituturkan oleh pelakon tanpa persediaan.

administer *kk.* melaksanakan; mentadbirkan; menyelaras.
administrate *kk.* mentadbir.
administration *kn.* pentadbiran; pengurusan; pelaksanaan.
administrative *ks.* hal berkaitan dengan pentadbiran.
administrator *kn.* pentadbir.

admiral *kn.* laksamana.
admiralty *kn.* pasukan tentera laut.

admire *kk.* mengagumi.
admirable *ks.* mengagumkan.
admirably *kkt.* secara terpuji.
admiration *kn.* kekaguman.
admirer *kn.* peminat; pemuja.
admiring *ks.* mengagumi.

admit *kk.* masuk; membenarkan masuk; mengaku; menerima.
admissible *ks.* boleh diterima.
admission *kn.* kebenaran masuk; kemasukan.
admittance *kn.* kebenaran masuk.
admitted *ks.* dimasukkan ke; diakui.

admonish *kk.* menegur.
admonition *kn.* teguran.
admonitory *ks.* bernasihat.

adolescent *kn.* seorang remaja. *ks.* remaja.
adolescence *kn.* zaman remaja; masa remaja.

adopt *kk.* mengambil anak angkat; mengamalkan; menerima; mengambil.
adopted *ks.* angkat (lazimnya berkenaan dengan anak).
adoption *kn.* pengambilan anak angkat; penerimaan; adopsi.
adoptive *ks.* angkat.

adore *kk.* memuja; sangat mengasihi.
adorable *ks.* menawan hati; cantik.
adoration *kn.* pemujian.
adorer *kn.* peminat; pemuja.

adorn *kk.* menghiasi.
adornment *kn.* dandanan.

adrenalin *kn.* adrenalin; sejenis hormon yang dikeluarkan oleh badan semasa dalam ketakutan dan ketegangan.

adrift *kkt.* & *ks.* hanyut; terkatung-katung; terapung-apung.

adult *kn.* seorang dewasa. *ks.* dewasa.
adulthood *kn.* kedewasaan.

adulterant *kn.* bahan pencemar.
adulterate *kk.* mencemarkan.
adulteration *kn.* pencemaran.

adultery *kn.* zina.
adulterer *kn.* lelaki yang melakukan zina; lelaki yang bermukah.
adulteress *kn.* perempuan yang melakukan zina; perempuan yang bermukah.
adulterous *ks.* berzina.

ad valorem *ks.* atas nilai.

advance *kn.* kemaraan; kelanjutan; kemajuan; cengkeram. *kk.* mara; memajukan.
advancement *kn.* kemajuan.
advanced course kursus lanjutan.
advanced studies pengajian lanjutan.

advantage *kn.* kebaikan; kelebihan; faedah; manfaat.
advantageous *ks.* menguntungkan; berfaedah; bermanfaat.
take advantage mengambil kesempatan terhadap diri seseorang untuk kepentingan sendiri.

advent *kn.* ketibaan.
adventist *kn.* penganut agama Kristian yang percaya bahawa Nabi Isa akan kembali ke dunia tak lama lagi.

adventure *kn.* pengembaraan; pelayaran.
adventurer *kn.* pengembara; kelana;

kembara.

adventurous *ks.* gemar menempuh bahaya dan cabaran.

adverse *ks.* berlawanan; bermusuhan; memburuk-burukkan; menyukarkan; merosakkan.
adversary *kn.* musuh; pembangkang.
adversely *kkt.* dengan buruk sekali.
adversity *kn.* kecelakaan.

advert *kn.* singkatan untuk perkataan *advertisement.*

advertise *kk.* mengiklan; memaparkan; mengiklankan.
advertisement *kn.* iklan.
advertiser *kn.* pengiklan.
advertising *kn.* & *ks.* pengiklanan.
advertising agency agensi pengiklanan.

advice *kn.* nasihat.

advise *kk.* mengesyorkan; menasihatkan.
advisable *ks.* lebih baik; lebih elok; bijak.
adviser, advisor *kn.* penasihat.
advisory *ks.* penasihat.

advocate *kn.* peguambela; penyokong.
advocacy *kn.* penyokongan.

aerate *kk.* mengudarakan.

aerial *kn.* alat untuk menerima atau memancarkan gelombang televisyen atau radio; aerial.

aerobic *kn.* senaman aerobik.

aerodrome *kn.* lapangan terbang kecil.

aerogramme *kn.* surat aerogram.

aeronautical *ks.* aeronautikal; hal berkaitan dengan penerbangan.

aeronautics *kn.* ilmu atau sains penerbangan.

aeroplane *kn.* kapal terbang.

aerosol *kn.* aerosol; cecair spt. minyak wangi yang dihamburkan dari botol atau tin.

aerospace *kn.* angkasa lepas.

aesthetic *ks.* mempunyai nilai keindahan spt. penghasilan karya; estetik.

afar *kkt.* dari jauh.

affair *kn.* hal-ehwal; perkara; urusan; hubungan.
foreign affair hubungan luar negara.
love affair hubungan cinta.

affect *kk.* mempengaruhi; melibatkan; menjejaskan.
affected *ks.* terjejas; terlibat.
affecting *ks.* mengharukan.

affection *kn.* kasih sayang.
affectionate *ks.* pengasih; penyayang.
affectionately *kkt.* dengan penuh kasih sayang.

affidavit *kn.* surat sumpah yang sah; kenyataan bersumpah; afidavit.

affinity *kn.* hubungan persaudaraan; kesamaan; kekeluargaan.

affirm *kk.* mengesahkan; menegaskan.
affirmation *kn.* ikrar pengakuan; pengesahan.
affirmative *ks.* mengaku; mengiakan.

affix *kn.* imbuhan; tambahan.
affixed *ks.* terlekat; tertampal.

afflict *kk.* menghidap; menderita; dihidapi.
afflicted with menderita; menghidapi.
affliction *kn.* penyakit; kesengsaraan; penderitaan; kesusahan.
afflictive *ks.* menyakitkan; menderita; terseksa.

affluence *kn.* kemewahan.
affluent *ks.* mewah; kaya.

afford *kk.* mampu.

afforest *kk.* menghutankan.
afforestation *kn.* penghutanan.

afraid *ks.* takut; bimbang; sangsi.

affront *kn.* penghinaan.

afield *kkt.* jauh.

aflame *kk.* menyala.

afloat *kk.* terapung.

aforementioned *ks.* yang tersebut di atas.

aforesaid *ks.* yang tersebut di atas.

afresh *kkt.* permulaan baru.

Africa *kn.* benua Afrika.
African *kn.* orang Afrika.
Afrikaans *kn.* bahasa Afrika.

after *ks.* kemudian; selepas; sesudah. *kkt.* selepasnya; kemudian; sesudahnya. *ksd.* setelah; sesudah; selepas.
after all lagipun; tambahan pula.
afterbirth *kn.* uri.
aftercare *kn.* jagaan susulan.
afterglow *kn.* sesuatu keadaan selepas sesuatu kemenangan atau pengalaman.
afterlife *kn.* kehidupan selepas mati.
aftermath *kn.* suatu masa selepas sesuatu peristiwa.
afternoon *kn.* tengah hari; petang.
aftershave *kn.* losyen yang digunakan selepas bercukur.
after that kemudian; selepas itu.
afterthought *kn.* fikiran selepas; fikiran semula.
afterwards, afterward *kkt.* kelak; nanti; kemudian.
afterworld *kn.* akhirat; alam baqa.
after you silakan.

again *kkt.* sekali lagi; semula.
again and again berkali-kali.
come again datang lagi; ulang sekali lagi.
home again sudah kembali.

against *ksd.* bertentangan dengan; berlawanan dengan; menentang; membantah; melarang; menegah.
against one's will tanpa kerelaan hati.

agate *kn.* kuartza atau batu yang sangat keras.

age *kn.* umur; zaman; baya.
aged *ks.* tua; berumur.

ageing, aging *ks.* meningkat tua. *kn.* penuaan.
ageless *ks.* tidak dimakan usia; awet muda; tidak ditelan zaman.
for ages lama betul.
overage *ks.* lebih umur.
same age sama usia; sama tua; sebaya.
underage *ks.* di bawah umur.

agency *kn.* perwakilan; agensi.

agenda *kn.* susunan perkara untuk dibincangkan dalam mesyuarat; agenda.

agent *kn.* wakil; ejen.

aggravate *kk.* memburukkan.
aggravation *kn.* perbuatan yang memburukkan.

aggregate *kn. & ks.* jumlah; agregat.

aggressive *ks.* cenderung untuk melakukan keganasan; cenderung untuk bergaduh; suka bergaduh; agresif.
aggression *kn.* pelanggaran; pencerobohan.
aggressively *kkt.* dengan garang.
aggressor *kn.* penyerang.

aggrieve *kk.* berasa sedih; menyebabkan terkilan.
aggrieved *ks.* tersinggung; terkilan; sedih; kecil hati.

aghast *ks.* terkejut atau takut.

agile *ks.* tangkas; giat; lincah.
agility *kn.* ketangkasan; kepantasan.

agitate *kk.* mengacum; mendesak; menghasut.
agitation *kn.* penggoncangan; pengacuman; penghasutan; pengocakan.
agitator *kn.* pejuang; penghasut; pengacum.

agnostic *ks.* orang yang percaya bahawa tidak ada sesuatu yang boleh diketahui mengenai Tuhan.

ago *kkt.* dahulu; lepas.
long ago pada zaman dahulu; dahulu kala.

agog *ks.* penuh harapan.

agony *kn.* kesakitan; penderitaan; kesengsaraan.

agree *kk.* bersetuju; secocok; sependapat; sekata.
agree with bersetuju dengan.
agreeable *ks.* menyetujui.
agreement *kn.* perjanjian; kesesuaian; persetujuan.

agriculture *kn.* pertanian.
agricultural *ks.* hal berkaitan dengan pertanian.

aground *kkt.* & *ks.* tersadai; terkandas.

ahead *kkt.* mendahului; di hadapan; dahulu.

aid *kn.* pertolongan; bantuan; pembantu; penolong.

aide *kn.* penolong; pembantu.
aide-de-camp *kn.* adikung.

ailment *kn.* penyakit.

aim *kk.* bertujuan; menenang.
kn. sasaran; matlamat.
aim at mengarahkan kepada; mengacukan ke arah.
aimless *ks.* tanpa tujuan.
aimlessly *kkt.* tanpa tujuan.

air *kn.* udara; angin.
airing *kk.* mengudarakan; menganginkan.
airless *ks.* tak berangin; berkuap; hening; tanpa udara.
airy *ks.* lemah longlai; riang; berangin.
air base pangkalan tentera udara.
air-bed *kn.* tilam angin.
airborne *ks.* bawaan udara; berada di udara.
air brake brek angin.
airbrush *kn.* penyembur pistol.
air burst letupan di udara; ledakan di udara.
air-conditioned *ks.* dilengkapi dengan alat penyaman udara.
air-conditioner *kn.* alat hawa dingin; penyaman udara.
air-conditioning *kn.* sistem penyaman udara.

aircraft *kn.* kapal terbang; pesawat udara.
aircrew *kn.* anak kapal.
air-dried *ks.* kering udara.
airfield *kn.* lapangan terbang.
air force tentera udara.
air freight kargo udara.
airgun *kn.* senapang angin.
air hostess pramugari.
air-jacket *kn.* jaket udara.
airline *kn.* sistem penerbangan.
airmail *kn.* dikirimkan melalui udara; dihantar melalui udara.
air pocket poket udara.
airport *kn.* lapangan terbang.
air raid serangan udara.
airsick *ks.* mabuk udara.
airspace *kn.* ruang udara.
air speed laju udara.
air terminal pangkalan udara; terminal udara.
airtight *ks.* kedap udara.
air traffic lalu lintas udara.
air valve injap udara.
by air dengan kapal terbang; melalui udara.
fresh air udara bersih.
in the air sedang tersebar; belum pasti; belum tentu; di udara.
in the open air di kawasan lapang; di tempat terbuka.
on the air sedang disiarkan; sedang ke udara.

aisle *kn.* lorong.

ajar *ks.* terdedah; terbuka sedikit; terenggang.

alarm *kn.* semboyan; amaran kecemasan.
alarm clock jam loceng.

alas *kkt.* nama lain; alas.

album *kn.* buku untuk menyimpan gambar; album.

albumen *kn.* putih telur; albumen.

alcohol *kn.* arak; minuman keras; alkohol.
alcoholic *kn.* ketagihan arak; kaki minum; tahi arak.

alcove *kn.* ruang kecil pada bilik.

ale *kn.* ale; sejenis bir.

alert *ks.* berjaga-jaga; cepat; pantas; berwaspada.
alertness *kn.* kewaspadaan; sifat berjaga-jaga.

algae *kn.* rumpair.

algebra *kn.* algebra; satu aspek matematik.

alias *kn.* nama lain.

alibi *kn.* alibi.

alien *kn.* makhluk asing.
alienate *kk.* merenggangkan; memindahkan; mengasingkan.
alienation *kn.* pengasingan; pemindahan; pengaliran.

alight*kk.* turun dari kenderaan, hinggap. *ks.* membakar.

align *kk.* meluruskan; menjajarkan.
alignment *kn.* penyekutuan; penjajaran.

alike *ks.* serupa; sama.

alimentary *ks.* hal berkaitan dengan makanan dan penghadaman.
alimentary canal saluran pencernaan; saluran penghadaman; saluran alimentari.

alimony *kn.* wang yang diberi kepada isteri selepas penceraian.

alive *ks.* hidup; hidup-hidup; cergas.

alkali *kn.* alkali.

all *ks.* semua; sekalian; segala.
all alone seorang diri.
all along sejak lama dahulu; sepanjang.
all but semua kecuali.
all-clear *kn.* tanda yang menunjukkan semuanya selamat; syarat yang menunjukkan semuanya selamat; keizinan untuk meneruskan; kebenaran untuk meneruskan.
all day sepanjang hari; sehari suntuk.

all-in *ks.* termasuk segala-galanya; keseluruhan.
all in all pada keseluruhannya.
all kinds bermacam-macam; pelbagai.
all-night *ks.* semalaman; sepanjang malam; semalam suntuk.
all my life sepanjang hidup saya.
all of a sudden dengan tiba-tiba; sekonyong-sekonyong.
all out sedaya upaya.
all over di merata-rata; di mana-mana; bersepah.
all round dari semua; segala segi.
all-round *ks.* menyeluruh; serba boleh.
all-rounder *kn.* orang yang serba boleh.
all sorts pelbagai jenis.
all-star *ks.* bintang-bintang terkemuka.
all the best selamat berjaya.
all the same semuanya sama; tidak penting.
all the time sepanjang masa; sentiasa.
all this kesemua ini.
all-time *ks.* paling.
above all terpenting sekali.
not at all sama sekali tidak; tidak mengapa; tidak apa.
nothing at all tak ada apa-apa pun; tiada suatu pun.

allege *kk.* menuduh.

allegiance *kn.* kesetiaan.

allergic *ks.* peka; alah; sensitif.
allergy *kn.* alergi; keadaan peka kepada sesuatu makanan atau benda yang boleh mengakibatkan penyakit.

alley *kn.* lorong.

alliance *kn.* persekutuan; perikatan; gabungan.

allied *ks.* bersekutu.

alligator *kn.* sejenis buaya.

alliteration *kn.* aliterasi.

allocate *kk.* menguntukkan.
allocation *kn.* pengagihan; peruntukan.

allogamy *kn.* alogami.

allot *kk.* membahagi-bahagikan; memperuntukkan.
allotment *kn.* pengumpukan; penguntukan.

allow *kk.* mengizinkan; membenarkan.
allowable *ks.* boleh dibenarkan.

alloy *kn.* sejenis logam campuran.

allure *kk.* memikat; mempengaruhi; menggoda.
allurement *kn.* daya tarikan.

ally *kk.* bersekutu; bergabung; bersatu.
allied *ks.* bersekutu; berkat.
allied forces kuasa-kuasa bersekutu.

almanac *kn.* kalendar; takwim; almanak.

almighty *ks.* Yang Maha Berkuasa; Yang Maha Besar.

almond *kn.* badam.

almost *kkt.* hampir-hampir; hampir.

alms *kn.* derma; sedekah.

aloft *kkt.* di udara atau berada di atas.

alone *ks.* & *kkt.* seorang diri; bersendirian.

along *kkt.* sepanjang; bersama-sama. *ksd.* di sepanjang.
along the way di tengah jalan.
alongside *ksd.* di tepinya; di sisinya; di sampingnya.
all along sejak dari mula lagi; sepanjang.

aloud *kkt.* kuat-kuat (suara).

alphabet *kn.* huruf-huruf A hingga Z; abjad.
alphabetical *ks.* mengikut abjad; menurut abjad; menurut susunan.
alphabetically *kkt.* susunan mengikut abjad.

alphanumeric *kn.* set aksara yang terdiri daripada huruf A hingga Z, angka 0 hingga 9, dan aksara khas spt. tanda baca.

alpine *kn.* pergunungan Alps.

already *kkt.* sudah; sudah pun.

also *kkt.* juga; pun.

altar *kn.* tempat pemujaan.

alter *kk.* berubah; meminda; mengubah.
alteration *kn.* pindaan; perubahan; pemindahan.

alternate *ks.* bersilih ganti; berselang-selang; berselang-seli.
alternative *ks.* lain. *kn.* pilihan; alternatif.

although *kp.* sungguhpun; walaupun; meskipun.

altitude *kn.* ketinggian; altitud.

alto *kn.* nada suara tertinggi lelaki.

altogether *kkt.* semua sekali.

aluminium *kn.* sejenis logam yang berwarna putih dan ringan digunakan terutamanya untuk membuat periuk; aluminium.

always *kkt.* selalu; sentiasa.
for always untuk selama-lamanya.

amah *kn.* pembantu rumah; orang gaji; amah.

amalgam *kn.* jalinan; amalgam.
amalgamate *kk.* bergabung; bersatu; menggabungkan; menyatukan; beramalgam; mengamalgamkan.
amalgamated *ks.* bersatu; bergabung; beramalgam.
amalgamation *kn.* penyatuan; penggabungan; pengamalgaman.

amateur *kn.* bukan bertaraf profesional; tidak mahir; amatur.

amaze *kk.* menghairankan; menakjubkan; mengagumkan.
amazed *ks.* kagum; sungguh hairan.
amazement *kn.* kehairanan; kekaguman.
amazing *ks.* sungguh menghairankan; mengagumkan.

ambassador *kn.* utusan; duta besar; duta khas.

amber *kn.* sejenis benda keras yang berwarna coklat kekuning-kuningan.

ambiguous *ks.* kabur, kurang jelas.

ambition *kn.* cita-cita; hasrat.
ambitious *ks.* bercita-cita tinggi.

amble *kk.* berjalan dengan perlahan-lahan.

ambulance *kn.* ambulans; kenderaan untuk membawa orang yang cedera ke hospital.

ambush *kn.* serang hendap.

amend *kk.* memperbaiki; membetulkan; mengubah; meminda.
amended *ks.* dibetulkan.
amendment *kn.* pembetulan; pindaan.

amends *kn.* penebusan.

amenity *kn.* kemudahan.

amiable *ks.* peramah.
amiability *kn.* kemesraan; ramah-tamah.
amicable *ks.* mesra; secara persahabatan; ramah-tamah.

amid *ksd.* di tengah-tengah.
amidst *ksd.* di kalangan; antara.

ammonia *kn.* sejenis gas yang berbau kuat.

ammunition *kn.* peluru atau ubat bedil.

amnesia *kn.* hilang ingatan secara total atau sebahagian; amnesia.

amnesty *kn.* pengampunan; amnesti.

amoeba *kn.* hidupan yang terlalu seni yang hidup di dalam air; ameba.

amok *kkt.* mengamuk.

among *ksd.* di kalangan; antara.

amount *kn.* kuantiti; jumlah.
amount owing amaun terhutang.

amphibian *kn.* binatang yang boleh hidup di dua alam.

ample *ks.* luas; besar; berlebihan; lebih daripada cukup.

amplify *kk.* membesarkan.
amplifier *kn.* alat penguat bunyi spt. radio; amplifier.

amputate *kk.* memotong; mengerat; mengamputasi.
amputation *kn.* pemotongan.

amulet *kn.* azimat; tangkal.

amuse *kk.* menghiburkan; menyeronokkan; menggelikan hati.
amused *ks.* terhibur; geli hati.
amusement *kn.* kesukaan; keseronokan; hiburan.
amusing *ks.* menggelikan hati; melucukan.

anaemia, anemia *kn.* penyakit kurang darah; anemia.

anaesthetic *kn.* ubat bius; klorofom.

anal *ks.* mempunyai kaitan dengan dubur.

analyse *kk.* mengupas; menganalisis.
analysis *kn.* pengupasan; penganalisisan; analisis.

anarchy *kn.* kekacauan; keadaan huru-hara; anarki.
anarchist *kn.* anarkis; penentang instituisi-institusi berpelembagaan.

anatomy *kn.* kajian mengenai bahagian-bahagian anggota badan; kaji tubuh badan; anatomi.

ancestor *kn.* leluhur; nenek moyang.
ancestral *ks.* hal yang berkaitan dengan nenek moyang.
ancestress *kn.* nenek moyang (perempuan).
ancestry *kn.* asal-usul; keturunan; salasilah; leluhur; nenek moyang.

anchor *kn.* sauh. *kk.* membongkar sauh.
anchored *ks.* berlabuh.
anchorman *kn.* tekong.

ancient *ks.* lama; tua; purbakala; kuno; bahari.
ancient history sejarah purba; sejarah kuno.

and *kp.* dan; dengan; serta.

andragogy *kn.* kaedah dan teknik mengajar golongon dewasa berasaskan faktor tertentu.

anecdote *kn.* cerita pendek yang mengandungi unsur lucu; anekdot.

anemone *kn.* sejenis tumbuhan yang bunganya berbentuk bintang.

anesthetic *kn.* ejaan lain untuk ubat bius.

anew *kkt.* baru; semula.

angel *kn.* malaikat.
angel of death malaikat maut.

angle *kn.* sudut; segi; darjah; penjuru.
angled *ks.* bersudut; berbucu; sudut pandangan.

angry *ks.* berang; marah; gusar; murka.
anger *kn.* kemarahan; kemurkaan.
angrily *kkt.* dengan marah.

anguish *kn.* kesakitan; azab.

animal *ks.* binatang; haiwan.
animal fat lemak binatang.
animalistic *ks.* mempunyai nafsu kebinatangan.

animate *ks.* menghidupkan; bernyawa.
animated *ks.* rancak; hidup.
animation *kn.* bersemangat; rancak; cara membuat kartun; animasi.
animated cartoon kartun animasi.

animism *kn.* orang yang menyembah objek-objek alam; animisme.

ankle *kn.* pergelangan kaki; buku lali.
anklebone *kn.* buku lali.
anklet *kn.* rantai kaki; gelang kaki.

annals *kn.* catatan sejarah; hikayat.

annex, annexe *kn.* bangunan tambahan.

annihilate *kk.* memusnahkan; menghapusan.
annihilation *kn.* pemusnahan; penghapusan.

anniversary *kn.* ulang tahun.

wedding anniversary ulang tahun perkahwinan.

Anno Domini (AD) *kn.* Tahun Masihi (TM).

annotate *kk.* menambah nota pada teks.
annotation *kn.* huraian ringkas tentang kandungan teks.

announce *kk.* mengisytiharkan; menghebahkan; mengumumkan.
announcement *kn.* pengumuman; pemberitahuan; perisytiharan.
announcer *kn.* juruhebah; juruacara; penyiar.

annoy *kk.* menyakitkan hati; menjengkelkan.
annoyance *kn.* kegusaran hati; membangkitkan kemarahan; gangguan.

annual *ks.* tahunan.
annually *kkt.* tiap-tiap tahun.
annual rainfall hujan tahunan.

annul *kk.* memansuhkan; membatalkan.
annulment *kn.* penghapusan; pemansuhan; pembatalan.

anonymous *ks.* tidak mempunyai nama.

anorak *kn.* baju hujan yang bertopi.

another *ks.* yang lain; satu lagi.
another place tempat lain.
another time pada lain masa; lain kali.

answer *kn.* jawab; jawapan. *kk.* menjawab; menyahut; membalas.
answerable *ks.* bertanggungjawab.
answering *ks.* menjawab.

ant *kn.* semut.
anthill *kn.* busut.
white ant anai-anai.

antagonise, antagonize *kk.* menimbulkan kemarahan; menyeleru; memusuhi; menentang.
antagonist *kn.* penentang; antagonis.

Antartic *kn.* Antartik, kawasan kutub selatan.

ant-eater *kn.* sejenis binatang yang makan semut; tenggiling.

antecedent *kn.* sesuatu yang berlaku atau terjadi sebelum yang lain. *ks.* sebelum itu; yang terdahulu. **antecedence** *kn.* keutamaan.

antelope *kn.* sejenis binatang empat kaki spt. kijang.

antenna *kn.* sesungut; aerial; antena.

anthem *kn.* lagu kebangsaan.

anthology *kn.* beberapa cerita pendek atau cerpen yang dikumpulkan oleh seorang pengarang atau lebih untuk dibukukan; antologi.

anthropology *kn.* antropologi; ilmu tentang segala aspek manusia.

anti-aircraft *kn.* sejenis alat untuk memusnah atau menentang kapal terbang musuh.

antibiotic *kn. & ks.* sejenis ubat yang dapat memusnahkan kuman daripada merebak dan berjangkit; antibiotik.

anticipate *kk.* menduga; menjangka; mendahulu.
anticipation *kn.* sangkaan; dugaan; jangkaan.
anticipatory *ks.* dalam jangkaan.

anticlimax *kn.* antiklimaks.

anticlockwise *kkt.* arah lawan jam.

antics *kn.* telatah.

antidote *kn.* antidot; ubat penawar.

antifreeze *kn.* antisejukbeku.

antiknock *kn.* antiketuk.

antimony *kn.* antimoni.

antique *kn.* barang lama yang ada nilai dan dihargai; ketinggalan zaman; antik. *ks.* lama dan berharga.

antiseptic *kn. & ks.* antiseptik.

antler *kn.* tanduk rusa.

antonym *kn.* perkataan berlawanan; antonim.

anus *kn.* dubur.

anvil *kn.* andas.

anxious *ks.* bimbang; risau; was-was.
anxiety *kn.* kebimbangan; kerisauan; keinginan; kecemasan.

any *ks.* sebarang; mana pun.
any amount banyak sekali; ramai sekali; sebarang jumlah.
anybody *kgn.* barang siapa; sesiapa.
any day bila-bila saja; bila-bila masa.
anyhow *kkt.* bagaimanapun; dengan apa cara sekalipun.
anymore *kkt.* lagi.
anyone *kgn.* sesiapa; siapa sahaja; barang siapa.
anyplace *kkt.* di mana-mana.
anything *kgn.* apa saja; barang apa; apa-apa.
any time bila-bila masa.
anyway *kkt.* walau bagaimanapun.
anywhere *kkt.* ke mana-mana; di mana-mana pun.
without any tanpa sebarang.

apart *kkt.* berasingan; berjauhan; kecuali; selain. *ks.* tersendiri.

apartheid *kn.* dasar pengasingan bangsa atau warna kulit; aparteid.

apathy *kn.* acuh tak acuh; sikap tidak peduli; apati.

ape *kn.* beruk.

aperture *kn.* lubang berbagai-bagai ukuran, biasanya bulat untuk mengawal amaun cahaya masuk pada kamera.

apex *kn.* puncak; mercu; kemuncak.

apology *kn.* maaf.
apologetic *ks.* merasa kesal; meminta maaf.
apologise, apologize *kk.* meminta maaf.

apostle *kn.* seorang penyebar agama Kristian.

apostrophe *kn.* apostrofe; tanda ['].

appal *kk.* menggemparkan; mengejutkan; berasa takut.

apparatus *kn.* radas; alat; perkakas.

apparent *ks.* ketara; nyata; jelas.

appeal *kk.* merayu; memohon. *kn.* rayuan.
appellant *kn.* perayu. *ks.* rayuan.

appear *kk.* tampak; muncul; tersiar; kelihatan; keluar.
appearance *kn.* rupa; tampil; kemunculan.

appease *kk.* menenangkan; menenteramkan; meredakan.

appendicitis *kn.* apendisitis, sejenis penyakit apendiks.

appendix 1. *kn.* lampiran. 2. *kn.* apendiks.

appetite *kn.* selera; nafsu makan.
appetiser, appetizer *kn.* pembuka selera; perangsang.

applaud *kk.* memberi tepukan; memuji.
applause *kn.* tepukan.

appliance *kn.* alat.

apply *kk.* ada hubungan; berkaitan; ada kaitan; memohon.
applicant *kn.* pemohon; pelamar; peminta.
application *kn.* pengenaan; kaitan; penerapan; permohonan.
applied *ks.* gunaan; yang dipraktikkan.

appoint *kk.* menubuhkan; melantik; menetapkan; menentukan.
appointed *ks.* dilantik; ditetapkan; ditubuhkan.
appointee *kn.* orang yang dilantik.
appointment *kn.* perlantikan; jawatan; janji temu.

appraisal *kn.* perihal menghimpun dan menganalisis maklumat tentang taraf pencapaian seseorang.

appreciate *kk.* meningkat; bertambah; menghargai; berterima kasih.

appreciation *kn.* penghargaan; kesedaran; rasa terima kasih.

apprehend *kk.* bimbang; memahami; mengerti; menahan; menangkap.
apprehensive *ks.* bimbang.
apprehension *kn.* kebimbangan.

apprentice *kn.* perintis.

approach *kk.* menghampiri; menjelang; mendekati. *kn.* kemunculan; pendekatan.
approachable *ks.* boleh didekati; dapat didatangi.
approaching *ks.* merapati; mendekati; menghampiri.

appropriate *kk.* memperuntukkan. *ks.* sesuai; sewajarnya; berpatutan.
appropriately *kkt.* sesuai.

approve *kk.* meluluskan; berkenan; bersetuju.
approval *kn.* kebenaran; kelulusan; persetujuan; keizinan.
approved *ks.* sudah teruji; betul; diluluskan.

approximate *ks.* kira-kira; anggaran; lebih kurang. *kk.* menganggarkan.
approximately *kkt.* lebih kurang; hampir; kira-kira.
approximation *kn.* anggaran; penganggaran.

apricot *kn.* aprikot; sejenis buah-buahan merah kuningan yang manis.

April *kn.* April; bulan keempat dalam sesuatu tahun.

apt *ks.* sesuai; cenderung.

aptitude *kn.* bakat.

aquarium *kn.* kolam untuk memelihara ikan dan tumbuh-tumbuhan laut; akuarium.

aquatic *kn.* akuatik, berkaitan dengan air.

aqueduct *kn.* saluran air dibuat daripada batu untuk membekal air.

arable *ks.* sesuai untuk menanam.

arbiter *kn.* penentu; pemutus; wasit.
arbitrary *ks.* sewenang-wenang;
sembarangan; arbitrari.
arbitrate *kk.* memutuskan dengan
seorang pendamai atau pengantara.
arbitrator *kn.* penimbang tara.

arc *kn.* lengkok; lengkung; arka.

arcade *kn.* deretan kedai yang
bertentangan antara satu sama lain
dengan lorong kecil atau laluan di
tengah-tengahnya; arked.

arch *kk.* melengkung. *kn.* gerbang;
lengkung.
archway *kn.* pintu gerbang.

archangel *kn.* ketua malaikat.

archaeology *kn.* kaji purba; arkeologi.

archbishop *kn.* ketua biskop.

archer *kn.* pemanah.
archery *kn.* acara memanah.

archipelago *kn.* kepulauan; gugusan
pulau.

architect *kn.* jurubina; arkitek.
architectural *ks.* hal berkaitan dengan
seni bina.
architecture *kn.* seni bina.

archive *kn.* arkib.

ardour *kn.* keghairahan; semangat;
keberanian.

are, were *kk.* alah; adalah.

area *kn.* luasnya; keluasan; kawasan;
bahagian; tempat.
area code kod kawasan.

areca *kn.* pokok pinang.
areca nut buah pinang.

arena *kn.* gelanggang; medan; arena.

argue *kk.* bertengkar; berdebat;
bertikai; berbantah.
argue against menyangkal.
argument *kn.* pertengkaran;
perdebatan.
argumentation *kn.* perbahasan;

perbincangan.

arid *ks.* gersang; kontang; tandus.
aridity *kn.* kegersangan; ketandusan;
kekeringan.

arise *kk.* timbul; muncul.

aristocracy *kn.* golongan bangsawan
yang memerintah; golongan
bangsawan; aristokrat.

arm *kn.* lengan.
armful *kn.* sepemeluk; serangkum.
armchair *kn.* kerusi tangan.
arm in arm berganding tangan.
armpit *kn.* ketiak.
armrest *kn.* tempat letak tangan;
kelek-kelekan.
within arm's reach jarak yang
tercapai oleh tangan; sepejangkauan.

arms *kn.* senjata.
armed *ks.* bersenjata.
army *kn.* bala tentera; angkatan
tentera darat.
armed forces angkatan tentera.
armed resistance penentangan
bersenjata.
arms race perlumbaan senjata.
fully-armed *ks.* bersenjata lengkap.

armadillo *kn.* sejenis tenggiling dari
benua Amerika Selatan.

armament *kn.* persenjataan.

armistice *kn.* perjanjian gencatan
senjata; armistis.

armour *kn.* baju perisai; baju besi;
perisai.

aroma *kn.* bau harum; bau wangi;
aroma.
aromatic *ks.* wangi; harum; aromatik.

around *kkt. & ksd.* di sekeliling; di
merata-rata; di sekitar.

arouse *kk.* menimbulkan syahwat;
membangkitkan nafsu.
arousal *kn.* kebangkitan; penimbulan.

arrange *kk.* mengatur; mengurus;
menyusun; berusaha.
arrangement *kn.* pengaturan;

penyusunan.
arranger *kn.* penyusun.

array *kk.* menyusun; membariskan
tentera. *kn.* barisan; koleksi data
(komputer).

arrears *kn.* tunggakan; bayaran
kebelakangan.

arrest *kk.* menangkap; menahan.
kn. penyekatan; penangkapan.
arrestment *kn.* penangkapan.

arrive *kk.* sampai; datang; tiba.
arrival *kn.* kedatangan; ketibaan.
arrival time waktu ketibaan.

arrogant *ks.* angkuh; takbur; sombong.
arrogance *kn.* keangkuhan.

arrow *kn.* tanda; anak panah.

arsenal *kn.* bangunan untuk
menyimpan atau kilang senjata.

arsenic *kn.* arsenik; sejenis racun.

arson *kn.* jenayah membakar bangunan
atau harta benda.

art *kn.* kemahiran; seni.
artwork *kn.* kerja seni.

artefact *kn.* barang palsu; benda
buatan; artifak.

artery *kn.* pembuluh nadi; arteri.

article *kn.* perkara; barang; makalah;
rencana; artikel.

articulate *kk.* bercakap; bertutur
dengan jelas; menyatakan dengan
jelas; *ks.* dengan terang; beruas;
bersendi.

artifice *kn.* tipu muslihat; tipu daya;
kemahiran; kepandaian.

artificial *ks.* buatan; tiruan;
dibuat-buat.
artificial fertiliser (fertilizer) baja
tiruan.
artificial lake tasik buatan.
artificial silk sutera tiruan.

artillery *kn.* pasukan meriam; artileri.

artist *kn.* pelukis; seniman; artis.

artistry *kn.* keindahan seni; bakat.

as *kp.* & *kp.* oleh sebab; kerana;
sebagaimana; sambil; ketika;
walaupun; sungguhpun; sama
dengan. *kkt.* sebegitu.
as if, as though *kp.* seolah-olah.

asbestos *kn.* bahan penebat haba;
asbestos.

ascend *kk.* mendaki; memanjat; naik.
ascendant *ks.* utama; menaik;
berkuasa.

ascertain *kk.* memastikan;
menentukan.
ascertainable *ks.* boleh dipastikan.

ash *kn.* abu.
ashen *ks.* pucat.
ashes *kn.* abu mayat.
ashtray *kn.* tempat abu rokok.

ashamed *ks.* berasa malu.

ashore *kkt.* ke darat; di darat; ke pantai;
di pantai.

aside *kkt.* ke sebelah; ke samping.

ask *kk.* bertanya; menyuruh; meminta;
mempelawa; menyoal.
asking *kn.* permintaan.

askance *kkt.* memandang dengan
curiga; mengerling.

askew *kkt.* & *ks.* serong; herot; senget;
miring.

aslant *kkt.* & *ks.* senget; sendeng.

asleep *ks.* tidur.

aspect *kn.* segi; aspek.

asperity *kn.* gerutu; kekasaran;
kebengisan.

asphalt *kn.* asfalt; minyak tar yang
hitam dan pekat yang biasanya
digunakan untuk membuat jalan raya.

aspire *kk.* bercita-cita; berhasrat.
aspiration *kn.* cita-cita; hasrat;
aspirasi.

ass *kn.* keldai; bodoh; dungu; tolol.

assailant *kn.* penyerang.

assassin *kn.* pembunuh (biasanya berupah).
assassinate *kk.* membunuh.
assassination *kn.* pembunuhan.

assault *kn.* serangan; serbuan.

assemble *kk.* berkumpul; berhimpun.
assembler *kn.* pemasang.
assembly *kn.* perhimpunan; sidang.

assent *kk.* bersetuju; berkenaan.

assert *kk.* memperlihatkan; mendakwa; menegaskan.
assertion *kn.* pendakwaan; penegasan; pernyataan.
assert oneself menonjolkan diri.

assess *kk.* menaksirkan; menilai.
assessment *kn.* penilaian; taksiran.

asset *kn.* harta; aset.

assign *kk.* menugas; memberikan; menguntukkan.
assignment *kn.* tugas khas; tugasan; penyerahan; pembahagian; penentuan.

assimilate *kk.* mempersatukan; menyerap.
assimilation *kn.* penyerapan; asimilasi.

assist *kk.* menolong; membantu.
assistance *kn.* bantuan; pertolongan.
assistant *kn.* pembantu; penolong.

associate *kk.* bergaul; bercampur. *kn.* kawan; sahabat; taulan; teman sekerja. *ks.* bergabung; bersekutu.
associated *ks.* bersekutu.
association *kn.* persatuan; pertubuhan; perkumpulan.
associate professor profesor madya.

assort *kk.* menggolongkan; menjeniskan; mengasingkan.
assorted *ks.* aneka jenis.
assortment *kn.* kepelbagaian.

assume *kk.* menganggap; menyangka; mengandaikan.
assuming *ks.* sombong; angkuh, andaikan.

assumption *kn.* menjawat; memegang; membuat anggapan.

assure *kk.* menjamin; memastikan; meyakinkan; menjanjikan.
assured *ks.* terjamin.
assurance *kn.* kepastian; keyakinan.

asterisk *kn.* asterik; tanda [*].

asteroid *kn.* asteroid.

asthma *kn.* lelah; mengah; asma.

astonish *kk.* mengejutkan; memeranjatkan; menghairankan.
astonishment *kn.* kehairanan; kekaguman.

astound *kk.* menghairankan; mengagumkan.
astounding *ks.* yang menghairankan atau mengagumkan.

astray *kkt.* sesat jalan.

astrology *kn.* ilmu nujum; ilmu meramalkan hidup seseorang berdasarkan pemerhatian terhadap bintang-bintang; astrologi.

astronaut *kn.* angkasawan.

astronomy *kn.* ilmu bintang; ilmu falak; astronomi.

astute *ks.* cerdas; cerdik; pintar; tajam akal; cekap.

asylum *kn.* suaka; tempat perlindungan; tempat rawatan.
political asylum perlindungan politik.

asynchronous *ks.* tidak berlaku pada masa yang sama.

at *ksd.* di; pada.
at last akhirnya.

atheist *kn.* orang yang tidak percaya akan kewujudan Tuhan; ateis.

athlete *kn.* olahragawan; ahli sukan; atlet.

atlas *kn.* buku peta; atlas.

atmosphere *kn.* angkasa; suasana; udara; atmosfera.

atom *kn.* zarah; atom.
atomic *ks.* hal berkaitan dengan atom.
atomic age zaman atom.
atomic energy tenaga atom.

atone *kk.* menebus dosa; bertaubat.

atrocious *ks.* bengis; kejam.

attach *kk.* menyambungkan; mencantumkan; memasang; menyertakan; mengepilkan; melampirkan.
attachment *kn.* kepilan; lampiran; penyambung; alat tambahan; pertalian.

attack *kk.* menyerang; menyerbu. *kn.* serangan; serbuan.
attacker *kn.* penyerang.

attain *kk.* mendapat; mencapai; memperoleh.
attainment *kn.* pencapaian; perolehan.

attempt *kk.* mencuba. *kn.* percubaan; usaha.

attend *kk.* menghadiri; mengikuti; menyertai.
attendance *kn.* kedatangan; kehadiran; layanan; rawatan.
attendant *kn.* pembantu; juru-iring; atendan.

attention *kn.* jagaan; ingatan; perhatian.
attentive *ks.* menumpu penuh perhatian.

attic *kn.* loteng.

attire *kn.* pakaian.
attired *kk.* berpakaian.

attitude *kn.* sikap; lagak.

attorney *kn.* wakil.
Attorney-General Peguam Negara

attract *kk.* menarik hati; memikat hati.
attraction *kn.* daya penarik; tarikan.
attractive *ks.* memikat hati; menarik; cantik.

attribute *kn.* sifat; lambang; ciri penentu.

attribution *kn.* hal yang disebabkan oleh.

attune *kk.* menyetalakan; menyelaraskan; menyesuaikan.

auction *kk.* lelong. *kn.* jualan lelong; perlelongan.
auctioneer *kn.* jurulelong; pelelong.

audacious *ks.* berani; gagah; biadab; lancang.

audible *ks.* boleh didengar.
audibility *kn.* boleh dengar.

audience *kn.* para penonton; hadirin; khalayak; pertemuan rasmi; hal menghadap raja; audien.

audio *ks.* berkaitan dengan pendengaran bunyi atau suara; audio.
audio-player *kn.* alat untuk main isyarat saja.
audiosheet *kn.* kertas yang mempunyai oksida magnet untuk menyimpan isyarat audio dalam beberapa minit.
audio-visual alat pandang dengar.

audit *kk.* menyemak kira-kira; mengaudit. *kn.* audit.

audition *kn.* uji bakat. *kk.* menguji bakat.

auditorium *kn.* panggung; auditorium.

aunt *kn.* emak saudara.

auricle *kn.* cuping telinga; aurikel.

aurora *kn.* fajar; cahaya kutub; aurora.

austere *ks.* keras; sederhana; tegas; sangat sederhana.

authentic *ks.* sah; sahih; tulen; asli; benar.

author *kn.* pengarang buku; penulis.
authoress *kn.* pengarang wanita; penulis wanita.
authorisation, authorization *kn.* pemberian kuasa.
authorise, authorize *kk.* memberi kuasa kepada.
authorship *kn.* penulisan.

authority *kn.* kewibawaan; kuasa; pihak berkuasa.
authoritative *ks.* diberi kuasa; berwibawa; autoritatif.

auto *kd.* perkataan ringkas untuk *automatic.*

autobiography *kn.* orang atau penulis yang menulis tentang riwayat hidupnya sendiri; autobiografi.

autocracy *kn.* pemerintahan bermaharajalela; pemerintahan kuku besi; autokrasi.
autocratic *ks.* berkuasa mutlak.

autocrat *kn.* pemerintah yang berkuasa mutlak; autokrat.

autograph *kn.* buku yang disimpan sebagai kenangan yang mengandungi tandatangan orang-orang tertentu, lazimnya orang yang dikenali ramai; autograf.

automobile *kn.* kereta; kenderaan bermotor; automobil.

autonomy *kn.* hak memerintah atau mengurus sendiri; autonomi.

autopsy *kn.* pemeriksaan mayat yang dibuat melalui pembedahan untuk mengetahui punca kematian; autopsi.

autumn *kn.* musim luruh; musim gugur.

auxiliary *ks.* tambahan.

avail *kk.* menggunakan; memanfaatkan.
available *ks.* ada; boleh didapati.

avalanche *kn.* salji runtuh; runtuhan salji.

avenge *kk.* membalas dendam; menuntut bela.

avenue *kn.* lebuh; jalan raya; jalan.

average *kn.* hitung panjang; sederhana; purata. *kk.* rata-rata; pukul rata.

averse *ks.* enggan; ingkar; tidak rela.
aversion *kn.* perasaan benci yang kuat.

avert *kk.* memalingkan (muka) mengalihkan; mengelakkan; menghindarkan.

aviary *kn.* tempat menyimpan dan memelihara burung.

aviation *kn.* penerbangan; ilmu penerbangan.

avid *ks.* penuh minat atau keinginan.

avocado *kn.* avokado; sejenis buah-buahan hijau yang berbentuk pear.

avoid *kk.* mengelak; menghindari; menjauhi.
avoidance *kn.* elakan.

avow *kk.* mengikrarkan; mengakui.

await *kk.* menanti; menunggu.

awake, awoke, awaken *kk.* bangun daripada tidur; jaga.
awakening *kn.* kesedaran; kebangkitan.

award *kn.* anugerah; hadiah; kurniaan. *kk.* menganugerahkan; menghadiahkan.

aware *kk.* sedar akan; menyedari; insaf.
awareness *kn.* keinsafan; kesedaran.

away *kkt.* keluar; jauh.

awe *kn.* perasaan hormat serta takut.

awful *ks.* menggerunkan; dahsyat.
awfully *kkt.* terlampau; terlalu; sangat.

awhile *kkt.* buat sementara; sebentar; sekejap.

awkward *ks.* kekok; janggal; canggung.
awkwardly *kkt.* secara kekok.

awl *kn.* penggerek; penebuk.

axe *kn.* kapak.

axis *kn.* paksi; paku alam.

axle *kn.* aci; gandar roda.

azure *ks.* warna biru langit.

Bb

babble *kk.* bercakap dengan tidak menentu atau merepek. *kn.* cakap yang bukan-bukan.

baboon *kn.* babun; sejenis ekra besar yang terdapat di benua Afrika dan Asia selatan.

baby *kn.* anak kecil; kanak-kanak; bayi.
babyhood *kn.* zaman bayi; masa bayi.
baby carriage kereta sorong.
baby-sitter *kn.* penjaga budak.
baby-talk *kn.* cakap pelat; pertuturan bayi.

bachelor *kn.* bujang; teruna.
bachelorhood *kn.* hidup membujang.

back *ks.* belakang; tunggakan; dahulu; ke belakang. *kkt.* balik; kembali; dahulu.
backing *kn.* sokongan; berundur.
backache *kn.* sakit belakang.
back and forth mundar-mandir; ulang-alik.
back-bencher *kn.* ahli parlimen biasa; penyokong kerajaan.
backbone *kn.* tulang belakang; ketabahan; kecekalan.
backdate *kk.* mengebelakangkan tarikh.
back door pintu belakang; jalan belakang.
backdrop *kn.* tirai latar; latar belakang.
backfire *kn.* sedakan.
background *kn.* latar belakang.
backhand *kn.* pukulan kilas.
backlist *kn.* senarai cetakan terdahulu.
backlog *kn.* tunggakan.
back pay gaji tunggakan.
back room bilik belakang.
back seat tempat duduk belakang.
backstage *ks.* belakang pentas.
backstroke *kn.* kuak lentang.

back to back saling membelakangi.
back-up *kn.* sokongan; bantuan.
backward *kkt.* mengundur; ke belakang.
backwardness *kn.* ragu-ragu; kelembapan; teragak-agak.
backyard *kn.* kawasan belakang rumah.
at the back di belakang.

bacon *kn.* bakon; sejenis daging babi.

bacteria *kn.* kuman; bakteria.

bad *ks.* jahat; rosak; busuk; lemah.
badly *kkt.* dengan buruknya; amat tidak memuaskan; sangat-sangat; amat sangat.
badness *kn.* kekasaran; keburukan; sifat yang tidak sopan.
bad debt hutang lapuk.
bad for tidak sesuai; tidak elok.
bad influence pengaruh buruk; pengaruh tidak baik.
badly-dressed *ks.* berpakaian selekeh; berpakaian teruk.
bad luck tidak bernasib baik; nasib malang.
bad mistake kesalahan besar; kesalahan buruk.
bad news berita buruk; khabar buruk; berita tidak baik.
bad word perkataan keji yang tidak elok dituturkan.
bad-tempered *ks.* cepat naik radang; panas darah.
feel bad berasa tidak sedap; berasa sesal.
not bad boleh tahan.
too bad kasihan; apa boleh buat.

bade *kk.* ucap selamat tinggal.

badge *kn.* lencana; lambang.

badger *kn.* sejenis binatang kepalanya berjalur hitam putih yang hidup di dalam lubang dan keluar waktu malam.

badminton *kn.* bulu tangkis; badminton.

baffle *kk.* bingung.
baffling *ks.* membingungkan.

bag *kn.* kampit; pundi-pundi; beg.

baggage *kn.* barang-barang; bungkusan; bagasi.

baggy *ks.* gelebeh; menggelambu.

bagpipes *kn.* sejenis alat muzik yang mempunyai sebuah beg dipasang dengan paip yang harus dituip untuk mengeluarkan bunyi.

bail *kk.* menjamin. *kn.* ikat jamin; jaminan.
bailment *kn.* penjaminan.
bailsman *kn.* orang yang menjamin; penjamin.
bail out terjun dari kapal terbang semasa kecemasan.

bailiff *kn.* bailif.

bait *kn.* umpan. *kk.* mengumpan.

bake *kk.* memanggang; membakar; memasak.
baker *kn.* tukang roti; pembuat roti.
bakery *kn.* kilang roti; tempat membuat roti.
baking *ks.* pembakar; panas membahang.
baking-powder *kn.* serbuk penaik.
baking-soda *kn.* soda penaik.

balance *kk.* mengimbangkan. *kn.* baki; dacing; neraca; keseimbangan.
balanced *ks.* seimbang; waras.
balance of power imbangan kuasa.
balance sheet kunci kira-kira.

balcony *kn.* beranda.

bald *ks.* botak; tidak berambut; tidak mempunyai rambut.

bale *kn.* bungkusan barang.
kk. membungkus barang.

bale out terjun daripada kapal terbang semasa kecemasan.

ball *kn.* bola; bebola.
ballpen, ballpoint *kn.* mata pena bulat.
ball-bearing *kn.* alas bebola.

ballad *kn.* balada; lagu atau prosa yang mempunyai cerita.

ballerina *kn.* balerina; penari ballet perempuan.

ballet *kn.* balet, sejenis tarian yang mengisah sesuatu.

balloon *kn.* belon.

ballot *kn.* pengundian sulit.
ballot-box *kn.* peti undi.
ballot-paper *kn.* kertas undi.

ballroom *kn.* dewan tari-menari.

bamboo *kn.* buluh; bambu.

ban *kn.* sekatan; larangan.
kk. melarang; mengharamkan.

banana *kn.* pisang.

band *kn.* pancaragam.
bandmaster *kn.* pemimpin pancaragam.
bandsman *kn.* ahli pancaragam.
bandstand *kn.* pentas pancaragam.
bandwagon *kn.* menyebelahi pihak yang menang.

bandage *kn.* kain pembalut.
kk. membalut luka.

bandit *kn.* pengganas; penjahat; penyamun.

bang 1. *kn.* bunyi kuat. 2. pukulan.
kk. memukul.

bangle *kn.* gelang.

banish *kk.* buang negeri; buang daerah.

banister *kn.* langkan tangga.

banjo *kn.* banjo; sejenis alat muzik.

bank[1] *kn.* tebing; tambak.

bank[2] *kn.* bangunan menyimpan wang;

bank. *kk.* menyimpan wang.
banker *kn.* pengurus bank; pemilik bank.
bank manager pengurus bank.
bank rate kadar bank.
bank statement penyata bank.
blood bank bank darah.
central bank bank pusat.

bankrupt *ks.* muflis; bankrap.
bankruptcy *kn.* kemuflisan; kebankrapan.

banner *kn.* panji-panji; sepanduk.

banquet *kn.* jamuan; persantapan; bankuet.

baptise, baptize *kk.* membaptiskan; merenjiskan seorang penganut agama Kristian dalam air atau dengan air.

bar *kk.* menghalang; menggalangi; menyekat. *kn.* jerjak; batang besi; kedai minuman keras; bar.
bar chart carta turus.
bartender *kn.* pelayan bar.

barb *kn.* cangkuk mata kail.

barbarian *kn.* orang yang tidak bertamadun.

barbarous *ks.* kejam, tidak bertamudun.

barbecue *kn.* barbeku (majlis, jamuan, daging, dll.).

barber *kn.* tukang gunting rambut.
barbershop *kn.* kedai gunting rambut.

bare *ks.* bogel; gondol.
barely *kkt.* hampir tiada; baru; cukup-cukup.
barefoot, barefooted *ks.* tidak berkasut; berkaki ayam.
bare hands tidak menggunakan alat.

bargain *kk.* tawar-menawai.
bargaining *ks.* tawar-menawar.

barge *kn.* sejenis bot besar spt. tongkang.

baritone *kn.* bariton, suara lelaki yang lebih rendah daripada tenor.

bark *kk.* menggonggong; menyalak. *kn.* salakan.

barn *kn.* jelapang; bangsal; kepuk.

barnacle *kn.* sejenis siput laut, teritip.

barometer *kn.* meter tekanan udara.

barracks *kn.* berek, tempat tinggal askar atau polis.

barrage *kn.* tembakan hebat dan bertalu-talu.

barrel *kn.* tong; laras (senapang).

barren *ks.* mandul; tandus; lawas.

barrier *kn.* halangan; rintangan.

barrister *kn.* peguambela'di Mahkamah Tinggi.

barrow *kn.* kereta sorong.

barter *kk.* menukar barang.

base[1] *kn.* tapak; asas; pangkalan.
baseline *kn.* garisan belakang.
basement *kn.* tingkat bawah tanah.

base[2] *ks.* hina; terkutuk; keji.

baseball *kn.* besbol. ¹

bash *kn.* pukulan yang kuat; hentaman.
bashful *ks.* malu; pemalu.
bashfully *kkt.* dengan perasaan malu.

basic *ks.* asas; dasar.
basically *kkt.* pada dasarnya.

basin *kn.* batil; jeluk; mangkuk; besen.

basis *kn.* asas; rukun.

bask *kk.* berjemur di tengah panas.

basket *kn.* bakul; raga; keranjang.
basketball *kn.* bola keranjang.

bass *kn.* nada rendah, suara atau bunyi yang bernada rendah.

bassoon *kn.* sejenis alat muzik yang diperbuat daripada kayu yang mengeluarkan bunyi nada rendah.

bastard *kn.* anak luar nikah.

bat 1. *kn.* pemukul bola; pemukul.
2. kelawar; keluang.

batch *kn.* kumpulan.

bath *kn.* mandi; tempat mandi.
bathe *kk.* berenang; mandi.
kn. mandi-manda.
bathing-suit, bathing-costume *kn.*
pakaian mandi.
bathroom *kn.* bilik air; bilik mandi.
bath-tub *kn.* tab mandi; takung
mandi.

baton *kn.* tongkat waran; belantan;
cota; baton.

batter *kk.* memukuli; menghentam.

battery *kn.* bateri.

battle *kn.* pertempuran; peperangan.
battledress *kn.* pakaian perang;
pakaian seragam tentera.
battlefield *kn.* medan peperangan;
medan pertempuran.
battleship *kn.* kapal perang.

bawl *kk.* memekik dengan kuat.

bay *kn.* teluk.

bayonet *kn.* benet; pisau yang dilekat
pada hujung senapang.

bazaar *kn.* bazar; tempat jual beli.

be *kk.* ada; berada.
-to-be bakal.
mother-to-be *kn.* bakal ibu.

beach *kn.* pantai; tepi laut.

beacon *kn.* isyarat lampu yang
dinyalakan di tepi pantai.

bead *kn.* manik.

beagle *kn.* sejenis anjing yang berkaki
pendek yang biasanya digunakan
dalam memburu arnab.

beak *kn.* paruh; muncung.

beam *kk.* memancarkan. *kn.* rasuk;
galang; sinar; pancaran cahaya.

bean *kn.* kacang.
bean sprout tauge.

coffee bean biji kopi.
long bean kacang panjang.

bear[1] *kk.* menanggung; memikul;
mengangkat.
bearer *kn.* pembawa.
bear in mind ingat akan.
bear oneself gaya seseorang.

bear[2] *kn.* beruang.

beard *kn.* janggut.
beardless *ks.* tidak berjanggut.

bearing *kn.* gaya atau tingkahlaku.
lose your bearing kehilangan haluan.

beast *kn.* binatang buas.
beastly *ks.* kejam; menjijikkan; jahat.

beat[1] *kn.* pukulan. *kk.* memukul;
menewaskan.
beaten *ks.* dikalahkan; ditewaskan.
beating *kn.* pukulan; kekalahan teruk.
beater *kn.* pemukul.

beat[2] *kn.* degup; irama; tempo.

beauty *kn.* kecantikan; kejelitaan.
beautician *kn.* jurusolek; pendandan.
beautification *kn.* pengindahan;
proses mencantikkan sesuatu.
beautiful *ks.* cantik; molek; elok;
permai; indah; jelita; rupawan.
beautify *kk.* mengindahkan;
mencantikkan.
beauty queen ratu cantik.
beauty salon kedai solek.

beaver *kn.* sejenis binatang yang boleh
hidup di darat dan air dan
mempunyai gigi yang kuat, spt.
memerang.

because *kp.* sebab; kerana; disebabkan.

beckon *kk.* menggamit;
mengisyaratkan.

become, became *kk.* menjadi.

bed *kn.* tempat tidur; batas (sayur).
bed and board penginapan dan
makanan di tempat penginapan.
bedridden *ks.* terlantar di atas katil
sebab umur sudah uzur atau sakit.
bedroom *kn.* bilik tidur.

bedsheet *kn.* cadar.
bedside *kn.* tepi katil; sisi katil.
bedspread *kn.* tutup tilam dan bantal.
bedstead *kn.* katil.
bedtime *kn.* waktu tidur.

bedraggled *kk.* menjadi basah dan comot.

bee *kn.* lebah.
beehive *kn.* sarang lebah.

beef *kn.* daging lembu.

beetle *kn.* kumbang.

befall *kk.* menimpa.

befool *kk.* membodohkan.

before *ksd.* terdahulu; sebelum. *kkt.* dahulu; masa lampau.
beforehand *kkt.* sebelumnya; terlebih dahulu.

befriend *kk.* berbaik-baik.

beg *kk.* meminta; mengemis; merayu.
beggar *kn.* peminta sedekah; pengemis.

begin, began, begun *kk.* mula.
beginner *kn.* orang baru belajar.
beginning *kn.* permulaan.
begin at bermula dari.
begin on mula.
to begin with pada mulanya; mula-mula.

begone *kk.* nyahlah; pergilah.

begrude *kk.* merasa iri hati atau tidak puas hati.

beguile *kk.* menipu; memperdaya.

behave *kk.* berkelakuan; bertingkah laku; bersopan.
behaved *ks.* berkelakuan.
behaviour *kn.* tingkah laku; kelakuan; perangai.
behavioural *ks.* hal berkaitan dengan kelakuan dan tingkah laku.
ill-behaved *ks.* berkelakuan buruk; berkelakuan tidak senonoh.
well-behaved *ks.* berkelakuan baik.

behead *kk.* memancung kepala; memenggal kepala.

behind *ksd.* di belakang; di balik. *kkt.* ke belakang; di sebalik; di balik.
behind time terlambat; ketinggalan masa; terlewat.

behold, beheld *kk.* melihat.

beige *kn.* warna seakan-akan kuning air.

being *kn.* kewujudan; orang; manusia; makhluk.

belated *ks.* terlambat; terlewat.

belch *kk.* & *kn.* sendawa.

belief *kn.* keyakinan; kepercayaan.
believe *kk.* mengakui; mempercayai.
believable *ks.* boleh dipercayai; dapat dipercayai.
believer *kn.* penganut.

belittle *kk.* merendah-rendahkan; mengecil-ngecilkan.

bell *kn.* genta; loceng.
bellboy *kn.* budak suruhan (lelaki).

bellow *kk.* melaung.

bellows *kn.* sejenis alat untuk meniupkan udara ke dalam api.

belly *kn.* perut.

belong *kk.* dimiliki; kepunyaan.
belongings *kn.* barang-barang kepunyaan.

beloved *ks.* tercinta; yang dikasihi.

below *kkt.* ke bawah; di bawah. *ksd.* di bawah; lebih rendah daripada; kurang daripada.

belt *kn.* tali pinggang.

bench *kn.* bangku panjang.

bend, bent *kk.* membengkokkan; membongkok; melenturkan.
bend *kn.* selekoh.

beneath *ksd.* di bawah. *kkt.* ke bawah.

benediction *kn.* restu.

benefaction *kn.* perbuatan baik; derma.
benefactor *kn.* penyumbang; dermawan; penderma.
benefit *kk.* menguntungkan; mendatangkan faedah. *kn.* faedah; manfaat.
beneficial *ks.* mendatangkan faedah; manfaat; benefisial.
beneficiary *kn.* waris; benefisiari.

benevolence *kn.* kemurahan hati.

benzoin *kn.* kemenyan.

bequeath *kk.* mewariskan; mewasiatkan.

bequest *kn.* peninggalan; harta pusaka; warisan; wasiat.

bereaved *kk.* berada dalam keadaan sedih kerana kehilangan seseorang melalui kematian.

bereft *ks.* kehilangan.

beret *kn.* beret; sejenis topi yang bulat dan leper.

berry *kn.* buah beri.

berserk *ks.* mengamuk.

berth *kn.* bilik tidur dalam kapal atau kereta api.

beside *ksd.* di sebelah; di sisi; di samping; dekat.

besides *kkt.* lagi pula; lagipun; tambahan pula. *ksd.* selain; di samping.

besiege *kk.* mengepung.

best *ks. & kkt.* yang baik sekali; paling baik; terbaik.
best-dressed berpakaian paling menarik.
best man pengapit pengantin lelaki.
best part bahagian yang terbesar.
bestseller *kn.* buku yang paling banyak jualannya.
all the best selamat maju jaya.
at best paling.
for the best niat baik.

bestow *kk.* menganugerahkan; mengurniakan.

bet *kk.* bertaruh; mempertaruhkan; yakin; percaya. *kn.* pertaruhan.
better *kn.* orang yang bertaruh.
betting *kn.* pertaruhan; bertaruh.
you bet pasti; tentu.

betel *kn.* sirih.
betel-nut *kn.* buah pinang.

betray *kk.* mengkhianati; tipu; memperdayakan.
betrayal *kn.* pengkhianatan; pembelotan.
betrayer *kn.* pengkhianatan; pembelot.

betroth *kk.* mempertunangkan.

better *kkt.* lebih baik. *kk.* memperbaiki; mengatasi.

between *kkt.* di tengah-tengah; di antara. *ksd.* di antara; antara.
far between jauh jaraknya.
in between di antara.
stand between menghalang.

beverage *kn.* minuman.

beware *kk.* berjaga-jaga; awas.

bewilder *kk.* membingungkan; mengelirukan.
bewildered *ks.* kebingungan.

bewitch *kk.* menyihir; mempesona.

beyond *ksd.* di seberang; jauh dari; di sebelah sana. *kkt.* di seberang sana; lebih jauh lagi.

bias *kn.* berat sebelah.

bib *kn.* alas dada.

Bible *kn.* kitab injil.

bicycle *kn.* basikal.

bid *kk.* membuat tawaran; membida. *kn.* tawaran harga; bida.
bide your time tunggu peluang.

biennial *kkt.* setiap dua tahun.

big *ks.* besar; luas; penting.

big boy, big girl sudah dewasa; sudah besar.
big brother abang.
big enough sudah cukup besar.
big liar penipu besar; pembohong besar.
big money wang yang banyak.
big-mouthed *ks.* orang yang banyak bercakap; mulut besar.
big shot orang besar.
big talk cakap besar.

bigamy *kn.* bigami; mempunyai dua orang isteri atau suami.

bike *kn.* perkataan ringkas untuk *bicycle*.

bikini *kn.* bikini; pakaian mandi dua helai perempuan.

bilateral *ks.* dua pihak; dua hala; dwipihak.

bilingual *ks.* dwibahasa.

bill *kn.* rang undang-undang; pelekat; bil.
billboard *kn.* papan iklan.

billiards *kn.* biliard; sejenis permainan.

billion *kn.* sejuta kali sejuta.

bin *kn.* bekas yang besar.

binary *kn.* binari; satu sistem yang menggunakan dijit 0 and 1.

bind, bound *kk.* menjilid; mengikat; menambat.
binder *kn.* penjilid.
binding *kn.* penjilidan; pengikatan.
bind together mengikat.

bingo *kn.* sejenis permainan nombor.

binoculars *kn.* teropong kembar.

biography *kn.* biografi; mengenai riwayat seseorang.

biology *kn.* biologi; ilmu kajihayat.
biological *ks.* hal berkaitan dengan kajihayat.

bionic *ks.* bionik; mempunyai kuasa luar biasa.

bird *kn.* burung.
birdcage *kn.* sangkar burung.
bird's nest sarang burung.
bird-watcher *kn.* pengkaji burung.
bird-watching *kn.* mengkaji burung.

birth *kn.* kelahiran; asal-usul; keturunan.
birth certificate sijil kelahiran; surat beranak.
birthday *kn.* hari jadi; maulud.
birthmark *kn.* tanda lahir.
birthplace *kn.* tempat lahir.
birth rate kadar kelahiran.
give birth melahirkan.

biscuit *kn.* biskut.

bisect *kk.* membelah dua.

bit *kn.* keping; cebis.
bit by bit sedikit demi sedikit.

bitch *kn.* anjing betina.

bite, bit, bitten *kk.* menggigit. *kn.* gigitan.

bitter *ks.* pahit; getir. *kn.* kepahitan; kegetiran.
bitter gourd peria; kambas.

bitumen *kn.* bitumen.

bizzare *ks.* pelik, ganjil.

black *ks.* hitam.
blackish *ks.* kehitam-hitaman.
blackboard *kn.* papan hitam.
black box kotak hitam.
black magic sihir.
blacklist *kn.* senarai hitam.
blackmail *kn.* peras ugut.
black market pasar gelap.
black-out *kn.* keadaan di mana berlaku putus bekalan elektrik; pitam. *kk.* menyenaraihitamkan.
blacksmith *kn.* tukang besi.

bladder *kn.* pundi-pundi kencing.

blade *kn.* mata pisau.
razor-blade *kn.* mata pisau cukur.

blame *kk.* menuduh; menyalahkan. *kn.* celaan; kesalahan.

bland *ks.* ramah-tamah; lemah lembut.

blandishment *kn.* pujukan.

blank *ks.* kosong; tidak bertulis.
blank cheque cek kosong.

blanket *kn.* gebar; selimut.

blare *kk.* meniup dengan kuat.

blaspheme *kk.* mencerca benda-benda yang suci atau Tuhan.

blast *kk.* menghancurkan; memecahkan; meletupkan. *kn.* letupan.

blaze *kn.* api. *kk.* berapi-api; gemerlap; bersinar; bernyala-nyala.

blazer *kn.* sejenis jaket.

bleach *kn.* peluntur; pemutih. *kk.* meluntur; memutih.

bleak *ks.* dingin dan muram; membosankan; suram.

bleary *ks.* kabur.

bleat *kk.* mengembek.

bleed *kk.* berdarah; keluar darah.
bleeding *kn.* pendarahan.

bleep *kn.* bunyi yang kuat dan nyaring. *kk.* mengeluarkan bunyi yang nyaring.

blemish *kn.* tanda yang mencacatkan atau merosakkan sesuatu. *kk.* mencacatkan atau merosakkan.

blend *kk.* menggaulkan; mencampurkan; mengadun.
blender *kn.* pengisar.

bless *kk.* memohon rahmat; memohon restu; memohon berkat.
blessed *ks.* kudus; suci; dirahmati Tuhan.
blessing *kn.* berkat.

blind *ks.* buta; membuta tuli.
blindfold *ks.* mata yang ditutup dengan kain. *kn.* kain penutup mata.
blindly *kkt.* secara membuta tuli.
blindness *kn.* buta.

blink *kk.* kerlip mata. *kn.* kerlipan mata.

bliss *kn.* kegirangan; kebahagiaan.
blissful *ks.* bahagia.

blister *kn.* lecet; lecur. *kk.* melepuh; melecur.

blitz *kn.* serangan kilat.

blizzard *kn.* ribut salji.

bloat *kn.* kembung. *kk.* mengembung.
bloated *ks.* sembap; kembung.

blob *kn.* titik.

block *kn.* sekatan; bongkah; ketul; blok. *kk.* menyekat; menghalang; merintangi.
blockage *kn.* tersekat; tersumbat.

blonde *ks.* perang muda.

blood *kn.* darah; keturunan.
blood bank bank darah; tabung darah.
blood donor penderma darah.
bloodhound *kn.* anjing pemburu.
blood pressure tekanan darah.
blood-relation *kn.* saudara sedarah.
blood royal kerabat diraja.
bloodshed *kn.* pertumpahan darah.
bloodstain *kn.* kesan darah; bekas darah.
bloodsucker *kn.* penghisap darah; lintah darat.
blood test ujian darah.
in cold blood tanpa perikemanusiaan.

bloom *kk.* bunga yang sedang berkembang; mekar; berkembang.

blossom *kk.* mekar.

blot *kn.* tompok; kembang. *kk.* comot.

blotch *kn.* tanda bulat pada kulit.

blouse *kn.* blaus; pakaian perempuan.

blow, blew, blown *kk.* bertiup.
blow *kn.* tiupan.
blow out terbakar; meletup.
blow up meletus; meletup.

blue *ks.* biru.
blue blood berdarah diraja; berdarah bangsawan.
blueprint *kn.* cetak biru; rangka

tindakan. *kk.* merangka tindak.
out of the blue tiba-tiba.

bluff *kk.* temberang; tipu muslihat.
bluffer *kn.* tukang temberang.

blunder *kk.* membuat kesilapan atau kesalahan. *kn.* kesilapan; kesalahan.

blunt *ks.* tumpul; tidak tajam; majal.

blur *ks.* kabur; tidak jelas.
kk. mengaburkan; memudarkan.

blush *kn.* muka menjadi merah kerana malu. *kk.* merasa malu; tersipu-sipu.
blusher *kn.* pemerah pipi.

bluster *kk.* bercakap dengan hebat dan angkuh.

boa *kn.* sejenis ular besar yang tidak berbisa tetapi membunuh mangsanya dengan mencerut.

boar *kn.* babi jantan.

board *kn.* papan; lembaga. *kk.* naik kapal, kapal terbang, kereta api.
boarder *kn.* penghuni asrama.
boarding *kn.* papan.
boarding-house *kn.* rumah penginapan.
boarding pass pas masuk.
boarding-school *kn.* sekolah asrama.
on board berada; menaiki.

boast *kk.* bercakap besar; bermegah.
kn. kemegahan; kebanggaan.

boat *kn.* perahu; bot.
boat-house *kn.* bangsal bot.
in the same boat senasib.

boatswain *kn.* serang.

bob *kk.* terkatung-katung; terumbang-ambing.

body *kn.* badan; anggota; pertubuhan; tubuh.
body-building *kn.* bina badan.
bodyguard *kn.* pengawal peribadi.
over my dead body langkah mayatku dulu.

bog *kn.* tanah paya.
bogged down terkandas.

bogus *ks.* palsu atau tidak benar.

boil *kk.* menggelegak; merebus; memasak; mendidih.
boiler *kn.* dandang.
boiling *kk.* panas sekali; panas terik; mendidih.
boiling-point *kn.* takat didih.
hard-boiled *ks.* rebus.

bold *ks.* berani.
boldly *kkt.* dengan berani.
boldness *kn.* keberanian.

bolster *kn.* bantal peluk; bantal golek.

bolt *kn.* selak. *kk.* menyelak; memalang.

bombard *kk.* menghujani dengan pertanyaan; membedil.

bombast *kn.* kata-kata yang hebat; hujah-hujah yang hebat.

bomber *kn.* sejenis kapal terbang.

bombshell *kn.* sesuatu yang memeranjatkan.

bond *kn.* perjanjian; ikatan.

bondage *kn.* pengabdian; perhambaan.

bone *kn.* tulang.

bonfire *kn.* unggun api.

bonnet *kn.* bonet kereta.

bonsai *kn.* bonsai; tumbuhan yang kecil.

bonus *kn.* bonus.

bon voyage *ksr.* selamat jalan.

bony *ks.* banyak tulang.

boo *kk.* mengejek. *kn.* jeritan mengejek.

booby *kn.* seorang yang bodoh.

book *kn.* buku; kitab.
booked *ks.* sudah ditempah.
booking *kn.* tempahan.
booklet *kn.* buku kecil.
bookbinder *kn.* penjilid buku.
book-ends *kn.* penahan buku.
bookmark *kn.* penanda muka surat;

penanda halaman buku; penanda
buku.
bookseller *kn.* penjual buku.
bookshop *kn.* kedai buku.
bookworm *kn.* kutu buku; ulat buku.

boom *kn.* masa melambung; ledakan;
dentuman.

boomerang *kn.* sejenis alat memburu
dibuat daripada kayu yang bengkok
yang digunakan oleh orang asli
Australia.

boost *kk.* menggalakkan. *kn.* kenaikan.

boot *kn.* kasut but atau kasut sepatu.

booth *kn.* warung; gerai; pondok.
telephone booth pondok telefon.

booty *kn.* barang rampasan; harta
rampasan.

border *kn.* tepi; sempadan.
borderland *kn.* daerah sempadan.
borderline *kn.* garis sempadan.

bore *kk.* membosankan; menjemukan.
bored *ks.* bosan; jemu.
boring *ks.* membosankan.

born *kk.* dilahirkan; ditakdirkan.
ks. semula jadi.

borrow *kk.* meminjam.
borrower *kn.* peminjam.
borrowing *kn.* peminjaman.

bosom *kn.* buah dada. *ks.* rapat.

boss *kn.* tuan; majikan; bos.
kk. memerintah; menguasai.
bossy *ks.* suka mengarah; suka
memberi perintah; berlagak macam
bos.

botany *kn.* kajian tumbuh-tumbuhan;
botani.

both *kgn., kkt.* & *ks.* kedua-dua.
both ways kedua-duanya.

bother *kk.* mengganggu; mengacau;
menyusahkan; merisaukan.
kn. kesulitan; gangguan.
don't bother jangan risau; jangan
susah-susah.

not even bother tidak ambil peduli
langsung; tidak peduli pun.

bottom *kn.* bahagian bawah; dasar;
pangkal; punca. *ks.* terkebawah;
paling bawah.

bougainvillaea *kn.* pokok bunga
kertas.

bough *kn.* dahan besar.

boulder *kn.* batu besar.

bounce *kk.* melantun; melambung.
kn. pantulan; lantunan.
bouncing *ks.* segar-bugar.

bound[1] *kk.* menyekat; membatasi.
boundary *kn.* batas; sempadan.
boundless *ks.* tanpa batasan.
out of bounds kawasan larangan.

bound[2] *kk.* melompat; memantul;
melonjak-lonjak; melompat-lompat.

bounty *kn.* kemurahan hati.
bountiful *ks.* banyak.
bountifully *kkt.* dengan banyak.

bouquet *kn.* karangan bunga.

bout *kn.* perlawanan.

boutique *kn.* butik.

bow *kk.* tunduk memberi hormat;
menundukkan. *kn.* panah; busur.

bowel *kn.* tali perut; usus.

bowl *kn.* mangkuk.
bowlful *kn.* mangkuk penuh.

box *kn.* kotak; peti. *kk.* tumbuk; tinju.
boxer *kn.* peninju; ahli tinju.
boxing *kn.* bertinju.
boxing match perlawanan tinju.
boxing-glove *kn.* sarung tangan tinju.

boy *kn.* budak lelaki; orang muda.
boyish *ks.* kebudak-budakan.
boyfriend *kn.* teman lelaki.
boyhood *kn.* masa budak-budak;
zaman budak-budak.
boy scout pengakap.

boycott *kk.* memulaukan; memboikot.
kn. pemulauan; pemboikotan.

bra *kn.* coli.

brace *kn.* sesuatu yang digunakan untuk menyokong atau menguatkan.

bracelet *kn.* gelang tangan; rantai tangan.

bracket *kn.* tanda (); kurungan.

brag *kk.* bercakap besar.
braggart *kn.* seorang yang suka bercakap besar.

braille *kn.* braille; satu sistem tulisan bagi orang buta.

braid *kn.* anyaman; jalinan; pintalan. *kk.* menganyam; menjalin.

brain *kn.* otak.
brainless *ks.* tidak berotak; tidak berakal.
brainy *ks.* pandai; bijak; pintar.

brake *kn.* brek; alat untuk menghentikan kenderaan.

bramble *kn.* sejenis tumbuhan; semak, belukar.

branch *kn.* ranting; cawangan; dahan. *kk.* bercabang.

brand *kn.* tanda perniagaan; darjah barang-barang; jenama.
brand new baru.

brandish *kk.* menghayun-hayun sesuatu spt. hendak mengancam.

brandy *kn.* brandi; sejenis minuman keras.

brass *kn.* tembaga; loyang.
brass band pancaragam.
brassware *kn.* barangan tembaga.

brassiere *kn.* coli.

brave *ks.* berani. *kk.* meredah; mengharung.
bravely *kkt.* dengan berani.
bravery *kn.* keberanian.

bravo *ksr.* syabas.

brawl *kn.* pergaduhan.

brawn *kn.* kekuatan otot.

bray *kk.* & *kn.* bunyi yang dibuat oleh keldai.

brazen *ks.* jelas; terus terang.

brazier *kn.* tempat bara yang diperbuat dari besi dan berkaki.

breach *kn.* mungkir janji; tidak mematuhi; melanggar.
breach of promise mungkir janji.

bread *kn.* roti; rezeki.
breadfruit *kn.* buah sukun.
bread-winner *kn.* orang yang mencari nafkah untuk sesuatu keluarga.

breadth *kn.* lebar; buka; luas.

break, broke, broken *kk.* memecahkan; mematahkan.
breakable *ks.* mudah pecah.
breakage *kn.* pematahan; pemecahan.
breaker *kn.* ombak besar; pemecah.
break away lepas lari; melepaskan diri; terlepas.
break down terputus.
break even pulang modal; balik modal.
break in memecah masuk.
breakneck *ks.* menempah maut.
break off memutuskan.
break through merempuh; menembusi.
breakthrough *kn.* kejayaan cemerlang.
break up menyuraikan; memusnahkan; memecahkan.
breakup *kn.* penceraian; pemusnahan; keruntuhan.

breakfast *kn.* sarapan; makan pagi.

breast *kn.* dada; buah dada.
breastbone *kn.* tulang dada.
breast-feed *kk.* menyusui bayi.
breast-feeding *kn.* penyusuan bayi; memberi susu badan.

breath *kn.* tercungap-cungap; nafas.
breathe *kk.* menarik nafas; bernafas.
breathing *kn.* pernafasan; bernafas.
breathless *ks.* kurang nafas.

breed *kk.* memelihara; menternak; membiak. *kn.* baka binatang.

breeding *kn.* pembiakan.

breeze *kn.* bayu.
breezy *ks.* berangin; riang gembira.

brevity *kn.* keringkasan.

brew *kk.* membuat bir. *kn.* bir.

briar *kn.* sejenis pokok bunga ros liar.

bribe *kn.* wang suap; rasuah; sogokan.
kk. memberi rasuah; menyogok.
bribery *kn.* pemberian rasuah;
penyogokan.

brick *kn.* bata.

bride *kn.* pengantin perempuan.
bridegroom *kn.* pengantin lelaki.
bridesmaid *kn.* pengapit pengantin
perempuan.

bridge *kn.* jambatan; titi.

bridle *kn.* sejenis tali yang diikat pada
kepala kuda untuk penunggang
mengawal kuda itu. *kk.* mengikatkan
tali kekang pada kuda.

brief *ks.* ringkas; pendek.
briefing *kn.* taklimat.
briefly *kkt.* secara ringkas.
briefcase *kn.* beg bimbit.
be brief singkat; pendek; ringkas.
in brief pendeknya.

brigade *kn.* pasukan.

brigand *kn.* ahli-ahli kumpulan
penyamun.

bright *ks.* terang; berkilat; cemerlang;
bercahaya; ria; cerdik.
brighten *kk.* makin cerah; menjadi
lebih terang.
brightly *kkt.* dengan terang.
brightness *kn.* kegemilangan;
kecerahan.
bright future masa depan yang cerah.

brilliant *ks.* berkilau-kilauan;
gemilang; bercahaya.
brilliance *kn.* kilauan; gemerlapan;
kecerdasan.
brilliantly *kkt.* secara berkilau;
dengan gemilang.

brim *kn.* tepi topi; bibir cawan; dll.

bring, brought *kk.* mendatangkan;
membawa.
bring about menyebabkan;
mengakibatkan.
bring back memulangkan.
bring down menjatuhkan;
menurunkan.
bring forward mengemukakan;
membincangkan; bawa ke hadapan.
bring over membawa; menyedarkan.
bring to menyedarkan; menyebabkan.
bring up menyekolahkan;
membesarkan; mendidik.

brinjal *kn.* terung.

brink *kn.* tepi cerun atau lereng.

brisk *ks.* pantas; aktif; cergas.
briskly *kk.* dengan cergas.
briskness *kn.* kepantasan; kecergasan.

bristle *kn.* bulu yang kasar.

brittle *ks.* rapuh; mudah patah; mudah
hancur.

broad *ks.* lebar; luas.
broaden *kk.* melebarkan; meluaskan.
broadly *kkt.* secara umumnya; pada
umumnya.
broadcast *kn.* siaran; penyiaran.
kk. menyiarkan.
broadcaster *kn.* penyiar.
broadcasting *kn.* penyiaran.
broad-minded *ks.* berfikiran luas;
berfikiran terbuka.
broad-shouldered *ks.* berbahu lebar.

brochure *kn.* risalah.

broil *kk.* memenggang.

broke *ks.* tidak ada wang.
broken down usang; letih; rosak; lesu.
broken-hearted *ks.* patah hati.
broken home rumahtangga yang
berpecah belah.
broken marriage perkahwinan yang
telah gagal.

broker *kn.* broker; orang yang menjual
dan membeli untuk orang lain.

bronchitis *kn.* bronkitis; sejenis penyakit paru-paru.

bronze *kn.* gangsa.

brooch *kn.* kerongsang.

brood *kk.* bermenung.

brook *kn.* anak sungai.

broom *kn.* penyapu.

broth *kn.* bubur.

brother *kn.* abang lelaki; adik lelaki.
brother-in-law *kn.* adik ipar (lelaki); abang ipar.
half-brother *kn.* saudara tiri; adik-beradik tiri.
brotherhood *kn.* persaudaraan; kekawanan.

brow *kn.* kening.

brown *kn.* perang; warna coklat.
Brownie *kn.* ahli pasukan anak Pandu Puteri.
brown paper kertas bungkusan; kertas kuning.
brown sugar gula merah; gula perang.

browse 1. *kk.* membaca-baca. 2. makan rumput.

bruise *kn.* lebam. *kk.* melebamkan.

brunette *kn.* perempuan yang berambut perang.

brush *kn.* berus; penggosok. *kk.* memberus; menggosok; membersihkan.
brush up membaiki.

brussels sprout *kn.* sejenis sayur.

brute *kn.* seorang yang ganas dan bersifat spt. binatang.
brutal *ks.* biadab; liar; bengis; ganas; kejam.
brutally *kkt.* secara ganas.

bubble *kn.* buih. *kk.* menggelegak; membuak; berbuih.

buck *kn.* rusa jantan.

bucket *kn.* baldi; timba.
bucketful *kn.* sebaldi penuh.

buckle *kn.* kancing seluar; kancing baju.

bud *kn.* kudup; kuntum; tunas.
budding *ks.* sedang meningkat maju.

Buddhism *kn.* agama Buddha.

buddy *kn.* kawan; sahabat; taulan; rakan.

budge *kk.* berganjak.

budgerigar *kn.* sejenis burung kecil yang serupa dengan burung kakaktua.

budget *kn.* keterangan hal-ehwal wang; belanjawan.
on a budget berjimat; membuat peruntukan perbelanjaan.

buffalo *kn.* kerbau.

buffer *kn.* sesuatu untuk menampan.
buffer state *kn.* negara penampan.

bug *kn.* pijat-pijat; kepinding.

bugle *kn.* sejenis trompet kecil.

build, built *kk.* membangunkan; mendirikan; membina.
building *kn.* bangunan; pembinaan; binaan.
build up memperkukuhkan; memperbesar.

bulb *kn.* mentol.
bulbous *ks.* bentuk spt. bawang.

bulk *kn.* sebahagian besar; pukal.
in bulk dengan banyaknya; secara pukal.
bulky *ks.* sangat besar; besar dan tebal.

bull *kn.* lembu jantan.
bulldozer *kn.* jentolak.
bullfight *kn.* perlawanan antara orang dengan lembu.
bullring *kn.* gelanggang untuk perlawanan lembu.
bull's eye mata sasaran.

bullet *kn.* peluru.
bullet-proof *ks.* tidak lut; kalis peluru.

bulletin *kn.* pengumuman rasmi.

bullion *kn.* logam dalam bentuk spt. bata.

bullock *kn.* lembu jantan yang dikasi; lembu kembiri.
bullock-cart *kn.* kereta lembu.

bully *kk.* membuli; membuat aniaya. *kn.* seorang yang menganiaya orang lain.

bump *kk.* melanggar; berlanggar dengan tiba-tiba. *kn.* perlanggaran.
bumpy *ks.* keadaan jalan yang tidak rata; tinggi rendah; lekuk-lekak; berbonggol-bonggol.
bump into terlanggar; terserempak.

bumpkin *kn.* orang yang dungu dan kasar.

bumptious *ks.* bongkak; angkuh.

bun 1. *kn.* roti manis. 2. siput rambut; sanggul.

bunch *kn.* jambak; sisir.

bundle *kn.* bungkusan; berkas.

bungalow *kn.* banglo.

bungle *kk.* membuat sesuatu dengan tidak kemas atau teratur.

bunk *kn.* tempat tidur.

bunker *kn.* tempat simpan bahan api.

bunny *kn.* nama bagi arnab.

bunting *kn.* bendera atau panji-panji yang digunakan semasa sesuatu perayaan.

buoy *kn.* pelampung panduan untuk kapal.
buoyant *ks.* periang; senang hati; boleh mengapung.

burden *kn.* muatan; tanggungan; beban. *kk.* membebankan; membebani.
burdensome *ks.* membebankan; menyusahkan.

bureau *kn.* biro; pejabat.

burglar *kn.* pencuri; maling.
burglary *kn.* pencurian.

burial *ks.* pengebumian.

burly *ks.* tegap.

Burmese *kn.* bahasa Burma; orang Burma.

burn, burnt, burned *kk.* hangus; membakar; terbakar; melepuh; melecet.
burning *ks.* meluap-luap; berkobar-kobar; sedang terbakar; bernyala-nyala.
burn down hangus musnah.
burning with anger kemarahan yang meluap-luap.

burp *kn.* sendawa. *kk.* bersendawa.

burrow *kk.* mengorek; menggali.

bursary *kn.* dermasiswa.

burst *kk.* ledakan; pecah; meletup.
burst in merempuh; memecah masuk; dengan tiba-tiba; menerpa masuk.
burst into tiba-tiba.
burst out laughing tiba-tiba tertawa.

bury *kk.* menguburkan; mengebumikan; menanam.
burial *kn.* pengebumian.
burial ceremony upacara pengebumian.
burial ground tanah perkuburan.

bus *kn.* bas.
bus lane laluan bas.
bus-stop *kn.* perhentian bas.

bush *kn.* pedalaman; hulu; semak.
bushy *ks.* lebat; semak.

business *kn.* pekerjaan; hal-ehwal perniagaan.
business hours waktu perniagaan.
business-like *ks.* cekap; secara teratur; sistematik.
businessman *kn.* ahli perniagaan lelaki.
businesswoman *kn.* ahli perniagaan wanita.

get down to business memulakan sesuatu dengan bersungguh-sungguh.
has no business to tidak berhak untuk.

bust *kn.* buah dada.

bustle *kk.* terkejar-kejar; menyibuk; menggesa. *kn.* kesibukan.

busy *ks.* sibuk.
busily *kkt.* secara sibuk.
busybody *kn.* orang yang suka menjaga tepi kain orang lain.
busy day hari yang sangat sibuk.

but *kp.* tetapi; akan tetapi; melainkan; kecuali. *kkt.* hanya. *ksd.* melainkan; kecuali. *kgn.* yang bukan; tidak.

butcher *kn.* penjual daging.

butt *kn.* puntung; hulu; alat; pangkal; buntut senapang.
butt in campur tangan; mencelah; menyampuk.

butter *kn.* mentega.

butterfly *kn.* rama-rama; kupu-kupu.
butterfly stroke gaya kupu-kupu.

buttock *kn.* buntut; punggung.

button *kn.* butang; punat.
kk. mengancing.
buttonhole *kn.* lubang butang.

buttress *kn.* penyangga.

buy, bought *kk.* membeli.
buyer *kn.* pembeli.
buy back membeli balik.
buy out membeli.
buy over memberi rasuah; menyogok.
best buy belian terbaik.

buzz *kn.* desas-desus; dengungan.

by *ksd.* oleh; berdekatan dengan; dengan; menerusi. *kkt.* hampir dekat.
by and by kemudiannya; akhirnya; tidak lama kemudian.
by and large pada keseluruhannya.
by-election *kn.* pilihanraya kecil.
by-law *kn.* undang-undang kecil.
by-product *kn.* keluaran sampingan.

bygone *ks.* yang telah lalu.

bypass *kn.* jalan lencongan.

bystander *kn.* orang yang tidak mengambil bahagian.

byword *kn.* pepatah; bidalan.

Cc

cab *kn.* teksi; kereta sewa.

cabaret *kn.* kabaret; tempat untuk hiburan, tari menari dan minum.

cabbage *kn.* kubis.

cabin *kn.* bilik dalam kapal; kabin.

cabinet 1. *kn.* bilik kecil; almari; kabinet. 2. sekumpulan menteri dalam kerajaan.

cable *kn.* kawat; kabel.
cable-car *kn.* kereta kabel.

cacao *kn.* koko.

cackle *kk.* terkekek-kekek; mengekek; berketuk. *kn.* ketukan.

cactus *kn.* pokok kaktus.

caddie *kn.* keddi; seorang yang membantu seorang permain golf membawa alatannya.

cadet *kn.* pelatih; kadet.

cafe *kn.* kafe; kedai kopi.

cafeteria *kn.* kafeteria, kedai minuman dan makanan layan diri.

cage *kn.* sangkar; kurungan; kandang.

cake *kn.* kek.

calamity *kn.* bencana.

calcium *kn.* kalsium; sejenis logam.

calculate *kk.* menghitung; mengira.
calculation *kn.* penghitungan; pengiraan.
calculator *kn.* mesin kira; kalkulator.

calendar *kn.* takwim; kalendar.

calf 1. *kn.* anak lembu. 2. betis.

calico *kn.* kain belacu.

call *kk.* memanggil; mengundang; menjemput; berteriak. *kn.* panggilan; teriakan.
caller *kn.* pengunjung; orang yang membuat panggilan telefon.
calling *kn.* panggilan; pekerjaan.
call back menelefon balik.
call for memerlukan; menuntut; datang untuk mengambil; menelefonkan; panggilan untuk.
calling-card *kn.* kad nama.
call of duty panggilan tugas.
call off membatalkan.
telephone call panggilan telefon.

calligraphy *kn.* kaligrafi; ilmu dan seni tulisan tangan.

calm *ks.* sabar; tenang. *kk.* meredakan; menenangkan; menenteramkan.
calmly *kkt.* dengan tenang.
calmness *kn.* ketenteraman; ketenangan.
calm down bawa bertenang; menenteramkan; meredakan; menenangkan kembali.

calorie *kn.* kalori; ukuran tenaga yang dihasilkan oleh makanan.

calvary *kn.* pasukan askar berkuda.

camel *kn.* unta.

camera *kn.* kamera.
cameraman *kn.* jurukamera.

camouflage *kk.* menyamar.

camp *kn.* khemah; kem.
camp-fire *kn.* unggun api.
campsite *kn.* tapak perkhemahan.

campaign *kn.* 1. kempen. 2. tindakan terancang. *kk.* melancarkan tindakan.

camphor *kn.* kapur barus.

campus *kn.* kampus, kawasan universiti atau institusi tinggi.

can *kk.* berupaya; dapat; boleh; agaknya. *kn.* bekas air; tin.
canned *ks.* dalam tin; mengetin.

canal *kn.* terusan.

canary *kn.* burung kenari.

cancel *kk.* membatalkan; memotong.
cancellation *kn.* pemotongan; pencoretan; pembatalan.

cancer *kn.* barah; kanser.

candid *ks.* terus-terang.

candidate *kn.* calon.

candle *kn.* dian; lilin.
candle-light *kn.* cahaya lilin.

candy *kn.* gula-gula.

cane *kn.* buluh; rotan. *kkt.* merotan.
caning *kn.* merotan.

canine *kn.* gigi taring.

cannabis *kn.* ganja.

cannery *kn.* kilang mengetin.

cannibal *kn.* kanibal; seorang yang makan daging manusia.

cannon *kn.* meriam.

canoe *kn.* perahu; kolek; kenu.

canopy *kn.* langit-langit; dahan-dahan tinggi yang menjadi tempat perlindungan.

canteen *kn.* kantin.

canvas *kn.* kain layar; kanvas.

canvass *kk.* pergi dari rumah ke rumah untuk memancing undi.

canyon *kn.* kanyon; jurang yang dalam dan biasanya terdapat sebatang sungai mengalir melaluinya.

cap *kn.* sejenis topi. *kk.* menutup bahagian atas.

capable *ks.* cekap; sanggup; berupaya; berkebolehan; berkuasa.
capability *kn.* kemampuan; keupayaan; kebolehan.

capacity *kn.* keupayaan; muatan; kesanggupan.

cape *kn.* tanjung.

capital *kn.* ibu negeri; ibu negara; modal.
capitalism *kn.* kapitalisme satu sistem pemerintahan fahaman kapitalis.
capitalist *kn.* kapitalis; seorang yang pelaburannya banyak dalam perniagaan.
capital city ibu kota.
capital gain laba modal.
capital letter huruf besar.
capital reserve rizab modal.
with a capital dengan modal.

capitulate *kk.* menyerah diri.

capsize *kk.* terbalik.

capsule *kn.* kapsul; sejenis sarung kecil untuk mengisi ubat.

captain *kn.* kapten; ketua pasukan.

caption *kn.* keterangan gambar.

captivate *kk.* mempesonakan; memikat hati; menambat hati.
captivating *ks.* menarik.

captive *ks.* tawanan.
capture *kk.* menangkap; menawan. *kn.* penangkapan; penawanan.

car *kn.* kereta; motokar.
car-park *kn.* tempat letak kereta; medan letak kereta.

carat *kn.* ukuran ketulenan emas dan batu permata.

caravan *kn.* kafilah; karavan.

carbohydrate *kn.* karbohidrat.

carbon *kn.* karbon.
carbon copy salinan; saling tak tumpah.
carbon paper kertas karbon.

carcass *kn.* bangkai.

card *kn.* kartu; daun terup; kad.

cardigan *kn.* kardigan; pakaian yang dibuat daripada bulu biri-biri untuk melindungi bahagian atas badan.

cardinal *kn.* kardinal; padri-padri yang berpangkat tinggi di dalam agama katholik.

care *kk.* menjaga; mengasuh.
kn. tanggungjawab; asuhan; jagaan.
careful *ks.* hati-hati; berjaga-jaga; cermat.
carefully *kkt.* dengan berhati-hati; dengan cermat.
caring *ks.* penyayang.
careless *ks.* tidak cermat; leka; lalai; cuai.
carelessness *kn.* kecuaian; kelekaan.
care for sayang akan; menyayangi; menjaga.
carefree *ks.* tanpa risau.
caretaker *kn.* penjaga.
take care berhati-hati; jaga diri; berjaga-jaga.

caress *kk.* mengusap atau memberi pelukan sayang yang mesra.
kn. pelukan.

career *kn.* kerjaya.

cargo *kn.* muatan kapal; kargo.

caricature *kn.* karikatur, gambar-gambar ejekan atau sindiran.

carnival *kn.* pesta; karnival.

carnivore *kn.* karnivor; haiwan yang makan daging.

carol *kn.* lagu-lagu Krismas.

carousel *kn.* alat untuk mengendalikan tayangan slaid dengan menggunakan projektor slaid tertentu.

carp *kn.* ikan kalui.

carpenter *kn.* tukang kayu.
carpentry *kn.* pertukangan kayu.

carpet *kn.* permaidani; hamparan.

carrel *kn.* ruang atau sel yang lazimnya digunakan sebagai tempat belajar sendiri di perpustakaan atau pusat sumber.

carriage *kn.* gerabak; pedati; pengangkutan; kereta.

carrier *kn.* sesuatu atau seorang yang membawa barangan.

carrion *kn.* bangkai busuk; daging busuk.

carrot *kn.* lobak merah.

carry *kk.* membawa; memikul.
carry on meneruskan; melanjutkan.
carry out melaksanakan; menjalankan.
get carried away terbawa-bawa.

cart *kn.* pedati; kereta roda dua.

cartilage *kn.* rawan; bahan yang menyelaputi sendi dalam tubuh binatang.

cartogram *kn.* kartogram; peta yang mengandungi pembolehubah yang diwarnakan.

carton *kn.* kotak.

cartoon *kn.* kartun; sejenis lukisan.
cartoonist *kn.* pelukis kartun.

cartridge *kn.* 1. pita yang lebih besar dari kaset untuk membuat rakaman suara atau video. 2. sejenis filem fotograf untuk kamera.

cartwheel *kn.* roda pedati.

carve *kk.* memahat; mengukir.
carving *kn.* ukiran.

cascade *kn.* air terjun kecil. *kk.* turun ke bawah.

case[1] *kn.* kejadian perbicaraan; hal; keadaan; kes.
case history sejarah kes.
case-study *kn.* kajian kes.
in case sekiranya; kalau.
in that case jika demikian halnya; jika begitu keadaannya; kalau begitu.
in the case of dalam hal.

case[2] *kn.* sarung.
casing *kn.* pembalut untuk melindungi sesuatu.

cash *kn.* wang; wang tunai.
cashier *kn.* juruwang.
cash flow aliran tunai.
cash on delivery (COD) bayar waktu terima.
cash price harga tunai.

cashew-nut *kn.* biji gajus.

casino *kn.* kasino; tempat untuk berjudi.

cask *kn.* sejenis tong kayu.

casket *kn.* sejenis peti kecil; keranda.

cassette *kn.* kaset.

cast *kk.* melemparkan; membuangkan; mencampakkan.
cast off membuangkan.
casting vote undi pemutus.

castanet *kn.* kastanet; sejenis alat muzik biasanya digunakan dalam tarian jenis Sepanyol.

caste *kn.* kasta; lapisan masyarakat.

castle *kn.* istana; kota; puri; mahligai.

castor oil *kn.* minyak jarak.

casual *ks.* kebetulan; bersahaja.
casually *kkt.* secara bersahaja.
casual wear pakaian kasual.

casualty *kn.* mangsa malapetaka.

casuarina *kn.* pokok ru.

cat *kn.* kucing.
catfish *kn.* ikan baung; ikan keli; ikan semilang; ikan duri.
catnap *kn.* tidur ayam.

catalogue *kn.* senarai barang barang; katalog.

catalyst *kn.* sesuatu yang dapat mempercepatkan perubahan, perkembangan atau inovasi.

catamaran *kn.* sejenis perahu layar.

catapult *kn.* lastik.

catastrophe *kn.* bencana.

catch, caught *kk.* menangkap.
kk. menawan; menangkap.
catch *kn.* penangkapan; tangkapan.
catchy *ks.* menarik.
catch on mendapat sambutan; menjadi terkenal.
catch out mendapati.
catch up mengejar.

category *kn.* kumpulan; kelompok; golongan; kategori.

cater *kk.* membekalkan dan menyelenggarakan makanan.
caterer *kn.* penyedia makanan.
catering *kn.* penyediaan makanan; penyajian makanan; katering.

caterpillar *kn.* ulat bulu.

cathedral *kn.* gereja besar.

cattle *kn.* binatang ternakan spt. lembu atau kerbau.
cattleman *kn.* penternak lembu.

cauldron *kn.* periuk besar atau bekas untuk memasak.

cauliflower *kn.* bunga kubis.

cause *kn.* sebab; punca.
kk. menyebabkan.
causation *kn.* penyebaban.
causative *ks.* yang menyebabkan.

causeway *kn.* tambak.

caution *kn.* berwaspada; berhati-hati.

cavalier *kn.* penyokong atau perajurit yang setia kepada rajah.

cave *kn.* gua.

cavern *kn* gua besar.

cavity *kn.* rongga; lubang.

cease *kk.* menghentikan; menggencat.
cease-fire *kn.* gencatan senjata.

cedar *kn.* sejenis kayu yang keras dan wangi.

ceiling *kn.* siling; lelangit rumah.

celebrate *kk.* meraikan; merayakan.
celebration *kn.* perayaan.
celebrity *kn.* orang terkenal; orang termasyhur.

celery *kn.* daun sadril.

celestial *ks.* cakerawala; yang berkenaan dengan langit atau syurga.

cell *kn.* bilik kecil; lokap; sel.

cellar *kn.* bilik bawah tanah.

cello *kn.* selo; biola besar.

cement simen; bahan pelekat bata yang digunakan dalam pembinaan rumah.

cemetery *kn.* tanah jirat; tanah perkuburan.

cenotaph *kn.* batu peringatan; tugu.

censor *kn.* penapis. *kk.* menapis.
censorship *kn.* penapisan.

censure *kk.* mengkritik.

census *kn.* banci.

centenary *kn.* perayaan ulang tahun ke seratus.
centenarian *kn.* orang yang berumur seratus tahun dan lebih.

centimetre *kn.* sentimeter, unit ukuran panjang.

centipede *kn.* lipan, sejenis serangga yang mempunyai banyak kaki.

centre *kn.* tengah; pusat. *kk.* tertumpu.
central *ks.* di tengah-tengah; pusat.
centrespread *kn.* halaman tengah.

century *kn.* abad; kurun.

ceramic *ks.* tembikar.

cereal *kn.* bijian (spt. padi, gandum, dll.); bijirin.

cerebral *ks.* otak; serebrum.

ceremony *kn.* istiadat; upacara.
Master of Ceremonies (MC)
juruacara majlis; pengacara majlis.
without ceremony tanpa banyak cakap; tanpa banyak cerita.
ceremonial *ks.* istiadat.

certain *ks.* tentu; tetap; pasti; nyata.
certainly *kkt.* sudah pasti; tentu saja; memang.
certainty *kn.* ketentuan; kepastian.

certificate *kn.* surat akuan; sijil.
certification *kn.* pensijilan.
certify *kk.* mengesahkan; memperakui; menjamin.
certified *ks.* diperakui; disahkan.

cession *kn.* penyerahan.

chain *kn.* rangkaian; rentetan; deretan; rantai.
chaining *kn.* perantaian.
chain-letter *kn.* surat berangkai.

chair *kn.* kerusi.
chairman *kn.* pengerusi.

chalet *kn.* sejenis rumah peranginan atau rumah tumpangan semasa bercuti, biasanya dibuat daripada kayu.

chalk *kn.* kapur.

challenge *kn.* tandingan; cabaran. *kk.* mencabar.
challenger *kn.* penentang; pencabar.
challenging *ks.* mencabar.

chamber *kn.* bilik; dewan.
chambermaid *kn.* pengemas bilik.

chameleon *kn.* sumpah-sumpah.

champion *kn.* pembela; jaguh; johan; juara.
championship *kn.* kejuaraan; kejohanan.

chance *kn.* kesempatan; nasib; peluang; kemungkinan. *kk.* mengambil risiko.
by chance secara kebetulan.
stand a chance mempunyai harapan.
take a chance ambil risiko; cuba juga.

chancellor *kn.* canselor; ketua universiti.

chandelier *kn.* sejenis lampu gantung.

change *kk.* menukar; mengubah; menyalin. *kn.* pertukaran; perubahan; wang kecil.
changeable *ks.* bertukar-tukar; berubah-ubah.
changed *ks.* telah berubah.
changing *ks.* berubah-ubah.

channel *kn.* saluran; terusan.

chant *kk.* melafazkan sesuatu dengan berterusan. *kn.* sejenis lagu atau nyanyian yang digunakan dalam upacara agama.

chaos *kn.* huru-hara; kacau-bilau.
chaotic *ks.* huru-hara; kelam-kabut.

chap *kn.* orang lelaki.

chapel *kn.* gereja kecil.

chapter *kn.* bab; babak.

char *kk.* membakar hingga menjadi arang.

character *kn.* sifat; kelakuan; akhlak; huruf; ciri; watak.
characterise, characterize *kk.* mencirikan; membayangkan; melukiskan; menandakan.
characteristic *kn.* sifat; ciri.

charade *kn.* sejenis permainan di mana perkataan dilakonkan dan pemain lain akan meneka perkataan itu.

charcoal *kn.* arang.

charge *kk.* mengenakan bayaran; menuduh; mendakwa. *kn.* tuduhan; bayaran; peliharaan; jagaan.
free of charge dengan percuma.
in charge menjadi pemimpin, ketua, dll.; bertanggung-jawab.
take charge menerima tanggungjawab; menjaga.

chariot *kn.* sejenis kereta kuda beroda dua.

charisma *kn.* karisma; kebolehan menawan.
charismatic *ks.* sifat menawan.

charity *kn.* derma; kemurahan hati; belas ikhsan; amal.
charitable *ks.* pemurah; murah hati.

charm *kn.* tangkal; jampi; sihir; kecantikan; kejelitaan.
charmed *ks.* dipukau; tertawan.
charming *ks.* menarik hati; cantik; menawan.

chart *kn.* rajah; carta.

charter *kn.* piagam; kanun. *kk.* sewa khas.

chase *kk.* mengejar; memburu; menghalau.

chasm *kn.* satu jurang yang mendalam dan luas dalam tanah.

chaste *ks.* sederhana; suci.

chastise *kk.* menyakiti; mendera.

chat *kk.* bercakap-cakap; celoteh; berbual; bersembang.

chateau *kn.* sejenis rumah besar di negara Perancis.

chatter *kk.* berleter. *kn.* celoteh.

chauffeur *kn.* drebar peribadi. *kk.* memandu.

chauvinism *kn.* cauvinisme; kepercayaan bahawa negara atau bangsa sendiri adalah yang paling baik atau penting.
chauvinist *kn.* seorang yang bersifat cauvinisme.

cheap *ks.* murah.
cheaply *kkt.* dengan murahnya.
cheap sale jualan murah.
feel cheap merasa malu; terhina.

cheat *kk.* menipu. *kn.* penipu.

check *kk.* memeriksa; menahan; menyekat. *kn.* kawalan; penahan.
check in mendaftar masuk; memasuki sesebuah negara.
checklist *kn.* senarai barang; senarai semak.
check out mendaftar keluar; meninggalkan sesebuah negara.

check-point *kn.* tempat pemeriksaan.
check through menyemak.
check-up *kn.* pemeriksaan doktor.
in check menghalang; menahan sesuatu.

cheek *kn.* pipi; biadab; lancang.
cheeky *ks.* nakal; gatal.

cheer *kn.* sorakan; kegembiraan. *kk.* bersorak; bergembira.
cheerful *ks.* sukacita; gembira; riang.
cheerfully *kk.* dengan gembira.
cheering *ks.* menggembirakan. *kn.* sorakan.
cheers *ksr.* sejenis salam persahabatan biasanya sebelum minum arak.
cheery *ks.* riang; gembira; sejahtera.
cheerio *ksr.* selamat tinggal.
cheer-leader *kn.* ketua kumpulan sorak.
cheer up berasa terhibur; berasa gembira.

cheese *kn.* keju.

cheetah *kn.* ceetah; sejenis harimau yang boleh berlari dengan laju.

chef *kn.* ketua tukang masak.

chemistry *kn.* kimia.
chemical *kn.* bahan kimia. *ks.* berkenaan dengan bahan kimia.
chemist *kn.* seorang ahli kimia.

cheque, check *kn.* sejenis borang untuk membuat pembayaran; cek.
chequered *ks.* penuh dengan corak petak.
cheque-book, check-book *kn.* buku cek.

cherish *kk.* membelai; menyimpan cita-cita; mempunyai kemahuan.

cherry *kn.* buah ceri.

chess *kn.* catur.
chess-board *kn.* papan dam; papan catur.

chest *kn.* dada; peti; kotak.

chestnut *kn.* buah berangan.

chew *kk.* mengunyah; memamah.

chic *ks.* menarik atau bergaya.

chick *kn.* anak ayam; anak murai; anak pipit.
chicken *kn.* ayam; penakut.
chicken-hearted *ks.* penakut; pengecut.
chicken-pox *kn.* cacar air; cecair; penyakit cacar.

chief *kn.* ketua; penghulu.
chieftain *kn.* ketua sesuatu puak; ketua suku kaum.

child, children *kn.* kanak-kanak; budak; anak.
childhood *kn.* zaman kanak-kanak.
childish *ks.* keanak-anakan.
child abuse penganiayaan kanak-kanak; penderaan kanak-kanak; penyeksaan kanak-kanak.
childbirth *kn.* bersalin; melahirkan.
child care asuhan kanak-kanak.
childlike *ks.* spt. kanak-kanak.

chill *kn.* kesejukan; kedinginan; seram sejuk. *kk.* mendinginkan; menyejukkan.
chilly *ks.* sejuk; dingin.

chilli *kn.* lada; cabai; cili.
chilli powder serbuk cili.

chime *kn.* bunyi loceng.

chimney *kn.* serombong; corong; cerobong.

chimpanzee *kn.* cimpanzi; sejenis monyet Afrika.

chin *kn.* dagu.

China *kn.* negara China.

chinaware *kn.* barangan tembikar.

Chinese *kn.* orang Cina; bahasa Cina.

chip *kn.* serpihan. *kk.* merepeh; mengerat; menghiris.
chipped *ks.* sumbing.

chipmunk *kn.* cipmunk; sejenis tupai kecil yang berbilang dari Amerika

Utara.

chirp *kn.* kicauan burung; siulan.
kk. berkicau; bersiul; mencicip.

chisel *kn.* pahat. *kk.* memahat.

chit-chat *kk.* berbual; bersembang; berborak.

chivalry *kn.* kesatriaan; layanan baik dan penghormatan yang diberi kepada kaum wanita oleh kaum lelaki.

chocolate *kn.* coklat.

choice *kn.* pilihan; pemilihan. *ks.* yang terpilih; terbaik.

choir *kn.* koir; satu pasukan penyanyi.

choke *kk.* tercekik; melemaskan.
choking *ks.* melemaskan.

cholera *kn.* taun; kolera.

choose, chose, chosen *kk.* memilih; memutuskan; membuat keputusan; menentukan.
choosy *ks.* terlalu memilih; cerewet.

chop *kk.* menetak; memenggal; memarang; memotong; mengapak.

chopper *kn.* helikopter.

choppy *ks.* berombak.

chopstick *kn.* sepit.

choral *ks.* secara bersama-sama.

chore *kn.* kerja harian.

chorus *kn.* korus; bahagian lagu yang diulang selepas setiap perenggan.

christen *kk.* dibaptis; memberi nama kepada.

christian *kn.* penganut agama Kristian.

Christmas Krismas; satu perayaan penganut Kristian pada setiap 25 hb Disember.

chrome *kn.* krom; sejenis bahan logam yang digunakan dalam cat.

chronic *ks.* berat; keras; hebat; teruk; kronik.

chronicle *kn.* satu rekod peristiwa mengikut masa ianya berlaku.

chronology *kn.* menurut tertib peristiwa dan tarikhnya; menurut susunan; kronologi.

chubby *ks.* tembam; montel; montok.

chuck *kk.* membuang; melempar; mencampakkan.
chuck out *kk.* mencampakkan; membuang.

chuckle *kk.* ketawa perlahan-lahan.

chunking *kn.* pengelompokan.

chrysalis *kn.* kepompong; krisalis.

chrysanthemum *kn.* bunga kekwa.

chug *kk.* bergerak dengan mengeluarkan bunyi injin atau motor.

chum *kn.* kawan karib.

chunk *kn.* potongan-potongan.

church *kn.* gereja.

churn *kk.* mengacau.

chute *kn.* peluncur.

cicada *kn.* riang-riang; cengkerik.

cider *kn.* sejenis minuman yang dibuat daripada epal.

cigar *kn.* cerut.

cigarette *kn.* rokok.

cinder *kn.* seketul arang batu atau kayu yang sebahagiannya telah terbakar dan masih panas.

cine-camera *kn.* sejenis kamera gerak.

cinema *kn.* panggung wayang; pawagam.

cinnamon *kn.* kulit kayu manis.

cipher *kn.* kosong; sifar.

circle *kn.* bulatan; lingkaran; lingkungan.

circuit *kn.* litar; perkitaran; pusingan; perpusingan.

circular *kn.* surat edaran; surat pekeliling. *ks.* bulat.
circular letter surat pekeliling.

circulate *kk.* berlegar; beredar.
circulation *kn.* pengaliran; peredaran.

circumcise *kk.* mengkhatan; menyunat.
circumciser *kn.* tukang sunat; mudim.

circumference *kn.* lingkungan; keliling; lilitan.

circumstance *kn.* suasana; keadaan.

cistern *kn.* tangki air.

cite *kk.* menyedut; memetik.
citation *kn.* pemetikan; penyedutan; sedutan.

citizen *kn.* warganegara; rakyat.
citizenship *kn.* kerakyatan; kewarganegaraan.

citrus *kn.* buah sitrus.

city *kn.* bandar; bandar raya; kota.
city hall dewan bandar raya.

civet, civet-cat *kn.* musang.

civics *kn.* tatarakyat; sivik.

civil *ks.* awam (bukan tentera); sivil.
civilian *kn.* orang awam.
civil action tindakan sivil.
civil marriage perkahwinan yang tidak mengikut adat istiadat (kecuali agama Islam) tetapi sah dan diakui oleh undang-undang.
civil rights hak awam.
civil servant kakitangan kerajaan.
civil service perkhidmatan awam.
civil war perang saudara.

civilise, civilize *kk.* membawa tamadun; memperadabkan.
civilisation, civilization *kn.* peradaban; tamadun.

clad *kk.* berpakaian.

claim *kk.* menuntut hak; mendakwa.

kn. tuntutan; dakwaan.

clam *kn.* sejenis kepah besar.

clamber *kk.* memanjat dengan susah payah.

clammy *ks.* agak basah; lembap; kemal; lengas.

clamour *kn.* kegemparan; kebisingan; riuh-rendah. *kk.* gempar.

clamp *kn.* pengapit. *kk.* mengapit.

clan *kn.* suku; kaum; puak.

clang *kk.* membuat bunyi spt. bunyi loceng. *kn.* bunyi loceng.

clank *kn.* bunyi besi tergesel-gesel.

clap *kk.* bertepuk tangan; menepuk; berdentam.

clarify *kk.* menerangkan; menjelaskan.
clarification *kn.* penjelasan; penerangan.

clarinet *kn.* klarinet; sejenis alat muzik.

clarity *kn.* jelas.

clash *kn.* pertempuran. *kk.* bertempur.

clasp *kn.* kancing; sejenis alat untuk mencangkuk.

class *kn.* kupu; golongan; darjah; kelas.
classy *ks.* ada kelas.
classmate *kn.* rakan sekelas; rakan sedarjah.
middle class golongan pertengahan.
no class tidak ada kelas; tidak ada standard.
upper class golongan atasan.

classify *kk.* menggolongkan; menjeniskan; mengkelaskan.
classification *kn.* pengkelasan; penjenisan; klasifikasi.
classified *ks.* terkelas.
classifier *kn.* penjodoh bilangan.

clatter *kn.* kelentang-kelengtang.

clause *kn.* fasal; suatu bahagian ayat; klausa.

claw *kn.* kuku binatang; penyepit; sepit.

clay *kn.* tanah liat.

clean *ks.* bersih; kemas.
kk. membersihkan; mencuci.
kn. pencucian; pembersihan.
cleaner *kn.* tukang cuci; pencuci.
cleanliness *kn.* kebersihan.
clean air udara bersih.
clean-cut *ks.* kemas.
clean up mengemaskan.

cleanse *kk.* menyucikan;
membersihkan.
cleansing *ks.* pembersihan.

clear *ks.* terang; hening-bening; cerah;
jernih; jelas; lantang.
clearing *kn.* pengemasan;
pembersihan; cerang.
clear-cut *ks.* jelas; terang.
clear off menyelesaikan;
membereskan; berlari.
clear out mengosongkan; keluar dari.
clear up membersihkan;
mengemaskan.
clearly *kkt.* dengan terang; jelas;
nyata.

cleave *kk.* membelah; terbelah;
memecahkan.
cleavage *kn.* rekah; jurang; belah.

clef *kn.* klef; tanda untuk menunjukkan
tala.

cleft *kn.* rekah, belah.

clement *ks.* bersifat belas kasihan;
lembut.

clench *kk.* menggenggam; mengetam.

clergy *kn.* paderi Kristian.

clerical *ks.* 1. hal berkaitan dengan
paderi. 2. pekeranian.

clerk *kn.* kerani.

clever *ks.* pandai; cerdik; bijak.
cleverness *kn.* kepandaian;
kecekapan; kemahiran.

cliche *kn.* klise; idea atau bahasa yang
selalu sangat diguna sehingga

menjadi bosan.

click *kn.* bunyi kertik. *kk.* menjadi jelas
dengan serta merta.

client *kn.* pelanggan.

cliff *kn.* tebing tinggi.

climate *kn.* hawa; iklim.

climax *kn.* puncak; kemuncak; klimaks.

climb *kk.* memanjat; mendaki;
meningkat. *kn.* pendakian
climber *kn.* pendaki.
climbing *kk.* memanjat.
climb down turun; mengalah.

clinch *kn.* & *kk.* pelukan. *kk.* memeluk.

cling *kk.* berpaut; bergantung; melekap.
cling together berpautan; berpelukan.

clinic *kn.* klinik.

clink *kn.* bunyi spt. wang logam.

clip *kn.* penyepit; klip.
clipper *kn.* pengetam; pengetip.
clipping *kn.* potongan.
clip on menyepitkan; mengklipkan.

clique *kn.* klik; sekumpulan kawan.

cloak *kk.* menyelubungi;
menyembunyikan; menutupi.
kn. selubung.
cloak and dagger penuh dengan tipu
muslihat.

clock *kn.* jam.
clockwise *ks.* & *kkt.* ikut jam.
against the clock terdesak.
alarm clock jam loceng.
anti-clockwise *ks.* & *kkt.* lawan arah
jam; songsang jam.
beat the clock tiba sebelum masanya.
round the clock siang malam.

clod *kn.* seketul tanah.

clog *kn.* terompah.

cloister *kn.* tempat berjalan bertutup
biasanya di gereja.

close *ks.* bertutup; berpagar; rapat;
dekat; hampir; karib.

kkt. berhampiran; berdekatan.
kk. menutup; memejam; mengatup; menudung; menghentikan; mengakhiri; tertutup; berakhir.
closeness *kn.* berhampiran; berdekatan.
closure *kn.* penutupan.
close down menutup; ditutup; memberhentikan.
close in semakin dekat; semakin singkat; hampir; mengepung.
close-up *ks.* yang diambil dari dekat.

closet *kn.* almari.

clot *kn.* sesuatu yang telah beku spt. darah. *kk.* membeku.

cloth *kn.* kain.
clothing *kn.* pakaian.
clothes *kn.* pakaian.
clothes-hanger *kn.* penyangkut baju.

cloud *kn.* awan.
cloudy *ks.* mendung; redup.

clove *kn.* bunga cengkih.

clown *kn.* pelawak; badut.

cloy *kk.* memuakkan; menjemukan; menjelakkan.

club *kn.* kelab.

cluck *kn.* bunyi ketuk ayam. *kk.* berketuk.

clue *kn.* tanda; petunjuk; kunci; bukti.

clump *kn.* rumpun. *kk.* berjalan dengan menghentamkan kaki kuat-kuat.

clumsy *ks.* kekok; janggal; kusut; canggung.

cluster *kn.* kelompok; rumpun; gugusan.

clutch *kk.* menggenggam; mendakap; mencekau; memeluk. *kn.* genggaman; cengkaman.

clutter *kn.* keadaan tidak teratur atau kemas. *kk.* menyelerak.

coach *kn.* kereta kuda; gerabak; jurulatih. *kk.* membimbing; melatih.

coal *kn.* arang batu.

coarse *ks.* kasar; kesat; kasap.

coast *kn.* pantai.
coastal *ks.* pantai.
coastguard *kn.* pengawal pantai; peronda pantai.
coastline *kn.* pinggir laut; tepi laut.

coat *kn.* bulu; saduran; kot. *kk.* menutupi; menyadur.
coated *ks.* bersalut.

co-author *kn.* pengarang bersama.

coax *kk.* memujuk.

cobble *kn.* batu bundar.

cobbler *kn.* tukang kasut.

cobra *kn.* ular senduk; ular tedung.

cobweb *kn.* sawang; sarang labah-labah.

cocaine *kn.* kokain; sejenis dadah.

cock *kn.* ayam jantan.
cocky *ks.* berlagak.
cock-and-bull story temberang; cerita karut.
cock-eyed *ks.* mata juling.
cock-fighting *kn.* laga ayam; sabung ayam.
cockpit *kn.* kokpit; tempat duduk pemandu kapal terbang.

cockatoo *kn.* burung kakak tua.

cockle *kn.* kerang.

cockroach *kn.* lipas.

cocoa *kn.* 1. serbuk koko. 2. minuman koko.

coconut *kn.* kelapa; nyiur.
coconut milk santan.

cocoon *kn.* sarang kepompong.

cod *kn.* ikan kod.

code *kn.* bahasa isyarat; tatacara; kod.

coding *kn.* pengekodan.

coeducation *kn.* murid lelaki dan perempuan belajar bersama; pendidikan campuran.

coefficient *kn.* pekali; ko-efisien.

coerce *kk.* memaksa.

coexist *kk.* wujud bersama-sama.
coexistence *kn.* kewujudan bersama.

coffee *kn.* kopi.
coffee-maker *kn.* alat pembuat kopi; pembancuh kopi.

coffin *kn.* keranda; larung.

cog *kn.* gigi roda.

cognate *ks.* serumpun; berkaitan; seketurunan; kognat.

cognition *kn.* kesedaran; ketahuan; kognisi.

cohabit *kk.* bersekedudukan.
cohabitation *kn.* kehidupan bersama spt. suami isteri; bersekedudukan.

cohere *kk.* melekat; berangkai; berpadu; berpaut.
coherence *kn.* kesepaduan.
coherent *ks.* terang; jelas; koheren.

coil *kk.* berbelit; berlingkar; bergelung. *kn.* gelung; lingkaran; belitan.

coin *kn.* syiling.

coincide *kk.* berlaku serentak; bersesuaian; berbetulan; secocok; sependapat; bersatu pendapat.
coincidence *kn.* sesuatu yang tidak disangka; persamaan; kebetulan.
coincidental *ks.* kebetulan.

colander *kn.* bekas yang mempunyai lubang-lubang kecil.

cold *ks.* sejuk; dingin. *kn.* selesema; kesejukan; kedinginan.
coldness *kn.* kedinginan; kesejukan.
cold-blooded *ks.* tidak berperikemanusiaan.
cold drink minuman sejuk.
cold-hearted *ks.* dingin.
cold welcome sambutan yang dingin; sambutan yang sepi.

collaborate *kk.* bekerja sama; saling membantu; bersubahat; bersekongkol.
collaboration *kn.* permuafakatan.
collaborative action inquiry kajian tindakan muafakat.

collage *kn.* kolaj.

collapse *kk.* musnah; tumbang; roboh. *kn.* keruntuhan.

collar *kn.* leher baju; kolar.

collator *kn.* pengkolasi, alat untuk menyusun helaian bahan certak secara automatik.

colleague *kn.* teman sekerja; rakan sejawat.

collect *kk.* mengumpul; memungut; mengutip; menghimpun; berkumpul.
collection *kn.* pemungutan; pengambilan; kumpulan; koleksi.
collective *ks.* bersatu; bersama; kolektif.
collector *kn.* pemungut; pengutip.

college *kn.* maktab; kolej.

collide *kk.* bercanggah; berlanggar; berlaga.
collision *kn.* perlanggaran; percanggahan; pertentangan.

colloquial *ks.* bahasa tidak formal.

colon *kn.* tanda (:); titik bertindih.

colonel *kn.* kolonel; pangkat dalam tentera.

colony *kn.* kumpulan; kelompok; tanah jajahan; koloni.
colonial *ks.* hal berkaitan dengan penjajahan; kolonial.
colonise, colonize *kk.* menjajah.
colonisation, colonization *kn.* penjajahan.

colossal *ks.* paling atau amat besar.

colour *kn.* warna.
colour blind buta warna.
coloured *ks.* berwarna.
colouring *kn.* pewarnaan.

primary colour warna utama; warna primer.
true colours nampak belang.
with flying colours dengan cemerlang.

colt *kn*. anak kuda jantan.

column *kn*. ruang (dalam surat-khabar).
columnist *kn*. penulis ruang.

coma *kn*. tenat; keadaan koma.

comb *kn*. sikat; sisir. *kk*. menyisir; menyikat.

combat *kk*. memerangi; melawan; menempur. *kn*. perlawanan; pertempuran.

combine *kk*. bersekutu; bersatu; menggabungkan; memadukan; bergabung.
combination *kn*. penggabungan; gabungan.

combustible *ks*. mudah terbakar.
combustion *kn*. pembakaran.

come, came *kk*. mari; datang; sampai; merapati; mendekati.
coming *ks*. & *kk*. akan datang.
come about terjadi; berlaku.
come across terjumpa; melintasi.
come along datang bersama; mari bersama-sama; ikut sekali; ikut sama.
come and go datang dan pergi.
come back balik; pulang; kembali.
come between mengganggu; menghalang.
come by singgah.
come down melarat; jatuh; turun.
coming week minggu akan datang.
how come fasal apa; bagaimana pula.

comedian *kn*. orang lawak; pelawak; pelakon komedi.

comedy *kn*. komedi; cerita jenaka atau lawak.

comet *kn*. bintang berekor; komet.

comfort *kk*. menenteramkan; melipurkan. *kn*. sesuatu yang menenangkan hati; keselesaan; keenakan; sesuatu yang menghiburkan hati.
comfortable *ks*. lega; enak; sedap; selesa.

comic *ks*. lawak; menggelikan hati; lucu. *kn*. komik.

comma *kn*. koma; tanda [,].

command *kk*. menghukum; mengerah; mengarahkan; memerintahkan. *kn*. arahan; perintah.
commander *kn*. panglima perang; komander.
commanding *ks*. pemerintah.

commando *kn*. komando; pasukan tentera khas.

commemorate *kk*. memperingati; mengenangkan.
commemoration *kn*. sesuatu yang memperingatkan.
commemorative *ks*. peringatan.

commence *kk*. memulakan; bermula.

commend *kk*. memuji.
commendation *kn*. pujian.

commensurate *ks*. sama dengan; sepadan; seimbang; bersamaan.

comment *kn*. ulasan; pandangan; bidasan; kritik; komen. *kk*. mengulas; membuat komen.
commentary *kn*. ulasan; komentar.
commentator *kn*. pengulas.

commerce *kn*. perdagangan.
commercial *ks*. perdagangan; perniagaan; komersil.

commission *kn*. 1. suruhanjaya. 2. dalal; komisen.
commissioner *kn*. pesuruhjaya.

commit *kk*. melakukan; mengumpukkan; menyerahkan; menguntukkan.
commitment *kn*. kewajipan; tanggungjawab; penglibatan; tanggungan; komitmen.
committed *ks*. terikat.

committee *kn*. jawatankuasa; panitia.

standing committee jawatankuasa tetap.

commodity *kn.* barangan; barang dagangan; komoditi.

common *ks.* ramai; biasa; umum; am.
commoner *kn.* rakyat jelata; orang kebanyakan.
common consent dipersetujui ramai.
common ground persamaan.
common knowledge pengetahuan umum.
common sense akal budi.
common use sering digunakan.

Commonwealth *kn.* Komanwel; satu gabungan negara merdeka yang pernah dijajah oleh British.

commotion *kn.* huru-hara atau kegemparan.

commune *kk.* menghayati; berhubung.
communal *ks.* perkauman; bersama; komunal.

communicate *kk.* berhubung; menyampaikan; berkomunikasi.
communicability *kn.* kebolehan komunikasi.
communication *kn.* hubungan; perkhabaran; perhubungan; komunikasi.
communication satellite satelit komunikasi; alat yang dilancarkan ke angkasa lepas sebagai stesen komunikasi.
communication skills kemahiran komunikasi.
communication theory teori komunikasi.

communion *kn.* perkongsian; pergaulan; persekutuan; perhubungan.

community *kn.* masyarakat; komuniti.
community based learning pembelajaran berasaskan komuniti.
community resource sumber komuniti.

commute *kk.* berulangalik.

compact *kn.* perjanjian; persetujuan.

ks. padat; padu.
compact disc cakera padat.
compact disc player alat main cakera padat.

companion *kn.* sahabat; teman; rakan.
companionship *kn.* teman.

company *kn.* kumpulan orang menemani; perkongsian; rombongan; syarikat; kompeni.
keep company bergaul; bercampur.

compare *kk.* membandingkan.
comparison *kn.* perbandingan; persamaan.
comparative *ks.* perbandingan.
comparatively *kkt.* secara perbandingan.

compartment *kn.* bahagian; petak.
compartmentalise, compartmentalize *kk.* membahagikan.

compass *kn.* pedoman; jangka; kompas.

compassion *kn.* simpati; belas kasihan.
compassionate *ks.* penuh belas kasihan.

compatible *ks.* yang bersesuaian; sepadan dengan.
compatibility *kn.* keserasian.

compel *kk.* menarik; memaksa.

compensate *kk.* menggantikan; memampasi.
compensation *kn.* ganti rugi; pampasan.

compère *kn.* juruacara.

compete *kk.* bertanding; bersaingan; berlumba.
competition *kn.* peraduan; pertandingan; persaingan.
competitor *kn.* pesaing; peserta.

competency *kn.* kecekapan.
competence *kn.* kecekapan; kemampuan; kesanggupan.
competent *ks.* berkebolehan; cekap; layak.
competency test ujian kecekapan.

compile *kk.* menyusun.
compilation *kn.* penyusunan.
compiler *kn.* penyusun.

complain *kk.* bersungut; mengadu.
complainant *kn.* penuntut; pengadu.

complement *kn.* penggenap;
pelengkap. *kk.* melengkapi;
melengkapkan.
complementary *ks.* saling melengkapi.

complete *kk.* menghabiskan;
melengkapkan; menamatkan;
menyempurnakan.
completely *kkt.* sama sekali;
benar-benar; betul-betul.

complex *ks.* rumit; kompleks.
kn. kompleks.
complexity *kn.* kesulitan; kerumitan.

complexion *kn.* kulit muka; air muka;
wajah.

compliance *kn.* pematuhan.

complicate *kk.* merumitkan;
menyukarkan.
complicated *ks.* rumit; kompleks.
complication *kn.* kerumitan;
kekusutan; komplikasi.

compliment *kn.* pujian. *kk.* memuji.
complimentary *ks.* secara ikhlas.

comply *kk.* mengikut; menurut;
menyetujui; mematuhi.

component *kn.* komponen; juzuk.

compose *kk.* menggubah; mengarang;
mereka.
composed *ks.* tenang; sabar.
composer *kn.* penggubah.

composite *kn.* komposit; gubahan;
sumbangan atau susunan gambar
dalam montaj untuk menarik minat.
composition *kn.* karangan; gubahan;
susunan; ciptaan.
compositor *kn.* pengatur huruf;
pengatur taip.

compost *kn.* kompos; baja yang dibuat
daripada sampah atau tahi.

compound *kn.* lingkungan; kawasan;

sebatian. *ks.* majmuk.

comprehend *kk.* memahami;
mengerti; meliputi.
comprehensible *ks.* dapat difahami.
comprehension *kn.* pengertian;
pemahaman; fahaman..
comprehensive *ks.* menyeluruh; luas;
lengkap.

compress *kk.* memampatkan;
menekan.
compressed *ks.* termampat.
compression *kn.* pemampatan.
compressor *kn.* pemampat.
compressed air udara termampat.

comprise *kk.* mengandungi;
mempunyai.

compromise *kk.* bertolak ansur.
kn. kata sepakat; berkompromi.
compromising *ks.* menimbulkan
curiga.

compulsion *kn.* paksaan; desakan kuat.
compulsory *ks.* wajib; mesti; tidak
boleh tidak.

compute *kk.* menghitung; mengira;
menghisab; menaksirkan.
computer *kn.* komputer.
computer-aided design (CAD) reka
bentul bantuan komputer.
computer-aided instruction (CAI)
pengajaran bantuan komputer.
computer-assisted learning (CAL)
pembelajaran bantuan komputer.
computer game permainan komputer.
computer labarotory makmal
komputer.
computer language bahasa komputer.
computer literacy celik komputer.
computer network rangkaian
komputer.
computer peripheral pelengkap
komputer.
computer simulation simulasi
komputer; penyelakuan komputer.
computer terminal terminal
komputer.

comrade *kn.* taulan; rakan
seperjuangan.

con *kk.* menipu.

concave *ks.* cekung.

conceal *kk.* menyembunyikan; menyorok; merahsiakan.

concede *kk.* menyerahkan; mengalah; memperkenankan; mengaku.

conceit *kn.* perasaan sombong.

conceive *kk.* membayangkan; memikirkan; telah melahirkan (anak).
conceivable *ks.* dapat dipercayai; dapat difikirkan; boleh dibayangkan.

concentrate *kk.* mengarahkan; menumpukan.
concentrated *ks.* kuat; hebat; bersungguh-sungguh; pekat.
concentration *kn.* penumpuan; pemusatan.

concept *kn.* pengertian; gagasan; tanggapan; konsep.
conception *kn.* pengertian; tanggapan; mengkonsepsikan.

concern *kn.* kebimbangan; kesedihan; kekhuatiran. *kk.* mengenai; membimbangkan; memasyghulkan.
concerned *ks.* mementingkan; mengambil berat; bimbang.
concerning *ksd.* berkenaan dengan; tentang.

concert *kn.* sandiwara; anekarama; konsert.

concertina *kn.* sejenis alat muzik spt. akordion kecil.

concession *kn.* konsesi; tolak ansur.

conciliate *kk.* menenteramkan; menenangkan; memujuk; mendamaikan.
conciliation *kn.* pendamaian.

concise *ks.* ringkas; pendek; padat.

conclude *kk.* menyudahkan; mengakhiri; menyimpulkan; menghabisi.
conclusion *kn.* tamat; selesai; berakhir; kesudahan; kesimpulan.

concord *kn.* keharmonian, persetujuan.
concordant *ks.* berdamai; sejajar; selaras.
concordance *kn.* kesejajaran; persetujuan.

concrete *kn.* 1. konkrit; campuran simen dan pasir dengan kelikir. 2. maujud; boleh dinampak dan disentuh.

concubine *kn.* gundik; kendak.

concur *kk.* sependapat; bersetuju dengan.

concurrent *ks.* serentak; sejajar; selaras.

concussion *kn.* kecederaan pada otak.

condemn *kk.* mengutuk.
condemnation *kn.* hukuman; pengutukan.

condense *kk.* meringkaskan; memadatkan; memekatkan.
condensed milk susu pekat.
condensation *kn.* ringkasan.

condition *kn.* keadaan; syarat; janji.
conditioner *kn.* perapi.
conditioning *kn.* pelaziman.
hair conditioner perapi rambut.
in bad condition dalam keadaan buruk.
in no condition keadaan tidak sihat; keadaan yang tidak membenarkan.
on condition that dengan syarat; jikalau hanya.
Pavlovian conditioning pelaziman klasik.

condolence *kn.* takziah.

conduct *kk.* mengelolakan; menjalankan; menguruskan; mengepalai; memimpin. *kn.* perangai; kelakuan; adab.
conduction *kn.* pengkonduksian.
conductor *kn.* pemimpin; konduktor.
good conduct kelakuan baik.

cone *kn.* kon, bungkah.

confectioner *kn.* pembuat makanan dan minuman manisan.

confectionery *kn.* kilang atau kedai membuat makanan dan minuman manisan.

confederacy *kn.* gabungan.
confederate *ks.* gabungan. *kk.* gabung; pakat; sekutu.
confederation *kn.* gabungan; persekutuan; persyarikatan.

confer *kk.* menganugerahkan; mengurniakan; berunding.
conference *kn.* persidangan; muktamar.

confess *kk.* membuat pengakuan; mengaku.
confession *kn.* pengakuan.

confide *kk.* mencurahkan perasaan kepada seseorang; mengadu.

confident *ks.* yakin.
confidence *kn.* keyakinan; kepercayaan.
confidential *ks.* sulit; rahsia.
confidentially *kkt.* secara sulit.

configuration *kn.* garis bentuk kasar; susunan; aturan.

confine *kk.* mengkhususkan; mengurung; membatasi. *kn.* batas.
confinement *kn.* pengurungan; persalinan; tahanan.

confirm *kk.* mengesahkan.
confirmation *kn.* pengesahan; penetapan.

confiscate *kk.* merampas; menyita.
confiscated *ks.* dirampas; disita.
confiscation *kn.* penyitaan perampasan.

conflict *kn.* pertelagahan; pertentangan; pertikaian; konflik.
conflicting *ks.* bercanggah; bertentangan.

confluence *kn.* pertemuan sungai; kuala.

conform *kk.* mengikut; menurut.
conformation *kn.* keadaan sesuatu dibentuk.

confront *kk.* menghadapi; bersemuka.

confrontation *kn.* pertentangan; konfrontasi.

confuse *kk.* mengelirukan; tidak teratur; mengacaukan.
confused *ks.* kacau; keliru.
confusing *ks.* mengelirukan.
confusion *kn.* kekeliruan.

congeal *kk.* membekukan; memekatkan.

congenial *ks.* menyenangkan; sesuai; sefaham.

congested *ks.* penuh sesak.

congratulate *kk.* mengucapkan tahniah.
congratulations *ksr.* tahniah.
congratulatory *ks.* tahniah.

congregate *kk.* berkumpul atau berhimpun.
congregation *kn.* perhimpunan.

congress *kn.* kongres, parlimen Amerika Syarikat.

conical *ks.* berbentuk kon.

conifer *kn.* konifer; sejenis tumbuhan yang berbentuk kon.

conjecture *kk.* mengagak; menyangka; meneka; menduga.

conjunction *kn.* kata penghubung; gabungan; rangkaian; hubungan.

conjure *kk.* membuat sesuatu wujud dengan menggunakan ilmu sihir.

conman *kn.* penipu.

connect *kk.* disambung; bersambung; menghubungkan.
connected *ks.* ada kaitannya; mempunyai hubungan.
connecting *ks.* sambung; penghubung.
connection *kn.* penyambungan; kaitan; hubungan.
connector *kn.* penyambung.

conquer *kk.* menguasai; mengalahkan; memenangi; menawan.
conqueror *kn.* penakluk; penjajah.

conquest *kn.* kejayaan menawan sesuatu.

conscience *kn.* suara hati.
conscientious *ks.* rajin dan bersungguh-sungguh.
conscientiously *kkt.* secara rajin.

conscious *ks.* insaf; sedar.
consciousness *kn.* kesedaran; keinsafan; ingatan.

conscript *kk.* mengerah atau memanggil orang masuk tentera secara paksa.

consecutive *ks.* berturutan.

consensus *kn.* konsensus, pendapat orang ramai atau majoriti.

consent *kn.* persetujuan; keizinan. *kk.* mengizinkan; menyetujui.

consequence *kn.* akibat.
consequently *ks.* akibatnya; oleh yang demikian.

conserve *kk.* mengawetkan; menyimpan; memelihara.
conservative *ks.* berfahaman kolot; konservatif.

consider *kk.* mempertimbangkan; memikirkan.
considerable *ks.* banyak; harus ditimbangkan.
considerate *ks.* bertimbang rasa.
consideration *kn.* bertimbang rasa; pertimbangan.
considering *kkt.* memandangkan keadaan. *kp.* memandangkan; menimbangkan.

consign *kk.* mengamanahkan; menyerahkan; menyampaikan; mengkonsainkan.
consignment *kn.* barang-barang kiriman; konsainan.

consist *kk.* mengandungi; terdiri daripada.
consistent *ks.* tekun; tetap; sesuai; selaras.
consistency *kn.* ketekunan; ketetapan; konsisten.

console *kk.* memujuk.
consolation *kn.* penghiburan; hiburan.
consolation prize hadiah sagu hati.

consolidate *kk.* menguatkan; memperkukuhkan; menyatukan; menggabungkan.
consolidated *ks.* disatukan.
consolidation *kn.* penyatuan; penggabungan.

consonant *kn.* konsonan.

consort *kn.* suami kepada ratu yang memerintah; isteri kepada raja yang memerintah; konsot.

conspicuous *ks.* menarik perhatian; ketara; nyata; menonjol.
conspicuously *kkt.* secara menonjol.

conspire *kk.* berkomplot, merancang untuk menentang.
conspiracy *kn.* pakatan sulit; berkomplot; pengkomplotan.
conspirator *kn.* pengkomplot; orang yang berkomplot.

constable *kn.* polis; pegawai keamanan; mata-mata; konstabel.

constant *ks.* tetap; sentiasa; tidak berubah-ubah; malar.

constellation *kn.* buruj.

consternation *kn.* kecemasan; kebingungan; kekejutan; kegemparan; kehairanan.

constipation *kn.* sembelit.
constipated *ks.* sembelit.

constituency *kn.* kawasan atau daerah ahli parlimen.

constitute *kk.* melantik; mengangkat; menubuhkan; terdiri daripada; membentuk.
constitution *kn.* perlembagaan; penubuhan; pembentukan.
constitutional *ks.* perlembagaan.

constrain *kk.* memaksa.
constraint *kn.* desakan kuat; paksaan; kegelisahan.

constrict *kk.* mencerutkan.

construct *kk.* membina; mendirikan.
construction *kn.* pembinaan; binaan; bangunan.

consul *kn.* konsul; wakil sesebuah negara untuk mengurus dan melindungi rakyatnya di negara asing.

consult *kk.* meminta nasihat; meminta pandangan; berunding dengan; mempertimbangkan.
consultant *kn.* pakar runding; perunding.
consultation *kn.* perundingan.
consulting room bilik rundingan.

consume *kk.* menggunakan; membinasakan; menghabiskan; memakan.
consumer *kn.* pengguna.
consumption *kn.* penggunaan.

contact *kk.* menyentuh. *kn.* sentuhan; hubungan.

contagion *kn.* penularan; penjalaran; penjangkitan.
contagious *ks.* yang berjangkit; penyakit berjangkit; mudah berjangkit.

contain *kk.* mengandungi; berisi.
container *kn.* bekas.

contaminate *kk.* mengotori; mencemarkan.
contaminated *ks.* tercemar.
contamination *kn.* pencemaran; pengotoran.

contemplate *kk.* merenungkan; memikirkan; bertujuan.
contemplation *kn.* memikirkan; renungan.

contemporary *ks.* yang sezaman; seangkatan; kontemporari.

contempt *kn.* penghinaan; dipandang rendah; dipandang hina; benci.
contempt of court penghinaan mahkamah; tidak mengendahkan perintah mahkamah.

contend *kk.* menghadapi.

content *ks.* berpuas hati.

kk. memuaskan hati.
contented *ks.* gembira; berpuas hati.
contention *kn.* perbalahan; perdebatan.
contentment *kn.* kepuasaan.
content-centred *kn.* pusatan kandungan.

contents *kn.* kandungan.
content validity kesahan kandungan.

contest *kn.* peraduan; pertandingan.
contestant *kn.* peserta.

context *kn.* konteks. *kn.* peserta.

contingent *kn.* kontingen; pasukan.
contingency *kn.* kontigensi.

continent *kn.* benua.
continental *ks.* kebenuaan.

continue *kk.* bersambung; meneruskan; melanjutkan.
continual *ks.* berterusan.
continually *kkt.* secara berterusan.
continuation *kn.* sambungan pelanjutan.
continued *ks.* berpanjangan; berterusan.
continuing *ks.* berlanjutan; berterusan.
continuity *kn.* kesinambungan; penerusan.
continuous *ks.* berterusan; tidak berhenti-henti; terus-menerus.
continuously *kkt.* secara berturusan.

contour *kn.* kontur; garisan pinggir laut dan gunung pada peta.

contraband *kn.* barang yang dibawa secara haram ke dalam negeri.

contraceptive *kn.* alat pencegah hamil; pil pencegah hamil.
contraception *kn.* perihal mencegah hamil; pencegahan hamil.

contract *kn.* akad; perjanjian; kontrak.

contradict *kk.* menyangkal; membantah; menentang; menyanggah.
contradiction *kn.* ketidaksesuaian; percanggahan; penyangkalan;

penyanggahan.
contradictory *ks.* bertentangan; berlawanan; bercanggah.
contraption *kn.* sejenis alat yang ganjil yang mana penggunaannya kurang jelas.
contrary *ks.* berlawanan; bertentangan. *kkt.* berlawanan dengan.
contrast *kk.* membandingkan. *kn.* perbezaan; kontras; perbandingan.
contribute *kk.* membantu; menyumbang.
contribution *kn.* sumbangan; penyumbangan; bantuan.
contributor *kn.* penyumbang.
contributory *ks.* merupakan; menyebabkan; antara sebab.
control *kk.* memerintah; mengawal; menguasai. *kn.* kawalan; pemerintahan; penahanan.
controller *kn.* pengawal; pengawas.
controlling *ks.* mengawal.
control group kelompok kawalan.
controlled experiment uji kaji terkawal.
control tower menara kawalan.
control unit unit kawalan.
under control dapat dikawal.
controversy *kn.* pertikaian; perselisihan; perbalahan; pertelingkahan; kontroversi.
controversial *ks.* menimbulkan perbalahan.
controvert *kk.* mempertikaikan; membahaskan.
convalesce *kk.* pulih dari sesuatu penyakit.
convalescence *kn.* penyembuhan; pemulihan.
convalescent *kn.* seorang yang sedang pulih atau sembuh dari penyakit.
convene *kk.* bertemu.
convenient *ks.* sesuai; mudah.
convenience *kn.* kesenangan; kemudahan.

conveniently *kkt.* untuk kemudahan seseorang.
at one's convenience mengikut cara dan masa yang menyenangkan atau yang sesuai seseorang.
convent *kn.* biara.
convention *kn.* perhimpunan; muktamar; konvensyen.
conventional *ks.* kelaziman; mengikut adat resam; tradisional; menurut kebiasaan.
converge *kk.* tumpu.
convergent thinking pemikiran tumpu.
converse *kk.* bercakap; berbual.
conversant *ks.* cekap dalam sesuatu hal; mahir dalam sesuatu hal.
conversation *kn.* percakapan; perbualan.
conversational *ks.* secara perbualan.
convert *kk.* menukar; memeluk; mengubah.
conversion *kn.* penukaran; memeluk; menukar haluan.
convex *ks.* mungkum; cembung.
convey *kk.* membawa; menghantar; menyampaikan; memberitahu.
conveyance *kn.* pemindahan harta; pembawaan.
convict *kn.* orang salah; banduan. *kk.* menyabitkan.
conviction *kn.* hukuman; keputusan hakim; kesungguhan; keyakinan.
convince *kk.* meyakinkan.
convincing *ks.* dapat meyakinkan.
convoy *kn.* konvoi; sekumpulan kenderaan.
cook *kn.* tukang masak. *kk.* memasak; menanak.
cookery *kn.* kemahiran memasak.
cooking *ks.* masak.
cookery book buku masakan.
rice cooker periuk nasi.
cookie *kn.* biskut.

cool *ks.* bersikap tenang; sejuk; acuh tak acuh.
cooler *kn.* pendingin.
coolness *kn.* kedinginan; ketenangan; kesejukan.
cool down menjadi sejuk; menjadi tenang.
cool-headed *ks.* berfikiran tenang.
cool it bertenang.
keep cool bertenang.

coolie *kn.* buruh kasar; kuli.

coop *kn.* sangkar.

co-operate *kk.* bekerjasama; bergotong-royong.
co-operation *kn.* kerja sama.
co-operative *ks.* memberikan kerja sama.
co-operative learning strategy strategi belajar bersama.

co-ordinate *kk.* menyelaraskan; menyetarakan.
co-ordination *kn.* penyelarasan; koordinasi.
co-ordinator *kn.* penyelaras; koordinator.

cop *kn.* mata-mata; polis.

cope *kk.* dapat mengatasi masalah, kesusahan dsb.

copier *kn.* mesin salin.

co-pilot *kn.* juruterbang bersama.

copper *kn.* tembaga; kuprum.

copra *kn.* kelapa kering; kopra.

copy *kk.* meniru; menyalin. *kn.* salinan; naskhah.
copyright *ks.* hakcipta.
copywriter *kn.* penulis iklan.

coral *kn.* batu karang; terumbu karang.

cord *kn.* tali.

cordial *ks.* mesra.

core *kn.* teras; empulur.
core subject *kn.* mata pelajaran teras.

cork *kn.* gabus; penyumbat.
kk. menyumbat.

corn *kn.* jagung; bijirin.
cornflour *kn.* tepung jagung.

cornea *kn.* kornea; sejenis selaput yang melindungi mata.

corner *kn.* penjuru; selekoh; bucu; ceruk. *kk.* memerangkap; mengepung.
corner shop kedai tepi.
just around the corner dekat saja.
street corner selekoh jalan.

cornflakes *kn.* sejenis sarapan pagi yang dibuat daripada jagung.

cornflour tepung jagung.

corolla *kn.* sari bunga; korola.

coronary *ks.* hal berkaitan dengan jantung.

coronation *kn.* pertabalan.

coroner *kn.* koroner; seorang penyiasat kematian.

corporal *kn.* korpral; pangkat satu tingkat di bawah sarjan.

corporation *kn.* perbadanan.

corps *kn.* salah satu pasukan tentera.

corpse *kn.* jenazah; bangkai; mayat.

correct *kk.* membetulkan. *ks.* betul; benar; tepat.
correction *kn.* pembetulan.
correctly *kkt.* dengan betul.

correlation *kn.* korelasi.

correspond *kk.* berutus surat; bersetuju. *ks.* sesuai.
correspondent *kn.* wakil pemberita akhbar; koresponden.
corresponding *ks.* sama; sepadan; yang bersamaan.
correspondence column ruangan pembaca.

corridor *kn.* koridor.

corrode *kk.* dimakan karat.

corrugate *kk.* berombak.

corrupt *ks.* keji; buruk; suka menerima rasuah; makan suap.
kk. memburukkan; merosakkan; mengotorkan.
corruption *kn.* rasuah.

cortege *kn.* perarakan pengebumian.

cosmetic *kn.* ramuan untuk mencantikkan kulit; alat solek; kosmetik.

cosmic *ks.* kosmik; duniawi.

cosmonaut *kn.* angkasawan.

cosmopolitan *ks.* kosmopolitan; pelbagai bangsa.

cosmos *kn.* alam semesta; kosmos.

cost *kk.* berharga. *kn.* harga; kos.
costly *ks.* mahal.
cost price harga kos.
at cost dengan harga kos.
at the cost of sehingga mengorbankan.

costume *kn.* pakaian.
costume designer pereka fesyen.
costume jewellery barang kemas.

cosy *ks.* nyaman dan selesa; mesra.

cot *kn.* katil bayi.

cottage *kn.* rumah kecil kampung.

cotton *kn.* kapas.
cotton wool kapas.

couch *kn.* kerusi malas; kaus; sofa; kerusi rehat.

cough *kk.* & *kn.* batuk.
cough mixture *kn.* ubat batuk.

council *kn.* majlis daerah; majlis.
councillor *kn.* ahli majlis; ahli dewan.

counsel *kn.* pandangan; pendapat; nasihat; peguam bagi pihak pendakwa.
counselling *kn.* runding cara; kaunseling.
counsellor *kn.* peguam; kaunselor.

count *kk.* menghitung; membilang; mengira. *kn.* pengiraan; perhitungan.
counter *kn.* tempat membayar wang; kaunter.
countless *ks.* tidak boleh dibilang.
count down mula hitung.

countenance *kn.* wajah.

counteract *kk.* bertindak balas.

counter-attack *kk.* serang balas.
kn. serangan-balas.

counterbalance *kn.* pengimbang balas. *kk.* menimbal balas; mengimbangi.

counterfeit *ks.* tiruan; palsu.

counterpart *kn.* pasangan; kawan sejawat.

country *kn.* negara; tanah air; kampung; desa.
countryside *kn.* luar bandar; kawasan desa.

coup *kn.* perampasan kuasa.

couple *kn.* kelamin; pasangan.
kk. menghubungkan; mencantumkan.

coupon *kn.* kupon.

courage *kn.* keberanian; kegagahan.
courageous *ks.* gagah; berani.

courier *kn.* pemimpin atau pemandu.

course *kn.* perjalanan; haluan; peredaran; kursus.

courseware *kn.* perisian kursus.

court *kn.* mahkamah.
courtier *kn.* pengiring raja.
court martial mahkamah tentera.
courtroom *kn.* bilik perbicaraan.

courteous *ks.* sopan; beradab.
courteously *kkt.* secara sopan.
courtesy *kn.* budi bahasa; sopan santun.

courtship *kn.* proses memikat hati.

cousin *kn.* sepupu.

cove *kn.* teluk kecil.

cover *kk.* menudung; menutup; mengadang. *kn.* penutup; pembungkus; pembalut.
coverage *kn.* liputan; laporan.
covering *kn.* kain penutup; pembungkus.
cover up menyembunyikan; menutup.
take cover mencari perlindungan.

covet *kk.* mengingini.

cow *kn.* lembu betina.
cowhide *kn.* kulit lembu.
cowpox *kn.* cacar lembu.
cowshed *kn.* kandang lembu.

coward *kn.* penakut; pengecut.
cowardly *ks.* pengecut; penakut.

coy *ks.* malu atau segan.

crab *kn.* ketam.

crack *kn.* rekahan. *kk.* retak; rekah.
cracked *ks.* merekah.
cracker *kn.* mercun.
crack-brained *ks.* perangai yang gila-gila; gila bahasa; kegila-gilaan.

crackle *kk.* bunyi letusan kecil.

cradle *kn.* buaian. *kk.* membuai.

craft *kn.* kepandaian; kecerdikan; keahlian; pertukangan; kemahiran; kapal.
craftsman *kn.* tukang.
craftsmanship *kn.* ketukangan; kepakaran.

cram *kk.* mengasak; memadatkan.
crammed *ks.* penuh sesak.

cramp *kn.* kejang; tegang urat; sakit ular-ularan; kekejangan.
cramped *ks.* sempit.

crane *kn.* 1. kren; sejenis mesin untuk mengangkat barang. 2. sejenis burung yang berleher dan berkaki panjang; burung keria.

cranky *ks.* ganjil; aneh laku.

crash[1] *kn.* nahas. *kk.* jatuh menjunam; terhempas; tumbang.

crash[2] *kk.* laga; penghentian operasi sistem komputer disebabkan oleh masalah perisian.

crate *kn.* bekas.

crater *kn.* kawah gunung berapi; genahar.

crave *kk.* mengidam.

crawl *kk.* merangkak.

crayfish *kn.* udang karang.

crayon *kn.* krayon; sejenis pencil untuk mewarna lukisan.

crazy *ks.* gila; kegila-gilaan.
craziness *kn.* kegilaan.

creak *kn.* bunyi keriat-keriut.

cream *kn.* pati; krim.
creamed *ks.* berkrim.
creamy *ks.* penuh berkrim.

crease *kn.* kedut. *kk.* mengedut.

create *kk.* membuat; mewujudkan; mencipta.
creation *kn.* penciptaan; pengwujudan.
creative *ks.* kreatif.
creator *kn.* pencipta.

crèche *kn.* sesuatu tempat untuk penjagaan kanak-kanak untuk sementara waktu.

credence *kn.* kepercayaan.
credential *kn.* bukti kelayakan; surat tauliah.

credible *ks.* boleh dipercayai; munasabah; masuk akal.

credit *kn.* nama baik; pembelian barang dengan berhutang; piutang; kredit.
creditibility *kn.* kebolehpercayaan.
creditable *ks.* patut dipuji.
creditor *kn.* orang yang memberi hutang; orang yang memberi pinjaman.
creditable attempt usaha yang patut dibanggakan.

credulous *ks.* mudah percaya.

creed *kn.* pendapat mengenai agama.

creek *kn.* sungai kecil.

creep, crept *kk.* melata; menjalar; merayap.
creepy *ks.* menyeramkan; mengerikan.

cremate *kk.* membakar mayat sehingga menjadi abu.
cremation *kn.* pembakaran mayat.
crematorium *kn.* tempat pembakaran mayat; krematorium.

crescent *kn.* bulan sabit.

crest *kn.* lambang atau tanda pada lencana.

crew *kn.* anak kapal.

crib *kn.* katil kecil.

cricket 1. *kn.* cengkerik. 2. kriket (sejenis permainan di padang).

crime *kn.* jenayah; kejahatan.
criminal *ks.* hal berkaitan dengan jenayah. *kn.* orang yang melakukan jenayah.

crimson *kn.* merah tua.

cringe *kk.* tunduk.

crinkle *kn.* renyuk; ronyok; kedut; kerut.

cripple *kn.* orang yang tempang.
crippled *ks.* lumpuh; tempang; pincang; capik.

crisis *kn.* kemelut; krisis.
crisis management pengurusan krisis.

crisp *ks.* garing; rapuh; rangup.
crispy *ks.* rangup.

criteria *kn.* kriteria; ukuran yang ditentukan semasa menilai sesuatu program atau benda.
criterion test ujian kriteria.

critic *kn.* pengkritik; pengulas.
critical *ks.* genting; kritis; kritikal.
critical *kkt.* secara kritikal.

criticise, criticize *kk.* mengecam; mengkritik.
criticism *kn.* kecaman; kritikan.

croak *kk.* menguak. *kk.* uak.

crochet *kn.* satu cara jahitan atau kait.

crockery *kn.* pinggan mangkuk; tembikar.

crocodile *kn.* buaya.
crocodile tears tangisan yang dibuat-buat.

crook *kn.* gancu atau sejenis kayu yang mempunyai kait pada hujungnya.
crooked *ks.* berliku; bengkok.

croon *kk.* menyanyi perlahan-lahan.

crop *kn.* hasil tanam-tanaman; hasil buah-buahan.

croquet *kn.* sejenis permainan.

cross *kn.* kayu palang; pangkah; salib. *kk.* menyeberangi; melintas; mengharungi; memangkah.
crossing *kn.* penyeberangan; pelintas.
cross examine *kk.* menyoal balas.
cross-country *kn. & ks.* rentas desa.
cross-eyed *ks.* juling.
cross-legged *kkt.* bersila; dengan kaki bersilang; bersilang kaki.
crossword puzzle teka silang kata.

crotch *kn.* pangkal dahan; kelangkang; pangkal paha.

crouch *kk.* menghendap; membongkok.

crow *kn.* burung gagak. *kk.* berkokok.

crowd *kn.* khalayak ramai; kumpulan orang. *kk.* berkerumun; berasak-asak.
crowded *ks.* ramai; penuh sesak.

crown *kn.* mahkota; mata wang Inggeris bersamaan 5 syiling. *kk.* menabalkan.
crown prince putera mahkota.

crucial *ks.* genting.

crucify *kk.* menghukum mati dengan cara menyalib.

crude *ks.* mentah; kasar.
crude oil *kn.* minyak mentah.

cruel *ks.* bengis; zalim.
cruelty *kn.* kekejaman; kezaliman.

cruise *kk.* belayar. *kn.* pelayaran.

crumb *kn.* remah; serbuk.

crumble *kk.* runtuh.

crumple *kk.* meronyokkan; berkedut; merenyokkan.
crumpled *ks.* renyuk; ronyok; berkedut.

crunch *kk.* kunyah; kerkah.
crunchy *ks.* rangup.

crusade *kn.* perang Salib; perjuangan.

crush *kk.* tumbuk sampai hancur; tumbuk sampai lumat; memusnahkan; menghancurkan.

crust *kn.* kulit atau permukaan yang keras.

Crustacean *kn.* krustasia; jenis haiwan yang berkerang spt. udang.

crutch *kn.* tongkat ketiak.

crux *kn.* pokok dasar.

cry *kk.* teriak; menangis. *kn.* tangisan; jeritan.
cry for help jerit meminta tolong.
crying *ks.* menangis.

crystal *kn.* hablur; kristal.

cub *kn.* anak binatang spt. anak harimau.

cube *kn.* 1. kubus. 2. kuasa tiga.

cubicle *kn.* 1. petak. 2. ruang kecil.

cuckoo *kn.* burung tekukur.

cucumber *kn.* mentimun; timun.

cud *kn.* makanan yang keluar kembali dari perut dan dimamah.

cuddle *kk.* memeluk; mendakap.

cue *kn.* 1. isyarat. 2. kayu billiard.

cueing *kn.* isyarat; penanda.

cuff 1. *kn.* manset. 2. tamparan.

cuisine *kn.* cara masakan.

cul-de-sac *kn.* jalan mati.

culinary *ks.* hal berkaitan dengan masakan.

cull *kk.* 1. mengumpulkan atau memetik. 2. membunuh haiwan yang bilangannya terlalu banyak.

culprit *kn.* orang yang melakukan kesalahan; pesalah; orang salah.

cult *kn.* kepercayaan dan pemujaan.

cultivate *kk.* meneroka serta bercucuk tanam; mencangkul tanah; mengamalkan.
cultivation *kn.* pengerjaan sesuatu; pengusahaan sesuatu; penyuburan; penanaman.
cultivator *kn.* orang yang bercucuk tanam; peladang; petani.

culture *kn.* kebudayaan; peradaban.
cultural *ks.* hal berkaitan dengan budaya.
cultured *ks.* beradab; bersopan.

cum *ksd.* yang juga; merangkap.

cumbersome *ks.* menyusahkan.

cunning *ks.* cerdik; pintar; licik.

cup *kn.* cawan; piala.

cupboard *kn.* gerobok; almari.

curator *kn.* kurator; pegawai yang menguruskan muzium.

curb *kk.* menahani atau menghalang. *kn.* sejenis penahan.

curd *kn.* benda pekat spt. dadih.

curdle *kk.* menjadi pekat atau dadih.

cure *kk.* sembuh; betah; menjadi sihat semula. *kn.* pemulihan; penyembuhan.
curable *ks.* boleh diubati.

curfew *kn.* perintah berkurung.

curious *ks.* ingin tahu; aneh; pelik.
curiosity *kn.* keinginan untuk tahu;
sifat ingin tahu.

curl *kn.* keriting; ikal.
curl up berlingkar.
curly *ks.* keriting halus.

currant *kn.* 1. sejenis buah anggur.
2. kismis.

currency *kn.* mata wang.

current *kn.* arus (air); aliran elektrik;
sekarang ini; peristiwa semasa.
currently *kkt.* pada masa ini.

curriculum *kn.* sukatan pelajaran;
kurikulum.

curry *kn.* gulai; kari.

curse *kk.* maki; kutuk. *kn.* sumpah
seranah; makian.
under a curse kena sumpahan.

cursive *ks.* tulisan sambung; kursif.

cursor *kn.* kursor.

curt *ks.* ringkas dan kasar.

curtail *kk.* meringkaskan.

curtain *kn.* tabir; langsir; tirai.

curtsy, curtsey *kn.* satu cara tunduk
untuk perempuan.

curve *kn.* lengkok; lengkungan; garis
melengkung.
curved *ks.* melengkung.

cushion *kn.* kusyen; bantal atau tilam.
kk. mengurangkan gegaran.

custard *kn.* kastard; sejenis makanan
campuran telur, tepung susu dan gula.

custody *kn.* penjagaan.

custom *kn.* adat; resam; kelaziman.
customary *ks.* menjadi kelaziman;
kebiasaan.
customer *kn.* pembeli barang;
pelanggan.

customs *kn.* cukai; kastam.

cut *kn.* potongan; luka; pukulan.
kk. memotong; menggunting;
mencantas; menebang; menebas.
cutter *kn.* sejenis alat pemotong;
pemotong..
cutting *kn.* keratan; potongan.
cut across merentasi.
cut down expenses mengurangkan
perbelanjaan.
cutting point titik sunting.
cut out mengerat; memotong.
cut short memendekkan; memotong
cakap.
cut-throat *ks.* mencekik darah;
sembelih.

cute *ks.* manis; jelita; comel (menarik).

cuticle *kn.* kulit ari; kulit kuku; kutikel.

cutlery *kn.* kutleri; alat-alat spt. garpu,
sudu, pisau.

cutlet *kn.* potongan daging yang
dimasak.

cuttlefish *kn.* sotong.

cyanide *kn.* sejenis racun.

cybernetic *kn.* sibernetik; pengajian
saintifik mengenai bagaimana
maklumat dikomunikasikan pada
mesin dan alat elektronik.

cycle *kn.* peredaran; pusingan; kitaran;
basikal.
cycling *kn.* menunggang basikal.
cyclist *kn.* penunggang basikal.

cyclone *kn.* angin puting beliung;
siklon.

cygnet *kn.* anak angsa.

cymbal *kn.* simbal; sejenis alat muzik
berbentuk seperti piring.

cynic *kn.* orang yang bersifat sinis.

cyst *kn.* pundi-pundi yang berisi
dengan benda cecair dalam badan.

Dd

dab *kk.* mengelap; mengesat; mencalitkan; membubuh.

dabble *kk.* mengocak air dengan tangan atau kaki.

dachshund *kn.* sejenis anjing yang berkaki pendek.

daddy *kn.* ayah; abah.

daffodil *kn.* sejenis bunga yang berwarna kuning berbentuk loceng biasanya terdapat pada musim bunga.

daft *ks.* bodoh; dungu.

dagger *kn.* badik.

daily *kkt.* harian; setiap hari.
daily newspaper akhbar harian.

dainty *ks.* ayu; cantik; jelita.

dairy *kn.* tempat memerah dan menyediakan susu, dll.; tenusu.
dairy cattle lembu tenusu.
dairy factory kilang tenusu.
dairy products hasil tenusu.
dairymaid *kn.* gadis pemerah susu.

daisy *kn.* sejenis bunga yang berbentuk bulat dan dikelilingi dengan kelopak halus.

dam *kn.* bendungan; empangan.

damage *kn.* kecederaan; kerosakan; ganti rugi; kerugian. *kk.* merosakkan; merugikan.
damaged *ks.* rosak.
damages *kn.* bayaran ganti rugi.
damaging *ks.* merosakkan.

dame *kn.* wanita; perempuan.

damned *ks.* dilaknat Tuhan; terkutuk; terlampau.

damned fool seorang yang sangat bodoh.

damp *ks.* lembap. *kk.* mengurangkan.
dampen *kk.* membasahkan; melembapkan.

dance *kk.* menari; berdansa. *kn.* tarian; joget.
dancer *kn.* penari.
dancing *kn.* tarian.

dandelion *kn.* sejenis bunga kecil yang berwarna kuning dengan kelopak yang panjang dan halus.

dandruff *kn.* kelemumur.

danger *kn.* bahaya.
out of danger terselamat dari bahaya; terlepas dari bahaya.
dangerous *ks.* berbahaya.

dangle *kk.* tergantung; berjuntai; berbuai-buai.

dapple *kk.* menanda dengan bintik-bintik.
dappled *ks.* berbintik-bintik.

dare *kk.* berani menghadapi.
daring *kn.* keberanian. *ks.* gagah; perkasa; berani.
daredevil *kn.* seorang yang berani. *ks.* nekad.

dark *ks.* gelap; hitam; kelam; tua (warna).
darken *kk.* menjadi gelap; menghitamkan; menggelapkan.
darkened *ks.* gelap.
darkness *kn.* kegelapan; gelap.
dark room bilik gelap.

darling *kn.* kesayangan; kekasih.

darn *kk.* menampal.

dart *kn.* terkaman; damak.
kk. meluru; menerpa.

dash *kn.* terkaman; serbuan.
kk. melulu; melemparkan;
menghempaskan.
dashboard *kn.* papan pesawat.
dashing *ks.* tampan.

data *kn.* data ; bacaan yang dihasilkan
daripada ujian atau kajian.
data base pangkalan data.
data compression pemampatan data.

date[1] *kn.* tarikh; tanggal; haribulan.
kk. mentarikhkan; membubuh hari
bulan; menentukan tarikh.
dated *ks.* bertarikh.
dateless *ks.* tidak bertarikh; tidak
berhari bulan.
out of date ketinggalan zaman; tidak
dipakai lagi.
to date sehingga kini; setakat ini.
up to date mengemaskinikan;
menurut edaran zaman.

date[1] *kn.* buah kurma; tamar.

daughter *kn.* anak perempuan.
daughter-in-law *kn.* menantu
perempuan.

daunt *kk.* menggetarkan; melemahkan
semangat; menakutkan.
dauntless *ks.* tidak gentar; berani;
tabah; gigih.

dawdle *kk.* berlengah-lengah.

dawn *kn.* dinihari; fajar; subuh.
kk. menyingsing.

day *kn.* hari; siang.
daybreak *kn.* dinihari; fajar.
day-dream *kn.* angan-angan;
khayalan; lamunan.
daylight *kn.* siang hari.
day-long *ks.* & *kkt.* sepanjang hari.
day off *kn.* hari tidak bekerja.
daytime *kn.* waktu siang; siang hari.
a day or two sehari dua.
by day semasa siang.
present day masa sekarang.
the other day beberapa hari yang lalu.

daze *kk.* membingungkan.

dazzle *kk.* menyilaukan.

dead *ks.* 1. mati; meninggal dunia;
mangkat; layu. 2. tidak berjalan lagi.
deadly *ks.* merbahaya; boleh
membawa maut.
dead end jalan buntu; jalan mati.
dead-end *ks.* tidak memberikan
harapan cerah.
deadline *kn.* batas waktu; tarikh akhir.
dead tired terlampau penat.
the dead orang yang mati; si mati.

deaf *ks.* pekak; tuli.

deal, dealt *kk.* berhubung; berurusan;
menjalankan. *kn.* urus janji.
dealer *kn.* peniaga; peraih.
dealing *kn.* urusan; cara perlakuan.

dear *ks.* yang dikasihi; tercinta; sayang;
mahal. *kn.* kekasih; sayang.
dearly *kkt.* sangat; benar-benar;
sungguh; amat.
love dearly amat menyayangi; amat
mengasihi.

death *kn.* kematian; ajal; kemangkatan.
sentenced to death dihukum mati.

debate *kn.* perbahasan; perbincangan;
rundingan; perdebatan. *kk.* berbahas;
berdebat; berbincang; berunding.
debatable *ks.* dapat diperbahaskan;
dapat didebatkan.
debater *kn.* pembahas; pendebat.

debauch *kk.* berkelakuan tidak sopan;
merosakkan akhlak; mencabul.

debit *kn.* hutang; baki; debit.

debriefing *kn.* ulasan.

debris *kn.* benda-benda yang sudah
pecah yang bertaburan.

debt *kn.* hutang.
debtor *kn.* orang yang berhutang;
penghutang.
debt collector pemungut hutang;
pengutip hutang.

debug *kk.* membetulkan kesilapan
pada atur cara komputer.

debut *kn.* kemunculan kali pertama.

decade *kn.* dasawarsa; jangka masa sepuluh tahun; dekad.

decathlon *kn.* acara olahraga lelaki yang mengandungi sepuluh acara-acara lain spt. lompat tinggi, lompat jauh, lari pecut dan lontaran.

decay *kk.* usang; reput; meruntuhkan; melemahkan; menjadi busuk.

decease *kn.* kematian. *kk.* mati; meninggal dunia.

deceit *kn.* tipu muslihat.

deceive *kk.* memperbodohkan; menipu.

December *kn.* Disember; bulan yang terakhir atau kedua belas dalam satu tahun.

decent *ks.* yang sesuai serta dihormati; bersopan santun; tertib.
decency *kn.* kesusilaan; kesopanan.

decentralisation, decentralization *kn.* pengurusan tidak berpusat.

deception *kn.* sesuatu perbuatan penipuan.

decide *kk.* menentukan; memutuskan.
decided *ks.* nyata; tentu; tetap; tegas; jelas.
deciding *ks.* menentukan.

deciduous *ks.* jenis pokok yang menggugurkan daun-daunnya pada musim luruh.

decimal *ks.* perpuluhan.

decipher *kk.* mentafsirkan sesuatu.

decision *kn.* keputusan; kepastian; penetapan.
decisive *ks.* yang menentukan.

deck *kn.* 1. tempat atau ruang untuk orang berjalan di kapal atau bas. 2. satu set. *kk.* menghiasi.
decker *kn.* tingkat.
double-decker *kn.* dua tingkat.

declare *kk.* mengisytiharkan; menerangkan; mengumumkan.
declaration *kn.* perisytiharan; pemasyhuran; pengumuman.

decline *kn.* kemunduran; kelemahan; kemerosotan. *kk.* menurun; merosot; mundur; menolak.
declining *ks.* sedang merosot.

decode *kk.* mentafsirkan sesuatu yang tertulis.

decompose *kk.* reput.
decomposition *kn.* perebutan.

decorate *kk.* mengindahkan; menghiasi; mengurniakan bintang atau pingat.
decoration *kn.* perhiasan.
decorative *ks.* untuk perhiasan.
decorator *kn.* juruhias.

decoy *kn.* umpan.

decrease *kk.* berkurang; susut; luak. *kn.* pengurangan; penyusutan; kemerosotan.
decreasing *ks.* berkurangan.

decree *kn.* dekri; perintah rasmi.

decrepit *ks.* dalam keadaan teruk atau tua kerana terlalu kerap dipakai.

dedicate *kk.* memperingati.
dedication *kn.* menujukan khas; dedikasi.
dedicated *ks.* berdedikasi.

deduce *kk.* membuat kesimpulan; menyimpulkan; mendeduksi.
deduct *kk.* mengurangkan; menolak; memotong.
deductible *ks.* boleh dipotong; boleh dikurangkan.
deduction *kn.* pengurangan; pemotongan.
deductive procedure kaedah deduktif.

deed *kn.* tindakan; amalan; perbuatan; surat ikatan.

deem *kk.* menganggap; menyifatkan sebagai.

deep *ks.* dalam; luas; garau; tekun; mendalam; khusyuk; asyik.
deeply *kkt.* jauh ke dalam; sungguh; sangat; amat; nyenyak.

deep in thought asyik berfikir.
deep-rooted *ks.* sudah berakar umbi.
deep sea laut dalam.
deep voice suara yang garau.

deer *kn.* rusa.

deface *kk.* merosakkan; mencacatkan.

defalcate *kk.* menggelapkan wang.
defalcation *kn.* penggelapan wang.

defame *kk.* mengumpat;
memburukkan nama; memfitnah.

default *kk.* mungkir; ingkar.

defeat *kk.* mengalahkan; menewaskan;
mengatasi. *kn.* ketewasan; kekalahan;
kegagalan.
defeated *ks.* dikalahkan; ditewaskan.

defect *kn.* kekurangan; kecacatan;
kerosakan.
defection *kn.* pengkhianatan;
pembelotan; penderhakaan.
defector *kn.* pembelot; orang yang
berpaling tadah.

defend *kk.* menyelamatkan;
melindungi; mempertahankan;
membela.
defender *kn.* pembela.
defending *ks.* bertahan.
defending champion juara bertahan.

defence *kn.* pertahanan; perlindungan.
defensible *ks.* dapat dipertahankan.
defensive *ks.* bersikap
mempertahankan diri.

defer *kk.* menangguhkan; menurut;
menunda.
deference *kn.* sebagai menghormati;
penghormatan.
deferential *ks.* dengan hormat.

deficient *ks.* kurang.
deficiency *kn.* kekurangan; kecacatan.

deficit *kn.* kurangan; defisit.

defile *kk.* mengotori, mencemari.

define *kk.* menerangkan;
mentakrifkan; mendefinisikan.
definite *ks.* jelas; pasti; tetap.

definitely *kkt.* jelas; pasti; tentu.
definition *kn.* takrif; definisi.

deflate *kk.* 1. menghempiskan udara
keluar dari sesuatu spt. tayar atau
belon. 2. mengurangkan jumlah wang
untuk edaran dalam sesuatu ekonomi.
deflation *kn.* satu proses
mengurangkan jumlah wang ke
dalam sesuatu ekonomi oleh kerajaan.

deflect *kk.* menghalang dan mengubah
arah; membelok dari sesuatu arah.

deform *kk.* mencacatkan;
memburukkan.
deformed *ks.* cacat.
deformity *kn.* kecacatan.

defrost *kk.* mencairkan air batu (di peti
sejuk).

deft *ks.* mahir; pandai; cekap; tangkas.

defuse *kk.* mematikan sesuatu spt.
bomb supaya tidak meletup.

defy *kk.* melawan; mencabar;
mengingkari; menentang.

degrade *kk.* menjatuhkan maruah.
degradation *kn.* kejatuhan;
penurunan.

degree *kn.* darjah; peringkat; taraf;
martabat; ijazah.

dehydrate *kk.* menjadikan kering.
dehydration *kn.* kehilangan air.

deity *kn.* dewa atau dewi.

deject *kk.* menyedihkan.
dejected *ks.* muram, sedih.
dejection *kn.* kesedihan.

delay *kn.* kelambatan; kelewatan;
penangguhan. *kk.* melengahkan;
melambatkan; menunda;
menangguhkan.
delayed *ks.* lambat; lewat.
delaying *ks.* berlengah-lengah;
bertangguh-tangguh.

delegate *kn.* utusan; wakil.
kk. memutuskan; mengamanahkan;
mewakilkan.
delegation *kn.* perwakilan; perutusan;

rombongan; delegasi.

delete *kk.* memotong.
deletion *kn.* pencoretan; pemotongan.

deliberate *ks.* yang dibuat dengan sengaja; disengajakan. *kk.* mempertimbangkan.
deliberately *kkt.* secara sengaja.

delicate *ks.* halus; gebu; cantik; lembut.
delicacy *kn.* kehalusan; keayuan; lemah lembut; makanan istimewa.

delicious *ks.* lazat; sedap; enak.

delight *kk.* menyukakan hati; menggembirakan; menyeronokkan. *kn.* keriangan; keseronokan; kegembiraan.
delighted *ks.* berasa gembira.
delightful *ks.* menyeronokkan; gembira; riang.

delinquent *kn. & ks.* orang yang membuat kesalahan.

delirious *ks.* satu keadaan tidak boleh bercakap atau memikir dengan jelas kerana terlalu gembira atau kesakitan.

deliver *kk.* mengirim; menghantar; menyerahkan; memberikan; menyampaikan; melahirkan anak.
delivery *kn.* penghantaran; penyerahan; kelahiran anak.

delta *kn.* kawasan rendah di mana sungai mengalir ke laut.

delude *kk.* mengelirukan; memperdayakan; menipu.

deluge *kn.* banjir, hujan yang lebat.
delusion *kn.* pengeliruan; penipuan; khayalan.

deluxe *ks.* bermutu atau bertaraf tinggi.

demand *kk.* mendesak; menuntut; memerlukan. *kn.* tuntutan; keperluan; permintaan; desakan.
demanding *ks.* suka mendesak; memerlukan.

demarcate *kk.* menyempadani; membatasi; menandakan.
demarcation *kn.* pemisahan;

pembatasan; penentuan batas.

demented *ks.* gila.

democracy *kn.* satu sistem pemerintahan di mana rakyat berhak memilih kerajaan atau wakil-wakil mereka.
democratic *ks.* berdemokratik.
democratically *kkt.* secara demokratik.

demography *kn.* perangkaan atau statistik kelahiran (kematian penyakit, dll.); demografi.

demolish *kk.* meruntuhkan; merobohkan; memusnahkan.
demolished *ks.* diruntuhkan; dirobohkan.
demolition *kn.* pemusnahan; keruntuhan.

demon *kn.* hantu; syaitan; raksasa.
demonic *ks.* spt. hantu atau syaitan.

demonstrate *kk.* membuktikan; memperlihatkan; menjelaskan; menunjukkan.
demonstration *kn.* tunjuk perasaan; pembuktian; demonstrasi.
demonstrator *kn.* penunjuk cara; penunjuk perasaan.

den *kn.* tempat tinggal binatang liar.

denim *kn.* sejenis kain untuk membuat seluar jean.

denominator *kn.* angka-angka pembawah dalam sesuatu number pecahan.

denote *kk.* menunjukkan; menandakan.

denounce *kk.* mencela; mencaci; menuduh; mengecam.
denouncement *kn.* pengecaman.

dense *ks.* tebal; likat; bebal; padat.
density *kn.* kepadatan.
densely *kkt.* dengan padat.

dent *kn.* lekuk; kemik. *kk.* melekukkan.

dental *ks.* berkaitan dengan gigi; pergigian; dental.
dentifrice *kn.* ubat gigi.

dentist *kn.* doktor gigi.
denture *kn.* gigi palsu.

deny *kk.* menyangkal; menidakkan; menafikan.
    deniable *ks.* boleh dinafikan; tidak disangkal.
    denial *kn.* penyangkalan; penafian.

deodorant *kn.* deodoran; sesuatu benda yang berwangi yang digunakan untuk menghilangkan bau busuk.

depart *kk.* bertolak; berangkat.
    departed *ks.* silam; telah luput.
    departure *kn.* perpisahan; keberangkatan.

department *kn.* cawangan; jabatan; bahagian.

depend *kk.* berharap kepada; bergantung kepada; mempercayai; harap.
    dependable *ks.* boleh diharapkan.
    dependant *kn.* orang tanggungan.
    dependence *kn.* pergantungan.
    dependency *kn.* negeri tanggungan.

depict *kk.* memaparkan; menggambarkan.
    depiction *kn.* gambaran; paparan.

deplore *kk.* menyesali.
    deplorable *ks.* menyedihkan; terlalu buruk.

deport *kk.* buang negeri; mengusir; mendeportasi.
    deportation *kn.* pembuangan negeri.

depose *kk.* memecat; menurunkan dari takhta; menggulingkan.

deposit *kn.* wang simpanan; cengkeram; cagaran. *kk.* menyimpan; menaruh.
    depositor *kn.* penyimpan.
    depository *kn.* tempat simpanan; gedung; gudang.

deposition *kn.* penyimpanan; penggulingan; pemecatan; deposisi.

depot *kn.* markas askar; tempat simpanan barang-barang; depot.

depreciate *kk.* susut nilai; berkurang.
    depreciation *kn.* susut nilai.

depress *kk.* menindas; menekan.
    depressed *ks.* murung; meleset; sedih; muram; dukacita.
    depressing *ks.* menyedihkan.
    depression *kn.* kesedihan.

deprive *kk.* mengambil sesuatu dari seseorang atau menghalang seseorang dari menikmati sesuatu.
    deprivation *kn.* pengambilan sesuatu dari orang lain; kehilangan peluang menikmati sesuatu.

depth *kn.* kedalaman.
    in depth secara mendalam.

deputy *kn.* pengganti; wakil; timbalan; naib.
    deputation *kn.* perwakilan.
    deputise, deputize *kk.* bertindak sebagai seorang pembantu.

derail *kk.* keluar dari landasan; tergelincir.
    derailment *kn.* gelinciran kereta api dari landasan.

derelict *ks.* yang dibiarkan atau ditinggalkan.

deride *kk.* mengejek atau mengetawakan.
    derision *kn.* ejekan atau penghinaan.

derive *kk.* memperoleh; bersumber; mendapat; berpunca.

derrick *kn.* 1. sejenis jentera spt. kren yang digunakan untuk mengangkut barang pada kapal kargo. 2. jentera yang digunakan di telaga minyak.

descend *kk.* turun.
    descendant *kn.* anak cucu; keturunan.
    descending *ks.* menurun.
    descent *kn.* keturunan; pergerakan; turun.

describe *kk.* menggambarkan; memerikan; memerihalkan.
    description *kn.* keterangan; cerita; perihal; gambaran.

desert *kn.* padang pasir; gurun.

kk. melarikan diri dari pasukan tentera.

deserve *kk.* patut menerima; patut mendapat; sepatutnya.
deserved *ks.* patut.
deserving *ks.* patut menerima.

design *kn.* reka bentuk; rangka; lukisan; kerawang. *kk.* mereka bentuk.
designate *kk.* melantik atau memilih.
designation *kn.* perlantikan; gelaran; pangkat.
designer *kn.* pereka bentuk.
design specification spesifikasi reka bentuk.

desire *kn.* hajat; hasrat; maksud; berahi; keinginan; kehendak. *kk.* berhasrat akan; inginkan; memohon; meminta.
desirable *ks.* diidamkan; diingini.
desirous *ks.* berhasrat; berkeinginan.

desk *kn.* meja.
desktop publishing (DTP) penerbitan atas meja.

desolate *ks.* kesepian; kesunyian; terpencil; tidak didiami orang. *kk.* melengangkan; menyepikan.
desolation *kn.* pemusnahan; pembinasaan; kesepian; kelengangan.

despair *kk.* putus asa atau harapan. *kn.* perasaan putus asa.

desperate *ks.* cemas; terdesak; genting; berbahaya.
desperately *kkt.* secara keras; teruk; kuat.

despicable *ks.* keji; hina.

despise *kk.* mengeji.

despite *kp.* walaupun; biarpun; sungguhpun; walau bagaimanapun.

despondent *ks.* berasa putus asa, sedih.

dessert *kn.* pembasuh mulut; pencuci mulut; desert.

dessicated *ks.* kering.

destined *ks.* ditakdirkan.
destination *kn.* destinasi; tempat yang dituju.
destiny *kn.* untung nasib; takdir.

destroy *kk.* menjahanamkan; membinasakan.
destroyable *ks.* boleh dimusnahkan; dapat dibinasakan; merosakkan; memusnahkan.
destroyer *kn.* kapal pembinasa.

destruct *kk.* binasa; musnah.
destructible *ks.* boleh dibinasakan; dapat dimusnahkan.
destruction *kn.* pemusnahan; pembinasaan.

detach *kk.* mengasingkan; memisahkan; menanggalkan; melepaskan.
detachment *kn.* pengasingan; penceraian.

detail *kn.* butir-butir; perincian.
go into detail membincangkan dengan terperinci.
detailed *ks.* terperinci.

detain *kk.* menahan.
detainee *kn.* orang tahanan.
detainer *kn.* orang yang menahan.
detention *kn.* penahanan.

detect *kk.* mendapati; menjumpai; mengetahui; mengesan.
detectable *kn.* pengesanan.
detection *kn.* pengesahan.
detective *kn.* mata-mata gelap; detektif.
detector *kn.* pengesan.

deter *kk.* menghalang; mencegah.
deterrent *kn.* penghalang; halangan.

detergent *kn.* bahan pencuci spt. serbuk pencuci kain.

deteriorate *kk.* memburukkan; bertambah buruk; merosot.
deterioration *kn.* kemerosotan.

determine *kk.* menetapkan; menentukan.
determination *kn.* keazaman; kecekalan hati; pemutusan; penyelesaian; penentuan.
determined *ks.* berazam; cekal.

detest *kk.* benci.
detestable *ks.* yang menjijikkan, yang menimbulkan perasaan benci.
detestation *kn.* kebencian.

detonate *kk.* meletupkan.
detonation *kn.* letupan.

detour *kn.* lencongan.

detrain *kk.* turun dari kereta api.

devalue *kk.* menurunkan nilai mata wang.
devaluation *kn.* penurunan nilai.

devastate *kk.* membinasakan; memusnahkan; melengangkan.
devastating *ks.* hebat; mengakibatkan kemusnahan.
devastation *kn.* kebinasaan; kemusnahan.

develop *kk.* membangunkan; membesarkan; menerbitkan; menggilap; menyuburkan; memajukan; berkembang.
developer *kn.* pemaju.
development *kn.* kemajuan; perkembangan; pembangunan.

deviate *kk.* menyimpang.
deviation *kn.* penyimpangan.

device *kn.* peranti; alat; rekaan.

devil *kn.* syaitan; iblis; hantu.

devise *kk.* mencipta, reka.

devote *kk.* mengabdikan; menumpukan; mencurahkan.
devoted *ks.* amat menyayangi dan mengambil berat.
devotee *kn.* penganut; pemuja.

devour *kk.* makan dengan gelojoh.

devout *ks.* warak; salih.

dew *kn.* embun.
dew drop titisan embun.

Dewey Decimal Classification (DDC) *kn.* Pengelasan Perpuluhan Dewey.

diabetes *kn.* kencing manis.

diabetic *ks.* yang berkaitan dengan penyakit kencing manis. *kn.* seorang yang menghidap penyakit kencing manis.

diabolic *ks.* bersifat spt. syaitan; pandai serta kejam.

diabolical *ks.* sangat jahat dan kejam, sungguh buruk.
diabolically *kkt.* secara jahat dan kejam.

diagnose *kk.* menjalankan ujian untuk menentukan jenis penyakit.
diagnostic test ujian diagnostik.

diagonal *ks. & kn.* pepenjuru.

diagram *kn.* gambar rajah.

dial *kk.* memutar; mendail. *kn.* dail.

dialect *kn.* loghat; dialek.

dialogue *kn.* soal jawab; perbualan; percakapan; dialog.

diameter *kn.* garis pusat; diameter.

diamond *kn.* intan; berlian.

diarrhoea *kn.* cirit-birit; diarea.

diary *kn.* buku catatan; natijah; buku; peringatan harian; diari.

dice *kn.* dadu.

dictate *kk.* merencanakan; menentukan; mengikut.
dictation *kn.* rencana.

dictionary *kn.* kamus.

didactic *ks.* didaktik; teknik mengajar mengikut nilai-nilai moral.

die *kk.* mati; meninggal dunia; mangkat.
die away sayup; semakin hilang; semakin pupus; semakin pudar.
dying *ks.* hampir mati; hampir pupus.

diesel *kn.* minyak disel.

diet *kn.* diet, jenis-jenis makanan yang biasa dimakan oleh seseorang. *kk.* menahan makan supaya menjadi kurus atau atas sebab-sebab yang lain.

differ *kk.* berlainan; berbeza; tidak
sesuai.
difference *kn.* perbezaan;
perselisihan.
different *ks.* berlainan; berbeza.
differential *ks.* kebezaan; berbeza.
differentiate *kk.* membezakan.
differentiation *kn.* pembezaan.

difficult *ks.* susah; payah; sukar.
difficulty *kn.* kesusahan; kesukaran;
kesulitan.

diffuse *kk.* menyebarkan; meresapkan;
menghamburkan.
diffusion *kn.* penyebaran; resapan;
bauran; penerapan.

dig, dug *kk.* menggali; mengorek.
dig out menggali.
digger *kn.* pengorek; penggali.

digest *kk.* mencerna; menghadamkan.
digested *ks.* sudah dihadamkan;
sudah dicernakan.
digestible *ks.* mudah cerna; mudah
hadam.
digestion *kn.* penghadaman;
pencernaan.

digit *kn.* angka.
digital *ks.* yang mengunakan angka 0
dan 1.
digital watch jam digital.
digital audio/video bunyi atau video
digital.

dignify *kk.* menyerikan lagi;
memuliakan.
dignified *ks.* rasa hormat. *ks.* patut
dihormati; mulia.
dignity *kn.* martabat; darjat; maruah.

dilapidated *ks.* sangat buruk.
dilapidation *kn.* keadaan
kopak-kapik.

dilate *kk.* membeliakkan;
mengembang; membesarkan.
delation *kn.* pengembangan.

dilemma *kn.* dilema, satu keadaan di
mana pilihan terpaksa dibuat antara
dua benda atau arah tindakan.

diligent *ks.* rajin; tekun; teliti.

diligence *kn.* kerajinan; ketekunan.
diligently *kkt.* dengan tekun.

dilute *kk.* mencairkan.
diluted *ks.* dicairkan.
dilution *kn.* pencairan.

dim *ks.* kabur; malap; suram; samar.

dime *kn.* sepuluh sen (AS).

dimension *kn.* keluasan; ukuran;
dimensi.

diminish *kk.* berkurang; luak;
menyusut; mengecilkan.

dimple *kn.* cawak; lesung pipit.

din *kn.* bunyi bising.

dine *kk.* santap; makan.
dining-room *kn.* bilik makan.
dining-table *kn.* meja makan.
dinner *kn.* makan malam.

dinghy *kn.* perahu kecil biasanya dibuat
daripada getah.

dingy *ks.* buruk; selekeh; kotor dan
suram.

dinosaur *kn.* dinosaur, binatang yang
sangat besar yang hidup dalam
zaman prasejarah.

dint *kn.* lekuk.

dip *kk.* membenamkan; mencelupkan;
mencedok.

diploma *kn.* diploma, sijil kelulusan
sesuatu peringkat peperiksaan.
diplomacy *kn.* kebijaksanaan dalam
hal rundingan; diplomasi.
diplomat *kn.* diplomat, wakil
sesebuah negara.
diplomatic *ks.* diplomatik, bijaksana.

dire *ks.* sangat; teramat teruk.

direct *kk.* menghantar;
mengalamatkan (surat, dll.);
menujukan. *kkt.* terus-menerus;
lurus; langsung. *ks.* terus; lurus; tepat;
terus-menerus.
directly *kkt.* terus; secara langsung.
direction *kn.* hala; arah; haluan.

director *kn.* pengarah.
directory *kn.* panduan.
direct speech cakap ajuk.
give directions menunjukkan arah.

dirt *kn.* kotoran; daki; lumpur.
dirtiness *kn.* kekotoran; kekejian; kehinaan.
dirty *ks.* kotor; hina; cemar; berdaki; mengotorkan.

disable *kk.* menghilangkan keupayaan; melumpuhkan; mencacatkan.
disability *kn.* ketakupayaan; kesukaran; kecacatan.

disadvantage *kn.* keburukan; kerugian.
disadvantageous *ks.* tidak menguntungkan; merugikan.

disagree *kk.* tidak bersetuju; bertentangan.
disagreeable *ks.* tidak menyenangkan.
disagreement *kn.* perselisihan faham; pertelingkahan; pertentangan; percanggahan.

disallow *kk.* tidak mengizinkan; tidak membenarkan; menolak.

disappear *kk.* ghaib; lesap; lenyap; hilang.
disappearance *kn.* kehilangan; kelenyapan.
disappearing *ks.* menghilang.

disappoint *kk.* menghampakan; mengecewakan.
disappointed *ks.* kecewa; putus harapan.
disappointing *ks.* mengecewakan; menghampakan.
disappointment *kn.* kekecewaan.

disapprove *kk.* tidak bersetuju.
disapproval *kn.* perihal tidak berkenan.

disarm *kk.* melucutkan senjata.
disarmament *kn.* pelucutan senjata.

disarrange *kk.* menyelerakkan; mengusutkan.
disarrangement *kn.* proses menjadikan sesuatu keadaan kotor dan kusut.

disaster *kn.* kemalangan yang besar; malapetaka; bala; bencana.
disastrous *ks.* bencana besar; malapetaka.

disband *kk.* membubarkan.

disbelieve *kk.* tidak percaya.

disc, disk *kn.* cakera.
disc jockey *kn.* pengacara lagu.

discard *kk.* mencampakkan; membuang.

discharge *kk.* membuang; mengeluar; membebaskan. *kn.* pembuangan; pengeluaran; pembebasan; lelehan.

disciple *kn.* pengikut; penganut.

discipline *kn.* aturan; tatatertib; disiplin.
disciplinary *ks.* hal berkaitan dengan tatatertib atau disiplin.

disclose *kk.* memperlihatkan; memberitahu; membuka (rahsia).
disclosure *kn.* pendedahan; pemberitahuan.

disco *kn.* disko, perkataan ringkas untuk *discotheque*

discomfort *kn.* perasaan tidak selesa; ketidakselesaan; kegelisahan; kekhuatiran.

disconnect *kk.* memisahkan; menceraikan; mengasingkan; memutuskan; memotong.
disconnected *ks.* terputus.
disconnection *kn.* putusan; ceraian.

discontent, discontentment *kn.* perasaan tidak puas hati.
discontented *kn.* kurang puas hati.

discontinue *kk.* menghentikan; menamatkan; memutuskan.
discontinuation *kn.* penamatan; pemutusan.

discord *kn.* perselisihan; pertengkaran; perbezaan pendapat; perbalahan.

discotheque *kn.* disko, sesuatu tempat spt. kelab malam.

71

discount *kn.* potongan; diskaun.

discourage *kk.* tidak menggalakkan; melemahkan cita-cita atau semangat; tawar hati.
discouraging *ks.* menawarkan hati.
discouragement *kn.* kelemahan semangat.

discourse *kn.* huraian; syarahan; ucapan; kuliah.

discover *kk.* mendapat tahu; menemui; menemukan; menjumpai; menyedari.
discoverer *kn.* penemu.
discovery *kn.* penemuan; jumpaan.

discredit *kk.* mencela; mengaibkan; memburuk-burukkan; meragukan.

discrete *ks.* berasingan; tersendiri; terasing.
discretionary *ks.* budi bicara.

discriminate *kk.* membezakan; membeza-bezakan.
discriminating *ks.* bijak; membezakan; arif; tajam akal; pandai menilai.
discrimination *kn.* perbezaan; diskriminasi.

discuss *kk.* membincangkan; membicarakan.
discussion *kn.* perbincangan; diskusi.

disease *kn.* penyakit.
diseased *ks.* berpenyakit.

disembark *kk.* mendarat dari kapal.
disembarkation *kn.* pendaratan.

disentangle *kk.* melepaskan diri dari keadaan kesulitan

disfavour *kn.* tidak disenangi; tidak disukai. *kk.* tidak menyetujui; tidak menyukai.

disgrace *kk.* mengaibkan; memalukan. *kn.* malu; keaiban.
disgraceful *ks.* memalukan; mengaibkan.

disguise *kk.* menyamar diri. *kn.* samaran; penyamaran.

disgust *kk.* menyebabkan rasa meluat; menjijikkan; menyampah.
disgusting *ks.* rasa meluat; menyampah.

dish *kn.* pinggan; hidangan; sajian. *kk.* menghidangkan; menyajikan.

dishearten *kk.* melemahkan semangat, hilang keyakinan.
disheartening *ks.* yang melemahkan semangat.

dishonest *ks.* tidak jujur; tidak ikhlas.
dishonesty *kn.* ketidakjujuran.

dishonour *kn.* keaiban; malu; aib; kehinaan. *kk.* memalukan; mengaibkan.
dishonoured *ks.* telah diaibkan; tak laku.

disinfect *kk.* membasmi kuman.
disinfectant *kn.* ubat pencegah kuman.

disintegrate *kk.* menjadi hancur.
disintegration *kn.* kehancuran.

disinterested *ks.* tidak memihak, tidak terpengaruh oleh mana-mana belah, bersikap adil.

disk *kn.* ejaan lain untuk perkataan *disc;* cakera.
disk drive pemacu cakera.
disk operating system (DOS) sistem pengendalian cakera (DOS).

dislike *kk.* tidak suka; benci. *kn.* kebencian.

dislocate *kk.* terkelenyok, terkehel.
dislocation *kn.* kelenyok; kehel.

dislodge *kk.* menghalau atau mengusir.

disloyal *ks.* tidak setia; tidak taat.
disloyalty *kn.* ketidaksetiaan.

dismal *ks.* sedih.

dismantle *kk.* membuka dan mengasingkan bahagian-bahagian pada sesuatu benda atau alat.

dismay *kn.* perasaan takut bercampur lemah semangat; terkejut.

dismiss *kk.* menghentikan; memecat

kerja; menyingkirkan; buang kerja; bersurai.
dismissal *kn.* penyingkiran; pembuangan kerja; pemecatan.
disobey *kk.* tidak menurut; melanggar perintah; membangkang; mengingkari.
disobedience *kn.* keingkaran; penentangan.
disobedient *ks.* ingkar; derhaka.
disorder *kn.* kekacauan; kekalutan; gangguan; kerusuhan politik.
disordered *ks.* berselerak.
disorderly *ks.* tidak teratur; tidak tersusun; keadaan kacau-bilau.
disorganise, disorganize *kk.* mengacau-bilaukan; mengucar-ngacirkan.
disorganised, disorganized *ks.* tidak teratur; bercelaru.
disown *kk.* tidak mengaku sebagai (kepunyaan diri sendiri).
dispatch *kk.* menghantar; mengirimkan. *kn.* penghantaran; pengiriman.
dispensary *kn.* rumah ubat; dispensari.
dispense *kk.* memberi; membahagi-bahagikan.
disperse *kk.* menghamburkan; menyuraikan; menaburkan; menyelerakkan; berselerak; memencarkan; menyebarkan.
dispersal *kn.* perbuatan menyuraikan atau menyelerakkan.
displace *kk.* mengubah tempat; mengalih; memindahkan; menggantikan.
displacement *kn.* pengalihan; penggantian; pemindahan.
display *kk.* memperagakan; mempamerkan; memperlihatkan. *kn.* pameran; pertunjukan.
displease *kk.* menyakitkan hati, merasa kemarahan.
dispose *kk.* membuang; mengatur;

mengurus.
disposable *ks.* pakai buang; boleh dibuang.
disposal *kn.* penghapusan; pengurusan; pembuangan; penyingkiran.
disposition *kn.* penempatan; penyusunan; pengaturan; pembawaan; disposisi.
dispossess *kk.* mengambil; merampas (harta benda, tanah, dll.).
dispossession *kn.* perampasan.
disprove *kk.* tidak bersetuju; tidak berkenan; terbukti salah.
disproval *kn.* rasa tidak setuju.
dispute *kk.* berbalah; berbahas; bertengkar; bertelagah. *kn.* perbalahan; pertikaian; persengketaan; pertelagahan; pertentangan; perdebatan; pertengkaran.
disputable *ks.* boleh dipersoalkan; boleh dipertikaikan.
disqualify *kk.* menyebabkan tidak layak; membatalkan.
disqualification *kn.* tidak dibenarkan; ditarik balik.
disregard *kn.* pengabaian; sikap tidak mengendahkan. *kk.* tidak mempedulikan.
disrespect *kn.* tidak beri kehormatan.
disrespectful *ks.* biadab.
disrupt *kk.* menggangu.
disruption *kn.* gangguan.
disruptive *ks.* menimbulkan gangguan.
dissatisfy *kk.* tidak memberi kepuasan.
dissatisfaction *kn.* perasaan tidak puas hati.
dissatisfied *ks.* tidak puas hati.
dissect *kk.* membelah; membedah; menganalisis.
disseminate *kk.* menghebahkan; menyebarkan; mengembangkan.
dissemination *kn.* penyebaran.

dissent *kk.* tidak setuju dengan.
dissension *kn.* perselisihan pendapat.

dissolve *kk.* menghancurkan;
melarutkan; mencairkan.

dissuade *kk.* menghalang atau
menasihati supaya jangan membuat
sesuatu.

distant *ks.* jauh.
distance *kn.* jarak; jangka waktu; jauh.

distil *kk.* menyuling.
distilled *ks.* disuling.
distilled water air suling.

distinct *ks.* terang; berbeza; jelas.
distinction *kn.* kepujian tinggi dalam
sesuatu ujian; kemegahan;
perbezaan; pengasingan.
distinctive *ks.* istimewa.
distinctively *kkt.* dengan berbeza.
distinctiveness *kn.* keistimewaan.

distinguish *kk.* membezakan.
distinguishable *ks.* dapat dibezakan;
boleh dibezakan.
distinguishing *ks.* membezakan.

distort *kk.* memutar; mengherotkan.
distorted *ks.* herot-benyot.
distortion *kn.* pemutarbelitan.

distract *kk.* mengalihkan perhatian;
mengganggu.
distracting *ks.* mengganggu.
distraction *kn.* mengalih perhatian;
gangguan.

distress *kn.* kesengsaraan; kecemasan;
penderitaan; kesedihan.
distressed *ks.* sedih.

distribute *kk.* mengagih;
membahagi-bahagikan.
distribution *kn.* pembahagian;
pengagihan; penyebaran; peredaran.
distributor *kn.* pengedar; penyebar;
pengagih.

district *kn.* kawasan; daerah; wilayah.
District-Attorney *kn.* Pendakwa Raya.

distrust *kn.* kecurigaan; kesangsian;
kekhuatiran. *kk.* mencurigai;
mengesyaki.

distrustful *ks.* menaruh kecurigaan;
mempunyai kesangsian terhadap
orang; tidak percaya.

disturb *kk.* mengacau; mengganggu;
mengusutkan.
disturbance *kn.* kekacauan;
gangguan.
disturbed *ks.* terganggu.
disturbing *ks.* mengacau;
mengganggu; membimbangkan.

disuse *kk.* tidak digunakan lagi.
disused *ks.* yang tidak digunakan.

ditch *kn.* parit; longkang.

disunite *kk.* berpecahbelah;
memecahbelahkan.
disunity *kn.* perpecahan; pecahbelah.

divan *kn.* katil dengan tilam di mana
hujungnya tidak ada papan.

dive *kk.* menyelam; terjun; menjunam.
diver *kn.* penyelam.

diverge *kk.* menyimpang; melencong
dari (tentang garisan, jalan, pendapat,
dll.).
divergent thinking pemikiran capah.

diverse *ks.* berlainan sifat atau jenis;
beraneka jenis.
diversification *kn.* pempelbagaian;
kepelbagaian; mempelbagaikan.
diversify *kk.* mempelbagaikan.
diversion *kn.* penyimpangan.
diversity *kn.* pelbagai atau beranika
jenis.

divert *kk.* mengalihkan; melencong;
menyimpang.

divide *kk.* membahagikan;
mengagihkan; membelahkan.
divided *ks.* berbelah bagi; tidak
bersepakat.

dividend *kn.* wang untung yang
dibahagi-bahagikan; dividen.

divine *ks.* dari Tuhan, suci.

division *kn.* bahagian; pembahagian;
petak; ketumbukan.
divisional *ks.* bahagian.

divorce *kk.* bercerai; berpisah; menceraikan. *kn.* perceraian; talak.
divorcee *kn.* janda.
divorced *ks.* sudah bercerai.

dizzy *ks.* pening; gayat. *kk.* membingungkan; memeningkan.

do, did, done *kk.* membuat; melakukan; mempelajari; mengkaji; memerlukan.
doing *kn.* perbuatan.
don't *kk.* jangan.

dock *kn.* limbungan; dok.
dockyard *kn.* limbungan.

doctor *kn.* doktor, seorang pakar perubatan. *kk.* merawat.

doctrine *kn.* doktrin, ajaran atau fahaman.

document *kn.* surat keterangan; dokumen.
documentary *kn.* filem dokumentari.

dodge *kk.* mengelak.

doe *kn.* rusa betina; arnab betina.

doer *kn.* pelaksana.

dog *kn.* anjing.

dogged *kk.* degil.

dogmatic *ks.* yang dibentang sebagai dogma; dogmatik.

dole *kn.* sejenis bantuan kewangan yang diberi kepada pekerja yang menggangur.
doleful *ks.* sedih.

doll *kn.* anak patung; boneka.
dolly *kn.* anak-anak patung; boneka.

dollar dolar, wang Amerika Syarikat, Kanada, Australia, Singapore dan beberapa negara lain.

dolphin *kn.* ikan lumba-lumba; dolfin.

domain *kn.* bidang; kawasan kekuasaan; domain.

dome *kn.* kubah.

domestic *ks.* hal berkaitan dengan rumahtangga; dalam negeri; jinak.

domicile *kn.* tempat tinggal yang tetap.

dominate *kk.* menguasai; mendominasi.
dominant *ks.* berpengaruh; berkuasa.
domination *kn.* penguasaan.

dominion 1. *kn.* kekuasaan.
2. sesebuah negara yang dikuasai oleh kuasa asing.

domino *kn.* sejenis permainan yang menggunakan kepingan kayu yang leper dan kecil yang ditandakan dengan bintik-bintik.

donate *kk.* menyumbangkan; menderma.
donation *kn.* pemberian; sumbangan.

donkey *kn.* keldai.

donor *kn.* penderma.

doom *kn.* nasib; malapetaka; kebinasaan.
doomsday *kn.* hari kiamat; hari akhirat; hari akhir zaman.

door *kn.* pintu.
door handle pemegang pintu.
door-to-door *ks.* dari pintu ke pintu; dari rumah ke rumah.
next door sebelah; rumah sebelah.

dope *kn.* dadah.

dormant *ks.* tidur; tidak aktif; dorman.

dormitory *kn.* bilik asrama; bilik tidur (yang mengandungi banyak tempat tidur); dormitori.

dose *kn.* sukatan ubat untuk sekali minum; dos.
dosage *kn.* dos yang disyorkan; sukatan ubat; dos.

dot *kn.* titik.
on the dot tepat pada masanya.
dot matrik printer pencetak matriks bintik.

double *ks.* berganda; sekali ganda; dua kali ganda; kembar. *kkt.* berpasangan; berduaan.

double agent ejen talam dua muka.
double bed katil kelamin; katil untuk dua orang.
double-cross kn. perbuatan membelot; pengkhianatan.
double dealing tipu muslihat.
double dealer penipu.
double-faced ks. talam dua muka.

doubt kn. waswas; kesangsian; syak; keraguan. kk. menyangsikan; meragukan.
doubtful ks. waswas; ragu-ragu; sangsi.
doubtless kkt. tidak ragu-ragu; tidak syak lagi; sudah pasti; jelas.
no doubt tidak ragu-ragu; tidak sangsi lagi.

dough kn. doh, campuran tepung dan air untuk membuat roti atau kek.

dove kn. merbuk; tekukur; merpati; balam.

down kkt. & ksd. di bawah; turun; ke bawah.
downward ks. ke bawah.
downhill kkt. menuruni bukit.
down payment bayaran pendahuluan; bayaran muka.
downstairs kkt. tingkat bawah.
downstream kkt. ke hilir.
down town kkt. pusat bandar.

dowry kn. mas kahwin; mahar.

doze kn. melelapkan mata sekejap.
doze off terlelap.

dozen kn. dozen, dua belas.

draft kn. buram; rangka (surat, tulisan, gambar, dll.); draf.
draftsman kn. pelukis pelan; pendraf.

drag kk. menyeret; mengheret; menghela.
drag on berlarutan; meleret-leret; berlanjutan.
drag one's feet melengah-lengahkan; berjalan dengan menyeret kaki.

dragnet kn. pukat tunda.

dragon kn. naga.

dragonfly kn. pepatung; sibur-sibur; sesibur.

drain kn. parit; longkang.
drainage kn. penyaliran; sistem saliran.

drake kn. itik jantan.

drama kn. wayang; sandiwara; drama.
dramatisation, dramatization kn. pendramaan.

drastic ks. sangat berkesan; mendadak; keras; kuat; drastik.
drastically kkt. dengan drastik; secara mendadak.

draughts kn. permainan dam.
draughtsman, draftsman kn. pelukis pelan.

draw kn. penarikan; tarikan; cabutan. kk. menarik; mengheret; menyeret; mengundi; mencedok (air dari telaga); terima (wang); melukis.
drawer kn. laci.
drawing kn. lukisan; gambar.
drawback kn. kelemahan.
drawbridge kn. sejenis jambatan yang boleh diturun atau dinaikkan.
draw lots mencabut undi.
drawing-pin kn. paku payung.
drawing-room kn. bilik tetamu.
lucky draw cabutan tiket bertuah.

drawl kk. bercakap secara lambat-lambat.

dray kn. kereta sorong.

dread kk. amat ditakuti. kn. ketakutan.
dreaded ks. yang deitakuti.
dreadful ks. dahsyat; menakutkan.

dream kn. lamunan; khayalan; mimpi; angan-angan. kk. bermimpi; lena dengan angan-angan; melamun; berkhayal.
dreamlike ks. bagaikan mimpi.
dreamy ks. suka berangan-angan; berkhayal.

dreary ks. suram.
drearily kkt. secara muram.
dreariness kn. kemuraman.

dregs *kn.* keladak; hampas.

drench *kk.* kuyup.

dress *kn.* baju perempuan.
kk. berpakaian; menyerikan;
menghiaskan.
dresser *kn.* pembantu doktor.
dressing-table meja solek.
dress up memakai pakaian;
berpakaian elok dan menarik.

dribble *kk.* menggelecek; menitikkan;
meleleh; menitiskan.

drift *kk.* terumbang-ambing;
dihanyutkan; hanyut.

drill *kk.* berkawat; menggerudi;
berlatih. *kn.* penggerudi; penggerek.

drink *kk.* minum. *kn.* minuman.
drinkable *ks.* boleh diminum.
drinking *ks.* yang meminum arak.

drip *kk.* menitik.
dripping *ks.* basah kuyup; menitik;
menitis.

drive, drove, driven *kk.* menunggang;
menghalau; memandu; menjalankan;
mengusir; membawa; memukul.
driver *kn.* pemandu kereta;
penunggang binatang tunggangan;
drebar.
driving *kn.* memandu.

drizzle *kn.* hujan rintik-rintik; gerimis;
renyai-renyai.
drizzling *ks.* renyai-renyai;
rintik-rintik; rebas; gerimis.

drone *kk.* berdengung. *kn.* dengungan.

droop *kk.* melentok; terkulai; layu;
terlentok. *kn.* kelentukan.

drop *kk.* tercicir; berhenti; menitik;
menitis; jatuh. *kn.* titisan; titikan.
droplet *kn.* titisan.
drop-out *kn.* pelajar yang tercicir.

drought *kn.* kemarau.

drove *kn.* kawanan; sekumpulan
binatang.

drown *kk.* tenggelam; mati lemas.

drowned *ks.* mati lemas.
drowning *kn.* mati lemas.

drowse *kk.* mengantuk.
drowsy *ks.* mengantuk.

drug *kn.* ramuan ubat; dadah.
drug addict penagih dadah.

drum *kn.* gendang; tong besar; tambur;
dram.
drummer *kn.* pemukul gendang;
pemain dram.
drumstick *kn.* kayu pemukul untuk
bermain dram; paha ayam; paha itik.

drunk *kkt.* mabuk (kerana meminum
minuman keras).
drunkard *kn.* peminum; pemabuk.

dry *ks.* kering; tidak berair;
membosankan; menjemukan; tiada
hujan; tidak seronok.
kk. mengeringkan; menjemur.
dry up menjadi kering-kontang;
mengeringkan; menjemur.

dual *ks.* dua.

dub *kk.* mengalih suara.
dubbing *kn.* alih suar .

dubious *ks.* berasa ragu.

duchess *kn.* isteri bangsawan.

duck *kk.* itik.
duckling *kn.* anak itik.

duct *kn.* saluran.

due *ks.* sewajarnya; dijangka;
disebabkan; berpatutan; sesuai.
duly *kkt.* sewajarnya.
due to akan.

duel *kn.* pertarungan; berperang.
kk. bertarung.

duet *kn.* duet, nyanyian pasangan.

dug *kk.* rujuk *dig.*

duke *kn.* duke, orang bangsawan yang
berpangkat tinggi.

dull *ks.* suram; lembap; membosankan;
pudar. *kk.* menjadikan sesuatu
lembap.

dumb *ks.* bisu; tidak boleh bercakap.
dumbfounded *ks.* berasa terperanjat sehingga tidak tahu apa yang hendak dikatakan.

dummy *ks.* palsu. *kn.* boneka; patung.

dump *kk.* melonggok; mencampakkan; membuang. *kn.* timbunan sampah-sarap.
dumping ground tempat buang sampah.

dumpling *kn.* pau.

dumpy *ks.* pendek dan gemuk.

dunce *kn.* seorang yang bodoh.

dune *kn.* sejenis bukit pasir.

dung *kn.* tahi binatang.

dungaree *kn.* sejenis pakaian dibuat daripada kain tebal biasanya kain jeans.

dupe *kk.* menipu.

duplicate *kk.* membuat salinan. *kn.* salinan; pendua.
duplicator *kn.* mesin pendua.
duplication *kn.* penduaan; salinan.

durable *ks.* tahan lama.
duration *kn.* tempoh.

during *ksd.* dalam masa; semasa; selama; pada waktu.

dusk *kn.* senjakala; senja.
dusky *ks.* muram; berkulit gelap; kelam.

dust *kn.* debu; habuk.
duster *kn.* penggosok papan hitam; pemadam.
dusty *ks.* berhabuk; berdebu.
dustbin *kn.* tong sampah.

Dutch *kn.* bahasa Belanda; orang Belanda.

duty *kn.* tugas; cukai; kewajipan.
duty-bound *ks.* berkewajipan.
duty-free *ks.* bebas cukai.
duty-free shop kedai bebas cukai.
off duty habis bertugas.
on duty bertugas.

dwarf *kn.* orang kecil; orang kerdil; orang melukut.

dwell, dwelt *kk.* tinggal; diam; huni.
dwelling *kn.* rumah; tempat tinggal.

dwindle *kk.* susut.

dye *kn.* pencelup; pewarna. *kk.* celup; mewarnai; mencelup.

dying *kk.* rujuk *die.*

dyke, dike *kn.* daik.

dynamic *ks.* bertenaga; dinamik.

dynamite *kn.* dinamit, bahan letupan.

dynamo *kn.* dinamo, jentera untuk menghasil elektrik atau kuasa.

dynasty *kn.* dinasti, satu zaman di mana keturunan raja-raja berasal dari satu keluarga.

dysentery *kn.* penyakit berak.

Ee

each *ks.* tiap-tiap; saban.
kgn. masing-masing.
each person setiap orang.

eager *ks.* ingin; amat berminat;
berhasrat benar.
eagerly *kkt.* dengan penuh minat.
eagerness *kn.* kemahuan; keinginan
yang kuat.

eagle *kn.* burung helang.

ear *kn.* telinga.
earache *kn.* sakit telinga.
ear drum *kn.* gegendang telinga.
ear lobes *kn.* cuping telinga.
earmark *kk.* memperuntukkan.
earphones *kn.* fon telinga.
ear plug *kn.* alat untuk menutup
telinga daripada bunyi yang kuat.
ear ring *kn.* subang; anting-anting.
ear-shot *kn.* jarak di mana sesuatu
dapat didengar.
ear wax *kn.* tahi telinga.

early *ks. & kkt.* awal.
earlier *ks. & kkt.* lebih awal; lebih
dahulu.
early closing tutup awal.
early days siang-siang; awal.

earn *kk.* mendapat (wang atau lain
daripada pekerjaan atau jasa yang
telah dilakukan); mencari nafkah;
memperoleh pendapatan.
earner *kn.* sumber pendapatan;
pekerja.
earnings *kn.* pendapatan.

earnest *ks.* bersungguh-sungguh.

earth *kn.* bumi; tanah.
earthly *ks.* kebendaan atau
keduniaan.
earthenware *kn.* pinggan mangkuk
yang dibuat daripada tanah liat;
barang tembikar.
earthquake *kn.* gempa bumi.
earthworm *kn.* cacing tanah.

ease *kn.* ketenangan; kemudahan;
kesenangan. *kk.* meringankan;
melapangkan; menyenangkan.
at his ease mengikut kelapangannya.

easel *kn.* kuda-kuda.

east *kn.* timur.
easterly *ks.* 1. dari arah timur.
2. menghala ke timur.
eastern *ks.* ketimuran.
eastward *ks.* menghala ke timur.

Easter *kn.* Easter, satu perayaan agama
Kristian.

easy *ks.* senang; serba ada; mudah;
lapang; lega.
easily *kkt.* dengan senang; dengan
mudah.
easy chair kerusi malas.
easy come, easy go mudah dapat,
mudah habis.
easygoing *ks.* seorang yang tidak
serius.
felt easy berasa lega; berasa lapang;
lapang dada.
take it easy bertenanglah;
bersenang-senang.

eat, ate, eaten *kk.* makan; dimakan;
telah makan.
eatable, edible *ks.* boleh dimakan.

eaves *kn.* cucuran rumah.

ebb *kk.* merosot; surut; berkurang.

eccentric *ks.* ganjil; pelik; aneh.

echo *kn.* tala; gema; kumandang.

éclair *kn.* sejenis kek.

eclectic *ks.* yang berkaitan dengan pelbagai kaedah, cara, rasa, pendapat, dsb.
eclectic method *kn.* kaedah eklektik; kaedah pengajaran dan pembelajaran yang menggunakan cantuman beberapa kaedah.

eclipse *kn.* gerhana.
eclipsed *kk.* tenggelam; melindungi; dilindungi.

economy *kn.* cermat; hemat; iktisad; ekonomi.
economic *ks.* berkaitan dengan ekonomi.
economical *ks.* jimat; cermat; hemat.
economics *kn.* ilmu ekonomi.
economise, economize *kk.* berjimat.
economist *kn.* ahli ekonomi.

ecstasy *kn.* perasaan amat gembira.

edge *kn.* tepi; pinggir. *kk.* meminggiri.
edging *kn.* tepi; kelim; biku.

edible *ks.* boleh dimakan.

edit *kk.* menyunting; mengedit.
edition *kn.* cetakan; keluaran; edisi.
editor *kn.* penyusun berita; penyunting; editor.
editorial *ks.* hal berkaitan dengan penyunting. *kn.* rencana pengarang; lidah pengarang.
editing room bilik sunting.

educate *kk.* menyekolahkan; memberi pelajaran; melatih; mendidik; mengajar; memupuk.
educated *ks.* berpelajaran; berpendidikan.
education *kn.* asuhan; pendidikan; pelajaran.
educational *ks.* hal berkaitan dengan pendidikan.
educationist *kn.* pendidik.
educator *kn.* pendidik.
educational broadcasting siaran pendidikan.
educational technology teknologi pendidikan.
educational toy mainan pendidikan.

eel *kn.* belut.

eerie *ks.* ngeri; menyeramkan.

effect *kn.* akibat; kesan; keputusan. *kk.* menyelenggarakan; melaksanakan; melakukan.
effective *ks.* mujarab; memberi bekas; berkuatkuasa; mustajab; berkesan; efektif.
effectively *kkt.* secara berkesan; efektif.
effectiveness *kn.* berkesan; keberkesanan.
with effect from bermula dari.

effeminate *ks.* berkelakuan spt. perempuan.

efficient *ks.* cekap.
efficiency *kn.* kecekapan.

effort *kn.* usaha; ikhtiar; percubaan; daya upaya.

egg *kn.* telur.
egg-beater *kn.* pemukul telur.

ego *kn.* keperibadian; ego.
egoism *kn.* sifat mementingkan diri sendiri; keegoan; egoisme.

eight *kgn., kn. & pnt.* delapan; lapan.
eighth *kgn., kn. & pnt.* yang kelapan.

eighteen *kn. & pnt.* lapan belas.

either *ks. & kgn.* salah satu; salah seorang.

ejaculate *kk.* memancutkan air mani.

eject *kk.* mengusir.
ejection *kn.* pengusiran.

elaborate *kk.* menghuraikan. *ks.* teliti; panjang lebar.
elaboration *kn.* penghuraian lebih lanjut.

elastic *ks.* menganjal; kenyal; mulur; elastik.

elated *ks.* menggembirakan.

elbow *kn.* siku.

elder *ks.* lebih tua. *kn.* orang tua-tua.
elderly *ks.* berumur; tua.

eldest *ks.* & *kn.* anak sulung; yang tua; paling tua.
elder statesman negarawan yang dihormati.

elect *kk.* memilih.
election *kn.* pilihanraya; pemilihan.
by-election *kn.* pilihanraya kecil.
general election pilihanraya umum.

electric *ks.* mengejutkan; elektrik.
electric shock kejutan elektrik.

electrocute *kk.* membunuh dengan elektrik.
electrocution *kn.* pembunuhan dengan elektrik.

electron *kn.* elektron; benda yang halus dalam atom.

electronic *kn.* elektronik.
electronic data data elektronik.
electronic flash denyar elektronik.
electronic mail mel elektronik.
electronic white board papan putih elektronik.

elegant *ks.* tampan; anggun; elok; segak.

element *kn.* anasir; zat; unsur.
elementary *ks.* permulaan.

elephant *kn.* gajah.

elevate *kk.* meninggikan; menaikkan.
elevation *kn.* kenaikan.

eleven *kgn., kn.* & *pnt.* sebelas.
eleventh *ks.* & *pnt.* yang kesebelas.

elf *kn.* orang bunian; peri kecil.

eligible *ks.* sesuai; layak.
eligibility *kn.* kelayakan.

eliminate *kk.* menghapuskan; menyingkirkan; membuang.
elimination *kn.* pengeluaran; penyingkiran; penghapusan; pembuangan.

elite *kn.* golongan atasan; elit.

ellipse *kn.* elips; bentuk yang hampir panjang seperti telur.

elocution *kn.* gaya bercakap di hadapan orang ramai.

elongate *kn.* memanjangkan.
elongation *kk.* pemanjangan.

eloquence *kn.* kepandaian bercakap; kelancaran lidah; kefasihan.
eloquent *ks.* pandai bercakap.

else *kkt.* selain daripada itu; lagi; kalau tidak.
elsewhere *kkt.* dalam atau suatu tempat lain; di tempat lain.

elude *kk.* mengelak.

emancipate *kk.* memerdekakan; membebaskan.
emancipation *kn.* pembebasan; kemerdekaan; emansipasi.

embankment *kn.* benteng atau tambak.

embargo *kn.* halangan; larangan; sekatan; embargo.

embark *kk.* 1. naik kapal untuk berangkat. 2. memulakan sesuatu.
embarkation *kn.* proses memuatkan sesuatu.

embarrass *kk.* memalukan; merintang.
embarrassed *ks.* berasa malu.
embarrassment *kn.* perasaan malu.

embassy *kn.* pejabat atau tempat tinggal seorang duta; kedutaan.

embed *kk.* membenamkan.
embedded *ks.* terbenam.

embellish *kk.* menambah dengan berlebihan.

embers *kn.* bara api.

embezzle *kk.* menyalahgunakan wang yang di bawah penjagaan atau diamanahkan.
embezzlement *kn.* penyalahgunaan wang.

emblem *kn.* lambang atau simbol.

embrace *kk.* memeluk; mendakap; menerima; meliputi. *kn.* pelukan.

embroider *kk.* menyulam.
embroidery *kn.* sulaman.

embryo *kn.* lembaga; embrio.

emerald *kn.* zamrud.

emerge *kk.* terbit; muncul.
emergence *kn.* penimbulan; terbitan; kemunculan.
emergency *kn.* kecemasan; darurat.

emigrate *kk.* berpindah ke negara lain dengan tujuan untuk tinggal di negara tersebut; berhijrah.
emigrant *kn.* penghijrah; emigran.
emigration *kn.* penghijrahan; emigrasi.

eminent *ks.* terkemuka; terkenal.

emit *kk.* mengeluarkan; memancar.
emission *kn.* pengeluaran.

emotion *kn.* perasaan emosi.
emotional *ks.* penuh perasaan.

emperor *kn.* maharaja.

emphasis *kn.* 1. menitikberatkan. 2. tekanan suara.
emphasise, emphasize *kk.* menitikberatkan; menekankan; menegaskan.

empire *kn.* jajahan takluk; empayar.

empirical *ks.* hal berkaitan dengan pemerhatian dan pengujian atau experimen.
empirical approach *kn.* pendekatan empirik; pengkajian berasaskan pengalaman, penelitian atau pemerhatian.

employ *kk.* mengambil seseorang untuk bekerja dengan; menggaji.
employee *kn.* pekerja.
employer *kn.* majikan.
employment agency agensi pekerjaan.

emporium *kn.* emporium; pusat membeli-belah.

empower *kk.* memberikan kuasa kepada.
empowerment *kn.* pemberian kuasa.

empress *kn.* maharani; gelaran yang diberikan kepada isteri maharaja.

empty *ks.* hampa; tanpa.
kk. mencurahkan; mengosongkan; kosong.
emptiness *kn.* kekosongan; kelengangan.
empty-handed *kkt.* dengan tangan kosong.
empty-headed *ks.* tidak berakal; tidak berotak.

emu *kn.* emu; sejenis burung dari Australia yang mempunyai leher yang panjang dan tidak boleh terbang.

emulsion *kn.* emulsi; lapisan nipis pada kertas atau filem fotograf.

enable *kk.* memungkinkan; membolehkan.

enamel *kn.* 1. lapisan luar cat yang berkilat. 2. lapisan luar gigi yang keras.

encamp *kk.* berkhemah.
encampment *kn.* tempat askar membina khemah.

enchant *kk.* menarik hati.
enchanted *ks.* tertarik; menarik.

encircle *kk.* mengelilingi.

enclose *kk.* melampirkan; menyertakan; mengepilkan; memagari.
enclosure *kn.* lampiran; sesuatu kawasan yang dipagari.

encore *kn.* pemintaan, biasanya pada hujung pertunjukan, supaya nyanyian diulangi.

encounter *kk.* menghadapi; bertengkar; menempuh; bertemu dengan; menjumpai.
kn. pertembungan; pertemuan.

encourage *kk.* menggalakkan; merangsangkan; mendorong.
encouragement *kn.* galakan; dorongan.
encouraging *ks.* menggalakkan.

encyclopaedia *kn.* ensaiklopedia; buku rujukan yang mengandungi bermacam-macam perkara.

end *kn.* hujung; tamat; akhir;

kesudahan. *kk.* menamatkan;
menghabiskan; menyudahi.
ended *kk.* mengakhiri; menyudahi;
berhenti; berakhir.
ending *kn.* tamatnya; berakhirnya.
endless *ks.* tidak berpenghujung;
tidak habis-habis.
end to end hujung dengan hujung.
come to an end berakhir.
happy ending berakhir dengan
kegembiraan.
in the end kesudahannya; akhirnya.
no end tiada penghujung; banyak.
the end tamat; habis; selesai.

endanger *kk.* membahayakan.

endeavour *kn.* ikhtiar; usaha;
percubaan. *kk.* berikhtiar; berusaha;
mencuba.

endorse *kk.* mengesahkan dokumen;
membenarkan.
endorsement *kn.* penurunan
tandatangan; pengesahan; sokongan.

endow *kk.* dirahmati; mengurniakan;
membiayai.
endowment *kn.* kurniaan;
pembiayaan; pembawaan; bakat.

endure *kk.* menahan; menderita.
endurance *kn.* kecekalan; ketabahan;
kesabaran.

enemy *kn.* musuh; lawan; seteru.

energy *kn.* kuasa; kekuatan; tenaga;
daya.
energise, energize *kn.* menguatkan.
energetic *ks.* cergas; giat; bertenaga.

enforce *kk.* memperkukuh;
menguatkuasakan.
enforced *ks.* terpaksa.
enforcement *kn.* penguatkuasaan.

engage *kk.* sewa; berjanji; bertunang;
menceburkan diri.
engaged *ks.* bertunang.
engagement *kn.* pertunangan;
perjanjian.

engineer *kn.* jurutera.
engineering *kn.* kejuruteraan.

English *kn.* bahasa Inggeris; orang
Inggeris; rakyat British.

engrave *kk.* mengukir; memahat.
engraver *kn.* juruukir; pengukir.
engraving *kn.* pahatan; ukiran.

engross *kk.* melekakan; mengasyikkan.
engrossing *ks.* mengasyikkan;
melekakan.

engulf *kk.* meliputi dan menengelami.

enhance *kk.* mempertingkatkan;
menambah.
enhancement *kn.* penambahan;
peningkatan; pengukuhan.

enjoy *kk.* bersuka ria; menikmati;
menyukai.
enjoyable *ks.* menyeronokkan.
enjoyment *kn.* kesukaan;
keseronokan.

enlarge *kk.* membesarkan;
memperluas.
enlargement *kn.* pembesaran.
enlarger *kn.* pembesar.

enlighten *kk.* memberi petunjuk;
memberi pengajaran; menyedarkan;
memberi penjelasan.
enlightened *ks.* menyedari.
enlightenment *kn.* penyedaran;
pemberitahuan.

enlist *kk.* 1. mendaftar masuk tentera.
2. memperoleh bantuan atau
kerjasama.

enliven *kk.* memeriahkan.

enmity *kn.* permusuhan.

enormous *ks.* sangat besar; maha besar.

enough *kkt.* cukup.
sure enough *kkt.* memang betul.

enquire *kk.* menanya, menyoal.
enquiry *kn.* pertanyaan.

enrage *kk.* membangkitkan marah.

enrich *kk.* memperkaya.
enrichment *kn.* pengkayaan.
enrichment activty aktiviti
pengkayaan.

enrol *kk.* mendaftarkan nama; mendaftarkan diri.
enrolment *kn.* pendaftaran.

ensemble *kn.* pelakon atau pemuzik yang dianggap sebagai satu kumpulan.

enslave *kk.* menghambakan seseorang.

ensue *kk.* terjadi.

ensure *kk.* menjamin.

entail *kk.* mengenakan; memerlukan.

entangle *kk.* terperangkap; terjebak.
entanglement *kn.* kekusutan; penglibatan.

enter *kk.* masuk; memasuki; mengambil bahagian.

enterprise *kn.* perusahaan.
enterprising *ks.* berdaya usaha; cergas.

entertain *kk.* menghiburkan; meraikan; menyenangkan hati.
entertainer *kn.* penghibur.
entertaining *ks.* menghiburkan.
entertainment *kn.* peraian; hiburan.

enthral *kk.* mengagumkan.
enthralling *ks.* yang mengagumkan.
enthralment *kn.* kekaguman.

enthrone *kk.* menabalkan.
enthronement *kn.* penabalan.

enthusiast *kn.* peminat; penggemar.
enthusiasm *kn.* semangat; minat; perhatian.
enthusiastic *ks.* ghairah; bersemangat.

entire *ks.* segenap; antero; seluruh.
entirely *kkt.* belaka; semuanya; sama sekali.

entitle *kk.* menamakan; memberikan hak kepada.
entitled *ks.* diberi hak; bertajuk.
entitlement *kn.* kelayakan.

entrance *kn.* kemasukan; pintu masuk.

entrant *kn.* peserta; seorang yang mengambil bahagian dalam sesuatu pertandingan.

entreat *kk.* merayu.
entreaty *kn.* rayuan.

entrepreneur *kn.* usahawan; pengusaha.
entrepreneurial *ks.* yang berkaitan dengan keusahawanan.
entrepreneurship *kn.* keusahawanan.

entrust *kk.* mengamanahkan.
entrusted *ks.* diamanahkan.

entry *kn.* kemasukan; catatan; masuk; entri.

envelop *kk.* membungkus; menutup; membalut.
envelope *kn.* sampul surat.

envious *ks.* cemburu.

environment *kn.* persekitaran; keadaan di sekeliling; suasana.
environmental *ks.* hal berkaitan dengan alam sekitar; persekitaran.
environmentalist *kn.* pencinta alam sekitar.

envoy *kn.* utusan; duta.

envy *kk.* dengki; iri; iri hati.

epaulette *kn.* epaulet.

epic *kn.* epik; satu cerita panjang.

epidemic *kn.* wabak; epidemik.

epilepsy *kn.* sawan babi; gila babi.

episode *kn.* peristiwa; adegan; episod.

epistle *kn.* sejenis surat yang ditulis oleh penyebar agama Kristian kepada orang Kristian pada masa dahulu.

epitaph *kn.* perkataan-perkataan yang ditulis pada batu nisan.

epoch *kn.* zaman atau era.

equal *ks.* sama besar; sama taraf; setanding; sama banyak; setimbal.
equally *kkt.* sama.
equalise, equalize *kk.* menyamakan. *kk.* mengimbangi; menyaingi.
equality *kn.* kesamaan.
equal pay bayaran yang sama; gaji

yang sama; tingkat upah yang setara.
equal rights hak yang sama.

equate *kk.* menyamakan.
equation *kn.* persamaan.

equator *kn.* khatulistiwa.

equilateral *ks.* sama sisi.

equilibrium *kn.* keseimbangan.

equip *kk.* membekali; melengkapi.
equipment *kn.* kelengkapan;
peralatan.
equipped *ks.* dilengkapkan.

equity *kn.* kesamaan; keadilan; ekuiti.

equivalent *ks.* setara; sama.

era *kn.* zaman; masa; era.

eradicate *kk.* membanteras;
membasmi; menghapuskan;
memùsnahkan.
eradication *kn.* pembanterasan;
penghapusan; pembasmian.

erase *kn.* memadamkan;
menghilangkan; menghapuskan.
eraser *kn.* getah pemadam.

erect *ks.* tercacak; tegak.
kk. membangunkan; mendirikan;
menegakkan.

erode *kk.* menghakis.
erosion *kn.* hakisan.

err *kk.* membuat kesilapan.
erratic *ks.* tidak tentu; selalu
berubah-ubah.
erroneous *ks.* salah.
error *kn.* kesalahan; kesilapan; ralat.
error message mesej ralat.
error rate kadar ralat.
error variance varians ralat.

errand *kn.* melakukan sesuatu untuk
orang.

erupt *kk.* meletus; meletup; meledak.
eruption *kn.* letupan; letusan.

escalate *kk.* menjadi lebih besar atau
hebat.
escalator *kn.* tangga gerak; eskalator.

escape *kk.* lepas lari; melepaskan diri;
melarikan diri; terlepas daripada
bahaya. *kn.* pelarian; terselamat
daripada bahaya.

escort *kn.* pengawal; pengiring.

especially *kkt.* terutama; istimewa.

espionage *kn.* mengintip atau mencari
maklumat tentera atau perniagaan.

esplanade *kn.* tempat untuk
bersiar-siar biasanya dekat tepi
pantai.

essay *kn.* karangan; esei.

essence *kn.* sari; pati.

essential *ks.* mustahak; penting.
kn. keperluan.
essentially *kkt.* pada dasarnya; pada
asasnya.

establish *kk.* membentuk;
menubuhkan; mendirikan.
established *ks.* telah bertapak.
establishment *kn.* penubuhan;
pengukuhan; penetapan.

estate *kn.* kebun; ladang; harta; estet.
estate agent ejen harta tanah.

esteem *kk.* menghargai; menghormati.
kn. penghormatan; penghargaan.

estimate *kn.* anggaran; taksiran.
kk. mengirakan; menaksir;
menganggar.
estimated *ks.* dianggarkan.
estimation *kn.* pandangan; anggapan;
pendapat; anggaran; taksiran.

estuary *kn.* kuala; muara.

et al *kkt.* dan orang lain.

etc *kkt.* et cetera; dan sebagainya, dll.

etch *kk.* mengukir.

eternal *ks.* abadi; kekal; berpanjangan.

ethic *kn.* kesusilaan; etika.
ethical *ks.* beretika.

ethnic *ks.* berkaitan dengan bangsa
nasional atau asli.

ethnography *kn.* etnografi; bidang kajian mengenai manusia dan budayanya.

etiquette *kn.* peraturan bersosial atau budi bahasa.

eucalyptus *kn.* sejenis pokok biasanya dari Australia yang boleh mengeluarkan sejenis minyak atau bau untuk membuat ubat.

euphemism *kn.* perkataan yang lebih halus yang digunakan untuk mengganti perkataan yang kasar.

Eurasian *kn.* orang Serani.

European *kn.* orang Eropah.

euthanasia *kn.* pembunuhan kasihan; membunuh seseorang pesakit untuk mengurangkan kesakitan pesakit.

evacuate *kk.* meninggalkan; mengosongkan; dipindahkan.
evacuation *kn.* pemindahan.

evade *kk.* mengelakkan diri; menghindari.
evasion *kn.* elakan.
evasive *ks.* mempunyai niat mengelakkan dari sesuatu.

evaluate *kk.* menilai; mentaksir.
evaluation *kn.* taksiran; nilaian.

evangelist *kn.* mubaligh Kristian yang menyebarkan agama Kristian.

evaporate *kk.* menyejat.
evaporation *kn.* penyejatan.
evaporated milk susu cair.

eve *kn.* hari menjelang sesuatu peristiwa.

even *ks.* datar; sekata; sama; rata; timbang; genap. *kkt.* hinggakan; juga; bahkan; malahan. *kk.* menyamakan; meratakan.
even if sekalipun; biarpun.
even now sekarang ini pun; dalam keadaan begini sekalipun.
even so walau bagaimanapun; namun.
even though sekalipun; walaupun.
break even pulang modal.

evening *kn.* sore; petang.
evening dress gaun malam; pakaian formal; pakaian rasmi.

event *kn.* peristiwa; kejadian.
eventful *ks.* penuh peristiwa.
eventual *ks.* pada hujung atau akhir.
eventually *kn.* kesudahannya; akhirnya.

ever *kkt.* selalu; pernah.
evergreen *ks.* sepanjang zaman. *kn.* tumbuh-tumbuhan yang sentiasa menghijau.
everlasting *ks.* kekal; abadi.

every *ks.* masing-masing; setiap; tiap-tiap.
everybody *kgn.* tiap-tiap orang; semua orang.
everyday *ks.* sehari-hari; tiap-tiap hari.
every now and again adakalanya; sekali-sekali.
everyone *kgn.* setiap orang; semua orang.
everything *kn.* segala-gala; semuanya.
everywhere *kkt.* di sana sini; di mana-mana sahaja.

evict *kk.* menghalau; mengusir.
eviction *kn.* pengusiran; penghalauan.

evident *ks.* jelas; nyata.
evidence *kn.* kenyataan; kesaksian; tanda; bukti. *kk.* menyaksikan; membuktikan.
evidently *kkt.* dengan jelas.

evil *ks.* jahat; durjana.
evil-minded *ks.* busuk hati; berfikiran jahat.

evoke *kk.* membangkitkan; menimbulkan; mendatangkan.
evocation *kn.* pembangkitan.

evolve *kk.* memajukan; berkembang; merencanakan.
evolution *kn.* perkembangan secara perlahan-lahan.

ewe *kn.* biri-biri betina.

ex *kd.* tanpa; bekas.

exact *ks.* tepat; sebenar; persis; betul. *kk.* mendesak; menagih; menuntut.

exactly *kkt.* dengan tepat; betul-betul.

exaggerate *kk.* membesar-besarkan; menokok tambah; melebih-lebihkan.
exaggeration *kn.* tokok tambah; perbuatan membesar-besarkan cerita; tambahan.

exalt *kk.* meninggikan atau menaikkan ke peringkat lebih tinggi.
exalted *ks.* yang dipuji.

exam *kn.* periksa; ujian; peperiksaan.
examination *kn.* ujian; peperiksaan; pemeriksaan.
examine *kk.* memeriksa; menyoal; meneliti; menguji.
examinee *kn.* calon peperiksaan.
examiner *kn.* pemeriksa.

example *kn.* contoh; teladan; misal.

exasperate *kk.* membangkitkan geram.
exasperation *kn.* kegeraman.

excavate *kk.* menggorak lubang atau menggali.
excavation *kn.* penggalian.

exceed *kk.* melampaui; mengatasi; melebihi.
exceedingly *kkt.* melampaui; melebihi.

excel *kk.* menjadi cemerlang.
excellence *kn.* kecemerlangan; keunggulan.
excellent *ks.* cemerlang; terbaik.

except *ksd.* tidak termasuk; kecuali; selain daripada; melainkan.
kk. mengasingkan; mengecualikan.
exception *kn.* kekecualian.
exceptional *ks.* luar biasa; bukan sembarangan; teristimewa.

excess *kn.* lebih; berlebihan; lebih daripada had yang ditetapkan.
ks. berlebihan.
excessive *ks.* berlebihan.
excess fare tambang lebih.

exchange *kk.* menukar. *kn.* pertukaran; berbalas-balas; bertukar-tukar.
exchangeable *ks.* boleh ditukar.
in exchange sebagai tukaran.

excise *kn.* cukai; eksais.

excite *kk.* menimbulkan; menggiatkan; terangsang.
excited *ks.* terangsang.
excitement *kn.* kegembiraan.
exciting *ks.* menarik; merangsang.

exclaim *kk.* berteriak.
exclamation *kn.* seruan; kata seruan.
exclamation mark tanda seru.

exclude *kk.* tidak memasukkan; mengasingkan; menyisihkan; menepikan.
exclusion *kn.* pengasingan.
exclusive *ks.* 1. tidak termasuk.
2. hanya untuk orang-orang tertentu.
3. istimewa.

excrete *kk.* membuang (najis, dsb.).
excretion *kn.* kumuhan; pembuangan.

excursion *kn.* rombongan.

excuse *kk.* memaafkan; mengecualikan. *kn.* dalih; alasan; helah; sebab.
excusable *ks.* boleh dimaafkan.

execute *kk.* menjalankan hukuman mati ke atas; melaksanakan; melakukan.
execution *kn.* pelaksanaan; hukuman mati.

exempt *ks.* dikecualikan.
kk. mengecualikan; usaha; ikhtiar.
exemption *kn.* pengecualian; pembebasan.

exercise *kk.* latihan; bersenam; gerak badan. *kn.* senaman; latihan; gerak badan.

exert *kk.* menggunakan; bersusah payah; bersungguh-sungguh.
exertion *kn.* mempergunakan; penggunaan.

exhale *kk.* menghembus.
exhalation *kn.* penghembusan nafas.

exhaust *kk.* meletihkan.
exhausted *ks.* amat letih; kepenatan.
exhaustion *kn.* kepenatan; keletihan.

exhibit *kk.* mempamerkan; mempertunjukkan. *kn.* barang

pameran.
exhibition *kn.* pertunjukan; pameran.
exile *kn.* buangan. *kk.* dibuang negeri.
live in exile hidup dalam buangan.
exist *kk.* ada; wujud.
existence *kn.* keadaan; kewujudan.
existent *ks.* wujud; terdapat; ada.
exit *kn.* jalan keluar; pintu keluar. *kk.* keluar.
exorcise, exorcize *kk.* menghalau hantu keluar dari tubuh manusia.
exotic *ks.* ganjil dan istimewa.
expand *kk.* mengembang; bertambah besar; melebar; meluas.
expandable *ks.* boleh kembang.
expanding *ks.* berkembang.
expansion *kn.* pengembangan; perluasan.
expect *kk.* menjangka; menduga; mengharap; menunggu; menantikan.
expectancy *kn.* pengharapan; harapan.
expectant *ks.* bakal.
expectation *kn.* dugaan; jangkaan; pengharapan; harapan.
expedition *kn.* ekspedisi; satu perjalanan ke sesuatu tempat untuk tujuan yang tertentu.
expel *kk.* membuang; menghalau; menyingkirkan; mengusir.
expend *kk.* membelanjakan; menggunakan; menghabiskan.
expendable *ks.* boleh dikorbankan.
expenditure *kn.* belanjawan; perbelanjaan.
expense *kn.* belanja.
expensive *ks.* mahal.
experience *kn.* pengalaman. *kk.* mengalami; menempuhi; merasai.
experienced *ks.* berpengalaman.
experiment *kn.* penyelidikan; percubaan; ujian; eksperimen.
experimental *ks.* percubaan; ujikaji; eksperimen.
experimentation *kn.* pengujikajian.
experimental group kelompok

cubaan.
expert *kn.* pakar; ahli; cekap.
expertise *kn.* kemahiran; kepakaran.
expire *kk.* berakhir; selesai; tamat.
expiry *kn.* penamatan.
explain *kk.* menghuraikan; menerangkan; menjelaskan.
explanation *kn.* penjelasan; huraian; keterangan.
explanatory *ks.* keterangan; penjelasan.
explicable *ks.* boleh diterangkan.
explicit *ks.* jelas; terang.
explicitly *kkt.* dengan jelas.
explode *kk.* meletup; meletus; meledak.
explosion *kn.* letupan; ledakan.
explosive *ks.* meledakkan; meletupkan.
exploit *kk.* mempergunakan sesuatu; mengeksploitasikan.
exploitation *kn.* penggunaan; pemerasan; eksploitasi.
explore *kk.* menjelajah.
exploration *kn.* penyelidikan; pemeriksaan; penjelajahan.
explorer *kn.* penjelajah.
exponent *kn.* pelopor; penganjur; pendukung.
export *kk.* menghantar (barang-barang) ke luar negara; eksport. *kn.* barangan eksport
exporter *kn.* pengeksport.
expose *kk.* mendedahkan; menampakkan; memperlihatkan.
exposed *ks.* terdedah.
exposition *kn.* pameran.
exposure *kn.* pendedahan.
exposure value nilai dedahan.
expound *kk.* menjelaskan.
express *ks.* tegas; segera; jelas; ekspres. *kk.* mengucapkan; menyatakan; melahirkan.
expressedly *kkt.* secara jelas.
expression *kn.* pengucapan; pernyataan.

expressive *ks.* penuh dengan penjelasan.
expressway *kn.* jalan raya.
expulsion *kn.* pembuangan.
exquisite *ks.* sangat cantik dan halus.
exquisitely *kkt.* secara cantik dan halus.
extend *kk.* terbentang; memanjangkan; memperluaskan; melanjutkan; menjangkau; menganjur.
extended *ks.* dilanjutkan.
extension *kn.* perluasan; lanjutan; tambahan; sambungan.
extent *kn.* takat; terbentang luas; keluasan.

exterior *ks.* bahagian luar.

exterminate *kk.* menghapuskan.
extermination *kn.* pembasmian; pembanterasan.

external *ks.* luaran; luar.
externally *kkt.* secara luaran.

extinct *ks.* pupus; tidak aktif lagi; tidak bernyala; mati; punah.
extinction *kn.* melenyapkan; kepupusan; pemusnahan.

extinguish *kk.* memadamkan.
extinguisher *kn.* pemadam api.

extort *kk.* memeras; mengugut.
extortion *kn.* pemerasan.

extra *ks.* tambahan; lebih besar; lebih baik. *kn.* tambahan.

extraordinary *ks.* ganjil; luar biasa; istimewa.
extraordinarily *kkt.* secara istimewa atau luarbiasa.

extract *kn.* pati; sari; kutipan; petikan.
extraction *kn.* pengutipan; pemetikan.

extravagant *ks.* boros; tidak hemat.
extravagance *kn.* pemborosan.

extreme *ks.* amat sangat; paling berat; keterlaluan; terlampau; taksub; sangat teruk; ekstrem.
extremely *kkt.* secara keterlaluan.
extremist *kn.* pelampau.

exuberant *ks.* riang gembira.
exuberance *kn.* kegembiraan.

eye *kn.* mata; pandangan. *kk.* pandang; perhati.
eyebrow *kn.* bulu kening.
eyelash *kn.* bulu mata.
eyelid *kn.* kelopak mata.
eye-liner *kn.* celak.
eyelobe *kn.* cuping telinga.
eyesight *kn.* penglihatan.
eyewitness *kn.* saksi.
in the eye memandang mata seseorang.
keep an eye mengawasi; menjaga; memerhati.
public eye perhatian masyarakat.
the apple of one's eye kekasih; buah hati; pengarang jantung.

Ff

fable *kn.* mitos; cerita tamsilan; cerita dongeng.

fabric *kn.* kain tenunan; fabrik.
fabricate *kk.* mereka-reka; membuat-buat.
fabrication *kn.* rekaan; pemalsuan.

fabulous *ks.* dongeng; tidak terperi.

face *kn.* muka; rupa; wajah.
facial *ks.* berkaitan dengan muka.
face to face bersemuka; bertemu muka; berhadapan muka.
a sad face air muka yang sedih.
lose face jatuh air muka.

facet *kn.* 1. segi. 2. aspek.

facetious *ks.* berseloroh.

facility *kn.* kemudahan.
facilitate *kk.* memudahkan.
facilitator *kn.* fasilitator; pemudah cara.

facsimile *kn.* faksimile; alat untuk menghantar salinan dokumen yang serupa atau hampir serupa dokumen asal.

fact *kn.* sesuatu yang berlaku; fakta.
factual *ks.* yang nyata atau benar.
fact of life kenyataan hidup.
in fact malahan; sebenarnya; sesungguhnya.

factitious *ks.* rekaan; buatan; tiruan.

factor *kn.* sebab; angka pengisi; unsur; faktor.
factory *kn.* kilang.

faculty *kn.* kebolehan; kecekapan; fakulti.

fad *kn.* fesyen atau kegemaran.

fade *kk.* luntur; menjadi pucat; layu; pudar.
faded *ks.* layu; pudar; luntur.
fadeless *ks.* tidak layu; tidak pudar.
fading *ks.* sedang layu.
fade away beransur lenyap; menjadi perlahan.

faeces *kn.* najis, tahi.

Fahrenheit *kn.* Fahrenheit; satu ukuran suhu.

fail *kk.* tidak lulus; kecewa; tidak berjaya; mungkir; gagal; kandas.
failing *ks.* kelemahan; merosot; kekurangan.
failure *kn.* kerosakan; kegagalan.
without fail tidak boleh tidak; pasti; tentu.

faint *ks.* lemah; perlahan; malap. *kk.* pengsan; pitam.

fair *kn.* pesta keramaian; temasya; pasar ria. *ks.* cantik; saksama; patut; mencukupi; adil; baik (cuaca); putih; patut.
fairly *kkt.* adil; secara wajar.
fairness *kn.* keadilan.
fair and square dengan cara yang betul; dengan cara yang adil dan saksama.
fair enough betullah tu.
fair play keadilan.
fair skin berkulit putih.
in a fair way dengan cara yang adil.

fairy *kn.* pari-pari.
fairyland *kn.* kayangan.
fairy-tale *kn.* cerita dongeng.

faith *kn.* kepercayaan; iktikad; ketaatan; keyakinan.
faithful *ks.* dipercayai; taat; amanah.
faithfully *kkt.* secara ikhlas; benar.

good faith secara ikhlas; dengan jujur.

fake *kn.* tiruan; palsu.

falcon *kn.* falkon; sejenis burung helang.

fall, fell, fallen *kk.* luruh; jatuh; gugur; tumbang; tewas; tertawan; terjadi; rebah.
fall for jatuh hati; tertawan; tertarik; terpikat.
fall into terbahagi kepada.
fall over tumbang; tersungkur.
fall under digolongkan ke bawah; tergolong.

fallacious *ks.* mengelirukan.

fallible *ks.* tidak terlepas dari membuat kesilapan; tidak sunyi dari membuat kesilapan; boleh tersilap.

fallow *ks.* rang; terpendam.

falls *kn.* air terjun.

false *ks.* bohong; palsu; dusta.
falsehood *kn.* kepalsuan.
false alarm panggilan palsu.
false start salah mula.

falter *kk.* bergerak secara teragak-agak; terhenti-henti.
faltering *ks.* teragak-agak.

fame *kn.* kemasyhuran.
famed *ks.* termasyhur.

familiar *ks.* biasa; rapat; tahu betul.
familiarity *kn.* kekariban; kebiasaan; kemesraan; hubungan yang rapat.

family *kn.* ibu bapa dan anak-beranak; keluarga; famili.
family man lelaki yang mementingkan keluarga.
family name nama keluarga.
family planning perancang keluarga.
family tree salasilah keluarga.
of good family dari keluarga baik-baik.

famine *kn.* kebuluran; kelaparan.

famished *ks.* sangat lapar.

famous *ks.* terkenal; ternama; masyhur.

fan 1. *kn.* kipas. *kk.* mengipas.
2. peminat.
fan club peminat.

fanatic *ks.* terlalu taksub; fanatik.

fancy *ks.* beraneka warna; luar biasa; banyak hiasan.
fanciful *ks.* merupakan khayalan; pelbagai ragam.
fancy dress pakaian beragam.

fanfare *kn.* bunyi trumpet yang riuh-rendah.

fang *kn.* gigi taring.

fantasy *kn.* khayalan; fantasi.
fantastic *ks.* ajaib; aneh; luar biasa; pelik.
fantastically *kkt.* secara luar biasa.

far *kkt.* & *ks.* jauh.
far from tidak langsung; bukannya; jauh dari.
as far as sepanjang; se-jauh; setakat.
how far berapa jauh.
so far setakat ini; hingga kini.
so far so good setakat ini tidak ada apa-apa masalah.

farce *kn.* 1. sejenis lakonan yang lucu. 2. main-main.
farcical *ks.* ganjil dan menggelikan.

fare *kn.* tambang.
farewell *ksr.* selamat berpisah; selamat tinggal.

farm *kn.* ladang; tempat berternak; kebun. *kk.* berladang; bercucuk tanam.
farmer *kn.* peladang; petani.
farming *kn.* perkebunan; perladangan; penternakan.
farmland *kn.* tanah ladang.
farmyard *kn.* kawasan ladang; halaman ladang.

farther *ks.* lebih jauh; jauh lagi.

fascinate *kk.* mengagumkan; menawan hati; memukau; mempesona.
fascinated *ks.* terpesona.
fascinating *ks.* yang menawan;

mempesona.

fascination *kn.* daya penarik.

fashion *kn.* cara; gaya; stail; fesyen.
fashionable *ks.* mengikut perkembangan fesyen.
fashion house gedung fesyen.
out of fashion tidak menjadi fesyen lagi.

fast[1] *ks.* laju; pantas; cepat; kukuh; teguh. *kkt.* dengan pantas; dengan laju; dengan teguh.
fast food makanan segera.

fast[2] *kk.* berpuasa. *kn.* puasa.

fasten *kk.* 1. mengancing; mengikat; mengunci; menambat.

fastidious *ks.* pemilih; cerewet.

fat *ks.* gemuk. *kn.* lemak.
fatten *kk.* menggemukkan.
fatso *kn.* si gemuk.

fatal *ks.* yang membawa maut.
fatality *kn.* kematian.

fate *kn.* nasib; qadar; takdir; nasib; maut; ajal; untung nasib. *kk.* ditakdirkan.
fated *ks.* ditakdirkan.
fateful *ks.* membawa maut; bersejarah; ditakdirkan.

father *kn.* bapa; ayah; abah; paderi; pengasas.
fatherhood *kn.* menjadi seorang ayah; kebapaan.
fatherland *kn.* nusa; tanah air.
fatherly *ks.* bersifat spt. seorang bapa.
father-in-law *kn.* bapa mentua.

fathom *kn.* dalamnya air. *kk.* menduga.

fatigue *kn.* kepenatan; kelesuan; keletihan. *kk.* melesukan; memenatkan; meletihkan.

fault *kn.* kerosakan; kesilapan; cacat cela; kesalahan.
faulty *ks.* salah; tidak betul; bercela.
faultfinding *ks.* suka mencari kesilapan orang.

fauna *kn.* fauna, alam binatang atau

haiwan.

favour, favor *kn.* persetujuan; kebaikan; kemurahan; pengurniaan; penghormatan. *kk.* memihak.
favourable *ks.* menggalakkan; baik; menguntungkan; sesuai.
favourably *kkt.* secara menggalakkan.
favourite *ks.* kegemaran; kesayangan; kesukaan; pilihan.
favouritism *kn.* pilih kasih; berat sebelah.
in favour of memihak kepada; menyokong.

fawn *kn.* ketakutan.

fear *kn.* ketakutan; kekhuatiran; kebimbangan. *kk.* khuatir; gentar; bimbang.
fearful *ks.* yang ditakuti; menakutkan; dahsyat; mengerikan.
fearfully *kkt.* dengan perasaan takut.
fearless *ks.* tidak mengenal takut; berani; tidak gentar.
fearlessly *kkt.* dengan berani.
fearsome *ks.* mengerikan; menakutkan; menyeramkan.

feasible *ks.* dapat dilaksanakan; masuk akal; dapat diterima.

feast *kn.* kenduri; pesta. *kk.* berkenduri; berpesta; berjamu.

feat *kn.* perbuatan atau kerja yang sukar dilakukan dengan baik.

feather *kn.* bulu (burung).
feathered *ks.* berbulu.
feather duster penyapu bulu ayam.

feature *kn.* muka; raut; sifat; ciri; rencana. *kk.* mementingkan.

February *kn.* Februari; bulan kedua dalam sesuatu tahun.

federal *ks.* hal berkaitan dengan persekutuan.
federation *kn.* persekutuan; gabungan.
federal territory wilayah persekutuan.

fee *kn.* bayaran; upah; yuran.

feeble *ks.* lemah; tidak bertenaga.
feebly *kkt.* dengan lemah.
feeble-minded *ks.* tidak cergas; kurang cergas; lemah fikiran.

feed, fed *kk.* memberi makan; menyuap; menyalurkan.
feedback *kn.* maklum balas.
feeding-bottle *kn.* botol susu.
feeding time waktu makan.

feel, felt *kk.* menjamah; mengalami; terasa; berasa; meraba.
feeler *kn.* sesungut.
feeling *ks.* penuh perasaan. *kn.* rasa; perasaan.
hurt one's feelings melukai perasaan saya.

feet *kn.* 1. jamak untuk perkataan *foot.* 2. unit ukuran jarak atau panjang.

feign *kk.* berpura-pura.

fell *kk.* menumbangkan; menebang; menjatuhkan.

fellow *kn.* sahabat; rakan; teman; kawan.
fellowship *kn.* persahabatan; perkumpulan; biasiswa.
good fellow baik orangnya.

felt[1] *kk.* rujuk *feel.*

felt[2] *kn.* sejenis kain yang dibuat daripada bulu binatang.

female *ks.* betina; perempuan.
feminine *ks.* keperempuan.
feminist *ks.* kewanitaan.
feminity *kn.* bersifat kewanitaan.

fence *kn.* pagar.
fencing *kn.* bermain pedang.

fend *kk.* menjaga atau mempertahankan diri sendiri.

ferment *kn.* bahan yang menyebabkan penapaian. *kk.* 1. menapai. 2. bergelora.
fermentation *kn.* penapaian.

fern *kn.* pokok paku; pakis.

ferocious *ks.* buas; ganas; garang.
ferociously *kkt.* dengan garang.

ferry *kn.* feri; sejenis kapal kecil untuk membawa kenderaan dan orang. *kk.* mengangkut menyeberangi sungai atau laut.

fertile *ks.* bernas; cerdik; subur.
fertiliser, fertilizer *kn.* baja.
fertility *kn.* kesuburan.

fervent *ks.* bersungguh-sungguh.
fervently *kkt.* dengan bersungguh-sungguh.
fervour *kn.* semangat; keyakinan yang kuat.

festival *kn.* perayaan; keramaian; pesta ria.
festive *ks.* meriah, bersuka-suka.
festivity *kn.* perayaan, pesta.

festoon *kn.* rangkaian bunga dan reben untuk hiasan. *kk.* menghiasi.

fetch *kk.* menjemput seseorang; mengambilkan.

fetters *kn.* rantai kaki biasanya untuk banduan.

fetus *kn.* ejaan lain untuk *foetus.*

feud *kn.* permusuhan yang berpanjangan; perseteruan; kesumat.

feudal *ks.* kebangsawanan; feudal.

fever *kn.* demam.
feverish *ks.* demam.

few *ks.* tidak banyak; sedikit.

fez *kn.* tarbus.

fiancé *kn.* tunang lelaki.
fianceé *kn.* tunang perempuan.

fiasco *kn.* kegagalan besar.

fib *kn.* dusta, bohong. *kk.* berdusta, berbohong

fibre *kn.* serabut; gentian; serat.

fickle *ks.* mudah berubah-ubah; tidak tetap hati.

fiction *kn.* cerita rekaan; fiksyen.
fictitious *ks.* tidak benar; khayalan; rekaan.

fiddle *kk.* menggesekkan; memainkan. *kn.* sejenis alat muzik.

fidelity *kn.* ketaatan; kesetiaan.

fidget *kk.* menggelisah.
fidgety *ks.* gelisah.

field *kn.* padang; ladang; medan; bidang; telaga.
field events acara padang.
field study kajian luar.
field test ujian luar.
field trial ujian lapangan.
field trip lawatan luar.
rice field sawah padi.

fiend *kn.* syaitan; orang yang kejam.
fiendish *ks.* ganas, kejam.

fierce *ks.* garang; bengkeng.
fierceness *kn.* kegarangan.

fiery *ks.* berapi-api; merah; pemarah.

fiesta *kn.* sesuatu perayaan keagamaan.

fifteen *kn., kgn. pnt.* angka atau nombor lima belas.

fifth *kn., kgn. & pnt.* yang kelima.

fifty *kn., kgn. & pnt.* angka atau nombor lima puluh.
fifty-fifty *kkt. & ks.* secara sama banyak atau separuh.

fig *kn.* sejenis pokok yang berdaun lebar; buah ara.

fight, fought *kk.* berkelahi; bertempur; bergasak. *kn.* perkelahian; pertempuran.
fighter *kn.* pejuang.
fighting *ks.* penempur; semangat berlawan.
fight back membalas; melawan balik.
fight for berjuang untuk.

figure *kn.* bentuk; gambar rajah; bentuk tubuh; patung; angka.
figurative *ks.* kiasan.
public figure tokoh masyarakat.

file *kn.* barisan; fail.
filename *kn.* nama fail.

filial *ks.* berkaitan dengan tanggungjawab seorang anak.

filings *kn.* kikiran.

fill *kn.* sepenuh; tambak; sampai kenyang; timbus. *kk.* memenuhi; mengisi; dipenuhi; memuatkan.
filling *ks.* mengenyangkan.

fillet *kn.* filet; kepingan daging yang tidak ada tulang.

filly *kn.* anak kuda betina.

film *kn.* selaput; filem.
film clip filem selitan.
film editor penyunting filem.
film guide panduan filem.
film insert selitan filem.
film script skrip filem.
film spool kili filem.
film star bintang filem.

filter *kn.* penapis; tapisan; turas. *kk.* menapis; menuras; menyaring.

filth *kn.* kotoran.
filthy *ks.* amat kotor; cemar; cabul.

fin *kn.* sirip.

final *ks.* akhir; penghabisan; penamat. *kn.* pusingan akhir; perlawanan akhir.
finalise, finalize *kk.* menyelesaikan; menjadikan muktamad; memuktamadkan.
finally *kkt.* dengan muktamad; kesudahannya; akhirnya.

finale *kn.* penghabisan; penghujung; finale.

finance *kn.* kewangan. *kk.* memodali; membiayai.
financial *ks.* kewangan.
finance company syarikat kewangan.

finch *kn.* sejenis burung.

find, found *kk.* menemukan; mencari; menjumpai.
finding *kn.* jumpaan; dapatan.
find a way to mencari jalan untuk.
find out mengetahui; mendapat tahu.

fine *kn.* denda. *kk.* mendenda. *ks.* bagus; sedap; halus; terpuji; cantik; kacak; cemerlang.

finable *ks.* boleh didenda.
finery *kn.* pakaian yang indah atau hiasan yang cantik-cantik.
fine arts seni halus.

finger *kn.* jari.
finger-mark *kn.* bekas jari.
fingernail *kn.* kuku.
fingerprint *kn.* cap jari.
fingertips *kn.* hujung jari.

finish *kk.* menyudahkan; menghabiskan; menyelesaikan; menyiapkan. *kn.* kesudahan; penghabisan.
finished *ks.* selesai; habis.

finite *ks.* terbatas atau terhad.

fir *kn.* fir; sejenis pokok.

fire *kn.* api; kebakaran. *kk.* tembak.
firing *kn.* tembak-menembak.
fire-alarm *kn.* penggera kebakaran.
firearm *kn.* senjata api.
fire brigade pasukan pemadam api; pasukan bomba.
fire-cracker *kn.* mercun.
fire-extinguisher *kn.* alat pemadam api.
firefly *kn.* kelip-kelip; kunang-kunang.
fire-hydrant *kn.* pili bomba.
fireman *kn.* anggota pemadam api; anggota bomba.
fireplace *kn.* pendiangan.
fireproof *kn.* kalis api.
fire station balai bomba.
on fire sedang terbakar.
firewood *kn.* kayu api.
fireworks *kn.* pertunjukan bunga api.
firing squad skuad penembak.

firm *ks.* kemas; erat; tetap; tegas; kukuh. *kn.* gudang; gedung; firma.
firmly *kkt.* dengan tetap; dengan tegas.
firmness *kn.* keteguhan; kekukuhan; kepejalan.

first *ks.* mula-mula; yang pertama. *kkt.* lebih dahulu; terdahulu sekali.
firstly *kkt.* mula-mula; pertama.
first aid pertolongan cemas.

first and last dari semua segi; yang pertama dan terakhir.
first-class *ks.* kelas satu; ulung; baik betul.
first day hari pertama.
first-fruit *kn.* hasil pertama; buah pertama.
first generation computer komputer generasi pertama.
firsthand *ks.* dibeli daripada sumber asal; secara langsung.
first name nama pertama.
first thing pertama sekali.
first thing first yang dahulu didahulukan.
first time pertama kali.
at first pada mulanya.
at first sight pada pandang pertama.
come in first mendapat tempat pertama.
from the first dari mula lagi.

firth *kn.* kuala; muara.

fish *kn.* ikan. *kk.* mengail; menangkap ikan.
fishery *kn.* industri perikanan.
fishing *kn.* memancing; menjala ikan; mengail.
fishy *ks.* hanyir; mencurigakan.
fish-bowl *kn.* balang ikan.
fisherman *kn.* pengail; nelayan.
fish-hook *kn.* pancing.
fishing net jala; pukat.
fishing-rod *kn.* batang kail; joran.
fishmonger *kn.* penjual ikan.
fish-pond *kn.* kolam ikan.
fish trap bubu; lukah.

fist *kn.* genggaman; penumbuk.

fit *ks.* layak; sihat; sesuai. *kk.* sesuai dengan; mengenakan; memasang; memadankan.
fitness *kn.* kecocokan; kesihatan; kesesuaian.
fitting *ks.* sewajarnya; sesuai; layak; patut.

five *kgn., kn. & pnt.* lima.
five-star *ks.* lima bintang.

fix *kk.* memasang; ikat; diatur; menetapkan; menentukan;

fixed *ks.* terpasang; tetap; tidak berubah-ubah.

fizz *kn.* desiran. *kk.* mendesir.
fizzy *ks.* berdesir.

flabby *ks.* menggeleber; kendur.

flag *kn.* bendera.
flag-pole, flagstaff *kn.* tiang bendera.

flair *kn.* kebolehan semulajadi; bakat.

flake *kn.* kepingan. *kk.* gugur dengan kepingan-kepingan.
flaky *ks.* berkeping-keping.

flame *kn.* kebakaran; api. *kk.* memarak; bernyala; menyala; bersinar; bercahaya.
flaming *ks.* bernyala; bersemarak.
flammable *ks.* mudah bakar.

flamingo *kn.* flamingo, sejenis burung besar yang berwarna merah dan berkaki panjang.

flank *kn.* 1. rusuk. 2. tepi atau sisi.

flannel *kn.* flanel sejenis kain yang berbulu-bulu.

flap *kn.* kibaran. *kk.* berkibar-kibar.

flare *kk.* bernyala.
flared *ks.* berkembang.
flare up 1. membakar. 2. naik marah.

flash *kn.* pancaran api; pancaran cahaya; pancaran kilat.
flashback *kn.* ulangan; kenangan; imbasan kembali.
flashcard *kn.* kad imbasan.

flask *kn.* termos; kelalang.

flat *kn.* rumah pangsa. *ks.* datar; pipih; mentah-mentah; bulat-bulat; rata.
flatly *kkt.* secara mendatar; dengan bulat-bulat.
flatness *kn.* kedataran.
flatten *kk.* menumbangkan; meranapkan; meratakan.
flat tyre tayar pancit.
fall flat tidak menjadi; jatuh tersembam.

flatter *kk.* terlalu memuji; memuji dengan tidak ikhlas atau berpura-pura.
flattery *kn.* pujian yang tidak ikhlas.

flavour, flavor *kn.* berperisa.
flavoured, flavored *ks.* berasa; berperisa.

flaw *kn.* kecacatan; kekurangan; kecelaan.

flea *kn.* kutu.

fleck *kn.* bintik; rintik; tompok kecil.

fled *kk.* rujuk *flee.*

fledging *kn.* anak burung yang baru boleh terbang.

flee *kk.* lari; melarikan diri.

fleece *kn.* bulu kambing biri-biri.

fleet *kn.* angkatan laut; armada.

flesh *kn.* daging; isi.
fleshy *ks.* berisi; montok.
own flesh and blood kaum keluarga; sanak saudara; darah daging.

flew *kk.* rujuk *fly.*

flex *kn.* dawai elektrik yang bersalut. *kk.* membengkokkan.
flexible *ks.* mudah lentur; fleksibel.
flexicurve *kn.* lengkung boleh larat.

flick *kn.* petikan; jentikan. *kk.* menjentik; mengetis; mengibas.
flicker *kk.* berkedip-kedip. *kn.* kelipan.
flicker out lalu padam; meliang-liuk.
flick through menyelak-nyelak; membelek-belek.

flight *kn.* penerbangan.

flimsy *ks.* 1. nipis dan ringan. 2. tidak boleh tahan, muda pecah. 3. kurang munasabah.
flimsiness *kn.* mempunyai ciri-ciri nipis dan ringan.

flinch *kk.* menggerakkan badan spt. dalam kesakitan.

fling *kn.* lemparan; lontaran. *kk.* melontarkan; melemparkan.

flint *kn.* batu api.

flip *kk.* 1. melempar. 2. membalikkan atau memusingkan.
flip chart carta selak.

flipper *kn.* kaki sirip.

flirt *kn.* orang yang suka mengurat. *kk.* mengurat.
flirtation *kn.* perbuatan mengurat.

flit *kk.* bergerak dengan lincah.

float *kk.* timbul; mengapung; terkantung-kantung. *kn.* pelampung.
floating *ks.* terapung; tidak tetap.

flock *kn.* kawanan (binatang); kumpulan; kelompok.

flog *kk.* menyebat; menyesah; melibas; membelasah.

flood *kn.* bah; banjir. *kk.* membanjiri; mengenangi; mencurah-curah.
flooded *ks.* kebanjiran; banjir.

floor *kn.* lantai; tingkat; dasar.

flop *kn.* kegagalan. *kk.* jatuh; gagal.

flora *kn.* flora; alam tumbuh-tumbuhan.

floral *ks.* berbunga-bunga.

florist *kn.* penjual bunga.

flour *kn.* tepung.
floured *ks.* bertepung.

flourish *kk.* makmur; berkembang; maju.

flow *kk.* hanyut; mengalir; meleleh.

flower *kn.* bunga. *kk.* berbunga.
flowering *ks.* berbunga. *kn.* mekarnya; berkembangnya.
flowery *ks.* penuh bunga; berbunga-bunga.
flowerpot *kn.* pasu bunga.

flown *kk.* rujuk *fly.*

flu *kn.* singkatan untuk *influenza.*

fluctuate *kk.* naik turun; berubah-ubah; tidak tetap.

fluctuation *kn.* ketidakstabilan; keadaan turun naik.

fluent *ks.* fasih; lancar.
fluency *kn.* kelancaran; kefasihan.
·fluently *kkt.* dengan atau secara fasih.

fluff *kn.* bulu lembut daripada selimut.
fluffy *ks.* lembut spt. bulu halus atau kapas.

fluid *kn.* bendalir; cecair.

fluke *kn.* nasib baik.

flung *kk.* rujuk *fling.*

flunk *kk.* gagal.

flurry *kn.* 1. tiupan angin yang kencang untuk seketika. 2. terburu-buru.

flush *kn.* muka menjadi merah kerana malu. *kk.* 1. menjadi merah. 2. mencurahkan air untuk mencuci.
flushed *ks.* muka menjadi merah.

fluster *kk.* berkibar-kibar.

flute *kn.* bangsi; seruling; serunai; flut.

flutter *kn.* kibaran; mengepak-ngepak; debaran; kegugupan; getaran. *kk.* menggelepar; mengibar-ngibarkan.

fly[1]**, flew, flown** *kk.* memandu; menerbangkan; terbang; melayang; berkibar.
flyover *kn.* jejambat.
flying *ks.* terbang.

fly[2] *kn.* lalat.

foal *kn.* anak kuda.

foam *kn.* buih. *kk.* berbusa; berbuih.

focal *ks.* berfokus.
focal length jarak fokus.

focus *kn.* fokus.

fodder *kn.* foder; makanan ternakan.

foe *kn.* musuh; seteru.

fog *kn.* kabut; kabus. *kk.* berkabut; berkabus.

foggy *ks.* berkabut; samar-samar.

foil *kn.* foil; logam yang dibuat dalam bentuk helaian nipis spt. kertas *kk.* menggagalkan.

fold *kn.* lipatan; beralun-alun. *kk.* menutupi; membungkus; meliputi. **folder** *kn.* fail; fail kertas.

foliage *kn.* daun.

folk *kn.* rakyat. **folklore** *kn.* cerita rakyat.

follow *kk.* mengikut; menuruti; menganut; menyusul; mengiring. **follower** *kn.* penganut; pengiring; pengikut. **following** *ks.* berikutnya. **follow-up** *kn.* tindakan susulan. **follow-up activity** aktiviti susul.

folly *kn.* kedunguan; kebodohan.

fond *ks.* menyayangi. **fondness** *kn.* rasa sayang; menyayangi. **fond of** gemar; suka.

fondle *kk.* membelai.

font, fount *kn.* fon, set huruf dan angka yang pelbagai rupa dan saiz.

food *kn.* makanan. **foodstuff** *kn.* barang makanan.

fool *kn.* orang bodoh. *kk.* mempermainkan; bergurau; menipu. **foolish** *ks.* bodoh; kurang bijak; bebal; dungu. **foolishness** *kn.* kebodohan.

foot *kn.* kaki; asas; dasar; langkah. **footballer** *kn.* pemain bola sepak. **footnote** *kn.* nota kaki. **footprint** *kn.* kesan tapak kaki; jejak. **footstep** *kn.* bunyi orang berjalan; tapak kaki; jejak.

for *ksd.* sebab; kerana; buat; bagi; untuk; menghala; terhadap; akan; di atas; menyebelahi; untuk bayaran. *kp.* sebab; oleh kerana.

foray *kn.* penggeledahan; serbuan. *kk.* menyerbu.

forbear *kk.* menahan diri. **forbearance** *kn.* kesabaran. **forbearing** *ks.* penyabar.

forbid *kk.* menegah; melarang. **forbidden** *ks.* haram; ditegah; tempat larangan; dilarang. **forbidding** *ks.* menggerunkan; menakutkan.

force *kn.* kekuatan; pasukan tentera atau polis; kekerasan; tenaga; paksaan. *kk.* memaksa; memastikan. **forced** *ks.* paksa. **forceful** *ks.* kuat dan keras. **forcefully** *kkt.* secara kuat dan keras. **by force** kekerasan; dengan paksaan. **join forces** bergabung tenaga.

ford *kn.* bahagian sungai yang cetek dan boleh diseberangi.

fore *ks.* depan; hadapan. **forearm** *kn.* lengan hadapan. **forecast** *kk.* menelah; meramalkan. *kn.* telahan; ramalan. **forefather** *kn.* nenek moyang. **forefinger** *kn.* jari telunjuk. **foregone** *ks.* kesimpulan yang dapat dilihat dari permulaan. **forehead** *kn.* dahi. **foreleg** *kn.* kaki hadapan. **foreman** *kn.* mandur; fomen. **foremost** *ks.* paling depan; terutama; terpenting. **forenoon** *kn.* sebelum tengah hari; pagi. **foresee** *kk.* meramalkan; nampak. **foretell** *kk.* menelah; meramal. **foreword** *kn.* prakata.

foreign *ks.* asing; negara lain; luar negara. **foreigner** *kn.* orang dagang; orang asing.

forest *kn.* rimba; hutan.

forever *kkt.* selama-lamanya; abadi; kekal; sentiasa.

forfeit *kn.* sesuatu yang dirampas sebagai denda; disita.

forgave *kk.* rujuk *forgive*.

forge *kn.* bengkel tukang besi.
kk. memalsukan atau meniru.
forgery *kn.* tiruan; pemalsuan.

forget, forgot, forgotten *kk.* melupai;
lupa.
forgetful *ks.* pelupa.
forgetfulness *kn.* sifat pelupa.

forgive, forgave, forgiven *kk.*
mengampunkan; memaafkan.
forgivable *ks.* dapat dimaafkan.
forgiveness *kn.* pengampunan;
pemaafan.
forgiving *ks.* pemaaf; pengampun.

fork *kn.* garpu. *kk.* bercabang.

forlorn *ks.* 1. terbiar. 2. berdukacita.

form *kn.* tubuh; bentuk; rupa; borang.
kk. menubuhkan; membentuk;
menyusun; membuat.
formal *ks.* rasmi; beradat; beradab;
formal.
formality *kn.* adat; peraturan.
formation *kn.* pembentukan;
susunan; struktur; formasi.
formative *ks.* yang mempunyai
pengaruh terhadap perkembangan
sahsiah seseorang kanak-kanak.
formative evaluation *kn.* penilaian
formatif, penilaian yang dilakukan
semasa mengajar untuk mengenal
pasti pencapaian.
bad form tidak wajar.

format *kn.* format, gaya atau bentuk
imej dipersembahkan.

former *ks.* dahulu; bekas.
formerly *kkt.* dahulu.

formidable *ks.* menggerunkan; yang
menakutkan; hebat; dahsyat.

formula *kn.* rumusan; formula.
formulate *kk.* merumuskan;
menghuraikan.
formulation *kn.* perumusan;
pengungkapan; penghuraian.

forsake *kk.* meninggalkan.

fort *kn.* kota; kubu; benteng.
fortification *kn.* pengubuan;
pengotaan.
fortify *kk.* mengukuhkan;
menguatkan; mengutuhkan.
fortress *kn.* benteng; kubu.

forth *kkt.* keluar; ke hadapan; ke muka;
selanjutnya; seterusnya.
forthcoming *ks.* akan terbit; akan
datang.
and so forth dan seterusnya.
back and forth pergi balik;
mundar-mandir.

fortitude *kn.* kecekalan; ketabahan.

fortnight *kn.* dua minggu.

fortunate *ks.* bernasib baik; bertuah;
untung; mujur.
fortunately *kkt.* nasib baik; mujurlah;
untunglah.

fortune *kn.* keuntungan; nasib baik;
kekayaan; tuah; takdir.
fortune-teller *kn.* tukang tenung;
tukang tilik; penilik.
make a fortune menjadi sangat kaya.
marry a fortune berkahwin dengan
orang yang sangat kaya.
worth a fortune sangat berharga;
tidak ternilai.

forty *kgn., kn. & pnt.* empat puluh.

forum *kn.* perbincangan; forum.

forward *ks.* di hadapan; depan.
kn. pemain di barisan hadapan dalam
permainan hoki, bola sepak, dll.
kk. mengemukakan;
mengetengahkan; memajukan.
come forward datang ke hadapan; ke
hadapan.

fossil *kn.* fosil; rangka binatang atau
sisa tumbuh-tumbuhan yang
tertanam sejak zaman purbakala.
fossilise, fossilize *kk.* menjadi fosil.

foster *kk.* membela anak angkat;
memelihara.
foster-child *kn.* angkat peliharaan;
anak angkat.
foster-home *kn.* rumah keluarga
angkat.
foster-mother *kn.* ibu angkat; emak

angkat.

foul *ks.* kotor; jijik; cemar; keji; hina.
foul play permainan kotor.

found *kk.* menubuhkan; mengasaskan; mendirikan; membangunkan.
foundation *kn.* dasar; asas; yayasan.
founder *kn.* penubuh; pengasas.

fountain *kn.* mata air; pancuran air; air pancut.

four *kgn., kn. & pnt.* empat.
fourth *kgn. & pnt.* keempat
fourth generation computer komputer generasi keempat.

fowl *kn.* unggas; ayam.

fox *kn.* serigala; musang; rubah.

fraction *kn.* pecahan; bahagian; serpihan.

fracture *kk.* meretak; patah. *kn.* pematahan.

fragile *ks.* mudah pecah; rapuh.

fragment *kn.* pecahan; serpihan. *kk.* bersepai; berkecai.
fragmentary *ks.* pecah; serpih; bercebis-cebis; tidak lengkap.
fragmentation *kn.* serpihan; pemecahan.

fragrant *ks.* wangi; harum.
fragrance *kn.* kewangian; keharuman; bau wangi.

frail *ks.* lemah; tidak kuat; tidak kukuh; rapuh.
frailty *kn.* kelemahan.

frame *kn.* bingkai; rangka; kerangka; bentuk; pemidang. *kk.* membentuk; merangka; membina.
framing *kn.* pembidangan.
framework *kn.* rangka.

France *kn.* Perancis.

frangipani *kn.* kemboja.

frank *ks.* terus-terang; jujur.
frankly *kkt.* terus-terang.
frankness *kn.* ketulusan.

frantic *ks.* sangat cemas.
frantically *kkt.* secara cemas.

fraternity *kn.* persaudaraan; perhubungan adik-beradik.

fraud *kn.* penipuan; orang yang menipu.

fray *kk.* berjerumbai.
frayed *ks.* yang lusuh.

freak *kn.* seorang yang mempunyai fikiran yang ganjil; luar biasa.

freckle *kn.* bintik-bintik pada muka dan kulit.

free *ks.* bebas; merdeka; percuma; terlepas. *kk.* melepaskan; membebaskan; memerdekakan.
freely *kkt.* dengan bebasnya; banyak; kerap; sering.
freedom *kn.* kebebasan.
free gift hadiah percuma.
freehold *ks. & kn.* pegangan kekal.
freeman *kn.* orang yang bebas.
free market pasaran bebas.
free of charge *ks.* percuma.
free pass pas percuma.
free port pelabuhan bebas.
free state negara bebas.
free-style *kn.* gaya bebas.
free-thinker *kn.* pemikir bebas agama.
free trade perdagangan bebas.
free will kuasa memilih; dengan kemahuan sendiri.

freeze, froze, frozen *kk.* membekukan; terlalu sejuk.
freezing *ks.* sangat sejuk.
frozen *ks.* kesejukan; menjadi ais.
freeze frame pegun gambar.
freeze to death mati kesejukan.

freight *kn.* bayaran pengangkutan dengan kapal; pengangkutan barang dengan kapal.

French *kn.* bahasa Perancis; orang Perancis.

frenzy *kn.* kegilaan.

frequent *ks.* kerap berlaku; sering.
frequency *kn.* kejadian yang berulang kali atau kekerapan.

frequently *kkt.* sering; selalu; kerap.
frequency distribution taburan kekerapan.
frequency modulation (FM) pemodulan frekuensi.

fresh *ks.* baharu; baru dipetik; tidak basi; segar.
freshener *kn.* penyegar.
freshwater fish ikan air tawar.

fret *kk.* risau dan gelisah.
fretful *ks.* selalu risau dan gelisah.

friction *kn.* pergeseran; perselisihan; pertelingkahan; pertikaian.

Friday *kn.* Jumaat.

friend *kn.* kawan; teman; taulan; sahabat.
friendless *ks.* tanpa teman; tidak berkawan.
friendliness *kn.* kemesraan; keramahan; sifat peramah.
friendly *ks.* mesra; ramah.
friendly match perlawanan persahabatan.
friendship *kn.* persahabatan.

frieze *kn.* jalur ukiran pada dinding.

fright *kn.* ketakutan (yang mengejut).
frighten *kk.* menggerunkan; menakutkan.
frightened *ks.* takut.
frightening *ks.* menakutkan.
frightful *ks.* menakutkan.
frightfully *kkt.* dengan perasaan takut.

frigid *ks.* sejuk; dingin.
frigidity *kn.* kedinginan; kehambaran.

frill *kn.* jumbai; rambu-rambu; ropol.

fringe *kn.* tepi kain; pinggir; jambul.

frisk *kk.* bermain-main dan melompat-lompat.
frisky *ks.* periang; cergas; lincah.

frisket *kn.* pengimpit; alat untuk memegang helaian kertas semasa mencetak.

fritter *kn.* adunan tepung yang digoreng. *kk.* membazir.

frivolous *ks.* tidak mustahak.

frizzy *ks.* sangat kerinting.

frock *kn.* sejenis pakaian perempuan, gaun.

frog *kn.* katak; kodok.

frolic *kk.* bermain-main; bergurau.

from *ksd.* dari; daripada.
from now on mulai sekarang.
from time to time dari semasa ke semasa.

frond *kn.* pelepah.

front *ks.* bahagian hadapan; muka; hadapan. *kk.* menghala ke; menghadap. *kn.* depan; muka; barisan hadapan.
come to the front datang ke depan; beranjak ke depan.
in front di hadapan.

frontier *kn.* sempadan; perbatasan.

frost *kn.* fros, keadaan cuaca di mana suhunya berada di bawah 0°C.
frosty *ks.* sangat sejuk.

froth *kn.* buih. *kk.* berbuih.
frothy *ks.* yang berbuih.

frown *kn.* berkerut; kerutan kening. *kk.* bermasam muka.

froze *kk.* rujuk *freeze.*
frozen *ks.* beku.

frugal *kn.* jimat; cermat; berhemat.
frugality *kn.* jimat cermat.

fruit *kn.* hasil; buah. *kk.* berbuah.
fruitful *ks.* berhasil; berbuah lebat; berfaedah.
fruitless *ks.* tidak berbuah; tidak berhasil; sia-sia.

frustrate *kk.* mengecewakan; menghalang; menghampakan.
frustrated *ks.* kecewa.
frustrating *ks.* mengecewakan.
frustration *kn.* kegagalan; kehampaan; kekecewaan.

fry[1] *kk.* menggoreng.

fried *ks.* goreng.
frying-pan *kn.* kuali.
small fry orang yang tidak penting.

fry[2] *kn.* anak ikan.

fuel *kn.* kayu atau minyak untuk menyalakan api; bahan api.

fugitive *kn.* orang buruan; pelarian.

fulfil *kk.* menunaikan; memenuhi; mengabulkan.
fulfilling *ks.* sungguh memuaskan.
fulfilment *kn.* pencapaian; pelaksanaan; penunaian.

full *ks.* penuh; lengkap.
fully *kkt.* sama sekali; dengan sepenuhnya.
full-cream *ks.* penuh krim.
full length *ks.* penuh.
full marks markah penuh.
full moon bulan penuh; bulan mengambang.
full-mouthed *ks.* mulut penuh.
full name nama penuh.
full page halaman penuh; muka surat penuh.
full pay gaji penuh.
full score markah penuh.
full stop titik; noktah.
full time tamat permainan.
full-time *ks.* sepenuh masa.
full-timer *kn.* pekerja sepenuh masa.
in full sepenuhnya.

fulminate *kk.* membantah dengan keras; mengecam.
fulmination *kn.* bantahan yang kuat; pembidasan; penyelaran.

fumble *kk.* menggagau-gagau; tergagap-gagap; meraba-raba; menggapai.

fume *kn.* asap; gas.

fun *kn.* kesukaan; keseronokan; hiburan; keriangan.
fun-fair *kn.* pesta ria.
for fun untuk seronok-seronok; suka-suka.
for the fun of it untuk suka-suka saja.
have fun berseronok-seronok.

make fun of mentertawakan; mempersendakan; mempermain-mainkan.

funny *kkt.* menggelikan hati; lucu; pelik; ganjil.
funny-face *ks.* muka yang melucukan.
funny man badut.

fund *kn.* kumpulan wang; dana; tabung.

fundamental *ks.* asas; dasar.
fundamentally *kkt.* pada dasarnya.

funeral *kn.* pemakaman; istiadat mengebumikan mayat; pengebumian.

fungus *kn.* kulat.

funnel *kn.* serombong; corong.

fur *kn.* bulu binatang.
furry *ks.* berbulu.

furious *ks.* menyinga; gusar; berang; berapi-api; meradang.

furl *kk.* menggulungkan.

furnace *kn.* genahar; relau.

furnish *kk.* melengkapi; memberikan; menyediakan.
furnished *ks.* berperabot.
furnished house rumah yang dilengkapi perabot.

furniture *kn.* kerusi meja; perabot.

furrow *kn.* 1. bekas yang dibuat oleh bajak, alur. 2. kerut di dahi.

furry *ks.* 1. berbulu. 2. spt. bulu.

further *ks.* tambahan lagi; lebih jauh; lebih lanjut; selanjutnya.
furtherance *kn.* melanjutkan; pelanjutan.
furthermore *kkt.* tambahan pula.
furthermost *ks.* jauh sekali; terjauh; paling jauh.
further education pendidikan lanjutan.
further information maklumat lanjut.
until further notice sehingga diberitahu kelak.

furtive *ks.* secara sulit atau

senyap-senyap.

fury *kn.* kemarahan yang amat sangat;
keberangan.
in a fury sedang berang.

fuse *kn.* fius; alat elektrik untuk
menghalang arus elektrik.
kk. berlebur.
fusion *kn.* perpaduan; gabungan;
campuran.

fuss *kn.* kecoh; kekecohan.
fussy *ks.* cerewet.
make a fuss buat kecoh.

fusty *ks.* basi; berbau hapak.

futile *ks.* sia-sia; tidak berfaedah; tidak
berguna.
futility *kn.* kesia-siaan.

future *kn.* masa akan datang; masa
depan. *ks.* yang akan datang; bakal.
for the future untuk masa depan.
in future lain kali; pada masa depan.

fuzz *kn.* benda yang berbulu dan
lembut spt. dari selimut.
fuzzy *ks.* kabur; tidak jelas; berbulu;
keriting halus.

Gg

gabble *kk.* bercakap dengan cepat dan tidak jelas.

gadget *kn.* alat-alat kecil.

gaffer *kn.* orang tua; mandur.

gag *kn.* sumbat mulut; kelucuan; kelakar. *kk.* melucu; berkelakar; mengikat mulut; menyekat.

gaiety *kn.* kegirangan; keriangan; seri; kemeriahan.

gaily *ks.* meriah dan gembira.

gain *kk.* menguntungkan; memperoleh; beruntung; bertambah; mencapai; memenangi; mendapat. *kn.* keuntungan; perolehan; laba; pertambahan; tambah. **gainful** *ks.* mendatangkan hasil; berhasil; menguntungkan. **capital gain** keuntungan modal.

gait *kn.* gaya berjalan.

gala *kn.* perayaan; keramaian; temasya; pesta.

galaxy *kn.* 1. kumpulan bintang-bintang di angkasa. 2. kumpulan bintang-bintang filem.

gale *kn.* ribut; angin kencang.

gall *kn.* kepahitan; kegetiran; hempedu. *kk.* melecetkan; melukakan hati. **galling** *ks.* menyakitkan hati.

gallant *ks.* berani; gagah. **gallantry** *kn.* keperkasaan; kegagahan; keberanian.

gallery *kn.* 1. galeri; bangunan di mana pamiran seni diadakan. 2. tempat duduk di dalam panggung wayang.

gallon *kn.* gelen; sejenis ukuran untuk cecair.

gallop *kk.* larian kuda.

gallows *kn.* tempat untuk mengantung orang yang dihukum mati.

gallstone *kn.* batu karang.

galore *kkt.* kuantiti yang banyak.

gamble *kn.* perjudian; *kk.* berjudi; mempertaruhkan; bertaruh. **gambler** *kn.* penjudi; kaki judi; tahi judi. **gambling** *kn.* perjudian.

game *kn.* permainan; binatang buruan. **game point** mata penamat. **big game** perlawanan besar; perlawanan penting. **fair game** permainan adil. **play the game** bermain mengikut peraturan; bersikap jujur dan adil. **the game is up** muslihat seseorang sudah terbongkar.

gander *kn.* angsa jantan.

gang *kn.* kumpulan (orang); gerombolan; komplot; geng. **gangster** *kn.* penjahat; perompak. **gangplank** *kn.* papan yang digunakan sebagai titi di antara dua kapal atau kapal dengan darat. **gangway** *kn.* jambatan yang boleh bergerak dari kapal ke pantai; laluan.

gangling *ks.* tinggi dan janggal pergerakan.

Gantt chart *kn.* carta Gantt, carta bar yang menunjukkan senarai kegiatan dan tempoh masa pelaksanaan yang dijangka.

gaol *kn.* penjara.

gap *kn.* ruang; jurang; genting; celah; sela; kekosongan.
gap-toothed *ks.* bergigi jarang.

gape *kn.* kuap. *kk.* tercengang.

garage *kn.* bangsal tempat menyimpan motokar; garaj.

garbage *kn.* sampah; kotoran.
garbage bin tong sampah.
garbage truck lori sampah.

garden *kn.* taman; kebun.
gardener *kn.* tukang kebun; pekebun.
gardening *kn.* berkebun.
garden snail siput babi.

gargle *kk.* berkumur-kumur; gargel.

garland *kn.* kalungan bunga.

garlic *kn.* bawang putih.

garment *kn.* pakaian.

garner *kk.* mengumpulkan; menghimpunkan.

garnish *kk.* menghiasi hidangan.
garnishing *kn.* perhiasian hidangan.

garrison *kk.* mengawal; menempatkan. *kn.* garison.

gas *kn.* gas.
gasoline *kn.* minyak petrol.
gas-stove dapur gas.
gas-works *kn.* kilang membuat gas untuk dipakai di dalam rumah.
natural gas gas asli.

gash *kn.* luka yang panjang dan dalam.

gasp *kk.* termengah-mengah; tercungap-cungap.

gastric *ks.* gastrik; berkaitan dengan perut.

gate *kn.* pintu pagar; pintu gerbang.

gather *kk.* memungut; mengumpulkan; menghimpunkan; berkumpul. *kn.* kedutan.
gatherer *kn.* pemunggut.
gathering *kn.* perhimpunan; perjumpaan; pertemuan.

gaudy *ks.* warna yang terlalu terang.

gauge *kn.* alat penyukat; tolok.

gaunt *ks.* kurus kering.

gauze *kn.* kain kasa.

gay *ks.* sukacita; girang; riang.

gaze *kk.* merenung; menatap; memandang. *kn.* renungan; tatapan.

gazette *kn.* risalah rasmi (kerajaan); warta kerajaan. *kk.* mewartakan.

gear *kn.* 1. gear injin. 2. alatan atau perkakas untuk sesuatu kerja.

geese *kn.* angsa.

gelatin *kn.* gelatin; sejenis agar-agar.

gem *kn.* permata; manikam.

gender *kn.* jantina, muskulin atau feminin atau neuter.

gene *kn.* gen, baka.
genetic *ks.* baka; genetik.

genealogy *kn.* salasilah; susur-galur; genealogi.

general *ks.* kebiasaan; am; umum; ramai; agung. *kn.* jeneral (pangkat dalam tentera yang kedudukannya lebih tinggi daripada kolonel).
generally *kkt.* biasanya; amnya; umumnya; lazimnya.
generality *kn.* perkara umum; kebanyakan.
general knowledge pengetahuan am.
general meeting mesyuarat agung.
general post jawatan am.
in general umumnya.

generate *kk.* menimbulkan, menjanakan.
generation *kn.* 1. penjanaan. 2. keturunan; angkatan; generasi.
generator *kn.* penjana kuasa.
generation gap jurang generasi.

generous *ks.* dermawan; pemurah.
generosity *kn.* kemurahan hati.

generously *kkt.* dengan baik hati; dengan murah hati.

genial *ks.* peramah dan baik hati.

genitals *kn.* kemaluan; atau alat kelamin.

genius *kn.* kepintaran; bergeliga; genius.

gentle *ks.* berbudi bahasa; lemah lembut; beradab.
gentleness *kn.* kelembutan.
gently *kkt.* dengan lemah lembut; dengan perlahan; dengan teliti.
gentleman *kn.* orang ternama; orang terkenal; orang yang berketurunan baik-baik; lelaki yang berbudi bahasa.

gents *kn.* 1. perkataan ringkas untuk *gentlemen.* 2. tandas lelaki.

genuine *ks.* sebenar; tulen; asli; jati.
genuinely *kkt.* benar-benar; sungguh.
genuineness *kn.* ketulenan; keaslian.

geography *kn.* ilmu alam; geografi.
geographic *ks.* hal berkaitan dengan ilmu alam.

geology *kn.* ilmu isi bumi; geologi.

geometry *kn.* geometri; satu aspek matematik.

germ *kn.* hama; kuman.

Germany *kn.* negara Jerman.

germinate *kk.* bercambah.
germination *kn.* percambahan.

gesture *kn.* tanda gerak; isyarat. *kk.* berhubung dengan menggunakan isyarat.

get, got *kk.* mendapat; memperoleh; sampai; menerima.
get ahead mendahului; mengatasi.
get around tersebar; berjalan.
get back berundur; balik.
get down turun.
get in tiba; sampai; masuk.
get off terlepas dari tuduhan; turun dari.
get on meneruskan.
get over menyeberangi; sembuh;

melepasi; mengatasi.
get through diluluskan; sampai kepada; masuk melalui.
get together berkumpul; berjumpa; bertemu.
get up berdiri; bangkit; bangun.

geyser *kn.* 1. mata air panas. 2. sejenis alat untuk memanaskan air.

ghastly *ks.* menakutkan; pucat dan rupa mayat.

ghee *kn.* minyak sapi.

ghetto *kn.* kawasan setinggan yang biasanya terdiri dari satu kaum.

ghost *kn.* mambang; hantu.
ghostly *ks.* wajah, rupa atau bunji seperti hantu.

giant *kn.* gergasi; raksasa. *ks.* sangat besar.

gibber *kk.* membuat bunyi yang tidak boleh difahami orang.
gibberish *kn.* bunyi yang tidak bermakna.

gibbon *kn.* ungka; siamang.

gibe *kk.* mencemuh; mengejek; menyindir. *kn.* sindiran; cemuhan; ejekan.

giblets *kn.* bahagian-bahagian atau organ-organ ayam atau itik yang boleh dimakan.

giddy *ks.* gayat; pening.

gift *kn.* pemberian; buah tangan; hadiah.
gifted *ks.* bakat semula jadi; berbakat.
gift shop kedai cendera-mata; hadiah.

gigabyte *kn.* gigabait; unit pengukuran kemampuan menyimpan data cakera padat dan cakera keras, sama dengan 1 073 340 bait.

gigantic *ks.* sangat besar.

giggle *kk. & kn.* ketawa yang ditahan-tahan; ketawa berdekit-dekit.
giggly *ks.* suka ketawa mengekek.

gild *kk.* menyepuh.

gill *kn.* insang.

gimmick *kn.* penuh muslihat; taktik; gimik.

gin *kn.* sejenis arak atau minuman keras.

ginger *kn.* halia.

gingerly *ks.* teliti atau hati-hati.

gipsy *kn.* ejaan lain untuk *gypsy.*

giraffe *kn.* zirafah.

girdle *kn.* tali pinggang; bengkung.

girl *kn.* anak perempuan; gadis; pemudi; perawan.
girlish *ks.* berkelakuan atau mempunyai ciri-ciri budak perempuan.
girl scout pengakap perempuan.

gist *kn.* inti atau isi penting.

give, gave, given *kk.* mengurniakan; memberikan; menghadiahkan.
give and take bertolak ansur.
give away hadiah percuma.
give back mengembalikan; memulangkan.
give in menyerah diri.
give up tidak ada harapan lagi; putus asa; kecewa.

glacier *kn.* glasier; timbunan salji.

glad *ks.* sukacita; senang hati; riang; gembira.
gladness *kn.* kegembiraan.

gladiator *kn.* pendekar yang bertarung di dalam gelanggang.

glamour *kn.* seri; daya penarik.

glance *kn.* toleh; kerlingan; sekali imbas; sekali pandang. *kk.* menjeling; mengerling.
glance at memandang sekali lalu; sekali imbas.
glance over membaca sepintas lalu; membaca sambil lalu.
at a glance sekali pandang.

gland *kn.* kelenjar.

glare *kn.* silauan. *kk.* menyilau.
glaring *ks.* merenung dengan marah; amat terang; menyilaukan.
glaringly *kkt.* secara terang.

glass *kn.* kaca; cermin; gelas.
glasses *kn.* cermin mata.
glassy *ks.* berkaca-kaca.
glassware *kn.* barang kaca.

glaze *kn.* sadur; sepuh kaca. *kk.* menyepuh; menggilap.

gleam *kk.* bercahaya; berseri; bersinar.

glean *kk.* mengumpul maklumat sedikit demi sedikit dan dengan kesusahan.

glee *kn.* keriangan atau kegembiraan.

glib *ks.* bertutur dengan tidak mempunyai keikhlasan.

glide *kn.* gerakan meluncur; luncuran. *kk.* meluncur; melayang; gelongsor.
glider *kn.* peluncur.

glimmer *kk.* cahaya yang lemah atau berkelip-kelip.

glimpse *kn.* pandangan sepintas lalu; imbasan.

glint *kk.* berkilau atau bersinar.

glisten *kk.* berkilau.

glitter *kn.* kilauan; gemerlapan. *kk.* berkilauan; bergemerlapan.
glittering *ks.* gemerlapan.

globe *kn.* benda bulat; peta dunia berbentuk bulat; dunia; bumi; glob.
global *ks.* sejagat; menyeluruh; sedunia.
global learning pembelajaran menyeluruh.

gloom *kn.* kekelaman; kesuraman.
gloomy *ks.* suram; muram; mendung.

glory *kn.* kemegahan; kemuliaan; kebanggaan; kebesaran; keindahan.
glorify *kk.* memuliakan; memuji; mengagungkan; memegahkan.
glorious *ks.* terpuji; agung; cemerlang;

istimewa.

gloss *kn.* berkilat.
   glossy *ks.* berkilat; licau.

glossary *kn.* daftar kata; glosari.

glove *kn.* sarung tangan.

glow *kn.* kilauan; cahaya. *kk.* bersinar; berkilau; bercahaya; berseri.

glower *kk.* memandang dengan marah.

glucose *kn.* glukosa; sejenis gula.

glue *kn.* gam; pelekat.

glum *ks.* muram atau sedih.

glut *kk.* membekalkan sesuatu dengan berlebihan. *kn.* keadaan berlebihan atau melebihi keperluan.

glutinous *ks.* lekit-lekit.
   glutinous rice beras pulut.

glutton *kn.* pelahap.

gnarled *ks.* kasar dan bengkok.

gnash *kk.* berkertak gigi.

gnat *kn.* sejenis serangga, agas.

gnaw *kk.* menggigit sedikit demi sedikit.

go, went, gone *kk.* pergi; sampai; menuju ke.
   go against menentang.
   go ahead pergi dahulu; teruskan.
   go away pergi bercuti; meninggalkan rumah; pergi dari sini.
   go blind menjadi buta.
   go for memanggil; cuba mendapatkan.
   go-kart *kn.* sejenis kereta lumba kecil.
   go on berlaku; meneruskan; teruskan.

goad *kk.* merangsangkan.

goal *kn.* kubu dalam permainan bola atau hoki; matlamat; maksud; cita-cita; gol.
   goal-kick *kn.* tendangan gol.
   goal-mouth *kn.* pintu gol.
   goal post tiang gol.

goal specification penentuan matlamat.

goat *kn.* kambing.
   goatherd *kn.* gembala kambing.

gobble *kk.* makan dengan gelojoh.

goblin *kn.* sejenis makhluk yang nakal.

God *kn.* Tuhan; Allah.
   for God's sake tolonglah.
   thank God syukurlah.

goddess *kn.* dewi.

godown *kn.* gudang.

goggle *kn.* terbeliak.
   goggles *kn.* sejenis cermin mata yang besar untuk melindung mata dari debu dan habuk atau air.

gold *kn.* emas.
   golden *ks.* keemasan.
   gold chain rantai emas.
   gold-digger *kn.* orang yang menggali emas; pisau cukur.
   goldfish *kn.* ikan emas.
   gold foil kerajang emas.
   gold-mine *kn.* lombong emas.
   gold-plated *ks.* bersadur emas.
   goldsmith *kn.* tukang emas.

golf *kn.* golf.
   golfer *kn.* pemain golf.
   golf-course *kn.* padang golf.

gondola *kn.* sejenis perahu ringan yang biasanya digunakan di Venice.

gong *kn.* gong; canang besar.

good *ks.* bagus; memuaskan; baik; selamat; mendatangkan kebaikan; elok; cekap; berfaedah; jujur; baik hati.
   goodbye *ksr.* selamat berpisah; selamat jalan; selamat tinggal.
   good day selamat siang.
   good fellow baik orangnya.
   good for boleh tahan; boleh hidup.
   good-for-nothing *ks.* orang yang tidak berguna.
   good for you baguslah.
   good health sihat.

good-hearted *ks.* baik hati.
good humour riang.
good-looking *ks.* tampan; kacak (lelaki); jelita; cantik (wanita).
good luck semoga berjaya; nasib baik.
good-natured *ks.* baik hati.
goodness me ya tuhan; masya-Allah.
good-tempered *ks.* baik dan tidak mudah marah; tidak mudah naik darah.
good thing perkara baik.
good time suka berfoya-foya.
good times masa-masa yang menggembirakan.
good wife isteri yang baik.
goodwill *kn.* kebajikan; muhibah; kemesraan; silaturahim.
good works kerja-kerja amal.
a good man seorang yang baik hati.
feel good selamat; rasa sihat.
for good buat selama-lamanya.
have a good time seronok; baik.
in good time tunggulah masanya.

goods *kn.* barang-barang.

goose *kn.* angsa.

gooseberry *kn.* sejenis pokok yang berbuah beri hijau.

gore *kk.* menanduk.
gory *ks.* berlumuruhan darah atau penuh dengan keganasan.

gorge *kn.* lembah; gaung.

gorgeous *ks.* indah; sungguh cantik; sangat memuaskan; sedap.
gorgeously *kkt.* secara indah dan menarik.

gorilla *kn.* orang utan; mawas; gorila.

gosling *kn.* anak angsa.

gospel *kn.* 1. sebahagian daripada kitab yang menceritakan mengenai Nabi Isa. 2. prinsip atau ajaran.

gossip *kn.* bualan; sembang; fitnah; umpatan; gosip. *kk.* bersembang; berbual; mengata; mengumpat.
gossipy *ks.* suka mengumpat.

gouge *kk.* mengukir atau memahat.

gourd *kn.* labu.

govern *kk.* memerintah; mentadbirkan; menahan; mengekang; menguasai; menentukan.
government *kn.* kerajaan; pemerintah.
governmental *ks.* hal berkaitan dengan kerajaan.

gown *kn.* 1. gaun; sejenis pakaian wanita negeri barat. 2. sejenis pakaian yang longgar dan besar yang dipakai oleh mahasiswa.

grab *kk.* merebut; menyambar; merampas. *kn.* rampasan.

grace *kn.* lemah lembut; sopan santun; tangguh; budi bahasa. *kk.* menyerikan.
graceful *ks.* lemah gemalai; berseri; menawan.
gracefully *kkt.* secara lemah gemalai.
gracious *ks.* baik budi; lembut; mesra; ramah-tamah; memikat hati.

grade *kn.* peringkat; mutu; darjah; kelas; gred.
graded *ks.* berperingkat.
graded approach pendekatan berperingkat.
graded difficulty kesukaran berperingkat.
graded test ujian berperingkat.

gradual *ks.* beransur-ansur; perlahan-lahan; sedikit demi sedikit.
gradient *kn.* kecuraman; kecerunan.
gradually *kkt.* secara beransur-ansur.

graduate *kn.* lulusan universiti; siswazah. *kk.* lulus dalam pengajian universiti dan mendapat ijazah; memperoleh ijazah.

graft *kn.* cantuman; tunas. *kk.* memindahkan; mencantum.

grain *kn.* biji-bijian; bijirin.

grammar *kn.* tatabahasa; nahu.
grammarian *kn.* seorang yang pakar dalam bidang tatabahasa.
grammatical *ks.* hal berkaitan dengan tatabahasa.

gramme *kn.* gram, sejenis ukuran berat.

gramophone *kn.* peti nyanyi; gramofon.
gramophone needle jarum gramafon.
gramophone record piring hitam.

gran *kn.* perkataan ringkas perkataan *granny*, rujuk perkataan *granny*.

granary *kn.* kepuk; rengkiang; jelapang; lombong.

grand *ks.* megah; besar; hebat; tertinggi; menarik; indah; seronok; utama; mulia; agung; menyenangkan.
grandchild *kn.* cucu.
grandfather *kn.* datuk.
grand jury jemaah juri.
grandmother *kn.* nenek.
grand-stand *kn.* tempat duduk yang berbumbung.

granite *kn.* granit; sejenis batu yang sangat keras.

granny *kn.* nenek.

grant *kn.* pemberian; bantuan; geran tanah. *kk.* meluluskan; memperkenankan; mengabulkan.
take for granted beranggapan; bersikap tidak menghargai.

granule *kn.* butir; biji.

grape *kn.* anggur.
grapefruit *kn.* sejenis limau besar yang masam.

graph *kn.* rajah; graf.

grapple *kk.* bergelut.

grasp *kk.* mencengkam; menggenggam. *kn.* genggaman; cengkaman; kongkongan.

grass *kn.* rumput.
grassy *ks.* penuh dengan rumput.
grass cutter pemotong rumput.
grasshopper *kn.* belalang.
grassland *kn.* padang rumput.
grass roots akar umbi.

grate *kk.* menyagat; memarut.
grater *kn.* parut; pemarut; sagat.
grating *kn.* jeriji, kayu atau besi bersilang yang dipasang pada tingkap.

grateful *ks.* terhutang budi; bersyukur; berterima kasih; menyenangkan.
gratefully *kkt.* dengan perasaan syukur.
gratification *kn.* menyenangkan hati; pemuasan; memuaskan.
gratify *kk.* memuaskan.
gratifying *ks.* yang memberi kepuasan.

gratitude *kn.* perasaan berterima kasih, kesyukuran.

gratuity *kn.* ganjaran.

grave *kn.* kubur; pusara; makam. *kk.* penting; besar; mustahak.
grave-digger *kn.* penggali kubur.
grave mistake kesalahan besar.
gravestone *kn.* batu nisan.
graveyard *kn.* tanah perkuburan.

gravel *kn.* kerikil.

gravity *kn.* daya tarikan bumi; graviti.

gravy *kn.* kuah.

graze *kk.* memakan rumput.

grease *kn.* minyak pelincir; gris.
greasy *ks.* berminyak; licin; bergris.

great *ks.* masyhur; terkenal; mustahak; penting; besar; agung.
greatness *kn.* keagungan; keunggulan; kebesaran.
great-grandchild *kn.* cicit.
great-grandparents *kn.* nenek moyang.

greed *kn.* ketamakan.
greedily *kkt.* secara gelojoh, tamak.
greedy *ks.* tamak; haloba; gelojoh; rakus.

green *ks.* hijau; muda; mentah; masih baharu; masih segar; belum masak lagi; subur.
greenish *ks.* kehijau-hijauan.
greengrocer *kn.* penjual sayur.
greenhouse *kn.* rumah hijau.

greet *kk.* menyambut (tetamu, dll.); mengalu-alukan; menegur; menyapa; memberi salam.

greeting *kn.* salam; ucap selamat.

grenade *kn.* bom tangan; grenad.

grey *ks.* kelabu. *kk.* warna kelabu.

greyhound *kn.* sejenis anjing yang pantas berlari dan biasanya untuk berlumba.

grief *kn.* dukacita; menyedihkan; memilukan; rawan.

grieve *kk.* berdukacita, bersedih.
grievance *kn.* tidak puas hati.
grievous *ks.* yang menyedihkan.

grill *kk.* panggang. *kn.* jeriji; kekisi; kisi-kisi; besi pemanggang; gril.

grim *ks.* kejam; ganas; zalim; susah; menakutkan; suram; menderita.

grimace *kk.* muka yang berkerut disebabkan oleh kesakitan.

grime *kn.* kekotoran.

grin *kk.* menyeringai; tersengih-sengih.

grind, ground *kk.* menggiling; mengasah; melumatkan; menghancurkan; mengisar.
grinder *kn.* pengasah.
grindstone *kn.* batu giling; pengasah.

grip *kn.* pegangan yang erat; pegangan; genggaman. *kk.* menggenggam; memegang erat-erat.

grisly *ks.* menakutkan atau menyeramkan.

gristle *kn.* tulang rawan.

grit *kn.* keberanian. *kk.* mengetapkan gigi kerana geram.
gritty *ks.* berani.

grizzly *kn.* sejenis beruang besar.

groan *kk.* melaung-laung; merintih; mengerang. *kn.* rintihan; keluhan.

grocer *kn.* penjual barang-barang runcit.
grocery *kn.* barangan runcit.

groggy *ks.* terhuyung-hayang; goyah; pening-pening.

groom *kn.* gembala kuda.

groove *kn.* alur.

grope *kk.* teraba-raba; tercari-cari.

gross *ks.* kasar.
gross income pendapatan kasar.

grouch *kk.* mengomel; bersungut; menggerutu. *kn.* sungutan; rungutan.
grouchy *ks.* tidak puas hati; suka bersungut.

ground *kn.* bumi; alasan; sebab.
groundless *ks.* tidak berasas.
ground floor tingkat bawah.
groundnut *kn.* kacang tanah.
on the ground terlibat dari mula.

group *kn.* kumpulan; golongan; kelompok. *kk.* mengelompokkan; mengumpulkan.
grouping *kn.* perkumpulan.
group learning *kn.* pembelajaran berkelompok.

grouse *kk.* mengadu. *kn.* aduan.

grove *kn.* hutan kecil.

grovel *kk.* 1. meniarap. 2. merendahkan diri.

grow, grew, grown *kk.* bertambah besar atau tinggi; membesar; tumbuh.
growing *ks.* sedang membesar.
growth *kn.* pertumbuhan.
grow out of berpunca daripada; menjadi terlalu besar.

growl *kn.* bunyi atau suara yang menderam. *kk.* membuat atau mengeluarkan bunyi yang menderam.

grown *ks.* dewasa.
grown man lelaki dewasa.
grown-up *ks.* dewasa; besar. *kn.* orang dewasa.

grub *kn.* 1. makanan. 2. jejentik.
grubby *ks.* kotor.

grudge *kn.* dendam; iri hati; dengki.

gruesome *ks.* yang mengerikan.

gruff *ks.* bengis; kasar; garau; tidak

sopan.

grumble *kk.* bersungut; mengomel; merungut. *kn.* rungutan.
grumbling *ks.* merungut; bersungut.
grumpy *ks.* suka marah-marah; perengus.

grunt *kk.* mengeluarkan bunyi yang kasar.

guarantee *kk.* mengakui; menjamin. *kn.* jaminan.
guarantor *kn.* penjamin.

guard *kk.* mengawal; menjaga; mencegah; mengawasi. *kn.* pengawal; penjaga.
guarded *ks.* berhati-hati; berjaga-jaga; dijaga dengan rapi; terkawal.
guardian *kn.* penjaga kanak-kanak, dll.
guardroom *kn.* bilik pengawal.

guava *kn.* jambu batu.

guerrilla *kn.* gerila; pejuang-pejuang dalam peperangan gerila.

guess *kn.* ramalan; tekaan; agakan. *kk.* meneka; meramal; mengagak.
guessing *kk.* tertanya-tanya.

guest *kn.* jemputan; tetamu.
guest of honour tetamu yang diraikan.
guest-room *kn.* bilik tamu.

guffaw *kk.* & *kn.* ketawa berdekah-dekah.

guide *kn.* pemandu; pembimbing; petunjuk; pedoman; panduan. *kk.* memimpin; memandu; mengawasi.
guide-line *kn.* garis panduan.
guidance *kn.* asuhan; pimpinan.
guided tour lawatan berpandu.

guilt *kn.* perbuatan salah; jenayah; kesalahan.
guilty *ks.* bersalah.

guinea-pig *kn.* tikus belanda.

guitar *kn.* gitar.
guitarist *kn.* pemain gitar.

gulf *kn.* teluk; telukan.

gull *kn.* burung camar.

gulp *kk.* meneguk; menggogok. *kn.* teguk.

gum 1. *kn.* damar; pelekat; gam. 2. *kn.* gusi.

gun *kn.* senapang; pistol; meriam; bedil.
gunboat *kn.* kapal perang kecil.
gunshot *kn.* tembakan.

guppy *kn.* sejenis ikan kecil; ikan gapi.

gurgle *kk.* membobok.

gush *kn.* semburan; ledakan; cucuran; pancuran. *kk.* mencurah; bercucuran; berhamburan.

gust *kn.* tiupan angin.

gut *kn.* kesungguhan; ketabahan; keberanian. *kk.* membuang; memusnahkan.

gutter *kn.* saluran air bertujuan untuk mengumpul atau mengalir air hujan.

guy *kn.* orang lelaki.

gym *kn.* perkataan ringkas untuk perkataan *gymnasium.*
gymnasium *kn.* gimnasium; tempat untuk menjalankan gimnastik.
gymnast *kn.* ahli gimnastik.

gypsy *kn.* gipsy

Hh

habit *kn.* kebiasaan; tabiat.
habitable *ks.* boleh didiami.
habitual *ks.* 1. telah menjadi
kebiasaan. 2. lazimnya.

hack *kk.* mencencang.

haemorrhage *kn.* pendarahan.
kk. berdarah.

haft *kn.* pemegang; hulu.

hag *kn.* perempuan yang tua dan
hodoh.

haggard *ks.* lesu dan cengkung; letih.

haggle *kk.* berbalah; tawar-menawar.

hail *kn.* ketulan hujan batu.
kk. menghujani; memanggil.

hair *kn.* rambut; bulu.
hairy *kkt.* berbulu.
hairbrush *kn.* berus rambut.
haircut *kn.* bergunting pendek;
bergunting rambut.
hairdresser *kn.* pendandan rambut.
hair dryer pengering rambut.
hair spray penyembur rambut.
hair-style *kn.* fesyen rambut.
hair-stylist *kn.* pereka fesyen rambut.

hale *ks.* kuat dan sihat.

half *kn.* separuh; setengah.
half-asleep *ks.* separuh lelap.
half-baked *ks.* separuh masak;
setengah masak.
half-blood *kn.* bersaudara tiri.
half-closed *ks.* separuh tertutup.
half-cooked *ks.* separuh masak.
half-done *ks.* separuh siap.
half frame setengah pemidang.
half-hearted *ks.* tidak bersemangat;
separuh hati.

half-sister *kn.* saudara tiri; kakak tiri;
adik perempuan tiri.
half tone setengah ton.
half tone screen kelir setengah ton.

hall *kn.* dewan; balai.

hallucinate *kk.* mengkhayal.
hallucination *kn.* halusinasi; khayalan.

halo effect *kn.* kesan halo, kesan
pengaruh penilai atau penyelidik ke
atas subjek yang dinilai atau
mendapat perlakuan yang
menyebelahi keputusan.

halt *kk.* menghentikan. *kn.* perhentian.

halve *kk.* membahagi kepada dua.

halyard *kn.* tali bendera; tali layar.

hammer *kn.* penukul; tukul.
kk. memukul; mengetuk.
hammering *kn.* penempaan; ketukan.

hammock *kn.* ayunan; buaian.

hamper *kn.* 1. sejenis hadiah dalam
bentuk bakul dimuatkan dengan
barangan makanan dan minuman.
2. *kk.* menghalang dan
memperlahankan.

hand *kn.* tangan; jarum jam.
kk. memberi; menghulurkan.
handful *kn.* genggam; bilangan kecil;
sekepal.
handy *ks.* mahir; cekap.
handbag *kn.* tas tangan; beg tangan.
handbook *kn.* buku panduan.
handcuff *kn.* gari; belenggu.
hand in hand seiring.
hand it to berikan kepada seseorang.
handmade *ks.* buatan tangan.
hands off jangan usik!; jangan

sentuh!.
hand-out *kn.* membahagi-bahagikan.
hands up angkat tangan.
handwriting *kn.* tulisan tangan.
handwritten *ks.* ditulis tangan.
in hand dalam kawalan; dalam pegangan; dalam genggaman.
out of hand tidak dapat dikawal lagi.

handicap *kn.* kecacatan; hambatan.
handicapped *ks.* cacat.

handicraft *kn.* kraftangan.

handiwork *kn.* hasil pekerjaan; kerja tangan.

handkerchief *kn.* sapu tangan.

handle *kn.* hulu; tangkai; pemegang; gagang. *kk.* mengawal; memperlakukan; mengawasi; menjaga.
handler *kn.* orang yang memegang.
handling *kn.* pengendalian; memegang.

handsome *ks.* kacak; segak; lawa; agak banyak; lumayan.
handsomely *kkt.* secara lumayan.

hang *kk.* menggantungkan; menyangkutkan; bergayut; berpaut.
hanger *kn.* penyangkut.
hanging *ks.* tergantung. *kn.* hukuman gantung.
hangman *kn.* tukang gantung; pertanda.
hang-over *kn.* kesan akibat minum terlalu banyak minuman keras.
hang up meletakkan gagang telefon; menggantungkan.

hangings *kn.* langsir.

hanker *kk.* mempunyai perasaan inginkan sesuatu.

hanky-panky *kn.* tipu muslihat.

haphazard *ks.* tidak menentu; tidak teratur; sembarangan.
haphazardly *kkt.* secara tidak teratur.

happen *kk.* terjadi; berlaku.
happening *kn.* peristiwa; kejadian.

happy *ks.* sukacita; gembira; bahagia; ria; senang hati.
happily *kkt.* bahagia; riang; dengan gembira.
happiness *kn.* kegembiraan; kebahagiaan; kesukaan; keriaan.
happy-go-lucky *ks.* sentiasa senang hati.

harass *kk.* 1. mengganggu. 2. menyerang berkali-kali.
harassment *kn.* gangguan.

harbour *kn.* perlindungan; pelabuhan. *kk.* menyimpan secara rahsia dalam hati.

hard *ks.* keras; tidak lembut; sukar; susah; payah.
harden *kk.* mengeras; menjadi tegar.
hardly *kkt.* baru sahaja.
hardy *ks.* kuat; tabah; tahan lasak.
hard-boiled *ks.* rebus keras.
hard copy salinan certak.
hard cover kulit keras.
hard disk cakera keras.
hard-headed *ks.* gigih; keras hati; keras kepala; degil.
hardship *kn.* kesukaran; kepayahan; kesengsaraan.
hard ware perkakasan, komponen fizikal atau alat yang membentuk satu sistem komputer.
hard ware language bahasa perkakasan.
hard worker pekerja yang rajin.
hardworking *ks.* rajin.

hare *kn.* sejenis arnab.

harm *kn.* mudarat; keburukan; kemalangan; kecelakaan; kecederaan. *kk.* mencederakan; merugikan; merosakkan.
harmful *ks.* memudaratkan; berbahaya; merosakkan; merugikan.
harmless *ks.* tidak berbahaya.

harmonic *kn.* sejenis not muzik khas yang dapat dimainkan dengan alat muzik yang berbeza dengan not lain. *ks.* selaras.
harmonica *kn.* harmonika; sejenis alat muzik.

harmonious *ks.* berharmoni; sepadah atau sesuai.
harmoniously *kkt.* secara berharmoni.
harmonise, harmonize *kk.* menyelaraskan.
harmony *kn.* keselarasan.

harness *kk.* memasangkan alat-alat kuda.

harp *kn.* sejenis alat muzik yang dimain dengan jari.

harpoon *kn.* sejenis tombak yang digunakan untuk menikam ikan besar.

harsh *ks.* kasar; keras; kejam; bengis.
harshness *kn.* kekejaman; kesusahan.

hart *kn.* rusa jantan.

harvest *kk.* menuai; memungut hasil; mengetam. *kn.* hasil tanaman.
harvester *kn.* penuai.
harvesting *kn.* kerja-kerja mengetam; kerja-kerja menuai.

has, had *kk.* ada; mempunyai.

haste *kn.* tergesa-gesa; kepantasan; kegopohan; terburu-buru.
hasten *kk.* segera; bergegas; menyegerakan; mempercepat.
in haste dengan segera; dengan cepat.
make haste lekas-lekas; cepat-cepat.

hat *kn.* topi.

hatch *kk.* mengeramkan; menetaskan.

hatchet *kn.* kapak kecil.

hate *kk.* membenci.
hateful *ks.* terkutuk.
hatred *kn.* kebencian; dendam; benci.

haughty *ks.* bongkak; angkuh; sombong.

haul *kn.* helaan; tarikan. *kk.* menarik; menyeret; mengheret.

haunt *kn.* tempat tumpuan. *kk.* sering terkenangkan.
haunted *ks.* berhantu.
haunting *ks.* sentiasa menghantui fikiran.

have, had *kk.* ada; memiliki; mempunyai; dikehendaki; mesti; mendapat; menerima; terpaksa; harus; mengandungi.

haven *kn.* tempat perlindungan.

haversack *kn.* beg yang digantung pada bahu untuk menyimpan barangan.

havoc *kn.* kucar-kacir; kemusnahan; kebinasaan.

hawk[1] *kn.* burung helang; raja-wali.
hawk[2] *kk.* berjaja.
hawker *kn.* penjaja.

hay *kn.* rumput kering.
haywire *ks.* kucar-kacir; kelam-kabut.

hazard *kn.* bencana; bahaya.

haze *kn.* kabut; jerebu.
hazy *ks.* berjerebu; berkabut.

hazel *kn.* sejenis pokok kacang. *ks.* warna coklat muda.

he *kgn.* dia; beliau.

head *kn.* kepala; pemimpin; ketua; puncak.
heading *kn.* kepala (karangan); tajuk.
heady *ks.* memabukkan; memeningkan; tergesa-gesa; terburu-buru.
headache *kn.* sakit kepala.
headline *kn.* tajuk berita.
headman *kn.* ketua kampung.
headphone *kn.* fon kepala, alat pendengaran perseorangan.
headquarters *kn.* markas; ibu pejabat.
headset *kn.* set kepala; alat fon dan mikrofon untuk komunikasi.
keep one's head bertenang.

heal *kk.* sembuh; betah; baik; memulihkan.

health *kn.* kesihatan.
healthy *ks.* sihat; afiat; segar; waras; menyegarkan.
health centre pusat kesihatan.
health food makanan kesihatan.

heap *kn.* timbunan; longgokan.

kk. melonggokkan; menimbunkan.

hear, heard *kk.* membicarakan; mendengar; mengadili; menerima; mendapat.
hearing *kn.* pendengaran; penjelasan; pembicaraan.
hearsay *kn.* desas-desus; khabar angin.

hearse *kn.* kereta jenazah.

heart *kn.* hati; jantung; kalbu; di tengah-tengah.
heartless *ks.* tidak berhati perut; kejam; tiada belas kasihan.
heart attack serangan penyakit jantung.
heartbeat *kn.* denyutan jantung.
heart-broken *ks.* remuk hati; patah hati.
heart-warming *ks.* mengharukan.

hearth *kn.* kawasan yang berada di depan perapian.

heat *kn.* kepanasan; haba; panas; bahang. *kk.* memanaskan; menghangatkan.
heated *ks.* menjadi panas; hangat; berapi-api; penuh semangat.
heater *kn.* alat pemanas.
heating *kn.* sistem pemanasan.

heathen *kn.* musyrikin; kafir; jahiliah; pagan.

heave *kk.* menghela; menarik; mengombak; terlambung-lambung.

heaven *kn.* syurga; kayangan; angkasa.

heavy *ks.* berat; sesak; sibuk.
heavily *kkt.* lembap; lambat; banyaknya; dengan beratnya.
heavy industry industri berat.
heavy traffic kesesakan lalu lintas.

hectare *kn.* hektar; sejenis ukuran luas.

hectic *ks.* sangat sibuk; giat.

hedge *kn.* pagar (daripada buluh atau pokok-pokok bunga). *kk.* memagari.

heed *kk.* mengendahkan; mempedulikan. *kn.* peduli; perhatian.

heel *kn.* tumit.

hefty *ks.* tegap.

height *kn.* tinggi; puncak; kemuncak.
heighten *kk.* meninggikan; menambah; memperhebatkan.

heir *kn.* waris.
heirloom *kn.* pusaka.

helicopter *kn.* helikopter.

hell *kn.* neraka.
what the hell peduli apa.
hellish *ks.* keadaan spt. neraka.

helm *kn.* pucuk pimpinan; kemudi.

helmet *kn.* topi; keledar.

help *kk.* menolong; membantu. *kn.* bantuan; pertolongan.
helper *kn.* pembantu.
helpful *ks.* suka menolong; ringan tulang.
helpless *ks.* tidak berupaya; tidak berdaya; lemah.
helplessly *kkt.* secara tidak berdaya.

helter-skelter *kkt.* & *ks.* bertempiaran; lintang-pukang; porak-peranda.

hem *kn.* kelepet baju; kelim. *kk.* menjahit kelepet; mengelim.

hemisphere *kn.* hemisfera, bahagian bumi yang utara dan selatan khatulistiwa.

hemp *kn.* tali belati; rami.

hen *kn.* ayam betina.
hen-pecked *ks.* seseorang yang mengikut sahaja segala kehendak isteri.

hence *ks.* dari sekarang.

henchman *kn.* penyokong yang setia; pengikut yang setia; konco.

henna *kn.* inai.

her *kgn.* dia (perempuan); dia punya.

herald *kk.* mengumumkan.

herb *kn.* herba; tumbuhan yang boleh

digunakan sebagai ubat.
herbivorous *ks.* maun; herbivor.
herd *kn.* kelompok; kawanan.

here *kkt.* sini; di sini; bersama-sama ini.
hereby *kkt.* dengan ini.
hereupon *kkt.* dengan itu.
herewith *kkt.* berserta; bersama-sama.
heredity *kn.* keturunan.
hereditary *ks.* hal berkaitan dengan kebakaan; keturunan.
heritage *kn.* warisan.
hermit *kn.* pertapa.

hero *kn.* wira; tokoh; pahlawan.
heroic *ks.* gagah berani; sungguh berani.
heroine *kn.* wirawati; serikandi; heroin.
heroism *kn.* kepahlawanan.
heron *kn.* burung pucung.

herring *kn.* ikan hering.

hertz *kn.* hertz; unit untuk mengukur bilangan gelombang dalam masa satu saat.

hesitate *kk.* keberatan; ragu-ragu; teragak-agak.
hesitation *kn.* teragak-agak; keraguan; kebimbangan.

heterogenous *ks.* heterogen; keadaan di mana satu kumpulan yang mempunyai pelbagai ahli yang berlainan.

heuristic *ks.* pendekatan heuristik; pendekatan pembelajaran dengan cara penyelidikan.

hew *kk.* menebang atau memotong.

hexagon *kn.* bentuk bersegi enam.

hibernate *kk.* tidur sepanjang musim sejuk.
hibernation *kn.* sepanjang musim sejuk di mana binatang tidur.

hibiscus *kn.* bunga raya.

hiccup *kk.* sedu.

hide, hid, hidden *kn.* menyorok; bersembunyi; menyorokkan; melindungi; menyembunyikan.
hidden *ks.* tersorok; tersembunyi.
hiding *kn.* & *ks.* bersembunyi.
hide-and-seek *kn.* main sembunyi-sembunyi; main sorok-sorok.
hidden curriculum kurikulum tersembunyi.
hide-out *kn.* tempat sembunyi.

hideous *ks.* menyeramkan; hodoh; mengerikan; menakutkan.

hieroglyphics *kn.* sejenis bentuk sistem tulisan yang menggunakan gambar dan simbol untuk memberi erti.

high *ks.* tinggi; mulia; terhormat.
highly *kkt.* sangat; amat.
high-class *ks.* terkemuka; sangat baik; bertaraf tinggi.
high fidelity (hi-fi) hi-fi.
high jump lompat tinggi.
highland *kn.* tanah tinggi.
highlight *kn.* bahagian yang terang; acara kemuncak.
high-pitched *ks.* suara yang tinggi; suara yang nyaring.
high speed film filem pantas; filem yang digunakan untuk mengambil gambar dalam keadaan luar biasa.
highway *kn.* jalan besar; lebuh raya.

hijack *kk.* merampas.
hijacker *kn.* perampas.
hijacking *kn.* perampasan.

hike *kk.* mengembara dengan berjalan kaki.

hilarious *ks.* sangat menggelikan hati; meriah; riuh.
hilarity *kn.* keriuhan.

hill *kn.* longgokan; timbunan; bukit.
hilly *ks.* berbukit-bukit.
hillock *kn.* anak bukit.
hillside *kn.* lereng bukit.

hilt *kn.* hulu senjata.

him *kgn.* dia (lelaki).
  himself *kgn.* dirinya sendiri.

hind *ks.* belakang. *kn.* rusa betina.

hinder *kk.* mengganggui; merintangi; menghambat; terhalang; menggalang.

hinge *kn.* engsel.

hint *kn.* isyarat; bayangan; alamat; tanda. *kk.* membayangkan; menyindir; mengisyaratkan.

hinterland *kn.* daerah pedalaman.

hip *kn.* tulang rusuk; pinggul.

hippopotamus *kn.* badak air.

hire *kk.* mengupah; menyewa. *kn.* penyewaan.
  hired *ks.* sewa.
  hire-car *kn.* kereta sewa.
  hire-purchase *kn.* sewa beli.
  for hire untuk disewa.

his *kgn.* dia (lelaki) punya.

hiss *kn.* desir; desis. *kk.* berdesis.

history *kn.* tawarikh; sejarah.
  historian *kn.* sejarawan; ahli sejarah.
  historic *ks.* bersejarah.
  historical *ks.* hal berkaitan dengan sejarah.
  make history mencatat sejarah.

hit *kn.* pukulan; hentaman; serangan. *kk.* memukul; merempuh; melanggar; membalun; dilanda; memalu.
  hit and run langgar dan lari.
  hit up menyingsing; menarik sedikit.

hitch *kn.* menarik.
  hitch-hike *kk.* mengembara dengan menumpang (dengan percuma) kenderaan orang lain; mengembara tumpang.

hive *kn.* sarang lebah.

hoard *kk.* menyorok.

hoarse *ks.* parau; serak; garau.

hoax *kk.* mempermainkan; menipu; memperolok-olokkan.

hobble *kk.* berjalan tempang kerana kesakitan.

hobby *kn.* kegemaran; pekerjaan pada waktu lapang; hobi.

hoe *kn.* cangkul; tajak.

hog *kn.* babi. *kk.* membawa kenderaan yang menghalang pengguna lain.

hoist *kk.* menaikkan; mengangkat.

hold, held *kn.* menghubungi; pegangan. *kk.* memegang; menjawat; bertahan.
  holder *kn.* pemegang; penjawat.
  hold back menahan diri.
  hold it jangan bergerak.

hole *kn.* liang; lubang. *kk.* melubangi.

hollow *ks.* lompang; hampa; kosong, merelung; berongga. *kn.* rongga; lubang; lekuk.

holiday *kn.* cuti; kelepasan.

holocaust *kn.* kemusnahan yang dahsyat oleh kebakaran.

hologram *kn.* hologram; rakaman sistem laser yang memberi kesan tiga dimensi.

holster *kn.* sarung pistol.

holy *ks.* kudus; suci.
  holiness *kn.* kesucian.
  holy day hari suci.

home *kn.* kediaman; tempat tinggal; rumah tetap; negara.
  homely *ks.* suka duduk di rumah; sederhana.
  home in menuju ke sasaran.
  home-made *ks.* buatan sendiri.
  homesick *ks.* rindu akan; merindui.
  hometown *kn.* kampung halaman.
  home work kerja sekolah.
  at home di rumah.

homicide *kn.* pembunuhan; homisid.

homogeneity *kn.* kehomogenan; keadaan sesuatu kumpulan di mana terdapat banyak persamaan atau keseragaman.

homogeneous *ks.* sama jenis; homogen.

homonym *kn.* homonim; perkataan yang mempunyai bunyi yang sama tetapi erti yang berlainan.

homosexual *kn.* homosekual; seseorang yang cenderung kepada jantina yang sama.

hone *kn.* batu asah. *kk.* mengasah.

honest *ks.* lurus hati; benar; jujur; ikhlas.
honestly *kkt.* secara ikhlas.
honesty *kn.* keikhlasan; ketulusan; kejujuran.

honey *kn.* madu.
honey-bee *kn.* lebah madu.
honeydew *kn.* tembikai susu.
honeymoon *kn.* bulan madu.

honour *kn.* memuliakan; penghormatan; harga diri; nama baik. *kk.* memuliakan; menghormati; mengurniai.
honorary *ks.* kehormat.
honourable *ks.* yang dihormati; yang dimuliai.
honoured *ks.* dihormati.

hood *kn.* 1. tudung kepala. 2. penutup injin kereta.

hoodwink *kk.* menipu.

hoof *kn.* kuku (kuda, dll.).

hook *kn.* cangkuk; kait; mata kail. *kk.* mengaitkan; mencangkuk; menyangkutkan.

hooligan *kn.* budak jahat; buas; pengacau.

hoop *kn.* gelung.

hoot *kk.* 1. membunyi horn. 2. berteriak. 3. mengejek dengan berteriak-teriak.

hooves *kn.* kuku binatang.

hop *kk.* melompat (spt. katak). *kn.* lompatan; loncatan.
hop-scotch *kn.* sejenis permainan yang mana kanak-kanak melompat ke dalam petak-petak yang dilukis atas tanah selepas seketul batu dibaling di dalam petak-petak itu dan cuba mengambil balik batu itu.

hope *kk.* mengharap; berharap. *kn.* harapan; pengharapan; asa.
hopeful *ks.* memberikan harapan; ada harapan.
hopefully *kkt.* dengan penuh harapan.
hopeless *ks.* putus harapan.
hopelessly *kkt.* dengan rasa putus asa; betul-betul.

horde *kn.* gerombolan; kelompok; begitu banyak; kumpulan.

horizon *kn.* kaki langit; ufuk; horizon.
horizontal *ks.* mengufuk; mendatar.
horizontally *kkt.* secara mendatar.

hormone *kn.* hormon; sejenis bahan kimia di dalam tubuh badan manusia yang menggaitkan organ-organ badan.

horn *kn.* tanduk; hon.
hornbill *kn.* burung enggang.

hornet *kn.* tebuan.

horoscope *kn.* horoskop; ilmu ramalan berdasarkan dua belas gambarajah bintang-bintang.

horrible *ks.* menakutkan; menggerunkan; mengerikan; dahsyat; jelek; buruk.
horribly *kkt.* secara menakutkan.

horrid *ks.* buruk.

horrify *kk.* menggerunkan; sangat menakutkan; mengejutkan.
horrific *ks.* mengerikan.
horrified *ks.* menunjukkan perasaan gerun; ngeri; takut yang amat sangat.
horrifying *ks.* sangat menakutkan; mengerikan; menggerunkan; dahsyat.

horror *kn.* perasaan gerun; perasaan ngeri.
horror film filem seram.

horse *kn.* kuda.
horsepower *kn.* kuasa kuda.
horserace *kn.* lumba kuda.
horseshoe *kn.* ladam.

horticulture *kn.* ilmu sains dan seni perkebunan.

hose *kn.* saluran pemancut air; hos.

hospital *kn.* rumah sakit.
hospitalisation, hospitalization *kn.* dimasukkan ke hospital; memasukkan ke hospital.
hospitalise, hospitalize *kk.* dimasukkan ke hospital.
hospitality *kn.* layanan baik.

host *kn.* tuan rumah; hos.
hostess *kn.* tuan rumah (perempuan).

hostage *kn.* orang tebusan; orang tahanan.

hostel *kn.* rumah tumpangan bagi penuntut-penuntut; asrama; hostel.

hostile *ks.* bermusuhan.
hostility *kn.* permusuhan; perseteruan.

hot *ks.* panas; hangat; pedas; sengit.
hot-tempered *ks.* lekas marah; pemarah; lekas naik darah.

hotel *kn.* hotel; rumah penginapan.

hound *kn.* anjing yang digunakan untuk memburu.

hour *kn.* jam; waktu.
hourly *ks.* setiap jam; tiap-tiap jam.

house *kn.* gedung; kediaman; gudang; rumah; wisma. *kk.* menempatkan; menumpangkan; menyimpan.
housing *kn.* perumahan.
house-agent *kn.* ejen perumahan; ejen harta tanah.
household *kn.* isi rumah.
housekeeper *kn.* pembantu rumah; penjaga rumah.
house style amalan gaya dan reka bentuk sesuatu institusi atau firma.
house-warming *kn.* jamuan masuk ke rumah baru.
housewife *kn.* suri rumahtangga.

housework *kn.* kerja rumah.

hovel *kn.* pondok; teratak; gubuk.

hover *kk.* terlayang-layang.

how *kkt.* bagaimana; macam mana; alangkah.

however *kkt.* akan tetapi; bagaimanapun; biar sekalipun.

howl *kk.* melolong; meraung; menjerit; memekik. *kn.* jeritan; lolongan; raungan.

hub *kn.* pusat; hab.

huddle *kk.* 1. berhimpit-himpit. 2. mengerekot.

hue *kn.* kualiti warna mengikut tanggapan seseorang.
hue and cry kegemparan.

huff *kn.* kemarahan.

hug *kk.* mendakap; memeluk. *kn.* pelukan; dakapan.

huge *ks.* amat besar.

hull *kn.* badan kapal.

hum *kk.* berdengung. *kn.* dengungan.
humming *ks.* berdengung.
humming bird *kn.* burung madu.

human *ks.* kemanusiaan; insan.
human being manusia.
human interest unsur kemanusiaan.
humankind *kn.* manusia.
human nature tabiat manusia; fitrah manusia; sifat manusia.
human relations hubungan manusia.
human resource sumber manusia.
human rights hak asasi manusia.

humanity *kn.* manusia; kemanusiaan.

humble *ks.* tidak sombong; suka merendahkan diri; rendah hati. *kk.* menghinakan; merendahkan; mengalahkan; menggulingkan.
humbled *ks.* dengan rasa rendah diri; telah ditundukkan.

humbug *kn.* bohong; kepura-puraan; dusta.

humdrum *ks.* membosankan; menjemukan; memuakkan.

humid *ks.* lembap; lengas.
humidity *kn.* kelembapan.

humiliate *kk.* mengaibkan; memalukan.
humiliating *ks.* memalukan.
humiliation *kn.* penghinaan; perasaan malu.

humility *kn.* sifat rendah diri.

humour *kn.* kejenakaan; kelucuan. *kk.* memanjakan.
sense of humour rasa lucu.
humorous *ks.* lucu.
humorously *kkt.* secara lucu.

hump *kk.* membongkokkan. *kn.* bonggol.

humus *kn.* humus.

hunch *kk.* membongkok. *kn.* gerak hati; bonggol.
hunch-back *ks.* bongkok; berbonggol.

hundred *kgn., kn. & pnt.* ratus; seratus.
hundredth *kgn. & pnt.* yang keseratus.

hunger *kn.* kelaparan.
hungrily *kkt.* dengan lahap.
hungry *ks.* sangat ingin; lapar.

hunt *kk.* mencari; memburu.
hunter *kn.* pemburu.
hunting *kn.* perburuan; berburu.
hunting ground kawasan perburuan.

hurdle *kn.* halangan; rintangan; pagar. *kk.* merintang; berlari dalam acara lompat pagar.

hurl *kk.* merejamkan; melontarkan; melempar.

hurricane *kn.* taufan.

hurry *kk.* bergegas; lekas; bergopoh-gapah; menggesa; segera.
hurried *ks.* tergesa-gesa; terburu-buru.
hurriedly *kkt.* dengan terburu-buru; dengan tergopoh-gapah.
in a hurry terburu-buru; tergesa-gesa; hendak cepat.

hurt *ks.* cedera; luka; pilu; sedih. *kk.* melukai; mencederakan; menyakiti.
hurtful *ks.* menyakitkan.

hurtle *kk.* bergerak dengan pantas.

husband *kn.* laki; suami.
husbandry *kn.* pertanian.

hush *kn.* kesunyian; ketenangan. *kk.* menenangkan; mendiamkan; merahsiakan.

husk *kn.* kulit; sekam; sabut.
husky *ks.* serak; besar; parau; garau; agam.

hustle *kk.* menggesa-gesakan; bertindak kasar. *kn.* kesibukan; keributan.

hut *kn.* pondok; teratak; dangau.

hutch *kn.* sangkar.

hyacinth *kn.* bunga lembayung.

hybrid *kn.* kacukan, hibrid.

hydrant *kn.* paip air; saluran air; pili bomba.

hydroelectricity *kn.* hidroelektrik; tenaga yang dihasilkan oleh kuasa air.

hydrofoil *kn.* hidrofoil; sejenis motobot yang melayang atas air.

hydrogen *kn.* hidrogen; sejenis gas yang ringan, tanpa warna, bau atau rasa.

hyena *kn.* sejenis binatang buas yang menyerupai serigala.

hygiene *kn.* kebersihan.

hymn *kn.* nyanyian atau lagu yang memuliakan Tuhan.

hypermedia *kn.* hipermedia, sesuatu text atau grafik yang berbunyi, bervisual atau animasi.

hypernopaedia *kn.* hipnopaedia; pendekatan pengajaran yang digunakan semasa pelajar hampir tidur.

hypertext *kn.* hiperteks; satu kaedah menyambung teks, grafik dan bunyi dalam komputer.

hyphen *kn.* tanda (-); sengkang. **hyphenate** *kk.* menanda dengan sengkang. **hyphenated** *ks.* bersengkang.

hypnosis *kn.* pukau; hipnosis.

hypocrisy *kn.* kepura-puraan. **hypocrite** *kn.* orang yang suka berpura-pura; hipokrit.

hypocritical *ks.* berpura-pura. **hypocritically** *kkt.* secara berpura-pura.

hypodermic *ks.* sejenis jarum yang digunakan untuk menyunting ubat ke dalam kulit.

hypothesis *kn.* andaian; hipotesis.

hysteria *kn.* histeria; letusan emosi yang susah dikawal

I i

I *kgn.* saya; aku; hamba; patik.

ice *kn.* air batu; ais.
icing *kn.* aising; adunan gula.
icy *ks.* berais; diliputi ais.
ice age zaman air batu.
ice-breaker *kn.* kegiatan pemulaan untuk memperkenalkan peserta-peserta antara satu sama lain dalam sesuatu kursus.
ice-cube *kn.* kiub air batu.
ice-water *kn.* air ais; air batu.

icon *kn.* ikon; gambar yang digunakan sebagai lambang sesuatu objek.
iconic *ks.* ikonik; berkaitan dengan gambar dan visual yang menjadi lambang sesuatu benda.

idea *kn.* fikiran; gagasan; akal; tanggapan; tujuan; pendapat; idea.
has no idea tidak tahu; tidak sangka.

ideal *ks.* yang dicita-citakan; unggul; memuaskan; impian; konsep; ideal.

identity *kn.* persamaan; identiti.
identical *ks.* sama; serupa.
identification *kn.* pengenalan.
identify *kk.* mengenal pasti; mengecamkan.
identity card kad pengenalan.

ideograph *kn.* ideograf; lukisan atau tulisan yang melambangkan sesuatu konsep atau idea.
ideography *kn.* satu sistem tulisan atau abjad yang berasaskan ideograf.

ideology *kn.* fahaman; ideologi.

idiom *kn.* ungkapan; simpulan bahasa; kiasan.

idiot *kn.* tolol; pandir.
idiocy *kn.* kebodohan yang amat sangat.
idiotic *ks.* bodoh.

idle *ks.* tidak berbuat apa-apa; malas; duduk-duduk saja; goyang kaki; lalai; tidak berharga.
idler *kn.* pemalas.
idly *kkt.* sahaja.

idol *kn.* berhala.
idolater *kn.* penyembah berhala.

if *kp.* jikalau; jika; kalau; sekiranya; andainya; walaupun; sekalipun.
if any jika ada.

igloo *kn.* iglu; pondok atau rumah orang Eskimo, diperbuat daripada tongkul ais.

ignite *kk.* menyala; membakar.
ignition *kn.* penyalaan; pembakaran.

ignore *kk.* tidak mempedulikan; tidak mengendahkan; tidak peduli.
ignorant *ks.* bodoh; tidak tahu; tidak sedar; jahil.
ignorance *kn.* tidak tahu; kejahilan.

iguana *kn.* biawak.

ill *ks.* sakit; tidak sihat; jahat.
illness *kn.* penyakit; sakit.
ill-feeling *ks.* perasaan negatif trehadap seseorang.
ill-mannered *ks.* kurang sopan, biadab.
ill-natured *ks.* kelakuan yang tidak baik, lekas marah.
ill-treat *kk.* melayan dengan buruk.

illegal *ks.* salah di sisi undang-undang; haram.
illegal immigrant pendatang tanpa izin.

illegible *ks.* tidak boleh dibaca.

illegibility *kn.* tidak mempunyai keupayaan membaca.

illegitimate *ks.* haram.
illegitimacy *kn.* anak luar nikah.
illegitimately *kkt.* secara haram.

illicit *ks.* yang dilarang; tidak sah; haram.

illiterate *ks.* tidak tahu membaca dan menulis; buta huruf.
illiteracy *kn.* buta huruf.

illogical *ks.* tidak masuk akal; tidak munasabah; tidak logik.
illogically *kkt.* secara tidak munasabah.

illuminate *kk.* menerangi; menyuluh; menyinar; menjelaskan; menerangkan.
illumination *kn.* penyinaran.

illusion *kn.* salah tanggapan; bayangan; khayalan; maya; ilusi.
illusionist *kn.* ahli silap mata.

illustrate *kk.* menjelaskan; menerangkan; menunjukkan.
illustrated *ks.* bergambar; berilustrasi.
illustration *kn.* gambaran; contoh; ilustrasi.

image *kn.* patung; kiasan; gambaran; imej. *kk.* mencerminkan; membayangkan; menggambarkan.
imagery *kn.* gambaran; bayangan; imejan.

imagine *kk.* menggambarkan di hati; fikir; membayangkan.
imaginary *ks.* rekaan; khayalan; perasaan seseorang.
imagination *kn.* gambaran di hati; sangkaan; imaginasi.
imaginative *ks.* penuh dengan daya khayalan.

imbalance *kn.* ketidakseimbangan.

imbecile *kn.* orang dungu; orang bodoh.
imbecilic *ks.* bodoh.
imbecility *kn.* kebodohan.

imitate *kk.* meniru; mencontoh; mengajuk.
imitation *kn.* cara mengajuk; tiruan.

immature *ks.* belum matang.
immaturity *kn.* sifat belum matang.

immediate *ks.* segera.
immediately *kkt.* segera.

immense *ks.* sangat besar.
immensely *kkt.* teramat sangat.
immensity *kn.* kebesaran.

immerse *kk.* merendamkan.

immigrate *kk.* masuk dan menetap di negara atau tempat asing.
immigrant *kn.* orang mendatang; penghijrah; imigran.
immigration *kn.* penghijrahan; perpindahan; imigrasi; imigresen.

imminent *ks.* dijangkakan.
imminence *kn.* kemungkinan.

immobile *ks.* tidak boleh gerak.
immobility *kn.* keadaan yang mana sesuatu itu tidak boleh bergerak.

immoral *ks.* bertentangan dengan aturan akhlak; tidak bermoral; jahat; lucah.
immorality *kn.* tidak bermoral; tidak berakhlak.

immortal *ks.* abadi; kekal.
immortality *kn.* keabadian; kekekalan.

immovable *ks.* tidak boleh dipindahkan atau digerakkan.

immune *ks.* bebas; lali; kebal; terjamin selamat.
immunisation, immunization *kn.* pelalian; pengimunan; imunisasi.
immunity *kn.* kekebalan; pelalian; keimunan.

imp *kn.* seorang anak yang nakal.

impact *kn.* kesan; tekanan.

impair *kk.* merosakkan, menjejas.
impairment *kn.* kerosakan.

impart *kk.* memberitahu; menyampaikan.

impartial *ks.* adil; saksama.

impasse *kn.* jalan buntu.
impassable *ks.* tidak dapat dilalui.

impatient *ks.* tidak sabar.
impatience *kn.* ketidaksabaran; kegopohan.
impatiently *kkt.* secara tidak sabar.

impedance *kn.* impedans; sejenis rintangan yang mengawal aliran elektron dalam alat elektronik.

imperative *ks.* sangat perlu; mustahak.

imperfect *ks.* tidak sempurna; tidak lengkap.
imperfection *kn.* ketidaksempurnaan.

imperial *ks.* permai; mulia; empayar.
imperious *ks.* angkuh dan mengerah.

imperishable *ks.* tidak mudah musnah; kekal; abadi.

impermanent *ks.* tidak kekal; fana.
impermanence *kn.* ketidakkekalan.
impermanently *kkt.* secara tidak kekal.

impermeable *ks.* tidak boleh telap; kedap.

impersonal *ks.* tidak dipengaruhi perasaan.

impersonate *kk.* meniru.
impersonation *kn.* peniruan.

impertinent *ks.* kurang ajar; biadab.
impertinence *kn.* kebiadaban; ketidaksopanan.
impertinently *kkt.* secara biadab.

impetus *kn.* dorongan; semangat.
impetuous *ks.* gopoh; terburu-buru.

implant *kk.* menyemai.

implement *kk.* melaksanakan.
implementation *kn.* pelaksanaan.

implicate *kk.* membabitkan; melibatkan.
implication *kn.* menunjukkan terbabit; implikasi.

implicit *ks.* terkandung; tersirat.
implicitly *kkt.* secara tersirat.

implore *kk.* merayu.

imply *kk.* menyampaikan ide atau perasaan secara tidak langsung.
implied *ks.* tersirat.

impolite *ks.* kurang sopan.

import *kk.* bawa masuk barang dari negara asing; mengimport. *kn.* import.

important *ks.* mustahak; penting.
importance *kn.* kepentingan.

importune *kk.* mendesak.
importunate *ks.* mustahak; tidak henti-henti mendesak.
importunity *kn.* desakan.

impose *kk.* mengenakan; menjatuhkan; memperdayakan.
imposing *ks.* mengagumkan; hebat.

impossible *ks.* tidak mungkin; mustahil.
impossibility *kn.* ketidakmungkinan.

impostor *kn.* penyamar.
imposture *kn.* penipuan; penyamaran.

impoverish *kk.* menyebabkan menjadi miskin; jatuh miskin.

impractical *ks.* tidak praktik.
impracticality *kn.* ketidakpraktikan.

impress *kk.* menarik.
impression *kn.* jejak; kesan; cetakan; pengaruh; tanggapan.
impressionable *ks.* mudah terpengaruh.
impressive *ks.* menarik; hebat.

imprint *kn.* bekas.

imprison *kk.* memenjarakan.
imprisonment *kn.* pemenjaraan.

improbable *ks.* tidak mungkin; mustahil.
improbability *kn.* ketidakmungkinan.

impromptu *ks.* tanpa persediaan.

improper *ks.* tidak sopan; tidak sesuai; tidak elok.
impropriety *kn.* tidak senonoh; tidak sopan.

improve *kk.* memperbaiki; bertambah sihat.

improved *ks.* diperbaiki; lebih baik.
improvement *kn.* peningkatan; kemajuan.

improvise *kk.* menyediakan sesuatu dengan serta merta dengan menggunakan apa yang sedia ada.
improvisation *kn.* persediaan sesuatu.

impudent *ks.* biadab, kurang sopan.
impudence *kn.* kebiadapan.
impudently *kkt.* secara kurang sopan.

impulse *kn.* dorongan; desakan; gerak hati; bisikan hati.
impulsive *ks.* mengikut gerak hati.
impulsion *kn.* desakan fikiran; dorongan.

impure *ks.* kotor, tidak tulin.
impurity *kn.* kekotoran.

in *ksd.* dalam; di dalam. *kkt.* ke dalam; sampai; tiba.
in-house *ks.* di dalam; dalam.
in itself dengan sendiri.
in my absence semasa ketiadaan saya; semasa saya tiada.
in white serba putih.

inability *kn.* ketidakupayaan.

inaccurate *ks.* tidak tepat.
inaccuracy *kn.* ketidaktepatan.

inactive *ks.* lembam; tidak giat.
inactivity *kn.* kelembaman.

inadequate *ks.* kurang; tidak cukup.
inadequacy *kn.* kekurangan.

inadmissible *ks.* tidak dapat diterima.

inadvisable *ks.* tidak dinasihatkan.

inattentive *ks.* lalai; tidak memberi penumpuan atau perhatian.
inattentiveness *kn.* kelalaian.

inaudible *ks.* tidak boleh didengar.

inborn *ks.* semula jadi.

incapable *ks.* tidak terdaya.
incapability *kn.* ketidakbolehan.

incapacity *kn.* ketidaklayakan; kelemahan.

incarnate *kk.* menjelmakan.
ks. jelmaan.
incarnation *kn.* penjelmaan semula.

incense *kk.* menyebabkan marah.
kn. dupa; kemenyan.

incentive *kn.* galakan; perangsang; dorongan; insentif.

incessant *ks.* terus menerus, secara tidak berhenti-henti.
incessantly *kkt.* dengan tidak berhenti-henti.

incest *kn.* perhubungan seks antara ahli keluarg sendiri.

inch *kn.* inci.
inch by inch sedikit demi sedikit.
every inch betul-betul; benar-benar; seluruh kawasan.

incident *kn.* peristiwa; kejadian.
incidentally *kkt.* secara kebetulan.

incinerate *kk.* membakar.
incinerator *kn.* tempat pembakaran sampah.

incision *kn.* pemotongan; belahan; insisi.

incite *kk.* menghasut.
incitement *kn.* hasutan.

incline *kk.* menurun; menundukkan; mencondongkan.
inclination *kn.* keinginan; kecenderungan; kecondongan; anggukan.
inclined *ks.* condong.

include *kk.* mengandungi; termasuk; memasukkan; dikira sama.
included *ks.* termasuk.
including *ksd.* termasuk.

incognito *kkt.* dengan menyamar.

income *kn.* pendapatan; gaji.
incoming *ks.* baru datang; diterima; hendak masuk.

incomparable *ks.* tidak ada tolok bandingnya; tiada bandingan.

incompetent *ks.* tidak layak; tidak cekap.

incompetence *kn.* ketidakcekapan.

incomplete *ks.* terbengkalai; tidak lengkap; tidak habis; belum selesai.
incompletion *kn.* ketidaklengkapan.

inconsiderate *ks.* tidak bertimbang rasa.
inconsideration *kn.* sifat tidak bertimbang rasa.

inconsistent *ks.* tidak tekal; tidak seimbang dengan; tidak konsisten.
inconsistency *kn.* ketidaktekalan; ketidakseimbangan.

inconvenient *ks.* tidak sesuai.
inconvenience *kn.* gangguan; kesulitan; kesusahan.

incorporate *kk.* menggabungkan.
incorporation *kn.* penggabungan; pembentukan.

incorrect *ks.* tidak betul; tidak tepat; salah.

increase *kn.* pertambahan; kenaikan; perluasan. *kk.* menaikkan; menambah; meluaskan.

incredible *ks.* sukar dipercayai; memeranjatkan; mustahil.

incredulous *ks.* susah untuk dipercayai.
incredulity *kn.* kesangsian.

increment *kn.* tambahan; kenaikan.

incubate *kk.* menetas dengan duduk di atasnya; mengeram.
incubation *kn.* inkubasi; penetasan.
incubator *kn.* alat pengeraman telur; inkubator.

incur *kk.* 1. membelanjakan; menanggung. 2. menghasilkan; menyebabkan.

incurable *ks.* tidak boleh disembuhkan.

indebted *ks.* terhutang duit; terhutang budi.

indecent *ks.* tidak senonoh; lucah; sumbang.
indecency *kn.* kelucahan.

indecisive *ks.* ragu-ragu.

indecision *kn.* keraguan, satu keadaan di mana susah membuat keputusan.

indeed *kkt.* sesungguhnya; sebenarnya.

indefinite *ks.* belum pasti; kabur; tidak terbatas; tidak tentu.

indelible *ks.* tidak boleh ditanggalkan atau dipadamkan.

indemnity *kn.* perlindungan; kerosakan; ganti rugi; jaminan.

independent *ks.* bebas; berdiri sendiri; merdeka.
independence *kn.* kemerdekaan; kebebasan.
independently *kkt.* secara bebas atau bersendirian.
Independence Day Hari Kemerdekaan.
independent learning pembelajaran secara bersendirian tanpa arahan daripada guru.

index *kn.* angka; ganda; petunjuk; indeks.

indicate *kk.* menandakan; menunjukkan.
indication *kn.* tandá menunjukkan.
indicator *kn.* penunjuk; penanda; alamat.

indices *kn.* jamak untuk perkataan *index.*

indict *kk.* mendakwa.
indictment *kn.* pendakwaan; tuduhan; indikmen.

indifferent *ks.* tidak ambil peduli; tidak acuh; sikap berkecuali; tidak menghiraukan.
indifference *kn.* sifat tidak ambil peduli.

indigestion *kn.* sakit perut; senak; sukar untuk mencernakan makanan.
indigestible *ks.* tidak dapat dicerna.

indignant *ks.* marah.
indignation *kn.* kemarahan.
indignantly *kkt.* dengan marah.

indigo *kn.* nila.

indirect *ks.* tidak langsung; tidak terus.

indiscipline *ks.* tidak berdisiplin.

indispensable *ks.* sangat diperlukan; tidak boleh tidak.

individual *kn.* perseorangan; individu. *ks.* tersendiri; berasingan; setiap. **individualise, individualize** *kk.* memberikan ciri-ciri tersendiri pada sesuatu. **individualised, individualized** *ks.* bersifat tersendiri.

indivisible *ks.* tidak boleh dibahagikan.

indoctrinate *kk.* menanamkan fahaman tertentu ke dalam fikiran seseorang. **indoctrination** *kn.* penanaman fahaman; indoktrinasi.

indoor *ks.* di dalam rumah; ditempatkan di dalam sebuah bangunan.

induce *kk.* mendorong; menyebabkan. **inducement** *kn.* pujukan; dorongan; pengaruh.

inductive *ks.* berdasarkan lojik. **inductive method** kaedah induktif; satu kaedah mengajar di mana rumusan, prinsip atau hukum daripada sampel diberi.

indulge menurut kehendak. **indulgence** *kn.* turutan kehendak.

industry *kn.* industri. **industrious** *ks.* tabah; rajin; usaha.

inedible *ks.* tidak boleh dimakan.

ineffective *ks.* tidak berkesan; tidak cekap.

inefficient *ks.* tidak cekap.

inequality *kn.* ketiadaan persamaan.

inert *ks.* tidak aktif.

inevitable *ks.* tidak boleh dielak. **inevitably** *kkt.* secara tidak boleh dielakkan.

inexcusable *ks.* tidak dapat dimaafkan.

inexpensive *ks.* tidak mahal, murah.

inexperience *kn.* kekurangan pengalaman. **inexperienced** *ks.* tidak mempunyai pengalaman.

infallible *ks.* tidak mungkin berbuat salah.

infamous *ks.* memalukan. **infamy** *ks.* kelakuan yang memalukan.

infant *kn.* kanak-kanak kecil; bayi; peringkat permulaan. **infancy** *kn.* semasa atau peringkat bayi.

infantry *kn.* infantri; angkatan tentera yang berjalan kaki.

infect *kk.* menjangkiti. **infected** *ks.* dijangkiti. **infection** *kn.* jangkitan; penyakit; infeksi. **infectious** *ks.* berjangkit.

infer *kk.* membuat kesimpulan. **inference** *kn.* kesimpulan.

inferior *kn.* orang bawahan. *ks.* berkedudukan rendah. **inferiority** *kn.* kekurangan; perasaan rendah diri.

inferno *kn.* pemandangan yang menakutkan atau mengerikan.

infertile *ks.* mandul; tidak subur; tandus. **infertility** *kn.* kemandulan.

infest *kk.* mengerumuni.

infiltrate *kk.* menembusi, menyeludup. **infiltration** *kn.* penyeludupan.

infinite *ks.* tidak terhad. **infinity** *kn.* infiniti; bilangan yang tidak terhad.

infirm *ks.* lemah. **infirmary** *kn.* rumah sakit, hospital. **infirmity** *kn.* kelemahan.

inflame *kk.* membangkitkan kemarahan; memberangsangkan; menggelorakan. **inflammable** *ks.* mudah terbakar;

mudah naik terangsang; mudah berang.

inflammation *kn.* keradangan.

inflate *kk.* menggelembung; menggembung; membengkak; melambung.
inflated *ks.* kembung; melambung.
inflation *kn.* kenaikan; pelambungan; kenaikan harga barang-barang; inflasi.

inflict *kk.* menderitakan; menyakiti; mengenakan; diakibatkan; menyebabkan.
infliction *kn.* menyebabkan; mengakibatkan; pengenaan.

influence *kn.* pengaruh. *kk.* mempengaruhi.
influential *ks.* berpengaruh.
under the influence di bawah pengaruh.

influenza *kn.* demam selsema; influenza.

inform *kk.* mengkhabarkan; memaklumkan; memberitahu.
informant *kn.* informan; orang yang menjadi sumber maklumat.
informative *ks.* memberikan maklumat.
informed *ks.* berpengetahuan.
informer *kn.* seorang yang memberi maklumat; mengenai penjenayah.

informal *ks.* secara tidak rasmi; tak formal.
informality *kn.* tidak rasmi; sikap bersahaja.
informal curriculum kurikulum tidak formal.
informal education pendidikan tidak formal.

informatics *kn.* informatik; bidang ilmu mengenai kaedah memproses, menyimpan dan menyebar maklumat.

information *kn.* keterangan; maklumat; khabar; informasi.
information explosion ledakan maklumat.
information resource sumber

maklumat.
information retrieval mendapat kembali maklumat.
information service perkhidmatan maklumat.
information technology teknologi maklumat.

infrared *kn.* inframerah; sinaran gelombang cahaya merah yang tidak dapat dilihat oleh mata.
infrared lens kanta inframerah.

infringe *kk.* mencabuli.
infringement *kn.* pelanggaran.

infuriate *kk.* menimbulkan kemarahan.
infuriating *ks.* yang menimbulkan kemarahan.

ingenious *ks.* bijak.

ingot *kn.* jongkong.

ingrained *ks.* terbenam, sesuatu yang sukar dihilang.

ingredient *kn.* ramuan; bahan; unsur.

inhabit *kk.* menduduki; tinggal.
inhabitant *kn.* penduduk; penghuni.

inhale *kk.* menyedut; menarik nafas; menghirup udara.
inhalation *kn.* penarikan nafas.
inhaler *kn.* alat sedut.

inherent *ks.* wujud sebagai sesuatu yang tidak dapat diasingkan.

inherit *kk.* mewarisi harta; mempusakai.
inheritance *kn.* pusaka.
inheritor *kn.* waris.

inhibit *kk.* menghalang.
inhibition *kn.* halangan.

inhuman *ks.* zalim; kejam; tidak berperikemanusiaan.

initial *ks.* permulaan; mula; kependekan. *kn.* nama yang dipendekkan dengan menggunakan abjad-abjad yang digabungkan atau disatukan, cth. T.J., A.M.A.
initialise, initialize *kk.* mengasal; menetapkan pemboleh ubah kepada

nilai permulaannya sebelum komputer boleh dikendalikan.
initially *kkt.* mula-mula; pada mulanya.
initiate *kk.* merintis; memulakan. *kn.* ahli baru.
initiation *kn.* upacara memulakan sesuatu; permulaan; inisiasi.
initiative *kn.* daya usaha; inisiatif.
have the initiative kuasa bertindak.
own initiative daya usaha sendiri; daya inisiatif sendiri.
take the initiative membuat sesuatu atas usaha sendiri.

inject *kk.* menyuntik; menyucuk.
injection *kn.* penyuntikan; suntikan.

injure *kk.* menyakitkan; menyebabkan cedera; melukai; mencederakan.
injured *ks.* luka; cedera; tercedera.
injury *kn.* kecederaan.

injustice *kn.* ketidakadilan.

ink *kn.* tinta; dakwat.
inky *ks.* berlumuran dakwat; berdakwat.
ink-bottle *kn.* botol dakwat.
ink jet printer pencetak sembur dakwat.

inkling *kn.* bayangan.

inland *ks.* pedalaman.

in-laws *kn.* mentua; ipar duai.

inlet *kn.* jalan masuk.

inmate *kn.* penghuni.

inn *kn.* hotel; rumah tumpangan.

inner *ks.* bahagian tengah; tersirat; sebelah dalam.
innermost *ks.* paling sulit.

innocent *ks.* tidak bersalah; tidak berdosa.
innocence *kn.* kesucian; kemurnian hati.

innovate *kk.* membuat pembaharuan.
innovation *kn.* pembaharuan; inovasi.

innuendo *kn.* sindiran; kiasan.

innumerable *ks.* tidak terbilang.

inoculate *kk.* menyuntik.
inoculation *kn.* suntikan.

inoffensive *ks.* tidak menyinggung.

inoperable *ks.* tidak boleh dibedah.

input *kn.* masukan; data atau isyarat yang dibawa ke dalam komputer.

inquest *kn.* penyiasatan rasmi.

inquire *kk.* menyiasat; bertanya.
inquiry *kn.* pertanyaan; penyiasatan; penyelidikan; siasatan.

inquisition *kn.* penyiasatan.
inquisitive *ks.* suka mengambil tahu.

insane *ks.* gila; tidak siuman; tidak waras.
insanity *kn.* ketidakwarasan.

inscribe *kk.* mengukir.
inscription *kn.* ukiran atau tulisan.

insect *kn.* serangga.

insecure *ks.* tidak yakin pada diri sendiri; tidak kukuh; tidak selamat.
insecurity *kn.* perasaan tidak yakin pada diri sendiri; keadaan tidak terjamin.

insensible *ks.* tidak sedar; tidak bersimpati; pengsan.
insensibility *kn.* sifat tidak bersimpati.

insert *kk.* menyisipkan; memasukkan; menyelitkan; menyela; menyusupkan.
insertion *kn.* penyusupan; penyelaan; penyelitan.

inset *kn.* sisipan.

inside *ks.* di dalam. *kkt.* ke dalam; di dalam.
insider *kn.* orang dalam.
inside information maklumat dalam.

insight *kn.* pemahaman; pengertian.
insightful *ks.* penuh pengertian.

insignia *kn.* lambang; tanda kebesaran.

insignificant *ks.* tidak penting; tidak bererti; remeh; kecil.

insignificance *kn.* ketiadaan nilai penting.

insincere *ks.* tidak ikhlas; tidak jujur.
insincerity *kn.* ketidakikhlasan; ketidakjujuran.

insist *kk.* menegaskan; mendesak; berkeras.
insistence *kn.* ketegasan; desakan.

insolent *ks.* biadab.

insomnia *kn.* penyakit sukar tidur; kekurangan tidur; insomnia.

inspect *kk.* memeriksa; mengawasi.
inspection *kn.* pemeriksaan.
inspector *kn.* merinyu; nazir; inspektor.

inspire *kk.* mengilhami; memberikan inspirasi kepada; mendorong; menggalakkan.
inspiration *kn.* ilham; inspirasi.

instability *kn.* ketidakstabilan; keadaan tidak stabil.

install *kk.* memasang; melantik.
installation *kn.* pemasangan; perlantikan.

instalment *kn.* bayaran ansuran.

instance *kn.* kejadian; misalan; contoh.
instant *ks.* segera; serta-merta.
instantaneous *ks.* segara.
instantaneously *kkt.* dengan segera.
instant replay ulang tayang serta-merta.
for instance contohnya; misalnya; umpamanya.

instead *kkt.* sebagai ganti; sebaliknya.

instigate *kk.* menghasut; memulakan; mengacum.
instigation *kn.* atas desakan seseorang; acuman; godaan; hasutan.
instigator *kn.* orang yang memulakan; pemula.

instil *kk.* menanamkan.

instinct *kn.* naluri.
instinctive *ks.* mengikut naluri.

institute *kn.* perbadanan; institut.

instruct *kk.* mengarahkan; memberitahu; memaklumi; menyuruh; mengajar.
instruction *kk.* pengajaran; petunjuk; arahan.
instructor *kn.* pengajar.
instructional kit pukal pengajaran.
instructional manual manual pengajaran.
instructional material bahan pengajaran.

instrument *kn.* perkakas; alat; peralatan.

insufficient *ks.* tidak mencukupi; tidak memadai; kurang.
insufficiency *kn.* ketidakcukupan.

insulate *kk.* melindungi; menebat.
insulation *kn.* penebatan; bahan penebat; pengasingan.
insular *ks.* fikiran yang sempit; sempit pandangan; kepulauan.

insult *kn.* penghinaan; celaan.
kk. mencela; menista; mengaibkan.
insulting *ks.* menghina.

insure *kk.* menginsuranskan.
insurance *kn.* insurans.
insured *kn.* pengambil insurans.
insurer *kn.* syarikat insurans.

insurgent *ks.* memberontak.
kn. pemberontak.

intact *ks.* tidak rosak.

intake *kn.* pengambilan; penerimaan.

intangible *ks.* sukar dimengerti; tidak boleh difahami.

integrate *kk.* bersepadu; berintegrasi; menyepadukan; mengintegrasi.
integral *ks.* sangat penting.
integrated *ks.* bersepadu.
integration *kn.* persepaduan; penyatuan; integrasi.
integrated circuit litar bersepadu.

intellect *kn.* daya fikir; bijak; akal; intelek.
intellectual *kn.* cendekiawan; cerdik

pandai; intelektual.

intelligent *ks.* tajam akal; kecerdasan.
intelligence *kn.* kecerdasan; cerdik; berakal.
intelligible *ks.* senang difahami.
intelligibly *kkt.* dengan jelas.
intelligence quotient (IQ) darjah kecerdasan.
intelligence test ujian kecerdasan.
intelligent terminal terminal cerdas; terminal komputer yang mempunyai kuasa pemprosesan dan ingatan untuk menjalankan pemprosesan.

intend *kk.* bercadang; bertujuan; berniat; bermaksud; berhajat.
intended *kn.* bakal isteri; bakal suami. *ks.* diharapkan; dirancang.

intense *ks.* hebat.
intensely *kkt.* amat hebat.
intensify *kk.* memperhebatkan.
intensity *kn.* kehebatan.
intensive *ks.* intensif.
intent *ks.* tajam; khusyuk; asyik; berazam.
intention *kn.* tujuan; maksud; niat; kehendak; hajat.
intensive care rawatan rapi.

interact *kk.* saling bertindak.
interaction *kn.* perihal saling bertindak.
interactive *ks.* kesalingtindakan; pembelajaran yang menggalakkan pelajar bersaling tindak di antara satu sama lain.
interactive video video di mana terdapat kemudahan hubungan dua hala di antara pengguna dengan video.

intercept *kk.* menyekat; memintas; menghalang.
interception *kn.* penyekatan; pintasan.

interchange *kn.* persimpangan; pertukaran. *kk.* menukarkan; bertukar-tukar.
interchangeable *ks.* boleh ditukar ganti.

intercom *kn.* interkom, sejenis sistem komunikasi melalui pembesar suara

dan mikrofon.

intercontinental *ks.* antara benua.

interdisciplinary *ks.* antara disiplin.

interest *kn.* bunga wang; faedah; kesukaan; kegemaran; keuntungan; kecenderungan; minat; kepentingan. *kk.* menyukakan hati; menarik minat.
interested *ks.* berminat; ingin tahu.
interesting *ks.* menarik; menyeronokkan.
in the interest of demi kepentingan.
show interest menunjukkan minat.

interface *kn.* antara muka; bahagian sempadan di antara dua komponen, litar, peranti atau sistem di mana maklumat dapat dihubungkan antara satu sama lain.

interfere *kk.* campur tangan; menghalang; mengganggu; mencelah; masuk campur.
interference *kn.* campur tangan; halangan; gangguan.
interfering *ks.* suka campur tangan.

interior *kn.* bahagian dalam; hulu; kawasan pedalaman.

interject *kk.* menyisipkan; menyelitkan; menyela.
interjection *kn.* sampukan; celahan; seruan.

interlock *kk.* saling berkait.

interlude *kn.* waktu selang; waktu rehat; selingan.

intermarriage *kn.* kahwin campur.

intermediate *ks.* pertengahan; sederhana; perantaraan.
intermediary *ks.* perantara; orang tengah.

intermingle *kk.* bercampur; masuk di celah-celah.

intermission *kn.* masa rehat.

intermittent *ks.* tidak berlanjut-lanjut.
intermittently *kkt.* secara sela-menyela.

intern *kn.* bakal doktor.

internal *ks.* dalaman; dalam negeri.

international *ks.* antarabangsa.
International Standards Organisation (ISO) code kod ISO.

interpersonal *ks.* antara perseorangan.

interpret *kk.* mentafsir; menterjemahkan.
interpretation *kn.* terjemahan; tafsiran; interpretasi.
interpreter *kn.* jurubahasa; pentafsir.

interrelate *kk.* saling berhubung kait.
interrelated *ks.* saling berkaitan; saling berhubungan.

interrogate *ks.* menanya; menyoal.
interrogation *kn.* penyoal-siasatan.

interrupt *kk.* mengganggu; mencelah; menyampuk.
interrupted *ks.* terganggu.
interruption *kn.* gangguan; celahan; sampukan.

intersect *kk.* menyilang.
intersection *kn.* persimpangan; persilangan.

interval *kn.* waktu rehat; jarak waktu.

intervene *kk.* campur tangan.
intervention *kn.* halangan; campur tangan.

interview *kk.* bersoal jawab; wawancara; temu bual; menemu duga. *kn.* temu ramah; temu duga.
interviewee *kn.* orang yang ditemu duga.
interviewer *kn.* penemu duga; penemu ramah; penemu bual.

intestine *kn.* usus.
intestinal *ks.* hal berkaitan dengan usus.

intimate *ks.* karib; akrab; rapat.
intimacy *kn.* hubungan rapat; hubungan mesra; kekariban; kemesraan.

intimidate *kk.* mengugut; menakut-nakutkan; mengancam.

intimidation *kn.* ugutan; gertakan; ancaman; intimidasi.

into *ksd.* ke dalam.

intolerant *ks.* tidak bertoleransi.
intolerable *ks.* tidak dapat ditanggung; tidak dapat dialami.
intolerance *kn.* sikap tidak bertoleransi.

intonation *kn.* nada; intonasi.

intoxicate *kk.* memabukkan.
intoxication *kn.* keadaan mabuk.

intrepid *ks.* berani.

intricate *ks.* rumit.

intrigue *kn.* komplot; tipu daya. *kk.* bersekongkol.

intrinsic *ks.* dalaman.
intrinsic motivation motivasi dalaman.

introduce *kk.* memperkenalkan; mengemukakan; bawa ke hadapan; memulakan.
introduction *kn.* pengenalan; permulaan; memperkenalkan; pembukaan.
introductory *ks.* pengenalan.

intrude *kk.* mengganggu; menceroboh.
intruder *kn.* penceroboh.
intrusion *kn.* pencerobohan.

intuition *kn.* intuisi; kebolehan mengetahui sesuatu tanpa berfikir atau mengkaji.

inundate *kk.* membanjiri.

invade *kk.* menakluk; menyerang.
invader *kn.* penyerang; penakluk.
invasion *kn.* penyerangan; pelanggaran; serangan; penyerbuan.

invalid *kn.* seorang yang saki. *ks.* 1. uzur; lemah; sakit tidak dapat bangun. 2. tidak sah.
invalidity *kn.* ketidaksahan.

invaluable *ks.* tidak ternilai.

invariable *ks.* tidak berubah.

invent *kk.* merekacipta; mencipta.
invention *kn.* rekaan; ciptaan.
inventor *kn.* pereka; pencipta.

inventory *kn.* inventori; senarai alatan atau barang.

invert *kk.* menelangkupkan; menterbalikkan.
inversion *kn.* penyongsangan; pembalikan.
inverted *ks.* songsang; terbalik.

invertebrate *kn.* & *ks.* invertebrata.

invest *kk.* melabur.
investment *kn.* pelaburan; penanaman modal.
investor *kn.* pelabur.

investigate *kk.* memeriksa; menyiasat; menyelidik.
investigation *kn.* penyiasatan; penyelidikan.
investigator *kn.* penyiasat.

invigilate *kk.* mengawasi peperiksaan; menyelia.
invigilation *kn.* pengawasan peperiksaan; penyeliaan.
invigilator *kn.* pengawas; penyelia (dalam peperiksaan, dll.).

invigorate *kk.* menyegarkan.

invincible *ks.* tidak dapat dikalahkan.

invisible *ks.* tidak nampak; tidak ketara; tidak dapat dilihat.

invite *kk.* menjemput; mengundang; mempersilakan; mengajak; mempelawa.
invitation *kn.* undangan; jemputan.

invoice *kn.* invois.

involuntary *ks.* dengan tidak sengaja, di luar kawal.
involuntarily *kkt.* secara tidak sengaja.

involve *kk.* membabitkan; melibatkan.
involved *ks.* rumit; sukar difahami; terlibat; terbabit.
involvement *kn.* penglibatan.

invulnerable *ks.* tidak lut; kebal.
invulnerability *kn.* kekebalan.

inward *kkt.* & *ks.* dalaman; ke dalam; masuk.

iodine *kn.* iodin, sejenis ubat.

irate *ks.* meradang.
irately *kkt.* secara marah.

iris *kn.* mata hitam; iris.

iron *kn.* besi; seterika. *kk.* menyeterika; menggosok.
ironing *kn.* menyeterika; menggosok.
iron cast besi tuang.
iron ore bijih besi.

irony *kn.* sindiran secara halus; ejekan; cemuhan; ironi.
ironic *ks.* yang menyindir.
ironically *kkt.* secara menyindir.

irregular *ks.* tidak teratur; tidak tersusun rapi; tidak sebentuk; tidak rata.
irregularly *kkt.* secara tidak teratur.

irrelevant *ks.* tidak berkaitan; tidak bersabit; tidak bersangkutan.

irresistible *ks.* menarik.

irrespective *ks.* tidak kira.

irresponsible *ks.* tidak bertanggungjawab.
irresponsibility *kn.* sifat tidak bertanggungjawab.

irrigate *kk.* membasuh; mengairi; menggenangi.
irrigation *kn.* pengairan.

irritate *kk.* menyakitkan hati; menjengkelkan.
irritated *ks.* berasa jengkel.
irritating *ks.* menjengkelkan.
irritation *kn.* kemarahan; kejengkelan.

is *kk.* ada; ialah; adalah.

island *kn.* pulau.

isle *kn.* pulau.

isolate *kk.* terpencil; terasing; mengasingkan; menyisihkan; memencilkan.

isolation *kn.* keterasingan; kesepian; pengasingan; kesunyian.

issue *kk.* mengeluarkan; menerbitkan. *kn.* keluaran; kesudahan; masalah; persoalan; isu. **main issue** persoalan; perkara utama; isu utama; perkara pokok.

isthmus *kn.* segenting.

it *kgn.* ia.

its *kgn.* dia punya; nya.

italic *kn.* huruf condong; italik.

itch *kn.* gatal. *kk.* menggatalkan.
itchiness *kn.* rasa gatal.
itchy *ks.* miang; gatal.

item *kn.* butiran; hal; barang; benda; acara.
itemise, itemize *kk.* menyenaraikan.
intemisation, intemization *kn.* penyenaraian.
item analysis kaedah menganalisis soalan objektif secara statistik matematik.
item difficulty tahap kesusahan soalan objektif.

itinerary *kn.* jadual perjalanan.

ivory *kn.* gading.

ivy *kn.* sejenis tumbuhan menjalar.

ixora *kn.* sejenis bunga

Jj

jab *kn.* cucukan; tikaman; tusukan; suntikan. *kk.* menusuk; meradak; mencucuk.

jabber *kk.* bercakap dengan laju.

jack *kn.* pengumpil; jek.

jackal *kn.* sejenis anjing liar.

jackass *kn.* keldai jantan; bahlul; tolol.

jacket *kn.* pembalut buku; jaket.

jackfruit *kn.* nangka.

jack-knife *kn.* sejenis pisau yang boleh dilipat ke dalam pemegangnya.

jackpot *kn.* hadiah istimewa.

jade *kn.* jed; sejenis batu permata berwarna hijau.

jagged *ks.* tepi yang tidak sekata; hujung yang tidak rata; bergerigi.

jaguar *kn.* sejenis binatang liar spt. harimau kumbang.

jail *kn.* penjara. *kk.* memenjarakan.

jam[1] *kn.* kesesakan; kesulitan; kesukaran. *kk.* sekat; sesak.

jam[2] *kn.* jem.

jamboree *kn.* pertemuan besar pengakap; jambori.

janitor *kn.* penjaga bangunan.

January *kn.* bulan Januari; bulan pertama dalam sesuatu tahun.

Japanese *kn.* bahasa Jepun; orang Jepun.

jar *kn.* bekas air; tempayan; takar; balang.

jarring *ks.* tidak sesuai atau harmonis.

jargon *kn.* 1. perkataan-perkataan khas yang digunakan dalam sesuatu bidang. 2. bahasa yang susah difaham.

jasmine *kn.* bunga melur; melati.

jaundice *kn.* jaundis; penyakit demam kuning.

jaunt *kk.* bersiar-siar atau makan angin.

jaunty *ks.* riang dan gembira.

javelin *kn.* lembing.

jaw *kn.* rahang.
jaw-bone *kn.* tulang rahang.

jaywalker *kn.* seseorang yang melintas jalan raya tanpa mempedulikan undang-undang lalulintas.

jazz *kn.* sejenis muzik yang disukai ramai oleh orang kulit hitam Amerika.

jealous *ks.* cemburu; iri hati.
jealousy *kn.* cemburu; dengki; iri hati.

jeans *kn.* seluar jean; sejenis pakaian buatan denim.

jeep *kn.* jip; sejenis kenderaan kecil biasanya digunakan oleh tentera.

jeer *kk.* mengejek; menyindir. *kn.* ejekan.

jelly *kn.* agar-agar.
jellyfish *kn.* ubur-ubur; ampai-ampai.

jeopardy *kn.* dalam bahaya.

jerk *kn.* sentakan; renggutan; rentakan. *kk.* merenggut; menyentak.
jerky *ks.* tersentap-sentap; tersentak-sentak.

jersey *kn.* sejenis pakaian biasanya

digunakan oleh pemain permainan spt. ragbi.

jest *kn.* gurau senda; kelakar. *kk.* berseloroh; berjenaka; bersenda.

jet *kn.* 1. sejenis kapal terbang yang laju. 2. pemancut.

jettison *kk.* membuang orang atau benda yang tidak diperlukan.

jetty *kn.* pangkalan; jeti.

Jew *kn.* orang Yahudi. **Jewish** *ks.* Yahudi.

jewel *kn.* permata; manikam; intan; ratna. **jeweller** *kn.* jauhari. **jewellery** *kn.* barang kemas.

jibes *kn.* kata-kata yang tajam bertujuan menyakitkan hati orang.

jiggle *kk.* bergerak atau bergoncang.

jigsaw *kn.* teka-teki gambar.

jilt *kk.* meninggalkan kekasih.

jingle *kn.* bunyi gemerencing. *kk.* membuat bunyi gemerencing.

jitters *kn.* ketakutan yang amat sangat; kegugupan.

job *kn.* pencarian; pekerjaan; jawatan; kerja. **job analysis** analisis kerja. **job centre** pusat pekerjaan. **job description** perincian kerja. **job evaluation** penilaian kerja. **job specification** spesifikasi kerja.

jockey *kn.* joki; seorang yang menunggang kuda lumba.

jog *kk.* lari perlahan-lahan. *kn.* larian perlahan. **jogger** *kn.* seorang yang berlari dengan perlahan-lahan.

join *kk.* masuk; mengikat; menghubungkan; mencantumkan; menyambung; menyatukan; menyertai; bersekutu; bersatu. **join in** turut sama; ikut serta. **joining** *kn.* penyertaan; percantuman.

joint *kn.* sendi; penghubung; buku; penyambung. *ks.* bersama. **joint effort** usaha bersama. **jointly** *kkt.* bersama.

joke *kn.* lawak; kelakar; gurau; senda; jenaka. *kk.* berjenaka; bergurau. **joker** *kn.* orang yang suka berjenaka; joker. **jokingly** *kkt.* secara bergurau.

jolly *ks.* gembira; riang.

jolt *kn.* goncangan; sentakan; memeranjatkan. *kk.* menghempaskan; menggoncang; mengejutkan.

joss-stick *kn.* colok.

jostle *kk.* menolak-nolak.

jot *kn.* jumlah yang sikit atau kecil. *kk.* menulis nota yang pendek dengan cepat.

journal *kn.* majalah; jurnal. **journalism** *kn.* kewartawanan; jurnalisme. **journalist** *kn.* pemberita; wartawan.

journey *kn.* pengembaraan; perjalanan. *kk.* mengembara.

jovial *ks.* riang.

joy *kn.* keriangan; kegembiraan; kesukaan; kegirangan. **joyful** *ks.* kegembiraan; menyenangkan. **joystick** *kn.* kayu bedik.

jubilant *ks.* sangat gembira. **jubilantly** *kkt.* dengan gembira. **jubilation** *kn.* kegembiraan.

jubilee *kn.* hari peringatan; jubli.

judge *kn.* pengadil; hakim. *kk.* menghakimkan; mengadilkan; mengadili; menghitung. **judgment** *kn.* pertimbangan; keputusan. **Judgment Day** Hari Pengadilan.

judicial *ks.* pengadilan; kehakiman; kritis.

judiciary *kn.* badan kehakiman.

judo *kn.* judo; sejenis ilmu mempertahankan diri yang berasal dari negeri Jepun.

jug *kn.* kendi; jag.

juggle *kk.* melambung-lambung bola, piring dll.

juice *kn.* air buah; nira; jus.
juicy *ks.* banyak airnya.

juke-box *kn.* peti nyanyi; peti muzik.

July *kn.* Julai; bulan tujuh dalam sesuatu tahun.

jumble *kn.* bercampur aduk. *kk.* mencampuradukkan.

jumbo *kn.* 1. bersaiz besar. 2. jet atau kapal terbang yang besar.

jump *kk.* melompat; meloncat. *kn.* lompatan; loncatan.
jumper *kn.* sejenis pakaian atau baju panas.
jumpy *ks.* gelisah.

junction *kn.* simpang; persimpangan.

juncture *kn.* pada waktu itu.

June *kn.* Jun; bulan enam dalam sesuatu tahun.

jungle *kn.* hutan; rimba; belantara.

junior *ks.* muda; lebih muda.

junk *kn.* tongkang; jong.

Jupiter *kn.* bintang Musytari; Jupiter.

jury *kn.* juri.
jurist *kn.* pakar undang-undang.
jurisdiction *kn.* bidang kuasa.

just *ks.* adil; patut; saksama. *kkt.* betul-betul; hanya; baharu; cuma.
just now baru tadi.

justice *kn.* keadilan; pengadilan.

justify *kk.* memberikan alasan yang kuat.
justification *kn.* 1. pengimbangan; justifikasi. 2. penyusunan jarak di antara perkataan-perkataan dalam satu baris supaya memenuhi baris dengan kemas.

jut *kk.* menganjur; terjulur.

jute *kn.* jut; rami.

juvenile *ks.* remaja; muda belia.

Kk

kaleidoscope *kn.* kaleidoskop; sejenis teropong di mana corak boleh berubah apabila teropong itu dipusing.

kangaroo *kn.* kanggaru; sejenis mamalia yang berasal dari Australia yang menggunakan kaki belakang untuk melompat. Kanggaru betina mempunyai pundi-pundi untuk menggendong anaknya.

karate *kn.* sejenis ilmu mempertahankan diri yang berasal dari negeri Jepun.

keel *kn.* kayu atau besi yang ada pada dasar perahu untuk mengimbangkan perahu.

keen *ks.* tajam; cenderung; berminat; gemar akan; gigih; giat.
keenness *kn.* kegemaran; ketajaman.

keep, kept *kk.* menyimpan; mengekalkan; mengurus; menjaga; menunaikan; menanggung; menaruh; tetap.
keeper *kn.* pengawas; penjaga.
keeping *kn.* pemeliharaan; penyimpanan.
keep a secret menyimpan rahsia.
keep away menjauhkan diri.
keep in with berbaik-baik dengan seseorang.
keep it up jangan undur; teruskan.
keep off jangan dekat; jangan hampir.
keep on terus; meneruskan.
keep out dilarang masuk.
keep up terus; berterusan.
in keeping with selaras dengan; sesuai dengan.

keg *kn.* tong kecil biasanya untuk menyimpan bir atau wain.

kennel *kn.* rumah anjing.

kerb *kn.* bebendul jalan; sebahagian daripada jalan yang telah ditinggikan.

kerchief *kn.* kain lilit kepala.

kernel *kn.* isi kelapa; isirong.

kerosene *kn.* minyak tanah; kerosin.

kettle *kn.* cerek.

key *kn.* anak kunci; petunjuk; pembimbing.
keyboard *kn.* papan kekunci.
keyhole *kn.* lubang kunci.
key man orang utama.
keyword *kn.* kata kunci; perkataan penting yang dipilih dan membawa erti.
low key nada rendah.

kick *kk.* menendang; menyepak; menerajang; mengusir; menghalau. *kn.* sepakan; tendangan; terajang; keseronokan.

kid *kn.* anak kambing; budak. *kk.* mempermainkan; bergurau; memperolok-olokkan.
kidding *kk.* bergurau; bermain-main.

kidnap *kk.* melarikan orang; mencuri seseorang; menculik.
kidnapper *kn.* penculik.
kidnapping *kn.* culikan.

kidney *kn.* buah pinggang.

kill *kk.* membunuh; menyembelih; terbunuh; menghapuskan; mematikan. *kn.* pembunuhan.
killer *kn.* pembunuh.
killing *ks. & kn.* membawa maut; membunuh.

kiln *kn.* relau; tanur.

kilt *kn.* sejenis pakaian tradisi lelaki orang Scotland yang merupai skirt.

kimono *kn.* kimono; sejenis pakaian tradisi orang Jepun.

kin *kn.* kaum kerabat; sanak saudara; saudaramara.
kinsfolk *kn.* sanak saudara; kaum keluarga; saudara-mara.
kinship *kn.* pertalian kekeluargaan; tali persaudaraan; hubungan keluarga.
kith and kin kaum keluarga; saudara-mara.
next of kin saudara yang paling dekat; kerabat yang paling dekat.

kind *kn.* jenis; macam; bagai; bangsa; kelas. *ks.* pemurah; penyayang; pengasih.
kindly *kkt.* sudi; dengan suka hati; dengan ramah; dengan senang; dengan baik.
kindness *kn.* kebaikan hati.
kind-hearted *ks.* baik hati.

kindergarten *kn.* tadika.

kindle *kk.* menyalakan; bernyala; bersinar; berseri-seri; membangkitkan.

kindred *kn.* sanak-saudara.

kinescope *kn.* kineskop; alat untuk menukarkan rakaman televisyen kepada filem tayangan.

kinesthetic *ks.* berkaitan dengan pergerakan.
kinesthetic method *kn.* kaedah kinestetik; satu kaedah mengajar yang melibatkan pergerakan dan kegatian.

kinetic *ks.* kinetik.
kinetics *kn.* ilmu sains berkenaan dengan pergerakan jisim dan daya.

king *kn.* raja; ratu.
kingdom *kn.* kerajaan; negeri (beraja).
kingfisher *kn.* pekaka; burung raja udang.

king-size *ks.* saiz besar.

kinky *ks.* kelakuan luar biasa.

kiosk *kn.* pondok atau gerai.

kismet *kn.* takdir Allah; nasib; kismet.

kiss *kn.* kucupan; ciuman. *kk.* bercium; mengucup; mencium.

kit *kn.* alat kelengkapan.

kitchen *kn.* dapur; ruang memasak.
kitchenette *kn.* ruang kecil untuk memasak.
kitchenware *kn.* peralatan dapur.

kite *kn.* layang-layang; wau.

kitten *kn.* anak kucing.

knack *kn.* kemahiran.

knapsack *kn.* beg galas.

knave *kn.* penipu.

knead *kk.* meramas; menguli.

knee *kn.* lutut.
kneecap *kn.* tempurung lutut.
knee-joint *kn.* sendi lutut.

kneel, knelt *kk.* berlutut; bertelut.

knell *kn.* bunyi loceng yang menandakan kematian seseorang.

knickers *kn.* seluar dalam perempuan.

knife *kn.* pisau.

knight *kn.* hulubalang; kesatria; perwira.
knighthood *kn.* gelaran hulubalang.

knit *kk.* menganyam; mengait; menyatukan; mengerutkan.
knitting *kn.* mengait.

knob *kn.* tombol pada pintu, laci, dll; combol.

knock *kk.* mengetuk; memukul; melanggar. *kn.* ketukan; pukulan.
knock against terhantuk; terlanggar.
knock down menjatuhkan; memukul; melanggar.
knock off memotong; menolak.

knot *kn.* simpulan; ikatan.
kk. menyimpulkan; mengikat.
tie the knot berkahwin.
know, knew, known *kn.* tahu; kenal.
kk. mengenali; mengetahui; faham
akan.
knowing *ks.* berpengetahuan; pintar;
cerdik; pandai.
known dikenali.
know better sepatutnya lebih
mengetahui.
know-all orang yang serba tahu.
know-how kepandaian.
in the know tahu sesuatu.
you never know siapa tahu.
knowledge *kn.* pengetahuan; ilmu.
knowledgeable *ks.* berpengetahuan
luas.

knowledge dissemination penyebaran
pengetahuan.
to my knowledge pada pengetahuan
saya; setahu saya.
knuckle *kn.* buku jari.
koala *kn.* sejenis haiwan kecil yang
pandai memanjat pokok yang berasal
dari Australia.
kookabura *kn.* sejenis burung besar
dari Australia dan mengeluarkan
bunyi yang aneh.
kowtow *kk.* sembah sujud.
krone *kn.* mata wang Denmark,
Norway dan Sweden.

Ll

lab *kn.* makmal.

label *kn.* surat tanda; label. *kk.* melabel.

laboratory *kn.* makmal.

labour *kn.* kerja; buruh; usaha; tenaga;
titik peluh. *kk.* bersusah payah;
berusaha; bekerja keras.
labourer *kn.* pekerja; buruh.

labyrinth *kn.* satu jaringan yang penuh
dengan lorong berliku-liku.

lace *kn.* tali (kasut, dll.); renda; les.

lacing *kn.* perendaan; satu proses
melilit filem atau pita kepada mesin
sebelum dimainkan.

lack *kn.* kekurangan. *kk.* kurang.

lackadaisical *ks.* kurang atau tidak
menunjukkan minat.

lacquer *kn.* laker; sejenis varnis untuk
mengilatkan besi atau kayu.

lad *kn.* pemuda; budak lelaki.

ladder *kn.* tangga (biasanya yang boleh
diangkat-angkat).

laden *ks.* dipenuhi, muat.

ladle *kn.* senduk; sudip; pencedok.
kk. menyenduk; mencedok.

lady *kn.* perempuan; wanita; puan.
ladies' finger kacang bendi.
ladylike *ks.* bersifat kewanitaan.

lag *kk.* bergerak dengan lambat
sehingga ketinggalan.
laggard *kn.* lamban; seseorang yang
lambat mengamalkan sesuatu inovasi
terutamanya teknologi baru dalam
pendidikan.

lager *kn.* sejenis bir.

lagoon *kn.* lagun; satu kawasan air
yang terpisah dari laut oleh benteng
pasir.

lair *kn.* sarang; tempat binatang liar
tinggal atau berehat.

lake *kn.* tasik; danau.

lamb *kn.* anak biri-biri.

lame *ks.* tempang; pincang.

lament *kn.* ratapan; keluhan; tangisan.
kk. mengeluh; meratapi; merintih.

laminate *kk.* membalut dokumen
dengan plastik.
lamination *kn.* pelaminaan; proses
mengawet dokumen dengan plastik
pada bahagian belakang dan
hadapan.
laminator *kn.* pelamina; alat untuk
membalut plastik pada dokumen.

lamp *kn.* pelita; lampu.
lamp-post *kn.* tiang lampu.

lance *kn.* lembing.

land *kn.* tanah; bumi; darat; negeri.
kk. mendarat; turun ke bumi.
landless *ks.* tidak bertanah.
landing *kn.* pendaratan.
landholder *kn.* pemilik tanah.
landlord *kn.* tuan tanah.
landmark *kn.* tanda tempat.
landowner *kn.* pemilik tanah.
landscape *kn.* pandang lintang;
bentuk halaman teks atau grafik yang
lebarnya lebih besar daripada
panjangnya.
landslide *kn.* tanah runtuh.

lane *kn.* lorong; laluan.

language *kn.* bahasa.

languish *kk.* menjadi lemah.

languor *kn.* kelesuan; keletihan.

lank *ks.* panjang dan lurus (rambut).
lanky *ks.* tinggi dan kurus (orang).

lantern *kn.* tanglung.

lap *kn.* 1. ribaan; pangkuan. 2. pusingan.

lapel *kn.* bahagian kot yang dilipat di dada.

lapse *kn.* satu jangka masa yang telah lalu atau selang. *kk.* 1. merosot. 2. hilang atau tamat sesuatu hak kerana tidak dituntut atau digunakan.

lard *kn.* lemak babi.

larder *kn.* gerobok; almari makanan.

large *ks.* luas; banyak; besar.
largely *kkt.* sebahagian besar.

lark *kn.* sejenis burung yang pandai menyanyi.

larva *kn.* jentik-jentik; larva.

larynx *kn.* halkum; peti suara; tekak; larinks.

laser *kn.* laser, alat untuk menghasilkan gelombang cahaya menjadi pancaran cahaya yang kuat.
laser disc cakera laser.
laser printer pencetak laser.

lash *kn.* 1. tali sebat. 2. sebatan.
lash out menyerang secara garang.

lass *kn.* budak perempuan.

lasso *kn.* jerat; tanjul; laso.

last *ks.* yang akhir; yang lalu; penghabisan. *kkt.* akhir.
lasting *ks.* tahan lama.
lastly *kkt.* akhir sekali.
last but not least akhir sekali dan tidak kurang pentingnya.
last minute saat-saat akhir.
last name nama keluarga.
at last kesudahannya; akhirnya.
the last person orang yang terakhir;

orang yang penghabisan.
the last thing perkara terakhir.
the last time yang penghabisan; yang terakhir.
the last two kedua terakhir.
the last word kata-kata akhir; kata-kata muktamad.

latch *kn.* selak pintu. *kk.* menyelak.

late *ks.* lambat; lewat; lampau; allahyarham; mendiang; arwah.
lately *kkt.* kebelakangan ini; baru-baru ini; akhir-akhir ini.
later *kkt.* kemudian.
latest *ks.* terbaru.
latecomer *kn.* orang yang datang lewat.
late hours berjaga sampai larut malam.
sooner or later lambat-laun.

latent *ks.* yang tersembunyi; terpendam.

lateral *ks.* lateral, bahagian sisi.
lateral thinking pemikiran capah.

latex *kn.* susu getah.

lath *kn.* bilah; pelupuh; melidi.

lather *kn.* buih sabun; berbuih.

latitude *kn.* garisan lintang; latitud.

latrine *kn.* tandas; jamban.

latter *ks.* terkemudian.

lattice *kn.* kekisi; kisi-kisi.

laud *kk.* memuji.
laudable *ks.* harus dipuji.

laugh *kk.* gelak; tidak menghiraukan; tidak peduli; ketawa.
laughter *kn.* ketawa; gelak.
laugh at mentertawakan.

launch *kk.* melancarkan.
launching *kn.* pelancaran.

laundry *kn.* pakaian dsb. yang hendak atau telah dicuci.
launder *kk.* mendobi.
laundryman *kn.* tukang dobi.

laurel *kn.* sejenis pokok yang mana daunnya digunakan sebagai hadiah pemenang biasanya dalam pertandingan pada masa zaman Romawi dan Yunani.

lava *kn.* lahar; lava.

lavatory *kn.* bilik air; tandas.

lavender *kn.* sejenis tumbuhan yang bunganya harum dan berwarna ungu.

lavish *ks.* berlebih-lebihan; boros.
lavishly *kkt.* secara boros.

law *kn.* undang-undang; hukum.
lawful *ks.* sah; menurut undang-undang.
lawfully *kkt.* secara sah.
law-breaker *kn.* pelanggar; orang yang melanggar undang-undang.
law-maker *kn.* penggubal undang-undang.

lawn *kn.* padang yang berumput; padang; halaman.
lawn-mower *kn.* mesin rumput.

lawsuit *kn.* tindakan undang-undang.

lawyer *kn.* peguam.

lax *ks.* cuai.
laxative *kn.* julap.

lay, laid *kk.* meletakkan; menyediakan; membaringkan; merebahkan; membuka; mendedahkan. *kk.* bertelur.
layer *kn.* lapis; lapisan.
layout *kn.* reka letak.
lay aside mengetepikan; menyingkirkan.

layman *kn.* orang kebanyakan.

lazy *ks.* malas; culas.
laze *kk.* duduk berehat-rehat; berlengah-lengah.
lazily *kkt.* dengan malas.
laziness *kn.* kemalasan.
lazy-bones *kn.* berat tulang; pemalas.

lead[1] *kn.* teladan; pimpinam; panduan.

lead[2], **led** *kk.* memimpin; memandu; membimbing; mengetuai; menunjukkan; plumbum.
leader *kn.* pemimpin; penganjur.
leading *ks.* terkemuka; penting.
leadership *kn.* pucuk pimpinan; kepimpinan.
lead to membolehkan; menuju; menghala.

leaf *kn.* daun; helai.
leaflet *kn.* risalah.
leafy *ks.* rimbun; lebat.

league *kn.* perikatan; liga; gabungan.

leak *kk.* bocor; tiris.
leakage *kn.* kebocoran.

lean *kk.* bersandar.
lean on bersandar; menggertak; bergantung kepada.

leap *kk.* melompat; menerkam; meloncat. *kn.* lompatan; loncatan; terkaman.
leap-frog *kn.* lompat katak (sejenis permainan).
leap year tahun lompat.
by leaps and bounds dengan cepat; dengan pesat.

learn *kk.* mempelajari; belajar.
learned *ks.* bijaksana; arif; terpelajar; cendekia; berilmu.
learner *kn.* pelajar; penuntut.
learning *kn.* pengajian.
learner-based education pendidikan berpusatkan pelajar.
learning atmosphere suasana belajar.
learning centre pusat pembelajaran.
learning curve keluk kemajuan.
learning strategy strategi belajar.
learning style gaya belajar.

lease *kk.* menyewa; memajak. *kn.* penyewaan; pajakan.
leasehold *ks. & kn.* pegangan pajak.

lessee *kn.* pemajak.

leash *kn.* tali untuk mengikat anjing.

least *ks.* yang kecil; yang kurang sekali.
at least sekurang-kurangnya.

leather *kn.* kulit binatang; belulang.

leave, left *kk.* bertolak; beredar; meninggalkan; membiarkan; tertinggal. *kn.* kebenaran; izin. *kn.* cuti. **on leave** bercuti.

lectern *kn.* tempat menyimpan buku yang akan dibaca.

lecture *kn.* syarahan; ceramah; kuliah. *kk.* bersyarah; berleter; memarahi. **lecturer** *kn.* pensyarah.

led *kk.* rujuk *lead.*

ledge *kn.* birai.

ledger *kn.* lejar; buku akaun.

LED indicator *kn.* penunjuk LED; alat paparan LED yang terdapat pada alat elektronik.

lee *kn.* tempat lindungan angin.

leech *kn.* lintah; pacat.

leek *kn.* daun bawang kucai.

left *ks.* kiri.
  leftist *ks.* berhaluan kiri.
  left and right kiri dan kanan.
  left alone tinggal sendirian.
  left behind tertinggal; meninggalkan.
  left hand kiri.
  left-handed *ks.* kidal.
  left-hander *kn.* orang yang kidal.
  leftovers *kn.* lebihan makanan; baki.
  left-over *kn.* reja; sisa; baki; lebihan.
  left-wing *kn.* sayap kiri.

leg *kn.* kaki.

legacy *kn.* sesuatu yang diturunkan dari nenek moyang, peninggalan.

legal *ks.* sah; halal; mengikut undang-undang.
  legalise, legalize *kk.* membenarkan di sisi undang-undang.
  legally *kkt.* dari segi undang-undang; sah.

legend *kn.* legenda, hikayat.
  legendary *ks.* 1. tidak ada tandingan; terkenal. 2. yang berkaitan dengan legenda.

legible *ks.* boleh dibaca.
  legibility *kn.* keupayaan dibaca.

legislate *kk.* menggubal.
  legislation *kn.* penggubalan undang-undang.
  legislative *ks.* perundangan.

legitimate *ks.* sah.
  legitimately *kkt.* yang sah.
  legitimatise, legitimatize *kk.* mengesahkan.

leisure *kn.* kesenangan; masa lapang; kelapangan.
  leisured *ks.* bersenang-lenang; masa senggang.
  leisurely *kkt.* secara senag tanpan apa-apa tekanan.
  at leisure dalam kelapangan.

lemon-grass *kn.* serai.

lend, lent *kk.* memberikan pinjaman; meminjamkan; menyumbangkan; menolong.
  lender *kn.* orang yang memberi pinjam.

length *kn.* panjang; lanjut; lebar.
  lengthen *kk.* memanjang; melanjutkan; menjadi panjang; melamakan.
  lengthwise *kkt.* membujur; memanjang.
  lengthy *ks.* panjang; terlalu lama.

lenient *ks.* tidak berkeras; lembut hati.
  leniently *kkt.* dengan berlembut.

lens *kn.* kanta; lensa.
  lens aperture bukaan kanta.
  lens cap penutup kanta.
  lens hood pelindung kanta.
  lens mount pemasang kanta.

lentil *kn.* kacang dal.

leopard *kn.* harimau bintang.

leotard *kn.* pakaian perempuan untuk jimnastik atau senaman.

leper *kn.* seorang penghidap penyakit kusta.
  leprosy *kn.* penyakit kusta.

lesbian *kn.* lesbian, seorang perempuan yang tertarik kepada perempuan.

less *ks.* kurang.
lessen *kk.* mengurangkan; meringankan. *ks.* kurang; tidak begitu penting.

lesson *kn.* pelajaran; pengajaran; belajar.

lest *kp.* kalau-kalau.

let *kk.* membiarkan; menyewakan; membenarkan; andaikan.
let down menghampakan; mengecewakan.
let-down *kn.* kekecewaan; penghampaan.
let loose melepaskan.
let me be jangan ganggu saya.
let me go lepaskan saya.
let me see biar saya tengok.

lethal *ks.* merbahaya atau yang boleh menyebabkan kematian.

letter *kn.* surat; aksara; huruf.
lettering *kn.* penulisan; tulisan; penghurufan.
letter-box *kn.* peti surat.
letterhead *kn.* kepala surat.

lettuce *kn.* selada; salad.

level *ks.* datar; sama rata. *kn.* paras; peringkat; tingkat; aras; datar.

levy *kk.* mengenakan cukai.

liable *ks.* bertanggungjawab atas; mudah kena.
liability *kn.* tanggungjawab; kewajipan; tanggungan; liabiliti.

liaison *kn.* hubungan sulit; perhubungan.

liar *kn.* pembohong; pendusta.

libel *kn.* fitnah bertulis; libel. *kk.* memfitnah.
libellous *ks.* mengandungi fitnah; mengeji; libel.

liberal *ks.* murah hati; liberal.

liberate *kk.* membebaskan.
liberated *ks.* yang mempunyai ide-ide yang bukan tradisional.
liberation *kn.* kebebasan.
liberator *kn.* pembebas.

liberty *kn.* kemerdekaan; kebebasan.

library *kn.* kutubkhanah; bilik bacaan; perpustakaan.
librarian *kn.* pustakawan.
library software perisian perpustakaan.

lice *kn.* kutu.

licence *kn.* dokumen kebenaran; lesen.
licensee *kn.* pemegang lesen.

lichen *kn.* lumut.

lick *kk.* mengalahkan; menghapuskan; menjilat.
licking *kn.* kekalahan; sebatan; pukulan.

lid *kn.* penutup; tudung; tutup.

lie^1, **laid** *kk.* terletak; meletakkan; terlentang; terbaring.
lie back menerima saja keadaan; bersandar.
lie down berbaring.

lie^2 *kn.* karut; dusta; bohong.

lie^3, **lied** *kk.* bercakap bohong; berdusta.
lie about berbohong.

lieutenant *kn.* leftenen, pegawai yang bertauliah di dalam tentera.

life *kn.* nyawa; kehidupan; hayat; benda hidup; penghidupan.
lifeless *ks.* tidak bersemangat; mati; membosankan.
life-guard *kn.* anggota penyelamat di laut atau di kolam renang di hotel-hotel; ahli dalam menyelamatkan orang yang lemas dan mengawasi orang yang berenang agar tidak berenang jauh ke tengah laut.
lifelong education pendidikan sepanjang hayat.
life-saver *kn.* penyelamat.

life sentence penjara seumur hidup.
lifestyle *kn.* cara hidup.
lifetime *kn.* sepanjang hidup;
sepanjang hayat.
town life cara hidup di bandar.
what a life apalah nasib.
lift *kn.* tumpang; alat pengangkat; lif.
kk. diangkat; menumpangkan.
light *ks.* 1. bercahaya; bersinar; terang.
2. renyai-renyai; ringan. *kn.* cahaya;
lampu; terang.
kk. menyuluhkan; menerangkan;
menghidupkan; api; menyalakan.
lighten *kk.* meringankan; menyinari;
menerangi; menyuluh.
lighter *kn.* pemetik api.
lighting *kn.* pemasangan lampu.
light emitting diode (LED) diod
pemancar cahaya.
light-headed *ks.* pening kepala.
light-hearted *ks.* gembira, seronok.
lighthouse *kn.* rumah api; menara api.
light meter meter cahaya.
light up bercahaya; berseri.
lightning *kn.* kilat.
light-weight *ks.* ringan.
light-year *kn.* masa perjalanan cahaya
untuk sesuatu jarak.
like *ks.* 1. sama; seakan-akan; seperti;
seolah-olah; serupa. *ksd.* seperti;
macam; begitu; bagai; laksana.
2. *kk.* menyukai; suka; menggemari;
mahu; ingin.
likelihood *kn.* kemungkinan.
likely *ks.* mungkin.
liking *kn.* 1. kesukaan. 2. kepuasan
hati.
like-minded *ks.* sependapat.
likeness *kn.* persamaan; kesamaan;
serupa.
likewise *kkt.* begitu juga.
more like it macam itulah.
if you like jika kamu suka; jika kamu
mahu.
lilac *kn.* 1. sejenis tumbuhan berbunga
ungu muda yang berbau wangi.
2. warna ungu muda.
lily *kn.* lili; sejenis tumbuhan.

limb *kn.* kaki atau tangan; anggota.
limber *kk.* bersenam untuk
memanaskan anggota badan supaya
mudah bergerak.
lime *kn.* 1. kapur. 2. limau nipis.
limestone *kn.* batu kapur.
limerick *kn.* sejenis sajak lucu.
limit *kn.* had; lingkungan; sempadan;
takat; batasan. *kk.* membataskan;
mengehadkan.
limitation *kn.* pembatasan; had;
batasan.
limited *ks.* terhad; terbatas.
limitless *ks.* tiada batasnya; tiada
hadnya.
off limits kawasan larangan.
without limit tanpa batas.
limousine *kn.* sejenis kereta besar.
limp *kn.* pincang. *ks.* kendur; lembik;
layu; terkulai; tidak bermaya.
line *kn.* garisan; baris; barisan.
kk. membarisi.
lined *ks.* 1. bergaris. 2. berkerut.
lining *kn.* lapik.
linesman *kn.* penjaga garisan dalam
permainan spt. bolasepak,
badminton, dsb.
above the line melebihi had garisan
yang ditetapkan.
in line berbaris; beratur.
in line with bersetuju dengan;
sependapat dengan; selaras dengan.
stand in line berbaris; beratur.
linen *kn.* kain linen. *ks.* diperbuat
daripada linen.
liner *kn.* kapal laut yang besar.
linger *kk.* berlengah-lengah.
lingerie *kn.* pakaian dalam perempuan.
linguist *kn.* ahli bahasa; ahli linguistik.
link *kk.* menghubung. *kn.* penyambung;
hubungan; pertalian.
linoleum *kn.* linoleum; sejenis kain
tebal biasanya untuk menutup lantai.

linseed *kn.* biji rami.

lint *kn.* kain linen berbulu biasanya digunakan untuk membalut luka.

lion *kn.* singa.
lioness *kn.* singa betina.

lip *kn.* bibir.
lipped *ks.* berbibir.
lip gloss pengilat bibir.
lipstick *kn.* gincu; lipstik.
dry-lipped *ks.* berbibir kering.
thick-lipped *ks.* berbibir tebal.

liquid *kn.* benda cair; cecair; air.
liquidity *kn.* kecairan.
liquid crystal display (LCD) paparan hablur cahaya (LCD).

liquor *kn.* arak; minuman keras.

list *kk.* mendaftarkan; mencatatkan; menyenaraikan. *kn.* daftar; senarai.
listing *kn.* butiran; senarai.
listless *ks.* terlalu letih, tidak bertenaga.

listen *kk.* mempeduli; mengikut; menyetujui; mendengar.
listener *kn.* pendengar.
good listener orang yang sedia mendengar.
listening centre sudut dengar.

lit *kk.* rujuk *light*.

literal *ks.* harfiah; perkataan demi perkataan; sederhana; lurus; jujur.
literally *kkt.* secara harfiah.

literate *ks.* orang kenal huruf atau boleh membaca dan menulis.
literacy *kn.* kenal huruf; celik huruf; boleh membaca dan menulis.
literary *ks.* hal berkaitan dengan kesusasteraan.
literary man sasterawan; pujangga.

literature *kn.* kesusasteraan; segala hasil penulisan karya atau sastera; sastera.

litter *kn.* sampah-sarap.
kk. mengotorkan; menyelerakkan; menyepahkan.

little *ks.* kecil; sedikit.
little finger jari kelengkeng.
little one yang kecil.
little things perkara-perkara kecil.
a little sedikit.

live *kk.* hidup; tinggal; diam.
ks. secara langsung.
living *ks.* masih hidup; yang masih bernyawa.
lively *ks.* rancak; bersemangat; cergas; aktif.
live broadcast siaran langsung.
live-in *ks.* tinggal bersama; diam bersama.
live on terus hidup.
live show persembahan langsung.
livestock *kn.* ternakan.
live telecast siaran langsung.
live together bersekedudukan.
live with tinggal dengan; bersekedudukan dengan.
cost of living kos sara hidup.
good living kehidupan yang senang; kehidupan yang lebih baik.
the living yang masih hidup.

livelihood *kn.* kehidupan; nafkah hidup; rezeki; mata pencarian.

liver *kn.* limpa.

lizard *kn.* cicak.

load *kn.* muatan; beban.
kk. memuatkan; membubuh peluru; mengisi peluru (ke dalam senapang, dll.); membebankan.
loaded *ks.* penuh sarat.

loaf *kn.* ketul roti; buku roti.
loaves *kn.* jamak untuk perkataan *loaf*.

loan *kn.* pinjaman; hutang.
kk. meminjamkan.
loan-word *kn.* kata pinjaman.

loath *ks.* keberatan.
loathe *kk.* meluat; menyampah; benci yang amat sangat.
loathing *kn.* meluat; benci.

lob *kn.* bola yang melayang ke atas.

lobby *kn.* ruang legar; lobi.

lobe *kn.* cuping telinga.

lobster *kn.* udang galah; udang kara; udang karang.

local *ks.* tempatan.
locality *kn.* tempat; kawasan.
locate *kk.* menempatkan; menunjukkan; ditempatkan.
located *ks.* bertempat; terletak.
location *kn.* tempat; kedudukan; lokasi.
local call panggilan tempatan.
local government kerajaan tempatan.
local time waktu tempatan.

lock *kn.* ibu kunci; mangga.
kk. mengunci; mengurung; menutup.
locker *kn.* almari kecil.
locksmith *kn.* tukang kunci.

locomotive *kn.* kepala kereta api; lokomotif.

locust *kn.* belalang.

lodge *kk.* memberi tumpang; menempatkan; menyewakan.
lodging *kn.* rumah tumpangan; tempat penginapan; hotel.

loft *kn.* loteng, ruang antara tingkat atas dengan bumbung.
lofty *ks.* tinggi; sungguh tinggi; angkuh; sombong.

log *kn.* balak.
logging *kn.* pembalakan.
loggerheads *kn.* perselisihan.

logic *kn.* ilmu yang berkaitan dengan penaakulan.
logical *ks.* munasabah; masuk akal; logik.

logistics *kn.* logistik; pengagihan dan penggunaan perkakasan dan perisian untuk memenuhi fungsi pengembangan pengajaran.

loin *kn.* daging yang berada pada pinggang.
loin-cloth *kn.* kain cawat.

loiter *kk.* merayau-rayau.

loll *kk.* 1. berbaring dengan malas.

2. menjulurkan.

lollipop *kn.* sejenis gula-gula.

lone *ks.* berseorangan.
loneliness *kn.* keseorangan; kesunyian; kesepian.
lonely *ks.* keseorangan; kesunyian; kesepian; tiada berteman; terasing; dukacita.

long *ks.* panjang; lama; jauh; jarak masa. *kkt.* lama. *kk.* mengingini; merindukan; berkeinginan; sangat ingin.
longing *ks.* teringin.
longingly *ks.* dengan penuh keinginan.
long ago lama dahulu.
long-distance *ks.* jarak jauh.
longed-for *ks.* sangat di-idamkan.
long-haired *ks.* berambut panjang.
longhand *kn.* tulisan biasa.
longhouse *kn.* rumah panjang.
long-lived *ks.* hidup lama.
long shot kaedah menangkap gambar dari jarak jauh.
long-sighted *ks.* rabun dekat.
long term jangka panjang.
long term memory ingatan jangka panjang.
long time lama.
long vacation cuti panjang.
long-winded *ks.* meleret-leret; berjela-jela.
no longer tidak lagi.

longitude *kn.* garisan bujur; longitud.

loofah *kn.* buah petola.

look *kk.* memandang; melihat; nampak. *kn.* wajah; air muka; paras; rupa; muka seseorang.
look after memelihara; menjaga.
look-alike *kn.* serupa; mirip; seakan.
look as if kelihatan se-olah-olah.
look at memandang; melihat.
look away mengalih pandangan.
look down memandang rendah pada; menghadap.
look for mencari.
look out berjaga-jaga; awas.
look over memandang; melihat;

menengok.
look well kelihatan sihat; nampak
sihat.
have a look tengok.

loom *kk.* muncul; menjelma.

loop *kn.* gelung; simpulan; lingkaran.
kk. berlengkok; bergelung.

loose *ks.* longgar; bebas; terlepas; tidak
sempit.
loosen *kk.* mengendurkan;
melonggarkan.
at loose ends perkara yang perlu
diselesaikan.
cut loose membebaskan; melepaskan.

loot *kn.* harta rampasan atau
rompakan. *kk.* mengambil harta
seseorang dengan paksa; merampas.

lop *kk.* memotong.
lopsided *ks.* berat sebelah.

lord *kn.* raja.

lorry *kn.* lori.

lose, lost *kk.* hilang; lenyap; kalah; rugi.
loser *kn.* orang yang kalah.
loss *kn.* kehilangan; kerugian.
lose interest hilang minat.
bad loser orang yang tidak dapat
menerima kekalahan; orang yang
tidak puas hati terhadap
kekalahannya.
get lost sesat; berambus.
good loser orang yang dapat
menerima kekalahan dengan senang
hati.
will lose nothing tidak rugi apa-apa.

lot *kn.* bahagian; kumpulan; undian;
banyak; nasib; semuanya; lot.

loud *ks.* kuat; lantang; nyaring.
loudly *kkt.* kuat-kuat.
loudness *kn.* kelantangan;
kenyaringan; kejelasan.
loud noise bunyi yang kuat.
loud-mouthed *ks.* mulut celupar;
mulut tempayan.
loud speaker pembesar suara; orang
yang bercakap dengan suara yang
kuat dan jelas.

lounge *kk.* berbaring secara malas.
kn. ruang atau tempat untuk rehat
atau menunggu dengan selesa.

louse *kn.* kutu.

love *kn.* kasih; cinta; asmara; kekasih;
kosong (kiraan mata dalam
permainan). *kk.* berkasih;
menyayangi; mencintai; menggemari.
lovely *ks.* cantik; jelita; molek; indah;
bagus.
lover *kn.* buah hati; kekasih.
loving *ks.* penyayang; pengasih.
love affair hubungan asmara;
hubungan cinta.
love all kosong sama (kiraan mata
dalam sesuatu permainan cth.
badminton).
love-letter *kn.* surat cinta.
lovesick *ks.* mabuk cinta; mabuk
asmara.
in love dilamun cinta.
marry for love berkahwin kerana
cinta.

low *ks.* rendah; tidak tinggi; perlahan;
hina; murahan. *kkt.* dengan lembut;
dengan perlahan.
lower *kk.* merendahkan;
menurunkan. *ks.* hilir.
lowly *ks.* bertaraf rendah, bersifat
rendah diri.
lower-class *ks.* kelas bawahan.
lowland *kn.* tanah pamah.
low profile sikap tidak menonjolkan
diri.
low-paid *ks.* bergaji rendah.
low-pitched *ks.* bernada rendah.
low tide air surut.

loyal *ks.* setia; patuh; taat.
loyalty *kn.* kesetiaan; ketaatan;
kepatuhan.

lubricate *kk.* melincirkan; melicinkan.
lubrication *kn.* pelinciran.

lucid *ks.* 1. mudah difahami; jelas.
2. berfikiran jelas, siuman.

luck *kn.* nasib; rezeki.
luckily *kkt.* mujurlah; bernasib baik.
lucky *ks.* bernasib baik; bertuah.
bad luck bernasib malang; nasib tidak

baik.
good luck semoga berjaya.
no luck, hard luck tak ada nasib.
out of luck nasib buruk.

ludicrous *ks.* geli hati.

ludo *kn.* ludo, sejenis permainan dalam.

lug *kk.* menyeret.
luggage *kn.* barang-barang penumpang; beg; bagasi.

lukewarm *ks.* 1. suam. 2. sambutan yang kurang mesra.

lull *kk.* meredakan; mendodoi; menguliti.
lullaby *kn.* lagu yang dinyanyikan kepada kanak-kanak.

lumbar *kn. ks.* bahagian badan antara rusuk dengan pinggul.

lumber *kn.* papan.
lumberjack *kn.* pekerja balak.

luminous *ks.* bercahaya, berkilau.
luminously *kkt.* secara becahaya.

lump *kn.* bonjol; kepal; gumpal; ketul. *kk.* menggenggam; menggumpal; mengepal.
lumpy *ks.* berketul-ketul.
lump sum sekaligus.

lunacy *kn.* kegilaan.
lunar *ks.* berkaitan dengan bulan.
lunatic *kn.* seorang yang tidak siuman. *ks.* menggila; sangat bodoh.

lunch *kn.* makan tengah hari.
lunch hour waktu rehat makan tengah hari.

lung *kn.* paru-paru.

lunge *kk.* mengacukan.

lurch *kk.* terhuyung-hayang.

lure *kk.* menarik. *kn.* tarikan.

lurk *kk.* menyorok.

lush *ks.* kehijauan yang subur.

lust *kn.* nafsu; syahwat; berahi.
lusty *ks.* tegap.

lustre *kn.* seri.
lustrous *ks.* yang berseri.

luxury *kn.* kemewahan; kenikmatan.
luxurious *ks.* serba mewah.
luxuriously *kkt.* dengan senang-lenang.

lyric *kn.* rangkap; seni kata lagu; lirik.

Mm

macabre *ks.* mengerikan; menyeramkan.

macaroni *kn.* makaroni; adunan tepung gandum dibuat bentuk tuib yang telah dikeringkan.

mace *kn.* cokmar.

machine *kn.* pesawat; jentera; mesin. machinery *kn.* kejenteraan. machinist *kn.* jurumesin.

mackerel *kn.* ikan tenggiri.

mackintosh *kn.* baju hujan.

macrolens *kn.* makrokanta; kanta yang digunakan dalam makrofotografi.

macrophotography *kn.* satu teknik mengambil gambar dari jarak dekat dan jauh supaya gambar itu bersaiz besar.

mad *ks.* gila; sakit otak; tergila-gila; gila-gila; hilang akal; tidak siuman; mabuk; marah. madly *kkt.* spt. orang gila. madness *kn.* kegilaan.

madam *kn.* puan.

magazine *kn.* majalah.

maggot *kn.* berenga.

magic *kn.* silap mata; ilmu hikmat; sakti; sihir. magician *kn.* ahli silap mata.

magistrate *kn.* majistret, hakim.

magnate *kn.* hartawan.

magnet *kn.* besi berani; magnet. magnetic *ks.* bermagnet. magnetic board papan yang

bermagnet yang digunakan untuk memaparkan bahan. magnetic tape pita magnet.

magnificent *ks.* indah; mengagumkan; gemilang; hebat. magnificence *kn.* kegemilangan; keindahan.

magnify *kk.* membesarkan. magnifying glass kaca pembesar.

magnitude *kn.* magnitud; saiz.

magpie *kn.* murai.

mahout *kn.* gembala gajah.

maid *kn.* pembantu rumah; orang gaji; amah; anak dara.

maiden *kn.* perawan; anak dara.

mail *kn.* surat dan bungkusan yang dikirimkan dengan pos; mel. mailing list senarai mel. mail merge kerja mengabung nama dan alamat daripada satu fail kepada satu dokumen. mail order pesanan pos. mail train kereta api mel. air mail mel udara.

main *ks.* yang terutama; paling penting; utama; besar. mainly *kkt.* kebanyakannya. main course sajian utama. main entry entri utama. mainland *kn.* tanah besar. main line landasan utama; bidang utama. mainmast *kn.* tiang agung.

maintain *kk.* mengekalkan; menjaga; memelihara; menanggung. maintenance *kn.* nafkah; sara hidup;

penyenggaraan.

maisonette *kn.* sejenis rumah kecil.

maize *kn.* jagung.

majesty *kn.* keagungan; kemuliaan; kebesaran.
majestic *ks.* kemuliaan.
majestically *kkt.* dengan penuh kemuliaan.

major *ks.* utama; lebih besar.

make, made *kk.* membuat; menjadikan; mencipta; membentuk; menimbulkan; membikin; memujuk; memaksa; berjumlah.
maker *kn.* pembuat.
making *kn.* pembuatan.
make away with membunuh; memusnahkan.
make peace berdamai.
make-up *kn.* alat solek; mekap.
in the making membuat; pembuatan.

malady *kn.* penyakit.

malaria *kn.* malaria; sejenis penyakit disebabkan oleh gigitan nyamuk anopheles.

Malay *kn.* orang Melayu; bahasa Melayu.
Malaya *kn.* Tanah Melayu.

male *ks.* jantan; muzakkar; lelaki.

malfunction *kn.* kepincangan fungsi.

malice *kn.* perasaan dendam; niat jahat.
malicious *ks.* jahat; dengki; hasad; niat.

mallet *kn.* tukul kayu.

malnutrition *kn.* pemakanan tidak seimbang; kekurangan makanan atau zat makanan.

malpractice *kn.* kecuaian dalam menjalankan tugas.

malt *kn.* malt; bijian spt. barli dimasak untuk membuat bir.

mammal *kn.* mamalia; haiwan yang menyusukan anaknya.

mammoth *kn.* sejenis gajah yang besar yang sudah pupus. *ks.* sangat besar.

man *kn.* orang lelaki; manusia.
manhood *kn.* kedewasaan; keberanian; kegagahan; sifat kelelakian; lelaki dewasa.
mankind *kn.* manusia; insan.
manlike *ks.* mempunyai sifat-sifat lelaki.
manly *ks.* gagah; berani; sifat-sifat kelelakian. *kn.* sejenis monyet.
man-eating *ks.* yang memakan manusia.
man-eater *kn.* pemakan manusia.
man-made *ks.* buatan manusia.
man of honour lelaki yang mulia.
man on the street orang awam; orang biasa.
manpower *kn.* tenaga manusia.
manservant *kn.* orang gaji lelaki.
man-sized *ks.* saiz atau bentuk sebesar manusia.
menswear *kn.* pakaian lelaki.
man to man dari hati ke hati.
he's your man dialah orangnya.

manage *kk.* mengendalikan; mengelolakan; menguruskan; mengawal.
manageable *ks.* mudah dikendalikan; mudah diuruskan; mudah dikawal.
management *kn.* pihak pengurusan; jagaan; kelolaan.
manager *kn.* pengurus.
managing *ks.* mengendalikan; cara mengurus.
management game permainan pengurusan.

mandate *kn.* amanah; mandat.

mandolin *kn.* mandolin; sejenis alat muzik.

mandrill *kn.* sejenis monyet besar dari Afrika Barat.

mane *kn.* bulu tengkuk pada singa atau kuda.

maneuver *kk.* ejaan lain *manoeuvre*.

manger *kn.* palung tempat kuda makan.

mangle *kk.* merosakkan.

mango *kn.* mangga.

mangosteen *kn.* manggis.

mangrove *kn.* bakau.

maniac *ks.* gila. *kn.* orang gila.

manicure *kn.* penjagaan tangan dan kuku.

manifest *ks.* nyata; terang; jelas; sah.
manifestation *kn.* pernyataan; menunjukkan dengan jelas.

manipulate *kk.* mengendalikan.
manipulation *kn.* manupulasi.
manipulator *kn.* seorang yang mengendalikan sesuatu dengan licik.

manner *kn.* cara; adab; laku; tingkah; budi bicara.

manoeuvre *kk.* bergerak. *kn.* gerakan yang terancang.

manor *kn.* rumah besar yang mempunyai kawasan luas.

manual *kn.* buku panduan; manual.

manufacture *kk.* mengilang; membuat.
manufacturer *kn.* pengilang; pembuat.
manufacturing *kn.* pembuatan; perkilangan.

mansion *kn.* rumah besar.

manslaughter *kn.* pembunuhan yang tidak sengaja.

mantelpiece *kn.* para yang dibina di atas tempat perapian.

manure *kn.* baja. *kk.* membubur baja.

manuscript *kn.* manuskrip; dokumen yang ditulis dengan tangan.

many *kgn.* banyak; pelbagai; ramai.

map *kn.* peta.
mapping *kn.* pemetaan.

mar *kk.* merosakkan.

marathon *kn.* maraton, perlumbaan lari sejauh 42km.

marble *kn.* batu marmar; guli.

march *kk.* berjalan cara pasukan beruniform spt. askar, polis, bomba, dll.; berkawat.

March *kn.* Mac, bulan ketiga dalam sesuatu tahun.

mare *kn.* kuda betina.

margarine *kn.* majerin, sejenis makanan spt. mentega.

margin *kn.* garisan tepi; pinggir; sisi.
marginal cost *ks.* kos marginal.

marigold *kn.* bunga tahi ayam.

marijuana *kn.* sejenis dadah.

marine *ks.* marin; hal berkaitan dengan laut.

marionette *kn.* boneka atau patung.

marital *ks.* hal berkaitan dengan perkahwinan.
marital rights hak dalam perkahwinan.

maritime *ks.* berkaitan dengan laut atau pelayaran.

mark *kn.* tanda; markah; kesan; sasaran.
marked *ks.* jelas; ketara.
marker *kn.* penanda.
marking *kn.* lambang; tanda.
marker board papan putih yang digunakan sebagai papan tulis.
marksman *kn.* penembak yang tepat pada sasarannya.
mark-up *kn.* harga yang telah dinaikkan.

market *kn.* pasar; pasaran.
marketable *ks.* boleh dijual; boleh dipasarkan.
marketing *kn.* bidang pemasaran.

marmalade *kn.* marmalad; jem limau.

maroon *kn.* merah tua.

marquee *kn.* khemah besar.

marrow *kn.* sumsum.

marry *kk.* berkahwin; bernikah; mengahwini.
marriage *kn.* perkahwinan; pernikahan.
married *ks.* sudah kahwin; bernikah.

Mars *kn.* bintang Marikh.

marsh *kn.* paya.

marshall *kn.* pegawai.

marsupial *kn.* sejenis mamalia yang mengendong anaknya seperti kanggaru.

martial *ks.* hal berkaitan dengan peperangan.
martial law *kn.* pemerintahan tentera.

martyr *kn.* syahid.

marvel *kn.* keajaiban.
marvellous *ks.* menakjubkan; menghairankan; ajaib.

mascot *kn.* azimat; sesuatu yang dianggap membawa tuah.

masculine *ks.* bersifat laki-laki.

mash *kk.* dilembikkan dan dilecekkan.

mask *kn.* topeng.
masking tape pita lekat.

mason *kn.* tukang batu; pengukir batu.

masquerade *kn.* sejenis tari-menari di mana topeng dan samaran digunakan. *kk.* menyamar.

mass *kn.* timbunan; jirim; rakyat jelata.
mass media media massa; sebaran am.
mass-produce *kk.* mengeluar secara besar-besaran.

massacre *kn.* pembunuhan beramai-ramai. *kk.* membunuh beramai-ramai.

massage *kk.* mengurut; memicit. *kn.* urut.

massive *ks.* besar.

mast *kn.* tiang layar.

master *kn.* tuan; guru; ketua. *ks.* mahir; pintar. *kk.* menguasai; mengawal.
mastery *ks.* kepakaran; kemahiran; penguasaan; perlawanan.
master bedroom bilik tidur utama.
master copy *kn.* salinan induk.
master plan *kn.* rancangan induk.
mastermind *kn.* dalang; perancang.
masterpiece *kn.* sesuatu hasil yang terbaik.
master-stroke *kn.* tindakan bijak.
mastery learning *kn.* pembelajaran penguasaan; satu pendekatan pembelajaran.

mat *kn.* tikar.

match[1] *kn.* perjuangan; pertandingan; perlawanan; pasangan. *kk.* berlawan; bersaing.
matching *ks.* sepadan; bersesuaian.
matchless *ks.* tiada bandingannya.
matchbox *kn.* kotak mancis; kotak gores api.
matchmaker *kn.* pencari jodoh.
matchmaking *ks.* mencari jodoh.

match[2] *kn.* gores api; mancis.

mate *kn.* rakan; pasangan; teman; kawan.

material *kn.* alat; bahan. *ks.* kebendaan.

maternal *ks.* hal berkaitan dengan seorang ibu.
maternity *kn.* hal berkaitan dengan keibuan.
maternity wear pakaian mengandung.

mathematics *kn.* matematik; ilmu hisab.

matinee *kn.* pertunjukan (wayang) pada siang hari.

matrimony *kn.* perkahwinan.

matron *kn.* ketua jururawat; matron.

matter *kn.* hal; sebab sesuatu; benda; perkara; jirim; zarah.
a matter of fact sebenarnya.
in the matter of berkenaan dengan.
no matter how tidak kira bagaimana

sekalipun; walau bagaimanapun.
personal matter soal peribadi.
printed matter bahan bercetak.

mattress *kn.* tilam.

mature *ks.* cukup tempoh; matang.
maturity *kn.* kematangan.

maul *kk.* mencederakan.

maurve *kn.* ungu muda.

mausoleum *kn.* makam.

maxim *kn.* pepatah; bidalan; peribahasa.

maximum *ks.* paling banyak.
maxisation, maximization *kn.* proses memperbanyakkan sesuatu.
maximise, maximize *kk.* memperbanyakkan.

May *kn.* Mei; bulan kelima dalam sesuatu tahun.

may *kk.* boleh jadi; mungkin; moga-moga.
maybe *kkt.* barangkali; boleh jadi; mungkin.

mayday *kn.* isyarat antarabangsa meminta bantuan.

mayonnaise *kn.* mayonis; sejenis sos dari campuran telur, susu, minyak dan cuka.

mayor *kn.* datuk bandar.

maze *kn.* rangkai lorong.

me *kgn.* saya; aku; ku.

meadow *kn.* padang rumput.

meagre *ks.* sedikit.

meal *kn.* makanan.
mealtime *kn.* waktu makan.

mean[1], **meant** *kk.* bermakna; bererti; bertujuan.
meaning *kn.* makna; tujuan; erti.
meaningful *ks.* penuh bermakna; bererti.
meaningless *ks.* tidak bererti.
mean well mempunyai niat baik;

mempunyai tujuan baik.
by all means tentu saja.
by means of dengan jalan.

mean[2] *ks.* kikir; bakhil; hina.

meander *kk.* mengalir mengikut haluan.

means *kn.* cara; sumber pendapatan.

meantime *kn.* dalam pada itu.

meanwhile *kkt.* dalam pada itu; sementara itu.

measles *kn.* penyakit campak.

measure *kk.* menyukat; mengukur; menimbang. *kn.* alat sukatan; tindakan.
measured *ks.* berhati-hati.
measurement *kn.* sukatan; ukuran; penyukatan; pengukuran.
measuring-tape *kn.* alat untuk mengukur; pita pengukur.

meat *kn.* daging.
meaty *ks.* banyak daging.

mechanical *ks.* mekanikal.
mechanical aptitude test ujian bakat mekanik.

mechanism *kn.* mekanisme, bahagian mesin.

medal *kn.* bintang; pingat; lencana; medal.
medallist *kn.* pemegang pingat.

meddle *kk.* mengusik; mengacau; mengganggu; mencampuri.
meddlesome *ks.* suka mengganggu.

media *kn.* alat-alat penyebaran maklumat.
media centre pusat media.
media specialist pakar media.

mediate *kk.* menjadi orang tengah.
mediator *kn.* orang tengah; pengantara.
mediation *kn.* pengantaraan.

medical *ks.* perubatan.
medication *kn.* ubat; rawatan perubatan.

medicine *kn.* ubat.
medical certificate sijil perubatan.
medical school sekolah perubatan.
medicine man bomoh; pawang;
dukun.

medieval *ks.* zaman pertengahan lebih
kurang 1100-1500 T.M.

mediocre *ks.* sederhana.
mediocrity *kn.* kesederhanaan.

meditate *kk.* bertafakur.
meditation *kn.* tafakur.
meditator *kn.* seorang yang
bertafakur.

medium *ks.* sederhana; perantaraan;
pertengahan.

medley *kn.* campuran; rampaian.

meek *ks.* lemah dan sabar.

meet, met *kk.* berjumpa; bersua;
bertembung; berkenalan;
terserempak; bertemu; bercantum.
meet *kn.* perhimpunan.
meeting *kn.* perjumpaan; mesyuarat;
perbincangan; pertemuan.
meeting place tempat pertemuan;
tempat perjumpaan.

megabyte (MB) *kn.* megabait
(MB) ukuran untuk saiz ingatan.

megaphone *kn.* megafon; alat
pengeran suara.

melancholy *kn.* perasaan sedih.
melancholic *ks.* menghibakan.

mellow *ks.* masak ranum; lembut dan
manis; merdu; murni.

melodrama *kn.* sandiwara yang penuh
dengan emosi.
melodramatic *ks.* dengan penuh
emosi.

melody *kn.* melodi.
melodious *ks.* merdu.
melodiously *kkt.* dengan merdu.

melon *kn.* tembikai.

melt *kk.* mencair; melembutkan.
melted *ks.* menjadi cair.

member *kn.* ahli; anggota.
membership *kn.* keahlian;
keanggotaan.

membrane *kn.* selaput; membran.

memento *kn.* sesuatu untuk
kenang-kenangan.

memoir *kn.* kenangan; riwayat hidup.

memory *kn.* kenangan; ingatan.
memorable *ks.* yang patut dikenang.
memorial *ks.* tugu peringatan.
memorise, memorize *kk.* menghafaz.
memory chip cip ingatan; sejenis
peranti yang digunakan dalam
komputer.

menace *kn.* ugutan; ancaman.
kk. mengugut; mengancam.

menagerie *kn.* kumpulan binatang
untuk dipamerkan.

mend *kk.* memperbaiki; membetulkan;
memulihkan; membubul (jala, dll.).

mendacious *ks.* tidak benar; palsu;
bohong.
mendaciously *kkt.* secara palsu.

menopause *kn.* putus haid.

menstruation *kn.* haid.

mental *ks.* hal berkaitan dengan
rohani; jiwa.
mentality *kn.* cara berfikir; mentaliti.
mental illness sakit otak.
mental patient pesakit otak.

menthol *kn.* mentol; sejenis minyak
yang biasanya disapu untuk
melegakan selsema.

mention *kk.* menyatakan; menyebut.
kn. sebutan.
not to mention di samping.

menu *kn.* daftar makanan; menu.
menu-driven software perisian
pacuan menu.

mercenary *kn.* askar upahan.

merchant *kn.* pedagang; saudagar.

mercury *kn.* raksa; sejenis logam cecair

biasanya digunakan dalam jangkasuhu.

mercy *kn.* belas kasihan; keampunan.
merciful *ks.* belas kasihan.
merciless *ks.* zalim, kejam.

merely *kkt.* cuma; semata-mata; hanya.

merge *kk.* bergabung; bercantum; bersatu; berpadu.
merger *kn.* penyatuan; penggabungan.

meringue *kn.* sejenis kuih yang dibuat daripada putih telur dan gula.

merit *kn.* kebaktian.

mermaid *kn.* ikan duyung.

merry *ks.* riang; girang; seronok; gembira.
merriment *kn.* kegembiraan.

mesh *kn.* jaring.

mess *kn.* keadaan kacau-bilau; kotor dan berselerak; tidak teratur. *kk.* menyerakkan.
messy tidak teratur; tidak kemas.
mess up menyebabkan kucar-kacir; keadaan bercelaru.

message *kn.* perkhabaran; pesanan; berita.
messenger *kn.* penghantar; utusan; pesuruh; peon.

metacognition *kn.* metakognisi; satu strategi belajar di mana pelajar di dalam keadaan yang boleh dikawal sendiri.

metal *kn.* logam.
metallic *ks.* mempunyai ciri-ciri logam.

metamorphosis *kn.* perubahan bentuk atau rupa.

metaphor *kn.* bahasa kiasan.
metaphorical *ks.* berkaitan dengan kiasan.

meteor *kn.* meteor; benda kecil di angkasa yang berkilau semasa memasuki udarakasa.

meteoric *ks.* berkaitan dengan meteor; mencapai kejayaan dengan cepat.
meteorite *kn.* meteorit; batu besar dari angkasa.

meter *kn.* 1. meter; unit pengukuran. 2. sejenis alat untuk mengukur quantiti elektrik atau air yang digunakan.

method *kn.* cara; aturan; sistem; kaedah.
methodical *ks.* teratur.
methodically *kkt.* secara teratur.

meticulous *ks.* terlalu cermat; terlalu teliti.
meticulously *kkt.* dengan cermat.

mew *kn.* bunyi kucing. *kk.* mengiau.

micro *kn.* satu per satu juta. *ks.* terlalu kecil.

microbe *kn.* kuman; mikrob.

microcomputer *kn.* mikrokomputer; komputer kecil yang mudah alih.

microfiche *kn.* mikrofis; filem lutsinar yang digunakan untuk merakam bahan mikroimej.

microfilm *kn.* mikrofilem; filem yang digunakan untuk merakam grafiks atau teks dalam ukuran yang sangat kecil.

microphone *kn.* pembesar suara; mikrofon.

microprocessor *kn.* satu kumpulan cip litar bersepadu separuh pengalir.

microprojector *kn.* satu alat untuk membesarkan dan menayangkan mikroimej.

microscope *kn.* teropong seni; mikroskop.

microteaching *kn.* latihan mengajar secara simulasi untuk memantapkan sesuatu aspek dalam kemahiran mengajar.

mid *ks.* tengah; di pertengahan.
midst *kn.* di tengah-tengah.

midday *kn.* tengah hari.
midfield *kn.* bahagian tengah.
midget *kn.* orang kerdil.
midland *kn.* pusat negeri.
midnight *kn.* tengah malam.
mid-range speaker *kn.* pembesar suara yang mengawal gelombang sederhana.
midsummer *kn.* pertengahan musim panas.
midway *kkt.* separuh jalan; pertengahan jalan.

middle *ks.* tengah.
middle age pertengahan umur.
middle class kelas pertengahan; golongan pertengahan.
middle man orang tengah.
in the middle of di tengah-tengah; sedang; tengah.

midwife *kn.* bidan.

mien *kn.* sikap; air muka; wajah.

might *kn.* kekuatan; kekuasaan.
mighty *ks.* sangat kuat; amat berkuasa.

migraine *kn.* migrain; sakit kepala yang teruk.

migrate *kk.* berpindah; berhijrah.
migration *kn.* penghijrahan; perpindahan.

mild *ks.* lembut; ringan; halus.
mildly *kkt.* secara halus, lembut atau ringan.

mile *kn.* batu (sukatan jarak).

militant *ks.* militan; suka berperang.
military *ks.* hal berkaitan dengan ketenteraan. *kn.* angkatan tentera.
military police polis tentera.

milk *kn.* susu; santan. *kk.* memerah susu.
milky *ks.* banyak susu; putih melepak.
milk powder susu tepung.

mill *kn.* kincir; kilang. *kk.* mengisar; mengilang.

millennium *kn.* jangka masa 1000 tahun; alaf.

million *kgn., kn. & pnt.* juta.
millionaire *kn.* jutawan.

millipede *kn.* gonggok.

mime *kn.* sejenis lakonan dengan menggunakan gerak badan saja. *kk.* berlakon dengan menggunakan gerak badan tanpa bercakap.
mimic *kk.* mengajuk; memimik.

minaret *kn.* menara.

mince *kk.* mencincang.

mind *kk.* mempedulikan; keberatan; menyelenggarakan; menjaga; mengelola. *kn.* ingatan; kenangan; fikiran.
come to mind datang dalam fikiran; diingat.
have in mind fikirkan.
keep in mind menumpukan fikiran; mengingatkan; ingat.
never mind tidak mengapa; jangan bimbang.
out of mind gila.

mine *kgn.* kepunyaan saya. *kn.* lombong; periuk api dalam tanah atau laut. *kk.* melombong.
miner *kn.* pelombong.
mining *kn.* perlombongan.
minefield *kn.* kawasan periuk api.

mineral *kn.* galian; logam; mineral.

mingle *kk.* bergaul; bercampur.

mini *ks.* pendek.
minibus *kn.* bas mini.
minicourse *kn.* kursus mini; kursus jangka pendek intensif.
miniskirt *kn.* skirt pendek.

miniature *kn.* kenit; salinan yang dikecilkan; contoh yang dikecilkan; miniatur. *ks.* kecil.

minimal *ks.* minimal; paling sikit atau kurang.
minimise, minimize *kk.* mengurangkan.
minimum *ks.* minimum; paling sikit, kecil atau kurang.

minister *kn.* menteri.
ministry *kn.* kementerian.

mink *kn.* mink; sejenis binatang kecil spt. cerpelai.
mink coat kot diperbuat daripada bulu mink.

minor *ks.* belum cukup umur; kurang penting; kecil. *kn.* seseorang yang belum cukup umur; subjek.
minority *kn.* jumlah yang kecil; minoriti.

minstrel *kn.* pemuzik yang mengembara.

mint 1. *kn.* kilang wang. 2. rasa pudina.

minus *kn.* tanda tolak. *ks.* negatif.

minute *kn.* minit; sebentar. *ks.* halus; seni.
just a minute tunggu sekejap; nanti sebentar.
the minute apabila; sebaik saja.
wait a minute tunggu sebentar.

minutes *kn.* butir-butir mesyuarat; minit mesyuarat.

miracle *kn.* keajaiban; mukjizat.
miraculous *ks.* sungguh menakjubkan.
miraculously *kkt.* secara menakjubkan.

mirage *kn.* maya; khayalan.

mirror *kn.* cermin. *kk.* mencerminkan.

mirth *kn.* kegembiraan; keriangan.

misadventure *kn.* kemalangan; bencana; kecelakaan; nahas.

misbehave *kk.* berkelakuan kurang sopan; berkelakuan tidak senonoh.
misbehaviour *kn.* kelakuan yang tidak sopan; perangai buruk.

miscalculate *kk.* salah kira.
miscalculation *kn.* kiraan yang salah.

miscarriage *kn.* keguguran.

miscellaneous *ks.* pelbagai; bermacam-macam; beraneka jenis.

mischief *kn.* kenakalan; kecelakaan.
mischievous *ks.* jahat; nakal.

misconception *kn.* anggapan salah; tanggapan salah; fahaman salah.

misconduct *kn.* kelakuan buruk. *kk.* berkelakuan buruk.

misdeed *kn.* jenayah; kesalahan.

misdoing *kn.* kesalahan.

miser *kn.* orang bakhil; kikir; pelokek.

miserable *ks.* sengsara; sedih; melarat; masyghul; sangat dukacita; azab.
miserably *kkt.* dengan teruk.

misery *kn.* dukacita yang amat sangat; kesengsaraan; kemiskinan.

misfit[1] *kn.* seorang yang tidak dapat menyesuaikan diri dengan keadaan sekeliling.

misfit[2] *kn.* pakaian yang tidak sesuai.

misfortune *kn.* kemalangan; malapetaka; kecelakaan; bala.

mishap *kn.* kemalangan; kecelakaan; nahas; bencana.

misjudge *kk.* salah sangka; salah jangka; salah anggap.

mislay *kk.* tersalah letak.

mislead *kk.* menipu; mengelirukan; memperdaya.
misleading *ks.* mengelirukan.

mismanage *kk.* salah mengurus.
mismanagement *kn.* salah pengurusan.

misplace *kk.* salah meletakkan; menyalahletakkan.

misprint *kn.* kesalahan cetak. *kk.* tersalah cetak.

mispronounce *kk.* salah sebut.
mispronunciation *kn.* sebutan salah.

miss[1] *kn.* cik; nona.

miss[2] *kk.* tidak kena; terlepas; tertinggal; tidak kelihatan.

missing *ks.* hilang; cicir.

missile *kn.* sejenis roket atau peluru yang berpandu.

mission *kn.* perutusan; utusan; tempat mengajar agama; tugas khas.

missionary *kn.* & *ks.* mubaligh.

misspell *kk.* salah eja.

mist *kn.* kabus.

mistake *kn.* kesalahan; kesilapan; kecuaian; kekhilafan. *kk.* terkeliru; tersilap.

mistaken *ks.* tersilap; keliru.

mistletoe *kn.* sejenis tumbuhan yang digunakan untuk hiasan semasa Krismas.

mistress *kn.* perempuan simpanan.

mistrust *kn.* perasaan syak; perasaan curiga. *kk.* tidak percaya.

misunderstand *kk.* salah faham; salah mengerti.
misunderstanding *kn.* perselisihan faham.

misuse *kk.* menyalahgunakan. *kn.* salah guna.

mitten *kn.* sarung tangan dengan dua bahagian, satu untuk jari, satu untuk ibu jari.

mix *kn.* gabungan; campuran. *kk.* mencampurkan; membancuh; menggaulkan.
mixed *ks.* bercampur-campur; campur; bercampur baur.
mixer *kn.* pembancuh; pengadun.
mixture *kn.* campuran; bancuhan.
mixed feelings perasaan yang bercampur-campur.
mixed marriage kahwin campur.
mixed-up *ks.* bercelaru; terlibat; keliru.

mnemonic *kn.* ingatan senang; perkataan yang memudahkan peringatan maklumat.

moan *kk.* meratap; mengeluh. *kn.* ratapan; rintihan; keluhan.

mob *kn.* gerombolan; kumpulan orang jahat.

mobile *ks.* bergerak.
mobilisation, mobilization *kn.* pengerahan.
mobilise, mobilize *kk.* mengerahkan.
mobility *kn.* mobiliti; boleh berpindah atau bergerak dengan mudah.
mobile phone telefon bergerak.

moccasin *kn.* mokasin; sejenis kasut kulit.

mock *kk.* mengejek; mengajuk; mencemuhkan; meniru. *ks.* percubaan; olok-olok.
mockery *kn.* sindiran; cemuhan; ejekan.
mock-up *kn.* latihan yang merupai yang sebenar.

mode *kn.* cara.

model *kn.* contoh; peragawati; peragawan; model.
modelling *kn.* pemodelan; menunjukkan sebagai contoh.

modem *kn.* modem; alat elektronik yang membolehkan data dari komputer dihantar ke komputer lain melalui talian telefon.

moderate *ks.* sedang; patut; sederhana. *kk.* menyederhanakan; meredakan.
moderately *kkt.* secara sederhana.
moderation *kn.* kesederhanaan.

modern *ks.* zaman sekarang; moden.
modernisation, modernization *kn.* pemodenan.
modernise, modernize *kk.* memodenkan.

modest *ks.* sopan santun; sederhana; rendah hati.
modesty *kn.* sifat rendah hati.

modify *kk.* menerangkan; menjelaskan; mengubah suai.
modification *kn.* pengubahsuaian.

module *kn.* modul.

moist *ks.* lembap.
moisture *kn.* lembapan.

moisturise, moisturize *kk.* melembapkan.
moisturiser, moisturizer *kn.* pelembap.

molar *kn.* geraham.

mole *kn.* tahi lalat.

molecule *kn.* molekul.

molest *kk.* mengacau; mengganggu; memperkosa.
molestation *kn.* pencabulan.
molestor *kn.* seorang yang merosakkan kehormatan seorang wanita.

mollusc *kn.* moludska, haiwan spt. siput.

molten *ks.* lebur.

moment *kn.* seketika; sedetik; saat; sejenak.
momentary *ks.* sejenak; seketika.
at the moment sekarang ini; buat masa ini.
in a moment sebentar lagi; sekejap lagi.
just a moment sekejap; sebentar.
this moment saat ini; baru.
the very moment saat; ketika.

monarchy *kn.* pemerintahan beraja.

monastery *kn.* biara.
monastic *ks.* hal berkaitan dengan biara atau paderi.

Monday *kn.* Isnin.

money *kn.* duit; wang.
money-changer *kn.* penukar wang; pengurup wang.
money-lender *kn.* orang yang meminjamkan wang; ceti.
money-making *ks.* menguntungkan.

monetary *ks.* hal berkaitan dengan kewangan.

mongrel *kn.* sejenis anjing kacukan.

monitor *kk.* mengawas. *kn.* ketua darjah; pengawas; monitor.

monk *kn.* paderi; rahib; sami.

monkey *kn.* beruk; kera; monyet.

monochrome *kn.* monokrom; gambar televisyen yang berwarna hitam putih saja.

monopoly *kn.* monopoli; hak mutlak dalam pembekalan atau perkhidmatan.

monorail *kn.* monorel; sejenis kenderaan spt. keretapi.

monotonous *ks.* sama dan membosankan.
monotonously *kkt.* secara membosankan.
monotony *kn.* keadaan yang sama dan membosankan.

monsoon *kn.* angin musim; monsun.

monster *kn.* gergasi; raksasa.
monstrous *ks.* spt. gergasi; memeranjatkan; menakutkan.

month *kn.* bulan.
monthly *ks.* bulanan.

monument *kn.* tugu peringatan.

moo *kn.* bunyi yang dibuat oleh lembu.

mood *kn.* keadaan fikiran dan perasaan.
moody *ks.* kepala angin; muram; marah.
in the mood tengah ada hati.

moon *kn.* bulan.
moonlight *kn.* cahaya bulan; sinaran bulan.

moor *kn.* kawasan atau tanah yang luas yang tidak dikerjakan atau diusahakan.

moose *kn.* sejenis rusa besar.

mop *kn.* pengelap lantai. *kk.* mengelap.

moral *kn.* nasihat; pengajaran; akhlak dan kesusilaan; moral.
morale *kn.* semangat.
morality *kn.* prinsip moral.
morally *kkt.* dari segi moral; secara moral.

more *kgn.* lebih banyak. *kkt.* tambahan lagi; lagi; lebih.

moreover *kp.* selain itu; tambahan pula.

morning *kn.* pagi.
morning sickness mabuk hamil.

moron *kn.* orang yang bodoh, dungu.

morose *ks.* merangus, marah.

morphine *kn.* morfin; sejenis dadah.

morsel *kn.* secebis.

mortal *kn.* insan; manusia. *ks.* sangat; amat; fana.

mortar *kn.* lesung; lepa; mortar.
mortarboard *kn.* topi yang dipakai oleh mahasiswa graduan universiti.

mortgage *kn.* cagaran; gadai janji. *kk.* cagar; menggadaikan.

mortuary *kn.* rumah mayat.

mosaic *kn.* mozek; bentuk atau corak yang dibuat dengan cantuman kepingan batu.

mosque *kn.* masjid.

mosquito *kn.* nyamuk.

moss *kn.* lumut.
mossy *ks.* berlumut.

most *kgn.* yang besar; yang banyak sekali; yang tinggi sekali; paling; kebanyakan; terbanyak; sebahagian besar.
mostly *kkt.* kebanyakannya.

motel *kn.* motel; tempat penginapan yang dilengkap dengan tempat letak kereta berhampiran dengan bilik penyewa.

moth *kn.* rama-rama.

mother *kn.* emak; ibu; bonda.
motherly *ks.* berkelakuan seperti seorang ibu; mempunyai ciri-ciri keibuan.
mother-in-law *kn.* emak mentua.
motherland *kn.* ibu pertiwi; tanah air.

motherboard *kn.* papan induk, papan litar tercetak yang menempatkan unit utama sistem komputer.

motion *kn.* usul; gerakan.
motion picture wayang gambar; filem gambar.

motive *kn.* alasan; niat; maksud; tujuan; sebab; motif. *ks.* pendorong.
motivate *kk.* membangkitkan; menggerakkan; mendorong.
motivation *kn.* dorongan; motivasi.

motorist *kn.* pemandu motokar; pemandu motosikal.

mottled *ks.* berbintik-bintik.

motto *kn.* semboyan; cogan kata.

mould *kk.* membentuk. *kn.* acuan; cetakan; lapuk.

moult *kk.* meranggas atau meluruhkan bulu sebelum pertumbuhan bulu baru.

mound *kn.* anak bukit.

mount *kn.* pelekap; tunggangan; gunung. *kk.* meningkat; bertambah; mendaki.
mounting board mesin lekap.

mountain *kn.* gunung.
mountaineer *kn.* pendaki gunung.
mountaineering *kn.* pendakian gunung.
mountainous *ks.* bergunung-gunung; bergunung-ganang.
mountain range banjaran gunung.

mourn *kk.* berdukacita; bersedih; berkabung.
mourner *kn.* orang yang berkabung.
mournful *ks.* dukacita; sedih; muram; sayu.
mournfully *kkt.* dengan sedih.
mourning *kn.* perkabungan.

mouse[1] *kn.* tikus.
mousetrap *kn.* perangkap tikus.

mouse[2] *kn.* tetikus; alat yang bentuknya spt. tikus yang disambung pada komputer untuk mengendalikan kursor tanpa menggunakan kekunci.

mouse-deer *kn.* kancil; pelanduk.

mousse *kn.* sejenis makanan; susu yang dicampur dengan perasa yang telah dipukul dan disejukkan.

moustache *kn.* kumis; misai.

mouth *kn.* mulut.
mouth-to-mouth *ks.* mulut ke mulut.

move *kk.* beralih; bergerak; berpindah; berganjak; mengusulkan.
movable *ks.* boleh alih.
movement *kn.* gerakan; pergerakan.
moving *ks.* bergerak; mengharukan; menyentuh perasaan.
move about bergerak di sekitar saja.
move along berjalan; bergerak ke dalam.
move in mara; masuk.
move out berpindah.
make a move bertindak; berbuat; bergerak; bertolak.
on the move berpindah-randah; selalu bergerak.

movie *kn.* wayang.

Mr. *kn.* Encik.

Mrs. *kn.* Puan.

much *kgn.* banyak.

muck *kn.* kekotoran.
mucky *ks.* amat kotor.

mucus *kn.* hingus.

mud *kn.* lumpur; selut.
muddy *ks.* berselut; berlumpur.

muddle *kk.* mengelirukan. *kn.* keadaan yang mengelirukan dan tidak tersusun.
muddled *ks.* tidak tersusun.

muffin *kn.* sejenis kek.

muffler *kn.* mafela.

mug *kn.* kole.

mulberry *kn.* pokok kertau.

mule *kn.* baghal; haiwan spt. keldai.

mullet *kn.* sejenis ikan laut.

multi *ks.* berbagai-bagai.
multi-coloured *ks.* berbagai-bagai warna.
multidisciplinary *ks.* pelbagai disiplin.
multiimage *kn.* pelbagai imej.
multimedia *kn.* pakej pelbagai media.
multi-millionaire *kn.* jutawan berlipat ganda.
multiprocessor *kn.* pemproses pelbagai; alat yang boleh memproses pelbagai maklumat serentak.
multiracial *ks.* pelbagai bangsa.

multiple *kn.* angka kandungan. *ks.* berganda.
multiple-choice *ks.* pelbagai pilihan.

multiply *kk.* mendarab; berganda; membiak.
multiplication *kn.* pendaraban; kira-kira darab.

multitude *kn.* sejumlah besar; banyak; rakyat jelata; orang kebanyakan.

mumble *kk.* menggumam; bergumam.

mummy *kn.* ibu; mak.

mumps *kn.* penyakit degum; beguk.

munch *kk.* memamah; mengunyah.

municipal *ks.* bandaran; perbandaran.
municipality *kn.* majlis perbandaran.

mural *kn.* lukisan pada dinding.

murder *kn.* pembunuhan. *kk.* membunuh.
murderer *kn.* pembunuh.
murderous *ks.* berniat untuk membunuh.

murky *ks.* gelap; kelam; suram.

murmur *kk.* berbisik; merungut; bersungut. *kn.* bisikan; rungutan; sungutan; desas-desus.

muscle *kn.* daging pejal; otot.

museum *kn.* muzium.

mush *kn.* campuran lembik dan pekat.

mushroom *kk.* bertambah dengan banyak. *kn.* cendawan; kulat.

music *kn.* bunyi-bunyian; muzik.
musician *kn.* ahli muzik.

Muslim *kn.* penganut agama Islam; Muslim.

mussel *kn.* sejenis siput, kepah.

must *kn.* kemestian. *kk.* harus; wajib; mesti; tentunya.
must be pasti; tentunya.

mustard *kn.* biji sawi; sos biji sawi.

muster *kk.* berkumpul.

musty *ks.* basi, berlepuk.

mute *kn.* orang bisu.

mutilate *kk.* mengudungkan.
mutilation *kn.* proses mengundang.

mutiny *kn.* pemberontakan; dahagi.

mutter *kn.* sungutan; rungutan. *kk.* bersungut; merungut; menggumam.

mutton *kn.* daging kambing.

mutual *ks.* kedua-dua pihak; saling; bersama.

muzzle *kn.* muncung.

my *kgn.* saya punya.
myself *kgn.* saya sendiri.

mystery *kn.* rahsia; misteri.
mysterious *ks.* berahsia.
mysteriously *kkt.* secara rahsia.

mystify *kk.* membingungkan.

myth *kn.* mitos, dongeng

Nn

nab *kk.* menangkap.

nag *kn.* orang yang suka berleter. *kk.* bersungut; mengomel; meleteri.

nail *kn.* paku; kuku. *kk.* memakukan.
nail down memaku.
nail polish pengilat kuku.

naive *ks.* lurus; jujur.

naked *ks.* bertelanjang; bogel; gondol; tanpa sehelai baju atau kain yang terlekat di badan.
naked eye mata kasar.

name *kn.* nama; nama baik. *kk.* menamakan; mencalonkan; memanggil; menyebutkan; menyatakan.
nameless *ks.* tidak bernama.
namely *kkt.* yakni; iaitu.
you name it sebut saja.

nanny *kn.* pengasuh anak.
nanny-goat *kn.* kambing betina.

nap *kn.* tidur siang hari. *kk.* tidur sekejap.

nape *kn.* tengkuk.

napkin *kn.* kain lap; lampin; napkin.

nappy *kn.* kain lampin.

narcotic *kn.* narkotik, bahan spt. dadah.

narrate *kk.* menceritakan; mengisahkan.
narration *kn.* penceritaan; pengisahan.
narrator *kn.* pencerita; orang yang bercerita.

narrow *ks.* tidak lebar; terhad; cetek; tidak luas; sempit.

narrowly *kkt.* nyaris; dengan teliti; hampir.
narrow-minded *ks.* berfikiran sempit.

nasal *ks.* sengau; hidung.

nasty *ks.* menjijikkan; teruk; buruk; keji; rumit; jahat.
a nasty taste rasa yang tidak enak.

nation *kn.* bangsa.
nationwide *ks.* seluruh negara.

national *ks.* kebangsaan; nasional. *kn.* warganegara; rakyat.
nationality *kn.* bangsa; kewarganegaraan; kerakyatan.
nationalisation, nationalization *kn.* permiliknegaraan.
nationalise, nationalize *kk.* mewarganegarakan; memiliknegarakan.
national anthem lagu kebangsaan.
national park taman negara.

native *kn.* bumiputera; anak negeri; orang asli.
native-born *ks.* anak kelahiran.

natural *ks.* biasa; berbakat; tidak dibuat-buat; lazim; semula jadi; bersahaja; hal berkaitan dengan alam semulajadi.
naturalist *kn.* ahli alamiah.
naturally *kkt.* semula jadi.
nature *kn.* pembawaan seseorang; tabiat; ciri-ciri atau sifat semulajadi; alam semula jadi.
natural childbirth bersalin secara biasa; bersalin secara normal.
by nature memang sifat semula jadi seseorang; sifat semula jadi.

naught *kn.* kosong; sifar; nol.

naughty *ks.* nakal; buas.

nausea *kn.* mual; muak; loya.

naval *ks.* hal berkaitan dengan tentera laut.

navel *kn.* pusat.

navigate *kk.* belayar; mengemudi.
navigation *kn.* pelayaran.

navy *kn.* tentera laut; angkatan laut.

near *kkt.* dekat; hampir; berdekatan; rapat; tidak jauh; tidak lama lagi.
nearby *ks.* & *kkt.* berhampiran; berdekatan.
nearly *kkt.* hampir-hampir.

neat *ks.* kemas; bersih; teratur; rapi.
neatly *kkt.* dengan kemas.

necessary *ks.* perlu; mustahak; harus; wajib.
necessarily *kkt.* semestinya; seharusnya.
necessity *kn.* keperluan; kemestian; keharusan; kesempitan.

neck *kn.* leher.
necklace *kn.* rantai leher.
necktie *kn.* tali leher.
save one's neck *kn.* melepaskan diri seseorang dari bahaya.

nectar *kn.* madu bunga.

need *kk.* berkehendakkan; memerlukan; menghajatkan; penting; harus; perlu. *kn.* keperluan.
needful *ks.* perlu; mustahak.
needless *ks.* tidak perlu.
needy *ks.* susah; miskin.

needle *kn.* jarum. *kk.* mencucuk; merangsang; menjahit; menghasut.
needlework *kn.* jahit-jahitan.

negative *ks.* menunjukkan tidak; negatif. *kn.* perkataan atau keterangan yang menidakkan.

neglect *kk.* mencuai; melalaikan; mengabaikan; tidak ambil peduli. *kn.* kealpaan; kelalaian; kecuaian.
neglectful *ks.* cuai; lalai; alpa.
negligence *kn.* kecuaian; kelalaian.
negligent *ks.* lalai; cuai; alpa.

negligible *ks.* tidak penting untuk diambil kira.

negotiate *kk.* merundingkan; menempuh; menyeberangi.
negotiable *ks.* boleh dirundingkan; boleh niaga.
negotiation *kn.* perundingan.
negotiated learning pembelajaran runding.

neigh *kn.* bunyi dibuat oleh kuda. *kk.* meringkik.

neighbour *kn.* tetangga; jiran.
neighbourhood *kn.* kawasan; berhampiran dengan; kawasan berdekatan dengan; jiran tetangga.
neighbouring *ks.* tetangga; jiran; berhampiran.
neighbourliness *kn.* semangat kejiranan.
neighbourly *ks.* baik dengan jiran; mesra; ramah-tamah.

neither *ks.* & *kgn.* tidak itu atau ini; kedua-duanya.

neon *kn.* neon; cahaya yang berwarna.

nephew *kn.* anak saudara lelaki.

nerve *kn.* urat saraf; saraf; semangat.

nervous *ks.* tidak tenteram; gelisah; takut; gugup.
nervously *kkt.* dengan gelisah.
nervousness *kn.* kegelisahan.

nest *kn.* sarang burung.

nestle *kk.* 1. duduk bersenang-senang atau selesa. 2. merapatkan dengan.

net *kn.* 1. jaring; jala; rangkaian; rajut; berkait-kait; pukat. 2. bersih (dalam hal kewangan).
netting *kn.* jaring atau dawai mata punai.
network *kn.* rangkaian.
netball *kn.* bola jaring.

neutral *ks.* berkecuali; neutral.

never *kkt.* belum; tidak pernah.

nevertheless *ks.* walau bagaimanapun;

sekalipun begitu; namun.

new *ks.* baharu; baru.
newly *ks.* baru; dengan cara baru.
new look wajah baru.
new-born *ks.* baru lahir.
newcomer *kn.* pendatang baru.
a new life kehidupan baru.

news *kn.* khabar; warta; berita.
newscaster *kn.* penyampai berita; pembaca berita.
news conference sidang akhbar.
news flash berita segera.
newsmonger *kn.* penyebar khabar angin.
newspaper *kn.* akhbar.
newspaper-in-education (NIE) *kn.* akhbar dalam darjah (ADD)
newsroom *kn.* bilik berita.
bad news berita buruk.
no news tiada berita.

newt *kn.* bengkurung air, sejenis haiwan yang boleh hidup di darat dan di dalam air.

next *ks.* lain; yang akan datang; sebelah; damping; yang paling dekat; yang berikutnya. *kkt.* selepas ini; selanjutnya; kemudian.
next-best *kkt.* kedua terbaik.
next-door *ks.* sebelah rumah.
next of kin waris yang paling dekat.
next to sebelah.

nib *kn.* mata pena.

nibble *kn.* gigitan kecil; kutil. *kk.* mengutil; menggigit.

nice *ks.* cantik; nyaman; menyenangkan; enak; sedap; saksama; elok.
nicely *kkt.* dengan cantik; dengan menarik.
nice-looking *ks.* menarik; kacak; segak.

niche *kn.* ruang yang dibuat pada dinding untuk meletak benda.

nick *kn.* kelar.

nickname *kn.* nama gelaran; timang-timangan; nama panggilan;

jolokan.

nicotine *kn.* nikotin; bahan yang terdapat dalam tembakau.

nigh *ks.* perkataan lama untuk *near.*

niece *kn.* anak saudara perempuan.

night *kn.* malam.
nightly *ks.* & *kkt.* tiap-tiap malam.
night and day siang malam.
nightfall *kn.* waktu senja.
night-life *kn.* hiburan malam hari.
night-long *kkt.* & *ks.* sepanjang malam.
nightmare *kn.* mimpi ngeri; mimpi buruk.
night-shift *kn.* giliran malam.
by night pada sebelah malam.
work nights bekerja malam.

nightingale *kn.* sejenis burung yang pandai menyanyi; burung bulbul.

nil *kn.* tidak ada langsung; kosong.

nimble *ks.* lincah; tangkas; pantas.

nine *kgn., kn.* & *pnt.* sembilan.
ninth *kgn., kn.* & *pnt.*
nine to five pukul sembilan pagi hingga lima petang. yang kesembilan.

nineteen *kgn., kn.* & *pnt.* nombor sembilan belas.

ninety *kgn., kn.* & *pnt.* sembilan puluh.

nip *kk.* mencubit.

nipple *kn.* puting.

nitrogen *kn.* nitrogen, sejenis gas tanpa bau atau warna.

no *ks.* tiada; tidak ada. *kkt.* tak; bukan; tidak.
no more tiada lagi.
no one tiada siapa.
no thanks terima kasih sajalah.
no way sama sekali; tidak boleh langsung; sama sekali tidak boleh.

noble *ks.* mulia; berhati mulia; luhur; bangsawan.
nobility *kn.* kaum bangsawan; kemuliaan.

nobleman *kn.* orang bangsawan.

nobody *kgn.* tiada siapa. *kn.* seorang yang tidak penting.

nocturnal *ks.* aktif pada masa malam.

nod *kk.* mengangguk. *kn.* anggukan.

noise *kn.* bunyi; bunyi bising.
noisily *kkt.* secara bising.
noisiness *kn.* kebisingan.
noisy *ks.* bising; riuh.
noise reduction pengurangan bunyi.

nomad *kn.* nomad; orang yang hidup berpindah-randah di padang pasir.
nomadic *ks.* hal berkaitan dengan nomad.

nominal *ks.* kecil jumlahnya; tidak banyak; nominal.

nominate *kk.* mencalonkan; melantik.
nomination *kn.* pencalonan; perlantikan; penamaan.
nominator *kn.* penama.
nominee *kn.* orang yang dicalonkan; calon.

non *kd.* tidak.
non-alignment *kn.* tidak memihak; berkecuali.
non-conductor *kn.* bukan pengalir elektrik.
non-existence *kn.* ketidakwujudan.
non-flammable *ks.* tidak mudah bakar.
non-functioning distractor pengalih tak berkesan.
non-inflammable *ks.* tidak mudah membakar.
non-stick *ks.* tidak melekat.
non-stop *ks. & kkt.* tidak berhenti-henti.

none *kgn.* tiada siapa; suatu pun tiada.

nonetheless *kkt.* walaupun.

nonsense *kn.* percakapan yang tidak bermakna; karut; omong kosong.
nonsensical *ks.* tidak bermakna.

noodle *kn.* mi; bihun.

nook *kn.* ceruk; sudut.

noon *kn. & ks.* tengah hari.

noose *kn.* tali pencerut; penjerut.

nor *kp. & kkt.* begitu juga; dan tidak; juga tidak.

normal *ks.* biasa; lazim; normal.

north *ks.* utara.
northern *ks.* utara.
northerner *kn.* seorang dari bahagian utara sebuah negara atau tempat.
north-east *ks.* timur laut.
north-west *ks.* barat laut.

nose *kn.* hidung.

nostalgia *kn.* nostalgia; perasaan rindu.
nostalgic *ks.* berperasaan rindu.

nostril *kn.* lubang hidung.

not *kkt.* bukan; tidak.
not least tidak kurang pentingnya.
not once bukan sekali.
not quite tidak begitu.
not so tidak berapa.

notable *ks.* ketara; terkenal; yang menarik perhatian; yang terkemuka.
notably *kkt.* secara ketara.

notch *kn.* menakik.

note *kn.* tanda; peringatan; alamat; catatan; surat ringkas; nota. *kk.* mengambil ingatan; mencatat; memperhatikan.
noted *ks.* termasyhur; ternama; terkenal.
notebook *kn.* buku catatan; buku nota.
noteworthy *ks.* patut diberi perhatian.

nothing *kgn.* tidak ada satu pun; tidak ada apa pun; tiada apa-apa; sama sekali tidak; sekali-kali tidak.
good for nothing orang yang tidak berguna.

notice *kn.* kenyataan; pengumuman; pemberitahuan; notis. *kk.* perasan; nampak.
noticeable *ks.* nampak; kelihatan; ketara.
notice-board *kn.* papan kenyataan; papan notis.

take no notice tidak mengambil peduli.

notify *kk.* melaporkan; memberitahu.
notification *kn.* pengumuman; pemberitahuan; pelaporan.

notion *kn.* tanggapan; anggapan; faham; pendapat.

notorious *ks.* terkenal kerana kejahatannya.

notwithstanding *kp.* walaupun; meskipun.

nougat *kn.* sejenis manisan yang dibuat daripada kacang, gula dll.

nought *kn.* angka 0, sifar.

noun *kn.* kata nama.

nourish *kk.* memberi khasiat kepada; menyuburkan; mengasuh; memupuk; memelihara.
nourishing *ks.* berkhasiat.
nourishment *kn.* khasiat; makanan.

novel *kn.* cerita panjang. *ks.* sesuatu yang baru dan menarik perhatian.
novelist *kn.* pengarang novel.
novelty *kn.* kebaharuan, benda yang mempunyai ciri pembaharuan dan luar biasa.

November *kn.* bulan sebelas dalam sesuatu tahun.

novice *kn.* seorang yang tidak berpengalaman; orang baru.

now *kkt.* sekarang; kini.
now and then sesekali; sekali-sekala; adakalanya; dari semasa ke semasa.

nowadays *kkt.* sekarang ini; kini; zaman sekarang.

nowhere *kkt.* di mana-mana pun tidak; tidak ada tempat.
come from nowhere datang entah dari mana.

nozzle *kn.* muncung.

nucleus *kn.* nukleus; bahagian tengah atom.
nuclear *ks.* nuklear; sejenis tenaga yang amat kuat yang diperolehi dari pembahagian atom.

nude *ks.* bogel.

nudge *kk.* menyiku secara lembut. *kk.* tolakan dengan siku.

nugget *kn.* bongkah; gumpal; ketul.

nuisance *kn.* pengganggu; pengacau; penyibuk; gangguan.

null *ks.* tidak sah; dibatalkan; dimansuhkan.
null and void batal dan tidak sah.

numb *ks.* kebas. *kk.* membius; mengebaskan.
numbness *kn.* bius.

number *kn.* nombor; angka; bilangan. *kk.* menomborkan; bernombor.
numbering *kn.* penomboran; pemberian nombor.

numeral *kn.* nombor; kata; angka.

numerator *kn.* pengatas.

numerical *ks.* berkaitan dengan angka.
numerical analysis analisis berangka.

numerous *ks.* banyak.

numskull *kn.* orang bodoh; tolol.

nun *kn.* paderi perempuan.

nurse *kn.* jururawat; pengasuh. *kk.* memelihara; mengasuh; merawat.
nursery *kn.* 1. tapak semaian. 2. taman bimbingan kanak-kanak.
nursing *kn.* kejururawatan.

nurture *kk.* memelihara; menjaga. *kn.* pemeliharaan; penjagaan.

nut *kn.* buah yang berkulit keras; kacang; skru kecil.
nutty *ks.* perasa kacang.
nutshell *kn.* kulit keras pada kacang.

nutmeg *kn.* buah pala.

nutrient *kn.* zat.
nutrition *kn.* pemakanan.
nutritionist *kn.* pakar pemakanan.
nutritious *ks.* berkhasiat.

nuzzle *kk.* menyondol.

nylon *kn.* nilon; sejenis kain untuk membuat pakaian.

nymph *kn.* bidadari; kepompong.

Oo

oak *kn.* pokok oak.

oar *kn.* pengayuh; dayung.

oasis *kn.* kawasan subur di padang pasir; wadi; oasis.

oat *kn.* sejenis gandum; oat.

oath *kn.* sumpah; ikrar.

obedient *ks.* patuh; menurut kata; taat.
obedience *kn.* ketaatan; kepatuhan.
obediently *kkt.* dengan taat; tidak membantah; menuruti.

obese *ks.* gendut; gemuk gedempol.

obey *kk.* menurut; mentaati; mematuhi.

obituary *kn.* berita mengenai kematian seseorang dalam surat khabar serta riwayat hidup si mati.

object *kk.* membantah; tidak bersetuju; menentang; membangkang.
kn. benda; matlamat; tujuan; maksud; objek.
objection *kn.* bangkangan; bantahan.
objectionable *ks.* sangat tidak menyenangkan; tercela; tidak disukai.
objective *kn.* tujuan; matlamat; objektif.
objectively *kkt.* secara objektif.
objective assessment penilaian objektif.
objective question soalan aneka pilihan.

oblige *kk.* sudi.
obligation *kn.* tanggungjawab; kewajipan.
obligatory *ks.* wajib.

oblique *ks.* condong; miring; serong.
kn. palang.

obliteration *kn.* pembinasaan; penghapusan; pembasmian.

oblivion *kn.* kelalaian; kelupaan.
oblivious *ks.* tidak sedar atau tidak perasan.

oblong *kn. & ks.* berbentuk bujur.

oboe *kn.* sejenis alat muzik, sejenis serunai.

obscene *ks.* tidak senonoh; lucah.
obscenity *kn.* kelucahan.

obscure *kk.* mengelamkan; mengaburkan.
obscurity *kn.* kekaburan; kesuraman; kegelapan; tidak dikenali.

observe *kk.* memerhati; melihat; mengawasi; nampak; meramal; meraikan; meninjau.
observant *ks.* tajam akal; tajam mata.
observation *kn.* pemerhatian; pengamatan.
observer *kn.* pemerhati; peninjau.

obsess *kk.* menghantui; terlalu memikirkan.
obsession *kn.* godaan.
obsessively *kkt.* secara keterlaluan.

obsolete *ks.* ketinggalan zaman.

obstacle *kn.* rintangan; halangan.

obstinate *ks.* degil.
obstinacy *kn.* ketegaran; kedegilan.

obstruct *kk.* menyekat; menghalang; mengadang.
obstruction *kn.* halangan; rintangan.

obtain *kk.* memperoleh; mencapai; menerima; mendapat.
obtainable *ks.* boleh didapat.

obvious *ks.* terang; nyata; jelas.
obviously *kkt.* jelas; nyata;
terang-terangan.

occasion *kn.* peristiwa; masa; tugas;
pekerjaan; ketika.
occasional *ks.* sekali-sekala.
occasionally *kkt.* sekali-sekali;
kadang-kadang; kadang-kala; tidak
selalu.

occupy *kk.* menduduki; menghuni;
diam; tinggal; mengisi.
occupied *ks.* diduduki.
occupant *kn.* penghuni; penduduk.
occupation *kn.* pendudukan;
penempatan; pencarian; pekerjaan.
occupational *ks.* hal berkaitan dengan
pekerjaan.

occur *kk.* terjadi; ada; terdapat; berlaku.
occurrence *kn.* kejadian.

ocean *kn.* lautan; samudera.

octagon *kn.* oktagon; bentuk yang
mempunyai lapan segi.

octopus *kn.* sotong kurita.

October *kn.* bulan ke sepuluh dalam
sesuatu tahun.

odd *ks.* pelik; ajaib; aneh; ganjil.
oddly *kkt.* ganjil; aneh.

odour *kn.* bau.

of *ksd.* dari; daripada; akan; berasal;
bagi.
of all places dari semua tempat.
of course memang.

off *ks.* telah ditutup; padam; dibatalkan.
ksd. daripada; di luar; berdekatan;
dari. *kkt.* lepas; pergi; jauh; putus.
off-air recording *kn.* rakaman
langsung.
off-campus programme program luar
kampus.
off line luar talian.
off screen luar kamera.
offset printing cetak offset; mencetak
dengan memindahkan imej asal
kepada permukaan berbentuk
silinder kemudian mencetaknya pada

kertas.
off-shore *ks.* luar pantai.
offspring *kn.* anak.
off the air luar siaran.
off we go ayuh, kita pergi
on and off sekejap-kejap.
right off serta-merta.

offend *kk.* menyinggung;
menggusarkan; menghina;
melukakan hati; melanggar.
offence *kn.* kesalahan; dosa.
offender *kn.* pesalah.
offending *ks.* menyakitkan; yang sakit.
offensive *ks.* menyerang; menghina;
menyakitkan. *kn.* serangan.

offer *kk.* menawarkan; menghulurkan;
mempersembahkan; mempersilakan;
mengundang; mengajukan.
kn. tawaran.
offering *kn.* pemberian; persembahan.

office *kn.* pejabat.
officer *kn.* pegawai.
official *ks.* perjawatan; rasmi.
kn. pegawai.
officially *kkt.* dengan rasmi; secara
rasmi.
officiate *kk.* menjalankan upacara;
memegang jawatan.

offspring *kn.* anak; keturunan; anak
cucu.

often *kkt.* sering; kerapkali.

ogle *kk.* menjeling; mengerling.

ogre *kn.* gergasi atau raksasa.

oil *kn.* minyak.
oiliness *kn.* keadaan berminyak.
oily *ks.* berminyak.
oil paint cat minyak.

ointment *kn.* ubat sapu.

old *ks.* tua; lama; buruk; kuno; usang.
olden *ks.* dahulu; purbakala.
old age masa tua.
old days dahulu.
old-fashioned *ks.* fesyen lama; jenis
lama.
old maid cerewet; anak dara tua.
old timer orang lama; orang tua.

olive *kn.* buah zaitun.

omelette *kn.* telur dadar.

omen *kn.* petanda; alamat.

ominous *ks.* amaran sesuatu yang sial akan berlaku.

omit *kk.* meninggalkan; mengetepikan; tidak memasukkan.
omission *kn.* tinggalan sesuatu yang sepatut dimasukkan.

omnivorous *ks.* maserba; omnivor.

on *ksd.* di atas; pada; mengenai; akan; fasal. *kkt.* mara; terus; berpanjangan; berterusan.
on air dalam siaran.
oncoming *ks.* datang.
ongoing *ks.* sedang.
onlooker *kn.* orang yang memperhatikan; penonton.
onset *kn.* mula diserang; permulaan.
onslaught *kn.* serangan hebat.
on the job semasa menjalankan kerja.
on the spot *ks.* serta-merta.
onward *kkt.* ke hadapan; seterusnya; selanjutnya.

once *kkt.* satu kali; sekali; dahulu.
once in a while sekali-sekala.
once more sekali lagi.
once or twice sekali dua.
all at once serentak; tiba-tiba.
at once serta-merta.

one *ks.* satu; esa.
one and all semua orang.
one and only satu-satunya.
one and the other salah satu.
one another satu sama lain.
one by one satu persatu; satu lepas satu; satu demi satu.
oneself *kgn.* diri sendiri.
one to one satu lawan satu.
one way sehala.
one-way communication komunikasi sehala.
all in one semuanya sekali; sekaligus.
one-eyed *ks.* buta sebelah; satu mata.

onion *kn.* bawang merah.

only *kkt.* & *ks.* hanya; sahaja; cuma; tunggal. *kp.* tetapi; kecuali; melainkan; cuma.

onus *kn.* tanggungjawab; beban.

ooze *kk.* meleleh.

opal *kn.* baiduri.

opaque *ks.* legap; kelam.
opaque projector projektor legap.

open *kk.* membuka; mengembang; terbuka; mengurai; merombak; ternganga. *kn.* tempat lapang. *ks.* terbuka; lapang; terus; untuk semua; luas.
opener *kn.* pembuka.
openly *ks.* terang-terangan; secara terbuka.
opening *ks.* pembukaan; permulaan. *kn.* peluang.
openness *kn.* sifat yang terbuka atau liberal.
open air di luar; terbuka.
open fire mula menembak.
opening credit penghargaan awal.
open learning pembelajaran terbuka, satu sistem pembelajaran yang tidak terikat pada faktor masa, tempat atau kelayakan masuk.
open letter surat terbuka.
open-minded *ks.* berfikiran terbuka.
open plan rancangan terbuka.
open university university terbuka, satu sistem pendidikan tinggi jarak jauh.
with open eyes dengan mata terbuka.

opera *kn.* opera; sandiwara.

operate *kk.* membedah; menjalankan; menguruskan; mengusahakan; mengendalikan; beroperasi.
operating *ks.* kendalian.
operation *kn.* pembedahan; pelaksanaan; operasi.
operational *ks.* pengendalian.
operating-room *kn.* bilik bedah.

opinion *kn.* fikiran; pendapat; sangkaan; rasa.
public opinion pendapat ramai.

opium *kn.* candu; madat.

opponent *kn.* lawan.

opportunity *kn.* kesempatan; peluang.

oppose *kk.* melawan; menentang; menyangkal; bangkang.
opposed *ks.* menentang.
opposing *ks.* berlawanan; bertentangan.

opposite *ks.* seberang; bertentangan; berhadapan; di sebelah sana. *kn.* sebaliknya; lawan.
opposition *kn.* penentang; pembangkang; bangkangan; tentangan.

oppress *kk.* menganiaya; menindas; menekan.
oppression *kn.* penganiayaan; penindasan.
oppressive *ks.* kejam; tidak adil.
oppressively *kkt.* secara kejam atau tidak adil.

opt *kk.* memilih.

optic *ks.* berkaitan dengan penglihatan; optik.
optical *ks.* optikal; berkenaan dengan penglihatan.
optician *kn.* tukang cermin mata; seorang menjual dan membuat alatan untuk penglihatan.
optical mark reader (OMR) pembaca tanda optik.
optical pointer penunjuk optik.
optical video disc cakera video optik.

optimistic *ks.* bersikap positif.
optimism *kn.* optimisme; sikap positif.

option *kn.* pilihan; opsyen.
optional *ks.* tidak dimestikan; tidak diwajibkan.

opulent *ks.* mempunyai kekayaan dan kemewahan.
opulence *kn.* kemewahan; kekayaan.
opulently *kkt.* secara memah.

or *kp.* atau; kalau tidak; ataupun.

oral *ks.* dengan mulut; lisan.

orally *kkt.* secara lisan.

orange *kn.* limau manis; oren. *ks.* jingga.

oration *kn.* ucapan.

orator *kn.* pemidato.

orbit *kn.* orbit, mengelilingi di angkasa.

orchard *kn.* kebun; dusun.

orchestra *kn.* pancaragam; orkestra.

orchid *kn.* anggerik; orkid.

ordeal *kn.* penyeksaan; kesengsaraan; keazaban.

order *kk.* mengatur; memesan; memerintahkan; menitahkan; menyuruh; mengarahkan. *kn.* susunan; martabat; pangkat; perintah; pesanan; tempahan; arahan.
ordered *ks.* teratur; kemas.
orderly *ks.* teratur; kemas.
in order mengikut; menurut.
in order to agar.
out of order rosak; tidak boleh digunakan.
out of vision luar pandangan.

ordinance *kn.* peraturan; ordinan.

ordinary *ks.* biasa.
ordinarily *kkt.* spt. biasa; biasanya; lazimnya.

ore *kn.* bijih.

organ *kn.* 1. sejenis alat muzik. 2. alat tubuh manusia.

organise, organize *kk.* menyusun; mengatur; mengurus.
organised, organized *ks.* terancang.
organiser, organizer *kn.* pengelola; penganjur.
organisation, organization *kn.* pertubuhan; organisasi.

orgasm *kn.* puncak syahwat.

orient *kn.* timur.
oriental *ks.* ketimuran.
orientate *kk.* menyesuaikan diri.
orientation *kn.* haluan; penyesuaian;

orientasi.

orifice *kn.* rongga; orifis.

origamy *kn.* origami; seni melipat kertas.

origin *kn.* permulaan; punca; asal.
originate *kk.* berpunca; berasal.
original *ks.* asli.
originality *kn.* sifat lain daripada yang lain; keaslian.
originally *kkt.* pada asalnya. *ks.* pada mulanya; pada asalnya.
original copy salinan induk.

ornament *kn.* perhiasan.
ornamental *ks.* untuk perhiasan.

ornate *ks.* dipenuhi dengan perhiasan.

orphan *kn.* anak yatim; piatu.
orphanage *kn.* rumah anak yatim.

orthodox *ks.* kuno; kolot; ortodoks.

oscillate *kk.* berayun.

other *ks.* & *kgn.* lain; yang satu lagi; kecuali; selain.
other than kecuali.
otherwise *kp.* kalau tidak.
no other tiada yang lain.
the other day tempoh hari; hari itu.

otter *kn.* memerang.

ought *kk.* seharusnya.

ounce *kn.* auns; sejenis ukuran berat.

our *kgn.* kita punya; milik kita; kami punya.

out *kkt.* & *ks.* jauh dari; keluar.
outer *ks.* luar.
outing *kn.* bersiar-siar.
outlet *kn.* saluran keluar.
out of date *ks.* ketinggalan zaman; kolot.
out of the way *ks.* terpencil.

outbreak *kn.* kemurkaan.

outburst *kn.* letusan; ledakan; tiba-tiba naik radang.

outcast *kn.* orang buangan.

outcome *kn.* akibat; hasil; kesan; kesudahan.

outcry *kn.* jeritan; teriakan.

outdated *ks.* ketinggalan zaman; kuno.

outdo *kk.* membuat melebihi supaya tidak ketinggalan.

outdoor *ks.* luar.

outermost *ks.* paling jauh.

outerspace *kn.* angkasa lepas.

outfit *kn.* alat; kelengkapan.

outgrow *kk.* meningkat lebih besar atau banyak.

outlaw *kn.* penjenayah; penjahat.

outline *kn.* garis kasar.

outlook *kn.* pandangan.

outlying *ks.* terpencil.

outnumber *kk.* berjumlah lebih banyak.

outpatient *kn.* pesakit luar.

output *kn.* hasil pengeluaran; output.

outrage *kk.* mengejutkan. *kn.* perbuatan kejam.

outrageous *ks.* sangat mengejutkan; memeranjatkan.

outright *kkt.* terus terang.

outset *kn.* dari permulaan.

outshine *kk.* melakukan sesuatu dengan lebih baik berbanding dengan orang lain.

outside *ks.* di luar; luar.

outsider *kn.* orang luar.

outskirts *kn.* pinggir.

outspoken *ks.* bersifat terus-terang; terlanjur.

outstanding *ks.* cemerlang; ulung.

outward *ks.* luar.

outwit *kk.* dapat mengatasi kepandaian orang lain dengan cara penipuan.

oval *ks.* lonjong; bujur telur. *kn.* bentuk bujur.

ovation *kn.* sambutan meriah.

oven *kn.* dapur.

over *kkt.* di atas; lebih daripada; menyeberangi; terlebih.
over and over berulang-ulang.
over develop proses mencuci filem di mana gambar menjadi pudar.
over exposure dedahan lampau.
all over di merata tempat.
all over again sekali lagi.

overact *kk.* berlakon dengan berlebih-lebih.

overage *ks.* lebih umur.

overall *ks.* keseluruhan; kesemuanya; umumnya. *kn.* baju luar.

overboard *kkt.* campak ke dalam air atau terjatuh ke dalam air dari perahu.

overcharge *kk.* caj yang berlebihan.

overcoat *kn.* kot luar; sejenis pakaian yang dipakai di luar atas pakaian lain.

overcome *kk.* menewaskan; mengatasi; mengalahkan.

overconfident *ks.* terlampau yakin.
overconfidence *kn.* keyakinan yang keterlaluan.

overcook *kk.* terlampau masak.

overcrowded *ks.* penuh sesak.

overdo *kk.* bertindak atau berkelakuan; berlebih-lebihan, keterlaluan.

overdose *kn.* dos berlebihan; ubat berlebihan.

overdress *kk.* memakai pakaian yang berlebihan.

overdue *ks.* terlewat; terlambat.

overflow *kk.* melimpah. *kn.* curahan; limpahan.

overgrown *ks.* tumbuh terlalu besar.

overhaul *kk.* memeriksa dengan teliti. *kn.* pemeriksaan yang teliti.

overhead *ks.* di udara atau di atas.
overhead projector (OHP) projektor overhead.

overhear *kk.* terdengar.

overjoyed *ks.* sangat gembira.

overlap *kk.* menindih; menindan. *kn.* pertindihan; pertindanan.

overlapping *ks.* bertindih; bertindan-tindih.

overload *kk.* menyaratkan. *kn.* muatan lebih.

overlook *kk.* dapat melihat; terlepas pandang.

overnight *ks.* bermalam; untuk satu malam.

overpopulation *kn.* penduduk yang berlebihan.

overrule *kk.* menolak; membatalkan; memutuskan.

overseas *ks.* seberang laut.

oversee *kk.* menyelia.
overseer *kn.* mandur; penyelia.

oversight *kn.* kesilapan.

oversleep *kk.* terlewat bangun.

overspend *kk.* belanja lebihan.

overtake *kk.* menyaingi; memotong (dalam perjalanan); mengatasi.

overthrow *kn.* kejatuhan; kegagalan; penggulingan; kehancuran. *kk.* menjatuhkan; menggulingkan; mengalahkan.

overtime *kn.* kerja lebih masa.

overturn *kk.* terbalik.

overweight *kn.* berat yang berlebihan;

sangat gemuk.

overwhelm *kk.* 1. merasa binggung.
2. ditewaskan.

overwork *kk.* bekerja terlampau teruk.
kn. kerja yang terlampau.

owe *kk.* berhutang.

owing *ks.* terhutang.
owing to disebabkan oleh.

owl *kn.* burung pungguk; burung
hantu; burung jampuk.

own *ks.* & *kgn.* sendiri. *kk.* beroleh;
memiliki.
owner *kn.* tuan punya; pemilik.

ownership *kn.* pemilikan; memiliki.
own sister adik perempuan sendiri;
kakak sendiri.
my own sendiri.

ox *kn.* lembu.
oxen *kn.* perkataan jamak untuk *ox.*
oxtail soup sup ekor.

oxygen *kn.* oksigen; gas yang penting
untuk pernafasan benda-benda
hidup.

oyster *kn.* tiram.

Pp

pace *kn.* 1. kecepatan. 2. langkah. *kk.* berjalan perlahan-lahan, langkah demi langkah.

pacifist *kn.* orang yang mencintai kedamaian; orang yang mencintai keamanan.

pacify *kk.* menenteramkan.

pack *kn.* bungkus; kumpulan; pek. *kk.* membungkus; berkemas; memasukkan.

package *kn.* bungkusan.

package tour pelancongan pakej.

packaging *kn.* bahan untuk membungkus.

packed *ks.* penuh sesak.

packing *kn.* berkemas; membungkus; pembalutan; pembungkusan.

pack up menggulung tikar; mengemas.

packet *kn.* bungkusan kecil.

pad *kn.* alas; kertas tulisan berkeping-keping; pad.

paddle *kn.* dayung. *kk.* berdayung; mengayuh; mendayung.

paddock *kn.* padang melatih kuda; padok.

paddy *kn.* padi.

paddy field *kn.* sawah padi; bendang.

padlock *kn.* ibu kunci; mangga. *kk.* memangga.

page *kn.* muka surat; lembaran akhbar; halaman.

page cutter pemotong kertas.

pageant *kn.* perarakan secara besar-besaran.

paging *kn.* penghalaman.

pagoda *kn.* kuil; pagoda.

pail *kn.* baldi; timba.

pain *kn.* pedih; sakit; kesakitan; kepedihan. *kk.* menyedihkan; menyeksa; menyakiti.

painful *ks.* menyakitkan; sakit.

painless *ks.* tidak menyakitkan; tidak berasa sakit.

pain-killer *kn.* ubat penghilang kesakitan; ubat menahan sakit.

painstaking *ks.* teliti dan cermat.

painstakingly *kkt.* dengan atau secara cermat dan teliti.

paint *kn.* cat. *kk.* mengecat; melukis; menggambarkan.

painted *ks.* bercat; berlukis.

painter *kn.* tukang cat; pelukis.

painting *kn.* lukisan.

pair *kn.* pasang; berduaan; sepasang; kelamin. *kk.* meletakkan dua orang atau benda bersama.

pal *kn.* sahabat atau kawan.

palace *kn.* istana; mahligai.

palate *kn.* lelangit mulut; deria rasa.

palatial *ks.* spt. istana.

pale *ks.* pudar; pucat.

palette *kn.* papan untuk mencampur cat.

pallid *ks.* pucat.

pallor *kn.* rupa pucat.

pally *ks.* ramah.

palm *kn.* 1. tapak tangan. 2. pokok berpelepah (spt. kelapa, dll.).

pamper *kk.* memanjakan.

pamphlet *kn.* risalah.

pan *kn.* kuali.

pancake *kn.* sejenis kuih berbentuk leper dan rata; lempeng.

panda *kn.* sejenis haiwan yang menyerupai beruang.

pandemonium *kn.* riuh-rendah; hiruk-pikuk.

pane *kn.* cermin tingkap; jendela.

panel *kn.* 1. papan nipis. 2. panel; . sekumpulan orang biasanya dipilih untuk menghakimi sesuatu. *kk.* membubuh papan nipis pada pintu atau dinding.

pang *kn.* kepedihan; tusukan.

panic *kn.* kebingungan; ketakutan; kecemasan; kegugupan; panik. *kk.* bingung; gugup. **panicky** *ks.* gugup; cemas; panik.

panorama *kn.* keindahan alam; panorama.

pant *kn.* tercungap-cungap; termengah.

panther *kn.* harimau kumbang.

panties *kn.* seluar dalam perempuan.

pantomine *kn.* pantomim; sejenis lakonan yang menggunakan gerak-geri sahaja.

pantry *kn.* bilik kecil di mana makanan disimpan.

pants *kn.* seluar panjang.

papa *kn.* ayah; bapa.

papaya *kn.* buah betik.

paper *kn.* kertas; suratkhabar. **paper-clip** *kn.* klip kertas. **paper-mache** *kn.* campuran kertas dengan gam; kertas lumat. **paperweight** *kn.* penindih kertas.

par *kn.* tara. **above par** atas tara.

at par pada tara.

parable *kn.* sejenis cerita yang mengandungi ajaran atau nilai-nilai moral.

parachute *kn.* payung terjun; paracut.

parade *kn.* perarakan; perbarisan (askar, dll.). *kk.* berbaris; berarak.

paradise *kn.* syurga; firdaus.

paradox *kn.* paradoks; sesuatu pernyataan yang rupanya salah tetapi sebenarnya benar. **paradoxical** *ks.* paradoksikal; yang bertentangan.

paraffin *kn.* 1. lilin. 2. minyak tanah.

paragraph *kn.* penggal; paragraf; perenggan.

parallel *ks.* selari; sama; setanding; sejajar. *kn.* persamaan; perbandingan. *kk.* menyamakan; sejajar; membandingkan. **parallel connection** sambungan dawai selari. **parallel transmission** penghantaran selari.

paralyse *kk.* menjadi lumpuh. **paralysis** *kn.* kelumpuhan.

parapet *kn.* tembok rendah di tepi jambatan atau bumbung.

parasite *kn.* parasit; benda yang hidup pada benda yang lain dan mendapat makanan daripadanya. **parasitic** *ks.* spt. parasit atau hidup spt. parasit.

paratroop *kn.* pasukan askar payung terjun.

parcel *kn.* bungkusan. *kk.* membalut; membungkus.

parch *kk.* menjadi kering. **parched** *ks.* kering.

pardon *kk.* memaafkan; mengampunkan. *kn.* maaf; ampun. **pardonable** *ks.* boleh dimaafkan. **pardon me** maafkan saya.

parents *kn.* ibu bapa; ayah bonda.
parental *ks.* hal berkaitan dengan keibu-bapaan.

parish *kn.* kawasan atau daerah yang mempunyai gereja dan paderinya sendiri.

park *kn.* taman yang luas; tempat bersiar-siar; padang permainan; kawasan tempat menyimpan motokar, dll. *kk.* meletakkan; menaruh.
parking *kn.* meletakkan kereta.
parking-lot *kn.* medan letak kereta; tempat letak kereta.

parliament *kn.* parlimen; majlis perwakilan rakyat.
parliamentary *ks.* berkaitan dengan parlimen.

parlour *kn.* 1. ruang tamu. 2. tempat untuk pelanggan.

parole *kn.* satu perjanjian seorang tahanan yang menyatakan dia tidak akan melarikan diri atau melakukan jenayah semasa ia dibebaskan untuk seketika waktu. *kk.* membebaskan seseorang tahanan dengan perjanjian bahawa ia tidak melarikan diri.

parquet *kn.* parket; lantai yang dibuat daripada kepingan-kepingan kayu yang kecil.

parrot *kn.* burung nuri; burung kakaktua.

parsley *kn.* parsli; sejenis herba.

parson *kn.* paderi.

part *kn.* bahagian; tempat; adegan; peranan. *kk.* bercerai; berpecah; berpisah; memisahkan; menceraikan.
for my part bagi saya.
play a part berpura-pura; berlakon.
take part mengambil bahagian.
part-time *ks.* sambilan.
part-timer *kn.* pekerja sambilan.

partial *ks.* sebahagian; separuh.
partially *kkt.* tidak sepenuhnya; separuh.

participate *kk.* menyertai; ikut serta; turut; memasuki.
participant *kn.* peserta.
participating *kk.* & *ks.* menyertai; mengambil bahagian.
participation *kn.* penyertaan.

particle *kn.* zarah atau habuk.
parting *ks.* & *kn.* perpisahan; memisahkan.
partly *kkt.* sebahagian; separuh.

particular *ks.* khas; bukan am; tertentu.
particularly *kkt.* terutamanya.

partisan *ks.* berat sebelah.

partition *kn.* pembahagian; dinding; adang-adang; sekat. *kk.* membahagikan.

partner *kn.* pasangan; rakan; regu. *kk.* menyekutu.
partnership *kn.* perkongsian.

party *kn.* kumpulan; majlis; pihak; pasukan; jamuan; parti.

pass *kk.* melalui; melintasi; labuh; lulus; panjangkan; lebih masa; berlalu; berjalan; mengedarkan; pas. *kn.* genting; kelulusan dalam ujian; pas.
passing *ks.* lalu; sepintas lalu; tidak kekal. *kn.* berlalunya.
pass away mati; meninggal.
pass-mark *kn.* markah lulus.

passage *kn.* satu bahagian daripada buku; laluan; pelayaran; perjalanan.

passenger *kn.* penumpang.

passer-by *kn.* orang yang lalu.

passion *kn.* asmara; kesukaan; keghairahan; keberahian; kegemaran.
passionate *ks.* sangat bernafsu; penuh berahi.
passionately *kkt.* dengan penuh ghairah; dengan bernafsu.

passive *ks.* tidak aktif; tidak menentang; tidak giat; pasif.
passively *kkt.* secara pasif atau tidak aktif.

passport *kn.* paspot.

password *kn.* perkataan rahsia atau kod rahsia.

past *ks.* yang telah lalu; berlalu; yang lepas; yang lalu. *kn.* masa yang telah lalu; masa lampau. *ksd.* lewat; lepas; lampau.

paste *kk.* melekatkan; menempelkan. *kn.* adunan; pes.

pastel *ks.* pucat; pastel.
pastel colour warna pucat.

pasteurise, pasteurize *kk.* mempasteurkan.
pasteurisation, pasteurization *kn.* pembasmian kuman; pempasteuran.

pastor *kn.* paderi.

pastry *kn.* 1. pastri. 2. kuih yang dibuat daripada adunan tepung, lemak, dll.

pasture *kn.* padang rumput.

pasty *kn.* sejenis pai yang berintikan daging, jem, dll.

pat *kn.* penekanan; tepukan. *kk.* menekan; menepuk.
pat on the back pujian.

patch *kk.* menampung; menampal; memperbaiki; mencantum.
patchwork *kn.* kerja tampal cantum.

patent *kn.* satu dokumen rasmi yang memberi hak kepada seseorang itu menguna, menjual atau menghasilkan sesuatu ciptaan, dan orang lain tidak boleh menirunya. *ks.* nyata; jelas; paten.

paternal *ks.* 1. mempunyai persamaan dengan bapa. 2. dari keturunan bapa.

path *kn.* jalan kecil; haluan; lorong.

pathetic *ks.* memilukan; menyedihkan; menghibakan; menyayukan.

patience *kn.* kesabaran.
patient *kn.* pesakit. *ks.* sabar; penyabar.
patiently *kkt.* dengan penuh kesabaran.

lose patience hilang kesabaran.

patriach *kn.* seorang ketua lelaki dari sesuatu keluarga atau puak.

patriot *kn.* pencinta tanah air; pembela negara; patriot.
patriotic *ks.* cintakan negara.

patrol *kn.* rondaan; patrol. *kk.* meronda.

patron *kn.* pelanggan; penaung.

patter *kn.* bunyi derap. *kk.* berderap.

pattern *kn.* corak; pola; ragi; bentuk. *kk.* mencontohi; meniru.

paunch *kn.* perut yang besar dan bulat.

pauper *kn.* fakir; papa kedana.

pause *kk.* berhenti sebentar; diam sejenak.
pause control kawal pegun.

pave *kk.* mengubin sesuatu permukaan; mengalas sesuatu permukaan dengan batu atau kepingan konkrit.
pavement *kn.* laluan jalan kaki; kaki lima.

pavilion *kn.* tempat di mana sukan dan pertunjukan dijalankan.

paw *kn.* tapak kaki binatang spt. kucing, dll.

pawn *kk.* memajakkan; menggadaikan.
pawnshop *kn.* kedai pajak gadai.

pay, paid *kk.* mengongkosi; membayar.
pay *kn.* pembayaran.
payable *ks.* di bayar.
payer *kn.* pembayar.
payee *kn.* orang yang menerima bayaran wang; penerima.
payment *kn.* bayaran; pembayaran.
pay-day *kn.* hari gaji.
pay for membayar.
pay off memberi ganjaran; pujian; bayaran.

pea *kn.* kacang; pea.

peace *kn.* kedamaian; ketenteraman; keamanan.

peaceful *ks.* tenteram; aman.
peacefully *kkt.* secara aman.
peacemaker *kn.* pendamai.
at peace aman damai.
keep the peace menjaga keamanan.

peach *kn.* pic; sejenis buah yang manis.

peacock *kn.* burung merak.

peak *kn.* puncak; mercu; kemuncak.
peak hours masa yang paling sibuk; waktu sesak.

peal *kn.* 1. bunyi loceng. 2. bunyi kuat. *kk.* membunyikan loceng.

peanut *kn.* kacang tanah.
peanut butter mentega kacang.

pear *kn.* pear; sejenis buah yang berwarna hijau yang buntutnya bulat dan menirus ke atas.

pearl *kn.* mutiara.

peasant *kn.* peladang; petani.

peat *kn.* tanah gambut.

pebble *kn.* batu kelikir.

peck *kk.* mematuk; memagut; mencatuk; menaruh. *kn.* catukan; patukan.

peculiar *ks.* pelik; aneh; ganjil; luar biasa; khusus; khas.
peculiarly *kkt.* aneh; khasnya; khususnya; pelik.
peculiarity *kn.* keanehan; keganjilan; keistimewaan; kepelikan.

pedal *kk.* mengayuh. *kn.* pengayuh; pedal.

pedestal *kn.* tempat meletak patung atau ukiran.

pedestrian *kn.* orang berjalan kaki; pejalan kaki.
pedestrian crossing lintasan pejalan kaki.

pedigree *kn.* keturunan baik.

pedlar *kn.* penjaja.

peek *kk.* mengintai. *kn.* perbuatan mengintai.

peel *kn.* kulit. *kk.* terkopek; mengelupas; membuang kulit; mengupas.
peeler *kn.* pengupas.
peel off mengupas; mengopek.

peep *kk.* mengintai; mengintip. *kn.* intipan; pengintipan. *kn.* bunyi decit binatang spt. tikus, burung, dll.
peeper *kn.* pengintai.

peer *kn.* 1. orang yang sama taraf, status dsb; rakan sebaya. 2. kaum lelaki dari golongan bangsawan.
peer assessment penilaian sebaya.
peer teaching pengajaran sebaya.
peer tutoring pengajaran sebaya.

peg *kn.* pencangkuk; penyepit baju; pasak; pancang kecil. *kk.* menyusuk; memasak.

pelican *kn.* burung undan.

pellet *kn.* butir; until; gentel.

pelt *kk.* melempari.

pelvis *kn.* tulang punggung; pelvis.

pen *kn.* 1. kalam; pena. 2. penulisan.
pen-friend *kn.* sahabat pena.
penholder *kn.* pemegang pen.
pen-name *kn.* nama pena.
pen-nib *kn.* mata pen.
pen-pal *kn.* sahabat pena.

penalty *kn.* hukuman; denda; penalti.

penance *kn.* penebusan dosa.

pence *kn.* jamak bagi perkataan *penny*; matawang orang Inggeris.

pencil *kn.* pensel; sejenis alat tulis.

pendant *kn.* loket.

pendulum *kn.* bandul jam.

penetrate *kk.* menembusi; meresapi; melintasi.
penetrating *ks.* nyaring; lantang; renungan yang tajam; akal yang tajam; menusuk.
penetration *kn.* penerobosan;

penembusan; penyusupan; penyerapan; ketajaman fikiran.

penguin *kn.* penguin; sejenis burung yang tidak boleh terbang, dan hidup di Kutub Selatan.

peninsula *kn.* semenanjung.
peninsular *ks.* berkaitan dengan semenanjung.

penis *kn.* zakar; kemaluan laki-laki.

penknife *kn.* pisau lipat.

pennant *kn.* panji-panji.

penny *kn.* mata wang orang Inggeris.
penniless *ks.* miskin; tidak mempunyai wang.

pension *kn.* wang saraan; pencen.
pensioner *kn.* pesara.

pensive *ks.* sayu; termenung; murung.

penthouse *kn.* rumah atau apartmen yang dibina di atas bumbung bangunan yang tinggi.

peon *kn.* budak pejabat; peon.

people *kn.* orang; orang ramai; rakyat; orang biasa.

pep *kn.* semangat.

pepper *kn.* lada; cabai; cili.

per *kp.* satu unit; untuk setiap.
per head *kn.* setiap orang.

perceive *kk.* dapat melihat; nampak; mengerti; merasa.

percent *kn.* peratus.
percentage *kn.* peratus; peratusan; komisen.

perceptive *ks.* bertanggapan
perception *kn.* penglihatan; pengertian; tanggapan; pengamatan; persepsi.

perch *kk.* bertengger; bertenggek; menenggek; hinggap.

percolate *kk.* merembes; menapis; meresap.
percolator *kn.* penyaring; perkolator.

percussion *kn.* alat muzik yang dipalu untuk menghasilkan bunyi.

perfect *ks.* sempurna; lengkap; tidak ada cacat cela. *kk.* menyempurnakan.
perfection *kn.* penyempurnaan; kesempurnaan.
perfectionist *kn.* orang yang mementingkan kesempurnaan.
perfectly *kkt.* dengan sempurna; betul-betul.

perforate *kk.* melubang; menembus; menebuk.
perforation *kn.* penembusan; penebukah.
perforated screen skrin tebuk.

perform *kk.* menjalankan; melakukan; melaksanakan; mempersembahkan; mempertunjukkan; melakonkan.
performance *kn.* pencapaian; pelaksanaan; persembahan; pertunjukan; lakonan; prestasi.
performer *kn.* pemuzik; pelakon; penghibur; penari; pelaku.
performance analysis analisis prestasi.
performance test ujian prestasi.

perfume *kn.* bau-bauan; air wangi; pewangi.

perhaps *kkt.* agaknya; harus; barangkali; boleh jadi; mungkin.

peril *kn.* bahaya.
perilous *ks.* membahayakan.

perimeter *kn.* perimeter; ukuran keliling, lilitan.

period *kn.* jangka masa; ketika; zaman; masa; tempoh.
periodical *ks.* berkala. *kn.* terbitan berkala.
periodically *kkt.* secara berkala.

peripheral *kn.* perisian.
peripheral transfer pindahan perisian.

periscope *kn.* periskop; teropong yang digunakan dalam kapal selam.

perish *kk.* musnah; hancur; binasa.
perishable *ks.* yang boleh rosak

(makanan).

perk *kk.* menjadi cergas dan riang.

perm *kk. & kn.* karan rambut; keriting rambut.

permanent *ks.* kekal; tetap.
permanently *kkt.* menetap; tetap; kekal; sentiasa; selama-lamanya.

permit *kn.* surat kebenaran; permit. *kk.* membenarkan; mengizinkan.
permissible *ks.* boleh dilakukan sesuatu; diberi izin melakukan sesuatu.
permission *kn.* izin; kebenaran; persetujuan.
permissive *ks.* membenarkan.
permissiveness *kn.* sifat mudah membenarkan.

perpendicular *kn.* dua garisan atau permukaan yang terletak pada sudut 90.

perpetual *ks.* selalu.
perpetually *kkt.* tidak berhenti, berterusan.

perpetuate *kk.* mengabadikan; mengekalkan.

perplex *kk.* membingungkan.
perplexity *kn.* keadaan yang membingungkan.

persecute *kk.* menyeksa.
persecution *kn.* penyeksaan.
persecutor *kn.* seorang yang menyeksa orang lain.

persevere *kk.* bertekun.
perseverance *kn.* ketekunan.

persist *kk.* berkeras; berlanjutan; berlarutan; berpanjangan; berterusan.
persistence *kn.* berterusan; ketekunan; ketabahan.
persistent *ks.* tegar; yang berterusan; keras hati; mendesak; degil.
persistently *kkt.* secara tabah.

person *kn.* orang; manusia; individu; diri.
personal *ks.* perseorangan; peribadi.
personalise, personalize *kk.* memberi

sifat peribadi kepada sesuatu.
personality *kn.* keperibadian; sahsiah; tokoh.
personally *kkt.* secara peribadi; sendiri.
personalised (personalized) teaching pengajaran peribadi.
personality profile profil sahsiah.

personnel *kn.* kakitangan; staf; personel.
personnel administration pentadbiran personel.

perspective *kn.* pandangan; sudut pandangan; perspektif.

perspire *kk.* berkeringat; berpeluh.
perspiration *kn.* keringat; peluh.

persuade *kk.* meyakinkan; memujuk.
persuasion *kn.* pemujukan; keyakinan; kepercayaan.

perusal *kn.* pemeriksaan; penelitian.

perverse *ks.* berlawanan; bertentangan; membantah; keras kepala.
pervert *kn.* orang yang melakukan seks dengan cara yang tidak diterima oleh masyarakat. *kk.* menyalahgunakan.
perverted *ks.* yang menyalahi sisi undang atau kesusilaan.

peso, pesos *kn.* matawang negara Filipina, Amerika Tengah dan Amerika Selatan.

pessimism *kn.* pessimisme; sikap mudah putus asa atau negatif.
pessimistic *ks.* mudah putus asa.

pest *kn.* serangga perosak; pengacau.
pesticide *kn.* racun perosak.

pester *kk.* mengganggu.

pestle *kn.* antan; alu. *kk.* menumbuk.

pet *kn.* binatang peliharaan yang disayangi. *kk.* membelai; mengusap-usap.

petal *kn.* kelopak bunga.

petite *ks.* kecil, molek.

petition *kn.* surat rayuan. *kk.* merayu.

petrify *kk.* menakutkan.
petrified *ks.* ketakutan.

petrochemical *kn.* bahan petrokimia.

petrol *kn.* petrol; minyak untuk mengerakkan injin kereta.

petticoat *kn.* sejenis pakaian dalam perempuan.

petty *ks.* kecil; remeh; tidak penting.

petulant *ks.* pemarah; bengkeng.

pew *kn.* bangku panjang di dalam gereja.

pewter *kn.* piuter, barangan buatan piuter.

phantom *kn.* hantu.

pharaoh *kn.* firaun.

pharmacy *kn.* farmasi; ilmu membuat ubat.
pharmaceutical *ks.* hal berkaitan dengan farmasi.

phase *kn.* peringkat; fasa.

pheasant *kn.* burung kuang.

phenomenon *kn.* gejala; alamat; sesuatu yang nyata; fenomena.
phenomenal *ks.* luar biasa.

philately *kn.* pengumpulan setem.
philatelist *kn.* orang yang minat mengumpul setem.

philosophy *kn.* falsafah.
philosophically *kkt.* berdasarkan falsafah.

phlegm *kn.* dahak; lendir; kahak.

phoenix *kn.* sejenis burung dalam cerita dongeng.

phone *kn.* telefon. *kk.* menelefon.

phonetic *kn.* 1. ilmu fonetik. 2. satu sistem melambangkan bunyi dan perkataan bahasa. *ks.* berkaitan dengan bunyi bahasa.

phoney *ks.* palsu; berpura-pura.

phonograph *kn.* fonograf; alat untuk main piring hitam.

photo *kn.* foto.

photocopy *kn.* salinan foto. *kk.* membuat salinan.
photocopier *kn.* mesin salinan foto.

photograph *kn.* gambar foto; potret; fotograf.
photographer *kn.* jurugambar; tukang gambar.
photographic *ks.* hal berkaitan dengan seni foto.
photography *kn.* ilmu mengambil dan mengecap gambar; seni foto; fotografi.
photographic copying penyalinan fotografi.
photographic film filem fotografi.

photostat *kn.* fotostat. *kk.* membuat salinan.

phrase *kn.* rangkai kata; ungkapan; frasa.

physical *ks.* jasmani; fizikal.
physically *kkt.* secara fizikal.
physician *kn.* doktor.

physics *kn.* fizik.

physique *kn.* susuk badan.

pianist *kn.* pemain piano.

piano *kn.* piano; sejenis alat muzik yang dimainkan dengan memukul kekunci.

piccolo *kn.* seruling kecil.

pick *kk.* mengutip; memilih; memetik; mencuri. *kn.* pilihan; pemilihan; alat tajam untuk mencungkil.
pickpocket *kn.* penyeluk saku; pencopet.
pick up mengambil; semakin baik.

picket *kk.* berpiket, bermogok.

pickle *kn.* jeruk; acar.

picnic *kk.* berkelah. *kn.* perkelahan.

pictorial *ks.* 1. bergambar. 2. dalam bentuk gambar.

picture *kn.* gambar; lukisan. *kk.* menggambarkan; melukis.

pidgin *kn.* bahasa pasar atau bahasa dalam bentuk yang paling mudah.

pie *kn.* pai; sejenis makanan yang berintikan daging, dll. **pie chart** carta pai.

piece *kn.* keping; bahagian; potongan. *kk.* menjalinkan; menyatukan. **in pieces** berkecai; bersepai.

pier *kn.* dermaga; pangkalan; bagan.

pierce *kk.* menembuk; menebuk; menindik; menyucuk; menikam.

piety *kn.* taat pada agama; kesalihan; kewarakan; kealiman.

pig *kn.* babi. **piggy** *kn.* perkataan yang digunakan oleh kanak-kanak untuk perkataan babi. **piggyback** *kn.* duduk di atas belakang badan. **piglet** *kn.* anak babi. **pig-headed** *ks.* degil; keras kepala; tegar. **pigskin** *kn.* kulit babi. **pigsty** *kn.* 1. kandang babi. 2. tempat yang kotor. **pigswill** *kn.* makanan yang diberi kepada babi. **pigtail** *kn.* tocang.

pigeon *kn.* burung merpati.

pigment *kn.* pewarna. **pigmentation** *kn.* warna kulit.

pigmy, pygmy *kn.* sejenis bangsa di Afrika yang kerdil orangnya.

pike *kn.* lembing; tombak.

pile *kn.* 1. timbunan; longgokan. 2. cerucuk. *kk.* melonggokkan; menimbunkan; menimbun.

pilfer *kk.* mencopet, mencuri barang-barang kecil. **pilfering** *kn.* pencopetan.

pilgrim *kn.* orang yang berziarah ke tanah suci; penziarah. **pilgrimage** *kn.* menziarah ke tanah suci; menunaikan haji.

pill *kn.* ubat biji (berbentuk bulat atau bujur); pil.

pillar *kn.* tiang; ceracak; penunjang; tonggak.

pillow *kn.* bantal. **pillowcase** *kn.* sarung bantal.

pilot *kn.* jurumudi; juruterbang; mualim; pemandu; pilot. *kk.* mengemudikan; memandu. **pilot project** projek rintis. **pilot study** kajian rintis. **pilot testing** kajian rintis.

pimple *kn.* jerawat.

pin *kn.* jarum peniti; penyemat; pin. *kk.* menyemat; memakukan. **pinhole** *kn.* lubang jarum. **pin number** nomber peribadi untuk urusan wang dari ATM. **pin-point** *kk.* menunjukkan dengan tepat atau menentukan.

pinafore *kn.* sejenis pakaian spt. apron yang dipakai di luar pakaian.

pincers *kn.* penyepit; ragum.

pinch *kk.* mencubit; mengetil; mengebas; mencuri. *kn.* cubitan; getilan; kesempitan.

pine *kn.* pokok cemara. *kk.* merana; merindukan; sangat menginginkan.

pineapple *kn.* nanas.

ping-pong *kn.* pingpong; sejenis permainan yang menggunakan bat kecil, bola halus dan meja.

pink *ks.* merah muda; merah jambu.

pinnacle *kn.* menara; mercu; menjulang; puncak gunung.

pint *kn.* ukuran untuk cecair, 1 pint = 0.57 litre.

pioneer *kn.* pelopor; pembuka jalan; perintis; pengasas.

pious *ks.* warak; beribadat; salih.
piously *kkt.* secara salih.

pip *kn.* 1. biji buah. 2. pangkat.

pipe *kn.* saluran; paip. *kk.* menyalurkan; memaipkan; menyuling.

pique *kn.* kegusaran; kemarahan; tersinggung; sakit hati.

piranha *kn.* piranha; sejenis ikan dari Amerika Selatan yang makan ikan lain.

pirate *kn.* lanun; bajak laut; perompak. *kk.* meniru; melanun.
piracy *kn.* pelanggaran hakcipta; cetak rompak; rompakan di laut.
pirated *ks.* cetak rompak.

pistol *kn.* pistol; sejenis senapang kecil.

piston *kn.* piston.

pit *kn.* parit; lubang; gelanggang. *kk.* mengadu; melubangi.

pitch *kn.* kelangsingan. *kk.* melempar.
pitch control *kn.* pengawal langsing.

pitcher 1. *kn.* takar; buyung.
2. *kn.* orang yang membaling bola dalam permainan besbol; pembaling.

piteous *ks.* memilukan; menimbulkan rasa belas.
piteously *kkt.* secara memilukan.

pitfall *kn.* lubang perangkap; muslihat.

pith *kn.* empulur; sumsum; sari pati.

pitter-patter *kn.* derap.

pity *kn.* belas kasihan. *kk.* mengasihani; simpati.
pitiful *ks.* membelaskan hati; menimbulkan rasa belas.

pivot *kn.* pangsi; paksi; gandar roda; pasak.

pizza *kn.* pizza, sejenis makanan orang Itali.

placard *kn.* poster.

place *kn.* kawasan; rumah; tempat; daerah; negeri; kediaman; kedudukan. *kk.* menempatkan; menaruh; meletakkan; melantik; menempah; menyimpan; memasukkan; membuat; memesan.
placement *kn.* penempatan; perletakan.
take place berlaku; terjadi.

placid *ks.* tenang.
placidly *kkt.* dengan tenang.
placidness *kn.* ketenangan.

plagiarise, plagiarize *kk.* menggunakan perkataan dan ide orang lain tanpa memberi akuan.
plagiarism *kn.* tiruan; cedokan; penjiplakan; plagiat.

plague *kn.* penyakit wabak. *kk.* mengganggu.

plaice *kn.* sejenis ikan laut yang pipih.

plain *ks.* datar; jelas; terang; mudah difahami; tidak berhias. *kn.* kawasan tanah datar; dataran.
plainclothes *ks.* berpakaian biasa.
plain sailing dengan mudah.

plaintiff *kn.* penuduh; pendakwa; plaintif.

plait *kk.* menganyam; mendandan.

plan *kn.* cadangan; rancangan; pelan; rajah; peta. *kk.* merancang; merangka; bercadang.
planner *kn.* perancang.
planning *kn.* perancangan.

plane *ks.* satah; datar; rata. *kn.* 1. kapal terbang. 2. ketam. *kk.* mengetam.

planet *kn.* bintang siarah; planet.

plank *kn.* papan.

planography *kn.* planograf; proses percetakan spt. percetakan litografi.

plant *kn.* 1. tumbuh-tumbuhan; tanaman.
2. kilang. *kk.* menyemai; menanam; menempatkan.
plantation *kn.* ladang; estet.

planter *kn.* peladang; pekebun.

plaque *kn.* lencana.

plaster *kn.* 1. plaster untuk lika. 2. plaster untuk dinding, pelekat.

plastic *ks.* plastik.
plastic surgery pembedahan plastik.

plate *kn.* saduran; pinggan. *kk.* menyadur; melapisi.
plated *ks.* disadur.
plating *kn.* sadur.

plateau *kn.* dataran tinggi.

platform *kn.* pentas; pelantar; dataran; platform.

platinum *kn.* platinum; sejenis logam.

platoon *kn.* platun, sekumpulan tentera di bawah pimpinan seorang leftenan.

platter *kn.* pinggan leper.

play *kk.* berlagak; bermain; berpura-pura; menayangkan. *kn.* lakonan; drama; permainan.
player *kn.* pemain; ahli permainan; pelakon.
playful *ks.* bergurau senda; suka main-main.
playfully *kkt.* secara bergurau senda.
play back main semula.
playground *kn.* taman permainan.

plea *kn.* rayuan; permohonan; permintaan; alasan; akuan.

plead *kk.* membentangkan; merayu; mengaku; membuat akuan; berdalih; memberi alasan.
pleading *ks.* merayu. *kn.* rayuan.
plead guilty mengaku bersalah.

pleasant *ks.* menggembirakan; menyenangkan, nyaman, menyeronokkan; ramah-tamah.

please *kk.* silakan; menyenangkan hati; sesuka hati.
pleased *ks.* gembira; berpuas hati; berkenan.
be pleased gembira.

pleasure *kn.* kesukaan; hiburan; keseronokan; kemahuan; kehendak.
pleasurable *ks.* menyenangkan.
with pleasure dengan gembira.

pleat *kn.* kelim; lipatan; kedut pada kain.

pledge *kn.* jaminan; tanggungan; perjanjian; cagaran. *kk.* berikrar; menggadaikan.

plenty *kn.* banyak.
plentiful *ks.* sangat banyak; banyak sekali; lebih daripada cukup; melimpah.

pliable *ks.* mudah dilentur.
pliability *kn.* keupayaan melentur.

pliers *kn.* penyepit; playar.

plight *kn.* keadaan yang menyedihkan; keadaan yang buruk.

plod *kk.* berjalan atau mengerjakan sesuatu dengan susah payah.

plonk *kk.* meletakkan sesuatu dengan bunyi yang kuat.

plop *kn.* bunyi sesuatu yang kecil yang jatuh ke dalam cecair.

plot *kn.* petak; jalan cerita; komplot; plot. *kk.* berkomplot; bersubahat; bersekongkol.
plotter *kn.* 1. pemplot ; sejenis alat untuk mencatat maklumat atau data ke atas secara mekanikal. 2. seorang yang berkonspirasi.

plough *kn.* bajak; tenggala. *kk.* membajak; menenggala.
the Plough bintang biduk.

pluck *kk.* memetik buah; meregut; mencabut; memberanikan. *kn.* semangat; keberanian; regutan; sentakan.

plug *kn.* 1. sejenis alat untuk menyambung elektrik. 2. penutup.

plum *kn.* sejenis buah-buahan.

plumage *kn.* bulu burung.

plumber *kn.* tukang paip.

plumbing *kn.* pertukangan paip.

plume *kn.* jambul.

plump *ks.* gempal; tembam; gemuk; tambun; montok.

plunder *kn.* barang-barang rampasan; rompakan. *kk.* menjarah; merampuk.

plunge *kk.* menjunamkan; membenamkan; menceburkan.

plural *ks.* lebih daripada satu; berbilang; banyak; jamak.

plus *ksd.* serta; campur. *kn.* tanda tambah (+). *ks.* lebih; campur.

ply *kn.* lapisan. *kk.* menggunakan sesuatu alat.

plywood *kn.* papan lapis.

pneumonia *kn.* radang paru-paru; pneumonia.

poach *kk.* merebus. *ks.* rebus.

pock *kn.* bincul di atas kulit.
pock mark bopeng.

pocket *kn.* saku; kocek; kantung; poket. *kk.* menyakukan; memasukkan.
pocket-money *kn.* duit belanja; duit poket.

pod *kn.* kulit keras yang mengandungi kacang-kacangan.

podgy *ks.* rendah dan gemuk.

podium *kn.* podium; sejenis pentas.

poem *kn.* syair; sajak; puisi.

poet *kn.* penyair; pujangga; penyajak.
poetess *kn.* penyair (perempuan).

poetry *kn.* persajakan; ciptaan sajak; puisi.

point *kn.* noktah; takat; darjah; mata; markah; maksud; titik; ketika; tujuan; hujung. *kk.* menunjukkan; menyatakan; menuding; menghala.
pointed *ks.* runcing.
pointer *kn.* 1. petunjuk. 2. jarum.
point-blank *ks.* 1. jarak dekat. 2. terus-terang.

point of view sudut pandangan; segi; aspek; sudut.
point out menunjukkan.

poise *kn.* gaya diri. *kk.* mengimbangkan.

poison *kn.* racun; bahan berbahaya; bisa.
poisoned *ks.* beracun.
poisonous *ks.* beracun; berbisa.

poke *kk.* menjolok; meradak; menusuk; mencucuk.

poker *kn.* sejenis bentuk perjudian dengan menggunakan daun terup.

polar *ks.* berkenaan dengan kutub.
polar bear beruang kutub yang berwarna putih.

Polaroid *kn.* film lutsinar nipis yang digunakan pada kaca mata hitam.
Polaroid camera *kn.* kamera polaroid, sejenis kamera yang menggunakan filem yang menangkap dan membuat gambar dengan serta merta.

pole 1. *kn.* tiang; pancang; galah. 2. *kn.* kutub.

Pole *kn.* rakyat Poland; orang Poland.

police *kn.* polis. *kk.* mengawal sesuatu kawasan.
policeman *kn.* mata-mata; polis.

policy *kn.* dasar; asas; panduan; polisi.

polio *kn.* penyakit lumpuh; polio.

polish *kn.* kehalusan; kesopanan. *kk.* menggosok; menghaluskan; menggilap.
polished *ks.* berkilat; halus budi bahasa.
polish off menyiapkan.

polite *ks.* berbahasa; beradab; bersopan santun.
politely *kkt.* dengan beradab.
politeness *kn.* adab; kesopanan.

politics *kn.* siasah; politik.
political *ks.* hal berkaitan dengan politik.
politician *kn.* ahli politik.
political prisoner tahanan politik.

poll *kn.* pengundian.
kk. mengundi; membuang undi.
polling *kn.* pembuangan undi.

pollinate *kk.* mendebungakan.
pollination *kn.* pendebungaan.

pollute *kk.* merosakkan;
mencemarkan; mengotorkan.
polluted *ks.* tercemar.
pollution *kn.* pengotoran;
pencemaran.

poltergeist *kn.* jin atau hantu nakal.

polygamy *kn.* bersuami atau beristeri
banyak; poligami.
polygamist *kn.* orang lelaki beristeri
banyak; atau orang perempuan
bersuami banyak.

polygon *kn.* poligon, bentuk yang
mempunyai tiga atau lebih sisi.
polygonal *ks.* bersisi banyak.

polystyrene *kn.* sejenis plastik.

polytechnic *kn.* politeknik; maktab
yang menganjurkan pelbagai
pelajaran teknikal.

polythene *kn.* politen, plastik.

pomegranate *kn.* buah delima.

pomelo *kn.* limau abung; limau bali;
limau besar.

pomp *kn.* satu pertunjukan yang hebat
dan gemilang.

pompous *ks.* sombong; angkuh.
pompously *kkt.* secara sombong.

poncho *kn.* ponco; sejenis kain tebal
yang ada lubang di tengah untuk
memasukkan kepala.

pond *kn.* kolam; telaga.

ponder *kk.* merenungkan.
ponderous *ks.* 1. berat. 2. menjemukan.

pontiff *kn.* paderi besar.

pony *kn.* kuda padi.

poodle *kn.* sejenis anjing yang berbulu
tebal dan kerinting.

pool *kn.* kolam; lubuk; kubang; lopak.

poor *ks.* miskin; tidak subur; tidak
sihat; malang; aib; papa; serba
kurang; hina; kurang baik; belas
kasihan.
poorness *kn.* kemiskinan.

pop *kn.* bunyi letupan. *ks.* lagu pop.
pop-gun *kn.* senapang permainan.

popcorn *kn.* bertih jagung.

pope *m.* ketua gereja Roman Katolik.

poppy *kn.* popi; sejenis tumbuhan yang
berbunga merah di mana candu
didapati.

populace *kn.* penduduk; rakyat jelata;
orang ramai.

popular *ks.* disukai ramai; terkenal;
popular.

populate *kk.* diduduki.
population *kn.* bilangan penduduk;
jumlah penduduk; penduduk di
sebuah kawasan, negeri atau negara.

porcelain *kn.* barang-barang tembikar;
porselin.

porch *kn.* serambi; anjung.

porcupine *kn.* landak.

pore *kn.* liang roma; rongga.

pork *kn.* daging babi.

pornography *kn.* gambar dan filem
lucah.

porous *ks.* membolehkan air diresap.

porpoise *kn.* sejenis ikan lumba-lumba.

porridge *kn.* bubur.

port *kn.* pelabuhan.
port-hole *kn.* tingkap kapal.

portable *ks.* mudah alih; senang
diangkat dan dibawa ke sana ke mari.
portability *kn.* kemudahalihan.

porter *kn.* 1. penjaga pintu. 2. orang
yang mengangkut barang-barang;
porter.

portion *kn.* bahagian.

portly *ks.* gemuk.

portrait 1. *kn.* gambaran; potret.
2. format halaman di mana saiz tingginya adalah lebih besar daripada saiz lebarnya.

portray *kk.* menggambarkan.
portrayal *kn.* gambaran.

pose *kn.* lagak; sikap; gaya.
kk. menyebabkan.

posh *ks.* bertaraf tinggi.

position *kk.* menentukan kedudukan.
kn. kedudukan; keadaan; jawatan.

positive *ks.* tentu; tetap; pasti; positif.
positively *kkt.* secara pasti.
positive reinforcement pengukuhan positif.

possess *kk.* mempunyai; memiliki; ada.
possessed *ks.* kena rasuk.
possession *kn.* milik; kepunyaan.
possessive *ks.* tidak mahu berkongsi; cemburu.
possessively *kkt.* dengan perasaan cemburu.

possible *ks.* harus; mungkin; boleh jadi.
possibility *kn.* kemungkinan; ada potensi; keharusan.
possibly *kkt.* barangkali; mungkin; boleh jadi.

post [1] 1. *kn.* tiang. 2. surat, bungkusan, dsb.; tempat berkawal; pos.
kk. menampalkan; melekatkan; memasukkan surat ke dalam peti surat; mengirim surat.
postage *kn.* bayaran pos; belanja pos.
posting *kn.* tugas.
postman *kn.* penghantar surat; posmen.
postmark *kn.* cap pos.

post [2] *kd.* selepas.
post-date *kk.* menangguhkan tarikh; menunda tarikh; melewatkan tarikh.
postgraduate *ks.* lepas ijazah.
post-mortem *kn.* bedah siasat.
postscript *kn.* pesanan atau kata-kata tambahan yang ditulis dengan huruf P.S. pada surat.
post test ujian yang diberi kepada pelajar setelah menyelesaikan pelajaran untuk mengukur pengusaan isi mata pelajaran.

poster *kn.* penampal; pelekat; poster.
poster paint cat poster.

posterior *ks.* berikutan; selepas; posterior.
posterity *kn.* generasi akan datang.

postpone *kk.* menangguhkan; menundakan.
postponement *kn.* penundaan; penangguhan.

posture *kn.* sikap; gaya tubuh; postur.

posy *kn.* sejambak bunga.

pot *kn.* periuk; kendi; belanga; pasu.
potted *ks.* disimpan dalam balang.
potter *kn.* tukang periuk belanga.
pot-hole *kn.* lubang di atas jalan raya.

potato *kn.* ubi kentang.

potent *ks.* berkesan.

potential *kn.* potensi, sesuatu yang boleh menjadi. *ks.* ada kemungkinan untuk dimajukan.

potion *kn.* minuman atau ubat pengasih.

potty *ks.* gila.

pouch *kn.* buntil; uncang.

pouf, pouffe *kn.* kusyen tebal yang digunakan sebagai tempat duduk.

poultry *kn.* ayam itik.

pounce *kk.* menerkam.

pound *kk.* menghancurkan; menumbuk; membanjiri; melumatkan; menggodam.

pour *kk.* menuangkan; membanjiri; mencurahkan.
pouring *ks.* mencurah.

pout *kn.* perbuatan mencebik bibir.

kk. mencebik; menjuih; mencemik.

poverty *kn.* kemiskinan.

powder *kn.* serbuk; tepung; bedak.

power *kn.* kuasa; tenaga; kekuatan; kewibawaan; daya.
powerful *ks.* kuat; berkuasa.
powerfully *kkt.* secara kuat dan bertenaga.
powerless *ks.* tiada kekuatan; tanpa kuasa; tidak berdaya.

practise *kk.* mengamalkan; berlatih; mempraktikkan.
practical *ks.* praktik; amali.
practically *kkt.* secara praktik.
practice *kn.* latihan; pelaksanaan; amalan; praktis.
practised *ks.* mahir; terlatih.

prairie *kn.* prairi; kawasan dataran rumput yang luas dan tidak berpokok di Amerika Selatan.

praise *kk.* menyanjung; memuji. *kn.* pujian; sanjungan.
praiseworthy *ks.* patut dipuji.

pram *kn.* kereta tolak untuk bayi.

prance *kk.* meloncat-loncat.

prank *kn.* kelaka.

prattle *kk.* bercakap spt. kanak-kanak.

prawn *kn.* udang.

pray *kk.* bersembahyang; berdoa; bermohon; meminta; memohon.
prayer *kn.* doa; perbuatan menyembah.
praying *kn.* berdoa; sembahyang.
prayer-mat, prayer-rug *kn.* tikar sembahyang; sejadah.

pre *kd.* sebelum; pra.
pre-service training latihan prakhidmat.
pre-testing pra-ujian.
pre-war sebelum perang.

preach *kk.* bersyarah; berkhutbah.
preacher *kn.* pensyarah; khatib; pengkhutbah.

preamble *kn.* pengantar; pendahuluan; mukadimah.

precarious *ks.* merbahaya.
precariously *kkt.* secara merbahaya.

precaution *kn.* tindakan berjaga-jaga.
precautionary *ks.* mengambil tindakan; berhati-hati; mencegah.

precedence *kn.* keutamaan.

precedent *kn.* duluan.

precinct *kn.* 1. lingkungan. 2. kawasan.

precious *ks.* bernilai; mahal; berharga.

precipice *kn.* tebing tinggi.
precipitate *kn.* mendakan.
precipitation *kn.* pemendakan.

precise *ks.* tepat; teliti; betul. sekali.
precisely *kkt.* tepat; persis.
precision *kn.* ketepatan; kejituan; kesaksamaan; ketelitian.

predecessor *kn.* 1. nenek moyang. 2. bekas pemegang sesuatu jawatan.

predict *kk.* meramalkan; menenung; menelah.
predictability *kn.* keadaan di mana ramalan boleh dibuat.
predictable *ks.* boleh diramalkan; boleh ditelah.
prediction *kn.* ramalan; telahan; tenungan.

predominate *kk.* mempunyai kuasa yang lebih.
predominance *kn.* kekuasaan yang lebih.
predominant *ks.* lebih berkuasa, lebih banyak.

preen *kk.* 1. membersihkan bulu dengan paruhnya. 2. menghiasi diri.

prefabricate *kk.* membuat bahagian-bahagian terlebih dahulu sebelum dipasangkan.
prefabrication *kn.* pembuatan bahagian-bahagian sebelum dipasang.

preface *kn.* kata pendahuluan; kata pengantar; prakata.

193

prefect *kn.* pengawas.

prefer *kk.* lebih suka; memilih; mengemukakan.

preferable *ks.* lebih baik daripada; lebih elok daripada.

preferably *kkt.* sebaik-baiknya; lebih baik; seelok-eloknya; lebih elok.

preference *kn.* kecenderungan; keutamaan; yang lebih disukai; lebih diutamakan.

prefix *kn.* imbuhan; awalan; kata depan.

pregnant *ks.* bunting; berbadan dua; hamil; mengandung.
pregnancy *kn.* penghamilan.

prehistoric *ks.* zaman sebelum sejarah ditulis; prasejarah.
prehistorical *ks.* hal berkaitan dengan prasejarah.

prejudice *kn.* sangkaan buruk; prasangka; mudarat. *kk.* merugikan; memudaratkan; berprasangka.

preliminary *ks.* awal; permulaan. *kn.* pendahuluan.

prelude *kn.* acara pendahuluan atau pengenalan.

premature *ks.* belum waktunya; pramasa; belum matang.
premature baby bayi yang dilahirkan sebelum cukup bulan.

premier 1. *kn.* perdana menteri.
2. *kn.* yang terpenting; terutama.

premises *kn.* halaman dan bangunan kepunyaan seseorang.

premium *kn.* 1. bayaran bulanan.
2. ganjaran.

premonition *kn.* alamat; firasat; padahan.

preoccupy *kk.* menyebabkan seseorang sibuk; asyik; leka.
preoccupation *kn.* keasyikan; kesibukan.

prepare *kk.* menyiapkan; menyediakan; sanggup; bersedia;

bersiap.
prepared *ks.* bersedia; disediakan.
preparation *kn.* penyediaan; persiapan; disediakan.

preposition *kn.* sendinama; katasendi; preposisi.

prerequisite *kn.* prasyarat.

prescribe *kk.* memberi nasihat mengenai kegunaan ubat-ubatan.
prescription *kn.* penentuan; preskripsi.

present *ks.* hadir; sekarang ini.
kn. hadiah; cenderamata; ganjaran.
kk. memberi hadiah; mempersembahkan; menyampaikan; menganugerah; melaporkan; memperlihatkan; menunjukkan.
presence *kn.* kehadiran; gelagat.
presentable *ks.* elok; sesuai.
presentation *kn.* penyampaian; penyerahan; persembahan.
presenter *kn.* penyampai.
present-day *ks.* masa kini.

preserve *kk.* menyimpan; memeram; menjeruk; mengekalkan; melindungi; mengawet; memelihara.
preservation *kn.* pemeliharaan; pengawetan.
preservative *kn.* bahan pengawet.

preset *kk.* praset.

preside *kk.* mempengerusikan; mengetuai.

President *kn.* Ketua Negara; Yang Dipertua; Presiden.
presidency *kn.* jawatan Presiden.

press *kk.* mendesak; memicit; menekan; memerah; menindas.
kn. suratkhabar; akhbar.
pressing *ks.* mendesak; menekan.
press conference persidangan akhbar.

pressure *kn.* pengaruh; beban; tekanan; paksaan.
pressure group kumpulan pendesak.
blood pressure tekanan darah.

prestige *kn.* nama baik; kemegahan;

reputasi; martabat; prestij.
prestigious *ks.* ulung; berprestij.

presume *kk.* membuat anggapan;
menduga; mengagak; menyangka.
presumption *kn.* jangkaan; andaian;
dugaan.
presumptuous *ks.* terlalu yakin akan
diri sendiri.

pretend *kk.* buat-buat; berpura-pura.
pretence *kn.* berlagak; kepalsuan;
kepura-puraan.
pretender *kn.* penipu; pembohong.
pretext *kn.* alasan; dalih; helah.

pretty *ks.* cantik; mongel; molek;
menarik hati.
prettiness *kn.* kecantikan.

prevail *kk.* mengatasi; diamalkan;
memenangi.
prevailing *ks.* lazim terdapat.
prevalence *kn.* kelaziman; kebiasaan.

prevaricate *kk.* berdalih; bercakap
putar belit.
prevarication *kn.* berdalih.

prevent *kk.* menjauhkan; melarang;
menegah; mengelakkan; mencegah.
preventable *ks.* boleh dielakkan.
prevention *kn.* pencegahan.
preventive *ks.* berkaitan dengan
pencegahan.

preview *kn.* pratonton; previu.

previous *ks.* dahulu.
previously *kkt.* sebelum ini.

prey *kn.* mangsa.

price *kn.* harga. *kk.* menilaikan;
menetapkan harga.
priceless *ks.* mahal; tidak ternilai.
pricey, pricy *ks.* mahal.
price control kawalan harga.
price-list *kn.* senarai harga.
price-tag *kn.* tanda harga.
at any price dengan apa cara
sekalipun.

prick *kk.* mencucuk; menusuk;
menikam. *kn.* cucukan; tusukan.

prickle *kn.* duri, onak.
prickly *ks.* berduri.

pride *kn.* sombong; kemegahan;
pongah; kebanggaan; maruah.

priest *kn.* paderi.
priesthood *kn.* para paderi.

prim *ks.* kemas; bersopan santun; rapi.

primary *ks.* tingkatan pertama; utama;
rendah; mula-mula; penting; primer.
primary colour warna asas.

primate *kn.* primal; mamalia spt.
manusia, monyet.

prime *ks.* terpenting; terbaik; bagus
sekali; tunggal; utama.
kk. menyediakan sesuatu sebelum ia
digunakan.
primer *kn.* buku bacaan yang
pertama.
prime minister perdana menteri.
prime time waktu perdana.

primitive *ks.* kolot; kuno; zaman
bahari; zaman purbakala; primitif.

prince *kn.* anak raja lelaki; putera.
princess *kn.* anak raja perempuan;
puteri.

principal *kn.* pengetua sekolah; modal;
pokok. *ks.* pokok; utama; terpenting.

principle *kn.* asas; hukum; lunas;
rukun; prinsip.

print *kk.* mengecap; mencetak.
kn. cetakan.
printer *kn.* alat cetak; tukang cap;
pencetak.
printing *kn.* pencetakan; percetakan.
in print masih dijual; masih
diterbitkan lagi.

prior *ks.* terlebih dahulu; sebelumnya.

priority *kn.* keutamaan.

prise *kk.* membuka dengan
mencungkil.

prism *kn.* prisma, satu bentuk yang
hujungnya sama dan selari dengan
sempadan segiempat selari.

prison *kn.* penjara.
prisoner *kn.* orang tahanan; orang salah; banduan.
prisoner of war tahanan perang.

private *ks.* persendirian; rahsia; untuk diri sendiri; seseorang sahaja yakni tidak mengenai umum; sulit. *kn.* askar biasa yang tiada berpangkat.
privacy *kn.* keadaan bersendiri; ingin menyendiri; tidak mahu diganggu.
privately *kkt.* secara sulit atau bersendirian.
privatisation, privatization *kn.* penswastaan.
privatise, privatize *kk.* menswastakan.
private life kehidupan peribadi.
private sector sektor swasta.
in private secara sulit.

privilege *kn.* keutamaan; kelebihan; keistimewaan.

privy *ks.* tersembunyi; rahsia; bersubahat.

prize *kn.* ganjaran; hadiah.

pro *kn.* & *ks.* singkatan untuk perkataan *professional.*

probable *ks.* harus.
probability *kn.* kemungkinan; keharusan.
probably *kkt.* barangkali; agaknya.

probation *kn.* masa percubaan; tempoh percubaan.
probationary *ks.* tempoh percubaan.
probationer *kn.* calon dalam percubaan; pelatih.

probe *kk.* 1. menyiasat. 2. memeriksa.

problem *kn.* masalah; kesukaran; perkara; soal.
problematic *ks.* susah untuk difaham atau diuruskan.
problem solving penyelesaian masalah.

procedure *kn.* aturan bekerja; tatacara; prosedur.

proceed *kk.* meneruskan; mendakwa; bergerak.

proceeds *kn.* keuntungan; perolehan.

process *kn.* proses. *kk.* memproses.

procession *kn.* perarakan.

proclaim *kk.* mengisytiharkan; mengumumkan; memperlihatkan.
proclamation *kn.* perisytiharan; pengisytiharan; pengumuman.

procure *kk.* mengakibatkan; menyebabkan; memperoleh.

prod *kk.* 1. menusuk. 2. mendorong.

prodigal *ks.* pembazir; boros.

prodigy *kn.* 1. seseorang yang mempunyai sifat-sifat atau kebolehan yang luarbiasa. 2. sesuatu yang luarbiasa.

produce *kk.* mengemukakan; menghasilkan; menyebabkan; mendatangkan; mengeluarkan; melahirkan; memanjangkan. *kn.* barang keluaran; hasil pertanian.
producer *kn.* penghasil; penerbit; pengeluar.
product *kn.* hasil; pengeluaran.
production *kn.* pengeluaran; penghasilan; keluaran; produksi.
productive *ks.* subur; banyak mengeluarkan hasil; produktif.
productivity *kn.* daya pengeluaran; produktiviti.

profess *kk.* menganut; mengakui; menyatakan; mendakwa.
professed *ks.* mengaku; pura-pura.

profession *kn.* pekerjaan; profesion.

professor *kn.* 1. professor; seorang mahaguru. 2. gelaran akademik kerana mengajar sesuatu matapelajaran khusus.

proficient *ks.* bijak; cekap; mahir.
proficiency *kn.* kemahiran; kecekapan.

profile *kn.* profil.

profit *kn.* keuntungan; untung; faedah; laba.

profitable ks. menguntungkan; berfaedah; berguna.

profit-sharing kn. perkongsian untung.

profound ks. dalam; yang mendalam.

profuse ks. amat banyak; melimpah-limpah; berlebih-lebihan; boros.
profusely kkt. secara melimpah-limpah.
profusion kn. kelebihan sesuatu.

prognosis kn. ramalan mengenai sesuatu perkembangan.
prognostic test ujian prognosis; ujian untuk meramal pencapaian seseorang.

programme kn. atur cara; susunan sesuatu perbincangan, rancangan; permainan, dll.; acara; program.
programmer kn. pengatur cara.
programmed instruction pengajaran terancang.

progress kn. perkembangan; kemajuan. kk. berkembang.
progression kn. dari satu tahap ke tahap yang lebih tinggi.
progressive ks. secara berkembang.
progress chart carta kemajuan.

prohibit kk. melarang; menegah; mencegah.
prohibition kn. larangan; cegahan.

project kn. pelan; rancangan; projek. kk. melemparkan; merancangkan; menggambarkan; menganjur; merencanakan; mencerminkan; menonjol.
projection kn. ramalan.

projector kn. alat tayang; projektor.

prolong kk. memperpanjangkan; melanjutkan.
prolongation kn. pemanjangan.

promenade kn. tempat yang sesuai untuk berjalan-jalan di tepi pantai.

prominent ks. terkemuka; penting; nyata; terkenal.

prominence kn. kepentingan.

promise kn. janji; ikrar. kk. berjanji; menyanggupi.
promising ks. ada harapan; cerah masa depan.

promote kk. menggalakkan; memajukan; menaikkan pangkat; mempromosikan.
promoter kn. penganjur.
promotion kn. kenaikan darjah; kenaikan pangkat.

prompt ks. tidak bertangguh; segera; tanpa berlengah-lengah.
promptly kkt. dengan tidak bertangguh; dengan segera.

promulgate kk. mengumumkan kepada orang ramai; memberitahu kepada orang ramai; menghebahkan kepada orang ramai; menyebarkan.
promulgation kn. pemberitahuan; penghebahan; pengumuman.

prone ks. cenderung akan; tertelungkup; tertiarap.

prong kn. cabang.

pronoun kn. ganti nama; kata ganti.

pronounce kk. melafazkan perkataan; membunyikan perkataan; mengumumkan; mengemukakan.
pronunciation kn. bunyi perkataan; sebutan; pengucapan.

proof kn. keterangan; bukti; dalil.

prop kn. galang. kk. menyangga.

propaganda kn. penghebahan; dakyah; saranan; sokongan; propaganda.

propagate kk. 1. membiak. 2. menyebar.

propel kk. mengerakkan atau menjalankan.
propeller kn. propeler; alat spt. kincir untuk mengerakkan kapal atau kapal terbang.

proper ks. sesuai; betul; beradab; patut; sopan.

properly *kkt.* dengan betul; dengan sopan santun.

property *kn.* harta.

prophecy *kn.* ramalan; telahan. *kk.* meramalkan; menujumkan; menelahkan.

prophet *kn.* rasul; nabi; pesuruh Allah.

proportion *kn.* sebahagian; pecahan; nisbah; kadar.
proportionate *ks.* sekadar dengan sesuatu.
proportionately *kkt.* mengikut kadar.

propose *kk.* mencadangkan; menganjurkan; mengusulkan; melamar; meminang.
proposal *kn.* cadangan; anjuran; usul; lamaran.
proposer *kn.* pengusul; pencadang.

proprietor *kn.* tuan punya; pemilik.
proprietorship *kn.* hak milik.
propriety *kn.* sopan santun; kebenaran; kewajaran; kewarasan.

prose *kn.* karangan panjang; prosa.

prosecute *kk.* mendakwa.
prosecution *kn.* dakwaan; tuntutan.
prosecutor *kn.* pendakwa.

prospect *kn.* 1. harapan. 2. peluang.

prosper *kk.* menjadi makmur; berkembang; berhasil.
prosperity *kn.* kemajuan; kemakmuran; kemewahan.
prosperous *ks.* maju; makmur; untung; mewah.

prostitute *kn.* pelacur. *kk.* menyalah gunakan sesuatu.
prostitution *kn.* pelacuran.

prostrate *kk.* meniarapkan; menelungkup; tidak mempunyai daya; rebah. *ks.* tertiarap.
prostration *kn.* tidak berdaya; meniarap.

protagonist *kn.* watak utama; pelakon utama.

protect *kk.* mengawal; melindungi; menaungi; memelihara; menjaga.
protected *ks.* dilindungi.
protection *kn.* jagaan; naungan; perlindungan.
protector *kn.* penjaga; pemelihara; pelindung.

protein *kn.* protein; sejenis zat yang membina tubuh yang terdapat dalam daging, ikan, telur, dll.

protest *kk.* membantah; menyanggah; membangkang; memprotes. *kn.* bangkangan; sangkalan; sanggahan; bantahan.

prototype *kn.* model asli; prototaip.
prototype testing ujian prototaip.

protractor *kn.* jangka sudut.

protrude *kk.* menjulur; menganjur; menyembul; menonjol.
protrusion *kn.* sesuatu yang menonjol.

proud *ks.* sombong; bangga; besar hati; megah; angkuh.
proudly *kkt.* dengan megah; dengan bangga.

prove *kk.* menerangkan; membuktikan; mendalilkan; memberi alasan.
proven *ks.* terbukti.

proverb *kn.* peribahasa; pepatah; bidalan; perumpamaan.

provide *kk.* melengkapkan; menyediakan; mengadakan; memperuntukkan.
provided *kp.* seandainya; sekiranya; dengan syarat; asalkan.
providing *kp.* kalau; jika; menyediakan.

providence *kn.* nasib; takdir; penghematan; pemeliharaan; penjimatan.
provident *ks.* jimat; hemat; cermat.

province *kn.* lingkungan; wilayah; daerah.
provincial *ks.* kewilayahan; kedaerahan.

provision *kn.* persediaan; peruntukan;

bekalan. *kk.* membekali;
menguntukkan.

provoke *kk.* membangkitkan
kemarahan; mengusik; mengganggu;
merangsangkan; menimbulkan
kemarahan.
provocation *kn.* hasutan; acuman;
provokasi.

prow *kn.* haluan kapal.

prowess *kn.* kehandalan.

prowl *kk.* berkeliaran.
prowler *kn.* orang atau binatang yang
berkeliaran.

proximity *kn.* kedekatan; kehampiran.

proxy *kn.* surat kuasa; wakil; proksi.

prudent *ks.* hemet.
prudence *kn.* kecermatan.
prudential *ks.* bijaksana; hati-hati;
waspada.
prudently *kkt.* dengan berhati-hati.

prune *kn.* sejenis buah. *kk.* memangkas,
mencantas.

pry 1. *kk.* mengintip; menjenguk;
merisik. 2. membongkar; mengumpil.

psalm *kn.* mazmur.

pseudonym *kn.* nama samaran.

psychiatry *kn.* psikiatri.
psychiatrist *kn.* doktor penyakit jiwa.

psychic *kn.* orang yang mempunyai
kuasa psikik. *ks.* psikik, hal berkaitan
dengan jiwa.

psychodrama *kn.* psikodrama; drama
yang mengenai konflik peribadi atau
krisis tertentu untuk analisis terapi.

psychology *kn.* ilmu jiwa; psikologi.
psychological *ks.* hal berkaitan
dengan ilmu jiwa.
psychologically *kkt.* berdasarkan
psikologi.
psychologist *kn.* ahli ilmu jiwa; ahli
psikologi.

psychometric *ks.* hal berkaitan dengan
penyakit jiwa.

psychometric test ujian psikometrik;
sesuatu ujian yang menguji sesuatu
faktor tertentu yang menghasilkan
beberapa keputusan.

psychopath *kn.* seorang yang kurang
siuman.
psychopathic *ks.* hal berkaitan dengan
penyakit yang disebabkan oleh
tekanan mental.

puberty *kn.* akil baligh; cukup umur;
remaja.

public *kn.* orang ramai; orang biasa;
am; umum. *ks.* hal berkaitan dengan
orang ramai atau orang awam.
public prosecution pendakwa raya.
public speaking pidato umum.
public transport pengangkutan
awam.
public utility kemudahan awam.
in the public eye di mata umum.
publicity *kn.* penyiaran;
penghebahan; publisiti.
publicise, publicize *kk.*
mengumumkan.
publicly *kkt.* khalayak ramai; depan
orang ramai.

publication *kn.* 1. penerbitan.
2. bahan-bahan tercetak spt. buku
atau majalah.

publish *kk.* menyiarkan; menerbitkan.
publisher *kn.* penerbit.
publishing *kn.* penerbitan.

pucker *kk.* mengerutkan.

pudding *kn.* puding; sejenis makanan
dibuat dari tepung, telur atau susu.

puddle *kn.* lopak; paluh.

puff *kn.* hembusan; puputan; tiupan.
kk. menghembus;
termengah-mengah; memuput.
puffed *ks.* termengah-mengah;
tercungap-cungap; semput.

pull *kk.* menghela; merenggut;
menarik; mengundurkan.
kn. penghelaan; penarikan; kuasa;
pengaruh.
puller *kn.* penarik.

pull out mencabut.

pull over menepi; pergi ke tepi; memberhentikan kenderaan ke tepi.

pulley *kn.* takal.

pulp *kn.* 1. isi buah. 2. palpa.

pulpit *kn.* mimbar.

pulse *kn.* nadi.

puma *kn.* puma; sejenis haiwan liar spt. kucing besar di Amerika.

pump *kn.* pam. *kk.* mengepam.

pumpkin *kn.* buah labu.

pun *kn.* kata-kata lucu yang mempunyai bunyi atau dua makna yang sama.

punch *kk.* menumbuk; meninju; menggocoh. *kn.* 1. pukulan; tumbukan. 2. alat penebuk lubang.

punctual *ks.* tepat pada masa.
punctuality *kn.* ketepatan masa.
punchtually *kkt.* bertepatan dengan masa.

punctuate *kk.* membubuh tanda bacaan.
punctuation *kn.* pembubuhan tanda bacaan.
punctuation mark tanda bacaan spt. titik, koma, tanda soal, dll.

puncture *kk.* membocorkan; mencucuk; mencacah. *kn.* kebocoran; pancit.

pungent *ks.* bau yang keras dan pedas.

punish *kk.* mendenda; menghukum; menyeksa.
punishing *ks.* menyeksakan.
punishment *kn.* penyeksaan; denda; hukuman.

punk *kn.* remaja yang tidak berguna.
punk rock sejenis muzik.

punt *kn.* perahu atau sampan yang lebar dan rata dasarnya. *kk.* 1. menendang bola selepas ia dilepaskan dari tangan dan sebelum

ia menyentuh tanah. 2. bertaruh.
punter *kn.* orang yang bertaruh dalam perlumbaan.

puny *ks.* kecil dan lemah.

pup *kn.* 1. anak anjing. 2. anak haiwan lain.

pupa *kn.* jamak bagi *pupae*. *kn.* kepompong.

pupil *kn.* 1. anak mata; pupil. 2. murid.
pupil-centred approach pendekatan berpusatkan pelajar.

puppet *kn.* anak-anakan; boneka; patung.

puppy *kn.* anak anjing.

purchase *kk.* memperoleh; membeli. *kn.* barang yang dibeli; pembelian.

pure *ks.* bersih; jernih; suci; betul; murni; jati.
purely *kkt.* semata-mata.

purge *kn.* penghapusan; penyingkiran. *kk.* membersihkan; menyingkirkan.

purify *kk.* membersihkan; menulenkan; menyucikan.
purification *kn.* pembersihan.
purity *kn.* ketulenan, kebersihan, kesucian; kejernihan; kemurnian.

purple *kn.* ungu.

purport *kk.* bertujuan; bererti; bermaksud. *kn.* maksud; tujuan.

purpose *kn.* maksud; tujuan; azam; tekad. *kk.* bertujuan; bermaksud.
purposely *kkt.* sengaja.

purr *kk.* mendengkur (spt. kucing).

purse *kn.* bekas duit; uncang; dompet; pundi-pundi.

pursue *kk.* mengejar; mengikuti; memburu; melanjutkan.

pus *kn.* nanah.

push *kk.* menolak; mendorong; mengalih; mengubah; mendesak. *kn.* dorongan; tolakan; desakan; keazaman.

pushed *ks.* sibuk; terdesak.
pushing *ks.* mendesak.
push around mengarah-arahkan.
puss, pussy *kn.* kucing.
put *kk.* membubuh; menambah;
meletak; menaruh; menusuk;
mengusulkan; menyarankan;
menikam.
put away menyimpan.
put down meletakkan; menurunkan.
put forward mengesyorkan.
put on menggunakan; memakai.
puzzle *kn.* masalah; kebingungan.
kk. mengusutkan; membingungkan;
mengacaukan.
puzzled *ks.* bingung; keliru.
puzzlement *kn.* kebingungan.
puzzling *ks.* membingungkan.

Pygmalion effect *kn.* kesan
Pygmalion, ramalan terhadap

pencapaian pelajar berdasarkan
usaha pelajar.
pygmy *kn.* rujuk *pigmy.*
pyjamas, pajamas *kn.* pijama; pakaian
tidur.
pylon *kn.* menara kawat elektrik.
pyramid *kn.* 1. piramid, suatu bentuk
yang tapaknya segitiga atau segi
empat dengan sisi-sisi condong
bertemu di satu puncak. 2. struktur-struktur batu yang
berbentuk piramid yang terdapat di
Mesir yang dibina dalam zaman
Mesir Kuno.
pyre *kn.* unggun.
python *kn.* ular sawa.

Qq

quack *kk.* berbunyi spt. itik. *kn.* bunyi itik; kuek.

quad *kn.* perkataan ringkas untuk *quadrangle* atau *quadruplet.*

quadrangle *kn.* 1. rupa yang berempat segi. 2. kawasan segiempat dikelilingi oleh bangunan.

quadrant *kn.* sukuan; seperempat lingkaran.

quadrilateral *kn.* segiempat; sisi empat.

quadruped *kn.* & *ks.* binatang berkaki empat; kuadruped.

quadruple *ks.* empat kali ganda.
quadruplet *kn.* anak kembar empat.

quail *kn.* burung pikau; burung puyuh. *kk.* menunjukkan rasa takut.

quaint *ks.* ganjil; luar biasa tetapi menarik.

quake *kk.* bergegar. *kn.* gegaran.

qualify *kk.* melayakkan.
qualification *kn.* kelulusan; kelayakan; syarat.
qualified *ks.* berkelayakan; berkelulusan.
qualifying *ks.* kelayakan.

quality *kn.* mutu; nilai; kualiti.
quality control kawalan mutu.

quantity *kn.* kuantiti atau bilangan.

quarantine *kn.* tempat pengasingan bagi mereka yang disyaki mempunyai penyakit berjangkit bagi tempoh masa yang tertentu; kuarantin. *kk.* mengasingkan seseorang atau binatang disebabkan penyakit berjangkit.

quarrel *kk.* bertengkar; berbalah; bertekak; berkelahi. *kn.* perbalahan; pertengkaran; perkelahian.
quarrelsome *ks.* suka bertengkar.
quarrel with bertengkar dengan; bergaduh dengan.

quarry *kn.* tempat memecah batu; kuari.

quarter *kn.* suku; seperempat.
quarterly *ks.* suku tahunan; setiap tiga bulan sekali.
quarters *kn.* rumah kerajaan.
quarter-final *kn.* suku akhir.
quarter mile suku batu.

quartet *kn.* pasukan empat orang penyanyi atau pemuzik.

quartz *kn.* kuartza; sejenis galian yang keras spt. kaca.

quaver *kk.* menggetar; menggeletar; bergetar. *kn.* bunyi menggeletar.

quay *kn.* pangkalan; jeti; tambatan; pelabuhan.

queasy *ks.* rasa loya atau mual.

queen *kn.* permaisuri; johan dalam pertandingan ratu cantik; ratu; maharani.

queer *ks.* ganjil; aneh; pelik.

quell *kk.* memadamkan; menumpaskan; menewaskan. *kn.* keanehan; kepelikan; keganjilan.

quench *kk.* memusnahkan; memadamkan; menghilangkan dahaga.

query *kn.* pertanyaan; soalan.

kk. mempersoalkan; menanyakan; bertanya.

quest *kn.* pencarian.

question *kn.* soalan; pertanyaan; masalah; perkara; soal; meragukan; menyangsikan; keraguan; kesangsian. *kk.* menanyakan.
questionable *ks.* boleh dipersoalkan.
questionnaire *kn.* soal selidik; senarai soalan.
question-and-answer method kaedah soal jawab.
question mark tanda soal.
question time masa soal jawab.
come into question dibincangkan.
out of the question tidak mungkin sama sekali.

queue *kn.* barisan untuk menunggu giliran. *kk.* beratur untuk menunggu giliran.
queue up beratur.

quibble *kn.* dalih. *kk.* berdalih.

quick *ks.* pantas; cepat; lekas; serta-merta.
quickly *kkt.* dengan pantas; dengan cepat; lekas-lekas; segera.
quickness *kn.* kepantasan; kecepatan.
quick temper cepat marah.

quicksand *kn.* pasir jerlus.

quid *kn.* sepah; songel; sentil; sugi.

quiet *kn.* kesunyian; keamanan; ketenangan. *kk.* meredakan; menyabarkan. *ks.* sunyi; aman; tenang; sepi.
quietly *kkt.* dengan diam-diam.
quietness *kn.* ketenangan; kesenyapan; kesunyian.

keep quiet merahsiakan; mendiamkan.

quill *kn.* bulu burung; duri landak.

quilt *kn.* kain penutup tilam.

quin *kn.* perkataan ringkas bagi *quintuplet.*

quinine *kn.* kuinin, sejenis ubat untuk malaria.

quintet *kn.* pasukan lima orang penyanyi atau pemuzik.

quintuplet *kn.* anak kembar lima.

quip *kn.* sindiran; usikan. *kk.* menyindir.

quirk *kn.* perangai seseorang yang ganjil.

quit *kk.* menyerahkan; melepaskan; meletakkan jawatan; berhenti; meninggalkan.

quite *kkt.* sama sekali; benar-benar; sungguh-sungguh; sehabis; cukup; agak.
quite another yang lain.
quite something hebat sungguh.

quiver *kk.* bergerak; bertetar; bergoyang. *kn.* tarkas.

quiz *kn.* kuiz.

quota *kn.* kuota.

quote *kk.* menyatakan; menyebut; mengutip; memetik.
quotation *kn.* petikan; kutipan; sebutan harga.

quotient *kn.* hasil bahagi.

Rr

rabbi *kn.* ulama Yahudi.

rabbit *kn.* arnab.

rabies *kn.* penyakit anjing gila.

raccoon *kn.* rujuk *racoon.*

race[1] *kn.* perlumbaan.
racecourse *kn.* balapan lumba kuda.
race horse kuda lumba.
race track *kn.* gelanggang perlumbaan.
racing *ks.* lumba. *kn.* perlumbaan.

race[2] *kn.* bangsa; keturunan; ras.
racial *ks.* berkaitan dengan bangsa; ras.
racism *kn.* fahaman perkauman.
racist *ks.* bersifat perkauman.
race riot rusuhan kaum.

rack *kn.* papan tingkat untuk pinggan, dll; tempat meletak barang-barang; para; rak.

racket *kn.* ejaan lain untuk *racquet.* *kn.* raket , alat permainan spt. raket badminton.

racoon *kn.* sejenis haiwan kecil yang hidup di Amerika Utara.

radar *kn.* radar; alat mengesan objek.

radiant *ks.* bercahaya; bersinar-sinar; berseri-seri.
radiance *kn.* sinaran.

radiate *kk.* memancar; bersinar; menyemarakkan.

radical *ks.* radikal; orang yang mahukan pembaharuan.

radio *kn.* radio; sejenis alat untuk menghantar dan menerima isyarat.

radioactive *ks.* radioaktif; mengeluarkan pancaran yang merbahaya.

radish *kn.* lobak.

radius *kn.* jarak lingkungan; jejari.

raffia *kn.* rafia, bahan dari sejenis palma yang biasanya digunakan untuk membuat bakul, topi, tikar, dll.

raft *kn.* rakit. *kk.* berakit; belayar dengan rakit; menaiki rakit.

rag *kn.* perca kain; kain buruk; kain koyak; reja.
ragged *ks.* 1. koyak. 2. berpakaian compang-camping. 3. tak sempurna.
rags to riches daripada miskin menjadi kaya.
in rags pakaian yang buruk dan robek; pakaian yang sudah lama dan koyak-rabak.

rage *kn.* kemarahan yang amat sangat; meradang. *kk.* marah; mengamuk; merebak.

raid *kk.* menyerang; menggeledah; menyerbu. *kn.* serangan; serbuan.
raider *kn.* penyerbu; penyerang.

rail *kk.* memaki; memagari; mencaci; mencela. *kn.* kayu atau besi palang pagar; rel kereta api.
railway *kn.* kereta api; jalan kereta api.

rain *kn.* hujan. *kk.* hujan; jatuh; menimpa; menghujani.
raining *kk.* hujan turun.
rainy *ks.* hujan; sering hujan.
rainbow *kn.* pelangi.
raincoat *kn.* baju hujan.

raise *kk.* mengangkat; menaikkan; menimbulkan; mengibarkan.

kn. kenaikan.
raiser *kn.* penternak; pengasas; pembina; pembangun.

raisin *kn.* kismis.

rake *kk.* menggaruk; mencakar; meraih; mengais. 1. *kn.* penggaruk; pencakar. 2. orang yang berkelakuan tidak senonoh; hidung belang.
rake-off *kn.* duit kopi; habuan.

rally *kn.* perlumbaan; perhimpunan; rapat. *kk.* menghimpunkan; menghidupkan kembali; berkumpul semula.

ram *kn.* biri-biri jantan.

ramble *kk.* merayau; berjalan-jalan; bersiar-siar.
rambling *ks.* tidak sekata; terputus-putus; merewang; merepek; merapu.

ramification *kn.* sebahagian dari struktur yang kompleks; akibat yang merumitkan.

ramp *kn.* jalan yang melandai.
rampage *kk.* & *kn.* mengamuk.
rampant *ks.* tumbuh atau merebak secara tidak terkawal.

rampart *kn.* kubu.

ramshackle *ks.* hampir rosak binasa; roboh.

ranch *kn.* ladang ternak.

rancid *ks.* tengik.

rancour *kn.* benci; dendam; dengki.
rancorous *ks.* bersifat dendam dan dengki.

random *kn.* secara rawak; rambang.
random access capaian rawak.
random access memory (RAM) ingatan capaian rawak (RAM)
random learning pembelajaran rawak.

range *kn.* banjaran; deretan; julat; jarak; barisan.

rank *kn.* barisan; martabat; kedudukan;

golongan; darjat; pangkat.
kk. menyusun; mengatur.

ransack *kk.* menggeledah; menyelongkar.

ransom *kn.* wang tebusan.

rap *kn.* ketukan; cacian; celaan.
kk. mengetuk.

rape *kk.* merogol; memperkosa.
kn. rogol.
rapist *kn.* perogol.

rapid *ks.* pantas; deras; laju; cepat.
rapid reading pembacaan pantas.

rapids *kn.* jeram.

rapport *kn.* hubungan baik; hubungan erat.

rapture *kn.* keasyikan; keghairahan.

rare *ks.* jarang; tidak tumpat; luar biasa; tipis; pelik.
rarely *kkt.* tidak lazim; jarang-jarang.

rascal *kn.* budak nakal; penjahat.

rash *kn.* ruam. *ks.* tergesa-gesa; terburu nafsu; sangat gopoh.

rasher *kn.* sepotong daging babi yang digoreng.

raspberry *kn.* raspberi; sejenis pokok renik yang buahnya kecil, manis dan berwarna merah.

rat *kn.* tikus.

rate *kn.* harga; cukai; kepantasan; kadar. *kk.* menaksir; menilai; menganggap.

rather *kkt.* juga; lebih baik; hampir-hampir; persis; lebih tepat.

ratify *kk.* membuat perjanjian atau persetujuan.
ratification *kn.* pengesahan; ratifikasi.

ratio *kn.* nisbah.
ratio scale skala nisbah.

ration *kn.* catu; catuan. *kk.* mencatukan.

rational *ks.* masuk akal; waras;

taakulan; rasional.

rattle *kn.* bunyi gemerincing.
kk. membuat bunyi gemerincing.

ravage *kk.* membinasakan;
merosakkan. *kn.* pemusnahan;
kerosakan.

raven *kn.* sejenis burung spt. gagak.
ravenous *ks.* sangat lapar.

ravine *kn.* jurang; gaung.

ravish *kk.* merebut; merampas;
melarikan; mengghairahkan;
mempesonakan; mengasyikkan.
ravishing *ks.* menarik.

raw *ks.* mentah; belum dimasak.
raw data data mentah.
raw material bahan mentah.
raw score markah mentah.

ray *kn.* 1. cahaya; sinaran. 2. ikan pari.

rayon *kn.* rayon; sejenis sutera tiruan.

raze *kk.* membinasakan.

razor *kn.* pisau cukur.

reach *kk.* membalas; mencapai;
menyampaikan; menjangkau;
meluas. *kn.* jangkauan.

react *kk.* bertindak balas; reaksi.
react on bertindak balas ke atas.
reaction *kn.* sambutan; tindak balas;
reaksi.

read *kk.* membaca; mengagak.
readability kebolehbacaan.
readable *ks.* boleh dibaca.
reader *kn.* buku bacaan; pembaca.
readership *kn.* pembaca.
reading *kn.* pembacaan; bacaan;
tafsiran; interpretasi.
reading method kaedah membaca.
read only memory (ROM) ingatan
baca saja (ROM)
read out membacakan.

ready *ks.* sedia; siap; selesai.
readily *ks.* 1. rela. 2. dengan senang.
readiness *kn.* kesediaan.
ready-made *ks.* siap pakai.

readiness test ujian kesediaan.
get ready bersedia.

readjust *kk.* menyesuai; mengatur
semula.
readjustment *kn.* penyesuaian
semula; penyelarasan kembali;
pengaturan kembali.

real *ks.* betul; bukan olok-olok; benar.
real life kehidupan sebenar.
for real betul-betul.

realia *kn.* realia; benda-benda konkrit.

realise, realize *kk.* sedar.
realisation, realization *kn.* kesedaran;
keinsafan.

really *kkt.* 1. sebenarnya. 2. sangat.
ks. untuk menunjukkan rasa hairan.

realm *kn.* kawasan; alam; daerah;
kerajaan; negara.

realty *kn.* harta tanah.

reap *kk.* mengetam; menuai;
memungut; memperoleh; mengutip
hasil.

reappear *kk.* muncul semula.
reappearance *kn.* kemunculan
semula.

reapply *kk.* memohon semula.
reapplication *kn.* pemohonan semula.

rear *kn.* bahagian belakang.
kk. menternak; mengasuh;
menegakkan; mendirikan;
memelihara.

rearrange *kk.* mengatur semula;
menyusun semula; mengemas
semula.
rearrangement *kn.* pengaturan
semula; penyusunan semula.

reason *kn.* sebab; alasan; akal; fikiran.
kk. memberi alasan; berhujah.
reasonable *ks.* berpatutan; diterima
akal; munasabah; patut; adil.
reasonably *kkt.* mengikut budi bicara;
dengan munasabah; menggunakan
akal.

reassemble *kk.* 1. memasang semula.

2. berkumpul semula.

reassure *kk.* menenangkan; meyakinkan semula; menenteramkan hati.
reassurance *kn.* keyakinan.

rebate *kn.* potongan; rebet.

rebel *kn.* pemberontak; penentang. *kk.* memberontak.
rebellion *kn.* penentangan; pemberontakan.
rebellious *ks.* menderhaka; melawan; memberontak.

reboot *kk.* but semula; proses memulakan semula program komputer setelah keluar dari program asal.

rebound *kn.* lambungan; pantulan; pengambulan. *kk.* melambung; memantul.

rebuff *kn.* penolakan. *kk.* menolak.

rebuild *kk.* membina semula; mendirikan semula.
rebuilding *kn.* pembinaan semula.

rebuke *kn.* celaan; kecaman. *kk.* memarahi; mencela.

rebut *kk.* menyangkal; membidas.
rebuttal *kn.* penyangkalan; penolakan.

recall *kk.* memanggil kembali; mengingatkan kembali; mengenang kembali.
recall test ujian ingat kembali.

recapitulate *kk.* mengikhtisarkan; menggulung.
recapitulation *kn.* ringkasan; penggulungan.

recapture *kk.* menawan semula. *kn.* penawanan semula.

recede *kk.* surut.

receipt *kn.* penerimaan; surat akuan penerimaan wang; resit.

receive *kk.* menyambut; menerima; mendapat.

receivable *ks.* belum terima.
receiver *kn.* alat terima; penerima; gagang telefon.
receiving *ks.* menerima.
receiving order arahan penerima.

recent *ks.* kebelakangan; baru-baru ini.
recently *kkt.* tidak lama dahulu; baru-baru ini.

receptacle *kk.* bekas.

reception *kn.* jamuan; sambutan; penerimaan; resepsi.
receptionist *kn.* penyambut tetamu.

recess *kn.* waktu rehat.
recession *kn.* kemerosotan; kemelesetan.

recipe *kn.* resipi; cara-cara menyediakan makanan.

recipient *kn.* penerima.

reciprocate *kk.* membalas.
reciprocal *ks.* saling; berbalas-balasan.

recite *kk.* mendeklamasi; membaca; menghafal.
recital *kn.* sesuatu persembahan muzik atau lagu.
recitation *kn.* pengucapan; penyampaian sajak, prosa, dsb.

reck *kk.* mengendahkan; mempedulikan; menghiraukan.
reckless *ks.* sembarangan; melulu; membabi buta.
recklessly *kkt.* secara melulu atau membabi buta.

reckon *kk.* membilang; menghitung; mengira.

reclaim *kk.* tebus semula; menebus guna; memperbaiki; memulihkan.
reclamation *kn.* penebusgunaan; pemulihgunaan.

recline *kk.* bersandar; berbaring; menyandarkan.

recluse *kn.* pertapa; penyendiri.

recognise, recognize *kk.* mengecam; menerima; mengiktiraf; kenal;

mengakui.
recognisable, recognizable *ks.* boleh dikenal.
recognition *kn.* pengakuan; pengiktirafan; penghargaan.
recognition test uji kenal.

recoil *kk.* mengundur; melompat ke belakang. *kn.* pergerakan ke belakang secara tiba-tiba.

recollect *kk.* mengingat semula; mengenang kembali.
recollection *kn.* ingatan; ingatan kembali; kenang-kenangan.

recommend *kk.* mengesyorkan; memperakukan; mengajukan.
recommendation *kn.* perakuan; saranan; syor; cadangan; sokongan; rekomen.
recommendatory *ks.* perakuan; saranan.

reconcile *kk.* mendamaikan.
reconciliation *kn.* perdamaian; permuafakatan.

recondition *kk.* memulihkan; memperbaharui; memperbaiki.
reconditioning *kn.* pemulihan.

reconsider *kk.* menimbang semula.
reconsideration *kn.* penimbangan semula.

reconstruct *kk.* membangunkan semula; membina semula.
reconstruction *kn.* pembinaan semula.

record *kk.* mendaftarkan; mencatat; menandai; merekodkan. *kn.* laporan rasmi; catatan; dokumen.
recording *kn.* rakaman; perakaman.
recording room bilik rakaman.
recording time masa rakaman.
record-player *kn.* alat memainkan piring hitam.
beat the record memecahkan rekod (bagi catatan masa).

recount *kk.* 1. menceritakan. 2. mengira semula.

recover *kk.* memperoleh semula; mendapat semula; sembuh; pulih.

recoverable *kn.* dapat diperolehi semula.
recovery *kn.* kesembuhan; pemulihan; kewarasan.

recreation *kn.* hiburan; riadah; rekreasi.
recreational reading bacaan rekreasi.

recruit *kk.* mengambil ahli-ahli baru. *kn.* askar baru; pelatih; rekrut.
recruitment *kn.* pengambilan ahli baru.

rectangle *kn.* segiempat tepat; segiempat bujur.
rectangular *ks.* bersegiempat tepat.

rectify *kk.* memperbaharui; membetulkan.
rectification *kn.* pembetulan; pembaikan.

recuperate *kk.* beransur sembuh.
recuperation *kn.* pemulihan.

recur *kk.* berulang semula.
recurrence *kn.* pengulangan.

recycle *kk.* digunakan semula.
recyclable *ks.* boleh digunakan semula.

red *ks.* merah.
redness *kn.* kemerahan.
red-handed *kk.* ditangkap semasa melakukan kesalahan.
red-hot *ks.* bakar hingga merah baka.

redeem *kk.* memenuhi janji; menebus.

redemption *kn.* penyelamatan; penebusan.

redo *kk.* buat semula.

reduce *kk.* mengurangkan; mengecilkan; menurunkan harga.
reduction *kn.* penurunan; pengurangan; potongan harga.

redundant *ks.* berlebihan; melimpah.
redundancy *kn.* sesuatu yang berlebihan.

reduplicate *kk.* mengulangi; menggandakan.
reduplication *kn.* pengulangan;

penggandaan.

reed *kn.* sejenis tumbuhan yang hidup di paya spt. rumput buluh.

reef *kn.* tumbuhan karang.

reek *kk.* berbau busuk.

reel *kn.* gelendong.
reel-to-reel *kn.* gelendong ke gelendong.

re-elect *kk.* memilih semula.
re-election *kn.* pemilihan semula.

re-enter *kk.* masuk semula.
re-entry *kn.* kemasukan semula.

refer *kk.* merujuk; bermaksud; mengaitkan; menghubungkan; menghantar.
referee *kn.* pengadil; orang tengah. *kk.* mengadili (permainan).
reference *kn.* petunjuk; rujukan.
referendum *kn.* pungutan suara; referendum.
referent *kn.* sesuatu yang dirujuk.
with reference to merujuk kepada.

refill *kk.* mengisi semula. *kn.* pengisi yang baru yang diguna untuk mengganti yang lama.

refine *kk.* menghaluskan; membersihkan; memurnikan; menjernihkan.
refined *ks.* bertapis; halus budi bahasa; sopan santun.
refinement *kn.* penapisan; pembersihan; berpekerti halus.

refinery *kn.* kilang penapisan; loji.

reflect *kk.* menyinarkan; mencerminkan; membayangkan; membalikkan.
reflecting *ks.* memantul.
reflection *kn.* pertimbangan, pembalikan; kenangan; renungan.
reflector *kn.* kaca penyinar; alat pembalik cahaya.

reflex *kn.* refleks. *ks.* tindakan refleks.

reform *kk.* memulih; pemperbaharui. *kn.* pembaharuan; pemulihan;

penyempurnaan; reformasi.
reformation *kn.* perbaikan; pembaharuan; pengubahsuaian; pemulihan; reformasi.

refract *kk.* membias.
refraction *kn.* pembiasan.

refrain *kk.* menjauhkan daripada; menahan diri.

refresh *kk.* menyegarkan; menyamankan; menyedapkan.
refreshing *ks.* menyegarkan; memberangsangkan; menyamankan.
refreshment *kn.* sesuatu benda yang menyegarkan terutama makanan dan minuman.
refresher course kursus ulang kaji.

refrigerate *kk.* menyejukkan; mendinginkan.
refrigerator *kn.* peti sejuk; peti ais.

refuel *kk.* menambah minyak.

refuge *kn.* tempat perlindungan.
refugee *kn.* seseorang yang mencari perlindungan, terutama di negara asing; orang pelarian.

refund *kn.* pembayaran balik; wang yang dibayar balik. *kk.* membayar kembali.

refuse *kk.* enggan; menolak. *kn.* sampah-sarap; kotoran.
refusal *kn.* keengganan; penolakan.

regain *kk.* mendapat balik; memperoleh semula.

regal *ks.* sesuai untuk raja.

regalia *kn.* alat kebesaran diraja.

regard *kn.* penghormatan; pertimbangan; perhatian; pandangan. *kk.* memperhatikan; menyifatkan; menganggap; memandang; menghormati.
regarding *ksd.* berhubung; tentang; berkenaan; mengenai.
regardless *kkt.* tanpa menghiraukan; tidak mempedulikan.

regent *kn.* pemangku raja.

209

regime *kn.* cara pemerintahan; rejim.

regiment *kk.* mengamalkan disiplin yang ketat. *kn.* regimen; unit tentera.
regimental *ks.* yang berkaitan dengan sebuah regimen.
regimented *ks.* mengikut disiplin yang ketat.

region *kn.* lingkungan; daerah; kawasan; rantau.
regional *ks.* berkaitan dengan kawasan; wilayah.

register *kn.* jadual; buku daftar; register. *kk.* mencatat; mendaftarkan.
registered *ks.* berdaftar.
registrar *kn.* pendaftar.
registration *kn.* pencatatan; pendaftaran.

regret *kk.* berdukacita; menyesal. *kn.* kekecewaan; sesalan: penyesalan; kedukaan.
regretful *ks.* penuh sesal.
regrettable *ks.* menyesalkan.

regular *ks.* menurut undang-undang; biasa; lazim; tersusun; teratur.
regularity *kn.* kelaziman.
regularly *kkt.* dengan tetap; sentiasa; selalu; sering.
regulate *kk.* mengawal; mengatur.
regulation *kn.* perintah; aturan; undang-undang.

rehabilitate *kk.* menjalani pemulihan; memulihkan; memperbaiki; membetulkan.
rehabilitation *kn.* pemulihan; pembaikan; pembetulan.

rehearse *kk.* mengadakan latihan atau raptai.
rehearsal *kn.* raptai.

reign *kn.* kerajaan; pemerintahan. *kk.* berpengaruh; memerintah.

reimburse *kk.* menggantikan wang yang telah dibelanjakan; membayar semula.
reimbursement *kn.* pembayaran balik wang yang telah dibelanjakan.

rein *kn.* tali kekang.

reindeer *kn.* reindeer; sejenis rusa yang terdapat di Eropah dan Amerika Utara.

reinforce *kk.* memperkuatkan; memperkukuhkan.
reinforcement *kn.* pengukuhan; penguatan; penguatkuasaan.

reinstate *kk.* mengembalikan; menempatkan kembali.
reinstatement *kn.* pengembalian kepada kedudukan asal.

reinsure *kk.* menginsuranskan semula.

reject *kk.* menolak; enggan menerima.
rejection *kn.* penolakan; penyingkiran; menggirangkan; pembuangan.

rejoice *kk.* bersuka ria; bergembira.

relative[1] *ks.* perbandingan; mengenai; berkenaan dengan; relatif.
relatively *kkt.* jika dibandingkan dengan; secara relatif.

relative[2] *kn.* keluarga; saudara-mara.

relax *kk.* bersenang-senang; mengendur; beristirahat; bersantai.
relaxation *kn.* pengenduran; bersantai; mengurangkan ketegangan.
relaxing *ks.* yang memberi perasaan santai, senang dan tenang.

relay *kk.* menerima dan meghantar. *kn.* lumba lari berganti-ganti.

release *kk.* memerdekakan; membebaskan; melepaskan; mengeluarkan berita, dll. *kn.* pembebasan; kebenaran.

relegate *kk.* diturunkan.
relegation *kn.* penurunan.

relent *kk.* lembut hati; menjadi kurang ganas; menaruh kasihan.

relevant *ks.* berkaitan; bertalian; berhubungan.
relevance *kn.* perkaitan; pertalian, perhubungan.

reliable *ks.* boleh diharap; dapat

dipercayai; jujur; setia; amanah.
reliability *kn.* keadaan yang dapat
dipercayai; kejujuran; keadaan yang
boleh dipercayai.
reliant *ks.* penuh kepercayaan.
reliance *kn.* kebolehpercayaan.
relic *kn.* benda-benda zaman dulu
yang ditinggalkan.
relief *kn.* bantuan (wang atau
makanan) kepada orang-orang yang
dalam kesusahan; kelegaan;
keringanan.
relieve *kk.* melegakan; menghiburkan;
melapangkan dada; meringankan
penderitaan.
religion *kn.* agama.
religious *ks.* keagamaan; beragama;
beriman; salih; warak.
religiously *kkt.* dengan penuh
keimanan.
relinquish *kk.* menyerahkan;
meninggalkan; melepaskan.
relish *kn.* kesukaan; kegemaran.
kk. menggemari; suka akan;
menikmati.
relocate *kk.* menempatkan semula.
relocation *kn.* penempatan semula.
reluctant *ks.* keberatan; enggan; tidak
suka.
reluctance *kn.* keengganan.
reluctantly *kkt.* dengan berat hati.
rely *kk.* berharap dengan; bergantung
kepada; percaya kepada.
remain *kk.* berpanjangan; berbaki;
tinggal.
remainder *kn.* baki; lebihan; sisa.
remains *kn.* sisa-sisa; tinggalan; baki;
jasad.
remark *kn.* sebutan; perhatian;
pendapat; penglihatan.
kk. menyatakan; nampak.
remarkable *ks.* istimewa; luar biasa;
menarik perhatian; ajaib.
remedy *kn.* ubat; jamu; penawar.
kk. membetulkan; menyembuhkan.

remedial *ks.* hal berkaitan dengan
pemulihan.
remedial class kelas remedial.
remedial instruction pengajaran
pemulihan.
remember *kk.* mengingatkan;
mengenangkan.
remembrance *kn.* peringatan;
kenangan; ingatan.
remind *kk.* memperingatkan;
mengingatkan.
reminder *kn.* peringatan; notis.
remindful *ks.* teringat.
reminisce *kk.* mengenang kembali.
reminiscence *kn.* kenangan lama.
reminiscent *ks.* yang
memperingatkan peristiwa.
remission *kn.* pengampunan;
pelepasan; pemaafan.
remit *kk.* mengirim wang.
remittance *kn.* pengiriman wang.
remnant *kn.* bekas; reja, sisa.
remorse *kn.* penyesalan.
remorseful *ks.* dengan penuh sesal.
remorsefully *kkt.* dengan sesal.
remorseless *ks.* tak sesal.
remote *ks.* terasing; terpencil;
tersendiri; kecil; sedikit.
remote access capaian jauh.
remote control kawalan jauh.
remove *kk.* mengubah; mengalih;
menanggalkan.
removal *kn.* penghapusan;
penukaran; pemindahan;
penyingkiran.
remunerate *kk.* menganjar;
mengupahi.
remuneration *kn.* ganjaran; hadiah;
saraan; upah.
rendezvous *kn.* tempat pertemuan.
renew *kk.* memperbaharui.
renewal *kn.* pembaharuan.
renounce *kk.* menolak; meninggalkan;
melepaskan.

211

renouncement *kn.* penolakan.

renovate *kk.* memperbaharui;
mengubahsuai.
renovation *kn.* pengubahsuaian.

renown *kn.* kemasyhuran; kenamaan.
renowned *ks.* ternama; termasyhur;
terkenal.

rent *kn.* sewa. *kk.* menyewa.
rental *kn.* wang sewa.
rented *ks.* disewa.

repair *kk.* membetulkan; memperbaiki.
kn. pembetulan; perbaikan.
repairable *ks.* dapat dibaiki.
reparable *ks.* dapat dibaiki.

repatriate *kk.* menghantar balik orang
ke negeri asalnya.
repatriation *kn.* pemulangan orang ke
tempat asalnya; repatriasi.

repay *kk.* menebus; membayar balik.
repayment *kn.* pembayaran balik.

repeal *kk.* membatal; memansuh.
kn. pembatalan; pemansuhan;
penghapusan.

repeat *kk.* menyebut semula; membuat
semula; mengulang. *kn.* pengulangan.
repeatedly *kkt.* berulang kali;
berkali-kali.
repetition *kn.* pengulangan.

repel *kk.* 1. menolak. 2. menjijikkan.
repellent *ks.* yang menjijikkan.

repent *kk.* bertaubat; menyesal.
repentance *kn.* taubat; penyesalan;
sesalan.
repentant *ks.* yang bertaubat.

repercussion *kn.* akibat; gema; gaung;
kesan; pantulan.

replace *kk.* mengambil tempat;
meletakkan kembali; menggantikan.
replacement *kn.* pengganti;
penggantian.

replay *kk.* memainkan semula; ulang
tayang. *kn.* permainan semula.

replenish *kk.* mengisikan lagi;
memenuhkan semula; menambah.

replica *kn.* pendua; replika.

reply *kk.* menjawab; membalas.
kn. balasan; jawapan.

report *kk.* menceritakan; memberi
tahu; mengkhabarkan; mengadu;
melaporkan. *kn.* khabar; berita; warta;
aduan; pengaduan; laporan; nama
baik.
reported *ks.* dilaporkan.
reporter *kn.* pemberita; wartawan.
reporting *kn.* laporan.
progress report laporan kemajuan.

repose *kk.* berehat. *kn.* tidur; rehat.
reposeful *ks.* senyap; tenang.

represent *kk.* melambangkan;
menggambarkan; menerangkan;
menjelaskan; mewakili;
mengisyaratkan; merupakan.
representation *kn.* perlambangan;
perwakilan; gambaran.
representative *kn.* wakil.

repress *kk.* menahan.
repression *kn.* penindasan;
penekanan; penahanan.
repressive *ks.* yang menindas.

reprieve *kn.* perintah yang memberi
kuasa menangguhkan keputusan
hukuman. *kk.* menundakan atau
melambatkan keputusan hukuman
mati.
reprisal *kn.* pembalasan.

reprimand *kn.* celaan; teguran.
kk. menegur.

reproach *kk.* mempersalahkan;
memarahi; mencela. *kn.* celaan;
cercaan.

reprobate *kk.* mengutuk; mencela.
reprobation *kn.* kutukan; kecaman;
kritikan.

reproduce *kk.* membuat salinan;
mengulangi; membiak;
mengeluarkan lagi.
reproduction *kn.* pembiakan; proses
memperbanyakkan.
reproductive *ks.* hal berkaitan
pembiakan.

reprography *kn.* reprografi; proses mencetak penduaan dengan pancaran haba.

reproof *kn.* teguran.

reprove *kk.* menegur.

reptile *kn.* raptilia, haiwan yang berdarah sejuk, bertelur spt. ular.

republic *kn.* republik; negara yang diketuai oleh seorang Presiden.

repulse *kn.* penolak. *kk.* menolak.

repulsive *ks.* menjijikkan, ngeri.

repulsively *kkt.* secara menjijikkan.

reputable *ks.* yang terkenal.

reputation *kn.* nama baik; reputasi.

request *kn.* permintaan; permohonan. *kk.* meminta; memohon.

require *kk.* menghendaki; memerlukan; menuntut.

requirement *kn.* keperluan; kehendak.

requisite *kn.* sesuatu yang diperlukan. *ks.* yang diperlukan.

requisition *kn.* pengambilan; tuntutan.

rescue *kk.* menyelamatkan; menolong; membebaskan. *kn.* penyelamatan; pertolongan; pembebasan.

rescuer *kn.* penyelamat.

research *kk.* menyelidik. *kn.* penyelidikan.

researcher *kn.* penyelidik.

research and development (R&D) penyelidikan dan pembangunan.

resemble *kk.* menyerupai; menyamai; mirip; seiras.

resemblance *kn.* keserupaan; kesamaan.

resent *kk.* menunjukkan marah.

resentful *ks.* tersinggung emosi.

resentment *kn.* kemarahan; perasaan marah.

reserve *kk.* menempah; memesan; menyimpan; persediaan. *kn.* simpanan; persediaan; askar simpanan; rizab.

reservation *kn.* tempahan; simpanan.

reserved list senarai simpanan.

reservoir *kn.* takungan air.

resettle *kk.* menempatkan semula.

resettlement *kn.* penempatan semula.

reshuffle *kk.* mengatur semula; merombak. *kn.* penyusunan semula; perombakan.

reside *kk.* tinggal; duduk.

residence *kn.* tempat tinggal; rumah pegawai kerajaan; kediaman.

residency *kn.* rumah rasmi pegawai tinggi kerajaan.

resident *kn.* penduduk.

residential *ks.* sesuai untuk kediaman.

residue *kn.* mendak; keladak; sisa.

residual *ks.* baki; sisa.

resign *kk.* meletakkan jawatan; berhenti kerja.

resignation *kn.* perletakan jawatan.

resigned *ks.* reda; sabar.

resilient *ks.* bersifat pering; berupaya melambung kembali; dapat bertahan.

resilience *kn.* ketahanan.

resin *kn.* damar.

resist *kk.* melawan; menahan; menentang.

resistance *kn.* penentangan; rintangan; perlawanan.

resolute *ks.* teguh hati; tabah hati.

resolution *kn.* azam keputusan; ketetapan; resolusi.

resolve *kk.* berazam; menetapkan; memutuskan; memecahkan; menghuraikan; memisahkan.

resort *kn.* 1. tempat peranginan. 2. jalan; cara. *kk.* menggunakan sesuatu untuk.

resource *kn.* daya; akal; sumber; kekayaan; bahan mentah.

resource-based learning pembelajaran berasaskan sumber.

resource centre pusat sumber.

resource materials bahan sumber.

respect *kk.* menghormati;
menjunjungi. *kn.* pertimbangan;
penghormatan; perhatian;
penghargaan.
respectable *ks.* bereputasi baik; sopan.
respectful *ks.* yang berbudi bahasa;
penuh hormat.
respectively *kkt.* masing-masing.
respectable language bahasa sopan.
in respect to dari segi.
last respects memberi penghormatan
terakhir.
pay respects mengunjungi seseorang;
melawat seseorang.
with respect to berkenaan dengan;
mengenai.

respire *kk.* bernafas.
respiration *kn.* pernafasan.

respond *kk.* menjawab; membalas;
menyahut.
response *kn.* jawapan; balasan;
sambutan; reaksi.
responsible *ks.* nama atau kedudukan
yang baik; bertanggungjawab.
responsibility *kn.* tanggungjawab;
kewajipan.
responsive *ks.* berbalasan.

rest *kn.* rehat; baik; yang tinggal.
kk. menyandarkan; meletakkan;
berehat.
restful *ks.* tenang.
restfully *kkt.* dengan tenang.
restfulness *kn.* ketenangan.
restless *ks.* gelisah; resah.
resting-place *kn.* tempat persemadian.

restaurant *kn.* kedai makanan;
restoran.

restore *kk.* membaharui; memperbaiki;
memulihkan; memulangkan;
mengembalikan.
restoration *kn.* pemulihan.

restrain *kk.* menahan diri.
restrained *ks.* dikawal; terkekang;
tertahan.
restraint *kk.* pengekangan;
pembatasan; penyekatan.

restrict *kk.* mengehadkan; menyekat;
membatasi.

restricted *ks.* larangan; terhad.
restriction *kn.* batasan; sekatan; had.
restricted area kawasan larangan.

result *kn.* keputusan; kesudahan; hasil;
kesan; akibat.

resume *kk.* menyambung semula;
mengambil semula; melanjutkan lagi;
menduduki semula.

resurrect *kk.* menghidupkan kembali.
resurrection *kn.* hidup kembali.

resuscitate *kk.* menyedarkan semula;
memulihkan kembali; pulih semula.

retail *kkt.* secara runcit.
retailer *kn.* peniaga runcit.

retain *kk.* mengekalkan; menyimpan;
membendung; menambak.

retaliate *kk.* bertindakbalas.
retaliation *kn.* tindakbalas.

retard *kk.* melambatkan; menghalang;
merencatkan; membantutkan.
retarded *ks.* terbantut; terencat akal.

retention *kn.* penahanan.

retire *kk.* berundur; mengundurkan
diri; bersara; pergi tidur.
retirement *kn.* persaraan.
retiring *ks.* menyisihkan diri; akan
bersara.

retort *kn.* jawapan yang tajam.
kk. menjawab dengan tajam.

retrace *kk.* berpatah balik atau
mengulangi.

retract *kk.* menarik ke dalam.
retraction *kn.* penarikan ke dalam.

retreat *kk.* berundur; menarik diri.
kn. pengunduran.

retrench *kk.* mengurangkan pekerja;
menjimatkan belanja; berhemat;
berjimat.
retrenchment *kn.* berjimat cermat;
pengurangan pekerja.

retribution *kn.* pembalasan yang
sewajarnya.

retrieve *kk.* mendapat semula;

menyelamatkan dari.
retrievable *ks.* yang dapat diselamatkan atau diperoleh semula.
retrieval *kn.* pemerolehan semula.

retrospect *kn.* tinjauan.
retrospection *kn.* peninjauan kembali.

return *kk.* pulang; balik; kembali; mengirimkan; memulangkan. *kn.* penyata rasmi; pemulangan; pengembalian.
returnable *ks.* boleh dipulangkan.
many happy returns satu ucapan selamat.

reunion *kn.* pertemuan semula; penggabungan semula.

reunite *kk.* bersatu kembali; bertemu kembali.

revamp *kk.* mengubah suai; membaharui.

reveal *kk.* mendedahkan; membuka; menunjukkan; mengumumkan; menyatakan.

revelation *kn.* pendedahan.

revenge *kk.* menuntut bela; membalas dendam. *kn.* pembalasan dendam.
revengeful *ks.* mempunyai perasaan dendam.

revenue *kn.* pendapatan; hasil.

reverberate *kk.* bertalun.
reverberation *kn.* talun.

reverse *kk.* membalikkan; membatalkan; memansuhkan. *ks.* terbalik; bertentangan; berlawanan.
reversal *kn.* pembalikan.
reverse angle shot prose menangkap adegan dari arah yang berlainan.

revert *kk.* kembali kepada keadaan dahulu.

review *kk.* membuat ulasan; mengulas. *kn.* ulasan buku, majalah, dll.
reviewer *kn.* pengulas.
review frame bidang semak.

revise *kk.* menyemak; mengulang kaji.

revision *kn.* penyemakan kembali; pengulangan semula.

revive *kk.* memulihkan kembali.
revival *kn.* pemulihan kembali.

revoke *kk.* memansuhkan; membatalkan.
revocation *kn.* pemansuhan; pembatalan.

revolt *kk.* bangkit menderhaka; memberontak.
revolution *kn.* pemberontakan; revolusi.
revolutionary *ks.* bersifat revolusi.
revolution per minute (rpm) putaran seminit.

revolve *kk.* berpusing; beredar.

reward *kn.* hadiah kerana kebaktian; hadiah; kurnia; ganjaran. *kk.* memberi ganjaran.

rewrite *kk.* menulis semula.

rheumatism *kn.* penyakit sengal-sengal tulang; reumatisme.

rhinoceros *kn.* badak sumbu.

rhombus *kn.* rombus; satu bentuk yang mempunyai sisi yang sama panjang tetapi bukan segi empat tepat.

rhyme *kn.* pantun kanak-kanak.

rhythm *kn.* rentak lagu atau bunyi; irama; tempo.
rhythmic *ks.* berirama.

rib *kn.* tulang rusuk.

ribbon *kn.* pita; reben.

rice *kn.* padi (unhusked); beras (uncooked); nasi (cooked).
rice field sawah; bendang.

rich *ks.* kaya; berada; berharga; subur; (makanan) yang banyak mengandungi lemak atau gula.
riches *kn.* kemewahan; kekayaan.
richness *kn.* kemewahan; kekayaan.

rick *kn.* timbunan jerami; timbunan rumput kering.

rickety *ks.* lemah, keadaan sesuatu yang mungkin akan roboh.

rickshaw *kn.* lanca; beca.

rid *kk.* membersihkan; menjauhi; membebaskan.
riddance *kn.* penghapusan.

riddle *kn.* masalah; teka-teki.

ride, rode, ridden *kn.* menunggang; menumpang; menaiki.
rider *kn.* penunggang.
riding *kn.* menunggang kuda.
go for a ride menaiki kenderaan, berkuda, menunggang basikal, dll. untuk bersiar-siar.
take for a ride menunggang kuda; menipu seseorang.

ridge *kn.* permatang; batas.

ridicule *kk.* mencemuh; mengejek; mempersendakan; mentertawakan. *kn.* ejekan; cemuhan.
ridiculous *ks.* mustahil; ganjil; lucu; tidak masuk akal; menggelikan hati.
rediculously *kkt.* secara ganjil.

rifle *kn.* senapang.

rift *kn.* celah; perkelahian; sesar; belah.

rig *kn.* cara bagaimana peralatan kapal disusun. *kk.* memperlengkapi kapal dengan tali-temali.

right *ks.* terus; adil; waras; betul; benar; patut; kanan. *kk.* membetulkan; membereskan. *kn.* hak; kebenaran. *kkt.* sungguh-sungguh; terus; benar-benar; betul-betul.
rightful *ks.* yang sebenarnya; wajar; patut.
right-angled *ks.* bersudut tegak; bersudut tepat.
right arm tangan kanan.
right away serta-merta; sekarang juga.
right-hand man orang kanan.
by right mengikut hak.

righteous *kn.* patut; benar; adil.
righteously *kkt.* secara adil dan benar.
righteousness *kn.* keadilan; kebenaran.

rigid *ks.* keras; kaku; tegar.
rigidity *kn.* kekakuan; ketegaran.
rigidly *kkt.* secara keras atau tegar.

rigour *kn.* kekasaran; kekerasan.
rigorous *ks.* keras; ketat; teruk.
rigorously *kkt.* secara teruk, ketat atau keras.

rim *kn.* bingkai; rim. *kk.* melingkari; membingkaikan; meminggiri.

rind *kn.* kulit luar yang keras pada makanan spt. buah-buah, keju, dsb..

ring *kn.* 1. cincin; gelanggelang; lingkaran; gelanggang; bulatan. 2. deringan; bunyi. *kk.* 1. mengepung. 2. berdering; menelefon; menghubungi; teringat-ingat; terkenang-kenang.
ringing *ks.* nyaring.
ringlet *kn.* ikal.
ringleader *kn.* ketua.
ringmaster *kn.* pengarah sarkas.
ring-worm *kn.* kurap.

rink *kn.* lapangan ais untuk bermain bola, meluncur, dll.

rinse *kk.* membasuh; membilas. *kn.* bilasan.

riot *kk.* merusuh. *kn.* rusuhan; pergaduhan; kekacauan.
rioter *kn.* perusuh.

rip *kk.* mengoyakkan; merentap; merenggut. *kn.* renggutan; koyak; cabik.
rip-off *kn.* tipu; cekik darah.

ripe *ks.* menjadi masak.
ripen *kk.* masak ranum; matang.

ripple *kn.* riak. *kk.* mengocakkan; berkocak; beriak; meriakkan.
ripplet *kn.* riak kecil.

rise, rose, risen *kk.* bangun; meninggi; meningkat; naik; terbit.
rise *kn.* kenaikan; permulaan; terbit.
rising *ks.* menaik; meningkat.

risk *kn.* bahaya; tanggungan; risiko. *kk.* mempertaruhkan; memberanikan diri.

risky *ks.* berbahaya.
at risk dalam bahaya; dalam risiko.
take a risk menanggung risiko.

rite *kn.* istiadat; upacara (yang berkaitan dengan agama).

ritual *kn.* upacara keagamaan.
ks. upacara yang dilakukan dengan mengikut aturan tertentu.

rival *kn.* saingan; tandingan; musuh; lawan.
rivalry *kn.* pertandingan; persaingan.

river *kn.* sungai; kali.
river bank tebing sungai.
river bed dasar sungai.

rivet *kn.* paku keling. *kk.* menumpukan perhatian.

rivulet *kn.* anak sungai.

road *kn.* jalan raya; lorong; jalan; perjalanan.
road-block *kn.* sekatan jalan.
roadside *kn.* tepi jalan.
by road mengikut jalan.
on the road dalam perjalanan.

roam *kk.* merayau-rayau; mengembara.

roar *kk.* mengaum; menderam; menengking; menderu; meraung; memekik; menjerit. *kn.* raungan; jeritan; auman; deruan.
roaring *ks.* membingarkan; riuh-rendah; hiruk-pikuk; giat; sihat; bergelora.

roast *kk.* membakar; menyalai; memanggang. *kn.* daging bakar; daging panggang; daging salai.
roaster *kn.* daging yang dipanggang.

rob *kk.* menyamun; merompak; merampas; merampok.
robber *kn.* penyamun; perompak.
robbery *kn.* samunan; rompakan.

robe *kn.* jubah.

robin *kn.* sejenis burung.

robot *kn.* robot.

robust *ks.* kuat; bertenaga; tegap.

rock[1] *kn.* batu-batan; batu besar.
rocky *ks.* berbatu-batan.

rock[2] *kk.* berbuai; membuaikan; menggoncangkan; menggegar; mengayunkan; bergoyang; berayun.
rocking-chair *kn.* kerusi goyang.
rocking-horse *kn.* kuda goyang.

rocket *kn.* roket. *kk.* naik dengan cepat.

rod *kn.* batang kail; joran.

rodent *kn.* haiwan yang makan dengan menggigit sedikit-sedikit spt. arnab, tikus, dsb.

rodeo *kn.* pertandingan kemahiran menunggang kuda liar dan menali lembu.

roe *kn.* telur ikan.

rogue *kn.* orang jahat; bajingan; penyangak.

role *kn.* peranan.
role play main peranan.

roll *kk.* melilit; menggulung; menggolek; berguling; bergolek. *kn.* gulungan.
roller *kn.* penggiling; penggelek.
rolling *ks.* bergolek-golek.
roller-skate *kn.* kasut roda.
rolling-pin *kn.* kayu penggiling.

rollicking *ks.* riang gembira; suka ria; riuh-rendah.

romance *kn.* cerita percintaan.

romp *kn.* permainan yang kasar dan bising.

roof *kn.* atap; bumbung. *kk.* beratapkan; mengatap.
roofed *ks.* beratap; berbumbung.

room *kn.* bilik; ruangan; kawasan lapang; kamar; peluang; kesempatan.
roomy *ks.* lapang; luas; lega.
room-mate *kn.* teman sebilik.

roost *kn.* tempat ayam tidur.
rooster *kn.* ayam jantan.

root *kn.* akar; sebab; sumber; punca; kata terbitan; kata dasar. *kk.* berakar.

rope *kn.* tali. *kk.* menambat; mengikat.

rosary *kn.* tasbih.

rose *kn.* bunga mawar; bunga ros.
rosy *ks.* 1. berwarna
kemerah-merahan.
2. sungguh menggalakkan.

rosette *kn.* roset; lencana yang
berbentuk kuntum bunga yang dibuat
dari reben.

roster *kn.* daftar atau jadual giliran
bekerja.

rostrum *kn.* mimbar; tetingkat;
rostrum.

rot *kk.* menjadi busuk; reput;
mereputkan; bersembang.
kn. kebusukan.
rotten *ks.* busuk; reput.

rotary *ks.* berputar-putar.
rotary magazine lopak putar.

rotate *kk.* berputar; berpusar;
bergilir-gilir.
rotation *kn.* putaran.

rote *kn.* penghafalan.
rote learning pembelajaran hafal.

rotor *kn.* rotor; bahagian enjin yang
berputar.

rough *ks.* kesat; biadab; kasar; garau;
parau.
roughly *kkt.* dengan kasar; kira-kira;
lebih kurang.
rough copy salinan kasar.

roulette *kn.* rolet; sejenis judi.

round *ks.* bulat; lengkap; penuh;
keliling; genap; bundar.
kkt. berkeliling. *kn.* pusingan;
lingkaran; bulatan. *kk.* membulatkan;
membundarkan; menyelesaikan;
menyempurnakan.
rounded *ks.* bulat.
roundabout *kn.* bulatan di jalan raya.
ks. berbelit-belit.
round figure angka genap.
round table discussion perbincangan
meja bulat.

round-the-clock *ks.* 24 jam.

rouse *kk.* membangkitkan;
membangunkan; mengapi-apikan;
merangsangkan; menggiatkan.

rout *kn.* kekalahan teruk.
kk. menewaskan.

route *kn.* jalan (yang dilalui).

routine *kn.* perkara yang lazim
dilakukan.
routinisation, routinization *kn.*
perutinan.

rove *kk.* mengembara; merayau.
rover *kn.* pengembara; kelana;
perayau.

row *kn.* barisan; deretan; jajaran.
kk. mendayung; mengayuh.
rowing *kn.* berdayung perahu.

rowdy *ks.* kasar dan suka bertengkar.

royal *ks.* diraja.
royal family keluarga diraja.
royalty *kn.* 1. kerabat diraja.
2. bayaran kepada artis atau
pengarang kerana karyanya; royalti.

rub *kk.* menggesek; menggesel;
mengusap; menggonyoh; menyental;
menyapu; menggosok.
rub shoulders dapat bercampur gaul;
dapat bermesra dengan orang-orang
tertentu.

rubber *kn.* getah.
rubber cement simen getah.

rubbish *kn.* kotoran; kata yang sesia;
sampah-sarap; omong kosong.

rubble *kn.* serpihan batu.

ruby *kn.* batu delima.

rucksack *kn.* ransel, sejenis beg yang
diikat pada belakang.

rudder *kn.* kemudi.

rude *ks.* biadab; kurang ajar; kasar.
rudely *kkt.* dengan biadab; secara
kasar.

rudiment *kn.* asas; dasar permulaan.

rue *kk.* menyesali.
rueful *ks.* mendukacitakan;
menyedihkan.

ruffian *kn.* samseng; bangsat; bajingan.

ruffle *kk.* membuat berselerak.

rug *kn.* tikar yang dibuat daripada
benda kasar, sabut, misalnya.
rugged *ks.* kasar; kasap; tidak rata.

rugby *kn.* ragbi; sejenis permainan
berpasukan 15 orang pemain yang
menggunakan bola yang bujur.

rugger *kn.* nama lain untuk *rugby.*

ruin *kk.* menjahanamkan; merosakkan;
membinasakan; memusnahkan.
kn. kerosakan; kehancuran;
kejatuhan; keruntuhan; kemusnahan.
ruined *ks.* telah musnah; telah binasa.

rule *kn.* lunas; undang-undang;
pemerintahan; peraturan; aturan.
kk. memerintah; memutuskan;
dipengaruhi; menguasai;
menetapkan.
ruler *kn.* 1. pemerintah; raja. 2. kayu
pembaris; penyukat.
ruling *ks.* terkemuka; mempengaruhi;
menguasai.
rule learning pembelajaran peraturan.
rule of thumb learning pembelajarn
lazim.
by rule mengikut peraturan.

rumble *kk.* bergemuruh; menderu;
menderum. *kn.* deruman; bunyi
gemuruh.

rummage *kk.* menyelongkar;
membongkar; menggeledah.
kn. penyelongkaran; penggeledahan.

rumour *kn.* berita angin; desas-desus;
risik-risik.
rumoured *ks.* yang dilaporkan
sebagai berita angin.

run, ran *kk.* lari; berlari; mengalir;
menitis; menitik; lumba. *kn.* pelarian.
runner *kn.* pelumba lari; pelari.
running *ks.* sambil berlari;
bertalu-talu; terus-menerus;

mengalir; kendalian.
run after mengejar; memburu.
run against mengatasi.
run along pergi.
runaway *ks.* terlepas; tidak terkawal;
melarikan diri.
runner-up *kn.* pemenang kedua; naib
johan.
running shot teknik menangkap
gambar pada kadar yang sama
dengan gerakan subjek dalam
penerbitan filem.
running time masa jalanan.
running water air yang mengalir.
run on berterusan; berlarutan.
run out of kehabisan.
run over membaca sekali lalu;
melanggar; melimpah.
run through membaca sambil lalu;
membaca sekali imbas; memeriksa
dengan cepat.
runway *kn.* landasan kapal terbang.
in the long run dalam jangka panjang.

rupee *kn.* mata wang India dan
Pakistan.

rupture *kk.* memecahkan;
memutuskan. *kn.* pemecahan.

rural *ks.* kedesaan; luar bandar.

ruse *kn.* muslihat; tipu helah.

rush *kk.* menerkam; menyerbu;
menerpa; mempercepatkan;
menyegerakan. *kn.* kesibukan.
rush job kerja tergesa-gesa; kerja
terburu-buru.

rusk *kn.* sejenis biskut rapuh.

rust *kn.* karat. *kk.* berkarat;
mengaratkan.
rusted *ks.* berkarat.
rusty *ks.* berkarat.

rustic *ks.* yang berkaitan dengan desa
dan orang-orang desa.
kn. orang kampung; petani; orang
hulu.

rustle *kk.* menggerisik; berdesir;
meresik. *kn.* gerisik; desir.
rustling *kn.* desiran.

ruthless *ks*. tidak menaruh belas kasihan; kejam; zalim.
ruthlessly *kkt*. secara zalim.

rutted *ks*. mempunyai kesan roda.

rye *kn*. 1. gandum hitam. 2. sejenis minuman keras yang dibuat dari biji-bijirin ini

Ss

sabotage *kn.* sabotaj; perbuatan sengaja merosakkan. *kk.* merosakkan rancangan lawan.

sac *kn.* pundi.

sack *kk.* memecat. *kn.* karung; guni.

sacred *ks.* suci; kudus; mulia.

sacrifice *kn.* pengorbanan. *kk.* berkorban; mengorbankan.

sad *ks.* dukacita; sedih; sayu; susah hati; masyghul.
sadden *kk.* memilukan; menyedihkan.
sadly *kkt.* dengan dukacita; yang menyedihkan.

saddle *kn.* tempat duduk basikal atau kuda; pelana.

sadist *kn.* seorang yang suka menyeksa orang.

safari *kn.* ekspedisi pemburuan biasanya di benua Afrika.

safe *ks.* selamat; aman; berwaspada; berhati-hati; tiada bahaya. *kn.* peti besi.
safely *kkt.* dengan selamat; dengan aman.
safety *kn.* keselamatan; tempat yang selamat; keamanan.
safety pin pin baju.
safety-belt *kn.* tali pinggang keledar.

saffron *kn.* kunyit.

sag *kn.* kelenturan; kelendutan. *kk.* melendut; melengkung; melentur; meleweh.
sagging *ks.* melendut; merebeh.

sage *kn.* seorang yang bijaksana.

sago *kn.* sagu; bijirin kecil berwarna putih yang didapati dari sejenis pokok, biasanya digunakan untuk masakan.

sail *kn.* layar. *kk.* melayarkan; belayar.
sailing *kn.* seni pelayaran; belayar.
sailor *kn.* pelaut; kelasi.

saint *kn.* orang suci; keramat; wali.

sake *kn.* demi sesuatu atau seseorang.
for the sake of demi kerana.

salad *kn.* salad; satu hidangan campuran sayur-sayuran.

salary *kn.* gaji.

sale *kn.* jualan; penjualan.
saleable *ks.* laku; boleh dijual.
salesman *kn.* jurujual.

salient *ks.* ketara; menonjol; yang utama.

saline *kn.* larutan garam dengan air; salina. *ks.* masin; bergaram.

saliva *kn.* air liur.

sallow *ks.* pucat.

salmon *kn.* ikan salmon; sejenis ikan laut yang besar yang berenang ke atas sungai untuk bertelur.

salon *kn.* kedai untuk perkhidmatan spt. mendendan rambut.

saloon *kn.* 1. sejenis kereta untuk sekeluarga. 2. tempat di mana minuman keras dijual.

salt *kn.* garam.
saltish *ks.* rasa spt. garam.
salty *ks.* masin; asin.
salted fish ikan masin; ikan asin.

salute *kk.* memberi hormat; menabik.

kn. tabik hormat; salam.

salutation *kn.* tanda hormat; salam.

salvage *kn.* penyelamatan.
kk. menyelamatkan.

salvation *kn.* keselamatan;
pertolongan.

same *ks.* serupa; semacam; sama;
bersama; dalam masa yang sama.

sample *kn.* contoh. *kk.* cuba;
memeriksa.

sanction *kn.* izin; sekatan ekonomi.
kk. bersetuju dengan.

sanctity *kn.* kemurnian; kesucian;
kekudusan.

sanctuary *kn.* tempat perlindungan.

sand *kn.* pasir.
sandy *ks.* berpasir.
sandbag *kn.* karung pasir.
sand-fly *kn.* agas.
sandpaper *kn.* kertas pasir.

sandal *kn.* terompah; selipar; capal;
sandal.

sandwich *kn.* sandwic. *kk.* terhempit.
sandwich course kursus separuh
masa kerja dan separuh masa belajar.

sane *ks.* waras; tidak gila.

sanitary *ks.* kawalan kebersihan; bersih.
sanitation *kn.* kebersihan.

sanity *kn.* kewarasan.

sap *kn.* getah dalam tumbuhan.
sapling *kn.* anak pokok.

sapphire *kn.* nilam.

sarcastic *ks.* tajam mulut.

sardine *kn.* sardin; sejenis ikan laut
yang kecil.

sash *kn.* kain selempang.

satchel *kn.* sejenis beg sekolah dibuat
daripada kulit atau kain kanvas,
ransel.

satellite *kn.* 1. satelit; planet yang

mengelilingi satu objek yang lebih
besar. 2. objek yang dihantar ke
angkasa untuk mengelilingi bumi.

satin *kn.* kain sutera.

satire *kn.* karangan sindiran; satira.

satisfy *kk.* memadai; meyakinkan;
mencukupi; memuaskan hati.
satisfaction *kn.* kesenangan;
kepuasan hati; kelegaan.
satisfactorily *kkt.* secara memuaskan.
satisfactory *ks.* yang memuaskan hati.
satisfied *ks.* berpuas hati.
satisfying *ks.* memberikan kepuasan.

saturate *kk.* membasahkan;
memerapkan; memekatkan.
saturation *kn.* ketepuan; keadaan
penuh.

Saturday *kn.* Sabtu.

sauce *kn.* kicap; kuah; sos.
saucer *kn.* piring.
saucepan *kn.* kuali.

saucy *ks.* biadab; lancang; kurang
sopan; kurang ajar.

sauna *kn.* mandi wap.

saunter *kk.* berjalan-jalan; bersiar-siar.

sausage *kn.* sosej; sejenis makanan di
mana daging yang dicincang diisi
dalam usus.

savage *ks.* liar; kejam; ganas; buas.
kk. menyerang; mengganas.
savagery *kn.* keganasan; kebuasan;
kezaliman.

save *kk.* menyelamatkan; menyimpan;
meringankan; menabung; tidak perlu.
kp. kecuali; melainkan.
saver *kn.* penyelamat (orang atau
masa); penyimpan.
saving *kn.* simpanan; wang yang
disimpan; menabung.

saviour *kn.* penyelamat.

savour *kk.* merasa kelazatan makanan
atau minuman.
savoury *ks.* (makanan) yang berperisa

masin dan bukan manis.

saw *kn.* gergaji. *kk.* menggergaji.
sawdust *kn.* serbuk gergaji.
sawmill *kn.* kilang papan.
saxophone *kn.* saksofon; sejenis alat muzik.

say, said *kk.* menyebut; mengatakan; ujar; menyatakan.
saying *kn.* peribahasa; perumpamaan; pepatah.
say no more tak payah cakap banyak lagi.

scab *kn.* keruping; kuping.

scabbard *kn.* sarung untuk menyimpan pedang.

scabies *kn.* kudis.

scaffold *kn.* rangka yang didirikan dekat bangunan untuk membantu pekerja menjalankan tugas mereka.

scald *kk.* melepuh; melecur. *kn.* leceh; lepur.

scale 1. *kn.* keruping; kuping; sisik. *kk.* terkopek; menggelupas; lekang. 2. *kn.* timbangan; neraca. 3. *kn.* alat pengukur; skala.
scaly *ks.* bersisik.

scallop *kn.* sejenis kerang; kekapis.

scalp *kn.* kulit kepala.

scamper *kk.* berlari dengan cepat.

scan *kk.* 1. memeriksa dengan teliti. 2. memandang sepintas lalu.
scanner *kn.* pemindai; sejenis alat elektronik untuk mengenali grafik dan teks.
scanning *kn.* pindai.

scandal *kn.* skandal; perbuatan yang memalukan atau menunjukkan nilai moral yang tidak diterima masyarakat.
scandalous *ks.* memalukan.

scant *ks.* tidak mencukupi; tidak memadai; sedikit.
scanty *ks.* sedikit atau kurang.
scantily *kkt.* dengan sedikit atau

kurang.

scapegoat *kn.* seorang yang disalahkan atas kesalahan orang lain.

scar *kn.* parut. *kk.* meninggalkan parut atas kulit kerana kecederaan.
scarred *ks.* berparut.

scarce *ks.* payah dicari; tidak banyak; jarang terdapat; berkurangan.
scarcely *kkt.* hampir-hampir; tidak sampai.

scare *kk.* mengejutkan; menakutkan. *kn.* ketakutan; cemas.
scarecrow *kn.* orang-orangan.

scarf *kn.* kain tudung atau kain yang diikat di leher.

scarlet *ks.* merah menyala.

scathing *ks.* pedas; tajam.

scatter *kk.* menyepahkan; menyelerakkan; berpecah belah; memisahkan; menghamburkan; menaburkan.
scattered *ks.* berselerak; bertaburan; bertempiaran.

scene *kn.* tempat berlaku sesuatu cerita atau kejadian; babak; pemandangan; peristiwa; adegan.
scenery *kn.* pemandangan.
scenic *ks.* menunjukkan pemandangan semulajadi yang menarik.
behind the scenes di sebalik tirai; di sebalik tabir.

scent *kn.* bau-bauan; minyak wangi. *kk.* membaui; mengesyaki; mewangikan.

sceptic, skeptic *kn.* seorang yang selalu merasa curiga.
sceptical, skeptical *ks.* ragu-ragu, curiga.
sceptically, skeptically *kkt.* secara ragu-ragu.

sceptre *kn.* sejenis cokmar yang dibawa oleh seorang raja untuk melambangkan kuasa yang diberi kepadanya.

schedule *kn.* jadual. *kk.* menjadualkan.
scheduled flight penerbangan yang dijadualkan.
according to schedule mengikut jadual.

schematic *kn.* skema.

scheme *kn.* rancangan; pelan; peraturan; skim. *kk.* merancang.

scholar *kn.* murid yang telah dianugerah sejenis biasiswa; orang yang tinggi ilmunya; sarjana; cendekiawan.
scholarly *ks.* berpelajaran tinggi; terpelajar.
scholarship *kn.* biasiswa; hadiah pelajaran; bantuan pelajaran; pengajian.
scholastic aptitude test (SAT) ujian bakat ilmiah.

school *kn.* persekolahan; sekolah.
schooling *kn.* pendidikan; pelajaran; persekolahan.
school-days *kn.* zaman persekolahan.
school-leaver *kn.* lepasan sekolah.
schoolmate *kn.* kawan sekolah.
school without walls pendidikan terbuka; pendidikan tak formal.

schooner *kn.* skuner; sejenis kapal layar.

science *kn.* ilmu sains.
scientific *ks.* hal berkaitan dengan ilmu sains.
scientific management pengurusan saintifik.

scissors *kn.* gunting.

scoff *kn.* ejekan; celaan; cemuhan. *kk.* mengejek; memperolok-olokan; mempersendakan.

scold *kk.* marah; maki; hamun; tengking.
scolding *kn.* kemarahan; cacian; hamunan; keberangan.

scone *kn.* skon; sejenis kuih.

scoop *kn.* pencedok; cedokan. *kk.* menyauk; menimba.

scooter *kn.* skuter; sejenis kenderaan dua roda yang bermotor.

scope *kn.* peluang; bidang; kesempatan; skop.

scorch *kk.* menghanguskan; mengeringkan.

score *kn.* mata kiraan dalam permainan; jaringan. *kk.* mengutip mata; mengutip markah; menjaringkan.
scorer *kn.* penjaring gol.
score-board *kn.* papan mata; papan kira.

scorn *kn.* penghinaan; cacian; kekejian. *kk.* menghinakan.
scornful *ks.* mencemuh.
think scorn of memandang rendah.

scorpion *kn.* kala; kala jengking.

scoundrel *kn.* seorang bangsat.

scour *kk.* menggosok; menggilap; membersihkan.

scourge *kn.* sesuatu yang membawa penderitaan.

scout *kn.* pengakap; pengintip; peninjau. *kk.* mengintip.

scowl *kn.* muka masam. *kk.* memasamkan muka.

scrabble *kn.* mencakar; mencoret; meraba-raba.

scramble *kn.* rebutan hebat. *kk.* memanjat dengan cepat.

scrap *kn.* reja; perca; sisa makanan; secebis.
scrappy *ks.* terdiri daripada serpihan.

scrape *kn.* goresan; kikisan. *kk.* mengikis; menggores; menggeser.
scraper *kn.* pengikis.
scraping *kn.* penggeseran; kikisan; kerja-kerja menyental.

scratch *kk.* menggaru; menggaris; memotong nama; membatalkan; mencalarkan. *kn.* goresan; cakaran; calaran.
start from scratch melakukan

sesuatu tanpa sebarang asas; mulai dari peringkat bawah sekali.

scrawl *kk.* mencoret, menulis dengan comot.

scream *kk.* menjerit; memekik; meneriak; melaung. *kn.* jeritan; teriakan; pekikan.
screaming *ks.* yang menjerit; yang memekik.

screech *kn.* teriakan; pekikan; keriang-keriut. *kk.* berkeriut; berteriak.

screen *kn.* tabir; adangan; tirai; sekatan; skrin. *kk.* menutupi; melindungi; menabirkan.
screen brightness kecerahan skrin.
screenplay *kn.* lakon layar.
screen test uji lakon; uji bakat.

screw *kn.* skru. *kk.* memasang skru.
screw driver pemulas skru.

scribble *kn.* tulisan cakar ayam. *kk.* menulis kasar-kasar; melukis kasar-kasar.

scrimp *kk.* berjimat.

script *kn.* tulisan tangan; naskhah; skrip.
script reading bacaan skrip.

scripture *kn.* Kitab Injil.

scroll *kn.* surat gulungan; skrol.
scrolling *kn.* penatalan; pergerakan paparan asal ke atas atau ke bawah skrin komputer.

scrotum *kn.* skrotum; kantung kemaluan.

scrounge *kk.* meminjam atau mengambil sesuatu tanpa meminta kebenaran.

scrub *kk.* menggonyoh; menggosok; menyental; memberus.

scruffy *ks.* tidak kemas.

scrutinise, scrutinize *kk.* memeriksa dengan teliti.
scrutiny *kn.* pemeriksaan rapi.

scuba *kn.* alatan untuk bernafas semasa di dalam laut.
scuba diving aktiviti menyelam.

scuffle *kn.* perkelahian; pergelutan; pergomolan.

sculpture *kn.* seni pahat; seni ukir; ukiran.
sculptor *kn.* pemahatp pengukir.

scum *kn.* buih kotor.

scrupulous *ks.* bertanggungjawab; teliti; prihatin.
scrupulously *kkt.* secara teliti.

scurry *kk.* bergerak dengan pantas.

S-curve *kn.* kelok S; satu graf yang menyatakan kemajuan dan penerimaan dalam sesuatu inovasi sesuatu sistem sosial.

scuttle *kn.* tong menyimpan arang batu. *kk.* berlari dengan pantas.

scythe *kn.* sabit panjang.

sea *kn.* laut.
seafood *kn.* makanan laut.
seagull *kn.* burung camar.
sea-horse *kn.* kuda laut.
sea-lion *kn.* singa laut.
seaman *kn.* kelasi.
sea-shell *kn.* cangkerang.
sea-shore *kn.* tepi pantai.
seasick *ks.* mabuk laut.
seaside *kn.* di tepi laut.
seaweed *kn.* rumpai laut.

seal *kn.* 1. meterai; cap mohor. 2. *kn.* anjing laut. *kk.* mengecap.

seam *kn.* kelim; kelepet.

search *kk.* menggeledah; menyelidik; mencari. *kn.* penyelidikan; pemeriksaan; penggeledahan.
searcher *kn.* pencari.
searching *ks.* mencari kepastian.
searchlight *kn.* lampu suluh.
search out mengesan; mencari; menggeledah.
search-warrant *kn.* waran geledah.
in search of mencari.

season *kn.* musim. *kk.* menyesuaikan; membiasakan; merempahi.
seasonal *ks.* bermusim.
seasoned *ks.* mudah biasa.
seasoning *kn.* perasa.
seat *kn.* kerusi; tempat duduk. *kk.* memuatkan; menempatkan.
seating *kn.* tempat duduk; susunan tempat duduk.
seat-belt *kn.* tali pinggang keledar; tali pinggang keselamatan bagi pemandu dan penumpang kenderaan.
secateurs *kn.* sejenis gunting pencantas pokok rimbun.
seclude *kk.* mengasingkan; memencilkan.
secluded *ks.* bersendirian; terpencil; terasing.
seclusion *kn.* pengasingan; pemencilan.
second *ks.* yang kedua. *kn.* 1. orang yang kedua; benda yang kedua. 2. saat; detik. *kk.* memihak; menyokong.
secondary *ks.* terkurang mustahaknya; yang kedua penting; menengah; sekunder.
seconder *kn.* penyokong (cadangan).
secondly *kkt.* kedua.
second cousin dua pupu.
second fiddle peranan yang bukan penting.
second generation generasi kedua.
second hand terpakai; bukan daripada sumber asal.
second thought berfikir dua kali.
second to none yang terbaik.
secret *kn.* rahsia; sulit.
secrecy *kn.* menyimpan rahsia.
secretive *ks.* berahsia.
secretly *kkt.* dengan sulit.
secret agent ejen rahsia; perisik.
secret society kongsi gelap; kumpulan haram.
keep a secret menyimpan rahsia.
secretary *kn.* setiausaha.
secretarial *ks.* tugasan berkaitan dengan setiausaha.

secretariat *kn.* jabatan setiausaha; sekretariat.
secrete *kk.* merembeskan; mengeluarkan cecair.
secretion *kn.* perembesan.
sect *kn.* golongan.
section *kn.* bahagian; belahan; irisan; ceraian; keratan; fasal; seksyen.
sector *kn.* bahagian; kawasan; sektor.
secure *ks.* terjamin; selamat; sejahtera. *kk.* melindungi; menyelamatkan.
securely *kkt.* dengan selamat.
security *kn.* kesejahteraan; keamanan; keselamatan.
Security Council *kn.* Majlis Keselamatan.
sedate *kk.* memberi ubat pelali.
sedated *ks.* tenang.
sedative *kn.* ubat pelali; ubat untuk menahan sakit.
sediment *kn.* keladak; enapan; mendak.
sedition *kn.* hasutan.
seditious *ks.* menghasut.
Sedition Act *kn.* Akta Hasutan.
seduce *kk.* menggoda.
seducer *kn.* penggoda.
seduction *kn.* godaan.
seductive *ks.* menggoda; memikat.
seductively *kkt.* secara menggoda.
see, saw, seen *kk.* memandang; melihat; menengok; meneliti; mengetahui.
seeing *kp.* memandangkan; menengokkan; melihatkan.
see-through *ks.* jarang.
seed *kn.* biji; benih. *kk.* menyemaikan benih.
seedling *kn.* cambahan; anak benih.
seek, sought *kk.* mencari; berusaha.
seek out mencari.
seem *kk.* seolah-olah; merupai; nampaknya; kelihatan.
seep *kk.* meresap.

226

see-saw *kn.* jongkang-jongkit.

seethe *kk.* 1. menjadi marah. 2. menjadi penuh sesak.

seething *ks.* penuh sesak.

segment *kn.* ruas; bahagian; segmen.

segregate *kk.* mengasingkan; memisahkan; memencilkan.
segregation *kn.* pengasingan; pemindahan; pengecilan.

seize *kk.* menangkap; merampas; menyambar; merebut.
seizure *kn.* perampasan; penangkapan.

seldom *kkt.* jarang-jarang; tidak selalu.

select *kk.* memilih; menentukan.
selected *ks.* pilihan; yang terpilih.
selection *kn.* pemilihan.
selective *ks.* menggunakan atau berdasarkan pemilihan.
selector *kn.* pemilih.

self *kn.* diri sendiri.
selfish *ks.* bakhil; lokek; mementingkan diri sendiri.
self access centre pusat di mana pelajar boleh membuat pengajaran dan pembelajaran sendiri.
self appraisal assessment penilaian sendiri.
self-assurance *kn.* keyakinan diri.
self-assured *ks.* berkeyakinan diri.
self-centred *ks.* egoistik; mementingkan diri sendiri.
self-completion *kn.* swalengkap; sesuatu soalselidik yang memerlukan responden melengkapkannya sendiri.
self-confident *ks.* yakin pada diri sendiri.
self-conscious *ks.* segan; merasa canggung.
self-consciousness *kn.* perasaan.
self-contained *ks.* serba lengkap.
self-control *kn.* kawalan diri.
self-defence *kn.* pertahanan diri; pembelaan diri.
self-employed *ks.* bekerja sendiri.
self-esteem *kn.* harga diri.
self-help material bahan bantu diri.

self-interest *ks.* kepentingan diri.
self-portrait *kn.* potret diri sendiri.
self-respect *kn.* harga diri.
self-righteous *ks.* yakin akan kebenaran diri sendiri.
self-sacrificed *kn.* pengorbanan diri.
self-service *kn.* layan diri.
self-study centre pusat swabelajar.
self-study material bahan swabelajar.
self-sufficient *ks.* mampu diri.

sell, sold *kk.* menjual; menipu.
seller *kn.* penjual.
selling *ks.* penjualan.
sell off menjual.

semblance *kn.* persamaan; keserupaan.

semen *kn.* air mani.

semi-circle *kn.* separuh bulatan.

semicolon *kn.* koma bertitik.

semiconductor *kn.* semikonduktor; bahan silikon yang digunakan sebagai pengalir elektrik.

semi-conscious *ks.* separuh sedar.
semi-consciousness *kn.* keadaan separuh sedar.

semi-detached *ks.* berkembar.

semi-final *kn.* separuh akhir.

seminar *kn.* majlis perbincangan; seminar.

senate *kn.* dewan negara; senat.

send, sent *kk.* mengirim; menghantar; mengeluarkan; menyampaikan.
sender *kn.* pengirim; penghantar.
send in menghantar; mengirim.
send off menghantar.

senior *ks.* lebih tinggi; lebih tua; yang kanan; kedudukan pangkat yang lebih tinggi. *kn.* lebih tua daripada.
seniority *kn.* kekananan; mempunyai tempoh perkhidmatan yang lebih lama.

sensation *kn.* rasa; sensasi.
sensational *ks.* yang mengemparkan.

sense *kn.* kesedaran; fikiran; makna; perasaan; masuk akal; munasabah; deria.
sensibility *kn.* daya kepekaan; perasaan halus.
sensible *ks.* patut; arif; waras; wajar; bijak.
make sense boleh difahami.
sensitive *ks.* sensitif; peka.
sensitivity *kn.* kepekaan.
sensory *ks.* hal berkaitan dengan deria.
sensory stimulus rangsangan deria.
sentence *kn.* ayat; kalimat; hukuman. *kk.* menghukum.
sentiment *kn.* perasaan; sentimen.
sentimental *ks.* berkaitan dengan perasaan.
sentry *kn.* askar penjaga; pengawal; sentri.
sepal *kn.* kelopak daun.
separate *ks.* terasing; tersendiri. *kk.* berpisah; memisahkan; berlainan; lain; berbeza; bercerai; bersurai.
separable *ks.* boleh dipisahkan; boleh diasingkan.
separated *ks.* berpisah.
separately *kkt.* secara berasingan; secara terasing.
separation *kn.* perceraian; pemisahan; pengasingan.
September *kn.* September, bulan ke sembilan dalam sesuatu tahun.
septic *ks.* septik, dijangkiti kuman.
sequel *kn.* 1. sesuatu yang berlaku akibat satu peristiwa yang berlaku sebelumnya. 2. novel, filem dsb. yang merupakan sambungan cerita yang terdahulu.
sequence *kn.* susunan yang berturutan; diatur menurut susunan; rangkaian; turutan; rentetan.
serenade *kn.* serenata; muzik yang biasanya dimainkan di luar rumah pada masa malam. *kk.* memainkan atau menyanyikan lagu untuk gadis

yang dicintai.
serene *ks.* terang; tenang; cerah.
serenely *kkt.* secara tenang.
serenity *kn.* ketenangan.
sergeant *kn.* sarjan; pangkat pegawai tentera yang lebih tinggi daripada koperal dan lebih rendah dari sarjan mejar; 2. pangkat pegawai polis yang lebih rendah dari inspektor.
serial *kn.* 1. siri. 2. cerita bersiri.
series *kn.* bahagian; turutan; rentetan; siri.
in series mengikut siri.
serious *ks.* tenat; parah; bersungguh-sungguh; serius.
seriously *kkt.* dengan teruk; tenat; parah; secara serius.
seriousness *kn.* ketenatan; kesungguhan; kegentingan.
serious offence kesalahan berat.
serious thought pemikiran secara mendalam; pemikiran secara masak-masak.
sermon *kn.* khutbah; syarahan agama.
serpent *kn.* sejenis ular.
servant *kn.* amah; kakitangan.
serve *kk.* berkhidmat; menjalankan kewajipan; bertugas; menghidangkan; berguna sebagai; memukul bola yang pertama (dalam permainan); servis.
serving *ks.* hidangan.
serves him right padan mukanya.
service *kk.* melayan. *kn.* jawatan; jabatan; perkhidmatan; bakti; jasa; layanan.
serviette *kn.* tuala; kain lap.
servitude *kn.* perhambaan; pengabdian.
session *kn.* sidang; sesi.
set *kk.* meletakkan; menugaskan; menengok; menegakkan; menyiapkan; mengaturkan;

memulakan; terbenam; tenggelam.
kn. arah; aliran; gaya; kedudukan; set.
set free membebaskan; melepaskan.
set induction set induksi; teknik
memperkenalkan sesuatu tajuk untuk
menarik perhatian.
set-up *kn.* perangkap.
settee *kn.* sofa, kerusi panjang untuk
dua orang.
setting *kn.* 1. latar belakang.
2. penetapan.
settle *kk.* menyelesaikan;
membiasakan; mendamaikan;
memutuskan (sesuatu tujuan);
menjelaskan hutang; bertenggek;
menetap; menduduki.
settled *ks.* kekal; tidak berubah; tetap.
settlement *kn.* perkampungan;
penempatan; penyelesaian;
pemberesan.
settler *kn.* peneroka; penduduk yang
berpindah dan menduduki kawasan
baru.
settle the matter menyelesaikan
masalah; menyelesaikan perkara.

seven *kgn., kn. & pnt.* tujuh.
seventh *kgn. & pnt.* yang ketujuh.

seventeen *kgn., kn. & pnt.* angka tujuh
belas.

sever *kk.* memotong.

several *kgn. & pnt.* beberapa.

severe *ks.* amat; sangat; parah; teruk;
tegas; tenat.

sew *kk.* menjahit.
sewing *kn.* jahitan.

sewage *kn.* 1. najis. 2. saluran najis.

sex *kn.* jantina; jenis kelamin; seks.
sex appeal daya tarikan seks.

shabby *ks.* selekeh; miskin; hina; buruk.
shabbily *kkt.* secara selekeh.
shabbiness *kn.* keselekehan;
penghinaan.

shack *kn.* teratak; dangau; pondok.

shackle *kn.* cengkaman; kongkongan;
belenggu. *kk.* membelenggu;
mengongkong.
shade *kn.* tempat teduh; naungan;
lindungan. *kk.* berteduh;
menghitamkan; melorekkan.
shady *ks.* mendung; teduh; rendang.
shadow *kn.* bayangan; bayang.
kk. melindungi; membayangi.
shadow play wayang kulit.

shaft *kn.* tangkai; hulu; aci.

shaggy *ks.* mempunyai bulu yang
panjang dan tebal.

shake, shook, shaken *kk.* menggoyang;
menggoncang; menggeletar.
shake *kn.* goncangan; goyangan;
gelengan.
shaky *ks.* bergoyang.
shake hands bersalaman; berjabat
tangan.

shall *kk.* akan.

shallot *kn.* bawang merah.

shallow *ks.* cetek; dangkal; tohor.
kk. mendangkalkan; mencetekkan.
sham *kn.* muslihat; tipu daya; helah.
kk. mendalihkan; memperdayakan.

shamble *kk.* berjalan selangkah demi
selangkah.

shambles *kn.* keadaan huru-hara;
keadaan kacau-bilau.

shame *kn.* malu; aib; hina; keaiban.
shameful *ks.* mengaibkan;
memalukan.
shamefully *kkt.* dengan perasaan
malu.
shameless *ks.* tak tahu malu.
shame on you malulah.

shampoo *kn.* syampu, cecair untuk
membasuh rambut.

shank *kn.* betis.

shanty *kn.* teratak.

shape *kn.* bentuk; rupa; sifat.
kk. mendirikan; berbentuk;

membentuk.
shaped *ks.* berbentuk.
in good shape dalam keadaan baik.

shaping *kn.* pembentukan.

share *kn.* bahagian; penyertaan; saham; syer. *kk.* berkongsi; membahagikan.
shareholder *kn.* pemegang saham.

shark *kn.* 1. ikan yu; jerung. 2. pemeras; penipu.

sharp *ks.* runcing; pedas; tajam; pedih; nyaring; tepat.
sharpen *kk.* mengasahkan; menajamkan.
sharpener *kn.* pengasah; penajam.
sharpness *kn.* ketajaman; kepedasan.
sharpshooter *kn.* penembak tepat.

shatter *kk.* menghancurkan; meremukkan; melumatkan.

shave *kk.* menarahkan; mencukur; menyusur; menyipi; *kn.* cukuran.
shaver *kn.* pencukur; pisau cukur.
shaving *kn.* pencukuran.

shawl *kn.* selendang.

she *kgn.* dia (perempuan); beliau.

sheaf *kn.* ikatan; berkas.

shear *kk.* mencukur; menggunting; memotong.
shearer *kn.* orang yang mencukur bulu biri-biri.

sheath *kn.* sarung; seludang; upih.

shed *kn.* bangsal; kandang.

sheep *kn.* biri-biri (pl. sheep).

sheer *ks.* semata-mata; belaka. *kkt.* dengan tegak; dengan curam.

sheet *kn.* keping; lembar; helai.

shelf *kn.* papan tingkat; para; rak.

shell *kn.* kulit; tempurung kelapa; kerang; letupan. *kk.* mengupas; mengebom.

shelter *kn.* perlindungan; tempat berlindung. *kk.* melindungi; menaungi.

shelve *kk.* menangguhkan; menepikan.

shepherd *kn.* gembala biri-biri; pengawal; penjaga.

sherbet *kn.* serbat; sejenis minuman atau gula-gula diperbuat daripada buah-buahan.

sheriff *kn.* penguatkuasa undang-undang.

shield *kn.* perisai. *kk.* menaungi; melindungi.

shift *kk.* memindahkan; mengubahkan. *kn.* masa bekerja yang bergilir-gilir; pertukaran; giliran bekerja; syif.
shifting *ks.* berubah-ubah.

shilly-shally *kk.* teragak-agak; berbelah bagi.

shimmer *kk.* bercahaya. *kn.* cahaya samar.

shin *kn.* kaki sebelah depan dari lutut ke bawah.

shine, shone *kk.* menerangi; menyinari; menggilap.
shining *ks.* bersinar-sinar; bercahaya; berseri-seri.
shiny *ks.* berkilat; bersinar-sinar.

shingle *kn.* batu kerikil.

shingles *kn.* penyakit kayap.

ship *kn.* kapal. *kk.* mengirimkan; menghantarkan.
shipment *kn.* penghantaran; perkapalan.

shirk *kk.* mengelakkan diri dari tugas.
shirker *kn.* orang yang mengelakkan kerja; curi tulang; pemalas; orang yang mengelakkan tanggungjawab; orang yang mengelakkan tugas.

shirt *kn.* baju kemeja.

shiver *kk.* menggigil; gementar; menggeletar. *kn.* geletar; gigil.
shivering *kn.* menggeletar; menggigil.

shoal *kn.* 1. sekumpulan ikan. 2. kawasan cetek dalam laut.

shock *kn.* gegaran; goncangan; kejutan. *kk.* memeranjatkan; mengejutkan.

shocked *ks.* terperanjat; terkejut.

shocking *ks.* mengejutkan; memeranjatkan.

shod *ks.* berkasut.

shoddy *ks.* tidak bermutu.

shoe *kn.* kasut; sepatu.

shoot[1] *kn.* pucuk; tunas.

shoot[2], **shot** *kk.* membedil; menembak; memanah.

shooter *kn.* penembak.

shooting *kn.* pengambaran; penembakan.

shoot down menembak mati; menembak jatuh.

shop *kn.* gerai; toko; kedai. *kk.* membeli barang.

shopper *kn.* pembeli-belah.

shopping *kn.* membeli-belah.

shopping centre pusat membeli-belah.

set up shop membuka perniagaan.

shore *kn.* pantai; darat.

short *ks.* katik; pendek; ringkas; rendah; singkat; sekejap; pendeknya.

shorten *kk.* meringkaskan; memendekkan.

shorty *kn.* seorang yang pendek.

shortly *kkt.* segera; dalam waktu yang singkat; tidak lama lagi.

shortage *kn.* kekurangan.

short circuit litar pintas.

short cut jalan pintas.

shorthand *kn.* trengkas.

shortlist *kn.* senarai terpilih.

short-lived *ks.* tidak kekal lama.

short-sighted *ks.* rabun jauh.

short-sleeved *ks.* berlengan pendek.

short supply bekalan kurang.

short-term *ks.* jangka pendek.

shorts *kn.* seluar pendek.

shot *kn.* 1. penembakan. 2. percubaan membuat sesuatu. 3. pukulan bola (dalam permainan).

shot-gun *kn.* senapang patah.

shot-put *kn.* lontar peluru.

should *kk.* harus.

shoulder *kn.* bahu. *kk.* memikul; menanggung tanggungjawab; menanggung beban.

shout *kk.* berteriak; memekik; menjerit. *kn.* teriak; teriakan; jeritan.

shouting *kn.* jeritan; pekikan; teriakan.

shout at memekik pada.

shout for menjerit meminta.

shove *kn.* penolakan. *kk.* menolak.

shovel *kn.* penyodok. *kk.* menyodok.

show, showed, shown *kk.* menayangkan; menunjukkan; bermegah-megah; mempamerkan.

show *kn.* pameran; pertunjukan.

showing *kk.* ditayangkan.

showy *ks.* menarik perhatian dengan gaya pakaian.

show-off *kn.* orang yang suka menunjuk-nunjuk.

showmanship *kn.* gaya persembahan.

showroom *kn.* bilik pameran.

show the way menunjukkan jalan atau cara.

shower *kn.* hujan; pancuran.

shrapnel *kn.* syrapnel; serpihan bom yang meletup.

shred *kn.* kepingan; pecahan; cabik-cabik; perca; carik-carik. *kk.* mencarik; mencabik; menghiris.

shrew *kn.* perempuan cerewet; wanita bengis.

shrewd *ks.* tajam akal; cerdas; cerdik; bijaksana; pintar; arif.

shriek *kn.* jeritan; teriakan. *kk.* meneriak; memekik.

shrill *ks.* nyaring; mersik.

shrimp *kn.* udang.
shrimp paste belacan.

shrine *kn.* tempat suci, tempat keramat.

shrink, shrank, shrunk *kk.* mengecut; mengempis; menyentap; menyusut; mengecil.
shrunken *ks.* mengecut.

shrivel *kk.* menjadi kering dan layu.

shroud *kn.* kain untuk membalut mayat. *kk.* menutup dan menyembunyikan.

shrub *kn.* pokok jenis rendah; pokok renik.

shrudder *kk.* menggigil.

shrug *kk.* mengangkat bahu untuk menunjukkan tidak berminat.

shuffle *kn.* penyusunan semula; rombakan. *kk.* menyusun semula; merombak.

shun *kk.* menjauhkan diri daripada sesuatu; mengelakkan; menghindarkan.

shut *kk.* menutup; memejamkan; mengunci.
shut down menghentikan; menutup.

shutter *kn.* 1. penutup tingkap. MS2. pengatup; sesuatu alat untuk mengawal kemasukan cahaya ke dalam kamera.
shutter speed kadar kelajuan pengatup.

shuttle *kn.* 1. sejenis perkhidmatan pengangkutan pergi balik antara dua tempat. 2. anak torak. 3. puntalan.
shuttlecock *kn.* bulu tangkis.

shy *ks.* malu; segan; penyegan; pemalu.
shyly *kkt.* secara malu.
shyness *kn.* perasaan malu; keseganan; kesiluan.

Siamese *kn.* bahasa Siam; orang Siam.

sibling *kn.* adik-beradik.

sick *ks.* sakit; uzur; tidak sihat; jemu; mual; rindukan seseorang.
sickening *ks.* memualkan; meloyakan; menjijikkan; menjelekkan.

sickly *ks.* lemah; pucat.
sickness *kn.* penyakit.
sick-leave *ks.* cuti sakit.
sick-room *kn.* bilik sakit.

sickle *kn.* sabit.

side *kn.* muka sesuatu benda; rusuk; sisi; bahagian; samping; aspek; segi. *kk.* menyebelahi.
side by side sebelah-menyebelah.

sideburns *kn.* jambang.

sidle *kk.* berjalan secara senyap supaya tidak ketara dilihat orang.

siege *kn.* pengepungan. *kk.* mengepung.

sieve *kn.* penyaring; penapis. *kk.* mengayak; menapis.

sift *kk.* menyaring; menapis; mengayak.
sifter *kn.* penyaring; penapis.

sigh *kk.* mengeluh; merintih. *kn.* rintihan; keluhan.

sight *kn.* pandangan; penglihatan.
at first sight pada pandangan pertama; sekali pandang; sepintas lalu.

sign *kn.* isyarat; tanda. *kk.* tandatangan.
signboard *kn.* papan tanda; papan nama.
signpost *kn.* papan tanda.

signature *kn.* tandatangan.
signatory *kn.* penandatanganan.

signal *kn.* isyarat; alamat; semboyan; tanda. *kk.* mengisyaratkan; memberi isyarat.
signal-noise ratio nisbah isyarat-hinggar; kadar isyarat radio yang dihantar semasa menghasilkan bunyi.

signify *kk.* menandakan.
significance *kn.* kepentingan.
significant *ks.* penting.
significantly *kkt.* dengan nyata atau ketara.

silent *ks.* sunyi; sepi; senyap; diam.
silent movie filem senyap.

silence *kn.* kesepian; kesunyian; diam. *kk.* mendiamkan; menyenyapkan.
silencer *kn.* alat penyenyap.
in silence tanpa bersuara.

silhouette *kn.* bayang-bayang.

silicon *kn.* silikon; sejenis bahan yang bukan logam biasanya digunakan dalam membuat semi-konduktor.

silk *kn.* sutera.
silky *ks.* lembut spt. sutera.
silkworm *kn.* ulat sutera.

sill *kn.* ambang.

silly *ks.* bodoh; bebal; tolol.
silliness *kn.* ketololan; kebodohan.

silt *kn.* kelodak; selut; lumpur.

silver *kn.* perak.

similar *ks.* serupa; sebentuk; semacam; sama.
similarity *kn.* keserupaan; kesamaan; persamaan.
similarly *kkt.* serupa; begitu juga.

simile *kn.* perumpamaan.

simmer *kk.* memanaskan secara perlahan-lahan sehingga mendidih.

simple *ks.* mudah; tidak rumit; tidak sukar; senang.
simplicity *kn.* kesederhanaan; kesenangan; kemudahan.
simplication *kn.* perbuatan memudahkan sesuatu.
simplify *kk.* menyenangkan; memudahkan.
simply *kkt.* semata-mata; hanya; cuma.
simple life hidup yang sederhana.
simple-minded *ks.* lurus; mudah dipengaruhi.

simulate *kk.* berpura-pura; menyerupai; berlagak.
simulation *kn.* kepura-puraan; simulasi.
simulator *kn.* penyelaku.
simulated case study kajian kes simulasi.

simulation game *kn.* mainan selaku.

simultaneous *ks.* serentak; sekaligus; pada masa yang sama.

sin *kn.* dosa.
sinful *ks.* berdosa.
sinner *kn.* Orang yang berdosa.
live in sin bersekedudukan.

since *kp.* sejak; semenjak.
kkt. semenjak.

sincere *ks.* jujur; tulus; ikhlas.
sincerely *kkt.* dengan ikhlas; dengan jujur.
sincerity *kn.* kejujuran; keikhlasan.

sinew *kn.* otot; kekuatan; urat.

sing, sang, sung *kk.* menyanyikan; menyanyi.
singer *kn.* penyanyi; biduan; biduanita.
singing *kn.* nyanyian.

singe *kk.* menghanguskan.

single *ks.* perseorangan; bujang; tunggal.
single-minded *ks.* dengan satu tujuan; sepenuh jiwa raga.

singlet *kn.* baju dalam; singlet.

singular *ks.* 1. tunggal. 2. aneh; luar biasa.

sinister *ks.* malang; celaka; sial; jahat.

sink, sank, sunk *kk.* menenggelamkan; mengaramkan; terbenam; tenggelam.
sinking *ks.* sedang tenggelam.

sip *kk.* menghirup. *kn.* hirupan.

sir *kn.* tuan.

siren *kn.* isyarat; semboyan; siren.

sister *kn.* kakak; adik perempuan; jururawat kanan.
sister-in-law *kn.* kakak ipar; adik ipar.

sit, sat *kk.* duduk; menduduki; bersidang.
sitting *kk.* menduduki.
sit back bersandar.
sitting-room *kn.* ruang rehat; ruang

tetamu.

sit tight jangan bergerak.

site *kk.* menempatkan. *kn.* kawasan; tapak.

situate *kk.* meletakkan; menempatkan (sebuah bangunan atau pekan).
situated *ks.* bertempat; terletak.

situation *kn.* kedudukan; keadaan; suasana; situasi.

six *kgn., pnt.* & *kn.* enam.
sixth *kgn.* & *pnt.* yang keenam.

sixteen *kgn., kn.* & *pnt.* angka enam belas.

sixty *kgn., kn.* & *pnt.* angka enam puluh.

size *kn.* besarnya; panjang pendeknya; ukuran; saiz.

sizzle *kk.* berdesir.

skate *kn.* 1. meluncur di atas ais. 2. kasut roda. *kk.* meluncur.
skater *kn.* peluncur.
skate-board *kn.* papan luncur.
skating-rink *kn.* gelanggang meluncur.

skeleton *kn.* rangka; tulang rangka.

sketch *kn.* 1. lakaran; lukisan kasar. 2. penerangan ringkas. *kk.* 1. melakar. 2. menerangkan sesuatu secara kasar.

skewer *kn.* pencucuk daging.

ski *kk.* meluncur di atas salji.
skier *kn.* pemain ski.
skiing *kk.* sukan meluncur ais.

skid *kk.* tergelincir.

skill *kn.* kemahiran; kecekapan; keahlian.
skilful *ks.* pandai; bijak; mahir.
skilled *ks.* mahir; berpengalaman; terlatih.
skill analysis analisis kemahiran.

skim *kk.* membaca sepintas lalu.

skin *kn.* kulit. *kk.* mengupas; menguliti.
skinny *ks.* kurus kering.

skip *kk.* melompat; melangkau; meloncat.

skipper *kn.* kapten. *kk.* mengetuai.

skirt *kn.* 1. kain yang panjangnya di atas lutut dan paras lutut. 2. pinggir.

skit *kn.* lakonan pendek.

skittle *kn.* kayu berbentuk botol.
skittle ball sejenis permainan di mana bola digunakan untuk menjatuhkan skittle.

skull *kn.* tengkorak.

skunk *kn.* sejenis binatang yang mengeluarkan bau yang busuk.

sky *kn.* langit; angkasa.
skyscraper *kn.* bangunan pencakar langit.

slab *kn.* papan atau batu yang rata dan tebal.

slack *ks.* lalai; lemah; lengah.

slain *kk.* rujuk *slay.*

slam *kn.* bunyi berdentam; dentaman. *kk.* menutup dengan kuat.

slander *kk.* mencerca; mengumpat; memfitnah. *kn.* fitnah; umpatan.

slang *kk.* memaki; menggunakan kata-kata yang kesat. *kn.* kata-kata tidak formal yang direka dan digunakan oleh segolongan penutur tertentu. *kn.* slanga.

slant *kn.* condong; senget; miring.
slanting *ks.* condong.

slap *kk.* menampar; menempeleng; memukul. *kn.* tamparan; pukulan.

slash *kk.* menetak; menyebat; memarang.

slate *kn.* papan batu; batu tulis.

slaughter *kk.* menyembelih; membunuh. *kn.* pembunuhan; penyembelihan.

slave *kn.* hamba.
slavery *kn.* perhambaan.

slay, slew, slain *kk.* membunuh.

sleek *ks.* licin dan berkilat; yang bersopan santun. *kk.* melicinkan.

sleep, slept *kk.* tidur.
sleeper *kn.* penidur; orang yang tidur.
sleepy *ks.* mengantuk.
sleep-walking *kn.* berjalan semasa tidur.
sleeping partner rakan kongsi atau rakan seperniagaan yang tidak menjalankan sebarang urusan perniagaan tetapi hanya menanam modal sahaja; rakan tidur.

sleeve *kn.* lengan baju.
sleeveless *ks.* tidak berlengan.

sleigh *kn.* sejenis kereta salji.

slender *ks.* ramping; kecil; lampai.

slice *kn.* potong; keratan; hirisan; sayat. *kk.* mengerat; menghiris; memotong.

slick *kn.* tumpahan minyak di permukaan laut.

slide *kn.* sisip; slaid. *kk.* meluncur; melongsor.
sliding *ks.* gelangsar.
slide sequence jujuk slaid, slaid yang tersusun mengikut aturan persembahan.

slight *ks.* kecil; ringan; ramping; lampai. *kn.* pengabaian; penghinaan. *kk.* menghina.
slightly *kkt.* sedikit.

slim *ks.* ramping; langsing; lampai; tipis; sedikit; secebis.
slimming *kn.* melangsingkan badan; menguruskan badan.

slime *kn.* selut.

sling *kn.* tali atau rantai yang dililitkan pada sesuatu benda.
sling shot lastik.

slink *kk.* menyelinap; bergerak secara senyap-senyap.

slip *kk.* tergelincir; melepaskan diri; terlepas; lepas.
slipper *kn.* capal; selipar.

slippery *ks.* licin (hingga menyebabkan terjatuh).
slipshod *ks.* tidak kemas.

slog *kk.* 1. bekerja keras. 2. memukul dengan tidak tentu arah.

slogan *kn.* cogan kata; slogan.

slop *kk.* tumpah.

slope *kk.* melandai; mencondong. *kn.* curam; lereng.

sloppy *ks.* 1. berair. 2. cuai.

slot *kn.* lubang atur; lubang yang sempit untuk menyalurkan sesuatu. *kk.* memasukkan ke dalam tempat atau ruang yang sempit.

sloth *kn.* kemalasan.
slothful *ks.* malas; tidak cergas.
slothfully *kkt.* secara malas.

slow *ks.* perlahan; lambat; lewat; tidak menarik; lembap. *kkt.* lambatnya; berhati-hati; perlahan-lahan.
slowly *kkt.* perlahan-lahan.
slowcoach *kn.* pelembap; orang yang lembap.
slow motion gerak perlahan.
slow-moving *ks.* pergerakan yang perlahan; lambat.

sludge *kn.* lumpur; selut; berminyak.

slug *kn.* lintah bulan.

slum *kn.* kawasan mundur; kawasan orang miskin.

slumber *kk.* tidur dengan nyenyak. *kn.* tidur yang nyenyak.

slump *kn.* keadaan meleset; harga jatuh dengan tiba-tiba.

sly *ks.* cerdik; pintar; licik.

smack *kk.* menempeleng; menampar. *kn.* tempeleng; tamparan.

small *ks.* kecil.
small change duit syiling; wang kecil.
smallholder *kn.* pekebun kecil.
smallholding *kn.* kebun kecil.
smallpox *kn.* cacar.

smart *ks.* kemas dan tampan; bersih; pandai; kacak; bijak; cerdik; cerdas. *kn.* merasa kesakitan. *kn.* kepedihan; kesakitan.

smash *kk.* memecahkan; menghempaskan; menghancurkan; menerkam; memukul; berkecai. *kn.* pukulan mati; hentaman; smesy.

smear *kk.* mencalit, melumuri; mengotori; mencemarkan. *kn.* lumuran.

smell *kk.* mencium; menghidu; berbau. *kn.* bau.
smelly *ks.* berbau.

smelt *kk.* melebur.

smile *kk.* senyum. *kn.* senyuman.
smiling *ks.* sentiasa tersenyum.

smog *kn.* bahan pencemar campuran kabus dan asap.

smoke *kn.* asap. *kk.* mengasapi; berasap; menghisap rokok.
smoker *kn.* penghisap rokok.
smoky *ks.* berasap.

smooth *ks.* licin; halus. *kk.* melicinkan.
smoothly *kkt.* lancar.

smother *kk.* 1. mencekik. 2. memadamkan.

smoulder *kk.* menyala perlahan-lahan.

smudge *kn.* comot. *kk.* mencomotkan.
smudgy *ks.* kabur.

smug *ks.* rasa puas hati dengan diri sendiri.

smuggle *kk.* menyeludupkan.
smuggler *kn.* penyeludup.
smuggling *kn.* penyeludupan.

smut *kn.* 1. jelaga. 2. cerita lucah.

snack *kn.* makanan ringan; snek.

snag *kn.* masalah, halangan.

snail *kn.* siput.

snake *kn.* ular.

snap *kk.* mematah. *kn.* bunyi patah.

snare *kk.* memerangkap. *kn.* jerat; perangkap; jebak.

snarl *kk.* membengkeng; menderam; menengking. *kn.* tengkingan.

snatch *kk.* merentap; merebut; meragut; merampas.

sneak *kk.* menyelinap; mencuri.
sneakers *kn.* kasut tapak getah.

sneer *kk.* mencemuh; mengejek. *kn.* ejekan.

sneeze *kk.* bersin.

sniff *kn.* mendengus; menghidu. *kk.* mencemuh; menghina; mencium; menghidu.

snigger *kk.* ketawa yang tertahan-tahan.

snip *kk.* mengunting.

snipe *kk.* menembak dari suatu tempat yang jauh dan tersembunyi.
sniper *kn.* seorang yang menembak dari jauh dan secara tersembunyi.

snob *kn.* seorang yang sombong.
snobbish *ks.* angkuh; sombong; bongkak.

snooker *kn.* snuker; sejenis permainan spt. billiard.

snoop *kk.* mengintip.

snooze *kn.* tidur sekejap. *kk.* tertidur sekejap.

snore *kk.* mendengkur. *kn.* dengkur.

snort *kn.* bunyi berdengus. *kk.* mendengus.

snout *kn.* muncung binatang.

snow *kn.* salji.
snowball *kn.* bola salji. *kk.* menjudi lebih besar atau penting.
snowball group kumpulan kongsi; kumpulan kecil di mana ahli-ahlinya saling berkongsi pendapat atau idea dalam sesuatu perbincangan.

snub *kk.* menganggap sepi; menolak.

snuffle *kk.* berbunyi spt. menghidu; bernafas dengan mengeluarkan bunyi yang kuat.

snug *ks.* selesa; bersih serta rapi.

so *kkt.* demikian; maka; tersangat; begitu. *kp.* oleh sebab itu; supaya.
so-and-so oleh si anu.
so-called *ks.* kononnya.
so long as selagi; asal saja; asalkan.
so much sehinggakan; terlalu; teramat.
so that supaya; agar.

soak *kk.* meresap; menyerap; merendamkan.
soaking *ks.* basah kuyup; lencun.

soap *kn.* sabun.
soapy *ks.* bersabun.

soar *kk.* memuncak naik; tinggi mengawan.

sob *kk.* meratap; teresak-esak; tersedu-sedu. *kn.* sedu-sedan; tangisan; esakan.
sobbing *ks.* menangis tersedu-sedu; teresak-esak.

sober *kk.* menjadi tenang. *ks.* tenang; serius.
sobriety *kn.* ketenangan; kewarasan.

soccer *kn.* bola sepak.

social *ks.* pergaulan; aktiviti; kegiatan dalam kemasyarakatan; sosial.
sociable *ks.* ramah mesra; peramah.
social change *kn.* perubahan sosial.
social life *kn.* kehidupan sosial.
social interaction model *kn.* model sosial interaksi; model yang bergantung kepada hubungan tidak formal dengan sistem sosial.
social mobility mobiliti sosial.
social status *kn.* taraf sosial.
social system *kn.* sistem sosial.
social welfare *kn.* kebajikan masyarakat.

socialism *kn.* sosialisme, satu sistem kerajaan di mana semua harta benda adalah milik kerajaan.
socialist *kn.* penganut faham sosialis.

society *kn.* masyarakat; pergaulan; perkumpulan.

sociogram *kn.* sosiogram; rajah yang menunjukkan corak pemilihan dan saling kaitan di antara ahli-ahli sesuatu kumpulan.

sock *kn.* sarung kaki; stoking.

socket *kn.* soket; lubang untuk memasukkan sesuatu.

soda *kn.* soda, sejenis bahan untuk membasuh dan juga membuat kek.

sofa *kn.* kerusi panjang; sofa.

soft *ks.* lembut; empuk; lembik; halus; perlahan.
soften *kk.* menjadi lembut; melembutkan.
softly *kkt.* dengan lemah-lembut; perlahan-lahan.
softness *kn.* kelembutan.
soft copy salinan lembut; sebarang output komputer, audio, video atau bentuk lain.
soft drink minuman ringan.
soft-spoken *ks.* bersuara lembut.

software *kn.* perisian.

soggy *ks.* becak.

soil *kn.* bumi; tanah.

solace *kn.* hiburan; penglipur. *kk.* menghiburkan; menyenangkan.

solar *ks.* berkaitan dengan matahari.
solar system sistem suria.

soldier *kn.* soldadu; perajurit; askar; anggota tentera. *kk.* meneruskan sesuatu dengan berani.

sole *kn.* tapak kaki; tapak kasut. *ks.* satu-satunya; tunggal.

solemn *ks.* sugul; muram; sayu; serius.

solicitor *kn.* peguamcara.

solid *ks.* pejal; kukuh; teguh; padat; padu. *kn.* benda padat; pepejal.
solidarity *kn.* perpaduan.

solidity *kn.* kepejalan.

solidly *kkt.* dengan kukuh.

soliloquy *kn.* senandika; percakapan dengan sendiri dalam drama.

solitary *ks.* tunggal; bersendiri; seorang diri.

solo *kn.* persembahan perseorangan. *kkt.* & *ks.* berseorangan.

soluble *ks.* boleh dilarutkan.

solute *kn.* sesuatu bahan yang telah larut.

solution *kn.* jawapan; larutan; penyelesaian.

solve *kk.* menyelesaikan; mencari jawapan.

solvency *kn.* kemampuan membayar hutang.

solvent *kn.* pelarut.

sombre *ks.* redup; suram; muram.

some *kgn.* & *pnt.* setengah; lebih kurang; kira-kira; sedikit; beberapa; sesetengah.

somebody *kgn.* salah seorang; seorang; seseorang.

someday *kkt.* suatu hari nanti.

somehow *kkt.* dengan sesuatu helah; bagaimanapun; apa cara sekalipun.

someone *kgn.* seseorang.

someplace *kkt.* di satu tempat yang tidak dapat ditentukan.

something *kgn.* sebagai; sesuatu benda.

sometimes *kkt.* kadangkala; kadang-kadang.

somewhere *kkt.* di suatu tempat; di sebuah tempat.

son *kn.* anak lelaki.

son-in-law *kn.* menantu lelaki.

song *kn.* nyanyian; lagu.

songster *kn.* penyanyi.

soon *kkt.* segera; tidak lama lagi; cepat; awal; lama-kelamaan; lambat-laun.

sooner or later lambat-laun.

soot *kn.* jelaga.

soothe *kk.* menenangkan;

menyabarkan; melegakan; memujuk.

soothing *ks.* menenangkan; melegakan.

sophisticated *ks.* sofistikated; canggih.

soppy *ks.* terlalu beremosi.

soprano *kn.* suara soprano.

sorcerer *kn.* ahli sihir; seorang yang mengamalkan ilmu silir.

sorcery *kn.* ilmu sihir.

sore *ks.* dukacita; sakit hati. *kn.* kudis atau puru; penyakit.

sorrow *kn.* dukacita; kesedihan; kedukaan. *ks.* berdukacita.

sorrowful *ks.* sedih.

sorrowfully *kkt.* secara atau dengan sedih.

sorry *ks.* menyedihkan; dukacita; malang; tidak berguna. *ksr.* untuk meminta maaf.

sorry for bersimpati; kasihan.

sort *kn.* jenis; macam. *kk.* mengkelaskan; memilih; menyisih; mengasingkan.

sort of jenis.

sorting *kk.* mengasingkan.

soul *kn.* roh; jiwa; batin.

sound *kk.* membunyikan; memainkan; menyebutkan; rasanya. *ks.* segar; sihat; boleh dipercayai; cekap; bijaksana; berpatutan; layak; teguh. *kn.* bunyi.

soundless *ks.* senyap; tiada bunyi; tiada suara.

sound card sejenis kad bunyi yang digunakan dalam komputer untuk mengeluarkan bunyi.

sound effect kesan bunyi.

sound proof kalis suara.

sound track pita rakaman untuk mengadun suara atau bunyi.

sour *ks.* masam.

sour-sop *kn.* durian belanda.

source *kn.* asal; mula; sumber; punca.

south *ks.* selatan.

south-east *kkt.*, *kn.* & *ks.* tenggara.
south-west *kkt.*, *kn.* & *ks.* barat daya.
southern *kkt.*, *kn.* & *ks.* di bahagian selatan; selatan.
southwards *kkt.* & *ks.* arah ke selatan.

souvenir *kn.* cenderamata; kenangan.

sovereign *kn.* seorang raja yang mempunyai kuasa mutlak. *ks.* berdaulat; terbaik; berkesan.
sovereignty *kn.* keagungan; kedaulatan.

sow *kn.* babi betina. *kk.* menyemai; menabur; memupuk; menanamkan.

soyabean, soybean *kn.* kacang soya.

space *kn.* masa yang panjang; kawasan; jarak; ruang; lapangan; angkasa.
spacing *kn.* ruang.
spacious *ks.* lapang; luas; lega.

spade *kn.* penggali; penyodok; alat untuk menggali.

spaghetti *kn.* spaghetti; sejenis makanan orang Itali.

span *kn.* jengkal; jarak. *kk.* merentangi; merentangkan.

spaniel *kn.* sejenis anjing.

spank *kk.* menangan; menampar; memukul. *kn.* pukulan; tamparan.
spanking *kn.* pemukulan; tamparan.

spanner *kn.* spanar; alat untuk mengetatkan atau melonggarkan skru.

spare *ks.* tambahan; dalam simpanan; sederhana; sedikit; tiada digunakan; alat ganti.
spare part barang ganti.

spark *kn.* percikan bunga api; bara api; semangat. *kk.* mencetuskan.

sparkle *kk.* menggerlap; berkilauan; gemerlapan; berseri.
sparkling *ks.* bercahaya; berkelip-kelipan; bersinar.

sparrow *kn.* burung pipit.

sparse *ks.* jarang.
sparsely *kkt.* 1. berselerak di kawasan luas. 2. dengan jarang.

spasm *kn.* ketegangan; kekejangan.

spastic *kn.* orang yang terencat akal. *ks.* terencat akal.

spawn *kn.* telur ikan, katak, dll. *kk.* mengeluarkan atau menelur dengan banyak.

speak, spoke, spoken *kk.* berbicara; bercakap; berucap; bersyarah.
speaker *kn.* 1. jurucakap; ahli syarahan; orang yang berucap; penceramah; speaker. 2. pembesar suara.
speaking *ks.* boleh bercakap.
speak for berucap.
speak out bersuara; bercakap kuat.
speak up mempertahankan seseorang.

spear *kn.* tombak; lembing. *kk.* menombak.

special *ks.* khas; istimewa; khusus.
specialisation, specialization *kn.* pengkhususan.
specialise, specialize *kk.* mengkhususkan.
specialist *kn.* pakar; ahli.
speciality *kn.* bidang; keistimewaan; keahlian.
specially *kkt.* khusus.
Special Branch Cawangan Khas.
special effect kesan khas.

species *kn.* spesies, jenis.

specify *kk.* menentukan; menetapkan; memperinci.
specific *ks.* tepat dan khusus; khas.
specifically *kkt.* dengan khususnya.
specification *kn.* perincian; penentuan; spesifikasi.

specimen *kn.* contoh; model; spesimen.

speck *kn.* rintik; bintik; comot; kecil.

speckle *kn.* bintik-bintik.

spectacle *kn.* pemandangan yang

cantik; pertunjukan di khalayak ramai.

spectacles *kn.* cermin mata.

spectacular *ks.* menakjubkan.

spectator *kn.* penonton.

spectre *kn.* hantu.

spectrum *kn.* spektrum; warna-warna yang dihasilkan bila cahaya menembus prisma.

speculate *kk.* meramalkan; meneka; mengagak; spekulasi.
speculation *kn.* tekaan; agakan; spekulasi.

speech *kn.* syarahan; ucapan; ceramah; pidato; penuturan.
speechless *ks.* bungkam; terdiam; tidak dapat berkata-kata; tidak dapat bercakap.

speed *kn.* kelajuan; kepantasan; kecepatan; deras. *kk.* mencepatkan.
speeding *kn.* memandu lebih daripada had laju yang ditetapkan.
speedy *ks.* dengan laju; segera; dengan pantas.
speed up mempercepatkan.

spell[1] *kn.* jampi; mantera; sihir; serapah.

spell[2], **spelt** *kk.* mengeja.
spelling *kn.* ejaan.
spell out *kk.* mengeja dengan kuat.

spend *kk.* menghabiskan; membelanjakan; berbelanja; memakai; menggunakan.
spending *kn.* perbelanjaan.

sperm *kn.* mani; sperma.

sphere *kn.* lingkungan; bentuk bola; sfera.
spherical *ks.* spt bentuk bola atau sfera.

spice *kn.* rempah.
spicy *ks.* berempah.

spider *kn.* labah-labah.

spigot *kn.* pasak.

spike *kn.* hujung atau mata yang tajam; tapak kasut yang mempunyai paku yang digunakan khusus oleh pelumba lari.

spill *kk.* tumpah; menumpahkan; menjatuhkan.
spill-over limpahan.

spin *kk.* melilit; memusing; memintal. *kn.* pusingan; pintalan.

spinach *kn.* bayam.

spindle *kn.* alat untuk membuat benang.

spine *kn.* tulang belakang.
spinal *ks.* berkaitan dengan tulang belakang.

spinster *kn.* bujang; dara.

spiral *ks.* berpusar; pilin; berpusing-pusing. *kn.* lingkaran; pilin.
spiral binding jilid pilin.

spire *kn.* menara yang tinggi.

spirit *kn.* jiwa; roh; hantu; jin; semangat; keberanian; kesungguhan; perasaan; kecergasan; minuman keras.
spiritual *ks.* hal berkaitan dengan kejiwaan; kerohanian; mengenai roh.

spit, spat *kk.* memaki; menyembur; menghamburkan.

spite *kn.* perasaan benci.
spiteful *ks.* dengki.
spitefully *kkt.* dengan dendam.
in spite of walaupun.

splash *kk.* menyimbah; mencurah; menepuk air; memercikkan. *kn.* percik; cebur.

splendid *ks.* bagus sekali; cemerlang; sangat memuaskan; gemilang.
splendidly *kkt.* secara baik sekali; dengan cemerlang.
splendour *kn.* keindahan.

splice *kn.* mencantum atau menghubungkan sesuatu spt. filem, tali, dsb.

splint *kn.* bidai.

splinter *kn.* selumbar; serpihan kayu.

split *kk.* membelah; sekah; mencerai-ceraikan; merekah. *kn.* rekahan; pemecahan; pecahan.
split second dalam sekelip mata; sedetik cuma.
split screen kelir sisih; kelir monitor yang mempunyai dua atau lebih imej pada satu masa.

spoil *kk.* merosakkan.

spokesman, spokeswoman *kn.* jurucakap.

sponge *kn.* span.

sponsor *kn.* penganjur; penaja.
sponsorship *kn.* tajaan.

spontaneous *ks.* berlaku dengan sendiri; spontan.
spontaneously *kkt.* secara spontan.

spool *kn.* gelendung.

spoon *kn.* camca; sudu. *kk.* mencedok; menyudu; menyenduk.

sport *kn.* sukan; olahraga.
sporting *ks.* dengan semangat kesukanan.

spot *kn.* titik; tempat; tompok; belak; bintik. *kk.* cam; kenal.
on the spot pada masa itu juga.
spotlight *kn.* lampu tumpu.

spouse *kn.* pasangan; suami atau isteri; teman hidup.

spout *kn.* muncung teko; semburan; pancuran. *kk.* memancut; menyembur.

sprain *kk.* tersalah urat; terkehel; tergeliat; terpelecok.

sprawl *kn.* keadaan tergelimpang. *kk.* terbongkang.

spray *kk.* menyemburkan; memercikkan. *kn.* percikan; renjisan; semburan.

spread *kk.* membentang; menghamparkan; meratakan; menyebar; meratakan; terhampar; terbentang; merebak. *kn.* sebaran.

sprig *kn.* dahan kecil, ranting.

spring *kk.* melompat; meloncat; muncul. *kn.* loncatan; lompatan; pegas; kelenturan; spring.
springboard *kn.* papan anjal.

sprinkle *kk.* memercik; merenjis.
sprinkler *kn.* perenjis.

sprint *kn.* perlumbaan jarak dekat. *kk.* lari pecut.
sprinter *kn.* pelumba atau pelari pecut.

sprout *kn.* pucuk. *kk.* bertumbuh atau bercambah.

spruce *ks.* kemas.

spur *kn.* pacu; taji; suluh. *kk.* memacu; merangsang; menggiatkan.

spurn *kk.* tidak mempedulikan; menolak dengan menghina.

spurt *kk.* menyembur. *kn.* semburan.

spy *kn.* penyuluh; pengin'.ip. *kk.* menyuluh; mengintai; mengintip.

squabble *kn.* pertengkaran; perkelahian. *kk.* berkelahi; berkecok.

squad *kn.* kumpulan kecil; pasukan; skuad.
squadron *kn.* skuadron, satu bahagian dari tentera.

squalid *ks.* kotor.

squalor *kn.* kekotoran.

squander *kk.* membazirkan; mensia-siakan.

square *kn.* tanah lapang; rajah segiempat sama; medan. *ks.* bersegi; bersiku.
back to square one kembali ke asal; balik ke pangkat.

squash *kn.* 1. skuasy; sejenis permainan raket dengan bola getah dalam gelenggang yang berdinding. 2. sejenis minuman buah-buahan. *kk.* menghimpit.

squat *kk.* duduk bertinggung;

mencangkung.

squatter *kn.* penduduk yang mendiami sesuatu kawasan secara haram; setinggan.

squawk *kk.* mendengking.

squeak *kk.* mencicit; mendecit. *kn.* decitan; ciutan.

squeal *kn.* jeritan yang nyaring. *kk.* menjerit.

squeeze *kk.* menekan; memicit; memerah.
squeezer *kn.* pemerah.

squid *kn.* sotong.

squint *kn.* mata juling. *kk.* menjeling.
squint-eyed *ks.* mata juling.

squirm *kk.* mengeliat-geliut.

squirrel *kn.* tupai.

squirt *kk.* memancut. *kn.* pancutan.

stab *kk.* menikam; menusuk; meradak. *kn.* tikaman; radakan.
stabbing *ks.* menikam.
stab in the back tikam dari belakang; berlaku khianat.

stable *ks.* kukuh; mantap; stabil. *kn.* kandang kuda; bangsal.
stabilise , stabilize *kk.* menstabilkan.
stabiliser, stabilizer *kn.* penstabil.
stability *kn.* kekukuhan; kemantapan; kestabilan.

stack *kn.* susunan; timbunan; longgokan. *kk.* menimbun; menyusun; melonggok.

stadium *kn.* stadium.

staff *kn.* kakitangan.
staffroom *kn.* bilik guru.

stag *kn.* rusa jantan.

stage *kn.* pentas; peringkat; panggung. *kk.* mementaskan.
stage-manager *kn.* pengurus pentas.

stagger *kk.* 1. jalan terhuyung-hayang. 2. berasingan; tidak berlaku serentak.

3. memeranjatkan.
staggering *ks.* yang memeranjatkan.

stagnant *ks.* bertakung; terhenti.

stain *kk.* dikotori; mengotorkan; berlumuran; mencemarkan. *kn.* kotoran; palit; noda; cemar.
stained *ks.* berlumuran.
stainless steel keluli tahan karat.

stair *kn.* anak tangga.
staircase *kn.* tangga.

stake *kn.* 1. wang yang dipertaruhkan. 2. pancang.

stalactite *kn.* stalaktit; batu kapur yang tergantung dari bumbung gua.

stalagmite *kn.* stalagtit; batu kapur yang bercerancang pada lantai gua.

stale *ks.* basi; hapak.

stalemate *kn.* kebuntuan; jalan buntu.

stalk *kn.* tangkai bunga atau tangkai daun.

stall *kn.* gerai.

stallion *kn.* kuda jantan.

stamen *kn.* benang sari; stamen.

stamina *kn.* daya tahan; kekuatan; tenaga; stamina.

stammer *kk.* bercakap gagap; tergagap. *kn.* kegagapan.

stamp *kn.* pembasmian; membubuh tanda; penghapusan; setem. *kk.* menghentakkan; menghempaskan; menghapuskan.

stampede *kn.* sekumpulan haiwan besar yang bergerak dalam kumpulan yang besar dengan serta-merta dan dengan tidak tentu arah. *kk.* bergerak secara melulu dalam kumpulan yang besar.

stand, stood *kk.* berdiri; terletak; terdiri; bertempat; bangun; berdiri teguh; menyandarkan; mendirikan; menegakkan; menahan.
stand *kn.* perhentian; kedudukan;

tempat.
stand back berundur; melangkah ke belakang.
stand by tunggu masa; bersedia.
standstill *kn.* terhenti; berdiri tanpa bergerak.

standard *kn.* panji-panji; bendera; taraf; piawai; standard.
standard cataloguing penkatalogan standard.
standard of living taraf hidup.
standard performance prestasi piawai.

staple *kn.* 1. besi berbentuk 'U' untuk melekatkan kepingan kertas. 2. hasil utama.
stapler *kn.* alat untuk mencantum keping kertas.

star *kn.* bintang.
starry *ks.* penuh dengan bintang.
starfish *kn.* haiwan laut yang berbentuk bintang, tapak Sulaiman.
star-gazer *kn.* ahli astronomi; ahli falak; pemerhati bintang.
starlight *kn.* cahaya yang dikeluarkan oleh bintang.
starlit *ks.* disinari bintang.

starboard *kn.* sebelah kanan kapal.

starch *kn.* kanji.
starched *ks.* dikanji.

stare *kk.* memandang dengan tepat; merenung.

stark *ks.* kosong, tanpa perhiasan.
stark naked bogel, terlanjang.

start *kk.* memulakan; bertolak; tersentak.
starter *kn.* pemula; pelepas.
start off bermula.
for a start pertama-tama.

startle *kk.* mengejutkan; terperanjat.
startling *ks.* mengejutkan.

starve *kk.* menderita kelaparan.
starvation *kn.* kebuluran; kelaparan.
starving *kk.* teramat lapar; benar-benar lapar.

state *kn.* negeri; negara; keadaan; kedudukan; pangkat; taraf. *kk.* menerangkan; menyatakan.
stated *ks.* disebutkan; diumumkan.
statement *kn.* keterangan; ucapan; kenyataan.

statesman *kn.* negarawan.
elder statesman negarawan ulung.

static *ks.* statik; tidak bergerak.

station *kn.* tempat perhentian kereta api, dll.; balai; stesen.

stationary *ks.* tidak bergerak.

stationer *kn.* penjual alat tulis.
stationery *kn.* alat tulis.

statistics *kn.* statistik; data.

statue *kn.* patung; arka.

status *kn.* kedudukan; darjat; pangkat; status.

statute *kn.* undang-undang; kanun; statut.

stay *kk.* tinggal; menghentikan; mencegah; menangguhkan; menahan.
stay awake berjaga.
stay up berjaga.

stead *kn.* sebagai ganti.

steadfast *ks.* tabah; gigih; kekal; teguh.
steadfastly *kkt.* dengan tabah dan gigih.
steadfastness *kn.* keteguhan.

steady *ks.* kukuh; mantap; tegap; tetap; stabil.
steadily *kkt.* secara stabil; kukuh.
steadiness *kn.* tegap; tidak goyang; ketetapan.

steak *kn.* stik; daging lembu yang dibakar.

steal, stole, stolen *kk.* mencuri.
stealing *kn.* mencuri.

stealthy *ks.* secara rahsia atau diam-diam.
stealthily *kkt.* dengan dengan rahsia.

steam *kn.* wap; stim. *kk.* mengukus; mendidih.

steamer *kn.* kapal api; pengukus.

steed *kn.* kuda.

steel *kn.* besi waja; keluli. *kk.* mengeraskan.

steep *ks.* terjal; curam.

steer *kk.* mengemudikan; memandu.

stem *kn.* batang; kata dasar; tangkai.

stench *kn.* bau busuk.

stencil *kn.* stensil. stensil duplication penduaan stensil.

step *kn.* langkah; tapak kaki; tahap. *kk.* melangkah; menginjak. stepbrother *kn.* saudara tiri (lelaki). step by step selangkah demi selangkah; setapak demi setapak. stepchild *kn.* anak tiri. step down menarik diri; mengundurkan diri. stepfather *kn.* bapa tiri. step in campur tangan; memijak. stepmother *kn.* ibu tiri. stepping-stone *kn.* batu tempat berpijak; batu loncatan. stepsister *kn.* saudara tiri (perempuan). step out melangkah keluar. step this way ikut sini.

stereograph *kn.* stereograf; slaid yang menghasilkan kesan tiga dimensi.

stereophonic *kn.* stereofonik; alat untuk merakam bunyi stereo.

stereoscope *kn.* teropong stereo; sejenis alat yang boleh menjadikan dua keping gambar sebagai satu.

sterile *ks.* 1. mandul; tidak subur. 2. bebas dari kuman. sterilisation, sterilization *kn.* 1. pemandulan. 2. pembasmian kuman. sterilise, sterilize *kk.* 1. menjadikan mandul. 2. membasmi kuman. sterility *kn.* kemandulan; kebebasan

dari kuman.

sterling *kn.* mata wang Inggeris.

stern *kn.* buritan kapal. *ks.* keras.

stethoscope *kn.* stetoskop; sejenis alat yang digunakan oleh doktor untuk memeriksa pesakit. stew *kn.* rebusan; stew. *kk.* merebus.

steward *kn.* pelayan; pramugara; pengelola. stewardess *kn.* pramugari.

stick *kn.* tongkat; ranting; batang kayu. *kk.* melekat; menusuk; menikam; menyemat; menyucuk. sticker *kk.* pelekat. sticky *ks.* melekat; melekit. stick around menunggu; menanti. stick to it teruskan.

stiff *ks.* payah; tegang; keras; kaku; sukar. stiffen *kk.* menjadikan kaku; menjadikan keras.

stifle *kk.* 1. melemaskan. 2. mengelak dari berlaku. stifling *ks.* sangat panas.

still *ks.* tidak bergerak; diam; senyap; tenang. *kkt.* hingga sekarang; masih; lagi. *kk.* menenangkan.

stimulus *kn.* rangsangan. stimulus-response *kn.* gerak balas rangsangan.

sting *kk.* menyakiti; menyengat. *kn.* alat penyengat.

stingy *ks.* kedekut; bakhil; lokek.

stink *kk.* berbau busuk. *kn.* bau busuk. stinking *ks.* berbau busuk; berbau hapak.

stipulate *kk.* menentukan; menetapkan; mendesak. stipulation *kn.* ketetapan; syarat; penentuan.

stir *kk.* mengacau; membangkitkan; berdetik; bergoyang; bergerak.

stirrups *kn.* rakap.

stitch *kk.* menjahit. *kn.* jahitan.

stock *kn.* wang modal; keturunan; baka; binatang; ternakan; perkakas; simpanan; pembekalan; saham; stok. *kk.* menyediakan; membekalkan.
stockist *kn.* pembekal.
stockbroker *kn.* broker saham.
stock exchange *kn.* bursa saham.
stockstill *kkt.* tidak bergerak.
out of stock kehabisan stok; kehabisan simpanan.

stockade *kn.* kubu; benteng.

stocking *kn.* stoking.

stocky *ks.* pendek, kuat dan tegap.
stockiness *kn.* ketegapan.

stomach *kn.* perut. *kk.* menanggung.
empty stomach perut kosong.
stomach-ache *kn.* sakit perut.

stomp *kk.* jalan dengan menghentakkan kaki.

stone *kn.* batu; batu besar; batu permata.

stool *kn.* bangku.

stoop *kk.* membongkok.

stop *kk.* berhenti; menghalang; terbantut; menamatkan; mengakhiri; menahan; memberhentikan; menghalang. *kn.* perhentian; pemberhentian; sekatan.

storage *kn.* penyimpanan.

store *kn.* gudang; tempat menyimpan barang-barang; stor. *kk.* menyimpan (dalam bilik simpanan).

storey *kn.* tingkat (rumah atau bangunan).

stork *kn.* burung bangau.

storm *kn.* taufan; ribut. *kk.* menengking; menyerang; mengherdik.
stormy *ks.* cuaca buruk; ribut; bergelora.

story *kn.* cerita; kisah; riwayat.
storyboard *kn.* satu siri lukisan yang menunjukkan turutan gambar atau imej untuk tayangan filem.
the story goes *kn.* mengikut cerita.

stout *kn.* sejenis bir yang berwarna hitam. *ks.* 1. tegap. 2. berani. 3. gemuk.

stove *kn.* dapur.

stow *kk.* menyimpan dengan baik.
stowaway *kn.* seorang yang sembunyi di dalam kapal untuk mengelak dari membayar tambang.

straggle *kk.* tumbuh merata.
straggler *kn.* orang yang tertinggal di belakang.

straight *ks.* lurus; setara; sejajar; sama lurus; jujur; terus. *kn.* orang yang jujur.
straighten *kk.* menegakkan; meluruskan; membetulkan.
straight away dengan serta-merta.
straightforward *ks.* terus-terang; jujur; tidak berdalih.
put things straight membetulkan keadaan; menyelesaikan.

strain *kn.* tegang; ketegangan; tergeliat; terkehel. *kk.* menapis; meregang; menekan.
strained *ks.* tegang.

strait *kn.* selat.

strand *kk.* terdampar; terkandas.
stranded *ks.* terdampar; terkandas; terlantar.

strange *ks.* luar biasa; ajaib; pelik; gharib.
stranger *kn.* orang yang tidak dikenali; orang dagang.
strange to say anehnya; peliknya.

strangle *kk.* mencekik.
strangler *kn.* orang yang mencekik.

strap *kn.* tali kulit. *kk.* mengikat.
strapping *ks.* besar, tinggi dan sihat.

strategy *kn.* strategi; kepandaian dalam mengurus sesuatu perkara.
strategic *ks.* yang berkaitan dengan

strategi.

straw *kn.* jerami; straw.

strawberry *kn.* strawberi; sejenis buah kecil yang manis.

stray *kk.* terbabas; terkeliru; tersalah jalan; sesat; menyimpang. *kn.* seorang atau binatang yang sesat atau terasing dan kumpulannya.

streak *kn.* coreng; coret; tanda; sifat.

stream *kn.* anak sungai; arus; aliran; sungai. *kk.* mengalir.
streaming *kn.* penjurusan.
streamline *kk.* menjadikan lebih cekap.
streamlined *ks.* dibentukkan supaya menjadi lebih cekap.

street *kn.* lebuh; jalan.

strength *kn.* tenaga; daya; kekuatan.
strengthen *kk.* menguatkan.

strenuous *ks.* yang memerlukan tenaga dan kekuatan.

stress *kk.* mengeraskan; menegaskan. *kn.* tegangan; desakan; tekanan.
stressed *ks.* tertekan.
stressful *ks.* yang menyebabkan tekanan.

stretch *kn.* meregang; meluas; membentang. *kk.* terbentang.
stretcher *kn.* tandu; usung.
stretch out menghulurkan; meregangkan; menegangkan.

strew *kk.* menabur.

strict *ks.* tegas.
strictly *kkt.* hanya; semata-mata.

stride *kn.* langkah. *kk.* melangkah.

strife *kn.* perselisihan.

strike[1] *kn.* mogok; pemogokan.

strike[2], **struck** *kk.* memukul; mengetuk; mogok.
striker *kn.* pemukul; pengetuk; pemogok.
striking *ks.* istimewa; yang menarik

perhatian.

string *kn.* tali. *kk.* mengikat.

strip *kn.* jalur. *kk.* melucutkan; mencabut; menanggalkan; membuka.

stripe *kn.* belang; jalur.

strive *kk.* berjuang, berusaha.

stroke *kn.* pukulan; strok (penyakit). *kk.* mengusap.

stroll *kk.* bersiar-siar; berjalan-jalan. *kn.* perjalanan (orang bersiar-siar).

strong *ks.* bertenaga; kuat; gagah; tegap; kukuh; pekat; kencang; hebat; mantap; cergas.
strongly *kkt.* dengan kuat.
stronghold *kn.* kota; tempat pertahanan; kubu.

structure *kn.* bangunan; susunan; struktur.
structured *ks.* tersusun.

struggle *kk.* berjuang; berhempas pulas; bergelut; berjuang; terkial-kial. *kn.* pergelutan; perjuangan.

strut *kk.* berjalan dengan cara berlagak.

stub *kn.* puntung; tunggul.

stubble *kn.* 1. tunggal. 2. janggut yang pendek-pendek.

stubborn *ks.* keras hati; tegar; degil.
stubbornly *kkt.* dengan degil.
stubbornness *kn.* kedigilan.

stuck-up *ks.* sombong; bongkak; angkuh.

student *kn.* penuntut; pelajar.
student-centred approach pendekatan berpusatkan pelajar.
student-centred teaching pengajaran berpusatkan pelajar.

studio *kn.* bilik bekerja bagi ahli seni atau pelukis atau juru gambar; studio.

studious *ks.* rajin; usaha; tekun; teliti.
studiously *kkt.* dengan rajin.

study *kn.* pengajian; pelajaran; kajian; penyelidikan; studi. *kk.* mempelajari;

menyelidik; menelaah.
study skills kemahiran belajar.
stuff *kn.* bahan. *kk.* mengisi dengan
penuh dan padat.
stuffing *kn.* bahan untuk mengisi.
stuffy *ks.* kurang udara bersih;
berkuap; pengap.

stumble *kk.* tersadung; terhantuk;
tergagap-gagap.

stump *kk.* membingungkan; berjalan
terhuyung-hayang.

stun *kk.* memeranjatkan; mengejutkan;
membingungkan.
stunned *ks.* terpegun; tergamam.
stunning *ks.* menakjubkan;
memegunkan; mengagumkan; hebat.
stunningly *kkt.* secara menakjubkan.

stunt *kk.* menghentikan pertumbuhan.
kn. sesuatu yang dilakukan untuk
menarik perhatian.

stupendous *ks.* menakjubkan.
stupendously *kkt.* secara
menakjubkan.

stupid *ks.* bodoh; dungu; bebal.
stupidity *kn.* kebodohan.
stupidly *kkt.* dengan bodohnya.

sturdy *ks.* tegap; cergas; sasa.
sturdily *kkt.* dengan tegap.
sturdiness *kn.* ketegapan.

stutter *kk.* gagap.
stutterer *kn.* seorang yang gagap.

sty *kn.* ketumbit.

style *kn.* gaya; cara; stail.
stylish *ks.* bergaya.
stylishly *kkt.* secara bergaya.

stylus *kn.* jejarum.

suave *ks.* sopan santun; halus budi
bahasa.

subcontract *kn.* perjanjian tambahan.

subdivide *kk.* membahagi kepada
bahagian-bahagian yang lebih kecil.

subdue *kk.* menekan; menindas;
menakluk.

subject *kn.* mata pelajaran; perkara;
rakyat; subjek. *kk.* meletak orang di
bawah kuasa sesuatu pihak.

sublime *ks.* mulia; tinggi; agung; luhur.

submarine *kn.* kapal selam.

submerge *kk.* menenggelamkan.

submit *kk.* menyerah; menghantar;
tunduk; patuh; mengusulkan; serah
diri.
submission *kn.* kepatuhan; ketaatan.
submissive *ks.* patuh; tidak
menentang; tidak melawan; menurut
kata.

subordinate *ks.* bawahan; lebih
rendah.

subscribe *kk.* berlanggan.
subscriber *kn.* pelanggan.
subscription *kn.* langganan.

subsequent *ks.* yang berikut; yang
kemudian.
subsequently *kkt.* kemudian; selepas
itu.

subside *kk.* tenggelam; reda; surut;
berkurang.

subsidy *kn.* wang bantuan; bantuan;
subsidi.
subsidiary *kn.* bantuan; cawangan;
subsidiari. *ks.* yang berkaitan tetapi
kurang penting.
subsidise, subsidize *kk.* memberi
subsidi atau bantuan.
subsidised, subsidized *ks.* yang diberi
bantuan atau subsidi.

substance *kn.* benda; harta benda; pati.
substantial *ks.* besar; kuat dan teguh;
banyak.
substantially *kkt.* dengan banyaknya.

substation *kn.* stesen kecil.

substitute *kn.* ganti; pengganti.
substitution *kn.* penggantian.

subtitle *kn.* tajuk kecil.

subtle *ks.* halus; lemah lembut; tidak
ketara.

247

subtract *kk.* mengurangkan; menolak; memotong.
subtraction *kn.* pemotongan; pengurangan.

suburb *kn.* kawasan pinggir bandar.

subway *kn.* jalan bawah tanah.

success *kn.* kemenangan; kejayaan; hasil.
succeed *kk.* menggantikan tempat seseorang; berhasil; berjaya.
successful *ks.* berjaya; berhasil.
successfully *kkt.* dengan jayanya.
successor *kn.* waris; pengganti.

succumb *kk.* menyerah; tunduk.

such *ks.* sebagai; seumpama; demikian; spt. itu.

suck *kk.* menghisap; menyedut; menghirup. *kn.* penyusuan.

suction *kn.* penghisapan. *kk.* hisap.

sudden *ks.* dengan tiba-tiba; mengejut.
suddenly *kkt.* dengan tiba-tiba.
sudden death mati dengan tiba-tiba; mati mengejut.
all of a sudden dengan tiba-tiba.

suds *kn.* buih sabun.

sue *kk.* mendakwa; menuduh; menyaman.

suede *kn.* kulit yang lembut.

suet *kn.* lemak.

suffer *kk.* menanggung kesusahan; menghidap; mengalami penderitaan; menderita.
suffering *kn.* keazaban; penderitaan; kesakitan.

sufficient *ks.* mencukupi; memadai.
sufficiently *kkt.* secukupnya.

suffocate *kk.* melemaskan; mencekik; mati lemas kerana kekurangan udara.
suffocating *ks.* melemaskan; menyesakkan nafas.
suffocation *kn.* kelemasan.

sugar *kn.* gula.

sugar-cane *kn.* tebu.
sugar-palm *kn.* gula kabung; gula enau.

suggest *kk.* memberi fikiran; mengesyorkan; mengusulkan; mengemukakan; mencadangkan; menganjurkan.
suggested *kk.* menimbulkan; mencadangkan.
suggestion *kn.* cadangan; usul; syor.

suicide *kn.* pembunuhan diri.
commit suicide membunuh diri.

suit *kk.* sesuai; cocok; padan.
suitable *ks.* sesuai; cocok.
suited *ks.* sesuai.
suitcase *kn.* beg pakaian.
suit yourself ikut suka kamulah.

suite *kn.* 1. set yang lengkap. 2. bilik tidur di hotel.

sulk *kk.* memasamkan muka; merajuk; merengus.
sulky *ks.* merajuk.
sulkily *kkt.* dengan muka yang masam.

sullen *ks.* pemarah; suram; perengus.

sully *kk.* mencemar; mengotori; menodai; mencela.

sulphur *kn.* belerang; sulfur.

sultana *kn.* sultana.

sultry *ks.* panas.
sultriness *kn.* keadaan panas.

sum *kn.* jumlah; masalah dalam ilmu hisab.

summary *kn.* ringkasan; ikhtisar.
summarise, summarize *kk.* meringkaskan; membuat ringkasan.

summation *kn.* pengulungan.
summation evaluation *kn.* penilaian hasil tambah.

summer *kn.* musim panas.

summit *kn.* kemuncak; mercu; puncak.

summon *kk.* mengarahkan;

memanggil; menyaman.

summons *kn.* saman.

sumptuous *ks.* mewah.
sumptuously *kkt.* secara mewah.

sun *kn.* matahari.
sunny *ks.* cuaca baik.
sunbathe *kk.* berjemur; bermandikan cahaya matahari.
sundail *kn.* sejenis alat mengukur masa berasaskan bayang matahari.
sunflower *kn.* bunga matahari.
sunglasses *kn.* kaca mata hitam.
sunlight *kn.* cahaya matahari.
sunlit *ks.* diterangkan oleh cahaya matahari.
sunrise *kn.* matahari terbit.
sunset *kn.* matahari terbenam; matahari tenggelam.
sunshine *kn.* sinaran matahari.
suntan *kn.* warna kulit yang perang kemerah-merahan.

sundae *kn.* ais krim bercampur dengan buah-buahan, kacang dll.

Sunday *kn.* Ahad.

sundry *ks.* berbagai-bagai jenis; pelbagai.

super *ks.* sangat baik.

superb *ks.* sangat baik; istimewa.
superbly *kkt.* secara baik sekali.

supercilious *ks.* sombong; angkuh; bongkak.
superciliously *kkt.* secara sombong.

superficial *ks.* di luar sahaja; cetek; dangkal; tidak mendalam.
superficially *kkt.* secara tidak mendalam.

superhuman *ks.* seorang yang mempunyai kebolehan yang luar biasa.

superimpose *kk.* bertindih.
superimposition *kn.* pertindihtepatan.

superintend *kk.* mengelola; menjaga; mengawasi.
superintendent *kn.* penguasa.

superior *ks.* tinggi darjat, pangkat yang tinggi; bongkak; sombong.
superiority *kn.* ketinggian pangkat.

superlative *ks.* darjat yang tinggi sekali; superlatif.

supermarket *kn.* pasar raya.

supernatural *ks.* ghaib; sakti.
supernaturally *kkt.* secara ghaib.

supersonic *ks.* supersonik; lebih laju daripada kelajuan bunyi.

superstition *kn.* kepercayaan karut; tahyul.
superstitious *ks.* berkaitan dengan kepercayaan karut; tahyul.

supervise *kn.* menyelia.
supervision *kn.* penyeliaan; perhatian.
supervisor *kn.* penyelia.

supper *kn.* makan malam.

supple *ks.* lembut, tidak keras.
suppleness *kn.* kelembutan.

supplement *kn.* melengkapkan; tambahan untuk mencukupkan.
supplementary *ks.* tambahan.

supply *kk.* melengkapkan; memenuhi; membekalkan. *kn.* persediaan; kelengkapan; bekalan.
supplier *kn.* pembekal.

support *kk.* menanggung; menyokong; menopang. *kn.* penahan; topangan.
supporter *kn.* pembantu; penyokong.
supportive *ks.* yang memberi dorongan.
in support of sebagai menyokong.

suppose *kk.* mengandaikan; memisalkan.
supposed *ks.* dijangkakan; disangkakan.
supposedly *kkt.* dikatakan.
supposing *kp.* misalnya.

suppress *kk.* menekan; menindas.
suppresible *ks.* yang boleh ditekan atau ditindas.
suppression *kn.* penindasan; penumpasan; penekanan.
suppressor *kn.* seorang atau sesuatu

249

yang menekan atau menindas.

supreme *ks.* agung; tertinggi.
supremacy *kn.* keunggulan; kekuasaan; keagungan.

surcharge *kn.* bayaran tambahan.

sure *ks.* tentu; pasti; yakin; tetap.
surely *kkt.* sudah pasti; sudah tentu; tidak boleh tidak.
sure enough memang betul.
for sure dengan pasti.
make sure memastikan.

surf *kn.* buih ombak; satu istilah penggunaan Internet. *kk.* melungsur.
surfing *kn.* sukan lungsur.
surfboard *kn.* papan lungsur.

surface *kn.* muka (sesuatu benda); permukaan.

surge *kn.* terpaan; serbuan; gelombang; ombak yang melambung. *kk.* menerpa; menyerbu; bergelombang.

surgeon *kn.* doktor bedah.
surgery *kn.* pembedahan; ilmu bedah.
surgical *ks.* hal berkaitan dengan pembedahan.

surmise *kn.* kiraan; sangkaan; dugaan.

surname *kn.* nama keluarga.

surpass *kk.* melebihi.

surplus *kn.* benda lebih; lebihan.

surprise *kk.* menghairankan; mengejutkan; memeranjatkan. *kn.* kehairanan.
surprised *ks.* terperanjat; terkejut.
surprising *ks.* mengejutkan; memeranjatkan.
surprisingly *kkt.* secara memeranjatkan.
surprise visit lawatan mengejut.

surrender *kk.* menyerah diri. *kn.* penyerahan.

surround *kk.* mengepung; mengelilingi.
surrounded by dikelilingi oleh.
surrounding *ks.* persekitaran; sekeliling.
surroundings *kn.* persekitaran; lingkungan.

surveillance *kn.* pengawasan; pengamatan.

survey *kk.* memerhati; meninjau; menyukat atau memeta tanah; mengukur. *kn.* tinjauan; pandangan.
surveyor *kn.* juruukur.

survive *kk.* hidup; terus hidup.
survival *kn.* keupayaan menerus hidup.

susceptible *ks.* mudah dipengaruhi; peka.

suspect *kk.* menyangka; menduga; mengesyaki. *kn.* orang yang disyaki.

suspend *kk.* menggantung; terapung-apung.
suspense *kn.* kegelisahan; kebimbangan.
suspension *kn.* penggantungan.

suspicion *kn.* kesangsian; kecurigaan; syak.
suspicious *ks.* berasa syak; keraguan; berasa sangsi.
suspiciously *kkt.* dengan perasaan sangsi.

sustain *kk.* menanggung; menahan; menderita.
sustainable *ks.* boleh ditanggung atau diteruskan.

swagger *kk.* berlaku atau berjalan dengan cara yang angkuh.

swallow *kk.* menelan.

swamp *kn.* paya; rawa.
swampy *ks.* berpaya.

swan *kn.* angsa putih; burung undan.

swap *kk.* menukar. *kn.* pertukaran.

swarm *kn.* 1. sekumpulan lebah. 2. bilangan besar. *kk.* berkerumun.

swat *kk.* memukul dengan benda yang leper.

sway *kn.* ayunan; goyangan.

kk. bergoyang-goyang; berbuai-buai.

swear, swore, sworn *kk.* bersumpah; menyeranah; menyumpah.

sweat *kn.* peluh; keringat. *kk.* berpeluh.

sweater *kn.* baju yang dipakai di atas kemeja atau blaus.

sweep, swept *kk.* menyapu; membersihkan.
sweeper *kn.* penyapu.

sweet *ks.* manis; merdu; cantik. *kn.* manisan; gula-gula; kesukaan; makanan manis.
sweeten *kk.* memaniskan.
sweetness *kn.* kemanisan.
sweet corn jagung manis.
sweetheart *kn.* kekasih; buah hati.
sweet talk puji-pujian; pujukan.

swell *kk.* membengkak; menggelembung; bertambah. *kn.* bunyi kuat. *ks.* bergaya.

swelter *kk.* merasa panas dan tidak selesa.

swerve *kk.* belok dengan tiba-tiba.

swift *ks.* pantas; lekas; cepat.
swiftly *kkt.* dengan pantas.

swill *kk.* membilas.

swim, swam, swum *kk.* berenang.
swimmer *kn.* ahli renang.
swimming *kn.* berenang.
swimming-pool *kn.* kolam renang.
swim-suit *kn.* baju mandi.

swindle *kk.* menipu. *kn.* penipuan.
swindler *kn.* pengecoh; penipu.

swine *kn.* babi.

swing *kk.* berbuai; hayun; memusing; membelok. *kn.* buaian; ayunan.

swipe *kn.* pukulan; tamparan. *kk.* mengebas; mencuri.

swirl *kn.* olakan; pusaran; berpusing-pusing. *kk.* berlingkar; berpusar.

switch *kn.* suis. *kk.* bertukar; beralih;

merebut; memadamkan; memasang; merebut.
switch over bertukar.

swollen *ks.* bengkak.

swoon *kk.* & *kn.* pengsan.

swoop *kk.* menyambar; menyerang; menyamun; menangkap.

swop, swap *kk.* menukar sesuatu benda dengan yang lain.

sword *kn.* pedang.

syllable *kn.* bunyi sebahagian perkataan; suku kata.

syllabus *kn.* sukatan pelajaran.

symbol *kn.* tanda; alamat; lambang; isyarat; simbol.
symbolisation, symbolization *kn.* perlambangan.
symbolise, symbolize *kk.* melambangkan.

symmetry *kn.* simetri; kedua-dua belah sama ukurannya.
symmetrical *ks.* bersimetri, dua belah mempunyai persamaan.

sympathy *kn.* belas kasihan; timbang rasa; simpati.
sympathetic *ks.* bersimpati; belas kasihan.
sympathetically *kkt.* secara atau dengan belas kasihan.
sympathise, sympathize *kk.* berasa belas kasihan.

symphony *kn.* simfoni; karangan muzik untuk dimainkan oleh orkestra yang besar.

symptom *kn.* gejala; alamat; tanda.

synagogue *kn.* tempat sembahyang orang Yahudi.

synchrecorder *kn.* perakam segerak; sejenis alat untuk mengeluarkan bunyi serentak dengan persembahan slaid.

synchronise, synchronize *kk.* menyamakan; menyelaraskan.

synchronisation, synchronization *kn.* penyelarasan.

synonym *kn.* perkataan seerti; sinonim.

synopsis *kn.* ikhtisar; ringkasan; sinopsis.

synthesis *kn.* sintesis; gabungan bahagian yang berasingan.

synthesiser, synthesizer *kn.* sejenis alat elektronik untuk mengeluarkan bunyi elektronik.

synthetic *ks.* tiruan; buatan manusia; sintetik.

synthetically *kkt.* secara sintetik.

syphilis *kn.* penyakit kelamin; siflis.

syringe *kn.* sejenis alat untuk suntikan ubat ke dalam badan.

syrup *kn.* serbat; sirap.

system *kn.* cara; aturan; sistem.

systematic *ks.* teratur.

systematically *kkt.* secara teratur.

Tt

tab *kn.* petanda.

tabby *kn.* kucing betina.

table *kn.* jadual; meja.
table-cloth *kn.* lapik meja; alas meja.
tableland *kn.* tanah datar yang tinggi.
on the table ditangguhkan;
dikemukakan; di atas meja.

tablet *kn.* biji ubat; pil.

taboo *kn.* larangan keras; pantang.

tabulate *kk.* menjadualkan.
tabulation *kn.* penjadualan.

tack *kn.* paku payung; paku tekan.

tackle *kk.* mengatasi; menyelesaikan.
kn. takal.

tact *kn.* akal; kebijaksanaan.
tactful *ks.* kebijaksanaan; bijaksana.
tactfully *kkt.* secara bijaksana.
tactless *ks.* tiada kebijaksanaan.

tactics *kn.* cara atau jalan untuk
melaksanakan sesuatu.

tadpole *kn.* berudu.

tag *kn.* tanda; teg. *kk.* melabel;
menandakan.

tail *kn.* ekor. *kk.* mengekori.

tailor *kn.* tukang jahit.
tailor-made *ks.* pakaian yang dijahit
oleh tukang jahit.

taint *kn.* keburukan; kecemaran;
kecacatan. *kk.* mencacatkan;
mencemarkan.
tainted *ks.* tercemar.

take, took, taken *kk.* mengambil;
membawa; memandu; menangkap;
menerima; menawan; menyanggupi.

takings *kn.* hasil kutipan.
take away bawa pulang.
take down menurunkan; membuka.
take-home pay gaji bawa balik.
take it badly menerima dengan sedih.
take my word percayalah cakap saya.
take-off *kn.* tahap pemecutan;
berlepas (penerbangan).
take-over *kn.* pengambilalihan.

talc *kn.* talkum; bedak yang dibuat dari
sejenis galian yang lembut.
talcum powder *kn.* bedak.

tale *kn.* cerita dongeng; khabar angin.

talent *kn.* bakat; kebolehan.
talented *ks.* berbakat.

talisman *kn.* tangkal; azimat.

tally *kn.* jumlah. *kk.* menyamakan.

talk *kk.* bercakap; berbincang; berbual;
bertutur; berbicara. *kn.* perbincangan;
syarahan; perbualan; perundingan;
khabar angin; ucapan; ceramah.
talkative *ks.* gemar bercakap; keletah;
peramah.
talking *kn.* percakapan.
talk about bercakap mengenai
sesuatu.
talk over membincangkan;
merundingkan.

tall *ks.* tinggi.

tamarind *kn.* asam jawa.

tamborine *kn.* tamborin.

tame *ks.* jinak. *kk.* menjinak; mengawal.
tameable *ks.* dapat dijinak atau
dikawal.
tameness *kn.* kejinakan.

tamper *kk.* merosakkan sesuatu.

tan *kn.* warna perang; kekuning-kuningan. *kk.* menjemur kulit haiwan supaya menjadi hitam.

tandem *kn.* sejenis basikal untuk dua orang penunggang.

tangerine *kn.* sejenis limau kecil berasal dari negara Asia.

tangible *ks.* ketara; nyata; jelas.

tangle *kk.* mengusutkan; terlibat dalam pergaduhan. *kn.* kekacauan; kekusutan.
tangled *ks.* kusut.

tank *kn.* tangki; kereta kebal; kereta perisai.
tanker *kn.* kapal minyak.

tantalise, tantalize *kk.* menggoda.

tantrum *kn.* kemarahan.

tap *kk.* menoreh; mengeluarkan. *kn.* pili; kepala paip.
tapper *kn.* penoreh.
tap-root *kn.* akar tunjang.
tap-water *kn.* air paip.

tape *kn.* pita. *kk.* merakam.
tape recorder perakam bunyi.
tape recording rakaman pita.
tapeworm *kn.* cacing pipih.

taper *ks.* runcing; tirus. *kk.* meruncing; menirus.

tapestry *kn.* kain berlekat.

tapioca *kn.* ubi kayu.

tar *kn.* bahan berwarna hitam yang digunakan dalam membuat jalan raya; minyak tar. *kk.* menyapu atau menutup dengan minyak tar.
tarmac *kn.* sejenis landasan yang dibuat dari campuran minyak hitam dan batu kerikil.

target *kn.* sasaran; matlamat. *kk.* menuju sasaran.

tariff *kn.* senarai penentuan harga barang; tarif.

tarnish *kk.* menjadi pudar; memudarkan warna; mengusamkan; memudarkan; merosakkan (reputasi).

tarpaulin *kn.* sejenis kain tarpal.

tarry *ks.* diliputi minyak tar.

tart *kn.* sejenis kuih yang berinti buah-buahan atau ramuan manis yang lain.

task *kn.* tanggungjawab; tugas.
task analysis analisis tugas.
task force pasukan petugas; pasukan gerak khas.

tassel *kn.* jumbai. *ks.* dihias dengan rambu.

taste *kk.* merasa; mengecapi. *kn.* kesukaan; kegemaran.
tasteful *ks.* menarik; rasa yang enak.
tastefully *kkt.* secara menarik.
tasteless *ks.* hambar; tidak berperisa; tawar.
tasty *ks.* enak; sedap; lazat.
bad taste pilihan yang kurang baik.

tatter *kn.* kain buruk.
tattered *ks.* compang-camping; koyak-rabak.

tattle *kn.* perbualan; celoteh; mengumpat.

tattoo *kk.* mencacah. *kn.* cacah.

taunt *kn.* kecaman; hinaan; celaan; ejekan. *kk.* mencela; menghina; mengejek.

taut *ks.* tegang; tidak kendur.

tax *kn.* cukai. *kk.* mengenakan cukai.
taxable *ks.* boleh dikenakan cukai.
taxation *kn.* pencukaian.
tax-collector *kn.* pemungut cukai.
tax-deductible *ks.* boleh ditolak cukai.

taxi *kn.* teksi, kereta sewa.

tea *kn.* teh.
tea-break, tea-time *kn.* waktu minum petang; waktu rehat.
teapot *kn.* teko.
teaspoon *kn.* sudu teh.
teaspoonful *kn.* sudu teh penuh.

teach, taught *kk.* mengajar.
teacher *kn.* guru; pengajar; cikgu.
teaching *kn.* pengajaran.
ks. mengajar.
teaching aids alat bantu menmgajar.
teaching kit kit pengajaran.
teaching method kaedah mengajar.
teaching technique teknik mengajar.
teaching unit unit mengajar.
teak *kn.* pokok jati.

team *kn.* regu; pasukan; kumpulan.
team-mate *kn.* rakan sepasukan.
team teaching pengajaran berpasukan.
team-work *kn.* kerja berkumpulan.

tear *kn.* air mata.
tearing *kk.* mengoyakkan; menyiat-nyiatkan. *ks.* tergesa-gesa; terburu-buru.
tear, tore, torn *kk.* mengoyakkan; menyiat; mencarik

tease *kk.* mengejek; menyakat; mempersendakan; mengusik; mempermain-mainkan.
teasing *ks.* usik-usik.

teat *kn.* puting susu.

technical *ks.* teknikal, berkaitan dengan sains.
technically *kkt.* secara teknikal.
technician *kn.* juruteknik.
technique *kn.* teknik, cara atau kaedah.

Technicolour *kn.* teknik mewarnakan filem.

technology *kn.* teknologi, segala ilmu mengenai perkilangan atau perindustrian.
technological *ks.* teknologikal.
technologist *kn.* pakar teknologi.
technological change perubahan teknologi.
technology in education teknologi dalam pendidikan.

teddybear *kn.* sejenis patung beruang mainan kanak-kanak.

tedious *ks.* membosankan; menjemukan.

teem *kk.* penuh dengan.

teen *kn.* belasan.
teenage *ks.* dalam belasan tahun.
teenager *kn.* remaja belasan tahun.

tee-shirt *kn.* kemeja T.

teeth *kn.* jamak untuk perkataan *tooth*.
teethe *kk.* tumbuh gigi pertama.
teething problem masalah semasa pertumbuhan gigi.

teetotal *ks.* tidak minum minuman keras.
teetotaller *kn.* seorang yang tidak minum minuman keras.

telecast *kn.* siaran televisyen.
kk. menyiarkan melalui televisyen.

telecine *kn.* seuatu proses menyalin bahan filem dan slaid ke dalam format video.

telecommunications *kn.* telekomunikasi, perhubungan dengan menggunakan radio, televisyen, telefon, satelit, dsb.

teleconference *kn.* telesidang, satu cara komunikasi yang menggunakan sistem dua hala melalui video dan computer.

telegram *kn.* kawat; telegram.

telegraph *kn.* telegraf, satu cara komunikasi melalui satu sistem kod yang tertentu.

telelecture *kn.* telekuliah, satu daripada cara mengajar melalui penggunaan audio dan video untuk menyampaikan kuliah kepada penuntut.

telepathy *kn.* telepati; sejenis cara komunikasi yang menggunakan kuasa pemikiran sahaja.

telephone *kn.* telefon.

telephoto lens *kn.* kanta telefoto.

teleprinter *kn.* telecetak.

telescope *kn.* teropong jauh; teleskop.

teletext *kn.* teleteks; satu sistem penyebaran maklumat melalui televisyen di mana pengguna boleh mencari maklumat mengikut halaman tertentu.
televise *kk.* menyiarkan.
television *kn.* televisyen.
television signal isyarat televisyen.

telex *kn.* teleks; satu cara komunikasi antarabangsa yang menggunakan telecetak dan pehubungan dibuat melalui rangkaian telegraf.

tell, told *kk.* menceritakan; memberitahu; menerangkan.
teller *kn.* juruwang.
tell the world memberitahu semua orang.
time will tell masa akan menentukannya.

temper *kn.* isi hati; tunjuk perangai; baran; naik marah; angin.
tempered *ks.* bertabiat; berperangai.
temperament *kn.* pembawaan; perangai; tabiat.
in a good temper angin baik.
lose one's temper hilang sabar.

temperate *ks.* sedang; sederhana.

temperature *kn.* suhu.

temple *kn.* kuil; tokong.

tempo *kn.* rentak lagu; tempo.

temporary *ks.* sementara.
temporarily *kkt.* untuk sementara.

tempt *kk.* menghasut; menggoda.
temptation *kn.* godaan.
tempted *kk.* memikat; tertarik; menggoda.
tempting *ks.* menarik; menawan; menyelerakan.

ten *kgn., kn. & pnt.* sepuluh.
tenth *kgn., kn. & pnt.* yang kesepuluh.

tenacity *kn.* ketabahan hati.

tenant *kn.* penyewa (rumah).

kk. menyewa.

tend *kk.* cenderung; lebih mirip kepada; lebih suka.
tendency *kn.* kecenderungan.
tender *kn.* tawaran; tender.
kk. memberikan; menawarkan.
ks. lembut; empuk; manis; lemah gemalai.
tenderly *kkt.* secara lembut.
tenderness *kn.* kelembutan; kehalusan; kelunakan.

tendril *kn.* sulur paut.

tennis *kn.* tenis; sejenis permainan raket.

tenor *kn.* tenor; suara lelaki yang tinggi.

tense *kk.* menegangkan. *ks.* cemas; hangat; tegang.
tension *kn.* keadaan tegang; ketegangan.

tent *kn.* khemah.

tentacle *kn.* tentakel; sesungut yang terdapat pada sotong.

tentative *ks.* tidak muktamad; tentatif.
tentatively *kkt.* buat sementara waktu; berkemungkinan.

tenuity *kn.* ketipisan; kehalusan; kelembutan.

tenure *kn.* pemegangan; milikan; tempoh jawatan.

tepid *ks.* suam; tidak berapa panas.

term *kn.* penggal; waktu; had; istilah.
kk. menamakan; membahasakan; menggelarkan.
terms *kn.* syarat-syarat; kadar; harga.
full term tempoh penuh.
in terms of dari segi.

terminal *kn.* tempat perhentian yang akhir; terminal.
terminal objective objektif akhir.

terminate *kk.* mengakhiri; menamatkan.
termination *kn.* penamatan; pengakhiran; pemberhentian.

terminus *kn.* tempat perhentian bas, keretapi.

termite *kn.* anai-anai.

terrace *kn.* teres.

terrain *kn.* kawasan tanah; lapangan; daerah.

terrapin *kn.* sejenis kura-kura.

terrible *ks.* mengerikan; dahsyat; menakutkan.

terribly *kkt.* sangat dahsyat; tidak aman; betul-betul; teruk.

terrier *kn.* sejenis anjing.

terrific *ks.* menakutkan; seronok; hebat.

terrified *ks.* gerun; gentar.

terrify *kk.* menggerunkan; menakuti; menakutkan.

terrifying *ks.* menggentarkan; menggerunkan.

territory *kn.* kawasan; tanah jajahan; wilayah.

territorial *ks.* mengenai kawasan sesebuah negara.

terror *kn.* ketakutan yang amat sangat.

terrorist *kn.* pengganas.

test *kk.* menduga; mencuba; menguji. *kn.* dugaan; ujian.

testing *ks.* menduga; ujian.

test construction pembinaan ujian.

test item butir ujian.

test pattern rajah ujian.

testament *kn.* wasiat.

testical *kn.* buah zakar.

testify *kk.* mempersaksikan.

testimony *kn.* keterangan lisan atau bertulis; tanda; bukti.

testimonial *kn.* surat akuan tentang kelakuan, kebolehan, dll.

tether *kn.* tali untuk ikat binatang. *kk.* mengikat binatang.

text *kn.* kandungan; teks.

textbook *kn.* buku pelajaran sekolah; buku teks.

text editor penyunting buku.

textile *ks.* tenunan. *kn.* barang tenunan; kain; tekstil.

texture *kn.* jalinan; tekstur.

than *kp.* daripada; dari; kecuali. *ksd.* daripada.
no other than tidak lain dari; tidak lain dan tidak bukan.
nothing else than semuanya; hanya.

thank *kk.* bersyukur; berterima kasih.
thanks *kn.* ucapan terima kasih.
thankful *ks.* bersyukur; berterima kasih.
thankfully *kkt.* dengan penuh kesyukuran.
thankfulness *kn.* kesyukuran.

that *pnt.* itu; yang itu. *ksd.* bahawa; supaya; agar; yang; iaitu; yakni. *kkt.* demikian; begitu; itu.

thatch *kn.* jerami. *kk.* mengatapi.

thaw *kk.* mencairkan.

theatre *kn.* panggung; pawagam; seni sastera; seni drama; teater.

theft *kn.* pencurian.

their *kgn.* mereka punya; kepunyaan mereka.
theirs *kgn.* milik mereka; kepunyaan mereka.

them *kgn.* mereka.
themselves *kgn.* mereka sendiri.

theme *kn.* pokok pembicaraan; tajuk utama; tema.
thematic *ks.* berdasarkan tema.

then *kkt.* kemudian; pada masa itu; tatkala itu; ketika itu.
and then selepas itu; kemudian.
by then pada masa itu; pada waktu itu.
just then pada saat itu; pada waktu itu.
now and then sekali-sekala; kadang-kadang.
since then semenjak itu.
until then sehingga waktu itu.

theory *kn.* ide untuk menerangkan sesuatu fakta atau kejadian; pendapat; teori.
theoretical *ks.* berdasarkan teori.
theorise, theorize *kk.* membentuk teori.
theorist *kn.* seorang yang membentuk teori.

there *kkt.* di situ; di sana.
thereafter *kkt.* sesudah itu.
there and then pada ketika itu.

therefore *kkt.* oleh itu; kerana itu.

thermal *ks.* 1. yang berkaitan dengan haba. 2. panas.
thermal copier *kn.* penyalin haba.

thermometer *kn.* penyukat hawa; jangka suhu; meter suhu.

Thermos *kn.* sejenis kelalang; termos.
thermo transparency sejenis lejasan haba.

thermostat *kn.* termostat; alat untuk suhu secara automatik.

they *kgn.* mereka.

thick *ks.* tebal; kental; pekat.
thickly *kkt.* dengan tebalnya; padat.
thickness *kn.* ketebalan; lapis.
thick-skinned *ks.* muka tebal.

thicket *kn.* semak.

thief *kn.* pencuri.
thieve *kk.* mencuri.

thigh *kn.* paha.

thimble *kn.* bidal; sarung jari; jidal.

thin *ks.* kurus; nipis; halus; jarang; tidak lebat; tipis. *kk.* menguruskan; menipiskan; menjarangkan.
thin air lesap; lenyap.
thin-skinned *ks.* cepat perasa.

thing *kn.* benda; barang; perkara; hal; kejadian.
for one thing salah satu sebabnya.
not a thing tidak ada apa-apa.

think, thought *kk.* berfikir; menganggap; mengagak; memikirkan; membayangkan; menggambarkan; berpendapat.
thinker *kn.* ahli fikir; pemikir.
thinking *ks.* berfikir. *kn.* pemikiran.
think about memikirkan.
think again fikir masak-masak; fikir dalam-dalam.
think back to mengenang semula; mengimbas kembali.
think big bercita-cita besar.
think for oneself memikirkan untuk diri sendiri.
think nothing of tidak menjadi hal.
think over mempertimbangkan; memikirkan.
think-tank *kn.* kumpulan taakul; satu kumpulan yang terdiri daripada pakar-pakar untuk pelbagai bidang yang berbincang serta mencari penyelesaian bagi sesuatu masalah.
think twice fikir dua kali.

third *kgn., kn. & pnt.* yang ketiga.
thirdly *kkt.* ketiga.
third generation generasi ketiga.
third party pihak ketiga.

thirteen *ks., kn. & pnt.* tiga belas.

thirty *ks., kn. & pnt.* tiga puluh.

thirst *kn.* dahaga; kehausan.
thirsty *ks.* haus; dahaga.

this *kgn.* ini. *ks.* yang ini.
this and that itu, ini.
this much banyak ini.

thorax *kn.* rongga dada; toraks.

thorn *kn.* duri.

thorough *ks.* teliti.
thoroughly *kkt.* dengan teliti; dengan hemat.
thoroughness *kn.* ketelitian.

though *kp.* walaupun; sungguhpun; meskipun.

thought *kn.* cara berfikir; pendapat; pemikiran; buah fikiran; pertimbangan akal; pandangan.
thoughtful *ks.* bertimbang rasa; berfikir.
give thought to mempertimbangkan.

thousand *kgn., kn.* & *pnt.* banyak; ribuan.
one in a thousand satu dalam seribu.

thrash *kk.* membelasah; membalun; menyebat. *kn.* libasan; hentaman; pukulan.
thrashing *kn.* pukulan; hentaman.

thread *kn.* benang.

threat *kn.* gertakan; ancaman; ugutan.
threaten *kk.* menggertak; mengugut; mengancam.
threatened *ks.* terancam.
threatening *ks.* mengancamkan.

three *kgn., kn.* & *pnt.* tiga.
three dimesional tiga dimensi.

thresh *kk.* menebal; membanting.

threshold *kn.* bendul; ambang pintu; had; takat.

thrice *kkt.* tiga kali.

thrift *kn.* jimat cermat.
thrifty *ks.* cermat; hemat; tidak boros.

thrill *kn.* perasaan yang menggentarkan. *kk.* menyeronok.
thrilled *ks.* amat gembira; amat ghairah; amat seronok.
thrilling *ks.* menyeronokkan.

thrive *kk.* berkembang dengan suburnya; berkembang pesat; bertambah maju.

throat *kn.* tekak; kerongkong.
cut throat mencekik darah.
sore throat sakit kerongkong.

throb *kn.* debaran; denyutan. *kk.* berdebar-debar.

throne *kn.* singgahsana; takhta.

throng *kn.* orang ramai. *kk.* membanjiri (orang).

through *ksd.* menerusi; melalui. *kkt.* dari awal hingga akhir; masuk menerusi; terus ke; tembus. *ks.* terus.
be through akan berakhir.

throughout *kkt.* sepanjang; seluruhnya; kesemuanya; segenap;

seluruh. *kp.* serata; sepanjang; seluruh.

throw, threw, thrown *kk.* melemparkan; mencampakkan; membuangkan; melontarkan.
throw *kn.* lontaran; lemparan.
throw away membuang; mencampak.
throw over memutuskan; meninggalkan.

thrust *kn.* tolakan; kemaraan; tujahan. *kk.* meredah; merodok; merempuh; meradak.

thud *kn.* debum; debup; debak.

thug *kn.* penjahat yang ganas.

thumb *kn.* ibu jari.
thumb-nail sketch sketsa lakaran.
thumbtack *kn.* paku tekan.

thump *kn.* debak. *kk.* menumbuk.

thunder *kn.* guruh; petir; hali-lintar. *kk.* bergemuruh; bergema.
thunderous *ks.* spt. gurun; bergemuruh.
thunderclap *kn.* bunyi petir.
thunderstorm *kn.* ribut petir.

Thursday *kn.* Khamis.

thus *kkt.* oleh sebab itu; begini; dengan itu; begitu; demikian.

thwart *kk.* menghalang.

tiara *kn.* sejenis pakaian kepala perempuan yang dihiasi dengan permata.

tibia *kn.* tulang kering; tibia.

tick *kk.* berdetik; tanda betul.

ticket *kn.* tiket.

tickle *kk.* menggelikan; menggeletek.
ticklish *ks.* merasa geli.

tidal *ks.* berkaitan dengan pasang surut air.

tide *kn.* pasang surut air laut.
high tide air pasang.
low tide air surut.

tidings *kn.* berita; khabar.

tidy *ks.* kemas; rapi. *kk.* mengemaskan.

tie *kk.* mengikat; menyimpul; menyekat. *kn.* ikatan; dasi; tali leher.
tied up ada kaitannya; sibuk.

tier *kn.* barisan tempat duduk.

tiff *kn.* pertengkaran; perselisihan faham.

tiger *kn.* harimau.
tigress *kn.* harimau betina.

tight *ks.* ketat; erat; sempit; sendat; sesak; kukuh; kemas.
tighten *kk.* mengetatkan; menegangkan; mengeratkan.
tightly *kkt.* dengan ketat; ketat-ketat.
tightness *kn.* ketegangan.

tile *kn.* jubin; genting.

till *ksd.* sampai; hingga; sehingga.

tilt *kn.* condong; senget.
kk. memiringkan; menyengetkan; mencondongkan.

timber *kn.* kayu balak.

time *kn.* masa; waktu; ketika; zaman; kala; jam; pukul. *kk.* menentukan; menjadualkan; menetapkan.
timer *kn.* alat penentu masa.
timeless *ks.* tak lapuk dek zaman; abadi; kekal selamanya.
timely *ks.* tepat pada masanya.
timing *kn.* mengatur masa; memilih.
time after time berkali-kali.
time bomb bom jangka; bom masa.
timekeeper *kn.* penjaga masa.
time-lapse *kn.* langkau masa.
timetable *kn.* jadual waktu.
against time mengejar masa.
ahead of time lebih cepat dari masanya.
all the time sepanjang masa.
at one time pada suatu masa dahulu.
at the same time pada masa yang sama.
at times ada ketikanya.
behind time terlewat; terlambat.
from time to time dari semasa ke semasa.

have a good time bergembira.
have no time tidak sempat; tidak ada masa.
have the time ada masa.
in time tepat pada masanya.

timid *ks.* malu; segan; penakut.
timidly *kkt.* dengan segan.

tin *kn.* timah; tin. *kk.* mengetin; menyadur.
tinned *ks.* ditinkan.

tinge *kn.* campuran; warna; mewarnakan bahagian kecil.

tingle *kn.* menggelenyar.
kk. berdenyut-denyut.

tinker *kk.* cuba membaiki.

tinkle *kn.* bunyi dering; bunyi kelenting. *kk.* berdering.

tinsel *kn.* sejenis kepingan logam.
kk. berhias dengan kepingan logam.

tint *kn.* warna. *kk.* mengelapkan atau mewarnakan.

tiny *ks.* sangat kecil; halus.

tip *kn.* 1. hujung. 2. sedikit wang yang diberi kepada pelayan dsb.

tipsy *ks.* mabuk; hilang akal; pening.

tiptoe *kk.* berjengket.

tip top *ks.* dalam keadaan yang baik.

tire *kk.* meletihkan; memenatkan; menjemukan; melesukan; membosankan.
tired *ks.* letih; penat; jerih.
tiredness *kn.* keletihan; kepenatan.
tiresome *ks.* sukar; rumit; meletihkan; membosankan; menjemukan.

tissue *kn.* empulur; tisu.

titan *kn.* seorang yang besar, kuat, pantai, penting, dsb.
titanic *ks.* sangat besar; raksasa.

titbit *kn.* makanan ringan.

tithe *kn.* zakat.

title *kn.* kepala; gelaran; judul; tajuk.
titled *ks.* bergelar; mempunyai gelaran.

titter *kn.* ketawa terkekek-kekek.

tittle-tattle *kn.* celoteh. *kk.* berceloteh.

to *ksd.* ke; hingga; kepada; pada.
to and fro berulang-alik; pergi dan balik.

toad *kn.* katak puru; kodok.

toast *kn.* 1. minum ucap selamat. 2. roti bakar. *kk.* membakar; mendiangkan; memanggang; memanaskan.
toaster *kn.* pembakar roti.

tobacco *kn.* tembakau.

toboggan *kn.* sejenis kereta yang digunakan di tempat bersalji.

today *kn.* & *kkt.* hari ini.

toddle *kk.* bertatih.

toe *kn.* jari kaki.

toffee *kn.* sejenis gula-gula.

together *kkt.* bersama-sama; serentak; rapat-rapat; seiring dengan; terus.

toil *kk.* bertungkus-lumus; bekerja bersungguh-sungguh.

toilet *kn.* jamban; tandas.

toils *kn.* perangkap; jerat.

token *kn.* tanda; alamat; isyarat.

tolerate *kk.* menanggung; menahan; menderita.
tolerance *kn.* kesabaran; tasamuh; toleransi.
tolerant *ks.* sabar.
toleration *kn.* penanggungan; penderitaan; kesabaran; toleransi.

toll *kn.* cukai (jalan atau jambatan); tol.

tomato *kn.* tomato.

tomb *kn.* kubur; makam.
tombstone *kn.* batu nisan.

tomboy *kn.* budak perempuan berkelakuan spt. lelaki.

tomcat *kn.* kucing jantan.

tomfool *ks.* bodoh.

tomorrow *kn.* & *kkt.* esok; besok.

ton *kn.* tan; unit ukuran berat sama dengan 1000kg.

tone *kn.* bunyi; nada; tekanan suara; corak; warna. *kk.* menggiatkan; bersesuaian; berpadanan.
tone control kawalan nada.

toner *kn.* pengirap; serbuk hitam atau dawat yang digunakan dalam pencetakan.

tongs *kn.* penyepit.

tongue *kn.* lidah.
mother tongue bahasa ibunda.
tongue-twister *kn.* pembohong; pembelit.

tonic *kn.* tonik, ubat jenis minum.

tonight *kn.* & *kkt.* malam ini.

tonsil *kn.* anak tekak; tonsil.

too *kkt.* juga; jua; pun; terlampau; terlalu; tersangat.

tool *kn.* perkakas; alat.

toot *kn.* bunyi yang pendek dan jelas.

tooth *kn.* gigi.
toothache *kn.* sakit gigi.
toothbrush *kn.* berus gigi.
toothpaste *kn.* ubat gigi.
toothpick *kn.* pencungkil gigi.

toothsome *ks.* lazat; enak.

top *kn.* 1. bahagian yang tinggi sekali; kemuncak; puncak; hujung sebelah atas. 2. gasing.
topping *kn.* bahan-bahan spt. krim yang dibubuh di atas makanan.
top-ranking *ks.* pangkat yang paling tinggi; kedudukan yang paling tinggi; antara kedudukan yang teratas; pangkat yang di atas sekali.

at the top berada di puncak.
from top to toe dari hujung rambut sampai ke hujung kaki.
on top of di atas.

topic *kn.* perkara bahasan atau perbualan; judul; tajuk; topik.

topography *kn.* pemetaan; topografi.

topple *kk.* menumbangkan; meruntuhkan; merobohkan.

topsy-turvy *kkt. & ks.* tunggang-langgang; terbalik; berselerak; lintang-pukang.

torch *kn.* suluh; obor.
torchlight *kn.* lampu suluh.

torment *kn.* sengsara; seksaan; penderitaan; azab. *kk.* menyeksa; menderita.
tormented *ks.* diseksa.

tornado *kn.* taufan; puting beliung; tornado.

torpedo *kn.* torpedo, sejenis peluru yang dilancarkan di dalam air.

torpor *kn.* kelembapan; kelesuan; torpor.

torrent *kn.* aliran sungai yang sangat deras.

torrid *kn.* panas terik; sangat panas.

torso *kn.* badan manusia (tidak termasuk kepala, tangan dan kaki); seluruh anggota badan; torso.

tortoise *kn.* kura-kura.

tortuous *ks.* bengkang-bengkok; berbelit-belit.
tortuously *kkt.* dengan berbelit-belit.

torture *kk.* menganiaya; mendera; menyeksa. *kn.* penyeksaan; penganiayaan; kesengsaraan.
tortured *ks.* diseksa.

toss *kk.* melambungkan; mencampakkan; melemparkan ke atas; membaling ke atas.

tot *kn.* budak kecil.

total *kn.* jumlah. *kk.* berjumlah.
totally *kkt.* betul-betul; sama sekali.

totter *kk.* cara berjalan yang bergoyang-goyang, tidak stabil.

touch *kk.* menyentuh; mengusik; bersentuhan; menjamah; menyaingi; menyayukan; memilukan. *kn.* sentuhan.
touchy *ks.* mudah tersinggung; bengkeng; sensitif.
keep in touch berhubung dengan.

tough *ks.* tegap; sasa; lasak; payah; degil; tegar; liat; keras.
tough guy lelaki tahan lasak; gagah.

tour *kn.* lawatan; pelancongan; perjalanan. *kk.* melancong; melawat.
tourism *kn.* bidang pelancongan.
tourist *kn.* pelancong.

tournament *kn.* pertandingan; kejohanan; perlawanan.

tousle *kk.* mengusutkan rambut.
tousled *ks.* kusut.

tow *kk.* menarik dengan tali; menunda. *kn.* penundaan; penarikan.
on tow ditunda.

towards *ksd.* terhadap; menjelang; menuju ke arah; menghala; mengarah.

towel *kn.* tuala.

tower *kn.* menara.

town *kn.* pekan.
town centre pusat bandar.
town hall dewan perbandaran.
town planning perancangan bandar.

toxic *ks.* beracun; berbisa.

toy *kn.* mainan kanak-kanak.

trace *kn.* tikas; jejak; kesan; bekas. *kk.* menekap; mencari; menjejak; mengesan; menyurih.
trace back mengesan; menjejak.

track *kn.* kesan jejak; denai; bekas; laluan; landasan; balapan; trek. *kk.* mengesan; menjejak.

track down mengesan; menjejak.
track events acara balapan.
on the wrong track memikir atau melakukan sesuatu dengan cara yang salah.

trade *kn.* perniagaan; perdagangan.
trader *kn.* peniaga; pedagang.
trading *kn.* perniagaan; perdagangan.
trade in menukar beli.
trade mark cap dagang.
trade union kesatuan sekerja.
foreign trade perdagangan luar negara.
home trade perdagangan dalam negara.

tradition *kn.* adat istiadat; tradisi.
traditional *ks.* mengikut adat.
traditionally *kkt.* secara tradisi.

traffic *kn.* lalu lintas (kenderaan).
traffic jam kesesakan lalu lintas.

tragedy *kn.* malapetaka; tragedi.

tragic *ks.* menyedihkan; tragik.
tragically *kkt.* secara tragik.

trail *kn.* kesan; denai; jejak.
kk. menghela; menyeret; menarik.

train *kn.* kereta api. *kk.* melatih; mengajar; mendidik.
trainee *kn.* pelatih.
trainer *kn.* jurulatih.
training *kn.* latihan.

trait *kn.* ciri.

traitor *kn.* pengkhianat.

tram *kn.* trem; sejenis kenderaan elektrik spt. kereta api yang jalan di atas rel yang berada di jalan raya.

tramp *kn.* 1. bunyi langkah yang berat. 2. seseorang yang tidak ada rumah atau kerja yang tetap.

trample *kk.* menginjak; memijak dengan kaki.

trampoline *kn.* trampolin, sejenis alat sukan untuk membuat lompatan.

trance *kn.* keadaan khayal.

tranquil *ks.* sejahtera; sentosa.
tranquility *kn.* kesejahteraan; kesentosaan.

transact *kk.* berurusniaga.
transaction *kn.* pengurusan; urus niaga; pelaksanaan.

transcribe *kk.* menyalin sesuatu melalui tulisan.

transfer *kk.* berpindah; bertukar. *kn.* perpindahan; pertukaran.
transferable *ks.* boleh dipindah milik.
transfer of learning pindahan pembelajaran.

transform *kk.* mengubah; menukar.
transformable *ks.* boleh diubah.
transformation *kn.* perubahan; penjelmaan; transformasi.

transfusion *kn.* pemindahan darah; transfusi.

transistor *kn.* transistor, sejenis komponen elektrik yang digunakan dalam alat pendengar.

transition *kn.* satu keadaan peralihan atau perubahan.

translate *kk.* menterjemah.
translation *kn.* terjemahan.
translator *kn.* penterjemah.

translucent *ks.* lutcahaya.

transmit *kk.* memancarkan; menyiarkan.
transmission *kn.* pemancaran; siaran.
transmitter *kn.* alat pemancar.

transparent *ks.* lutsinar.
transparency *kn.* lejasan.

transplant *kk.* mengubah; memindahkan. *kn.* pemindahan.

transport *kk.* membawa; mengangkut. *kn.* pengangkutan; kenderaan.
transportation *kn.* pengangkutan.

transverse *ks.* melintang.

trap *kk.* menjerat; memerangkap. *kn.* perangkap; lukah; jerat.

trapeze *kn.* buaian yang digunakan

oleh seorang akrobat untuk pertunjukan biasanya dalam sarkas.

trash *kn.* sampah-sarap; cakap karut; sampah masyarakat.

trauma *kn.* kecederaan; kejutan; trauma.

travel *kk.* mengembara; berjalan; menjelajah. *kn.* pengembaraan; perjalanan.
traveller *kn.* pengembara; perantau.

trawler *kn.* sejenis perahu pukat tunda.

tray *kn.* talam; dulang.

treacherous *ks.* tidak setia; khianat; tidak amanah; tidak dapat dipercayai.
treacherously *kkt.* secara mengkhianat.

treacle *kn.* sejenis cecair manis biasanya dikeluarkan semasa gula dihaluskan.

tread *kn.* gaya langkah; bunyi langkah; bunga tayar. *kk.* menjejak; berjalan; memijak.

treason *kn.* pengkhianatan; penderhakaan.

treasure *kn.* kekayaan; harta karun. *kk.* menghargai; mengabadikan.
treasurer *kn.* bendahari.
treasury *kn.* baitulmal; perbendaharaan.
treasure-hunt *kn.* mencari harta karun.

treat *kn.* belanja; merawat. *kk.* memperlakukan; mengambil; menganggap; melayan.
treatment *kn.* rawatan; perlakuan.

treaty *kn.* perjanjian antara negara-negara; persetiaan; triti.

treble *kn.* 1. tiga kali ganda. 2. nada tinggi.

tree *kn.* pokok; pohon.
tree-house *kn.* ran.
tree-trunk *kn.* batang pokok.
family tree susur-galur keluarga; salasilah.

trek *kk.* mengembara.

trellis *kn.* rangka untuk menyangga pokok supaya tumbuh.

tremble *kk.* menggeletar; gementar; gemuruh; menggigil. *kn.* gementar; gemuruh.
trembling *ks.* menggigil.

tremendous *ks.* hebat; dahsyat; amat; sangat.
tremendously *kkt.* dengan hebat.

tremor *kn.* gegaran; getaran.

tremulous *ks.* yang gementar; yang menggigil; yang menggeletar.
tremulously *kkt.* secara menggeletar.

trench *kn.* parit pelindung; lubang yang digali sebagai tempat perlindungan. *kk.* menggali parit.

trend *kn.* arah; haluan; aliran; kecenderungan umum. *kk.* menghala; mengarah.
trendy *ks.* mengikut fesyen terbaru.

trespass *kn.* pencerobohan. *kk.* menceroboh.
trespasser *kn.* penceroboh.

trestle *kn.* kuda-kuda.

trial *kn.* percubaan; ujian.
trial and error proses menyelesaikan masalah melalui percubaan pelbagai cara.
on trial sedang dibicarakan.

triangle *kn.* segi tiga.
triangular *ks.* berbentuk segi tiga.

tribe *kn.* puak.
tribal *ks.* berkaitan dengan suku bangsa atau kaum.

tribulation *kn.* penderitaan; sengsara; kesusahan.

tribunal *kn.* mahkamah pengadilan; tribunal.

tribute *kn.* ufti; penghormatan.

trice *kn.* dalam sekelip mata.

trick *kk.* menipu; memperdayakan;

mengakali. *kn.* penipuan; cara; akal; muslihat.

trickster *kn.* penipu.

tricky *ks.* rumit; sukar; suka menipu.

trickle *kn.* titik; titis; lelehan. *kk.* menitis; menitik.

tricycle *kn.* basikal beroda tiga.

trifle *kn.* remeh. *kk.* mempermainkan; main-main.

trigger *kn.* picu; pemetik.

trim *ks.* teratur; kemas; rapi. *kk.* menggunting; memotong. **trimming** *kn.* bahan perhiasan.

trinket *kn.* barangan hiasan yang kecil dan kurang bernilai.

trio *kn.* sekumpulan tiga orang.

trip *kn.* perjalanan; pelayaran. *kk.* tersadung; terlanggar; terjatuh.

triple *ks.* berganda tiga. **triplet** *kn.* kembar tiga.

tripod *kn.* penopang berkaki tiga.

trishaw *kn.* beca.

triumph *kn.* kemenangan; kejayaan. **triumphant** *ks.* berjaya. **triumphantly** *kkt.* dengan jaya.

trivial *ks.* tidak penting; tidak berharga; remeh-temeh.

troll *kn.* sejenis mahluk imaginasi.

trolley *kn.* troli; kereta sorong.

trombone *kn.* trombon; sejenis alat muzik.

troop *kn.* pasukan; kumpulan; kelompok.

trophy *kn.* hadiah bagi sesuatu kemenangan (spt. sukan, dll.), piala.

tropical *ks.* tropikal.

tropics *kn.* kawasan tropikal.

trot *kn.* gerakan kuda. *kk.* berjalan lebih laju daripada berjalan biasa.

trotter *kn.* kaki babi.

trouble *kn.* kesukaran; bencana; gangguan; beban; kesulitan; kekacauan. *kk.* membuat kacau; menyusahkan; menggelisahkan; merisaukan; mengkhuatirkan. **troublesome** *ks.* menyusahkan; mengganggu. **trouble-maker** *kn.* pengacau. **trouble-shooter** *kn.* penyelesai masalah. **ask for trouble** cari susah; cari fasal. **make trouble** membuat kacau. **take the trouble** bersusah payah.

trough *kn.* palung.

trousers *kn.* seluar panjang; celana panjang.

trout *kn.* trout; sejenis ikan air tawar.

trowel *kn.* alat penyodok.

truant *kn.* seorang yang lari dari sekolah atau tugas; kaki ponteng.

truce *kn.* perdamaian; gencatan senjata.

truck *kn.* trak, sejenis kenderaan untuk membawa barang.

trudge *kn.* perjalanan yang susah payah. *kk.* berjalan dengan susah payah.

true *ks.* betul; benar; sungguh; sejati; murni; tulen; setia. **truly** *kkt.* dengan benar; dengan ikhlas; dengan jujur. **true-love** *kn.* kekasih sejati.

trumpet *kn.* 1. trumpet; sejenis alat muzik. 2. bunyi yang dibuat oleh gajah.

truncheon *kn.* cota; belantan.

trundle *kk.* bergolek secara perlahan-lahan.

trunk *kn.* batang pokok; peti kain baju; belalai gajah. **trunk call** panggilan jauh.

truss *kk.* ikat dengan ketat.

trust *kn.* kepercayaan; keyakinan.
trustee *kn.* wakil; pemegang amanah.
trusting *ks.* mudah mempercayai.
trusty *kn.* seorang tahanan yang diberi tanggungjawab dan kelebihan khas kerana berkelakuan baik. *ks.* setia; boleh dipercaya.
trustworthy *ks.* boleh dipercayai; amanah.
trustworthiness *kn.* kebolehpercayaan.

truth *kn.* kesungguhan; kebenaran.

try *kk.* mencuba; ikhtiar; berusaha. *kn.* percubaan; usaha.

tub *kn.* tong; tab mandi.

tuba *kn.* sejenis alat muzik yang ditiup.

tubby *ks.* agak gemuk spt. tong.

tube *kn.* paip; pembuluh; tiub.

tuber *kn.* sejenis ubi.

tuberculosis *kn.* penyakit batuk kering; tibi.

tuck *kk.* melipat; menyingkankan. *kn.* lipatan.

Tuesday *kn.* Selasa.

tug *kk.* menarik; unjun; menyentak; merenggut. *kn.* sentakan; tarikan.
tug of love perebutan anak di antara ibubapa yang telah bercerai.
tug of war peraduan tarik tali.

tuition *kn.* kelas bimbingan; pengajaran; tusyen.

tulip *kn.* tulip; sejenis bunga dari negara Belanda.

tumble *kk.* & *kn.* jatuh tunggang-langgang; jatuh bergolek.

tummy *kn.* perut.

tumour *kn.* ketumbuhan; bengkak di bahagian badan; tumor.

tumult *kn.* kegemparan; kegamatan; keributan.
tumultuous *ks.* mengemparkan.

tumultuously *kkt.* secara mengemparkan.

tuna *kn.* ikan tuna.

tune *kn.* lagu; nada.
tuner *kn.* penala.

tunic *kn.* pakaian seragam tentera atau polis.

tunnel *kn.* terowong; tembusan.

turban *kn.* serban; destar.

turbulent *ks.* bergelora; bergolak.

turf *kn.* lapisan tanah sebelah atas yang berumput.

turgid *ks.* bengkak.

turkey *kn.* ayam belanda.

turmoil *kn.* kekacauan; huru-hara.

turn *kn.* giliran; pusingan; belokan; kisaran. *kk.* berpusing; beredar; berbelok; berputar; berkisar; memusingkan; berubah; mengalihkan; membalikkan.
turnabout *kn.* berpatah balik.
turn away berpaling.
turn over terbalik; terlungkup; menyerahkan; menterbalikkan.
turn off menutup; membelok.
turn up datang; hadir.
take turns bergilir-gilir.

turnip *kn.* sejenis lobak.

turnstile *kn.* pintu masuk yang berpusing.

turntable *kn.* cakera putar.
turning *kn.* putaran; pusingan.

turpitude *kn.* kejahatan; keburukan.

turquoise *kn.* kebiru-biruan; batu firus.

turtle *kn.* penyu; labi-labi.

tusk *kn.* gading.

tussle *kn.* pertarungan; perkelahian; pergelutan.

tutor *kn.* pengajar; pembimbing; tutor.

tutorial *kn.* tutorial; kelas bimbingan untuk sekumpulan kecil pelajar.

twaddle *kn.* percakapan atau penulisan yang tidak berkualiti.

twang *kn.* bunyi yang dikeluarkan apabila tali yang tegang dipetik.

tweed *kn.* sejenis kain bulu.

tweezers *kn.* penyepit; angkup.

twelve *kgn., kn. & pnt.* dua belas.

twenty *kgn., kn. & pnt.* dua puluh.

twice *kkt.* dua kali.

twiddle *kk.* memain-mainkan; memutar-mutar.

twig *kn.* ranting.

twilight *kn.* senjakala; samar-samar.

twin *kn.* anak kembar.

twine *kn.* tali pintal. *kk.* memilin; memintal; melingkari; menjalin; membelitkan; melilitkan; berbelit.

twinge *kn.* rasa kesakitan.

twinkle *kk.* mengerlip; berkelip-kelip. *kn.* sekelip mata; cahaya.

twirl *kn.* putaran; pusingan; pusaran. *kk.* berpusar; berputar; berpusing.

twist *kk.* memulas; memintal; melilitkan; tergeliat; menjalin.

twister *kn.* penipu; orang yang tidak jujur; orang yang tidak amanah.

twitch *kn.* renggutan; sentakan; kekejangan.

two *kgn., kn. & pnt.* dua.
two by two berdua-dua.

tycoon *kn.* hartawan; orang yang kaya-kaya.

type *kn.* jenis; macam. *kk.* menaip.
typist *kn.* jurutaip.
type face *kn.* rupa taip, sejenis huruf pada pencetak mesin type.
typewriter *kn.* mesin taip.

typhoid *kn.* penyakit usus.

typhoon *kn.* badai; taufan.

typical *ks.* mempunyai sifat-sifat yang biasa.
typically *kkt.* dengan secara biasa.

typography *kn.* seni percetakan; tipografi.

tyranny *kn.* penganiayaan; penindasan; kezaliman.
tyrannical *ks.* zalim.
tyrannically *kkt.* secara zalim.
tyrannise, tyrannize *kk.* melakukan kezaliman.
tyrant *kn.* penzalim.

tyre *kn.* ejaan lain untuk *tire*; tayar

Uu

udder *kn.* tetek binatang yang berbentuk spt. beg.

ugly *ks.* hodoh; buruk; jelik.
ugliness *kn.* kehodohan; kejelikan.

ulcer *kn.* bisul.

ulterior *ks.* niat terselindung; niat tersembunyi.

ultimate *ks.* akhir; muktamad; dasar; asas; penghabisan.
ultimately *kkt.* kesudahannya; akhirnya.
ultimatum *kn.* kata dua.

ultrasonic *kn.* ultrasonik; gelombang yang sama sifatnya dengan gelombang bunyi.

umbrella *kn.* payung.

umpire *kn.* pengadil.

unabashed *ks.* tidak malu; tidak segan.

unable *ks.* tidak berupaya.

unacceptable *ks.* tidak dapat diterima.

unaffected *ks.* tidak terlibat.

unafraid *ks.* tidak takut.

unanimous *ks.* sepakat; sebulat suara.
unanimously *kkt.* dengan sebulat suara.

unarmed *ks.* tidak bersentaja.

unashamed *ks.* tidak malu.
unashamedly *kkt.* dengan tidak berasa malu.

unattached *ks.* belum berkahwin; bujang.

unauthorised, unauthorized *ks.* tanpa diberi kuasa.

unaware *ks.* tidaksedar.
unawareness *kn.* ketidak sedaran.

unbalance *kk.* menyebabkan ketidakseimbangan.
unbalanced *ks.* tidak seimbang.

unbearable *ks.* tidak boleh tahan.

unbecoming *ks.* tidak sesuai dengan.

unbelief *kn.* sikap tidak percaya pada agama dan konsep ketuhanan.
unbelievable *ks.* tidak dapat dipercayai; mustahil.

unborn *ks.* belum lahir.

unbreakable *ks.* tidak boleh pecah.

unbuckle *kk.* membuka tali pinggang.

unbutton *kk.* membuka butang baju.

uncanny *ks.* ganjil; pelik; luar biasa.

uncertain *ks.* tidak pasti; tidak tetap.
uncertainty *kn.* ketidakpastian.

uncivil *ks.* tidak sopan; biadab; kurang ajar.
uncivilised, uncivilized *ks.* tidak bertamadun.

uncle *kn.* bapa saudara; paman.

unclean *ks.* kotor; tidak bersih.

uncoil *kk.* membuka gelung.

uncomfortable *ks.* tidak selesa.
uncomfortably *kkt.* secara tidak selesa.

uncommon *ks.* ganjil atau luar biasa.

unconscious *ks.* pengsan; tidak sedar.
unconsciously *kkt.* secara tidak sedar.

unconsciousness *kn.* keadaan tidak sedar.

uncooked *ks.* mentah.

uncountable *ks.* tidak boleh dibilang.

uncover *kk.* mendedahkan.

uncultivated *ks.* tidak dikerjakan; tidak diusahakan; tidak bertanam.

undaunted *ks.* tidak takut; tidak gentar; tidak putus asa; sangat berani.

undecided *ks.* belum membuat keputusan; belum pasti.

under *ksd.* di bawah; termasuk di dalam.

underachiever *kn.* pencapai bawah.

undercover *ks.* secara rahsia.

underdeveloped *ks.* 1. mundur; kurang maju. 2. pemproses filem yang tidak mencukupi menyebabkan gambar kurang sempurna.

underexpose *kk.* kurang didedah.
underexposure *kn.* kurang dedahan kepada cahaya.

undergo *kk.* mengalami; menjalani; merasai; menanggung; menempuh.

undergraduate *kn.* mahasiswa yang belum mendapat ijazah.

underground *ks.* bawah tanah; bersembunyi; secara sulit.

undergrowth *kn.* belukar; semak.

underlie *kk.* terletak di dasar; menjadi dasar.

underline *kk.* 1. melukis garisan di bawah. 2. menegaskan sesuatu.

undermost *ks.* paling bawah.

underneath *kkt.* & *ksd.* di bawah. *kn.* bahagian bawah.

undernourished *ks.* kurang zat makanan.

understand, understood *kk.* memahami; faham; mengerti.

understandable *ks.* boleh difahami; dapat dimengerti.
understanding *ks.* bertimbang rasa; saling memahami. *kn.* pemahaman; pengertian.

undertake *kk.* memikul; menanggung; menjamin; berjanji; mengaku; menjalankan; memulai; mengusahakan.
undertaking *kn.* usaha; kerja; tugas; jaminan.

underwater *ks.* di bawah permukaan air.

undesirable *ks.* tidak diingini.

undeveloped *ks.* belum diusahakan; belum membangun; belum maju.

undivided *ks.* tidak berbelah bagi, penuh perhatian.

undoubted *ks.* tidak ragu-ragu; tentu; pasti.
undoubtedly *kkt.* dengan pasti.

undress *kk.* menanggalkan pakaian.
undressed *kn.* tidak berpakaian; berbogel.

undulate *kk.* mengombak; mengalun.

unduly *kkt.* keterlaluan.

unearth *kk.* menggali; menemui.

uneasy *ks.* gelisah; resah; risau; bimbang.
unease, uneasiness *kn.* kegelisahan; keresahan.

uneducated *ks.* tidak berpelajaran; tidak dididik; berpendidikan rendah.

unemployed *ks.* menganggur.
unemployment *kn.* pengangguran.

uneven *ks.* tinggi rendah; tidak sama.

unexpected *ks.* tidak disangka-sangka.
unexpectedly *kkt.* secara tidak disangka.

unfair *ks.* tidak adil; tidak patut; berat sebelah.
unfairly *kkt.* secara tidak adil.

unfairness *kn*. ketidakadilan.

unfaithful *ks*. tidak setia; curang; mungkir.
unfaithfully *kkt*. secara tidak setia.

unfaltering *ks*. tegas; teguh.

unfamiliar *ks*. tidak kenal; tidak biasa; asing.
unfamiliarity *kn*. ketidakbiasaan.

unfasten *kk*. menanggalkan; membuka.

unfit *ks*. tidak layak; tidak dapat dipakai; tidak sesuai.

unfold *kk*. membuka lipatan; meleraikan.

unforeseen *ks*. tidak disangka-sangka; tidak dijangka.

unforgettable *ks*. tidak dapat dilupakan; tidak boleh dilupakan.

unforgivable *ks*. tidak dapat dimaafkan; tidak boleh dimaafkan.

unfortunate *ks*. malang; tidak bernasib baik.
unfortunately *kkt*. malangnya.

unfriendly *ks*. tidak berbaik-baik; tidak mesra.

unfurnished *ks*. tidak dilengkapi dengan perabot; tiada peralatan rumah.

ungrateful *ks*. tidak mengenang budi; tidak berterima kasih.

unguarded *ks*. tidak berjaga; tidak berkawal.

unhappy *ks*. sugul; dukacita; muram durja.
unhappily *kkt*. dengan dukacita.
unhappiness *kn*. kedukaan.

unhealthy *ks*. tidak sihat; sakit.

unicorn *kn*. sejenis kuda yang bertanduk dalam cerita dongeng.

uniform *ks*. serupa; sekata. *kn*. pakaian seragam; uniform.
uniformity *kn*. keseragaman; kesamaan.

unify *kk*. menyatukan.
unification *kn*. penyatuan.

unilateral *ks*. satu pihak; dilakukan atau melibatkan satu pihak dan bukan pihak yang lain.

union *kn*. kesatuan; gabungan; persatuan; penyatuan.
unionist *kn*. ahli kesatuan sekerja.

unique *ks*. tiada taranya; lain daripada yang lain; unik.
uniqueness *kn*. keunikan.

unisex *ks*. uniseks; sesuai untuk kedua-dua jantina.

unison *kn*. 1. persetujuan. 2. pada nada yang sama.

unit *kn*. se; sukatan asas; unit.

unite *kk*. bersatu; menyatukan; menggabungkan; bersepakat.
unity *kn*. keselarasan; perpaduan; keharmonian; kerukunan.

unitary *ks*. satu sistem kerajaan tempatan di mana kuasa diberi kepada satu organisasi untuk menguruskan segala hal.

universe *kn*. alam semesta.

university universiti; institusi pendidikan tinggi, peringkat sarjana.

unjust *ks*. tidak adil.
unjustly *kkt*. secara tidak adil.

unkind *ks*. tidak penyayang; zalim.

unknowing *ks*. tidak sedar; tidak tahu.
unknowingly *kkt*. secara tidak sengaja.

unknowledgeable *ks*. tidak berpengetahuan.

unknown *ks*. tidak terkenal; tidak dikenali.

unlawful *ks*. tidak menurut hukum; menyalahi undang-undang.
unlawfully *kkt*. secara tidak menurut undang-undang.

unleash *kk*. melepaskan daripada ikatan.

unless *kp.* melainkan; jika tidak; kecuali.

unlike *kkt.* tidak seperti.

unlimited *ks.* tidak terbatas.

unload *kk.* memunggah.

unlock *kk.* membuka kunci; tidak berkunci.

unlucky *ks.* sial; tidak bernasib baik; nasib malang.
unluckily *kkt.* malangnya.

unmatched *ks.* tidak ada bandingnya.

unmistakable *ks.* pasti; jelas; tidak salah.
unmistakably *kkt.* dengan jelas.

unnatural *ks.* tidak mengikut kelaziman; ganjil; luar biasa.
unnaturally *kkt.* dengan tidak mengikut kelaziman.

unnecessary *ks.* tidak perlu.
unnecessarily *kkt.* secara tidak perlu.

unoccupied *ks.* kosong; tidak diduduki; tidak didiami.

unpack *kk.* memunggahkan barang-barang dari beg.

unpleasant *ks.* tidak menyenangkan; kurang manis.

unpolluted *ks.* tidak tercemar.

unpredictable *ks.* tidak dapat diramalkan.

unquestionable *ks.* tidak boleh dipersoalkan.

unravel *kk.* 1. menanggalkan benang. 2. menyelesaikan.

unreal *ks.* tidak benar atau tidak wujud.

unreasonable *ks.* tidak masuk akal; tidak munasabah.

unreliable *ks.* tidak dapat dipercayai.

unrequited *ks.* tidak berbalas.

unrest *ks.* kegelisahan; kekacauan; pergolakan.

unruly *ks.* keras kepala; liar.

unsafe *ks.* tidak selamat.

unsatisfied *ks.* tidak puas hati.
unsatisfactory *ks.* tidak memuaskan.

unscrew *kk.* menanggalkan skru.

unscrupulous *ks.* tidak bermoral; tidak bersopan santun.
unscrupulously *kkt.* secara tidak bermoral.

unsightly *ks.* tidak manis dipandang; tidak elok dipandang.

unstructured *ks.* tidak disusun atau dirancang.
unstructured essay penulisan esei tak berstruktur.
unstructured interview temu duga yang tak berstruktur.

unsuccessful *ks.* tidak berhasil; tidak berjaya; gagal.
unsuccessfully *kkt.* secara tidak berjaya.

untangle *kk.* menguraikan kesusutan.

untidy *ks.* tidak kemas; kusut; kotor.
untidily *kkt.* secara kotor dan kusut.

untie *kk.* merombak; membuka simpulan; membuka ikatan.

until *ksd.* hingga; sehingga.

untitled *ks.* tidak bertajuk; tidak bergelar.

untouched *ks.* tidak terusik; tidak terjejas; tidak disentuh.

untrue *ks.* bohong, tidak benar.

untrustworthy *ks.* tidak boleh dipercayai.

untwist *kk.* meluruskan.

unusual *ks.* ajaib; luar biasa.

unwanted *ks.* tidak diperlu atau dikehendaki.

unwary *ks.* tidak berhati-hati.

unwell *ks.* sakit; tidak sihat.

unwilling *ks.* enggan; tidak rela; tidak sanggup.
unwillingly *kkt.* secara tidak rela.
unwind *kk.* 1. membuka. 2. berehat.
unwise *ks.* tidak bijak.
unwrap *kk.* membuka bungkusan.
unzip *kk.* membuka zip.
up *ks.* naik; ke atas. *kp.* naik; mendaki.
upper *ks.* atas, lebih tinggi kedudukan.
up-to-date *ks.* termoden; terbaru.
upward *ks.* menaik; meningkat; ke atas.
upbringing *kn.* asuhan; didikan.
update *kk.* mengemaskinikan.
updating *kn.* pengemaskinian.
upgrade *kk.* meningkatkan taraf.
upgrading *kn.* peningkatan.
upheaval *kn.* perubahan mendadak; pergolakan.
uphill *kkt.* ke atas bukit; menaik.
uphold *kk.* mendukung atau mempertahankan.
upholster *kk.* melengkapkan tempat duduk dengan sarung.
upkeep *kn.* perbelanjaan; pemeliharaan; pembiayaan; senggaraan.
upland *kn.* tanah tinggi.
upmost *ks.* yang paling tinggi.
upon *ksd.* di atas.
upright *ks.* tegak; adil; lurus; tulus; ikhlas.
uprising *kn.* rusuhan; pemberontakan.
uproar *kn.* bunyi yang sangat bising.
uproot *kk.* mencabut.
upset *kk.* terbalik; menterbalikkan; membinasakan; merosakkan.

upside-down *kkt.* terbalik; songsang; tunggang-langgang.
upstairs *kn.* tingkat atas.
upstream *kkt.* ke hulu sungai; mudik. *ks.* di hulu sungai.
upsurge *kn.* perasaan yang meluap-luap.
urban *ks.* berkaitan dengan kehidupan dibandar.
urbanisation, urbanization *kn.* pembandaran; urbanisasi.
urbanise, urbanize *kk.* menukar kawasan luarbandar menjadi sebuah bandar.
urchin *kn.* anak nakal.
urge *kk.* mendesak; menggiatkan; menggesa. *kn.* dorongan; keinginan yang membara.
urgent *ks.* mendesak; segera.
urgently *kkt.* secara mendesak; dengan segera.
urine *kn.* air kencing.
urinate *kk.* kencing; buang air kecil.
urinary *kkt.* berkaitan dengan air kencing atau bahagian badan yang menjalankan fungsi pembuangan air kencing.
urn *kn.* kendi menyimpan abu mayat.
us *kgn.* kami; kita.
use *kn.* penggunaan; pemakaian; faedah. *kk.* menggunakan; membiasakan; memakai.
usable *ks.* boleh digunakan.
usage *kn.* pemakaian; penggunaan; kelaziman; kebiasaan.
used *ks.* terpakai; telah digunakan.
useful *ks.* berguna; bermanfaat.
useless *ks.* tidak berguna.
user *kn.* pengguna.
user manual buku panduan pengguna.
use up menggunakan sehingga habis.
make use of mempergunakan.
the use of penggunaan.

usher *kn.* penghantar; pengiring;
pemandu. *kk.* mengiring.

usual *ks.* biasa; lazim.

usually *kkt.* biasanya; lazimnya.

usurp *kk.* merampas; merebut.

usurper *kn.* seorang yang merampas
kuasa.

utensil *kn.* perkakas; alat.

uterus *kn.* rahim; uterus.

utility *kn.* nilai faedah; kegunaan;
kemudahan awam; utiliti.

utilisation, utilization *kn.* kegunaan.

utilise, utilize *kk.* menggunakan.

utmost *kn.* sedaya upaya. *ks.* amat;
sangat.

utter *kk.* mengungkapkan; melafazkan;
menyebutkan; mengatakan.

utterance *kn.* pengucapan;
pertuturan; penyebutan.

Vv

vacant *ks.* kosong; mengelamun; berkhayal.

vacancy *kn.* kekosongan; lamunan; jawatan kosong.

vacate *kk.* membatalkan; mengosongkan; memansuhkan.

vacation *kn.* cuti; pengosongan.

vaccinate *kk.* menyuntik; menanam cacar; memvaksin.
vaccination *kn.* penanaman cacar; pencacaran; pemvaksinan.
vaccinator *kn.* tukang cacar.

vacuous *ks.* kosong; hampa; mamai; dungu.

vacuum *kn.* hampagas; vakum.

vagabond *kn.* pengembara; kutu rayau; petualang. *ks.* sentiasa berpindah-randah.

vagina *kn.* faraj; kemaluan perempuan.

vagrant *kn.* petualang; kutu jalan; pengembara.

vague *ks.* tidak terang; kabur; samar-samar; kurang jelas.

vain *ks.* berasa megah; besar hati; sia-sia; tidak berguna; sombong.

vale *kn.* lembah.

valentine *kn.* kad atau surat dihantar kepada kekasih pada 14 Februari; kekasih.

valet *kn.* pembantu rumah lelaki.

valiant *ks.* gagah; perkasa; berani.
valiantly *kkt.* secara berani.

valid *ks.* sah di sisi undang-undang.
validity *kn.* kesahihan.

valley *kn.* lembah.

valour *kn.* keberanian.

value *kk.* menilaikan; menaksir; menilai; menghargai. *kn.* nilai; harga.
valuable *ks.* mahal nilaiannya; berharga; bernilai.
valued *ks.* bernilai; dihargai.

valve *kn.* injap.

vampire *kn.* pontianak.

van *kn.* van; kenderaan yang boleh membawa orang atau barang.

vandal *kn.* orang yang sengaja merosakkan kemudahan awam atau hartabenda orang lain.
vandalism *kn.* perbuatan merosakkan kemudahan awam.

vane *kn.* penunjuk angin.

vanish *kk.* ghaib; lenyap; menghilang.

vanity *kn.* keangkuhan; kesombongan; suka berlagak-lagak; bermegah-megah.

vanquish *kk.* mengalahkan; menundukkan; menumpaskan; menakluki.

vapour *kn.* wap.
vaporous *ks.* berwap; berkabus.

variable *ks.* boleh ubah; berubah-ubah; berbeza-beza.
variability *kn.* kebolehubahan.

variance *kn.* percanggahan; perselisihan; pertentangan.

variation *kn.* pelbagai jenis.

variety *kn.* kepelbagaian jenis; keragaman.

various *ks.* aneka; pelbagai; bermacam-macam; berjenis-jenis; aneka jenis.

varnish *kn.* varnis; sejenis minyak untuk menggilapkan kayu. *kk.* menggilap dengan varnis.

vary *kk.* berubah; mengubah; berbeza; membeza.
varied *ks.* berbagai-bagai atau bermacam-macam.

vase *kn.* pasu.

vast *ks.* tersangat banyak; tersangat luas.

vault *kk.* melompat.

veal *kn.* daging anak lembu.

veer *kk.* berubah haluan; bertukar haluan.

vegetable *kn.* sayur-sayuran.

vegetarian *kn.* orang yang cuma makan sayur-sayuran.

vegetation *kn.* tumbuh-tumbuhan.

vehement *ks.* menunjuk atau menyebabkan perasaan membara atau berkobar-kobar.
vehemently *kkt.* dengan perasaan berkobar-kobar.
vehemence *kn.* perasaan membara atau berkobar-kobar.

vehicle *kn.* kereta; kenderaan.

veil *kn.* tudung penutup muka; kain penutup muka; vel.

vein *kn.* urat; vena.

velocity *kn.* kecepatan; halaju.

velvet *kn.* baldu.

vendor *kn.* penjaja; penjual.

venereal *kn.* sejenis penyakit kelamin.

vengeance *kn.* pembalasan dendam.

venial *ks.* (kesalahan yang) dapat dimaafkan; dapat diampunkan.

venison *kn.* daging rusa.

venom *kn.* kebencian; bisa dari ular dsb.

vent *kn.* lubang udara. *kk.* melepaskan.

ventilate *kk.* mengedarkan udara.
ventilation *kn.* pengalihan udara; peredaran udara.

ventriloquist *kn.* seorang yang mahir bercakap tanpa mengerakkan bibir.

venture *kn.* pekerjaan yang sukar; pekerjaan yang berbahaya; pengembaraan yang menarik. *kk.* menanggung risiko; berani memperjudikan nasib dalam melakukan sesuatu.

Venus *kn.* Kejora; Zuhrah.

verandah *kn.* serambi; ruang berbumbung di tepi bangunan.

verb *kn.* perbuatan (dalam nahu); kata kerja.

verbatim *kkt.* & *ks.* kata demi kata.

verdict *kn.* pendapat; keputusan.

verge *kn.* pinggir.

verify *kk.* mengesahkan; membuktikan; memeriksa; menentusahkan.
verification *kn.* pengesahan; penentusahan.

vernacular *ks.* bahasa atau loghat anak negeri; bahasa bumiputera; vernakular.

versatile *ks.* serba boleh.
versatility *kn.* keserbabolehan.

verse *kn.* sajak; puisi; rangkap.
versed *ks.* mahir; berpengalaman.

version *kn.* versi; keterangan yang berlainan atau penterjemahan dari sudut yang lain.

versus *ksd.* menentang; melawan.

vertebra *kn.* tulang belakang; vertebra.

vertical *ks.* tegak.

vertical format format tegak.
vertically *kkt.* secara tegak.

very *kkt.* sangat; amat; terlalu; paling.
not very tidak berapa sangat.
very high frequency (VHF) frekuensi sangat tinggi; frekuensi gelombang 30-300MHz yang menjadi gelombang pembawa radio dan televisyen.

vessel *kn.* kapal; bejana; bekas; saluran.

vest *kn.* baju pendek untuk bahagian anggota badan atas. *kk.* memberi kuasa.

vestige *kn.* sisa; kesan; bekas; tanda; vestij.

vet *kn.* perkataan ringkas untuk *veterinarian* atau doktor haiwan.
veterinary MIkn. hal berkaitan dengan penyakit dan kecederaan haiwan.

veteran *kn.* seorang yang telah lama berkhidmat; orang lama; veteran.

veto *kn.* kuasa menolak; kuasa membatalkan; veto. *kk.* memveto.

vex *kk.* menyakitkan hati.

via *kp.* melalui.

viable *ks.* berdaya maju; berdaya hidup.
viability *kn.* daya maju.

viaduct *kn.* jejambat.

vibrate *kk.* bergentar; menggetar; bergegar.
vibration *kn.* gegaran; getaran.

vicar *kn.* paderi.

vice *kn.* nafsu; kejahatan; maksiat.

viceroy *kn.* wizurai.

vice-versa *kkt.* sebaliknya.

vicinity *kn.* kawasan sekitar; kawasan sekeliling.

vicious *ks.* jahat; dengki; busuk.
viciously *kkt.* dengan jahat; dengan kejam.

victim *kn.* mangsa.
victimise, victimize *kk.* dijadikan mangsa.

victor *kn.* pemenang.
victory *kn.* kemenangan.
victorious *ks.* menang.

video *kn.* 1. rakaman atau siaran filem menggunakan televisyen. 2. rakaman gambar-gambar bergerak di atas sekeping pita magnetik.
video cassette kaset video.
video cassette recorder (VCR) perakam kaset video.
video clipping petikan video.
video compact disc (VCD) cakera padat video.
video compact disc player pemain cakera video.
video conferencing sidang di mana pengguna-pengguna yang berada ditempat yang berlainan dapat berkomunikasi antara satu sama lain melalui video.
video display unit (VDU) unit paparan tampak.
video format format video.
video recorder perakam video.
video signal isyarat video.
videotape *kn.* pita video.
videotape duplicating penyalinan pita video.
videotape editing penyuntingan pita video.
video text videoteks.

vie *kk.* bertanding.

view *kn.* pemandangan; fikiran; gambar; penglihatan; pendapat. *kk.* memandang; menganggap; melihat.
viewer *kn.* penonton; pemerhati.
view data data pandang.
viewfinder *kn.* sistem optik elektronik kamera untuk menunjukkan objek yang dilihat melalui kanta kamera.
viewpoint *kn.* sudut pandangan.
in view of menimbangkan; memandangkan.
out of view tidak dapat dilihat lagi.

vigil *kn.* keadaan berjaga-jaga; keadaan berwaspada; berkawal.
vigilance *kn.* kewaspadaan; pengawalan; pengawasan; berjaga-jaga.

vigour *kn.* kekuatan; kecergasan; tenaga; kesahan.
vigorous *ks.* giat; bertenaga dan sihat; penuh bersemangat.
vigorously *kkt.* secara giat.

vile *ks.* keji.
vilify *kk.* memfitnah; mencerca; mengumpat.

villa *kn.* rumah besar di kawasan peranginan.

village *kn.* kampung.
villager *kn.* orang kampung.

villain *kn.* orang jahat; bajingan; bangsat; penjahat.

vindictive *ks.* yang tidak memaafkan; pendendam.

vine *kn.* pokok anggur.
vineyard *kn.* ladang anggur.

vinegar *kn.* cuka.

vintage *ks.* 1. paling baik; yang bermutu tinggi. 2. mempunyai ciri-ciri suatu masa yang lampau.

vinyl *kn.* sejenis plastik yang tahan lasak.

viola *kn.* viola; sejenis alat muzik.

violate *kk.* melanggar; mengganggu; tidak mematuhi undang-undang.
violation *kn.* pelanggaran undang-undang.

violent *ks.* sengit; kencang; keras; bertindak ganas.
violence *kn.* keganasan.
violently *kkt.* secara ganas.

violet *kn.* 1. sejenis bunga. 2. warna ungu.

violin *kn.* biola.

viper *kn.* sejenis ular yang berbisa.

virgin *kn.* perawan; anak dara; lelaki atau perempuan yang suci dan tidak pernah melakukan hubungan seks.
virginity *kn.* keperawanan; kedaraan.

virtual *ks.* sebenarnya.
virtual memory ingatan komputer yang ditambah dengan menggunakan storan pinggiran.

virtue *kn.* kesucian; kebaikan.
virtuous *ks.* salih; berbudi; berakhlak mulia; suci.
virtuously *kkt.* secara salih dan berakhlak tinggi.

virus *kn.* 1. organisme yang kecil dan boleh menyebabkan penyakit. 2. virus; sejenis program yang dapat menyalin dirinya ke dalam perisian lain.

viscosity *kn.* kepekatan; kelikatan; kekentalan.

visible *ks.* dapat dilihat; kelihatan; nyata; terang.

vision *kn.* penglihatan wawasan.
visionary *ks.* berwawasan.

visit *kk.* melawat; menziarahi; mengunjungi. *kn.* lawatan; kunjungan.
visiting *kn.* lawatan.
visitor *kn.* pelawat; tetamu.
visiting card kad lawatan.
visiting hours waktu melawat.
visitors' book buku pelawat.

visor *kn.* bahagian topi keledar yang boleh bergerak dan menutup muka.

visual *ks.* berkaitan dengan penglihatan.
visualisation, visualization *kn.* penggambaran; pembayangan.
visualise, visualize *kk.* menggambarkan; membayangkan; mengkhayalkan.
visual aid alat bantu pandang.
visual material bahan pandang.

vital *ks.* amat; sangat penting.

vitamin *kn.* vitamin; zat-zat yang penting untuk tubuh-badan manusia.

vivacious *ks.* riang; gembira;
bersemangat.
vivaciously *kkt.* dengan bersemangat.

vivid *ks.* terang dan jelas; cerah; lincah;
cergas.
vividly *kkt.* dengan terang dan jelas.

vixen *kn.* rubah betina; musang betina.

vocabulary *kn.* perbendaharaan kata.

vocal *ks.* 1. berkenaan dengan suara
dan bunyi. 2. menyuarakan pendapat
secara bebas.

vocation *kn.* pekerjaan; jawatan.
vocational training latihan
vokasional.

vogue *kn.* sangat popular; sangat
disukai ramai; digemari ramai.

voice *kn.* suara; pendapat.
kk. menyuarakan; meluahkan isi hati;
melahirkan pendapat.
voiceless *ks.* tidak bersuara.
with one voice dengan sebulat suara.

void *ks.* tidak ada isi; hampa; kosong.

volatile *ks.* mudah berubah sikap; tidak
berpendirian tegas; mudah meruap;
turun naik.

volcano *kn.* gunung berapi.
volcanic *ks.* volkanik; berkenaan
dengan gunung berapi.

volition *kn.* kemahuan; kehendak.

volley-ball *kn.* bola tampar.

volume *kn.* jilid; jumlah; rendah atau
tinggi bunyi televisyen, suara atau
radio; isi padu; banyaknya; isi.
voluminous *ks.* banyak.

voluntary *ks.* sukarela.
voluntarily *kn.* dengan kehendak hati;
dengan sukarela.
volunteer *kn.* sukarelawan.
kk. membuat sesuatu dengan
sukarela.

voluptuous *ks.* menggiurkan;
mengghairahkan.

vomit *kk.* memuntahkan; muntah.
kn. makanan yang dimuntah.
vomiting *kn.* muntah.

voracious *ks.* gelojoh; rakus; buruk
makan; pelahap.
voraciously *kkt.* secara gelojoh.

vote *kk.* mengundi; buang undi.
kn. undian.
voter *kn.* pengundi.
voting *ks.* pembuangan undi;
pengundian.

vouch *kk.* menanggung; menjamin.

vow *kn.* niat; nazar. *kk.* bernazar;
berniat; berkaul.

vowel *kn.* huruf saksi; vokal.

voyage *kn.* pelayaran; pengembaraan.
voyager *kn.* pelayar.

vulgar *ks.* kasar; kesat; biadab; lucah.
vulgarity *kn.* kekasaran; kekesatan.
vulgar joke jenaka lucah.

vulnerable *ks.* mudah tersinggung;
mudah dikecam.
vulnerability *kn.* keadaan mudah
dikecam; mudah tersinggung.

vulture *kn.* burung nasar; burung
hering.

Ww

wad *kn.* penyendal; penyumbat; gumpalan; cekak. *kk.* menyendal; menyumbat; menggumpal.

waddle *kk.* berjalan terkedek-kedek.

wade *kk.* mengharung; meranduk.

wadi, wady *kn.* wadi.

wafer *kn.* biskut nipis dan rapuh.

waft *kk.* dibawa oleh angin yang meniup sepoi-sepoi bahasa.

wag *kk.* menggoyang-goyangkan ekor; mengibaskan. *kn.* kibasan.

wage *kn.* upah; gaji.
wager *kk:* bertaruh; mempertaruhkan. *kn.* pertaruhan.
wage scale skala upah.

waggle *kk.* menggoyang-goyangkan; bergoyang-goyang. *kn.* goyangan.

wagon *kn.* kereta beroda empat; pedati.

waif *kn.* kanak-kanak yang tidak mempunyai tempat tinggal; kanak-kanak yang terbiar.

wail *kk.* meratap; meraung; menangis; mengeluh. *kn.* ratapan; raungan; tangisan; keluhan.

waist *kn.* pinggang.
waisted *ks.* berpinggang.
waistline *kn.* garis pinggang.

wait *kk.* menangguhkan; menanti; menunggu. *kn.* penantian; menanti; menunggu.
waiting *ks.* menunggu; menanti.
wait and see tunggu dan lihat.
waiting-list *kn.* senarai menunggu.
waiting-room *kn.* bilik menunggu.
cannot wait tidak boleh tunggu; tidak

sempat-sempat.
just wait nantilah; jagalah.

waiter *kn.* pelayan lelaki.
waitress *kn.* pelayan wanita.

waive *kk.* meninggalkan; menyingkirkan; mengetepikan.

wake, woke, woken *kk.* bangun dari tidur; bangkit dari tidur.
waken *kk.* menyebabkan seorang terjaga.
wake up terbangun; terjaga.

walk *kk.* berjalan-jalan; bersiar-siar; berjalan; menemani. *kn.* bersiar-siar dengan berjalan kaki.
walkabout *kn.* pergi berjalan kaki.
walk away melarikan sesuatu; membawa; mengambil; pergi.
walk in masuk.
walking dictionary kamus bergerak.
walking-stick *kn.* tongkat.
walk off berlalu pergi.
walk-over *kn.* menang tanpa bertanding.
take a walk bersiar-siar.

wall *kn.* tembok; dinding.
wall-painting *kn.* lukisan dinding.
wall-to-wall *ks.* dari dinding ke dinding.

wallaby *kn.* sejenis kanggaru kecil.

wallet *kn.* pundi-pundi wang; dompet lelaki.

wallow *kk.* berkubang.

walnut *kn.* kacang walnut.

walrus *kn.* sejenis anjing laut.

wan *ks.* pucat; pudar; tidak segar; lemah; lesu; suram.

wand *kn.* tongkat yang digunakan oleh ahli sihir.

magic wand tongkat sakti.

wander *kk.* fikiran yang melayang-layang; merayau-rayau; berkelana.

wandering *ks.* berkelana.

wane *kk.* menyusut; berkurang; cahaya yang malap. *kn.* pengurangan; penyusutan; kepudaran; kemalapan.

wangle *kk.* mendapat sesuatu dengan cara penipuan.

want *kk.* ingin; menghendaki; mahu; perlu; harus. *kn.* kemahuan; kehendak.

wanted dikehendaki.

wanton *ks.* liar; nakal; sewenang-wenangnya; tanpa sekatan.

war *kn.* peperangan; pertempuran; perjuangan untuk membasmi sesuatu; perjuangan untuk menghapuskan sesuatu. *kk.* berperang; memerangi.

war criminal *kn.* penjenayah perang.

war damage *kn.* kerosakan perang.

warlord *kn.* hulubalang.

warship *kn.* kapal perang.

declare war *kn.* mengisytiharkan perang.

warble *kk.* bersuil atau menyanyi dengan suara bergetar.

ward *kn.* beberapa bahagian atau bilik dalam hospital; wad.

warden *kn.* pengawas; penjaga.

warder *kn.* penjaga penjara; wadar.

wardrobe *kn.* almari pakaian.

ware *kn.* barang-barang.

glassware *kn.* barang-barang kaca.

warehouse *kn.* gedung; gudang.

warlock *kn.* ahli sihir lelaki.

warm *ks.* hangat; panas yang sederhana; pesam; mesra; peramah. *kn.* menghangatkan; memanaskan.

warmth *kn.* kepanasan; kemesraan; kehangatan.

warm-hearted *ks.* mesra; baik hati.

warm-up *kn.* gerakan memanaskan badan.

warn *kk.* memberi amaran; memperingatkan. *kn.* amaran.

warned *kk.* mengingatkan.

warning *kn.* pengajaran; peringatan; amaran.

warp *kk.* meleding; menggeleding; melengkung. *kn.* lendutan; lengkungan.

warrant *kn.* surat memberi kuasa untuk menggeledah, menangkap atau menahan; kuasa; waran. *kk.* menjamin; berkuasa; mewajarkan.

warrant-officer *kn.* pegawai waran.

warren *kn.* kawasan di mana terdapat banyak dan di mana arnab-arnab hidup dan membiak; lubang arnab.

warrior *kn.* pahlawan perang; perajurit; perwira; pejuang.

wart *kn.* kutil; ketuat; bintil.

wary *ks.* berwaspada; berjaga-jaga; hati-hati.

wash *kk.* mencuci; membasuh; menghapuskan; menghakis. *kn.* pembasuhan; pencucian.

washable *ks.* boleh dibasuh.

washing *kn.* pencucian; pembasuhan.

washing-machine *kn.* mesin pencuci pakaian; mesin basuh.

washing-powder *kn.* serbuk pencuci.

wash-room *kn.* bilik air.

washed up musnah; hancur.

wasp *kn.* penyengat; tebuan.

waste *kk.* merugikan; membazirkan; membuang dengan sia-sia. *kn.* pembuangan; pembaziran. *ks.* buangan.

wastage *kn.* pemborosan.

wasted *ks.* sia-sia; susut.

wasteful *ks.* membazir.

wasteland *kn.* kawasan tandus.

waste product keluaran buangan.

watch *kn.* jam (tangan atau poket).
kk. mengamat-amati; berjaga-jaga;
berwaspada; memerhati.
watchmaker *kn.* tukang jam.
watchmaking *kn.* pembuatan jam.
watchman *kn.* pengawal; penjaga.
watch out hati-hati; awas; jaga-jaga.
keep watch berkawal.

water *kn.* air; perairan. *kk.* menjirus;
menyiram; berair; mengairi.
watery *ks.* berair; cair.
water-bed *kn.* katil tilam air.
water chestnut sengkuang cina.
water-cooler *kn.* penyejuk air.
waterfall *kn.* air terjun.
water-level *kn.* aras air.
watermelon *kn.* semangka; tembikai.
waterproof *ks.* tidak telap air; kalis air.
water-skiing *kn.* luncur air.
water-supply *kn.* bekalan air.
waterworks *kn.* kerja air.

watt *kn.* sukatan kuasa elektrik; watt.

wave *kn.* gelombang; ombak; alun;
lambaian. *kk.* berkibar;
melambai-lambai; berketak;
berombak.
wavy *ks.* berombak; berketak-ketak;
ikal.

waver *kk.* teragak-agak; ragu-ragu;
meliang-liuk; bergoyang; goyah.

wax *kn.* lilin.

way *kn.* jalan; lorong; laluan; arah; cara.
way of thinking pada pendapat; pada
fikiran.
all the way sepanjang perjalanan.
find a way mencari jalan.
give way beri laluan; runtuh; roboh.
have it both ways pilih antara dua.
on the way dalam perjalanan.
out of the way jauh dari tempat
seseorang; jauh; terpencil; selesai;
tamat.

wayward *ks.* ketegar; degil; keras hati.

we *kgn.* kami; kita.

weak *ks.* lemah; daif; tidak bertenaga;
tidak cekap.

weaken *kk.* melemahkan.
weakly *kkt.* secara lemah.
weakness *kn.* kelemahan.

weal *kn.* kesan yang ditinggalkan di
kulit akibat dirotan.

wealth *kn.* kekayaan; harta.
wealthy *ks.* berharta; kaya; berada.

weapon *kn.* senjata.

wear, wore, worn *kk.* mengguna;
memakai; haus; hilang; kehabisan;
lusuh.
wearing *ks.* menghauskan;
meletihkan.
wearable *ks.* sesuai dipakai; boleh
dipakai.

weary *ks.* meletihkan; penat; lesu;
membosankan; panjang lebar;
melelahkan. *kk.* jemu; bosan;
membosankan; menjemukan;
memenatkan; meletihkan.
wearily *kkt.* dengan perasaan letih.
weariness *kn.* keletihan; kepenatan;
kelesuan.
wearisome *ks.* yang meletihkan.

weasel *kn.* sejenis cerpelai.

weather *kn.* cuaca.
weather forecast ramalan cuaca.

weave *kk.* menganyam; menenun;
mengolah; menjalin. *kn.* jalinan;
anyaman; tenunan.
weaver *kn.* penganyam; tukang tenun.

web *kn.* sarang labah-labah.

wed *kk.* bernikah; kahwin;
mengahwini.
wedded *ks.* bersatu atau bercantum
dengan sesuatu.
wedding *kn.* majlis perkahwinan;
pernikahan.

wedge *kn.* baji; pasak.

Wednesday *kn.* Rabu.

wee *ks.* kecil; kenit; sedikit.

weed *kn.* rumpai. *kk.* merumput.
weed-killer *kn.* racun rumpai.

week *kn.* minggu.
weekly *ks.* mingguan. *kkt.* seminggu sekali.
weekday *kn.* tempoh selama enam hari iaitu dari hari Isnin hingga Sabtu.
weekend *kn.* hujung minggu.

weep, wept *kk.* meratap; meratapi; menangisi; menangis.

weevil *kn.* kumbang belalai.

weft *kn.* pakan; benang yang melintang pada tenunan.

weigh *kk.* menimbang.
weight *kn.* kepentingan; pengaruh; berat. *kk.* memberatkan.
weightless *ks.* ringan; tiada sebarang ketumpatan; tidak berat.
weight-lifting *kn.* angkat berat.
weighing-machine *kn.* mesin timbang berat.
put on weight gemuk; bertambah berat badan.
overweight *ks.* terlalu berat; melebihi berat yang sepatutnya.
underweight *kn.* ringan; kurang berat.

weir *kn.* tambak.

weird *ks.* aneh; ganjil; luar biasa; pelik.
weirdness *kn.* kepelikan; keganjilan; keanehan.

welcome *ks.* dialu-alukan; disambut dengan baik. *kk.* menyambut; mengalu-alukan; mempersilakan; menyambut baik.

weld *kk.* memateri; mengimpal.
welder *kn.* tukang kimpal; pengimpal.

welfare *kn.* kebajikan.
welfare work *kn.* kerja-kerja kebajikan.

well *kn.* sumur; telaga; perigi. *kkt.* dengan baik; bersungguh-sungguh; nasib baik; mujur. *ks.* sihat; sesuai.
well behaved berkelakuan baik.
well-being *kn.* kesejahteraan.
well-bred *ks.* sopan; berbudi bahasa.
well done syabas.
well-informed *ks.* serba tahu;

berpengetahuan luas.
well-known *ks.* terkenal.
well off kaya; berada.
well-spoken *ks.* bercakap dengan sopan.
sleep well tidur dengan nyenyak.

Welsh *kn.* orang Wales; bahasa Wales.

werewolf *kn.* serigala jadian.

west *ks.* barat.
western *ks.* barat.
westernisation, westernization *kn.* pembaratan.
westernise, westernize *kk.* memberi ciri-ciri kebaratan kepada sesuatu.
westward *ks.* ke arah barat.

wet *ks.* basah; lembap; berair. *kk.* membasahkan; membasahi.

whack *kk.* membelasah; mendera. *kn.* pukulan yang kuat.

whale *kn.* ikan paus.

wharf *kn.* dermaga.

what *kgn., ks. & pnt.* apa; berapa.
what about bagaimana dengan; apa kata.
what if bagaimana kalau.
so what peduli apa.

whatever *kgn.* apa-apa.

whatsoever *ks.* apa sahaja; apa pun.

wheat *kn.* gandum.

wheel *kn.* roda.
wheelchair *kn.* kerusi roda.

when *kkt. & kp.* bila; apabila; manakala; ketika; demi.

whenever *kkt. & kp.* bila-bila.

where *kkt.* mana; di mana.

whereas *kp.* sementara; sedangkan; manakala.

whereby *kkt.* yang menetapkan; yang kerananya.

wherever *kkt. & kp.* ke mana-mana; mana sahaja.

whether *kp.* sama ada.

which *kgn.* & *pnt.* yang mana; siapa.

whichever *ks.* yang mana saja; yang mana pun.

whiff *kn.* hembusan nafas atau udara.

while *kgn.* & *pnt.* sementara; ketika; semasa.
once in a while sekali-sekala; sesekali.

whim *kn.* nafsu; tingkah; ragam.

whimper *kk.* mengisak-isak; merengek-rengek; tersedu-sedu. *kn.* isakan.

whine *kn.* raungan. *kk.* melalak; meraung; melolong.

whinny *kn.* ringkik. *kk.* meringkik.

whip *kk.* merotan; menyebat. *kn.* sebat; rotan; cemeti.
whipping *kn.* sebatan.

whirl *kk.* berpusing; berputar; berolak.
whirlwind *kn.* angin puting beliung.

whisk *kn.* kibasan; pemukul telur.

whisker *kn.* jambang; misai binatang spt. kucing, harimau, dll.

whisper *kk.* berbisik; berdesir. *kn.* bisikan.

whistle *kn.* siulan; wisel. *kk.* bersiul.

white *ks.* putih.
whiten *kk.* memutihkan.
whiteness *kn.* keputihan.
white board papan putih yang digunakan untuk menulis.

whither *kkt.* di mana; ke mana.

whiz *kn.* desingan. *kk.* berdesing.
whiz-kid *kn.* seorang muda yang pintar; budak yang pintar.

who *kgn.* siapa; yang.

whoever *kgn.* siapa sahaja; barang siapa.

whole *ks.* seluruh; semua; segenap. *kn.* keseluruhan.

wholesale *kn.* jualan borong.
wholesaler *kn.* pemborong; penjual borong.

wholesome *ks.* menyihatkan; menyegarkan; berkhasiat; sihat; segar.
wholesome food makanan yang berkhasiat.

wholly *kkt.* seluruhnya atau semua sama sekali.

whom *kgn.* siapa; yang.

whose *kgn.* siapa; kepunyaan; siapa; siapa punya.

why *kkt.* kenapa; mengapa; apa sebab.

wick *kn.* sumbu pelita.

wicked *ks.* jahat; zalim.
wickedness *kn.* kekejaman; kejahatan.

wicket *kn.* tiga batang tonggak yang menjadi sasaran untuk bola dibaling dalam permainan kriket.

wide *kkt.* & *ks.* lebar; luas.
widely *kkt.* luas; lebar.
widen *kk.* meluas; melebar.
widespread *ks.* meluas.

widow *kn.* janda perempuan.
widower *kn.* janda lelaki; duda.

width *kn.* keluasan; kelebaran.

wield *kk.* menggunakan.

wife *kn.* isteri; bini.

wig *kn.* rambut palsu.

wiggle *kk.* goyang. *kn.* goyangan.

wigwam *kn.* khemah orang Red Indian.

wild *ks.* liar; jahat; nakal; buas; ganas; hutan.
wildly *kkt.* tidak tentu hala; terlampau; tidak terkawal.
wilderness *kn.* kawasan yang terbiar atau hutan belantara.
wildlife *kn.* kehidupan liar.
run wild berkeliaran; tumbuh liar.

wiles *kn.* tipu daya; muslihat; helah.

wilful *ks.* keras hati; degil.

will *kk.* pasti; mesti; sudi; suka; mahu;
hendak.
kn. wasiat; azam; semangat;
kehendak.
willing *ks.* dengan sukacita; mahu;
rela.
willingly *kkt.* sanggup; bersedia;
dengan rela.
willingness *kn.* kerelaan;
kesanggupan.
will-power *kn.* kekuatan diri;
semangat.

willow *kn.* pokok dedalu.

wilt *kk.* layu; melisut.

wily *ks.* pintar; licik.

win, won *kk.* menang; memenangi;
kemenangan.
winner *kn.* orang yang menang;
pemenang.
winning *ks.* menang; menawan.

wince *kk.* menggerenyitkan muka.

wind *kn.* bayu; angin.
winding *ks.* berkelok-kelok;
berliku-liku.
windy *ks.* berangin.
windfall *kn.* durian runtuh.
windmill *kn.* kincir angin.
windscreen *kn.* cermin beasr hadapan
kereta.
wind up tiba di sesuatu tempat.

window *kn.* 1. jendela; tingkap.
2. tetingkap; kawasan paparan
komputer yang memaparkan
sebahagian grafik atau teks terpilih
fail tertentu.
window-shopping *kn.* melihat-lihat
barang jualan di kedai.

wine *kn.* wain; sejenis minuman keras.

wing *kn.* sayap burung; sayap kapal
terbang; sayap serangga; kepak.

wink *kk.* mengenyitkan;
mengerdipkan; mengelipkan.
kn. kelipan; kenyitan.

winter *kn.* musim sejuk.

wipe *kk.* menggosok; mengesat;
mengelap; menghilangkan;
menyental.

wire *kn.* dawai; kawat.
wiring *kn.* pendawaian.
wiry *ks.* spt. dawai.

wise *ks.* bijaksana; bijak; pandai; arif.
wisely *kkt.* dengan bijaksana.
wisdom kebijaksanaan; kearifan.

wish *kk.* mahu; menghendaki; hendak;
mengangankan; berhajat;
mengharapkan; ingin. *kn.* kemahuan;
keinginan; kehendak; cita-cita;
hasrat; hajat.
I wish I alangkah baik kalau saya.

wisp *kn.* seikat; seberkas; sekepul.

wistful *ks.* murung; rawan; sayu; hiba.

wit *kn.* akal; fikiran; kebijaksanaan;
kecerdikan; kecerdasan.

witch *kn.* ahli sihir perempuan.

with *ksd.* dengan; serta; bersama;
disebabkan oleh.

withdraw *kk.* menarik balik; menarik
diri; mengundur.
withdrawal *kn.* penarikan;
pengunduran.

wither *kk.* layu; pudar; mati;
melayukan; kering.

withhold *kk.* enggan memberikan;
tidak mahu memberikan.

within *ksd.* di dalam; tidak melebihi
batas.

without *ksd.* dengan tiada; tanpa.
without fail tidak boleh tidak; tentu
sekali; pasti.
go without saying pergi tanpa pesan;
sudah jelas; sudah diketahui ramai.

withstand *kk.* melawan;
mempertahankan diri.

witness *kn.* bukti; keterangan; saksi.
kk. membuktikan; menunjukkan;
menyaksikan.

eye-witness *kn.* saksi.

witty *ks.* penuh kejenakaan; cerdas dan pandai berkelakar.

wizard *kn.* ahli silap mata; ahli sihir.

wobble *kk.* bergoyang-goyang.
wobbly *ks.* bergoyang; tidak tetap.

woe *kn.* kesedihan; kesengsaraan.

wolf *kn.* serigala.

woman *kn.* perempuan; wanita.
womaniser, womanizer *kn.* kaki perempuan.
womanlike *ks.* perangai spt. wanita; kewanitaan.
womenfolk *kn.* kaum wanita.

womb *kn.* rahim; peranakan.

wonder *kn.* ketakjuban; keajaiban; kehairanan. *kk.* mengagumi.
wonderful *ks.* sangat ajaib; menghairankan; bagus sekali.
wondrous *ks.* bagus sekali; takjub.
wonderland *kn.* alam ajaib.

woo *kk.* memikat.

wood *kn.* hutan; kayu.
wooden *ks.* dibuat dari kayu.
woodcutter *kn.* penebang pokok; pemotong kayu.
woodpecker *kn.* burung belatuk.

wool *kn.* bulu binatang; bulu biri-biri.

word *kn.* kata; perkataan.
wording *kn.* penyusunan kata.
wordless *ks.* membisu; berdiam diri.
wordy *ks.* panjang lebar.
word for word kata demi kata.
by word of mouth tidak bertulis; secara lisan; dari mulut ke mulut.

work *kn.* kerja; pekerjaan; ciptaan; karya; amal; karya. *kk.* bekerja; menghasilkan; mengusahakan; berjalan; bergerak; menjalankan; menggerakkan.
workability *kn.* kebolehkerjaan.
workable *ks.* boleh berfungsi; dapat dilaksanakan; dapat dikerjakan.
worker *kn.* pekerja; buruh.

workaholic *kn.* mabuk kerja; gila kerja.
workbook *kn.* buku kerja.
workday *kn.* hari kerja.
work-force *kn.* tenaga kerja.
work-load *kn.* beban kerja.
workmanship *kn.* kemahiran kerja.
work out dapat diselesaikan; berjumlah.
workplace *kn.* tempat kerja.
workshop *kn.* bengkel.
workstation *kn.* stesen kerja.
work to rule kerja ikut peraturan.
in working order dapat berfungsi dengan baik.
at work sedang bekerja.

world *kn.* dunia; alam; maya; jagat.
worldly *ks.* bersifat keduniaan.
world-wide *ks.* di seluruh dunia.

worm *kn.* cacing.

worry *kk.* membimbangkan; mengkhuatirkan; mencemaskan; menyusahkan; cemas; bimbang; khuatir. *kn.* kecemasan; kebimbangan; kekhuatiran; kerisauan.
worried *ks.* cemas; khuatir, ragu-ragu; bimbang.
worrisome *ks.* merisaukan.
worrying *ks.* merisaukan; membimbangkan.

worse *ks.* lebih buruk lagi.
worsen *kk.* bertambah buruh.
worst *ks.* paling buruk.

worship *kk.* menyembah; memuja; menyanjung. *kn.* pemujaan; penyembahan.
worshipper *kn.* pemuja; penyembah.

worth *kn.* harga; nilai. *ks.* bernilai.
worthy *ks.* patut; wajar; sesuai.
worthwhile *ks.* menguntungkan; berfaedah.

wound *kn.* cedera; luka. *kk.* mencederakan; melukai.
wounded *ks.* cedera.

wow *ksr.* wow.

wrangle *kk.* berbantah; berkelahi;

bertengkar.

wrap *kk.* membungkus; membalut; diselubungi.

wrapper *kn.* pembalut; pembungkus.

wrapping paper kertas pembalut; kertas pembungkus.

wrath *kn.* kemurkaan; kemarahan.

wreath *kn.* karangan bunga.

wreck *kn.* kapal yang karam; kehancuran; kerosakan; runtuhan. *kk.* membinasakan; merosakkan.

wrench *kn.* renggutan; rentapan; sentakan. *kk.* merentap; merenggut; tergeliat.

wrestle *kk.* bergusti; bergelut.
wrestling *kk.* perlawanan gusti.
wrestler *kn.* ahli gusti.

wretch *kn.* orang yang tidak baik hati.

wriggle *kk.* menggeliang-geliut.

wring *kk.* memulas; memerah.

wrinkle *kn.* kedut; kerut. *kk.* berkerut; berkedut.

wrist *kn.* pergelangan tangan.

write *kk.* menulis; mengarang; mencatat.
written *ks.* bertulis.
writer *kn.* penulis; pengarang.
writing *kn.* karangan; tulisan; penulisan.
write off mengarang; menulis; menghapuskan; membatalkan.

writhe *kk.* menggeliang-geliut.

wrong *ks.* salah; silap.
wrongful *ks.* salah.
wrongly *kkt.* salah buat.
wrongdoer *kn.* orang yang bersalah; pesalah; orang yang melakukan kesalahan.
wrongdoing *kn.* kesalahan.

wry *ks.* satu pergerakan muka yang menunjukkan bahawa sesuatu keadaan yang kurang selesa tetapi agak lucu.

Xx

Xanthippe *kn.* wanita yang sangat kejam.

xebec *kn.* kapal kecil berlayar tiga.

xenogamy *kn.* pendebungaan (pembiak-bakaan), kacuk.

xenon *kn.* sejenis elemen bergas yang terdapat di atmosfera, tidak berwarna dan tiada rasa, nadir dan tidak aktif.

xenophobia *kn.* perasaan benci atau takut akan orang asing; xenofobia.

xerography *kn.* proses fotostat.

xerophyte *kn.* tumbuhan yang boleh hidup di tempat yang sangat panas dan kering.

Xerox *kn.* membuat salinan foto dengan mesin fotokopi; menzeroks.

X-ray *kn.* sinar-X.

xylem *kn.* tisu tumbuhan yang membawa air dan mineral dari akar ke bahagian lain tumbuhan dan merupakan tisu penyokong utama dalam tumbuhan; xilem.

xylocarp *kn.* buah yang keras dan berkayu.

xylofag *kn.* serangga pemakan kayu.

xylograph *kn.* ukiran kayu.

xylographer *kn.* tukang ukir, pengukir kayu.

xylography *kn.* seni ukiran kayu.

xylophone *kn.* alat muzik yang terdiri daripada bilah-bilah kayu atau gangsa yang panjangnya bertahap-tahap, dan apabila diketuk mengeluarkan bunyi yang berbeza-beza; zilofon.

xylose *kn.* gula dalam tumbuhan khususnya pada bahagian berkayu.

Yy

yacht *kn.* kapal layar.
yatching *kn.* pelayaran dengan perahu layar.

yak *kn.* sejenis lembu berbulu panjang di Asia Tengah; yak.

yam *kn.* keladi.

yank *kk.* menyentak; merenggut; merentap. *kn.* sentakan; renggutan.

yap *kk.* menyalak (anjing kecil); beromong kosong. *kn.* salakan; omong kosong.

yard *kn.* halaman; pekarangan; laman.

yarn *kn.* borak. *kk.* berborak; bercerita.

yaw *kn.* olengan. *kk.* merewang; mengoleng.

yawn *kk.* menguap; menganga; membengang. *kn.* perasaan bosan; kuap.
yawning *ks.* ternganga luas; terbuka luas.

yaws *kn.* penyakit puru.

year *kn.* tahun.
yearly *ks.* tahunan. *kkt.* tiap-tiap tahun; setahun sekali.
year in year out tahun berganti tahun.

yearn *kk.* merindukan; berkeinginan; kepingin.
yearning *kn.* kerinduan.

yeast *kn.* ragi; yis.

yell *kk.* melaung; menjerit; memekik; melaung; berteriak. *kn.* jeritan; pekikan; laungan.

yellow *kn.* kuning.
yellowish *ks.* kekuningan.

yelp *kn.* dengking; salak; lolong. *kk.* mendengking; melolong.

Yen *kn.* mata wang Jepun.

yes *kkt.* ya.
yes-man *kn.* pak turut.

yesterday *kn.* semalam; kelmarin.

yet *kkt.* walaupun; nanti; lagi pula; kelak; akan tetapi. *kp.* namun begitu; walau begitu; tetapi.
not yet belum lagi.

yield *kk.* menghasilkan; membuahkan; menyerah. *kn.* hasil; perolehan.

yoghurt *kn.* dadih; tairu.

yoke *kn.* pengandar; kok; galas; penguasaan; kuk. *kk.* memasang kuk pada lembu.

yokel *kn.* orang kampung.

yolk *kn.* kuning telur.

yonder *ks.* & *kkt.* nun; di sana.

yore *kn.* pada masa dahulu.

you *kgn.* awak; anda; engkau; tuan.

young *kn.* anak; kaum muda. *ks.* pemuda; orang muda.
youngster *kn.* pemuda; belia.

yours *kgn.* kepunyaanmu; kepunyaan tuan; kamu punya; awak punya.
yourself *kgn.* diri kamu; dirimu.

youth *kn.* anak muda; pemuda; belia.
youthful *ks.* muda.

yowl *kk.* menjerit kerana kesakitan; melolong. *kn.* lolongan; jeritan.

yoyo *kn.* permainan yoyo

Zz

zany *ks.* tolol; pandir; badut.

zeal *kn.* semangat; kecergasan.

zebra *kn.* kuda belang.

zebu *kn.* sejenis lembu yang bahunya berbonggol.

zenith *kn.* kemuncak; puncak.

zephyr *kn.* angin sepoi-sepoi bahasa; angin Barat.

Zeppelin *kn.* kapal udara (yang berisi gas ringan) yang bergerak dengan perlahan; kapal udara Zeppelin.

zero *kn.* kosong; sifar.

zest *kn.* semangat; kemahuan.

zig-zag *ks.* bengkang-bengkok; berliku-liku.

zinc *kn.* timah sari; zink.

zinnia *kn.* sejenis pokok bunga; zinia.

zionism *kn.* gerakan Yahudi sedunia; zionisme.

zither *kn.* sejenis alat muzik yang banyak tali; ziter.

zodiac *kn.* buruj; zodiak.

zombie *kn.* mayat yang dihidupkan oleh ahli sihir; zombi.

zone *kn.* daerah; lingkungan; zon.

zoo *kn.* taman haiwan; kebun binatang; zoo.

zoology *kn.* kaji haiwan; zoologi.

zoo geography *kn.* ilmu alam haiwan; geografi zoo.

zoom *kk.* bergerak dengan cepat; bergerak dengan pantas; menyelaraskan panjang fokus kamera. *kn.* deruman.
zoom in zum masuk.
zoom lens kanta zum.
zoom out zum keluar.

Zulu *kn.* orang Zulu; puak di Afrika Selatan.

zygote *kn.* sel telur yang disenyawakan.

zymase *kn.* sejenis enzim yang terdapat dalam ragi; zimase.

zymology *kn.* ilmu peragian; ilmu penapaian; zimologi.

Malay — English

Aa

abad *n.* century; one hundred years; a period of 100 years.
abad pertengahan the Middle Ages.
berabad-abad *n.* for centuries.

abadi *adj.* everlasting; lasting; forever; eternal; continually; without end.
keabadian *n.* immortality; eternity; endurance.
mengabadikan *v.* perpetuate; preserve; cause to last; immortalize.

abah *n.* father; a male parent.

abai *v.* fail to give care; ignore; neglect.
pengabaian *n.* lack of care; negligence.
mengabaikan *v.* disregard.

abaka *n.* abaca; a kind of plant.

abang *n.* elder brother.
abang angkat foster brother.
abang ipar brother-in-law; the husband of one's spouse's sister.
abang kandung elder male relative with same parents.
abang tiri stepbrother.

abdi *n.* slave; serf; servant.
mengabdikan *v.* enslave; make a slave of.
pengabdian *n.* enslavement; slavery.

abdikasi *n.* renunciation; renouncement; abdication.

abdomen *n.* belly; abdomen.

abjad *n.* alphabet.

abnormal *adj.* out of the ordinary; not usual; abnormal.

abstrak *adj.* theoretical; abstract. *n.* summary of a statement, document, etc.; abstract term.
mengabstrakkan *v.* make things

appear in the abstract.

abu *n.* ash; dust; residue left after matter is burnt.
abu dapur kitchen ash.
abu mayat remains of a human body after cremation.
abu rokok cigarette ash.
mengabui *v.* cheat; bluff; deceive; confuse.

abung *n.* pomelo; a type of large citrus fruit.

acah, mengacah-acah *v.* make fun of someone; tease; annoy purposely.

acapkali *adv.* often; frequently.

acar *n.* pickle.

acara *n.* programme; agenda; event.
acara kemuncak highlight; most interesting part.
mengacarakan *v.* introduce and compere; host a programme.
pengacara *n.* master of ceremony (MC); host; compere; one who introduces the acts in an entertainment programme, show, etc.

aci *n.* shaft.

acu, mengacu *v.* threaten to attack with a weapon; attempt to try on; test.
acuan *n.* mould; hollow container with a particular shape.
mengacukan *v.* aim; direct at target.

acuh, mengacuhkan *v.* to care for; heed.
acuh tak acuh to be indifferent.

acum, mengacum *v.* provoke; exasperate; stir up; instigate; agitate.
acuman *n.* provocation.
pengacum *n.* agitator.
pengacuman *n.* agitation.

ad hoc *adj.* ad hoc.

ad interim *adj.* ad interim.

ada *v.* to have; has; present; to possess; to be; to exist.
adakala; adakalanya *adv.* sometimes; occasionally; once in a while; now and then.
adalah *v.* am; is; are; was; were.
adapun *v.* as regards.
berada *adj.* rich; well-to-do. *v.* stay; remain near to someone; to be.
diadakan *v.* to be held.
keadaan *n.* condition; situation; circumstance.
mengada-ngada *v.* brag; boast; pretend.
mengada-adakan *v.* concoct; invent an excuse.
mengadakan *v.* arrange; create; hold; conduct; convene.

adab *n.* good manners; respect; politeness; courtesy.
beradab *adj.* courteous; cultured.
peradaban *n.* civilization; culture; advancement.

Adam *n.* Adam; the first Man created by God.
anak Adam mankind.

adang, mengadang *v.* to obstruct; hinder from passing; render; block; to intercept.

adap *n.* a kind of yellow glutinous rice normally served during a wedding.

adat *n.* custom; manner; tradition of a society; habitual practice.
adat dunia the way of the world.
adat resam, adat istiadat manner and custom; ceremony.
beradat *adj.* polite; customary; habitual; ceremonious; courteous.
mengadatkan *v.* make it a rule or custom.
teradat *adj.* customary; habitual.

adegan *n.* scene.

adik *n.* younger brother; younger sister.
adik-beradik *n.* brothers and sisters, siblings.
beradik *v.* to have siblings.

adikung *n. aide-de-camp;* officer who assists high ranking officers.

adil *adj.* fair; just; reasonable; impartial.
keadilan *n.* justice; fairness; just conduct; fair treatment.
ketidakadilan *n.* injustice; unfairness; lack of justice.
mengadili *v.* judge; hear and pass judgment.
mengadilkan *v.* evaluate; judge; assess.
pengadil *n.* judge; referee; umpire.
pengadilan *n.* the act of judging.

adinda *n.* younger brother or sister; a term especially used in letter writing.

adjektif *n. adj.*

admiral *n.* admiral.

adopsi *n.* to take as one's own child; adoption.

adu, beradu *v.* 1. to compete; report. 2. sleep as of king.
aduan *n.* complaint; formal statement of grievance.
mengadu, mengadukan *v.* report; accuse.
mengadu nasib; mengadu untung to try one's luck.
mengadu tenaga to challenge.
mengadu-dombakan *v.* to match something against another.
pengadu *n.* complainant.
pengaduan *n.* complaint; report.
peraduan *n.* contest; competition.

aduh *interj.* exclamation of pain, wonder.
mengaduh *v.* groan; lament; wail.

aduhai *interj.* ah; alas; an exclamation expressing sadness, sorrow, pity or grief.

aduk., mengaduk *v.* mix; stir.
campur aduk *v.* mix; evenly spread.

adun, mengadunkan *v.* mix different components together; knead.

adunan *n.* dough; mixture; ornament.

advokat *n.* one who defends in a court of law; advocate.

aerial *n.* antenna; aerial.

aerobik *n.* aerobic.

afektif *adj.* affective.

afiat *adj.* healthy; beneficial; fine. *n.* health. **mengafiatkan** *v.* restore to health; cure; heal.

afidavit *n.* a written statement on oath; affidavit.

Afrika *n.* Africa. **orang Afrika** *n.* African.

agah, mengagah *v.* to make a baby laugh; to confront; gurgle; babble; utter.

agak *n.* guess; conjecture; estimate. *v.* suppose. **agak-agak** *v.* guess. *adv.* approximately. **agaknya** *adv.* perhaps. **beragak** *adj.* to be unsure, careful; cautious, uncertain, doubtful, not sure. **mengagak** *v.* to guess; estimate. **teragak-agak** *v.* hesitate; be unsteady; falter; be undecided.

agama *n.* reverence; religion. **beragama** *v.* to have a religion. **keagamaan** *adj.* religious; scrupulously faithful.

agar *conj.* in order to; so that.

agar-agar *n.* jelly.

agas *n.* sandfly.

agen *n.* substance or organism that exert some effects; agent.

agensi *n.* agency.

agenda *n.* agenda.

agih *v.* to distribute; deal out. **mengagihkan** *v.* distribute.

pengagihan *n.* distribution.

agresif *adj.* quarrelsome; offensive; vigorous; assertive; aggressive.

agronomi *n.* agronomy.

agung *adj.* supreme; grand; important; majestic; impressive and regal; high status or powerful; grand. **keagungan** *n.* supremacy. **mengagungkan** *v.* to exalt; to stimulate; excite.

Ahad *n.* Sunday.

ahli *n.* 1. expert; one who is knowledgeable or skilful. 2. member. **ahli agama** clergy. **ahli bahasa** linguist. **ahli bersekutu** allied member. **ahli falak** astronomer. **ahli falsafah** philosopher. **ahli fikir** thinker. **ahli gusti** wrestler. **ahli kehormat** honorary member. **ahli kubur** the dead. **ahli nujum** astrologer. **ahli muzik** musician. **Ahli Parlimen** Member of Parliament. **ahli politik** politician. **ahli sains** scientist. **ahli sukan** sportsman. **keahlian** *n.* membership.

ahmak *adj.* stupid; slow-witted.

aib, keaiban *n.* shame; loss of honour; disgrace. **mengaibkan** *v.* disgrace; shame.

Aidiladha *n.* a Muslim festival.

Aidilfitri *n.* a Muslim festival celebrated after the fasting month of Ramadan.

AIDS *n.* AIDS; Acquired Immunity Deficiency Syndrome.

air *n.* water; liquid; fluid. **air bah** flood. **air batu** ice. **air batu kering** dry ice. **air beku** frozen water.

air berolak eddy.
air besar faeces.
air kecil urine.
air kencing urine.
air kopi coffee.
air liur saliva.
air mandi bathing water.
air mani semen; sperm.
air masin salty water.
air mata tears.
air mati backwater; boiled water.
air minum drinking water.
air muka countenance; face.
air pasang high tide.
air suci holy water.
air suling distilled water.
air sungai river water.
air surut ebb; low tide.
air susu milk.
air tasik lake water.
air tawar fresh water.
air teh tea.
air terjun waterfall.
berair *adj.* watery.
mengairi *v.* irrigate.
pengairan *n.* irrigation.

ais *n.* ice.
aiskrim *n.* ice-cream.

ajaib *adj.* wonderful; marvellous;
miraculous; amazing; remarkable.
keajaiban *n.* wonderful event; miracle.
mengajaibkan *adj.* incredibly
beautiful; miraculous; amazing;
puzzling.

ajak, mengajak *v.* to make a request
for; to invite; ask politely.
ajakan *n.* invitation; request.

ajal *n.* death; term of life.

ajar *v.* advise; teach; instruct.
ajaran *n.* teaching; lesson; doctrine.
ajaran agama religious teachings.
belajar *v.* to learn; acquire knowledge
or skill.
berajar *adj.* disciplined; courteous;
educated.
kurang ajar insolence.
adj. disrespectful; impudent.
mempelajari *v.* to learn; to study;
engage in learning of a subject.

mengajar, mengajarkan *v.* to teach;
train; instruct.
pelajar *n.* student; learner.
pelajaran *n.* lesson.
pembelajaran *n.* lesson.
pengajar *n.* teacher; instructor.
pengajaran *n.* something serving as
an example or a lesson; warning;
instruction.
terpelajar *adj.* educated; learned.

aju, mengajukan *v.* to propose; put
forward.

ajuk, mengajuk *v.* to mimic; to imitate
someone's action, voice, etc.
ajukan *n.* mockery; ridicule.

akad *v.* enter into a contract; promise.
mengakad-nikahkan *v.* promise to
marry.

akademi *n.* academy.

akademik *adj.* academic.

akaid *n.* religious dogma.

akal *n.* idea; way; plan; intelligence;
resource; ability to be aware of things
and to think and reason.
akal-akal *v.* pretend; feign.
akal budi common sense.
berakal *adj.* smart; clever; intelligent.
mengakali *v.* to find a way; to cheat; to
trick; to outfox; to outwit; to outsmart.
mengakalkan *v.* think up a plan.

aktivis *n.* activist.

akan *v.* shall; will.
akan tetapi *conj.* but.
akan-akan *conj.* as if.
seakan-akan *adj.* identical; almost;
alike; similar.

akar *n.* root.
berakar *v.* having roots; rooted.
berakar umbi establish firmly and
deeply.

akaun *n.* account.
akauntan *n.* accountant.
perakaunan *n.* accounting.

akhbar *n.* paper; newspaper; press.
akhbar dalam darjah (ADD)

newspaper in education (NIE)

akhir *adj.* end; last. *n.* finale.
akhir halaman end of a page.
akhir minggu weekend.
akhir musim end of season.
akhir sekali lastly.
akhir zaman end of a period or era.
akhir-akhir *adv.* lately; not long ago; recently.
akhiran *n.* suffix.
akhirnya *adv.* at last; in the end.
berakhir *v.* ended in.
mengakhiri *v.* to end.
pengakhiran *n.* process of ending something.
terakhir *adj.* last; after all others; end.

akhirat *n.* the next world; state or time of life after death.

akhlak *n.* character; morals; behaviour.

akibat *n.* result; end; consequence; outcome; result of some previous occurrence.
akibatnya *adv.* finally; consequently; as a result.
berakibat *v.* ended in; concluded with; resulted in.
mengakibatkan *v.* resulted in; ended in; caused.

akidah *n.* faith; belief.

akikah *n.* virtual head shaving of an infant.

aki *n.* grandfather; old man.

akil *adj.* clever; intelligent.
akil baligh adolescent; puberty.

akordion *n.* accordion.

akrab *adj.* intimate; close in relationship.

akrobat *n.* acrobat.

akronim *n.* word formed from the initial letters of other words; acronym.

aksara *n.* character; alphabet.

aksi *n.* movement; act of war; behaviour; action.

beraksi *v.* act; perform actions; pretend.

akta *n.* statute; act.

aktif *adj.* physically energetic; alert; active.
mengaktifkan *v.* activate; make active.
pengaktifan *n.* activation.

aktiviti *n.* activity.

aku *pn.* I.
akuan *n.* recognition; confession; acceptance.
beraku *v.* use the word 'aku'.
beraku-berengkau *v.* use the word 'aku' and 'engkau'.
memperakui *v.* certify; attest formally; recognize.
memperakukan *v.* to certify; to recommend; to put forward; accept as suitable.
mengaku *v.* to confess; to undertake; to recognize; admit.
mengakui *v.* treat as valid; recognize; accept; admit; acknowledge formally.
pengakuan *n.* acknowledgement; confession; admission.
perakuan *adj.* recommendatory.

akuarium *n.* aquarium.

akur, mengakuri *v.* to agree; consent; comply; conform.

alaf *n.* millennium.

alah[1] *adj.* lost; defeated.
beralah, mengalah *v.* surrender; yield; give in.
mengalahkan *v.* to defeat; win victory over.

alah[2] *adj.* allergic.
alahan *n.* allergy.

alam *n.* nature; universe; cosmos; the world.
alam arwah world of the dead.
alam baqa hereafter; life after death.
alam fana transitory world.
alam kanak-kanak childhood.
alam remaja teenage world; adolescence.
berpengalaman *adj.* experienced.

mengalami *v.* to experience; to undergo; to feel.
pengalaman *n.* experience.
sealam *adj.* having the same nature or features.

alamat *n.* sign; address; formal speech.
beralamat address; signify; indicate.
mengalamatkan *v.* direct to; address to; indicate.

alang *n.* crossbeam. *adj.* middling; in between; insufficient.
alangan *n.* obstacle.
alangkah *adv.* how (to emphasize the degree, quality, etc.).
mengalangi *v.* to block; obstruct.
mengalangkan *v.* to put crosswise.

alas *n.* underlayer. *v.* line with.
alasan *n.* reason; excuse; explanation.
beralasan *adj.* well-founded.
beralaskan *v.* based on; line with.
mengalaskan *v.* lay; base; line; provide a base or foundation.

alat *n.* tool; instrument; apparatus.
alat bantu mengajar teaching aids.
alat ganti spare parts.
alat kebesaran regalia; the ceremonial emblems.
alat kelamin genital organs.
alat kelengkapan gear; equipment; tools.
alat mengajar teaching aids.
alat muzik musical instruments.
alat pandang visual aids.
alat pandang dengar audio-visual aids.
alat pendengaran hearing aids.
alat pengajaran instructional aids.
alat senjata weaponry.
alat solek cosmetics.
alat tulis stationery; writing materials.
alatan, peralatan *n.* equipment; tools.
beralatkan *v.* equipped with.
memperalatkan *v.* to make use of.

album *n.* album.

albumen *n.* albumen.

algebra *n.* algebra.

alias *n.* nickname; another name; alias.

alibi *n.* alibi.

alih, beralih *v.* shift; move from one place to another; change direction.
alih bahasa to dub in another language.
beralih akal to change one's opinion.
beralih angin go for a vacation.
beralih haluan change of direction.
beralih hari postpone to another day.
beralih musim change of season.
beralih rumah change of house.
mengalih *v.* to shift; to change; displace.
mengalihbahasakan *v.* dub into another language.
pengalihan *n.* displacement.
peralihan *n.* modulation; transition; shift.

alim *adj.* learned; devout; pious.

alir, mengalir *v.* flow; to well up.
aliran *n.* current; stream; tendency.
mengalirkan *v.* to channel; to flow; direct.
pengaliran *n.* flow; output; chanelling; manner of flowing.

alkali *n.* alkali.

alkohol *n.* alcohol.

alkisah *n.* the story is.

alis *n.* eyebrow.

Allah *n.* God.

allahyarham *adj.* departed; late.

almanak *n.* calendar; almanac.

almarhum *adj.* the late (for royal male).

almarhumah *adj.* the late (for royal female).

almari *n.* cupboard.

alpa *adj.* neglectful; negligent.
kealpaan *n.* neglect; inattention; negligence; disregard.
mengalpakan *v.* take no heed; to neglect; disregard.

Al-Quran *n.* the Quran; the Koran.

altar *n*. altar.

alternatif *n*. alternative. *adj*. either of such choices.

alu *n*. pounder.

alu, mengalu-alukan *v*. greet; welcome; greet with pleasure; approve and support an action, invite and encourage to do something.
dialu-alukan *adj*. welcomed gladly; accepted.

aluminium *n*. aluminium.

alun *n*. great wave; billow.
alunan *n*. act of billowing or rolling.
beralun-alun *adj*. wavy.
mengalunkan *v*. billow; rise or roll like great waves.

alur *n*. groove; long narrow cut.
alur bibir groove in the upperlip.
alur tengkuk groove behind the neck.

am *adj*. public; not specialized; general; common.

amah *n*. maid; servant.

amal *v*. perform good deeds; do welfare work; carry out; execute.
amalan *n*. deed; practice; habitual action.
beramal ibadat worship; pray silently.
mengamalkan *v*. practise; perform something habitually; act according to one's belief.
pengamal *n*. practitioner.
pengamal undang-undang practitioner in law.

amali *adj*. practical; learning through practice.

aman *adj*. peaceful; tranquil; calm; without war; harmonious.
keamanan *n*. peace; a state of serenity; a state of harmony between people.
mengamankan *v*. soothe; appease; to pacify; establish peace in.
pengaman *n*. peacemaker; pacifier.

amanah, amanat *n*. trust; obligation; mandate; will.

mengamanahkan *v*. entrust; entrusted.
pengamanah *n*. trustee.

amar *n*. command; order.
mengamarkan *v*. order.

amaran *n*. warning; caution.

amat *adv*. very; extremely. *adj*. absolute.
mengamati *v*. to scrutinize; to look closely.
pengamatan *n*. observation; scrutiny.

amatur *n*. amateur.

amaun *n*. amount; quantity.

ambang *n*. threshold; lintel.
ambang perkahwinan about to get married.
ambang pintu doorway; doorstep.
mengambang, terambang *v*. float; bob; buoy.

ambar *n*. amber.

ambil, mengambil *v*. take; to steal; to receive; to accept; to obtain.
mengambil alih to take over.
mengambil angin go for a stroll.
mengambil bahagian take part.
mengambil berat to care; concern; regard with interest; be interested in.
mengambil gambar to take a photograph.
mengambil hati to take to heart; to win another person's affection.
mengambil ingatan to remember.
mengambil jalan to take a route; to find a way.
mengambil keputusan decide; make a decision.
mengambil kira to consider.
mengambil langkah take steps.
mengambil masa time consuming; involves much time.
mengambil nyawa to take a life.
mengambil pekerja to employ workers.
mengambil pusing to bother.
mengambil senang to take lightly.
mengambil tahu to bother.
mengambil ujian undertake examination.

mengambil untung to take or gain profit.

mengambil upah to earn wages.

ambin *n.* a sleeping platform.

amboi *interj.* Oh! well.

ambul, mengambul *v.* to bounce.
mengambulkan *v.* cause to rebound.
ambulan *n.* rebound.

ambulans *n.* ambulance.

ambung *n.* back-basket.

amil *n.* a Muslim collector of tithes in Islam.

amin *interj.* amen.
mengamini, mengaminkan *v.* to agree; to end a prayer by saying amen.

amir *n.* a military commander in Islam; chieftain; leader; emir.

ammonia *n.* ammonia.

amnesti *n.* amnesty; general pardon; pardon given by government or crown.

amoi *n.* colloquial term for Chinese girl.

ampai-ampai *n.* jellyfish.

ampaian *n.* clothes-line.

ampere *n.* ampere.

amplifier *n.* amplifier.

ampu, mengampu *v.* to prop up; ingratiate.
mengampu bodek sycophantic behaviour; ingratiate.
pengampu *n.* sycophant.

ampun, mengampunkan *v.* to forgive; to pardon.
keampunan *n.* forgiveness; pardon.
pengampun *n.* one who forgives.
pengampunan *n.* pardon; the act of forgiving a person.

amuk, beramuk, mengamuk *v.* to be in a state of wild frenzy.
pengamuk *n.* person who runs amuck.

anai-anai *n.* termite; white ant.

anak *n.* child; offspring; young.
anak angkat adopted child.
anak baju brassiere.
anak benih seedling.
anak bini wife and child.
anak bongsu youngest child.
anak buah dependant; member of a team.
anak bukit hillock.
anak bulan new moon.
anak dara virgin; maid; unmarried young woman.
anak daun leaflet; young leaf.
anak emas favourite child.
anak gadis young girl.
anak gampang illegitimate child.
anak gundik concubine's child.
anak halal legitimate child.
anak haram bastard.
anak jantan son.
anak jari fingers.
anak joget child of a dancer.
anak kandung one's own child.
anak kapal sailor; crew of a ship.
anak kecil child.
anak kembar twins.
anak kunci key.
anak lidah tongue.
anak luar nikah a child born out of wedlock.
anak merah newborn.
anak muda young man.
anak murid pupil; student.
anak panah arrow.
anak piatu child without a father; orphan.
anak pungut foundling; deserted child of unknown parents.
anak sulung eldest child; first born.
anak sungai tributary.
anak syarikat subsidiary company.
anak tangga steps.
anak tekak pharynx; cavity at the back of the nose and throat.
anak telinga ear-drum.
anak tempatan local person; native.
anak teruna young male.
anak tiri stepchild.
anak tunggal sole child; only child.
anak watan native.

anak wayang actor; actress.
anak yatim piatu orphan.
anak-beranak together with the children.
anak-anak many children. *adj.* still young; young people.
anak-anakan doll.
anakanda *n.* daughter or son mostly used in letter writing.
beranak *v.* to bear; to have children; to give birth.
keanak-anakan *adj.* childish; behaving like a child.
peranakan *n.* native of.

analisa *n.* analysis.

analog *n.* analogue.

anasir *n.* elements; distinguishable section of a social group.
anasir jahat bad element.

ancam, mengancam, mengancamkan *v.* to threaten; express a threat; to punish; harm.
ancaman *n.* threat.
terancam *adj.* threatened; endangered.

anda *pn.* you.

andainya *conj.* if; suppose.
andai kata if; supposing; for example.
andaian *n.* assumption.
berandai-andai *v.* talk; discuss; debate.
mengandaikan *v.* assume; take for granted; take as an example; suppose.

andam, mengandam *v.* to make up the bride and bridegroom.

andang *n.* a torch made from palm-frond.

andartu *n.* old maid.

anduh *v.* suspend.

aneh *adj.* curious; strange; unusual.

aneka *adj.* all sorts of; various; variegated.
aneka jurusan various fields.
aneka ragam variety show.

anekarama *n.* concert.
beraneka warna multicoloured; varicoloured.

angan-angan *n.* daydream; reverie.
berangan-angan *v.* to daydream.
mengangan-angankan *v.* daydream.

anggap, menganggap *v.* to consider; regard as; assume; take for granted; reckon.
anggapan *n.* assumption; supposition; opinion.
anggapan umum general assumption; supposition; understanding.
beranggapan *v.* holds the opinion.
menganggap *v.* to regard; to suppose; to assume.

anggar, menganggarkan *v.* to estimate; calculate.
anggaran *n.* budget; estimation *n.* statement of the probable cost.

anggerik *n.* orchid.

anggota *n.* 1. limb.
anggota badan part of the body especially head and leg; limb.
beranggota *adj.* limbed. 2. member.
anggota polis member of the police force.
keanggotaan *n.* membership.
menganggotai *v.* to be a member of.

angguk, mengangguk *v.* nod; bowing of head slightly and briefly.
anggukan *n.* nod.
terangguk-angguk *v.* nod several times.

anggun *adj.* elegant; graceful.
keanggunan *n.* elegance.

anggur *n.* grape.
menganggur *adj.* unemployed; not having a job.
penganggur *n.* one who is unemployed.
pengangguran *n.* unemployment.

angin *n.* wind; air; breeze.
angin badai strong wind.
angin barat westerly wind.
angin kencang strong wind.
angin laut sea wind; sea breeze.

angin puting beliung tornado.
angin taufan typhoon.
berangin *adj.* windy; breezy.
mengangin *v.* winnow.
menganginkan *v.* put in a windy place.
peranginan *n.* a resort.

angka *n.* number; figure.
angka genap even number.
angka penuh full number.
angka sial an unlucky number.
perangkaan *n.* statistics; collection of data.

angkara *n.* bad behaviour; nastiness.

angkasa *n.* sky; atmosphere; space.
angkasawan *n.* astronaut; spaceman.

angkat, mengangkat *v.* to lift; raise to higher level.
angkat berat weightlifting.
angkat mata to open the eyes.
angkat sumpah oath taking.
angkat sembah to present.
angkatan *n.* generation; troop; forces.
angkatan darat armed forces.
angkatan laut navy.
angkatan muda the young generation.
berangkat *v.* to depart; leave.
keberangkatan *n.* departure (of royalty).

angklung *n.* a kind of musical instrument made from bamboo.

angkuh *adj.* proud; arrogant.
keangkuhan *n.* arrogance.

angkut, mengangkut *v.* to carry; to transport.
berangkut *v.* transport several times.
pengangkutan *n.* carriage; transport; system of transport; transportation.

angpau *n.* gift of money.

angsa *n.* goose.

aniaya *v.* abuse; oppress.
menganiayai *v.* to oppress; maltreat; treat cruelly; ill-treat.
penganiaya *n.* abuser; tyrant.
penganiayaan *n.* maltreatment; abuse; ill-treatment; tyranny.

animisme *n.* animism.

anjak, beranjak *v.* shift; move slightly; change position slightly.
menganjakkan *v.* change or shift position of.

anjal, menganjal *adj.* flexible; adaptable; elastic; having resilience.
keanjalan *n.* flexibility; elasticity.

anjing *n.* dog.

anjung *n.* porch.
beranjung *adj.* with an annex or projection.

anjur, menganjur, menganjurkan *v.* to stick out; organise; sponsor; stretch out; to put forward; to propose; to suggest.
anjuran suggestion; offer; advice; proposal.
penganjur *n.* organizer; promoter; vanguard.

animasi *n.* animation.

anod *n.* anode.

anotasi *n.* annotation.

ansur, beransur, beransur-ansur *adv.* gradually; taking place by degrees.
ansuran *n.* installment.
mengansurkan *v.* forward an installment.

antah *n.* unhusked rice (after pounding).

antan *n.* pestle.

antara *prep.* between; among; from; at a point or in a region intermediate to.
mengantarai *v.* separate; divide; act as a mediator.
perantara *n.* middleman; mediator.
perantaraan *n.* mediator; middleman; relationship.

antarabangsa *adj.* international.
perhubungan antarabangsa international affairs; international relations.

antena *n.* antenna.

antero, seantero *adj.* whole.

anti *pref.* anti; against.
antibiotik *n.* antibiotic.
antibodi *n.* antibody.

antik *n.* antique.

anting-anting *n.* ear-ring.

antologi *n.* a few short stories which have been compiled into a book; anthology.

anu *n.* so and so.

anugerah *n.* grace; honour; award.
menganugerahi, menganugerahkan *v.* to favour; to bestow; give; confer.
penganugerahan *n.* bestowal.

anuiti *n.* annuity.

anut, menganut *v.* to follow; profess; have or belong to.
anutan *n.* adherence.
penganut *n.* follower; adherent.

anyam, menganyam *v.* to plait; to weave.
anyaman *n.* plaiting; weaving.

apa, apakah *pn.* & *deter.* what.
apa-apa *adj.* anything.
apalagi *conj.* above all.
apatah *pn.* what else.
apabila *conj.* when.
apakala *conj.* when; if.
berapa *adv.* how much; how many.
mengapa *adv.* why.
mengapa-apakan *v.* harm; hurt; do mischief to; do something to.

apam *n.* a type of local delicacy made of rice flour.

aparteid *n.* apartheid.

api *n.* fire.
api neraka hell-fire.
api percintaan flames of passion.
api perjuangan battle; struggle; fight.
api perkauman racial conflict; tension.
berapi, berapi-api *adj.* fiery, full of fire, intense passion, ardour; filled with strong feeling.
mengapikan *v.* to instigate.

apit, berapit *v.* to be close to.
mengapit *v.* to squeeze.
pengapit *n.* maid of honour.

aprikot *n.* apricot.

April *n.* April.

apung, mengapung *v.* to float; rest on water.
berapungan *v.* floating; drifting.
mengapungkan *v.* to cause something to to float; cause to rest on water.
terapung *adj.* floating.

arah *n.* direction.
arahan *n.* directive; order; instruction.
berarah *v.* having a course or direction; directional.
mengarah, mengarahkan *v.* direct to; give instruction; give orders; cause to turn.
pengarah *n.* director.
searah *adv.* in the same direction or on the same course.

arai *n.* a unit of measurement for capacity or volume.

arak *n.* wine; liquor.
berarak, mengarak *v.* walk in a procession.
pengarak *n.* escort; person in a procession.
perarakan *n.* procession.
perarakan haram illegal procession; illegal assembly.
perarakan raksasa mammoth procession.

aral *n.* obstacle.
aral melintang obstacle in one's path; obstruction.

arang *n.* charcoal.
batu arang coal.

aras *n.* level.

arca *n.* statue; image; visual image.

arena *n.* arena.
arena badminton badminton arena.
arena sukan sports arena.

argon *n.* argon, a kind of gas.

ari, ari-ari *n.* abdomen.

arif *adj.* learned; discerning; wise.
  arif bijaksana clever; learned; wise.
  kearifan *n.* discernment.

arkib *n.* government records; public records; historical records; archive.

arkitek *n.* architect.

arloji *n.* watch.

armada *n.* fleet; armada.

arnab *n.* rabbit.

artikel *n.* article.

artileri *n.* artillery.

artis *n.* artist.

arus *n.* stream; flow as of water or air; current.
  arus deras swift current.
  arus elektrik electric current.
  arus lautan ocean current.
  arus panas warm current.
  arus pembangunan the tide of development.
  arus sejuk cold current.
  arus ulang-alik alternating current.

arwah *n.* the late; one who is no longer living; soul.

asa *n.* hope.

asah, mengasah *v.* to sharpen.
  asahan *n.* act of sharpening.
  mengasah bakat to develop one's talent.
  mengasah fikiran sharpen one's thinking.
  pengasah *n.* sharpener; grinder.

asak, berasak-asak *v.* jostle; cram in.
  asakan *n.* crowd; jam; rush.

asal *n.* source; origin.
  asal-usul origin; history.
  asalkan *conj.* provided that.
  asalnya *adv.* originally.
  berasal *v.* originate; come from.

asam *adj.* sour. *n.* sour fruit of a tropical tree.

asam jawa tamarind.
  mengasamkan *v.* preserve with vinegar or tamarind; to pickle.

asap *n.* smoke.
  asap api smoke from a fire.
  asap kemenyan smoke emitted when burning benzoin.
  berasap *v.* to emit smoke.
  mengasapi *v.* fumigate; become smoke; smoke something out.
  perasap *n.* censer; vessel in which incense is burnt.

asar *n.* afternoon prayer for Muslim; afternoon; late afternoon.

asas *n.* principle; foundation; base; basis.
  berasas *adj.* well-founded; based on.
  mengasaskan *v.* based on; to establish.
  pengasas *n.* founder.

asasi *adj.* basic.

aset *n.* asset.
  aset bersih net asset.

asetat *n.* acetate.

asid *n.* acid.
  berasid *adj.* containing acid; acidic.
  keasidan *n.* acidity.

asin *adj.* salty.
  mengasinkan *v.* to preserve through salting.

asing *adj.* strange; foreign; unfamiliar; not native.
  berasingan *adj.* different; isolated; separated.
  mengasingkan *v.* to separate; to be apart; isolate.
  terasing *v.* separate out.

askar *n.* soldier.

asli *adj.* original; genuine; natural.
  keaslian *n.* originality.

asmara *n.* passion; love.
  berasmara *v.* to be in love; make love.

aspek *n.* aspect.

aspirasi *n.* aspiration.

asrama *n.* boarding house; hostel.

astronomi *n.* astronomy.

asuh, mengasuh *v.* to take care of; to bring up.
asuhan *n.* nursing; care; upbringing.
pengasuh *n.* baby-sitter.

asyik *v.* engross passionately; occupy one's attention completely; to be in love. *adj.* busy.
asyik maksyuk infatuated; besotted.
mengasyikkan *v.* engrossing; occupy fully by absorbing the attention.

atap *n.* roof.
atap genting roof made of baked clay.
atap rumah roof; top covering of a house.
atap rumbia roof made of leaves of palm tree.
beratap *adj.* with a roof.
beratapkan *v.* have as a roof.

atas *prep.* above; upon; for. *conj.* because of.
atas angin building castles in the air.
atasan *adj.* superior; the top level.
mengatasi *v.* to overcome; to win.
teratas *adj.* the highest; the top.

atau, ataupun *conj.* or.

ateis *n.* atheist; a person who believes there is no God.

atendan *n.* attendant.

atlas *n.* atlas.

atmosfera *n.* atmosphere.

atom *n.* atom.

atur *v.* arrange.
atur cara programme.
aturan *n.* regulation; rule; order; procedure; manner; arrangement.
beratur *v.* queue.
beraturan *adj.* orderly; methodically.
mengatur, mengaturkan *v.* put in order; to regulate; to arrange.
peraturan *n.* regulations.
teratur *adj.* well arranged; organized.

audio *n.* audio.
audio-tutorial *n.* audio-tutorial.

audit *n.* audit.

auditorium *n.* auditorium.

aum *n.* roar.
mengaum *v.* to roar.

auns *n.* ounce.

aur *n.* bamboo.

aurat *n.* part of the body that should not be exposed according to Islamic law.

auta *n.* lie; bluff; trickery.

autobiografi *n.* autobiography.

autograf *n.* autograph.

autokrasi *n.* autocracy.

autokrat *n.* autocrat.

automatik *adj.* automatic.

autonomi *n.* autonomy.

autopsi *n.* autopsy.

autoriti *n.* authority.

awak *pn.* you; your.
perawakan *n.* personality.

awal *adj.* & *adv.* beginning; among the first; early.
awalan *n.* prefix.

awam *adj.* common; general.

awan *n.* cloud.
berawan *adj.* cloudy.
merawan *v.* to be high in the clouds or as high as the clouds.

awas *n.* caution; wariness. *v.* monitor; check; keep track of; supervise.
mengawas, mengawasi *v.* watch; observe; follow observantly; monitor.
pengawas *n.* observer; monitor.
pengawasan *n.* supervision.

awet, mengawet, mengawetkan *v.* preserve; keep something from

decay.
pengawet *n*. preservative.
pengawetan *n*. preservation process.
ayah *n*. father.
ayahanda *n*. father; daddy.
berayah *v*. to have a father.
ayak *n*. sieve. *v*. sieve.
mengayak *v*. to sieve.
pengayak *n*. one who sieves; sifter.
pengayakan *n*. act of sieving.
ayam *n*. fowl; chicken.
ayam belanda turkey.
ayam betina hen; female chicken.
ayam daging chicken bred for its flesh.
ayam denak jungle fowl.
ayam jalak brave fighting cock.
ayam jantan cock; rooster.
ayam katik small kind of fowl; bantam.
ayam panggang roast chicken.
ayam sabung fighting cock.
ayam telur chicken bred for its eggs.

ayan *n*. tin.
ayat *n*. sentence.
ayu *adj*. pretty.
ayun *v*. to swing.
berayun-ayun *v*. swing; move to and fro.
mengayunkan *v*. to swing; to rock; wave; brandish.
ayanan *n*. the act of swinging something.
azab, keazaban *n*. punishment; torture.
mengazabkan *v*. to punish; to torture.
azali *n*. endless past.
azam, keazaman *n*. aim; determination; resolve.
berazam *v*. determine to do something; make firm decisions.
azan *n*. call to prayer.
azimat *n*. talisman.

Bb

bab *n.* chapter.

baba *n.* a straits-born Chinese.

babak *n.* scene; episode.

babas *v.* drift; drag; sweep away.
terbabas *adj.* driven out of its course;
went wild; skidded.

babi *n.* pig.
babi buta, membabi buta blindly;
without reason.

babit, membabitkan *v.* to involve;
implicate.
pembabitan *n.* involvement.

baca, membaca *v.* to read.
bacaan *n.* reading; recitation.
membacakan *v.* read for; read to; say
aloud to.
pembaca *n.* reader.
pembacaan *n.* act of reading.

bacang *n.* a kind of fruit that resembles
mango but with a very strong smell.

bacul *adj.* pusillanimous; cowardly.

badai *n.* severe storm; hurricane.

badak *n.* rhinoceros.

badam *n.* almond; red spots on the skin
taken as sign of leprosy.

badan *n.* body; organization.
berbadan *adj.* having body; bodied.
berbadan dua pregnant.
memperbadankan *v.* to corporatize.
perbadanan *n.* corporation;
institution.

badik *n.* dagger.

badut *n.* comedian; clown.

badminton *n.* badminton.

bagai *conj.* & *adv.* like; as if.
bagaikan *conj.* as if.
berbagai-bagai *adj.* various; all sorts
of.
kepelbagaian *n.* an assortment;
variety.
pelbagai *adj.* various.

bagaimana *adv.* how; in what way; in
what means; manner.
bagaimanapun *adv.* however; no
matter how.
sebagaimana *conj.* as always.

baghal *n.* mule.

bagi *prep.* for.

bahagi, membahagi-bahagikan,
membahagikan *v.* divide; allot;
distribute; to categorize; apportion;
share out; to split; break up.
bahagian *n.* part; section; division;
portion of a whole; share; role.
membahagi *v.* divide; become
separated into parts.
pembahagi *n.* divider.
pembahagian *n.* distribution;
allotment.
terbahagi *v.* divided; divisible.

bahala *n.* disaster.

baginda *pn.* His Majesty; Her Majesty.

bagus *adj.* fine; nice; beautiful;
excellent; very good.

bah *n.* flood.

bahagia *adj.* lucky; having good
fortune; happy; full of contentment.
hidup bahagia a happy life.
berbahagia *adj.* to be happy; to be

fortunate; blissful.
kebahagiaan *n.* happiness; bliss; contentment.
membahagiakan *v.* make or cause to be happy.

bahak, terbahak-bahak *v.* to roar with laughter; laugh heartily.

baham, membaham *v.* to chew; to gobble; eat something quickly and greedily.

bahan *n.* substance; source; data; material.
bahan ajar sendiri self-instructional material.
bahan api fuel.
bahan bercetak printed material.
bahan braille braille material.
bahan grafik graphic material.
bahan sumber resource material.

bahana *n.* sound; noise; affliction; disaster.

bahang *n.* heat.
membahang *v.* heat; burn.

bahari *adj.* ancient; prehistoric.

baharu *adj.* new; fresh; renewed. *adv.* just; recently.
membaharui *v.* to renew; to restore.
pembaharuan *n.* reform; renewal; improvement.

bahas, berbahas, membahaskan *v.* to discuss; to debate; criticize.
pembahas *n.* debater.
perbahasan *n.* discussion; debate.

bahasa *n.* language.
bahasa baku standard language.
bahasa BASIC Beginners All-purpose Symbolic Instruction Code (BASIC)
bahasa kebangsaan national language.
bahasa komputer computer language.
bahasa lisan oral.
bahasa pasar colloquialism.
bahasa pengantar medium language; medium of instruction.
bahasa perantaraan medium of communication.
bahasa rasmi formal language;

official language.
tidak tahu bahasa without manners.
berbahasa *adj.* polite; well-mannered; cultured; courteous.
perbahasaan *n.* speech.
kaedah perbahasaan form of address; form of speech.

bahawa *conj.* that. *adv.* truly; in fact.

bahaya *n.* danger; risk.
berbahaya *adj.* dangerous; perilous.
membahayakan *v.* to endanger; imperil.

bahkan *conj.* moreover; on the contrary; furthermore; but.

bahlul *n.* fool.

bahu *n.* shoulder.

baik *adj.* good; fine; well; yes; kind; recovered; generous; all right.
baik-baik *adv.* carefully; be careful.
baik...baik either...or.
berbaik *v.* be on good terms.
kebaikan *n.* goodness; virtue; benefit; advantage.
membaiki, memperbaiki *v.* to correct; to repair; mend things; improve; make better.
pembaikan *n.* correction; improvement.
sebaik-baik *adj.* as good as; just.
terbaik *adj.* the best.

bait *n.* couplet; a poem of two lines; parts of a poem.

baitulmal *n.* treasury.

baja *n.* fertilizer.
baja buatan man-made fertilizer.
baja tiruan artificial fertilizer.
membaja *v.* to fertilize.

bajak *n.* plough.
membajak *v.* to plough.

baji *n.* wedge.
membaji *v.* to split.

bajik, kebajikan *n.* welfare work; philantrophy.

bajingan *n.* rascal; rogue; villain.

baju *n.* dress.
baju hujan rain coat.
berbaju *v.* to wear clothes.

bak *prep.* like; as.

baka *n.* heredity.

bakal *adj.* future; destined to become.

bakar, membakar *v.* destroy by fire; to burn; subject to heat.
kebakaran *n.* a fire.
terbakar *v.* burnt.

bakat *n.* trace; talent; natural ability.
berbakat *adj.* talented.

bakau *n.* mangrove.

bakawali *n.* a herbal plant used to treat diabetes and high blood pressure.

bakhil *adj.* stingy; niggardly.

baki *n.* remainder; balance.
berbaki *adj.* having a balance, surplus or remainder.

bakteria *n.* bacteria.

bakti *n.* service; devotion; dedication.
berbakti *v.* to serve with loyalty; to dedicate.
membaktikan *v.* devote; dedicate.

baku *adj.* standard.
membakukan *v.* standardize.
pembakuan *n.* standardization.

bakul *n.* basket.

bala *n.* disaster.

balah, berbalah *v.* to quarrel.

balai *n.* hall; station.
balai besar audience hall.
balai raya community hall; village hall.

balairung, balairuang *n.* a meeting place where the ruler has granted an audience.

balak *n.* log.
membalak *v.* to log; fell trees for timber.
pembalakan *n.* logging.

balam *n.* turtle dove.
berbalam *v.* to be unclear; vague; hazy.

balar, berbalar-balar *adj.* having white patches on the skin.

balas, membalas *v.* to reply; repay; to revenge; return.
balasan *n.* answer; reply; reward; response.
berbalas-balasan *v.* interchange; exchange.

baldi *n.* pail; bucket.

baldu *n.* velvet.

baligh *n.* puberty; adult.

balik, berbalik *v.* return; to do again; recur; reappear; to turn back; to go back.
kebalikan *prep.* contrary to; opposite of.
membalik-balik *v.* to turn over and over; flip over.
membalikkan *v.* invert; reverse the position; turn.
menterbalikkan *v.* turn upside down; overturn; cause to turn over.
pembalikan *n.* act or instance of overturning; reflecting.
sebaliknya *adv.* on the contrary; by contraries.
terbalik *v.* overturned.

baling, membaling *v.* to throw; fling; hurl.

baling-baling *n.* weather-vane.

balu *n.* widow; a woman whose husband has died.

balung *n.* cockscomb.

balut, membalut, membaluti *v.* to wrap up; bandage; wrap; bind; envelop.
balutan *n.* envelopment; bandage.
berbalut *v.* bandaged.
pembalut *n.* wrapping; wrapper.

bambu *n.* bamboo.

banci *n.* census.
bancian *n.* census.

bancuh, membancuh v. to mix; stir together.
bancuhan n. mixture.
pembancuhan n. the act of mixing.

bandar n. town.
bandar raya city.
perbandaran n. municipality.

banding, membandingkan v. compare.
berbanding v. compare to.
perbandingan n. comparison;
sebanding adj. commensurate; comparable.

banduan n. prisoner.

bandul n. pendulum.
membandul v. to swing like a pendulum.

bandung n. pair.
sebandung n. a pair.

bangang adj. dud; stupid; crass.

bangat adj. quick. adv. very; exceedingly.

bangau n. stork.

bangga adj. proud; dignified.
berbangga adj. feel proud; elated.
kebanggaan n. a feeling of honour; conceit; pride.
membanggakan adj. cause to be proud; gratifying.

bangkai n. carcass.

bangkang, membangkang v. to oppose.
bangkangan n. protest; opposition; objection.
pembangkang n. opposition; person who opposes.

bangkit, berbangkit v. rise; get up; resurrect; awake; become active.
kebangkitan n. awakening; emergence; resurgence.
membangkitkan v. to evoke; to awaken; to resurrect; to raise up.

bangku n. stool; bench.

banglo n. bungalow.

bangsa n. race; nationality; descent.

kebangsaan adj. national.

bangsal n. shed; barn.

bangsat n. vagrant.

bangsawan n. Malay opera; the class of nobles; nobility.

bangsi n. flute.

bangun, terbangun v. to wake up; to get up.
bangunan n. building.
membangun adj. developing; constructive; become more advanced.
membangunkan v. to build up; to awaken; develop; improve.
pembangunan n. construction; development; process of becoming more advanced.

banjar n. line; row.
banjaran n. range of mountains; chain of mountains.
berbanjar, berbanjar-banjar v. form a row along; in series; in line.

banjir n. flood; overflow.
membanjiri v. to flood; to overflow.

bank n. bank.
bank darah blood bank.
bank saudagar merchant bank.

bankrap adj. insolvent; bankrupt.
kebankrapan n. bankruptcy.

bantah, membantah v. to protest; to oppose; express disagreement.
bantahan n. protest; objection.

bantai, membantai v. to slaughter; to beat; to hit; kill animals for food; thrash; beat with a whip.
pembantaian n. slaughter; killing of animals for food.

bantal n. pillow.
bantal golek, bantal peluk bolster.
berbantalkan v. to use...as a pillow.

banteras, membanteras v. to fight against; wipe out; eradicate; strive to overcome.
pembanterasan n. eradication.

banting, membanting v. to beat; to

work hard; lambaste; thrash.
membanting tulang to work hard.

bantu, membantu *v.* to help; to aid.
bantuan *n.* aid; assistance.
pembantu *n.* assistant; helper; servant.

bantut, membantutkan *v.* to stop; stunt.
terbantut *v.* stunted; hindered.

banyak, banyak-banyak *adj.* many; much; in large quantities.
banyak cakap verbose.
kebanyakan *pn.* most of; many.
membanyakkan *v.* to increase.
sebanyak *adj.* as much as; as many as.
sebanyak-banyaknya *adj.* at the most.
terbanyak *adj.* most.

bapa *n.* father.
bapa ayam pimp.
bapa saudara uncle.
berbapa *adj.* having a father.
sebapa *adj.* having same father but different mother.

bara *adj.* live coal; embers.
membara *adj.* very angry; fiery; smouldering.

barah *n.* cancer.
berbarah *adj.* cancerous.

baran *adj.* quick-tempered; bad-tempered.

barang *n.* things; goods.
barang kemas jewelry; ornaments.
barang pusaka inherited property; money.
barang siapa anyone.
barangan *n.* commodity; goods.
sebarang, sembarangan *adj.* anything; whatever; any.

barangkali *adv.* perhaps.

barat *n.* west.
kebaratan, kebarat-baratan *adj.* having western characteristics.
pembaratan *n.* westernization.

barbar *n.* barbarian.

bari-bari *n.* fruit flies.

baring, berbaring *v.* to lie down; recline.
membaringkan *v.* to lay something down.
terbaring *v.* lying.

baris *n.* row; line.
barisan *n.* front; troops; line.
berbaris *v.* to line up; to stand in rows; form a row along.
membariskan *v.* form or arrange in lines or rows.
pembaris *n.* ruler.
perbarisan *n.* parade.

barli *n.* barley.

barometer *n.* barometer; an instrument for measuring atmospheric pressure.

barter *n.* barter; exchange of goods.

baru-baru *adv.* recently; happened only a short time ago; happened not long ago.

barut *n.* bandage.
membarut *v.* rub; smear.

bas *n.* bus.
bas sekolah school bus.
bas sewa khas specially rented bus.

basah *adj.* wet.
basah kuyup drenched.
basahan *n.* something that is used daily.
membasahi, membasahkan *v.* to wet; to soak; to moisten.
membasahkan tekak to quench a parched throat.

basi *adj.* stale; rotten; out of date; no longer new or fresh.

basikal *n.* bicycle.

basmi, membasmi *v.* to wipe out; to eradicate.
pembasmian *n.* eradication.

basuh, membasuh *v.* to wash.
basuhan *n.* washing; something that is washed.

bata *n.* brick.

batal, membatalkan v. to cancel; call off.
pembatalan n. cancellation; deletion; nullification; calling off.

batalion n. battalion.

batang class. numeral co-efficient for cylindrical objects. n. stem.
batang hidung bridge of the nose.

batas n. limit; vegetable bed.
membatasi v. to limit; to border.
pembatasan n. limitation.
perbatasan n. borderland.
terbatas adj. limited; restricted.

bateri n. battery.

batik n. wax printed patterned cloth.

batin adj. inner; mental.
batiniah adj. spiritual.
kebatinan n. inner self; mysticism.
tok batin a tribal chief.

batu n. stone; mile.
batu api instigator; flintstone.
batu asah whetstone.
batu giling roller for grinding spices.
batu loncatan stepping-stone.
berbatu-batu adj. covered with stones; stony.
membatu v. to keep silent.

batuk n. cough.
terbatuk-batuk v. cough repeatedly; cough uncontrollably.

bau n. smell; odour; scent.
bau-bauan n. scent; odour; fragrance; perfume.
berbau v. to smell; emit an odour.
terbau v. smelt; detected odour.

bauksit n. bauxite.

baur v. mix.

bawa, membawa v. to bring; to carry; to cause; take.
membawakan v. to bring something for someone.
terbawa v. taken unintentionally; able to carry.
terbawa-bawa v. to be involved; to be influenced; carried away.
pembawa n. bearer; carrier; deliverer.
pembawaan n. ability; talent; temperament; disposition.

bawah prep. under; below.
di bawah jagaan under the care of.
di bawah pimpinan under the leadership.
di bawah perintah under the regime; under the order.
bawahan adj. subordinate; inferior; of lower rank or position.
terbawah adj. last; undermost.
terkebawah adj. lowest; bottom; lowermost.

bawal n. pomfret.

bawang n. onion.
bawang besar big onion.
bawang merah shallot.
bawang putih garlic.

baya n. age.
sebaya adj. same age; same age group.

bayam n. spinach.

bayang, bayang-bayang, bayangan n. a reflection; shadow.
berbayang, berbayang-bayang adj. shadowy reflection; cast a shadow.
membayangi v. follow and watch secretly; form an image.
membayangkan v. to suggest; imply; imagine.
terbayang, terbayang-bayang v. reflected; pictured.
terbayangkan v. seen in imagination; reflected.

bayar, membayar, membayarkan v. to pay; to fulfil; disburse; pay out.
bayaran n. payment.
membayar nazar fulfil a vow.
membayar niat fulfil a wish.
membayar tunai pay cash.
pembayar n. payer.
pembayar cukai tax payer.
pembayaran n. disbursement; payment.

bayi n. baby; infant.
bayi tabung uji test tube baby.

bayonet *n.* bayonet.
membayonet *v.* to stab with a bayonet.
bayu *n.* wind; breeze.
bazar *n.* bazaar.
bazir, membazirkan *v.* waste; use extravagantly.
pembaziran *n.* wasting; wastage; wrong use; loss.
bebal *adj.* foolish; stupid.
beban, bebanan *n.* responsibility; load; burden.
membebani *v.* to burden someone.
membebankan *v.* to be a burden to; hamper.
bebas *adj.* free; independent; able to act at will.
kebebasan *n.* freedom.
membebaskan *v.* to liberate; to release.
bebat *n.* bandage.
bebel, membebel *v.* babble; talk incoherently.
beberapa *adj.* several; some.
bebola *n.* sphere.
beca *n.* trishaw.
becak *adj.* muddy.
becok *adj.* chatty; talkative.
bedah, membedah *v.* to operate.
pembedahan *n.* operation.
bedak *n.* face powder.
bedak sejuk face powder made of rice.
berbedak *v.* to powder the face.
membedaki *v.* to apply powder.
bedal, membedal *v.* to whip.
bedek, membedek *v.* to aim at.
bedil *n.* gunpowder.
bedilan *n.* shooting; firing.
membedil *v.* to shoot.
beduk *n.* big drum used in a mosque.

beg *n.* bag.
beg galas knapsack; bag strapped on the back.
beg pakaian luggage.
beg sekolah school bag.
beg tangan handbag.
begini. *adv.* like this.
sebegini *adv.* as...as.
begitu *adv.* like that; likewise; also; so.
sebegitu *adv.* like that.
beguk *n.* mumps.
bejana *n.* small metal container; canister.
bekal *n.* supply; provisions.
bekalan *n.* stock; supply; provisions.
berbekal, berbekalkan *v.* to carry a supply of.
membekalkan *v.* to give provisions; supply; furnish; provide.
pembekal *n.* supplier.
pembekalan *n.* supply.
bekam *v.* to bleed; seize; draw blood from.
bekas *n.* trace; container. *adj.* former.
bekas darah blood stain.
bekas isteri former wife; ex-wife.
bekas luka wound; scar.
berbekas *adj.* marked; with traces.
bekat *adj.* full.
beku *v.* become solid; solidify. *adj.* frozen; rigid; hardened into ice.
otak beku a stupid person.
membekukan *v.* preserve by refrigeration; freeze; cause to solidify.
pembekuan *n.* coagulation; freeze.
bela[1]**, membela** *v.* to defend; avenge.
pembelaan *n.* protection; defence; denial.
bela[2] *v.* breed; look after; care
belaan *n.* that which is reared or looked after.
belacan *n.* prawn paste.
belacu *n.* unbleached cotton cloth.
belah *v.* to cut in half; to split.

belahan n. cleft; fission; split.
berbelah bagi half-hearted; divided.
membelah v. to split; cut into parts.
menyebelahi v. to take side; to side with.
sebelah n. half; line of division. prep. beside.
sebelah malam at night.
sebelah-menyebelah side by side.
bersebelahan adv. side by side; near.
terbelah v. divided; broken.

belahak, membelahak, terbelahak v. cough; belch.

belai, belaian n. caress; coaxing.
membelai, membelai-belai v. cherish; take loving care of; fondle; stroke lovingly; caress.

belaka adv. entirely; quite.

belakang n. back; rear. prep behind.
di belakang at or towards the rear.
ke belakang towards the rear.
belakangan adv. recently; lately.
membelakangi v. ignore; disregard; take no notice.
membelakangkan v. put at the back; ignore; disregard.
terkebelakang adv. far behind.

belalai n. trunk of an elephant; proboscis.

belalang n. grasshopper.

Belanda n. Dutch.

belang n. stripe.
berbelang-belang adj. striped.

belanga n. clay cooking pot; earthenware.

belangkas n. kingcrab.

belanja v. spend. n. expenses; cost; expenditure.
belanjawan n. budget.
berbelanja v. spend.
membelanjakan v. to spend; pay out.
perbelanjaan n. expenses; spending.

belantan n. club; truncheon.

belantara n. jungle.

belas n. mercy; pity; tens.
belasan n. teenager.
kesebelasan adj. eleventh.

belasah, membelasah v. thrash; beat with whip.

belat n. fish trap.
membelat v. catch fish in a trap.

belati adj. from abroad; foreign.

belebas n. 1. a long thin piece of wood used to make a structure to support plaster on walls or tiles on the roof of a building. 2. ruler used in measuring length.

belek, membelek v. examining carefully; to scrutinize closely.

belengas adj. moist; sticky.

belenggu n. manacles; shackles.
membelenggu v. to shackle; manacle.
terbelenggu v. handcuffed; shackled; chained.

belerang n. sulphur.

beli, membeli v. purchase; to buy.
belian n. purchase.
membeli-belah v. shopping.
membelikan v. to buy for someone.
pembeli n. purchaser; buyer.
pembelian n. purchase; act of buying.
terbeli v. able to buy; can afford.

belia n. youth.
beliawanis n. young woman.

beliak, terbeliak adj. wide; fully open (of eyes); open-eyed.
membeliakkan v. open the eyes wide; dilate.

beliau pn. he; she.

belikat n. shoulder-blade.

belimbing n. starfruit.

belit, membelit, membelitkan v. to coil around; twine around something; entwine.
belitan n. coil.
berbelit, berbelit-belit v. turning; twisting. adj. complicated.

pembelit *n.* swindler; fraud; deceiver.
terbelit *v.* coiled; twined.

beliung *n.* adze.

belok, membelokkan, membelok
v. bend; turn (of direction).
belokan *n.* turn; change of direction;
curve.

belon *n.* balloon.

belot, membelot *v.* to be unfaithful,
disloyal; betray; to commit treason.
pembelot *n.* betrayer; traitor.
pembelotan *n.* betrayal; treason.

belukar *n.* secondary forest; underbush.

belulang *n.* hide; pelt; skin.

belum *adv.* not yet.
sebelum *conj.* before.

belut *n.* eel.

bembam, membembam *v.* to roast in
hot embers.

bena *v.* to pay attention; to take notice
of.

benak *adj.* foolish; silly; stupid.

benam, terbenam *adj.* immersed in
water; buried in sand or mud;
embedded.
membenam, membenamkan *v.* to
immerse; to sink into; embed.

benang *n.* thread.

benar *adj.* true; correct. *adv.* really.
benar-benar *adv.* truly; extremely;
really.
kebenaran *n.* truth; correctness;
permission.
membenarkan *v.* to allow; to confirm;
to permit.
sebenarnya *adv.* in fact.

bencana *n.* disaster; calamity;
misfortune; trouble.

benci *v.* hate; dislike; detest.
kebencian *n.* hatred; dislike.
membenci *v.* hate; dislike greatly;
loathe.

pembenci *n.* one who hates, dislikes
or detests.

benda *n.* thing.
kebendaan *n.* materialism.

bendahara *n.* prime minister; state
official in charge of property; person
in charge of finance; bishop (in chess).
perbendaharaan *n.* treasury.

bendahari *n.* treasurer.

bendalir *adj.* in liquid or fluid form.
kebendaliran *n.* fluidity.

bendang *n.* rice-field.

bendela *n.* bale.

bendera *n.* flag.
bendera kebangsaan national flag.

benderang *adj.* very bright.

bendi *n.* ladies' finger; okra.

bendir *n.* a kind of small gong.

bendul *n.* cross-beam.

bendung *n.* dyke; barrier; dam.
membendung *v.* to dam; to withstand.

bengal *adj.* deaf (temporarily);
stubborn.

bengang *adj.* buzzing in the ears.

bengis *adj.* cruel; strict; harsh;
ferocious; savage; very violent (of
expression).
membengis *v.* enrage; act cruelly,
mercilessly.

bengkak *adj.* swollen. *n.* a swelling.
bengkak-bengkil *adj.* full of swelling.
membengkak *v.* swell; become larger
from pressure within.

bengkalai, terbengkalai
adj. unfinished; abandoned.

bengkang, bengkang-bengkok
adj. zig-zag; winding.

bengkarung *n.* scaly lizard; newt.

bengkel *n.* workshop.

bengkeng *adj.* irritable; fierce.
membengkengi *v.* to scold; irritate.

bengkok *adj.* bent; crooked.
membengkokkan *v.* to bend.

bengkung *n.* girdle; corset.

bengot *adj.* crooked; twisted.

benih *n.* seed; descendant; germ.

bening *adj.* transparent; clear; limpid.

benjol *n.* swelling; bump.

bentak, membentak *v.* to snap; to shout; to snarl.

bentan *n.* relapse.

bentang, membentang, membentangi *v.* to spread out; to explain; to open; to unroll.
pembentang *n.* presenter.
terbentang *v.* spread; range of (space).

bentar, sebentar *adv.* for a moment; from one moment to the next.
sebentar-sebentar *adv.* momentarily.

bentara *n.* herald; officer in former times who made state proclamations.

benteng *n.* stronghold; fortress.
berbentengkan *v.* use as fortification.
membentengi *v.* fortify; strengthen with a fort.

bentuk *class.* numerical coefficient for curved objects. *n.* type; form; shape.
berbentuk *v.* to have the form of.
membentuk *v.* to form; to create; make shape; establish.
pembentukan *noun* formation; creation; establishment.
terbentuk *verb* established; set up; formed; developed; came into existence.

benua *n.* continent.
benua Asia Asian region; Asian continent.

benzin *n.* benzine.

berahi, memberahikan *v.* filled with intense love; infatuated.

keberahian *n.* passion.

berak *v.* defecate.
terberak *v.* defecate; discharge faeces from the body.

beranda *n.* verandah.

berang *adj.* extremely annoyed; very angry.

berangan *n.* chestnut.

berangsang, memberangsang, memberangsangkan *v.* pep; fill with vigour; enliven; stimulat.

berani *adj.* brave; courageous; daring.
berani mati fearless of death.
keberanian *n.* bravery.
memberanikan *v.* to encourage; to gather courage.

berapa *adv.* how much; how many.
seberapa *adv.* as many as; as much as; any amount.

beras *n.* rice.
beras kunyit rice dyed yellow with saffron.
beras pulut glutinous rice.

berat *n.* weight; heaviness. *adj.* heavy; difficult; serious; burdened.
berat hati heavy hearted; reluctant; unwilling.
berat mulut restrained; reserved.
berkeberatan *v.* reluctant; unwilling; not keen.

berdikari *adj.* able to stand on one's own feet; self-reliant.

berek *n.* barrack.

berenga *n.* maggot.

beres *adj.* in order; settled.
membereskan *v.* to settle; to accomplish.

berhala *n.* idol; temple.

beri, memberi, memberikan *v.* to give; to let; to put on; present something; hand to.
pemberian *n.* gift; present.

beringin *n.* banyan tree.

berita *n.* news; report.
berita angin rumour.
berita kilat newsflash.
berita perdana national news.
memberitakan *v.* to report; to inform; to relate.
pemberita *n.* reporter.

beritahu, memberitahu *v.* to inform; to announce; to tell; make identity known; notify.
pemberitahuan *n.* notification; announcement.

berkas *n.* bundle.
memberkas, memberkaskan *v.* to bind; to arrest; to fasten.

berkat *n.* blessing.
memberkati *v.* to bless.

berlian *n.* diamond.

bernas *adj.* pithy.

berontak, memberontak *v.* to rebel; revolt.
pemberontak *n.* rebel; insurgent.
pemberontakan *n.* rebellion; revolt.

bersih *adj.* clean; neat; free from dirt.
kebersihan *n.* cleanliness.
membersihkan *v.* to wash; to clean up; cleanse.
pembersih *n.* detergent; cleaner.
pembersihan *n.* the act of cleaning; purifying.

bersin *v.* to sneeze.

bertih *n* padi which is fried and the husks removed.
bertih jagung popcorn.

beruang *n.* bear.

berudu *n.* tadpole.

beruk *n.* monkey.

berus *n.* brush.
memberus *v.* to brush; use a brush on.

berzanji *n.* hymns sung by Muslims in praise of Prophet Muhammad.

besan *n.* in-laws.

besar *adj.* big; large.
besar hati proud; elated.
besar kepala stubborn; conceited.
besar mulut boastful; big-mouthed.
besar-besaran *adj.* grand; on large scale.
besar hati grateful.
kebesaran *n.* greatness; grandeur.
membesar *v.* to grow big; appear big. *adj.* grown up.
membesar-besarkan *v.* to exaggerate something beyond the truth; enlarge.
membesarkan *v.* to revere; to enlarge; to increase; make larger.
membesarkan diri brag; boast.
membesarkan modal enlargement of capital.
memperbesar *v.* to enlarge; expand.
pembesar *n.* dignitary.
terbesar *adj.* largest; biggest.

besen *n.* basin.

besi *n.* iron.
besi berani lodestone; magnet.

bestari *adj.* well-bred; intelligent; discerning.

besut, membesut *v.* to refine metal.

beta *pn.* I; me (used by a king).

betah *adj.* recovered; enduring; accustomed.

betapa *adv.* to emphasize the degree; how.

betik *n.* papaya.

betina *n.* female.

beting *n.* sandbar; sandbank.

betis *n.* calf.

betul *adj.* right; correct; true; real; straight; accurate.
betul-betul *adv.* really; correctly; honestly; truly.
kebetulan *adv.* incidentally; by chance.
membetulkan *v.* to repair; to correct;

make right; rectify.
pembetulan *n.* correction.
sebetulnya in reality; in fact.

betung *n.* a type of large bamboo.
pembetungan *n.* sewerage.

beza *n.* difference.
berbeza *v.* to be different; be
dissimilar.
berbeza-beza *adj.* different.
membezakan, membeza-bezakan *v.*
differentiate; discriminate.
perbezaan *n.* dissimilarity; difference.

biadab *adj.* rude; discourteous;
impolite.
kebiadapan *n.* rudeness.

biak *adj.* prolific; productive. *v.* breed;
reproduce.
membiak, membiakkan *v.* multiply;
reproduce.
pembiakan *n.* multiplication (of
animals); reproduction.

biar, membiarkan *v.* let; allow; permit;
neglect.
terbiar *adj.* neglected; ignored.

biara *n.* convent; monastery.

bias, membiaskan *v.* turn aside; deflect;
refract.
biasan *n.* refraction.

biasa *adj.* accustomed; usual; common;
ordinary; familiar.
biasanya *adv.* usually.
kebiasaan *n.* custom; common; habit;
practice.
membiasakan *v.* to familiarize;
accustom.

biasiswa *n.* scholarship.

biawak *n.* iguana.

biaya *n.* expenses; finance; funds; cost;
subsidy.
dibiayai *v.* defrayed by.
membiayai *v.* to finance; defray.
pembiayaan *n.* financing;
subsidization; defrayal.

bibir *n.* lip.
bibir atas upper lip.

bibir cawan rim of cup.
berbibir tebal thick-lipped.

bibit *n.* seed.
membibit *v.* to stir up.

bibliografi *n.* bibliography.

bicara *v.* to speak; to talk; to discuss.
berbicara *v.* to discuss; to talk.
membicarakan *v.* to discuss; to judge;
to preside (in court case).
pembicaraan *n.* discussion; talk.
perbicaraan *n.* trial; hearing in court.

bicu *n.* jack; device for lifting heavy
weights.

bidadari *n.* fairy.

bidai *n.* blind; screen; windows.

bidal[1], **bidalan** *n.* proverb.

bidal[2] *n.* thimble.

bidan *n.* midwife.
bidan kampung traditional midwife.
bidan kerajaan government trained
midwife.
bidan terjun an emergency stand-in.

bidang *n.* width; piece; field.

bidas, membidas *v.* to criticize sharply;
to spring back; return to former
position; spring.
bidasan *n.* criticism; rebound.

bidik, membidik *v.* to take aim; aim;
direct towards.
bidikan *n.* aim.

biduan *n.* male singer.

biduanda *n.* man employed as door
attendant or to run errands; a page.

biduanita *n.* female singer.

biduk *n.* a kind of fishing boat or boat
for cargoes.
berbiduk *v.* to take a boat ride.

bigami *n.* possessing two wives or
husbands; bigamy.

bihun *n.* rice vermicelli.

bijak *adj.* smart; learned; wise; ingenious.
bijak pandai wise and clever.
kebijakan *n.* intelligence; cleverness; skill.

bijaksana *adj.* wise; smart; ingenious.
kebijaksanaan *n.* wisdom; sensibility; prudence; discernment.

bijan *n.* sesame.

biji *n.* seed; a numeral coefficient for fruits and spherical objects.
biji benih seed.
berbiji *adj.* having a seed.
berbiji-biji *adj.* having many seeds.

bijirin *n.* cereal.

bijih *n.* ore.
bijih besi iron ore.
bijih timah tin ore.

bikar *n.* beaker.

bikin, membikin *v.* to make; to manufacture.
bikinan *n.* product.

biku *n.* edging; trimming.

bil *n.* bill.

bila *conj.* when; if.
bila-bila *adv.* whenever; at whatever time.

bilah *n.* lath.

bilal *n.* muezzin.

bilang, membilang *v.* count; tell; call out.
bilangan *n.* number; amount; quantity.
berbilang *adj.* several.
sebilangan *n.* a number of; a quantity of.
terbilang *adj.* countable; well-known; famous.

bilas, membilas *v.* to wash off; to rinse.
bilasan *n.* rinse.

bilik *n.* room.
bilik air washroom.
bilik bacaan reading room.

bilik gelap dark room.
bilik kuliah lecture room.
bilik mandi bathroom.
bilik tidur bedroom.

bilis *adj.* bloodshot eye; sore.

bimbang *adj.* nervous; fearful; worried; anxious. *v.* worry; feel anxiety.
kebimbangan *n.* anxiety; worry; problem.
membimbangkan *v.* to cause anxiety.

bimbing, membimbing *v.* to lead; to conduct; guide.
bimbingan *n.* guidance; tuition; process of teaching; help; advice.
pembimbing *n.* adviser; guide; leader.

bimbit, membimbit *v.* to carry in the hand by the handle.

bin *n.* son of.

bina *v.* to build; to organize.
binaan *n.* building; construction.
membina *v.* constructing; building.
pembina *n.* builder.
pembinaan *n.* construction; building.

binasa, membinasakan *v.* destroy; ruin completely; tear down.
pembinasa *n.* destroyer.
pembinasaan *n.* destruction.

binatang *n.* animal.
binatang buruan game; wild animals hunted for food or sport.
kebinatangan *adj.* beastly; having the characteristics of an animal. *adv.* bestially.

bincang, berbincang, berbincang-bincang, membincangkan *v.* to discuss.
perbincangan *n.* discussion.

bincut *n.* swelling; lump.

bingit *adj.* noisy; temporarily deaf.
membingitkan *v.* to deafen (temporarily) for its duration.

bingka *n.* a type of cake made of tapioca.

bingkai *n.* frame.

bingkas, membingkas *n*. bounce; to jump up; bound.

bingkisan *n*. present.

bingung *adj*. bewildered; confused.
kebingungan *n*. bewilderment; confusion.
membingungkan *v*. perplex; to confuse.

bini *n*. wife.
berbinikan *v*. marry; get married to.

bintang *n*. star; performer; medal; fortune or fame.
bintang kehormatan honorary award.
berbintang *adj*. starry.
membintangi *v*. starring; perform or act.

binti *n*. daughter of.

bintik *n*. small stain; dot; spot.
berbintik, berbintik-bintik *adj*. spotted; dotted; covered with spots.

bintil *n*. lump; small pimple; nodule.

biografi *n*. biography.

biola *n*. violin.

biologi *n*. biology.

birai *n*. balustrade.

biras *n*. relationship between brother-in-law and sister-in-law.

birat *n*. scar on the lips; marks from a beating.

biri-biri, bebiri *n*. sheep.

biro *n*. bureau.

birokrasi *n*. bureaucracy.

birokrat *n*. bureaucrat.
birokratik *adj*. bureaucratic.

biru *adj*. blue.
biru langit sky-blue.
biru laut sea blue.
biru lebam blue black.
biru muda light blue.
kebiru-biruan *adj*. bluish.

kebiruan *n*. blueness.
membiru *adj*. bluish.
membirukan *v*. make blue.

bisa *n*. venom; malice.
berbisa *adj*. venomous; malicious.

bisik, berbisik, membisikkan *v*. to whisper; speak softly in a hushed tone; utter softly.
bisikan *n*. murmur; whisper; low soft voice.

bising *adj*. noisy. *v*. make a loud noise.
kebisingan *n*. noisiness; clamour; uproar; tumult.
membising *v*. to make noise.

biskut *n*. biscuit.

bisu *adj*. dumb.
membisu *v*. to keep silent; unwilling to speak.

bisul *n*. boil.

bius, membius *v*. anaesthetized.
pembiusan *n*. anaesthetization.

blaus *n*. blouse.

blok *n*. block.
blok sunting editing block.

bocor *v*. leak. *adj*. leaking.
kebocoran *n*. leakage; leak.
membocorkan *v*. disclose; to cause a leak.

bodoh *adj*. stupid.
kebodohan *n*. stupidity.
memperbodohkan *v*. make a fool of.

bogel, berbogel *adj*. unclothed; naked; nude.
membogelkan *v*. undress.

bohong *n*. lie; untrue statement.
berbohong *v*. to lie.
membohongi *v*. make untrue statement; to lie.
membohongkan *v*. lie to; deny; disown.
pembohong *n*. liar.
bohongan *n*. falsehood.

boikot, memboikot *v*. boycott.
pemboikotan *n*. boycott.

bola *n.* ball.

bolak, bolak-balik *n.* vacillation.
adj. wrong; confusing.
berbolak-balik *v.* hesitate; vacillate;
waver in mind.
membolak-balik *v.* twist and turn.

boleh *v.* can; to be permitted.
boleh jadi possible; maybe; can
happen.
boleh tahan not bad; quite good;
relatively.
berkebolehan *adj.* capable; having the
ability.
kebolehan *n.* capability; ability.
membolehkan *v.* to permit; to allow.
seboleh-bolehnya *adv.* as well as one
can.

bolos, membolos *v.* abandon; desert; to
stay away.

bolot, membolot *v.* to wrap; to win; to
monopolize.

bom *n.* bomb.
bom atom atomic bomb.
bom tangan hand grenade.
bom waktu time bomb.
mengebom *v.* to bomb.
pengeboman *n.* bombing.

bomba *n.* fire brigade.

bomoh *n.* medicine man.

bonceng *n.* sponger; pillion rider.
membonceng *v.* to get a lift from;
sponge on somebody.
memboncengkan *v.* to give somebody
a lift.
pembonceng *n.* passenger.

bonda *n.* mother.

boneka *n.* doll; puppet.

bonet *n.* bonnet, the metal cover over
the part of a car where the engine is.

bonggol *n.* animal's hump; lump; any
bulky piece of wood.

bongkah *n.* lump.

bongkak *adj.* proud; arrogant.

bongkar, membongkar *v.* to unpack; to
force open; to disclose; hunt through;
hunt out.
membongkar muatan to unload
cargo.
membongkar rahsia to expose a
secret.
membongkar sauh to heave up
anchor.
terbongkar *v.* forced open; exposed;
revealed.
bongkar-bangkir *adj.* in disorder.
pembongkaran *n.* revelation;
upheaval; disclosure.

bongkok *adj.* humpbacked; bent.
bongkok sabut hunchbacked.
membongkok *v.* to stoop; to bend;
hunch up.
membongkokkan *v.* bend; arch;
stoop; bow; hunch up shoulders.
terbongkok-bongkok *v.* doubled-up;
bent; bowed.

bongsu *adj.* youngest.

bonjol *n.* lump; swelling.

bonus *n.* bonus, extra money given as a
present or reward.

bopeng *adj.* pockmarked.

borak *n.* bunkum.
berborak *v.* talk; yarn.

borang *n.* form.

borek *adj.* speckled.

boria *n.* a type of song.

borong *adj.* wholesale; entire.
memborong *v.* to buy the whole; to
make a contract with.
pemborong *n.* wholesaler.

boros *adj.* extravagant.
memboroskan *v.* to waste.
pemboros *n.* spendthrift.

bosan *adj.* bored.
kebosanan *n.* boredom.
membosankan *v.* to bore.
pembosan *n.* one who is easily bored.

bot *n.* boat.

botak *adj.* bald; without hair.
membotakkan *v.* to make bald; balding.

botol *n.* bottle.

botor *n.* four-angled bean.

boyak *adj.* unwieldy; tasteless; drab; dull.

boyot *adj.* pot-bellied.

braille *n.* braille, a system of writing for the blind.

brek *n.* brake.

briged *n.* brigade.

broker *n.* broker, middleman.

buah *n.* fruit. *class.* numeral coefficient for large objects without any definite shape.
buah fikiran opinion; thought.
buah hati sweetheart; beloved.
buah sulung first crop.
buah-buahan *n.* fruits.
berbuah *v.* to bear fruit.
membuahkan *v.* produce; yield; cause.

buai, berbuai-buai, membuai *v.* to swing; move to and fro from a fixed point.
buaian *n.* cradle; swing.
terbuai-buai *v.* swinging; swaying; rocking.

bual, berbual, berbual-bual *v.* to gossip; to converse; to chatter; hold a conversation.
bualan *n.* chatter; talk.
berbual kosong idle conversation.
perbualan *n.* conversation.

buang *v.* to throw; to exile; to cast.
membuang *v.* to throw; to discard; to expel; to exile.
membuangkan *v.* throw away; put aside as useless; discard carelessly.
terbuang *adj.* discarded; thrown away; useless.

buas *adj.* wild; cruel; savage.
membuas *v.* maul savagely.

buat, membuat *v.* to do; to make; to cause; create; erect; construct.
buat duit make money.
buat sementara temporarily.
buatan *n.* make; type.
perbuatan *n.* action; deed; behaviour.

buaya *n.* crocodile.

bubar *v.* disband; end; break; split up; liquidate.
membubarkan *v.* to disband; liquidate.
pembubaran *n.* dissolution; liquidation; disbandment.

bubu *n.* fish trap.

bubuh, membubuh, membubuhkan *v.* to put; add; to place on; append.

bubuk *n.* woodworm; larva of borer.

bubur *n.* porridge.

bucu *n.* corner.

budak *n.* boy or girl; child.
kebudak-budakan *adj.* childish.

budaya *n.* culture.
budayawan *n.* a person of culture.
kebudayaan *n.* culture.

budi *n.* goodness; kindness.
budi bahasa good manners.
budi bicara discretion.
budi pekerti character; sensible.

budiman *adj.* wise; intelligent; clever; learned.

budu *n.* a kind of food made from pickled anchovies.

buih *n.* bubble; foam.
berbuih *v.* foam; form foam.

bujang *n.* bachelor; spinster; one who is unmarried.
membujang remain a bachelor.
pembujang *n.* bachelorhood.

bujur *adj.* longitudinal; oval.
bujur telur egg-shaped; oval.
membujur *adv.* lengthwise; longitudinally.
terbujur *v.* stretch out lengthwise.

buka, bukaan *n.* aperture, an opening.
berbuka puasa break fast.
membuka *v.* establish; open; take off;
begin.
membuka baju undress.
membuka mata open the eye.
membuka ikatan untie; unbind.
membuka jalan make way; give way.
membuka peluang give an
opportunity.
membuka pintu open the door.
membuka rahsia reveal a secret.
membuka selera appetizing.
membuka tali untie.
membukakan *v.* expose; open; reveal.
pembukaan *n.* opening.
terbuka *v.* opened publicly; spread
out; not covered.

bukan *adv.* not; no.
bukan-bukan *adv.* silly; foolishly.
adj. absurd; ridiculous; nonsensical.

bukit *n.* hill.
bukit rendah low hill.
berbukit, berbukit-bukit *adj.* hilly;
full of hills.
membukit *adj.* like a hill.

bukti *n.* proof; evidence.
membuktikan *v.* prove; demonstrate
the truth.
terbukti *v.* proved. *adj.* proven.

buku *n.* book; knot; node.
buku harian diary.
buku kedatangan attendance book.
buku latihan exercise book.
buku lima fist.
buku panduan guidebook.
buku pelawat visitors'book.
buku rujukan reference book.
membukukan *v.* enter in a book or
list; publish as a book; record; note.
pembukuan *n.* recording; entry.

bulan *n.* moon; month.
bulan madu honeymoon.
bulan puasa fasting month.
bulan purnama full moon.
bulan sabit crescent moon.
bulan terbit rising moon.
bulanan *adv.* monthly.
berbulan-bulan *adv.* for several

months.

bulat *adj.* round; not angular; spherical.
bulatan *n.* centre; circle.
membulatkan *v.* make something
round in shape.
sebulat *adj.* unanimous.
adv. unanimously.

buli-buli *n.* small jug.

bulu *n.* body hair; feathers; fur.

buluh *n.* bamboo.

bulur, kebuluran *n.* starvation.

bumbung *n.* roof.
membumbung *v.* soar; rise.

bumi *n.* earth; world; land.
mengebumikan *v.* bury.
pengebumian *n.* burial.

bumiputera *n.* native.

buncis, kacang buncis *n.* French beans.

buncit *adj.* distended; corpulent.

bundar *n.* round.
membundar *v.* form or resemble a
circle.

bunga *n.* flower; interest.
bunga api firecracker; spark.
bunga-bungaan *n.* all kinds of flowers.
berbunga *v.* produce or allow to
produce flowers. *adj.* floral.
berbunga-bunga *adj.* floral; flowery.
membungai *v.* decorate; dress up.

bungkal *n.* lump; weight.

bungkam *adj.* quiet; speechless.
membungkam *v.* gag; to silence.

bungkus *n. & v.* pack; packet.
bungkusan *n.* parcel; package.
membungkus *v.* wrap; package.
pembungkusan *n.* packaging.
pembungkus *n.* wrapper.

bunian *n.* spirit.

buntak *adj.* short and stout.

buntal *adj.* pot-bellied. *n.* globe-fish.

buntang *adj.* eyes wide open with a long steady look; protruding.
membuntang *v.* open eyes wide.

buntil *n.* cloth bag; pouch.

bunting *adj.* pregnant.

buntu *adj.* blocked.
kebuntuan *n.* deadlock.

buntut *n.* buttock.
membuntuti *v.* follow behind.

bunuh, membunuh *v.* kill; murder.
bunuh diri suicide; killing of oneself.
berbunuhan *v.* killing each other.
pembunuh *n.* murderer; killer.
pembunuhan *n.* a murder.
terbunuh *v.* killed.

bunyi *n.* sound.
bunyi-bunyian *n.* music.
berbunyi *v.* to sound.
membunyikan *v.* produce sound; cause to sound.

burai, berburai *v.* scatter.
terburai *v.* scattered.

buru, berburu, memburu *v.* hunt; pursue.
memburu kekayaan in pursuit of wealth.
memburu pencuri pursue thieves.
pemburu *n.* hunter.
pemburuan *n.* hunt; pursuit; chase.
perburuan *n.* prey; fugitive; hunting.
terburu-buru *adv.* in a hurry; in great haste.

buruh *n.* worker; labourer.

buruj *n.* constellation; a group of stars.

buruk *adj.* ugly; shabby; bad; old.
buruk laku ill-mannered.
buruk makan gluttonous.
buruk sangka prejudiced.
buruk siku to take back what one has given to somebody.
keburukan *n.* wickedness; ugliness.
memburukkan,
memburuk-burukkan *v.* aggravate; make matters worse.

burung *n.* bird.
burung belatuk woodpecker.

burut *n.* hernia.

busa *n.* bubble; foam.

busuk *adj.* putrid; rotten; bad.
busuk hati bad disposition.

busut *n.* anthill; antheap.

but *n.* boots.

buta *adj.* blind.
buta huruf illiterate.
membuta *v.* sleep soundly; make blind.

butik *n.* boutique.

butir *n.* an article; point; fact; matters.

buyung *n.* earthenware.

Cc

cabai *n.* chilli.

cabang *n.* branch.
bercabang *v.* to have branches; branched.
bercabang-cabang *v.* branching out; have many branches.

cabar *v.* to challenge.
cabaran *n.* a challenge.
mencabar *v.* defy; challenge to do something.
pencabar *n.* challenger.

cabik *adj.* tattered; ragged; torn.
mencabik, mencabikkan *v.* to tear; to rip.

cabul *adj.* indecent; disgusting.
mencabul, mencabuli *v.* molest; encroach.
pencabulan *n.* violation; molestation.

cabut, mencabut *v.* to pull out; to uproot; extract by pulling; to draw; to flee.
cabut lari to take off; to leave immediately.
cabutan *n.* a draw.

mencabut nyawa to take a life.
mencabut undi to draw lots.
tercabut *v.* be pulled out; uprooted.

cacah, bercacah *adj.* tattoo.
mencacah *v.* tattooed.

cacak *adj.* upright (pole).
mencacak, mencacakkan *v.* to plant upright; erect.
tercacak *v.* planted erect.

cacar *n.* smallpox.
bercacar *v.* vaccinated.
pencacaran *n.* vaccination; inoculation.

cacat *adj.* spoiled; defective; handicapped; physically disabled.
cacat akal mentally retarded.
kecacatan *n.* defect; flaw; disfigurement; handicap.
mencacati *v.* insult; abuse; deface; deform.

caci *n.* scorn.
caci nista insult; abuse.
cacian *n.* abusive language; abuse.
bercaci-cacian *v.* to jeer at each other; to exchange rude remarks.
mencaci *v.* to scorn; to abuse; revile.

cacing *n.* worm.

cadang, bercadang *v.* intend.
cadangan *n.* proposal; suggestion.
mencadangkan *v.* to propose; to plan; suggest; put forward.
pencadang *n.* proposer.

cadar *n.* bedspread; bedsheet.

caduk, mencaduk *v.* lift up (elephant or snake head about to strike).

cagar, cagaran *n.* deposit.
mencagarkan *v.* to pawn; to mortgage; to stake; to deposit as security.

cagut, mencagut *v.* peckstrike or eat with the beak.

cahaya *n.* light; radiance.
cahaya muka face; countenance; composure; self-control.
bercahaya *adj.* glow; give out light; glittering.

cair *adj.* in liquid form. *v.* melt.
cairan *n.* dilution; solution.
mencairkan *v.* to melt; to liquefy; dilute.

pencairan *n*. dilution; liquidation.

cakah *adj*. obtuse; not sharp or pointed; blunt in form.

cakap, bercakap *v*. talk; to communicate; utter; to give voice to; to articulate words.
cakap besar boastful talk; brag.
bercakap-cakap *v*. to chat.
percakapan *n*. conversation; talk.

cakar *n*. claw; scratched marks.
bercakar, bercakar-cakaran *v*. to argue.
mencakar *v*. to scratch; claw with.
pencakar *n*. rake.
pencakar langit *n*. skyscraper.

cakera *n*. discus; wheel; disc.
cakera audio audio disc.
cakera keras hard disk.
cakera laser laser disc.
cakera padat compact disc.
cakera putar turntable.
cakera video video disc.
cakera video optik optical video disc.

cakerawala *n*. universe.

cakup, mencakup *v*. catch some thing by using the hand or mouth; gasp as if taking in air; snap.

calar *n*. scratch.
calar-balar *adj*. badly scratched.
bercalar *adj*. scratched.
mencalarkan *v*. to scratch; make marks with sharp instrument.
tercalar *v*. injured by rubbing against skin; scratched.

calit *n*. blot; stain. *v*. to rub or spread with oil; smudge; smear.
calitkan, mencalit, mencalitkan *v*. to smudge; to smear.

calon *n*. candidate; a person taking an examination; a person nominated for election.
calon bebas independent candidate.
calon guru trainee teacher.
calon menantu future in-law.
mencalonkan *v*. nominate; name as candidate; propose.
pencalonan *n*. nomination.

calung *n*. cup for collecting latex; a bamboo dipper.

cam, mengecam, mengecamkan *v*. to recognize; identify as someone; identify; notice; ascertain identity of.
pengecaman *n*. identification.

camar, burung camar *n*. seagull.

cambah *n*. seedling; bud. *v*. grow rapidly; to develop; flourish.
bercambah *v*. germinate; sprout; appear; develop.
mencambahkan *v*. to sow; germinate.
percambahan *n*. germination.

camca *n*. spoon.
camca teh teaspoon.

campak[1]**, mencampak, mencampakkan** *v*. to throw; fling; hurl; to cast away.
tercampak *v*. thrown; cast away; hurl.

campak[2] *n*. measles; infectious disease producing small red spots on the body.

campur *adj*. mixed. *v*. mix.
campur tangan *v*. to interfere; to get involved; meddle.
campuran *n*. coalition; mixture; combination; mix.
bercampur *v*. to involve; to associate; become combined.
bercampur baur well mixed.
bercampur gaul mingle.
mencampur, mencampuri, mencampurkan *v*. to mix with; to associate with.
mencampuradukkan *v*. mix; muddle up.
tercampur *v*. blended; mixed.

canai, batu canai *n*. whetstone; grinding wheel.
mencanai *v*. to roll out the dough; grind; polish.

canang *n*. gong.
mencanangkan *v*. to announce.

candi *n*. Hindu temple; shrine.

candu *n*. opium.

cangak, mencangak *v.* to look up.

canggah, bercanggah, bercanggahan *adj.* being in opposition; conflicting; forked.
percanggahan *n.* conflict; difference; opposition.

canggih *adj.* sophisticated.
kecanggihan *n.* sophistication.

canggung *adj.* uneasy; stiff; awkward; clumsy; ungainly.

cangkat *n.* a small hill. *adj.* shallow, not deep.

cangkir *n.* small cup.

cangkuk *n.* a hook.
mencangkuk *v.* to hook.
mencangkukkan *v.* attach hooks with.
tercangkuk *v.* hooked.

cangkul *n.* a hoe.
mencangkul *v.* to hoe; to dig.

cangkung, mencangkung *v.* to squat.

canselor *n.* chancellor.

cantas, mencantas *v.* to prune; trim branches from tree; lop.
cantasan *n.* trimming.

cantik *adj.* charming; beautiful.
kecantikan *n.* beauty.
mencantikkan *v.* to beautify.

cantum, bercantum *v.* to close up; come together; to join.
mencantumkan *v.* join; to merge; bring together.
percantuman *n.* merger; combination of two or more companies; union.
tercantum *v.* joined.

cap *n.* stamp; print; trade mark.
cap jari fingerprint.
cap mohor royal seal; official seal.
mengecap *v.* mark with a brand; imprint; stamp a mark.

capai, mencapai *v.* to achieve; to reach; to obtain; accomplish; attain.
capaian rawak random access.
pencapaian *n.* achievement; accomplishment; attainment.

tercapai *v.* achieved; reached.

capal *n.* sandals.

capang *adj.* long and wide.

capik *adj.* lame; limp; to walk with an uneven step.
tercapik-capik *v.* limping.

cara *n.* means; style; method; way.
secara *adv.* by way of; like; resemble.

cari, mencari, mencarikan, mencari-cari *v.* to find; to search; hunt; to look for.
mencari bala to look for trouble.
mencari gaduh pick a quarrel.
mencari helah to find an excuse.
mencari jalan to find a way.
mencari laba to gain profit.
mencari punca to find the source.
mencari salah to find fault.
tercari-cari *v.* look for; search.
pencarian *n.* livelihood.

carigali *n.* exploration.
mencarigali *v.* to explore.

carik *v.* rip. *n.* a piece.
mencarik-carikkan *v.* tear into small pieces; rip.

carta *n.* map; chart.

carum, caruman *n.* fee; subscription; contribution.

carut *n.* obscene language; obscenity.
mencarut *v.* to talk obscenely.

cas *v.* 1. cause to make someone stumble by tripping up a person. 2. charge up the battery.

cat *n.* paint.
cat air water colour.
cat minyak oil paint.
bercat *adj.* painted.
mengecat *v.* paint; to coat with paint.

catat, mencatat, mencatatkan *v.* take note; take down; jot down.
catatan *n.* note; jotting.
pencatat *n.* registrar.

catu, mencatukan *v.* to ration; to dole out; allow only a certain amount.

catuan *n.* ration.
pencatuan *n.* rationing.

catuk, mencatuk *v.* strike or peck with beak.

catur *n.* chess.

cawak *n.* a small natural hollow in the cheek; dimple.

cawan *n.* cup.

cawangan *n.* branch.

cawat *n.* loincloth.
bercawat *v.* to wear a loin-cloth.

cebik, mencebik, mencebikkan *v.* pout; jeer; mock.

cebis *n.* bit; piece.
cebisan *n.* small piece or quantity; bit.

cebok *n.* water dipper.
mencebok *v.* wash the lower part of the body after excreting or urinating.

cebol *n.* a person who is very short.

cebur, mencebur *v.* to jump into water; plunge; go forcefully into something.
menceburi *v.* to get involve in; plunge.
menceburkan *v.* to plunge into; become involved deeply.

cecah, mencecah, mencecahkan *v.* to dip lightly; to touch something lightly.

cedera *v.* injure.
kecederaan *n.* injury.
mencederakan *v.* to injure; hurt.
tercedera *v.* wounded; injured.

cedok, mencedok *v.* to scoop up; take up and remove with a scoop.
pencedok *n.* a scoop.

cegah *v.* to prohibit; to prevent.
mencegah *v.* discourage; deter; prevent; hinder.
pencegah *n.* someone or something which prevents.
pencegahan *n.* prevention.

cegat, tercegat *v.* stand erect; upright.

cek *n.* cheque.

cekah, bercekah *v.* crack; split.

cekak, secekak *n.* as much as one can hold with the thumb and any finger.
bercekak *adv.* with arms akimbo.
bercekak pinggang standing with arms akimbo.
mencekak *v.* to hold between fingers and thumb.

cekal *adj.* stout; resolute; firm in purpose; determined.
cekal hati stout-hearted; steadfast.

cekang *adj.* stiff; taut; tight.

cekap *adj.* skilful; competent; adroit.
kecekapan *n.* competence; skilful; efficiency; ability.
ketidakcekapan *adj.* incompetent.

cekatan *adj.* skilful, very competent, capable, quick.

cekau, mencekau *v.* to clutch at.

cekik *v.* to strangle.
mencekik darah *n.* daylight robbery; cut throat.
tercekik *v.* choke; unable to breathe.

cekit *v.* peck.

cekuh, mencekuh *v.* hold with the hand.

cekuk *v.* choking; strangling.

cekung *adj.* concave.

cekup, mencekup *v.* cover or catch something with the palm.

cela *n.* fault; blame; defect; flaw; misdeed.
celaan *n.* criticism; censure; rebuke.
mencela, mencelakan *v.* to blame; to criticize; censure; rebuke.
tercela *adj.* despicable.

celah *n.* space; gap; cleft.
mencelah *v.* to be in between; interrupt when someone is talking.

celak *n.* eyeliner.

celaka *adj.* unlucky; unfortunate.
kecelakaan *n.* misfortune; accident.

mencelakakan *v.* to cause misfortune; to ruin.

celana *n.* trousers.

celapak, mencelapak *v.* straddle; astride.

celaru, bercelaru *adj.* confused; disorganized; disorderly.
mencelarukan *v.* to cause confusion; disorganize.

celepa *n.* various types of metal containers for cigarettes, tobacco, etc.

celik *adj.* open (eyes).
mencelik *v.* to see.
mencelik mata to open the eyes.
mencelikkan *v.* to open the eyes.
celik komputer computer literate.

celopar *adj.* talkative.

celorong *n.* a type of design or pattern.

celoteh *v.* chat.
berceloteh *v.* to chatter; prattle.

celup *v.* to dip; to dye.
mencelup, mencelupkan *v.* immerse temporarily; to dip.
pencelup *n.* dye.
pencelupan *n.* dipping.

celur, mencelur *v.* scald; blanch; dip.

celus, mencelus *v.* able to pass through; to penetrate; to slip in.

cemar *adj.* bad; impure; dirty.
mencemari *v.* contaminate; pollute.
mencemarkan *v.* to dirty; to besmirch; tarnish.
pencemaran *n.* pollution; defilement.
tercemar *adj.* contaminated; besmirched.

cemara *n.* artificial hair; wig; tassel.

cemas *adj.* frightened; worried; discouraged; desperate; urgent.
kecemasan *n.* emergency; urgency; anxiety.
mencemaskan *v.* frighten; cause to fear.

cembul *n.* receptacle; container.

cembung *adj.* convex.

cemburu *adj.* jealous; envious.

cemerlang *adj.* excellent; sparkle; splendid.
kecemerlangan *n.* glory; radiance; glow.

cemeti *n.* whip.

cemik, mencemik, mencemikkan *v.* pout one's lips to sneer or tease.

cempaka *n.* a type of tree with sweet-smelling flowers.

cempedak *n.* a type of fruit that resembles a jackfruit.

cemuh, mencemuhkan *v.* ridicule.

cencaluk *n.* prawn pickle.

cencang, cincang *v.* to chop up.
mencencang *v.* to chop to bits.

cencorot, cencurut *n.* musk-shrew or shrew-mouse.

cendana *n.* sandalwood.

cendawan *n.* mushroom; fungus.
bercendawan *adj.* mouldy; musty.

cendekia *adj.* learned; intellectual.
cendekiawan *n.* an intellectual; highbrow; intelligentsia.

cendera *n.* moon; deity.

cenderamata *n.* souvenir.

cenderawasih *n.* bird of paradise.

cenderung *adj.* inclined; sloping; have preference for.
kecenderungan *n.* tendency.

cendol *n.* a drink made of jelly-like pieces of dough and coconut milk.

cengang, tercengang-cengang *adj.* amazed.

cengkadak *n.* praying mantis.

cengkam, mencengkam *v.* to seize; to grip; clutch with claws.
cengkaman *n.* grasp; grip; clutch.

cengkeram *n.* deposit.

cengkerama, bercengkerama *v.* to amuse; go on an excursion.

cengkerik *n.* cricket.

cengkih *n.* clove (spice).

cengkung *adj.* sunken (of eyes or cheeks); hollow.

cepat *adv.* hurriedly; fast; early. *adj.* quick; prompt.
kecepatan *n.* quickness; speed.
mempercepatkan *v.* quicken; become more rapid.
secepat *adv.* as quickly as.

cepiau *n.* hat; bonnet.

cepoh *adj.* club-footed.

cepu *n.* small box; casket.
cepudebunga *n.* anther.

ceracau, menceracau *v.* mutter; cry in one's sleep; talk nonsense.

cerah *adj.* bright; promising.
kecerahan *n.* brightness.

cerai *v.* scatter.
ceraian *n.* section of a written law or agreement.
bercerai *v.* divorce; to part.
bercerai-berai *adj.* scattered; broken up.
menceraikan *v.* to divorce; to separate.
perceraian *n.* separation; divorce.
tercerai *v.* separated; scattered.

cerakin, mencerakin, mencerakinkan *v.* to analyse; investigate; inquire.

ceramah *n.* lecture; a talk.
berceramah *v.* give a lecture.
penceramah *n.* speaker.

cerana *n.* a metal box.

ceratuk *v.* sit or squat in a group or row.

cerca, mencerca *v.* scorn; insult; slander; abuse.
cercaan. *n.* abuse; mockery; ridicule.

cerdas *adj.* intelligent; apt.
kecerdasan *n.* intelligence.

cerdas buatan artificial intelligence.

cerdik *adj.* bright; cunning; intelligent; clever.
cerdik pandai intellectual.
kecerdikan *n.* intelligence; cunning; cleverness.

cerek *n.* kettle.

cereka *n.* story; fiction.

cerewet *adj.* fussy; fastidious.

cergas *adj.* energetic; alert; active.
kecergasan *n.* agility; being active.

cerita *n.* story.
cerita pendek short story.
bercerita *v.* to tell a story.
menceritakan *v.* narrate.
penceritaan *n.* narration; the telling of a story.

cermat *adj.* careful; cautious; heedful; thrifty.
mencermatkan *v.* economize.

cermin *n.* mirror; spectacles.
cermin mata spectacles.
cermin muka mirror.
cerminan *n.* picture; reflection.
bercermin *adj.* with or having a mirror.
mencerminkan *v.* to reflect; give impression of.

cerna, mencernakan *v.* to digest.
pencernaan *n.* digestion.

ceroboh *v.* trespass.
menceroboh *v.* to invade; trespass.
penceroboh *n.* intruder; invader.
pencerobohan *n.* invasion; intrusion.

cerobong *n.* funnel of a ship; chimney.

cerpen *n.* short story.
cerpenis *n.* short story writer.

cerucup *n.* love-grass; a type of grass with pointed seed-cases.

ceruh, menceruh *v.* to pound (rice) cleanly.

ceruk *n.* corner.

cerun *n.* steep slope of hill or bank; gradient.
kecerunan *n.* steepness; gradient; degree of slope.

cerut, mencerut *v.* to tie up tightly; strangle.
mencerut leher to strangle.

cetai, bercetai-cetai *adj.* tattered.

cetak *v.* print.
cetak rompak piracy.
cetakan *n.* edition; print.
mencetak *v.* to print.
percetakan *n.* printing.

cetek *adj.* shallow.

ceti *n.* money lender.

cetus *v.* send out sparks; break out.
cetusan *n.* outburst; outbreak.
mencetuskan *v.* to create an outburst.

cicak *n.* lizard.

cicit *n.* great grandchild.
mencicit *v.* to squeak; produce high-pitched sound.

cicir *v.* drop; fall; spill.
berciciran *v.* drop scatteredly.
keciciran *n.* dropout.
mencicirkan *v.* scatter little by little.
tercicir *v.* left behind; dropped out; lagged.

cicit *n.* great grandchild.

Cik *n.* Miss.

cikgu *n.* teacher.

ciku *n.* sapodilla.

cili *n.* red pepper; chilli.

cimpanzi *n.* chimpanzee.

Cina *n.* Chinese.

cincau *n.* a type of black jelly which is made from the juice of the leaves of a certain plant.

cincin *n.* ring.
cincin kahwin wedding ring.

cinda *n.* great grandchild.

cinta *n.* love. *v.* love.
bercinta *v.* in love; feeling love for another.
mencintai *v.* to love; to long for.
pencinta *n.* admirer; fan.
pencinta alam environmentalist; naturalist; nature lover.
percintaan *n.* love affair.
tercinta *adj.* love.

cip ingatan *n.* memory chip.

cipan *n.* tapir.

cipta *v.* create; invent; make.
ciptaan *n.* creation; invention.
mencipta *v.* to create; to invent.
pencipta *n.* creator; author; inventor.
penciptaan *n.* the making of; creation of.
tercipta *v.* created; composed.

ciri *n.* characteristic.
bercirikan *adj.* featured; characteristic.
mencirikan *v.* characterized.

cirit, cirit-birit *n.* diarrhoea.

cita-cita *n.* ambition.
bercita-cita *adj.* ambitious.
citarasa *n.* taste; flavour.

cium, bercium, mencium *v.* to smell; to kiss; to sniff.
ciuman *n.* kiss; sniff; smell.
bercium-ciuman *v.* exchange kisses.
tercium *v.* sniffed; smelled; kissed accidentally.

cocok, secocok *adj.* suitable; agreeable; correct; identical; similar; compatible.

cogan *n.* ensign.
cogan kata slogan; motto.

coklat *n.* dark brown; chocolate.

cokmar *n.* ceremonial mace.

colek, secolek *n.* a bit.
mencolek *v.* to touch; to scrape up.

coli *n.* brassiere; bra.

colok n. joss-stick.

comel adj. cute.

comot adj. dirty; grubby.

compang-camping adj. in rags; tattered (clothes).

condong v. incline; slanting. **kecondongan** n. inclination. **mencondongkan** v. slant; incline.

congak v. to count mentally.

congkah adj. not in order; not arranged.

congkak adj. proud; conceited.

conteng, menconteng, mencontengkan v. to doodle.

contoh n. sample; example; pattern; model. **mencontohi** v. to take as an example. **percontohan** n. specimen; model; sample.

copet, mencopet v. to pickpocket. **pencopet** n. pickpocket.

corak n. & v. design; form; pattern; colour. **bercorak** adj. with designs and colour. **mencorakkan** v. to design.

corat-coret n. scrawl; sketch.

corek v. scratch.

coreng v. scratch. **coreng-moreng** adj. full of streaks and scratches. **bercoreng** adj. streaked.

coret v. scribble; scrawl.

corong n. funnel; chimney; lamp-chimney; microphone.

cuaca n. weather. **cuaca baik** good weather. **cuaca cerah** clear weather. **cuaca gelap** bad weather.

cuai adj. careless; neglectful; negligent. **kecuaian** n. carelessness; negligence. **mencuaikan** v. to neglect; to act carelessly.

cuak adj. afraid; nervous.

cuba v. try; attempt. **cubaan** n. attempt; experiment. **mencuba** v. to try; to test; attempt. **percubaan** n. attempt; act of trying.

cubit, mencubit v. squeeze between two surfaces; to pinch. **secubit** n. a pinch; a very small amount.

cubung n. maggots.

cuci, mencuci v. to wash; cleanse. **mencuci muka** to cleanse the face. **cucian** n. laundry; clothes to be washed.

cucu n. grandchild. **cucu-cicit** n. grandchild and great grandchild.

cucuh, mencucuh v. to ignite. **mencucuhkan** v. to set fire to; to light fire. **pencucuh** n. igniter.

cucuk v. to pin; to inject; to prick; to pierce. **cucuk sanggul** hair pin. **bercucuk tanam** to farm. **mencucuk** v. poke; prick. **tercucuk** v. stabbed; pricked; pierced.

cucunda n. grandchild.

cucur v. flow; sprinkle. **bercucuran** v. to flow; to gush. **mencucuri** v. to pour on; sprinkle. **mencucurkan** v. to sprinkle.

cuit v. beckon with finger; poke. **mencuit** v. to touch with the fingertips.

cuka n. vinegar. **cuka getah** formic acid.

cukai n. tax. **cukai pendapatan** income tax. **cukai pintu** assessment. **cukai kepala** levy. **cukai tanah** quit rent. **mencukai** v. to impose a tax.

cukup adv. enough; exactly.

cukup bulan end of the month.
cukup letih exhausted; tire out.
cukup umur be of age.
mencukupi enough; sufficient; adequate.
mencukupkan *v.* to make enough; to supplement.

cukur, bercukur, mencukur *v.* to shave.
pencukur *n.* a person who shaves; shaver.

cula *n.* horn of a rhinoceros; amulet.

culas *adj.* lazy.

culik, menculik *v.* to kidnap.
penculik *n.* kidnapper.
penculikan *n.* kidnapping.

cuma *v.* only.
percuma *adv.* free.

cumbu *v.* flatter; praise; kiss.
cumbuan *n.* smooch; flattery; praise.
bercumbu-cumbuan, bercumbuan *v.* flirting; court.

cungap, tercungap, tercungap-cungap *v.* pant; breathe with short quick breath.

cungkil, mencungkil *v.* to dig out; to extract.

cupak *n.* a cubic measure.

cuping *n.* ear-lobes.

curah, mencurah *v.* to pour.
curahan *n.* downpour; outpour.
mencurahi *v.* to pour down on.
mencurahkan *v.* to pour out.

curam *adj.* steep.
kecuraman *n.* steepness.
mencuram *adj.* sloping; steep.

curang *adj.* dishonest.
kecurangan *n.* dishonesty.
mencurangi *v.* to deceive.

curi, mencuri *v.* to steal.
kecurian *n.* theft.
pencuri *n.* thief.

curiga *adj.* suspicious; questionable.
kecurigaan *n.* suspicion.
mencurigai *v.* to suspect; distrust.
mencurigakan *adj.* to arouse suspicion; suspicious.

curut *n.* cigar; cheroot.

cuti *n.* leave; holiday.
cuti am public holiday.
cuti bersalin maternity leave.
cuti sakit sick leave; medical leave.
bercuti *v.* to be on leave.
percutian *n.* vacation; holiday.

Dd

dabik, mendabik v. beat; thump.
mendabik dada to beat upon the chest.

dacing n. scale.

dada n. chest; upper front part of the body.
mendada v. walk proudly; strut.

dadah n. drug.

dadak, mendadak adv. suddenly; abruptly.

dadar n. a type of cake made from wheat flour, coconut milk, eggs and sugar.

dadih n. curdled milk.

dadu n. dice.

daerah n. territory; district; area; region.
kedaerahan adj. regional; provincial.

daftar n. register.
berdaftar adj. registered.
mendaftar, mendaftarkan v. register; enrol; become a member.
pendaftar n. registrar.
pendaftaran n. registration.

dagang adj. foreign.
dagangan n. merchandise; goods.
berdagang v. engage in trade; to trade.
memperdagangkan v. commercialize; trade.
pedagang n. trader; merchant.
perdagangan n. trade; commerce.

daging n. meat; flesh.
daging ayam meat from chicken.
daging kambing mutton.
daging lembu beef; meat from cow.

dagu n. chin.

dahaga adj. thirsty.
mendahagakan v. causing thirst.

dahak n. phlegm; a kind of thick, semi-fluid substance formed in the throat or nose which is brought out by coughing or sneezing.

daham, berdaham v. to clear the throat.

dahan n. branch.

dahi n. forehead.

dahsyat adj. horrible; awful; terrible; unpleasant.

dahulu adj. former; first of two; before; of the past.
dahulu kala adv. long ago; at a distant time.
mendahului v. to be ahead; leading.
mendahulukan v. to advance; prepay.
pendahuluan n. preface; an advance.
terdahulu adj. earlier.

daif adj. weak; feeble; humble; lowly; poor.
kedaifan n. weakness; poorness.

dail, mendail v. to dial.

dajal adj. mischievous. n. devil.

dakap, berdakap, mendakap v. to embrace; to hug.
dakapan n. hug.
berdakap-dakapan v. embrace; hugging each other.

daki[1] n. dirt; stain.

daki[2], **mendaki** v. to climb; rise; ascend; increase.
pendakian n. climb.
pendaki n. climber.
terdaki v. able to climb.

dakwa *v.* accuse.
dakwaan *n.* assertion; indictment; lawsuit; sue.
mendakwa *v.* to accuse; indict; charge.
pendakwa *n.* prosecutor.
pendakwaan *n.* prosecution; summons; indictment; litigation.

dakwah *n.* sermon.
berdakwah *v.* preach.
pendakwah *n.* preacher.

dakwat *n.* ink.

dakyah *n.* propaganda.

dalal *n.* fee; commission.

dalam *prep.* inside; in. *adj.* deep; profound.
kedalaman *n.* profundity; depth.
mendalam *adj.* circumstantial; detailed; profound; intense.
mendalami *v.* to probe; to study further.
mendalamkan *v.* deepen; make or become deeper.
pedalaman *n.* hinterland; inland; the interior. *adj.* domestic.
sedalam *adj.* with the depth of; as deep as.
sedalam-dalamnya *adv.* as thoroughly as possible.

dalang *n.* mastermind.
mendalangi *v.* to mastermind; to plan a secret movement.

dalfin *n.* dolphin.

dalih *n.* equivocation; pretext; excuse.
berdalih *v.* equivocate; to give excuses.
berdalih-dalihan *v.* blame one another.

dalil *n.* proof.

dam *n.* draught.

damai *n.* peace; tranquillity; quiet. *adj.* peaceful; tranquil; calm.
berdamai *v.* to make peace with; to conciliate. *adj.* conciliatory.
kedamaian *n.* peacefulness; peace; freedom from war; tranquillity.

mendamaikan *v.* pacify; conciliate; reconcile; to make peace.
pendamai *n.* peacemaker; conciliator; mediator.
perdamaian *n.* conciliation; peace.

damak *n.* blow-dart.

damar *n.* resin. *adj.* resinous.

dampar *v.* driven ashore; stranded.
terdampar *adj.* stranded; washed ashore.

damping *adj.* intimate (friendship); close.
berdampingan *v.* to be close to; side by side; consort; mix.
mendampingi *v.* to go with.

dan *conj.* and; as well as; in addition to.

danau *n.* lake.

dandan *v.* to do one's hair.
dandanan *n.* adornment; coiffure.
berdandan *v.* decorated; made up.
mendandang *v.* decorate; dress up; make up.
mendandan rambut hairdressing.

dandang *n.* a kind of boat dug out from the trunk of a tree.

dangau *n.* small temporary hut.

dangkal *adj.* shallow; superficial; shallow (of knowledge).
kedangkalan *n.* shallowness; superficiality.

dansa *n.* dance.

dapat *v.* can; be able to.
mendapat *v.* receive; to get; obtain.
mendapat faedah to gain benefit; to gain interest.
mendapat hadiah to receive a gift, present or prize.
mendapat khabar to receive news.
mendapati *v.* realize; discover.
mendapatkan *v.* to get; communicate.
pendapat *n.* opinion.
pendapatan *n.* income.
sedapat mungkin *adv.* as best as possible.

terdapat *v.* found; got.

dapur *n.* kitchen; stove.
dapur elektrik electric oven.
dapur gas gas stove.
dapur kayu wood stove.
dapur minyak tanah kerosene stove.

dara *n.* maiden; virgin.

darab *n.* multiplication.
mendarabkan *v.* multiply.
pendarab *n.* multiplier.

darah *n.* blood.
darah daging flesh and blood.
darah muda young.
darah panas hot-blooded.
berdarah *adj.* bloody. *v.* bleed.
pendarahan *n.* bleeding;
haemorrhage.
sedarah *adj.* of the same family.

darat, daratan *n.* land.
mendarat *v.* disembark; to land.
mendaratkan *v.* to set foot on (land);
bring on land.
pendaratan *n.* landing.

dari, *prep.* from (place).

daripada, *prep.* from (person).

darjah *n.* degree; standard; class;
extent.

darjat *n.* status; rank; distinct social
class.
berdarjat *v.* of high position; high
rank.
sedarjat *adj.* of equal status, rank or
class; rank with.

darurat *n.* & *adj.* emergency.

das *n.* shot (of gun).

dasar *n.* base; policy.
berdasarkan *v.* based on. *adj.* having
as base.

data *n.* data; information.
data elektronik electronic data.
data mentah raw data.

datang *v.* to come; to arrive.
mendatang *v.* come or appear

suddenly.
kedatangan *n.* arrival; advent;
coming; homecoming; appearance.
mendatangi *v.* to visit; to attack; to
invade.
mendatangkan *v.* to bring about; as a
consequence.
pendatang *n.* foreigner; immigrant;
outsider; outlander; stranger; settler.
pendatang haram illegal immigrant.
pendatang tanpa izin illegal
immigrant.

datar *adj.* flat; definite; even.
dataran *n.* plain lowland.
mendatar *adj.* horizontal; level or flat.

datin *n.* a title of distinction for a
woman whose husband has been
conferred datukship.

datuk *n.* 1. grandfather. 2. a title of
distinction for both men and women.

daulat *n.* majesty; kingly power.
berdaulat *adj.* sovereign; supreme.
kedaulatan *n.* sovereignty.

daun *n.* leaf.
berdaun *adj.* with leaves.

dawai *n.* wire.
mendawaikan *v.* wire; connect wires
in.
pendawaian *n.* wiring.

daya *n.* power; capacity; ability.
daya berfikir ability to think.
daya cipta ability to create; creativity;
creativeness.
daya maju development.
daya upaya ability.
memperdayakan *v.* cheat; deceived;
mislead.
pendayaan *n.* deceit.
sedaya *adv.* to the extent or limit
possible.
terdaya *v.* capable of; be able to.
terpedaya *v.* cheated; deceive; tricked.

dayang *n.* court damsel.

dayu, mendayu, mendayu-dayu *v.* to
rumble; to moan.

dayung *n.* oar.

berdayung *v.* rowing; to row.
mendayung *v.* to row a boat.
pendayung *n.* rower; oar; oarsman.

dayus *n.* a man whose wife has committed adultery; cuckold.

debar, debaran *n.* beat (of the heart); throb; pulsation.
berdebar, berdebar-debar *v.* to throb rapidly; palpitate; flutter. *n.* pulsation.
mendebarkan *v.* to cause the heart to beat quickly.

debat, berdebat *v.* debate; discuss; dispute.
memperdebatkan *v.* to debate; to discuss formally.
pendebat *n.* debater.
perdebatan *n.* debate.

debit *n.* debit, money that is taken out.

debu *n.* dust.
berdebu *adj.* dusty.

debunga *n.* pollen.
mendebungakan *v.* pollinate.
pendebungaan *n.* pollination.

debur *n.* sound of waves reaching the beach.

debus *n.* sound of whistling, rustling, flapping.

dedah, mendedahkan *v.* introduce; make known; expose.
pendedahan *n.* exposure; revelation.
terdedah *adj.* exposed. *v.* expose.

dedak *n.* bran.

dedikasi *n.* dedication.

definasi *n.* definition.

deflasi *n.* deflation.

degil *adj.* stubborn; obstinate; strong-willed.
kedegilan *n.* stubbornness.

dek *conj.* & *adv.* because. *n* deck of a ship.
dek pita tape deck.
dek pita audio audiotape.

dekad *n.* decade.

dekah, berdekah-dekah *adv.* to laugh loudly; laughed. *n.* guffaw.

dekan *n.* dean.

dekat *prep.* near; nearby.
berdekatan *adj.* & *adv.* nearby; near by; not far away.
kedekatan *n.* proximity.
mendekati *v.* to approach; near.
pendekatan *n.* approach; means of doing things.
terdekat *adj.* nearer; nearest; closer; closest.

delapan *pn.* & *deter.* eight.

delegasi *n.* delegation.

delima *n.* pomegranate.

demam *n.* fever.
demam kepialu typhoid fever.
demam kuning yellow fever.
demam panas high fever.

demi *conj.* when; for. *pn.* one by one.

demikian *adv.* thus; hence; therefore.

demokrasi *n.* democracy.

demokrat *n.* democrat, supporter or member of the American Democratic Party.
demokratik *adj.* democratic, adhere to the principles of democracy.

demonstrasi *n.* demonstration.

denai *n.* track of a wild-beast; spoor.

denda *n. v.* fine.

dendam *n.* & *v.* revenge; grudge; spite.
berdendam *v.* holding a grudge; spite.
mendendami *v.* bear a grudge against someone.
pendendam *n.* person who bears a grudge; revengeful person.

dendang, berdendang *v.* to sing happily.
dendangan *n.* singing; crooning.
mendendangkan *v.* sing; warble.

dengan *conj.* with; by; means of; for; in spite of.

dengar, mendengar *v.* to hear; listen; learn of.
kedengaran *adj.* heard.
mendengarkan *v.* to listen to.
memperdengarkan *v.* to let someone hear.
pendengar *n.* listener.
pendengaran *n.* hearing.

denggi *n.* dengue.

dengki *n. & v.* jealousy; envy.
berdengki-dengkian *v.* envious; jealous.
mendengki *v.* to envy somebody.

dengking, berdengking, mendengking *v.* to squeal; to yelp (by a dog).

dengkur *v.* snore.
dengkuran *n.* snore; snoring; grunting sound made during sleep.
berdengkur *v.* snore.

dengung *n.* buzz.
berdengung *v.* to rumble; to drone; to hum; to buzz. *adj.* humming.

dengut, berdengut-dengut *v.* to emit a long murmuring call.

denting *n.* a jingle; tinkle.
berdenting *v.* to jingle; tinkle.

dentum, dentuman *n.* bang; loud sound; noise.
berdentum *v.* bang; strike; boom; slam.

denyar, berdenyar *v.* shining, flashing.
denyan flash of light.
denyar elektronik electronic flash.

denyut *n.* beat; throb.
denyutan *n.* pulsation; beating; throbbing.
berdenyut *v.* to throb; pulsate.

depa *n.* length of outstretched arms; fathom.
mendepakan *v.* fathom; measure the depth of.

depan *n.* front; forward part; the beginning.

di depan in front; up ahead.
ke depan to the front.
berdepan face to face; face each other.
mengedepankan *v.* bring forward; propose.
terdepan *adv.* first in place; leading.
terkedepan *adv.* first in line; ahead.

deposit *n.* deposit.

depot *n.* depot, a building where buses are kept and repaired.

depresi *n.* depression, a period in which there is little business activity.

dera *v.* punish; abuse; torture.
deraan *n.* punishment (act); castigation; maltreatment.
mendera *v.* maltreat; to punish; abuse.

derai, berderai-derai *adv.* in drops; in droves; crumble.

deram *n.* guttural sound; growl.
berderam-deram, menderam *v.* to rumble; rough; growl.

deras *adj. & adv.* fast; quick; swift; quickly.

derau *n.* sound like that of rain being blown by the wind.
berderau *v.* making the sound of a downpour or splashing of waves.

deret *class.* row; line.
deretan *n.* rows of houses, etc.
berderet *v.* line in rows.
berderet-deret *adv.* lined up; in rows.
berderetan *v.* to arrange in rows; in lines.

derhaka *adj.* traitorous; disloyal; treacherous.
menderhaka *v.* to betray.
penderhaka *n.* betrayer; traitor.
penderhakaan *n.* betrayal of trust; treachery.

deria *n.* sense.

dering *n.* ring; chirp.
deringan *n.* chime; ring.
berdering *v.* to ring (of phone); to chirp.

derita *n.* suffering; distress.
menderita *v.* suffer; distress.
penderitaan *n.* suffering; hardship.

derma *n.* donation; alms. *v.* donate.
dermawan *n.* generous person; philanthropist.
menderma, mendermakan *v.* donate; give as a gift.
penderma *n.* donor; contributor.

dermaga *n.* wharf.

deru, menderu *v.* to roar.
deruan *n.* roar; rumble.

desa *adj.* & *n.* countryside.

desak, berdesak *v.* to press; to jostle with each other; to urge.
desakan *n.* compelling force; pressure.
mendesak *v.* to push; to urge.
adj. pressing.
terdesak *v.* forced; pressed.

desas, desas-desus *n.* whisper; rumour; hearsay. *v.* whisper.

desing *n.* whistle of the wind.

desir, *n.* sound of leaves being blown by the wind.
berdesir *v.* rustle; sizzle. *adj.* sizzling.
desiran *n.* sizzle; rustle; hiss.

destar *n.* turban; headgear; headcloth.

destinasi *n.* destination.

desus *n.* sound of people whispering.

detak *n.* throbbing; thump; pounding.

detektif *n.* detective:.

detik *n.* second; moment; tick; ticking.
berdetik, terdetik *v.* ticking.

dewa *n.* male deity.
mendewa-dewakan *v.* idolise, worship.

dewan *n.* hall; council.
Dewan Negara *n.* Senate.
Dewan Rakyat *n.* House of Representatives.

dewasa *adj.* grown up or into an adult; grown to full size. *adv.* nowadays.
kedewasaan *n.* adulthood; maturity.

dewi *n.* female deity.

di *prep.* in; at.

dia *pn.* he; she; it; him; her; his.

diabetes *n.* diabetes, a disease in which the level of the sugar content in the body is very high.

diagnosis *n.* diagnosis; a judgment made after an examination of something.

dialek *n.* dialect. *adj.* dialectal.

dialog *n.* conversation; dialogue.
berdialog *v.* having a dialogue.

diam *adj.* silent; quiet. *v.* to live; inhabit; stay.
diam ubi a quiet but diligent person.
diam-diam *adv.* secretly; quietly.
kediaman *n.* residence; abode.
mendiami *v.* to inhabit; reside.
mendiamkan make or become silent; quieten; hush.
mendiamkan diri keep quiet; silent.
pendiam *n.* a quiet person.
terdiam *adj.* silent; quiet.

dian *n.* candle.

diang, berdiang *v.* başk; to warm something or oneself near a fire.

diari *n.* diary.

diayah *n.* propaganda.

didih, mendidih *v.* to boil; to boil up.

didik *v.* to educate; to bring up.
berpendidikan *adj.* educated.
didikan *n.* method of education; education; training; upbringing.
mendidik *v.* educate; nurture; train; teach.
pendidik *n.* teacher; educator.
pendidikan *n.* education.
terdidik *adj.* educated; well brought up.

diesel *n.* diesel.

difteria *n.* diphtheria.

diftong *n.* diphthong.

difusi *n.* diffusion.

digit *n.* digit.

dikau *pn.* you.

dikir *n.* praises made to Allah usually with tunes.

dikit *pn.* & *n.* few; not many; a little.
berdikit-dikit *adv.* bit by bit.

diktator *n.* dictator.

dilema *n.* awkward situation; dilemma.

dinamik *n.* dynamics (branch of physics). *adj.* dynamic.

dinamit *n.* dynamite.

dinamo *n.* dynamo, a device which changes energy of movement into electrical energy.

dinasti *n.* dynasty.

dinding *n.* wall; serving for enclosure, division, support, protection, etc.; an upright structure of stone, brick, etc.
dindingan *n.* screening; walling.
berdindingkan *v.* to have walls; walled.
mendindingi *v.* resemble a wall; make a wall.

dingin *adj.* cold; without enthusiasm, warmth.
kedinginan *n.* coldness.

dinihari *n.* cockcrow; before dawn.

dioksida *n.* dioxide.

diploma *n.* diploma.

diplomasi *n.* diplomacy.

diplomat *n.* diplomat.

diplomatik *adj.* diplomatic.

diraja *adj.* royal.

diri *n.* self; oneself.

diri, berdiri *v.* stand; rise. *adj.* stand up.
mendirikan *v.* to build; to establish.

pendirian *n.* standpoint.
terdiri *v.* to consist of.

Disember *n.* December.

disenteri *n.* dysentery.

disertasi *n.* dissertation.

disiplin *n.* discipline.

disko *n.* disco.

diskriminasi *n.* discrimination. *v.* discriminate.

diskus *n.* discussion.

dividen *n.* dividend.

doa *n.* prayer.
berdoa, mendoa, mendoakan *v.* beg; to pray.

dobi *n.* laundry; dhobi.

dodoi *n.* lullaby.
mendodoikan *v.* soothe; croon to sleep; lull.

dodol *n.* a traditional delicacy.

dogol *adj.* bald.
kedogolan *n.* baldness.
mendogolkan *v.* to cause baldness.

doktor *n.* doctor.
doktor bedah surgeon.
Doktor Falsafah Doctor of Philosophy.
doktor gigi dentist.
kedoktoran *adj.* doctoral.

dokumen *n.* document.

dolak, dolak-dalik *v.* vacillating (usually in making opinion).

domain *n.* domain.
domain kognitif cognitive domain.

dompet *n.* purse; wallet.

dondang *n.* swinging-cot.
dondang sayang *n.* traditional song sung by two persons alternately.

dongak, mendongak, mendongakkan *v.* to tilt the head upwards; to look up;

raise the head.

dongeng *n.* myth; tale; fable.

dongengan *n.* myth; folktale.

dorong, mendorong *v.* to push; urge; impel; motivate. *adj.* impelling.

dorongan *n.* urge; push; drive; encouragement.

pendorong *n.* impellent; motivator.

terdorong *v.* motivated; impelled.

dos *n.* dose.

dosa *n.* sin.

berdosa *v.* to be guilty; sin.

draf *n.* draft.

mendrafkan *v.* to draft.

dram *n.* drum.

drama *n.* drama; play.

berdrama *v.* make into a drama.

dramatari *n.* drama and dance.

dramatik *adj.* dramatic.

drebar *n.* driver.

dua *pn.* & *deter.* two.

dua sejoli love birds.

berdua both; two.

berdua-dua, berdua-duaán in twos: pair.

kedua *adj.* second.

menduakan *v.* to have two of.

dubur *n.* anus.

duda *n.* widower.

menduda *v.* remain a widower.

duduk *v.* to sit; to stay.

duduk termenung sit pensively.

duduk-duduk *v.* sit around.

berpenduduk *v.* populated.

bersekedudukan *v.* live together; cohabit.

kedudukan *n.* situation; position.

menduduki *v.* to occupy; to inhabit.

mendudukkan *v.* place; put; seat.

terduduk *v.* flopped down.

penduduk *n.* inhabitant.

duet *n.* duet.

duga, menduga *v.* to guess; to fathom; anticipate.

dugaan *n.* anticipation; conjecture; trials.

dugaan hidup trials of life.

duit *n.* money.

duit haram illegal funds; ill-gotten gain.

duit kecil small change.

duit kopi bribe.

duka *n.* grief; sorrow; sadness. *adj.* distressed.

duka lara sorrowful.

duka nestapa sorrow; grief.

kedukaan *n.* distress; sorrow; grief.

dukacita *adj.* sorry; unhappy; sorrowful; sad.

berdukacita *v.* grieve.

mendukacitakan *v.* deprive; aggrieve; grieve. *adj.* grievous.

dukun *n.* medicine man.

dukung, mendukung *v.* to carry, to support; bear; uphold.

berdukung *v.* seated astride the back or waist.

pendukung *n.* supporter; person who carries something astride the back or waist.

dulang *n.* tray.

mendulang *v.* to pan for ore.

duli *n.* your majesty.

dungu *adj.* stupid; foolish.

kedunguan *n.* stupidity.

dunia *n.* world.

dunia dan akhirat this world and the next.

dunia kepura-puraan world of lies and pretence.

dunia sukan world of sports.

duniawi *adj.* worldly.

keduniaan *adj.* worldly things; earthly.

duri *n.* thorn.

berduri *adj.* thorny.

durjana *adj.* evil; bad; wicked.

dusta *n.* lie; untrue statement. *v.* tell a lie.

berdusta *v.* to lie; deceive.
mendustai *v.* to lie to.

dusun *n.* orchard.

duta *n.* envoy; ambassador.
kedutaan *n.* embassy.

duti *n.* duty.

duyun, berduyun-duyun *adv.* in crowds. *v.* to go in crowds; swarm.

duyung *n.* mermaid.

dwi *adj.* dual.
dwibahasa bilingual.
dwibulanan bimonthly.

Ee

edar, beredar, mengedar, mengedari, mengedarkan v. to revolve; to circulate; distribute; circularize.
edaran n. cycle.
pengedar n. distributor.
pengedaran n. distribution.
peredaran n. circulation; revolution; orbit; movement.

edisi n. edition.

editor n. editor.

ego n. ego.
keegoan n. egoism.

ehwal n. matters; events; affairs.

eja, mengeja v. to spell.
ejaan n. spelling.

ejek, mengejek v. to mock; to jeer.
ejekan n. mockery; jeer.

ejen n. spy; agent.
ejen-ubah n. change agent.

eka adj. one; sole.

ekar n. acre.

ekologi adj. ecological. n. ecology.

ekonomi n. economy.

ekor n. tail. class. numeral coefficient for animals.
ekoran n. consequence; result.
berekor adj. having a tail.
mengekor v. hang like a tail.
mengekori v. to trail; to follow immediately behind.

eksais n. excise.

eksekutif n. executive.

ekspedisi n. expedition.

eksperimen n. experiment.

eksploit, mengeksploit, mengeksploitasikan v. exploit.
eksploitasi n. exploitation.

ekspo n. expo.

eksport n. export.
mengeksport v. to export.
pengeksport n. exporter.

eksposisi n. exposition.

ekspres adj. express.

ekstremis n. extremist.

ekuinoks n. equinox.

ekzos n. exhaust.
paip ekzos n. exhaust-pipe.

ela n. yard.

elak, mengelak, mengelakkan v. to get away from; to dodge; avoid; to evade.

elastik adj. resilient; springy; elastic.

elaun n. allowance.
elaun makan food allowance.
elaun pakaian clothing allowance.
elaun penginapan lodging allowance.
elaun perjalanan travelling allowance.
elaun perumahan housing allowance.
elaun sara hidup living allowance.

elektrik adj. electric.
elektronik adj. electronic.

elektrod n. electrode.

elektrolisis n. electrolysis.

elektromagnet n. electromagnet.

elektron n. electron.

elemen *n.* element.

elit *n.* elite.

elok *adj.* beautiful; good.
mengelokkan, memperelokkan
v. beautify; make beautiful.
seelok-eloknya *adv.* the best way.

emak *n.* mother.

emas *n.* gold.
keemasan *adj.* golden.

embargo *n.* a restraint or prohibition;
embargo.

embek *n.* bleat.
mengembek *v.* to bleat.

embun *n.* dew; vapour; mist; moisture.
berembun *adj.* dewy; wet with dew.

embut *v.* raise a fishing-line slowly.
mengembut-embut, terembut-embut
v. throb; move up and down.

emigran *n.* emigrant.
emigrasi *n.* emigration.

emosi *n.* emotion.

empangan *n.* dam.

empar *v.* drift from its course.

empat *pn.* & *deter.* four.
berempat *pn.* in group of.
keempat *adj.* fourth.

empayar *n.* empire.

empelas *n.* a kind of sandpaper plant.

emping *n.* rice (fried and pounded).
mengemping *v.* make a type of
sweetmeat from unripe paddy.

empirik *adj.* empirical.

empoh *v.* overflow.
mengempoh, mengempohi *v.* flood;
cover with water.
pengempohan *n.* flooding.

emporium *n.* emporium.

empuk *adj.* soft; tender.

empulur *n.* pith.

empunya *v.* possess. *n.* owner.

emulsi *n.* emulsion.

enak *adj.* delicious; pleasant.

enakmen *n.* enactment.

enam *pn.* & *deter* six.

enap, enapan *n.* sediment; dregs; silt;
grounds.

enau *n.* sugar-palm.

Encik *n.* Mr.

endah, mengendahkan *v.* to heed.

endap, mengendap *v.* to lay an ambush.

enggan *v.* to refuse. *adj.* reluctant.
keengganan *n.* unwillingness;
reluctance.

enggang *n.* hornbill.

engkau *pn.* you; your.

engsel *n.* hinge.

engsot, berengsot *v.* to move a little.

enjal, mengenjal *v.* to stuff food in to
one's mouth; crumple.

enjin *n.* engine.

enjut, enjut-enju *n.* a kind of game
children play.

ensiklopedia *n.* encyclopaedia.

entah *adv.* an expression of uncertainty
or doubt; perhaps.
entah-entah *adv.* possibly; perhaps;
maybe.

enteng *adj.* carefree; easy; at ease.
keentengan *n.* lightness; effortless.

entrepot *n.* entrepot.

entri *n.* entry
entri pengarang author's entry.
entri tambah added entry.
entri utama main entry.

enzim *n.* enzyme.

epal *n*. apple.

epidiaskop *n*. epidiascope, a kind of projector for projecting images from object or non transparent pictures or texts.

epik *n*. the genre of epic poetry; epic.

episod *n*. episode, an event or happening.

epok, epok-epok *n*. a kind of cake with vegetable stuffing.

eram, mengeram *v*. to hatch; incubate. **mengerami** *v*. sit on eggs to hatch them. **pengeraman** *n*. incubation.

erang *n*. groan; moan. **mengerang** *v*. groan; grief; moan.

erat *adj*. tight; firm; close. **mengeratkan** *v*. to tighten; strengthen.

ereng *n*. crab.

erepsin *n*. erepsin; a kind of enzyme found in the small intestine.

Eropah *n*. Europe.

erti *n*. meaning. **bererti** *v*. to have the meaning. *adj*. meaningful. **dimengerti** *v*. to be understood; comprehend. **mengerti** *v*. to understand. **pengertian** *n*. meaning; understanding. **seerti** *n*. synonym.

esa *n*. one.

esak, teresak-esak *v*. sob. *adj*. sobbing. **esakan** *n*. sob.

esei *n*. essay, a piece of writing.

esok *n*. & *adv*. tomorrow. **keesokan** *adv*. the next day.

estet *n*. estate.

eter *n*. ether.

etimologi *n*. etymology.

etnologi *n*. ethnology.

evolusi *n*. evolution.

Ff

fabel *n.* fable; fairy tale.

fabrik *n.* fabric; cloth or woven material.

fadil *adj.* eminent, noble, distinguished.

faedah *n.* benefit.
　berfaedah *adj.* beneficial; useful.

faham, memahami *v.* understand;
comprehend; apprehend; grasp
mentally.
　fahaman *n.* understanding;
comprehension; principle; doctrine.
　berfahaman *v.* believing in a certain
school of thought.
　kefahaman *n.* understanding;
comprehension.
　pemahaman *n.* understanding.
　persefahaman *n.* understanding.

faharasat *n.* index to a book.

fail *n.* file.
　memfailkan *v.* file; place in a file;
place on record.

fajar *n.* dawn.
　fajar menyinsing first light of the day;
dawn breaking.

fakir *n.* pauper.

fakta *n.* fact; reality; truth.

faktor *n.* factor.

fakulti *n.* faculty.

falak *n.* universe; astronomy.

falsafah *n.* philosophy.

famili *n.* family.
　berfamili *adj.* having a family; having
relatives.

fana *adj.* ephemeral; lasting only a very

short time; short-lived.

fanatik *adj.* fanatic.

fantasi *n.* fantasy.

faraj *n.* vagina.

fardu *n.* duty; obligation.

farmasi *n.* dispensary; drugstore;
pharmacy.

fasa *n.* phase.

fasal *n.* section; article; reason.
prep. about.

fasih *adj.* fluent.
　kefasihan *n.* fluency.

fasik *adj.* godless; sinful.

fatihah *n.* the first chapter of the Koran.

fatwa *n.* legal ruling based on religious
Muslim principles.

Februari *n.* February.

fenomena *n.* phenomenon;
occurrence.

feri *n.* ferry.

ferum *n.* another name for the metal
iron.

fesyen *n.* fashion.
　berfesyen *adj.* fashionable.

feudal *adj.* feudal.

fibrin *n.* insoluble nutrient present in
clotted blood.

fikah *n.* law based on Muslim theology.

fikir, berfikir *v.* to think; ponder;
reflect.

fikiran *n.* thought; idea; opinion.
berfikiran *v.* having the ability to think well.
memikirkan *v.* think over; reflect on; consider.
pemikiran *n.* thinking.
terfikir *v.* remembered; occurred; thought.
filamen *n.* filament.
filem *n.* film.
filem bisu silent movie.
memfilemkan *v.* make a film of; film.
perfileman *n.* film making; filming.
fiord *n.* fiord.
firasat *n.* physiognomy; premonition.
firaun *n.* pharaoh.
firdaus *n.* heaven.
firma *n.* firm.
firman *n.* decree of God or God's commandment.
fitnah *n.* slander.
memfitnah, memfitnahkan *v.* libel; slander.
fitrah *n.* tithe.
fius *n.* fuse.
fizik *n.* physics.
fizikal *adj.* physical.
fokus *n.* focus.
fon *n.* font.
fonem *n.* phoneme.
fonemik *n.* phonemics.

fonetik *n.* phonetics.
fonologi *n.* phonology.
formal *adj.* formal.
format *n.* format.
formula *n.* formula.
forsep *n.* forceps, an instrument to hold objects.
forum *n.* forum.
fosfat *n.* phosphate.
fosforus *n.* phosphorous.
fosil *n.* fossil.
foto *n.* photo.
fotograf *n.* photograph.
fotografi *n.* photography.
fotosintesis *n.* photosynthesis; a process in which plants make food.
fokus *n.* focus.
memfokuskan *v.* to focus.
fotostat *n.* & *v.* photostat.
memfotostat *v.* to photostat.
foya, berfoya-foya *v.* to enjoy and spend lavishly.
frekuensi *n.* frequency.
frekuensi sangat tinggi very high frequency (VHF).
fros *n.* frost.
fungsi *n.* function.
fungsi penduaan *n.* binary function.
furlong *n.* furlong, unit of measurement for length or distance.

Gg

gabenans *n.* governance

gabenor *n.* governor.

gabung *v.* unite; to unify.
gabung data mail merge.
gabungan *n.* an affiliation;
combination.
bergabung *v.* affiliate. *adj.* united.
menggabungkan *v.* to affiliate;
combine.

gabus *n.* cork.

gada *n.* club used for fighting.

gadai, bergadai, menggadaikan *v.* to
mortgage; to pawn; to hock.
gadai barang to pawn things; to hock
things.
gadai rumah to mortgage a house.
gadaian *n.* a pledge.
menggadaikan nyawa to sacrifice
one's life.
tergadai *v.* pawned.

gadang *n.* large round tray used for
winnowing.

gading *n.* ivory; tusk.

gadis *n.* girl; virgin.
gadis sunti a very young girl.
kegadisan *n.* virginity; purity.

gado, gado-gado *n.* a dish made from
vegetables. *adv.* mixed up; disorderly.

gaduh, bergaduh *v.* to quarrel; to have
a row.
pergaduhan *n.* quarrel; altercation.

gagah *adj.* strong; mighty.
kegagahan *n.* strength; bravery.
menggagahi *v.* to force; to compel; to
conquer.

gagak *n.* crow.

gagal *v.* fail; to be unsuccessful.
kegagalan *n.* failure.
menggagalkan *v.* fail; frustrate; foil.

gagang *n.* handle; cradle (of
telephone); stem.

gagap, tergagap *v.* stammer; stutter.

gagas *v.* to have an idea.
gagasan *n.* ideas; thought; plan.

gagau, menggagau *v.* grope.

gahara *adj.* of royal descent.

gaharu *n.* aloewood.

gait, gaitan, penggait *n.* hook; a
connection between two opposing
matters.

gajah *n.* elephant.

gaji *n.* wages; salary.
bergaji *v.* salaried; earning a salary.
menggaji *v.* to employ.

gajus *n.* cashew nut.
pokok gajus *n.* cashew tree.

gala *n.* a type of resin.

galah *n.* pole.
bergalah *v.* using a pole.
sepenggalah *n.* a pole's length.

galak *v.* encourage; urge.
galakan *n.* encouragement.
menggalakkan *v.* to encourage.
penggalak *n.* person who encourages.

galang *n.* crossbar.
menggalang, menggalangi
v. strengthen; support; prop up.

galas, menggalas *v.* carry on the back;

to carry on pole across the shoulder; to vend.

gali, menggali *v.* to dig.
galian *n.* mineral.
penggalian *n.* digging; excavation.

galir *adj.* loose.

galon *n.* gallon, a unit of measurement for volume.

galur *n.* furrow; groove.
menggalurkan *v.* to explain.

gam *n.* gum; glue.

gamak, menggamak *v.* to estimate.
tergamak *adj.* willing; able.

gamam, tergamam *adj.* nervous; stunned.

gamang *v.* suffer from acrophobia; suffering from a fear of heights.

gamat *adj.* noisy; lively; chaotic.

gambang *n.* xylophone.

gambar *n.* picture; drawing; illustration.
gambar rajah diagram; drawing; plan; design.
gambaran *n.* picture; impression.
bergambar *adj.* illustrated. *v.* to have a photograph taken.
menggambarkan *v.* depict; imagine; to illustrate.
tergambar *v.* reflected; depicted.

gambir *n.* gambier.

gambus *n.* a type of Arab musical instrument with six strings.

gambut *adj.* crumbling, soft and loose (of earth or soil). *n.* peat.

gamelan *n.* Javanese orchestra.

gamet *n.* reproductive cells.

gamit, menggamit *v.* to beckon; to summon or direct by a gesture.

gampang *adj.* not difficult; easy.

ganas *adj.* savage; uncivilized; violent.
keganasan *n.* savagery; violence.

mengganas *v.* to rampage; to terrorize.
pengganas *n.* terrorist.

gancu *n.* a long stick with a rounded hook at one end.

ganda *n.* double.
berganda *adj.* doubled.
berganda-ganda *v.* several times more.
menggandakan *v.* double.

gandal *n.* obstacle.

gandar *n.* axle.
menggandar *v.* to carry.

gandik *n.* gold ornaments decorating a bride's forehead; decoration on the hilt of a kris.

gandin *n.* hammer with a wooden head.

ganding, berganding, bergandingan *adv.* alongside; close beside.
gandingan *n.* coupling.
menggandingkan *v.* to place by the side of.

gandu *n.* a kind of fruit which is black, round and flat.

gandum *n.* wheat.

gandung *n.* bamboo or wood attached to the sides of a Malay boat as outrigger.
menggandung *v.* load things by using bamboo or wooden floats attached to the sides of a boat.

ganggang *v.* drying over a fire.

ganggu, mengganggu *v.* to tease; to bother; to disturb; to disrupt.
gangguan *n.* disturbance; obstacle; disruption; interference.
mengganggu-gugat *v.* bother or disturb and make a charge against.
terganggu *v.* disturbed; to be mentally or emotionally unstable; abnormal.

gangsa *n.* bronze.

ganja *n.* hemp.

ganjak, berganjak *v.* to move a bit.
menganjak *v.* to shift.

ganjal *n.* base; stand; wedge.

ganjar, mengganjar, mengganjarkan *v.* to reward.

ganjaran *n.* reward; gratuity.

ganjil *adj.* odd; queer; strange; unusual.

gantang *n.* a cubic measure.

ganti *v.* substitute.
berganti *v.* in place of; changing places.
berganti-ganti *adv.* in turns.
mengganti, menggantikan *v.* to replace; to change; to substitute.
pengganti *n.* replacement; substitute.

gantung, menggantung, *v.* suspend; hover; hang; drape; cover or arrange loosely.
bergantung *v.* to depend on.
bergantungan *v.* hanging in great numbers.
pergantungan *n.* dependence; support.
tergantung *adj.* hanging.

ganyar *adj.* tough; not tender.

ganyang, mengganyang *v.* to chew up; to devour; to destroy.

gapah *adv.* hurriedly; hastily.

gapai *v.* stretching out the hand.
menggapai *v.* to clutch at; to reach for.

garaj *n.* garage.

garam *n.* salt.
garam galian mineral salt.
menggarami *v.* add salt.

garang *adj.* fierce; gruff.
menggarang *v.* to rage.

garau *adj.* hoarse; rought; harsh (of voice).

gari *n.* handcuffs.

garing *adj.* crisp; crispy.

garis *n.* & *v.* line; scratch.
garis imbas scan line.
garis kasar outline; rough sketch.
garis pemisah dividing line.

menggaris, menggariskan *v.* to draw a line.
penggaris *n.* ruler.

garit *n.* line; scratch.
menggarit *v.* to scratch; to move; to stir.

garpu *n.* fork.

garu *n.* rake.
menggaru *v.* scratch.
tergaru-garu *v.* scratch repeatedly.

garuk *adj.* hoarse; husky; deep (of voice).

gas *n.* gas.

gasak, menggasak *v.* to strike. *adv.* gluttonously.

gasal *adj.* odd.

gasar *adj.* fierce and rough.

gasing *n.* top.

gasket *n.* gasket.

gasolin *n.* gasoline; petrol.

gastritis *n.* gastritis, a kind of stomach disorder.

gatal *n.* itch.
gatal badan itchiness all over the body.
gatal tangan itchy hands; itchy fingers.
gatal-gatal *adj.* itchy all over.

gaul *v.* to associate; to mix.
bergaul *v.* hobnob; spend time together in a friendly way.
menggaul *v.* to mix; blend.
menggauli *v.* associate; mingle.
pergaulan *n.* mixing (in society); association.

gaun *n.* gown.

gaung *n.* ravine; rebound; echo. *v.* reveberation.
bergaung *v.* to echo.

gawal *adj.* confused; mistaken.

gawang *v.* waving both arms.

gaya *n.* manner; attitude; style.
gaya bahasa manner of language.
gaya belajar learning style.
gaya hidup style of living; manner.
gaya kognitif cognitive style.
bergaya *v.* to have style. *adj.* stylish.
menggayakan *v.* to show; to perform; to parade.

gayat *adj.* giddy or dizzy looking down from a high place.

gayung *n.* water dipper.

gayut, bergayut, menggayutkan *v.* to hang.
bergayutan *v.* hang in large numbers.

gear *n.* gear.

gebar *n.* blanket.

gebu *adj.* soft; delicate in texture; fluffy.

gecar *n.* saliva. *adj.* watery.

gedabir *n.* dewlap.

gedempol *adj.* fat.

gedempong *adj.* obese; very fat.

gedoboh *adj.* big and loose.

gedombak *n.* a kind of drum used in the performance of some Malay cultural events.

gedung *n.* large building; godown; large store.

gegak *adj.* noisy.
gegak-gempita *adj.* noisy; clamorous; loud.

gegap *adj.* noisy.

gegar, menggegarkan *v.* shake.
gegaran *n.* jarring movement or effect.
bergegar *v.* to shake; to rumble.

gegas, bergegas-gegas *v.* to hurry.

gegat *n.* silverfish.

gegelema *n.* mucus, phlegm.

gejala *n.* symptom; sign.

gejolak *n.* big flame.
bergejolak *v.* flare up.

gelabir *n.* dewlap; wattle.

geladah *v.* raid, search.

geladak *n.* ship deck; stray dog; crook; criminal.

gelagat *n.* indication; habit.

gelak *v.* to laugh.
gelak ketawa laughter.
tergelak *v.* laugh unintentionally.

gelambir *n.* dewlap.

gelang *n.* big ring; circular band; bangle.
gelang-gelang *n.* ring shaped objects.
pergelangan tangan *n.* wrist.

gelanggang *n.* arena.

gelangsar *v.* slide; glide; slip.

gelap *adj.* dark; secret; not clear.
gelap hati sinister.
gelap pekat without light; dark.
gelap-gelita *n.* pitch dark; very dark.
kegelapan *n.* darkness.
menggelapkan *v.* embezzle; take money fraudulently for one's own use.

gelar, gelaran *n.* alias; title.
bergelar *v.* entitle; have a title.

gelas *n.* glass; drinking glass.

gelatin *n.* gelatine, a jelly-like substance.

gelatuk, menggelantuk *v.* tremble; chatter.

gelebar, tergelebar *v.* flapping.

gelebat *n.* double blade paddle.

gelecah *v.* slip.

gelecek *v.* slip; lose one's balance.

geledah, menggeledah *v.* to search; to ransack.

geledang *v.* stretch out both arms.

geleding *v.* warp (of wood).

geledur *adj.* in folds (loose skin on the stomach).

gelegak, menggelegak *v.* to seethe; to bubble up; boiling.

gelegar *n.* girder.

gelegata *n.* skin disease.

gelek *n.* a kind of dance.

gelek, menggelek *v.* to roll over.

gelekak *v.* peel off.

gelekek *v.* chuckle.

gelema *n.* phlegm.

gelemaca *n.* the transparent fluid of the retina which is jelly-like.

gelemair *n.* the clear saline solution between the lens and the cornea.

geleman *adj.* scared; afraid.

gelembung *n.* bubble.
gelembung paru alveoli.
menggelembung *v.* inflate; swell.
gelembung-gelembungan *n.* game of making bubbles from soapy water.

gelembur *v.* wrinkled.

gelempang, bergelempang *v.* sprawling.

gelempung *n.* lint used in bandages.

gelen *n.* gallon.

gelenang *v.* flooded (with tears).

gelencong *adj.* deflected.

gelendong *n.* spindle.

geleng, menggeleng, menggelengkan *v.* shake the head.

gelentang *v.* rolling over and over.

gelentar *v.* tremble, shiver.

gelenting *v.* bend down, sag.

gelenyar *adj.* itchy, tingling sensation.

gelepai *adj.* dangling; hanging down.

gelepak *adj.* dangling, suspended limply.

gelepar, menggelepar *v.* to flounder; to flutter.

gelepik *adj.* dangling; hanging down limply.

gelepur *v.* leap up flapping its wing.

gelesek *v.* rub continuously.

geleser *v.* flap the wings; start turning (of wheels).

geletar, menggeletar *v.* to tremble; to shiver.

geletek, menggeletek *v.* to tickle; to incite.

geletik *v.* wriggle, flutter.

geletis *v.* rotate very rapidly or fast.

geletuk *v.* making sound like teeth chattering.

geli *adj.* amused; repelled; ticklish.
geli hati amused; tickle.
kegelian *n.* amusement; ticklish.
menggelikan *v.* to make one laugh; amuse; tickle.
penggeli *n.* clown, jester.

geliang-geliut *v.* wriggling.

geliat, menggeliat *v.* to stretch oneself.
tergeliat *v.* sprained.

gelibat *n.* paddle that has double blades.

geliga *n.* bezoar found in animals.
bergeliga *adj.* sharp witted; ingenious; skilful; clever.

geligin *n.* a wooden rod used to hold the wrap in a loom.

geligir *adj.* ridged.

geligit *v.* bite repeatedly.

gelimpang, bergelimpangan *v.* to sprawl.
tergelimpang *v.* sprawled.

gelimun, bergelimun, menggelimun *v.*

cover (with blanket).

gelincat v. sprained; rebound.

gelincir, menggelincir v. to slip; to fall down.
tergelincir v. slipped; skidded.

gelincuh, tergelincuh v. stumble.

gelinding n. wheel.

gelingsir, bergelingsir, menggelingsir v. slide down.

gelinjang, menggelinjang v. jump about.

gelintang, tergelintang v. lying down.

gelintar, menggelintar v. search all over.

gelintir n. pellet; pill.
segelintir n. a small part; small group.

gelisah adj. anxious; restless.
kegelisahan n. restlessness; anxiety.
menggelisah v. to worry about; be in a state of anxiety; fidget.

geliung n. galleon.

gelobor adj. too long (for clothes).

gelodak, menggelodak v. arouse.

gelodar, emnggelodar v. struggle.

gelogok, menggelogok v. boil, bubble up.

gelojak n. big flame.

gelojoh adj. greedy.

gelombang n. wave; wavelength.
bergelombang adj. in waves.

gelongsor, menggelongsor v. to slide.

gelora n. storm.
bergelora v. rise or move like waves. adj. stormy.
menggelorakan v. inflame; arouse strong feeling.

gelosok, menggelosok v. rub.

gelugut n. chattering sound.

bergelugut, menggelugut v. shive; chatter.

geluh n. mud or clay.

geluk n. a kind of dipper or long-handled utensil.

gelulur v. slide down.

gelumang, bergelumang adj. dirty.

geluncur, menggeluncur v. slip; slide down.

gelung n. coil; hair knot.
bergelung adj. coiled up.
menggelungkan v. to coil.

geluntur n. a kind of red earthworm.

gelupas, menggelupas v. peel.

gelupur, menggelupur v. to flutter.

gelusang v. rub vigorously together.

gelut v. to wrestle.
bergelut v. struggle; move vigorously to get free.
pergelutan n. struggle; fight; scuffle.

gema n. echo.
bergema, menggema v. to resound.

gemak v. to feel something all over.

gemal n. a handful; a bunch.

gemala n. bezoar stone.

gemalai v. swaying gently.

gemam v. hold (sweet) in mouth.

gemap, tergemap v. shocked.

gemar v. desirous for; like.
kegemaran n. favourite; hobby.
menggemari v. like very much.
penggemar n. interested person; lover; fan; devotee.

gemawan adj. fleeting (of clouds).

gembala n. shepherd.
penggembala n. herdsman.

gembira adj. happy; cheerful; glad.
bergembira v. to rejoice.

menggembirakan v. to cheer (someone) up; gladden.

gembar-gembur n. mere talk; bragging; pandemonium; ranting; hot air.
menggembar-gemburkan v. shout, yell, cry out.

gembleng v. unite.
menggembleng tenaga to unite; to weld together.
penggemblengan n. unification.

gembung adj. swollen.

gembur adj. loose.
menggembur, menggemburkan v. to loosen.

gemendit n. belt.

gementar v. to tremble. adj. tremulous.

gemercik n. splattering sound.

gemerlap, gemerlapan adj. shining; glittering.
bergemerlapan v. glitter.

gemilang adj. brilliant.
kegemilangan n. splendour; magnificence; glory.

gempa n. earthquake; tremor.

gempal adj. sturdy; chubby; plump.

gempar v. to be in an uproar.
adj. violent and noisy.
menggemparkan adj. shocking.
v. shock.
tergempar adj. urgent.

gempita adj. noisy.

gempur, menggempur v. to pound on; to attack; to storm; to assault.
penggempur n. destroyer; storm troopers.
penggempuran n. assault; attack; annihilation.

gemuk adj. fat.
menggemukkan v. fatten up; cause to become fat.

gemuruh n. thunder; loud noise.

bergemuruh v. to thunder.
adj. thunderous.

genahar n. crater.

genang, bergenang adj. stagnant.
v. to fill with tears.

genap adj. complete; even.
menggenapkan v. to round up a figure.
segenap adj. all.

gencat adj. ceased; stopped (of growth).
gencatan senjata ceasefire; disarmament.

gendala n. obstacle, obstruction.
menggendalakan v. disrupt; interrupt.
tergendala v. interrupted; disrupted.

gendang n. drum.

genderang n. a big drum.

gendong, menggendong v. carry on one's back.

gendut adj. pot-bellied.

generasi n. generation.

generator n. generator, a device to produce electricity.

geng n. gang.

genggam, menggenggam v. to grasp in the fist; seize and hold.
genggaman n. clutch; grasp.
menggenggam erat grasp firmly.
segenggam n. a fistful; a handful.

genggang adj. apart.

genit adj. coquettish; cute and petite.

genjang adj. askew; awry.
n. parallelogram.

genjot adj. askew; awry.

genjur adj. stiff.

genta n. large bell.

gentar, bergentar, menggentar v. shake; tremble; shiver; quiver.
adj. afraid.

menggentarkan v. quiver; vibrate.
gentaran n. vibration; tremor; quiver.

gentas adj. severed; broken off.
v. finish; end.

gentat adj. dented.

gentel n. pellet; small round mass of substance.
menggentel v. to roll using the fingertips.

gentian n. fibre.

genting n. 1. tile. adj. thin; critical.
2. gaps in mountains; pass.
kegentingan n. crucial.

genyeh, menggenyeh v. to rub.

geografi n. geography.

geometri n. geometry.

gepok n. a bundle.

gepuh n. padlock.

gera, menggera v. scare; frighten; give a signal as warning.
penggera n. person who frightens or threatens; device to frighten; alarm.
penggera kebakaran fire-alarm.

gerabak n. railway coach.
gerabak barang cargo coach.
gerabak penumpang passenger coach.

geragai n. hook for catching crocodiles.

geragas v. to comb one's hair in anger.

geragau n. a type of small shrimp.

geragot v. nibble.

geraham n. molar.

gerai n. stall.

gerak, bergerak, menggerak v. move.
gerak balas n. response.
gerak balas lazim conditioned response.
gerak balas rangsangan stimulus-response.
gerak balas semerta immediate response.

gerak hati intuition.
gerak laku behaviour.
gerak langkah movement; take a step.
gerak-geri movements.
gerak perlahan slow motion.
gerak sosial social mobility.
gerakan n. action; movement.
gerakan bawah tanah underground movement.
menggerakkan v. cause to move; cause to be in motion.
penggerak n. motivator.
tergerak v. move suddenly; shifted.

geram adj. angry.
menggeram v. to growl.

geran n. grant.
geran tanah land grant.

gerangan adv. perhaps.

gerantang n. din of voices; outburst of noise to scare somebody.

gerat, menggeratkan v. to cause teeth to chatter.

gerbang n. gate.

gerecak adj. sound of water boiling.

gereja n. church.

gerek adj. perforated.

gerenyam adj. lustful; itchy.

gergaji n. saw.
menggergaji v. saw; cut with a saw.

gergasi n. giant.

gerhana n. eclipse.

geriak v. swarm.

gericau n. screech.
menggericau v. screech; twitter; chatter.

geridip v. glitter; sparkle.

gerigi adj. serrated.

gerigis adj. unevenly serrated.

gerila n. guerilla.

gerimis *n.* drizzle.

gerimit *n.* drill.

gering *adj.* sick (word used for kings).

gerinjam *n.* grindstone used to file teeth; ear cleaner; ear scoop.

gerlap, menggerlap *v.* glitter; sparkle.

gerlip, menggerlip *v.* flicker; twinkle.

germut, menggermut *v.* swarm; crowd.

gerenyut *v.* squirm; throb.

gerobak *n.* coach or cart.

gerobok *n.* cupboard.

gerodak *n.* rattling or clattering sound.

gerombol, bergerombol *v.* to group together.
gerombolan *n.* group; gang.

gerombong *n.* group; party.

geronggang *adj.* hollow; not solid. *n.* cavity.

geronyot *v.* throbbing.

geropes *v.* doing fine or delicate work.

gersang *adj.* dry; uninteresting; not wet; dull.

gertak, menggertak *v.* to threaten. **gertakan** *n.* intimidation; threat.

gerudi *n.* drill.
menggerudi *v.* to drill.
penggerudian *n.* drilling.

gerugut *adj.* grooved; furrowed.

geruh *n.* misfortune.

geruk *v.* to wrap a fruit on a tree. *n.* wrapper for fruit.

gerun *adj.* frightened; terrified.
menggerunkan *v.* terrify; frighten. *adj.* terrifying.

gerutu, menggerutu *adj.* rough to the touch.

gesa, tergesa-gesa *adj.* hurried. *v.* hurry.

gesaan *n.* urge.
menggesa *v.* to hasten; to hurry; to urge.

gesek, bergesek *v.* to grate; to scrape.
gesekan *n.* the act of fiddling.
menggesek *v.* to play the violin.

gesel, bergesel *v.* to rub against each other.
geselan *n.* rubbing; abrasion.
menggeselkan *v.* rubbing.
tergesel *v.* rub against.

geser, bergeser *v.* to shift; to rub; to cause friction.
geseran *n.* friction.

getah *n.* tree sap; rubber.
bergetah *adj.* sticky; containing sap or latex.

getap, menggetap *v.* grit.

getar *v.* tremble; vibrate; quiver.
getaran *n.* vibration.
bergetar *v.* to tremble. *adj.* quivering.
menggetarkan *v.* to vibrate.

getas *adj.* brittle; sensitive.

getil, menggetil *v.* to pinch.

getir *adj.* bitter.

ghaib *adj.* mysterious. *v.* to disappear.
mengghaibkan *v.* cause to vanish; disappear.

ghairah *adj.* with strong desire. passionate.
keghairahan *n.* passion; desire; strong enthusiasm.
mengghairahkan *v.* to arouse one's desire.

ghalib *adj.* usual.

ghazal *n.* a kind of traditional Malay music.

giat *adj.* energetic; active.
bergiat *v.* working eagerly.
kegiatan *n.* activity.
menggiatkan, mempergiatkan *v.* encourage; activate; inspire.

gigabait *n.* gigabyte.

gigi *n.* tooth.
gigi air the ege of the sea.
gigi kacip incisor.
gigi kekal permanent teeth.
gigi rongak gap between teeth.
gigi sulung the first tooth.
gigi susu milk teeth.
bergigi *v.* to have teeth.

gigih *adj.* determined; obstinate.
kegigihan *n.* determination;
steadfastness.

gigil, menggigil *v.* to tremble; to shiver.

gigit, menggigit *v.* to bite.
gigitan *n.* bite; sharp bite; act of biting.
menggigit jari to bite the fingers.
menggigit kuku to bite nails.
tergigit *v.* bitten; accidentally bitten;
can be bitten.

gila *adj.* mad.
gila angau infatuated.
gila bayang crazy for someone.
gila pangkat crazy for power.
kegilaan *n.* craze; craziness.
menggila *v.* behave like a mad person;
infatuated with; crazy over something.
tergila-gila *v.* like or love; mad.
tergila-gilakan *v.* like or love someone
very much; crazy about (something or
someone).

gilang-gemilang *adj.* bright; brilliant;
glittering.

gilap *v.* to shine brilliantly.
menggilap *v.* polish; to furbish.

gilas *v.* to crush; to run over.

giling, menggiling *v.* to grind; to roll.

gilir, bergilir, bergilir-gilir *v.* to
alternate; to take turns.
giliran *n.* turn.

gilis *v.* run over by a train.

gimnasium *n.* gymnasium.

gimnastik *n.* gymnastic.

gincu *n.* lipstick.
bergincu *adj.* wearing or using a
lipstick.

menggincu *v.* colour the lips with
lipstick.

ginjal *n.* kidney.

girang *adj.* glad; cheerful.
kegirangan *n.* happiness; joy; joviality.
menggirangkan *v.* to make glad; to
make cheerful; to cheer up.

giringmenggiring *v.* to herd; to send
someone to a particular place.

gitar *n.* guitar.

giur, menggiurkan *adj.* voluptuous.

glasier *n.* glacier.

glikogen *n.* glycogen, a kind of simple
sugar.

gliserin *n.* glycerin; a kind of sugar fluid.

glob *n.* globe.

glukos *n.* glucose.

gobek *n.* tool for crushing betel leaf,
areca nut, etc.
mengobek *v.* grind or pound areca nut.

gocoh *adj.* haste; hurry.
tergocoh-gocoh *adv.* hastily; hurriedly.

goda *v.* tempt.
godaan *n.* enticement; lure;
temptation.
menggoda *v.* to tempt; to lure.
adj. enticing.
penggoda *n.* seducer.
tergoda *v.* enticed; lure. *v.* give way to.

godam *n.* large mace.

godok *n.* base of skull.

gogok *n.* gulp.

gol *n.* goal.

golak, bergolak *adj.* disturbed; in
confusion.
pergolakan *n.* disturbance; agitation;
turbulence.

golek, bergolek *v.* to roll.

golf *n.* golf.

golok *n.* machete; a type of small sword.

golong, menggolongkan *v.* to classify.
golongan *n.* group.
tergolong *v.* pertain; be relevant; belong as a part.

gomol, bergomol *v.* wrestle.
menggomol *v.* hug; clasp tightly in the arms.

goncang, bergoncang *v.* to shake.
menggoncangkan *v.* convulse; cause violent movement; to shake.

gondok *adj.* short and fat. *n.* goitre.

gondol, bergondol *adj.* bald-headed; leafless.
menggondolkan *v.* to make bald; use up completely.

gondol, menggondol *v.* carry off; win; to gain.

gonggong, menggonggong *v.* to carry in the mouth.

gonyeh *v.* to munch.

gonyoh, menggonyoh *v.* scrub.

gopoh, gopoh-gapah, tergopoh-gapah *adv.* hastily; in a hurry.

goreng *adj.* fried.
menggoreng *v.* to fry.

gores *v.* scratch.
goresan *n.* scratches.
bergores *adj.* scratched; scotched; lined.
menggores, menggoreskan *v.* scratch with something.
tergores *v.* scratched.

gorila *n.* gorilla.

gosok, menggosok, menggosokkan *v.* to rub; to polish; to brush.
gosokan *n.* something that has been ironed.
penggosok *n.* cleaner; brush; iron.

gotong, gotong-royong *n.* co-operation.
bergotong-royong *v.* to co-operate.

goyah *adj.* loose; not firm.

goyang *adj.* unsteady; shaky.
bergoyang *v.* to shake; to sway.
menggoyangkan *v.* jiggle; rock or jerk lightly.

graduan *n.* graduate.

graf *n.* graph.
grafik *adj.* graphic.

gram *n.* gram.

granit *n.* granite.

graviti *n.* gravity.

gred *n.* grade.

grenad *n.* grenade, a kind of explosive.

gris *n.* grease.

gros *n.* gross; twelve dozens.

gu *n.* the wooden frame fastened to a bullock cart.

gua *n.* cave.

guam *v.* disagree; quarrel; dispute; conflict (in court).
guaman, perguaman *n.* disagreement; conflict; quarrel; discord (in court).
peguam *n.* lawyer.
Peguam Negara *n.* Attorney-General.

gubah, menggubah *v.* to arrange; to compose.
gubahan *n.* composition; garland.
penggubah *n.* composer; arranger.
penggubah lagu song composer; music composer.

gubal, menggubal *v.* to draft.
penggubal *n.* legislator; legislature.
penggubalan *n.* drafting; legislation.

gubuk *n.* hut.

gudang *n.* godown; warehouse.

gugat, menggugat *v.* to accuse; to demand; to claim; to criticize.
tergugat *v.* threatened; jeopardized; to be at stake.

gugup *adj.* panicky; bewildered.

kegugupan *n.* panic; widespread fear.

gugur *v.* to drop; kill in action; to miscarry.
berguguran *v.* to fall in great numbers.
keguguran *n.* miscarriage.
menggugurkan *v.* to drop; to abort.

gugus, segugus *n.* a bundle of; a bunch.
gugusan *n.* group (of islands).

gula *n.* sugar.
gula-gula *n.* sweets.

gulai *n.* dish containing gravy.

guli *n.* marble.

guling, berguling *v.* to roll.
bergulingan *v.* rolling; turning over and over.
menggulingkan *v.* to roll; to topple; to overthrow.
terguling *v.* overthrow; toppled.

gulung *v.* roll.
gulungan *n.* roll.
gulungan asetat acetate roll.
bergulung *adj.* rolled up; rolling; winding.
menggulung *v.* to roll; to roll up.
menggulung perbahasan to conclude a debate.
menggulung ucapan to wind up a speech; in conclusion.

gumpal *n.* clod; lump; puff.
gumpalan *n.* clod; a lump of; conglomeration.
bergumpal, bergumpal-gumpal *adj.* lumpy; full of lumps; in clods or lumps.

guna *v.* use.
guna-guna *n.* charms.
berguna *adj.* useful.
kegunaan *n.* function; use.
menggunakan *v.* to use; to consume.

pengguna *n.* consumer; user.

gundah *adj.* depressed.

gundik *n.* concubine.

guni *n.* jute bag; gunny.

gunting *n.* scissors; shears.
menggunting, mengguntingkan *v.* to cut with scissors.

guntur *n.* thunder.

gunung *n.* mountain.
gunung berapi volcano.
gunung-ganang *n.* mountains.
menggunung *v.* be high like a mountain; large heap.
pergunungan *n.* highlands.
bergunung *adj.* mountainous.

gurau *v.* joke.
gurauan *n.* a joke.
bergurau *v.* joking.

gurindam *n.* a proverbial verse; aphorism.

guru *n.* teacher.
berguru *v.* to be a student of.
perguruan *adj.* of or for teachers.
maktab perguruan teachers' college.

guruh *n.* thunder.
guruh-gemuruh *adj.* thunderous.

gurun *n.* desert.

gus, sekaligus *adj.* simultaneously.

gusar *adj.* angry; worry.
menggusarkan *v.* to cause anger; worried.

gusi *n.* gum.

gusti, bergusti *v.* wrestle.

Hh

haba *n.* heat.

habis *v.* finish; come to an end; use up.
berhabis, berhabis-habisan *adv.* with all one's ability; with all one's effort.
kehabisan *adj.* finished; used up; run out of; exhausted.
menghabiskan *v.* finish off; use up; complete.
penghabisan *n.* ending; conclusion; last.
sehabis *adv.* immediately after.

habitat *n.* habitat.

hablur *n.* crystal.
berhablur *adj.* crystallized.
menghablur *v.* crystallize.
terhablur *v.* crystallized.

habuan *n.* share.
habuan perut food for the stomach.

habuk *n.* dust.
berhabuk *adj.* dusty; covered with dust.

had *n.* limit.
had laju speed limit.
berhad *adj.* limited.
menghadkan *v.* to limit.
terhad *v.* limited.

hadam *v.* digest.
menghadamkan *v.* to digest (food).
penghadaman *n.* digestion.

hadap *v.* face; meet.
berhadap, berhadap-hadapan *adv.* face to face.
hadapan *n.* fore or front part. *prep.* of, at or in front.
menghadap *v.* to have an audience with the king. *v.* to front; face.
menghadapi *v.* to face; to confront; to meet; to undergo.

menghadapkan *v.* cause to face or meet.
balai penghadapan *n.* audience hall.
terhadap *prep.* about; toward.

hadas *n.* ritual impurity (in Islam).

hadiah *n.* gift; prize; present.
hadiah sagu hati consolation prize.
menghadiahkan *v.* to present a gift.

hadir *v.* to be present.
kehadiran *n.* attendance; presence.
menghadiri *v.* to attend.
menghadirkan diri attend; be present.

hadirat *n.* attendance, presence.

hadirin *n.* those present.

hadis *n.* sayings of Prophet Muhammad.

hafaz, menghafaz *v.* to learn by heart; to memorize.

hai *interj.* hi!

haid *n.* menstruation; menses; period.

hairan *adj.* astonished; amazed; surprised.
kehairanan *n.* amazement; surprise; astonishment.
menghairankan *adj.* amazing; astonishing.

haiwan *n.* animal.

haj *n.* pilgrimage.

hajah *n.* a woman who has made the pilgrimage to Mecca.

hajat *n.* purpose; intention; desire.
berhajat, berhajatkan, menghajati *v.* intend; to wish for something.

haji *n.* a man who has made the pilgrimage to Mecca.

hak *n.* right.

hak cipta copyright.

hak milik proprietary rights.

hak negara nationalization; to state ownership.

berhak *adj.* within one's rights. *v.* entitle.

hakikat *n.* truth.

hakiki *adj.* true; real.

hakim *n.* judge.

kehakiman *adj.* judicial.

menghakimi, menghakimkan *v.* try a case in a law court; act as a judge of; to judge.

penghakiman *n.* judgment.

hakis, menghakis *v.* erode.

hakisan *n.* erosion.

hal *n.* matter; situation; reason.

hal-ehwal affairs.

menghalkan *v.* to talk about.

hala *n.* direction.

menghala, menghalakan *v.* in the direction of; to aim at.

halaju *n.* velocity.

halal *adj.* rightful; permissible (according to divine law); legitimate.

menghalalkan *v.* permit; allow; consider as settled or cleared.

halaman *n.* compound; page.

halang, menghalang *v.* to block; to obstruct.

halangan *n.* obstacle.

penghalang *n.* obstacle; hindrance.

halau, menghalau *v.* to chase away; to drive away.

halia *n.* ginger.

halilintar *n.* thunder.

halimunan *adj.* invisible.

halkum *n.* throat; Adam's apple.

haloba *n.* greed. *adj.* greedy.

haluan *n.* bow f a ship; direction; course.

berhaluan *v.* to follow a course.

sehaluan *adj.* same course.

halus *adj.* fine; soft; refined; gentle.

halus-halus *adv.* finely.

menghalusi; memperhalusi *v.* to find out carefully; treat gently; investigate; refine.

halwa *n.* fruits preserved in syrup.

hama *n.* germ.

hamba *n.* slave. *pn.* I.

memperhamba *v.* to treat as a slave; to enslave.

perhambaan *n.* enslavement.

hambar *adj.* tasteless; insipid.

hambat, menghambat *v.* to pursue; to chase.

hambur, berhamburan *adv.* scattered.

menghamburi *v.* to fill up.

menghamburkan *v.* to scatter.

hambus, berhambus *v.* to go away.

hamil *adj.* pregnant.

kehamilan *n.* pregnancy.

hamis *adj.* rank.

hampa *adj.* disappointed; fruitless; empty; frustrated.

hampa beras *n.* husk.

hampa hati frustrated; disappointed.

kehampaan *n.* disappointment; frustration.

menghampakan *v.* cause frustration, dismay, disappointment, etc. *adj.* disappointing.

hampagas *n.* vacuum.

hampar, menghampar *v.* to spread out.

hamparan *n.* carpet; mat; textile fabric for covering the floor.

menghampari *v.* to cover.

menghamparkan *v.* to spread out.

hampas *n.* dregs.

hampas kelapa coconut dregs; husk.

hampir *adj.* close; near; almost.
hampir-hampir *adj.* nearly; almost.
berhampiran *adv.* near by.
menghampiri *v.* to approach.
menghampirkan *v.* to bring near to.

hamput, menghamput *v.* scold; tongue lashing.

hamun, menghamun *v.* berate abuse; scold.

hancing *adj.* stinking; stench such as smell of urine; foul smell.

hancur *v.* destroy; dissolve; shatter.
hancur luluh destroy (of marriage, friendship); devastate.
kehancuran *n.* destruction; ruin.
menghancurkan *v.* to break into pieces; to destroy; to shatter.

handai *n.* friend; associate.

handal *adj.* reliable; successful; smart; clever.
kehandalan *n.* cleverness.

hangat *adj.* hot.

hangit *adj.* smell like something burning.

hangus *adj.* burnt; scorched.

hantam *v.* to hit or box hard; finish all at once.
menghantam *v.* to beat violently.

hantar, menghantar *v.* to send; go with.
hantaran *n.* something that is sent; dowry.
menghantar isyarat send a signal.
menghantarkan *v.* to see someone off; send escort.
pengantar *n.* foreword; preface; medium of instruction.
penghantar *n.* sender; deliverer.
penghantaran *n.* delivery.

hantu *n.* ghost; phantom.
berhantu *adj.* haunted.
menghantui *v.* linger in the mind; haunt.

hantuk, berhantuk, menghantukkan *v.* to knock against.

terhantuk *v.* knocked accidentally; cause to collide; knock; bump.

hanya *adv.* only.
hanya satu except one; only one.

hanyir *adj.* stinking; fetid; fishy.

hanyut, berhanyut-hanyut *v.* to drift; to wash away.
menghanyutkan *v.* to cause to drift; to wash away.

hapak *adj.* musty; stale smell.

hapus *v.* disappear.
menghapuskan *v.* to wipe out; to abolish.
penghapusan *n.* abolition; eradication.
terhapus *v.* eradicated; wiped out; abolished.

haram *adj.* unlawful; forbidden.
mengharamkan *v.* to forbid; to ban.
pengharaman *n.* banning.

harap *v.* hope. *interj.* please.
harapan, pengharapan *n.* hope; wish; expectation.
berharap, berharapkan *v.* hope; wish.
mengharap, mengharapkan *v.* to hope for; to wish; to trust in; to expect.

harfiah *adj.* literal; word for word.

harga *n.* price; value.
harga mati fixed price.
harga jualan selling price.
berharga *adj.* valuable.
menghargai *v.* to appreciate.
penghargaan *n.* honour; appreciation.

hari *n.* day.
hari bulan date.
hari gaji payday.
hari kelepasan public holiday.
hari kemudian future; future state.
hari keputeraan birthday of prophet; birthday of king.
hari lahir birthday.
hari tua old age.
harian *adv.* daily.
berhari-hari *adv.* day after day; for several days.
sehari *n.* one day.
sehari-hari *adj.* everyday; daily.

sehari-harian *adv.* all day long.

harimau *n.* tiger.

harmoni *n.* harmony.

harmonika *n.* harmonica.

harta *n.* property.
harta benda property; things owned.
harta dunia worldly property.
harta karun treasure.
harta rampasan loot; booty.
harta tanah real estate.
hartawan *n.* wealthy person.
berharta *adj.* rich; wealthy.

haru *v.* disturb; annoy.
haru-biru *n.* uproar; chaos.
mengharukan *v.* to be plagued.
terharu *adj.* upset; amazed; grieved.

harum *adj.* fragrant; sweet smell.
haruman *n.* fragrance; perfume.
mengharum *adj.* sweet smelling. *v.* to
make fragrant.
mengharumi, mengharumkan *v.* to
make fragrant; to make famous.

harung, mengharungi *v.* to wade.
mengharungi lautan to cross; to ford
the ocean.
mengharungi sungai to wade across
the river; to cross the river; to ford the
river.

harus *v.* must. *adj.* proper; fitting.
mengharuskan *v.* to compel; to
enjoin; to permit.
seharusnya *adv.* necessarily;
inevitably; actually.

hasad *adj.* jealous; envious.

hasil *n.* product; result.
hasil bumi natural resources.
hasil jualan returns.
hasil negeri tax; state revenue.
hasil pertanian agricultural products.
berhasil *adj.* successful; fruitful.
menghasilkan *v.* to produce.

hasrat *n.* desire.
berhasrat *v.* to have a desire.

hasta *n.* length from elbow to the tip of
the middle finger.

hasut, menghasut *v.* to instigate.
hasutan *n.* incitement; instigation.
penghasut *n.* agitator; instigator.

hati *n.* heart; liver; feeling.
berhati binatang cruel.
berhati-hati *v.* cautious.
memperhatikan *v.* to pay attention; to
watch; deserve.
pemerhati *n.* observer.
perhatian *n.* attention.
sehati sejiwa one heart and soul;
united.

haus *adj.* thirsty; worn out.
kehausan *n.* thirst; worn thin by
abrasion.
menghauskan *v.* to cause thirst; to
yearn for.

hawa *n.* air; climate.

hayat *n.* life.
menghayati *v.* to appreciate; to
experience.
penghayatan *n.* appreciation.

hebah *v.* announce; to broadcast.
juruhebah, penghebah *n.* announcer;
broadcaster.
menghebahkan *v.* broadcast;
announce; make known publicly.
penghebahan *n.* announcement.

hebat *adj.* grand; wonderful; dreadful;
great.
kehebatan *n.* power; awe; intensity.
memperhebatkan *v.* intensify; worsen.

heboh *adj.* noisy; clamorous; talk of the
town.
menghebohkan *v.* to cause an uproar;
to publicize; to spread.

hegeh *v.* flaunt; to swagger.

hektar *n.* hectare.

hektograf *n.* hectograph.

hela, menghela *v.* to drag.

helah *n.* trick; excuse.

helai *class.* piece.

helang *n.* eagle.

helikopter *n.* helicopter.

hemah *n.* manners.

hemat *adj.* economical; careful.
n. opinion.
berhemat *v.* to be careful; to be thrifty.
menghematkan *v.* economize.

hembus, menghembus, menghembuskan *v.* to blow; to breathe out.
hembusan *n.* puff; a gust of wind.

hempap *v.* crush.
menghempap *v.* crash or fall on top of.
menghempapkan *v.* drop something that is heavy; cause to fall on.

hempas, menghempas *v.* to throw; to lash.
berhempas pulas *v.* to work very hard.
menghempas *v.* to hurl; to dash against; to slam.
terhempas *v.* throw; toss.

hempedal *n.* gizzard.

hempedu *n.* bile.

hempuk *v.* beat against; hurl or throw down.

hendak *v.* want; wish.
berkehendak *v.* to wish for.
berkehendakkan *v.* to want; to require; demand.
kehendak *n.* wish.
menghendaki *v.* require; ask.
sekehendak hati *adv.* according to one's wish.

hendap, menghendap *v.* to spy; to lay an ambush; to lurk.
terhendap-hendap *v.* lurk; wait furtively; be latent.

hening *adj.* clear; pure.
keheningan *n.* quietness; silence; clearness.

hentak, menghentak *v.* to stamp; to strike downwards.
hentakan *n.* stamp of the feet.
menghentakkan kaki to stamp one's foot.

hentam, menghentam *v.* to beat.
hentam keromo *v.* to finish all at once.

henti, berhenti *v.* cause to stop.
memberhentikan, menghentikan *v.* to stop; discontinue; put an end to; cease.
pemberhentian *n.* stopping; stoppage.
perhentian *n.* stopping place.
terhenti *v.* stopped.

henyak, menghenyak *v.* stamp.
menghenyakkan *v.* throw oneself upon.
terhenyak *v.* sit down suddenly.

herba *n.* herb.

herdik, mengherdik *v.* shout; scold; to find fault with.
herdikan *n.* scolding.

heret, mengheret *v.* drag.

hero *n.* main actor; hero.

heroin *n.* main actress; heroine (a drug).

herot *adj.* crooked.

hertz *n.* hertz (Hz)

heterogen *adj.* heterogenous.

hias, berhias *v.* make-up; to adorn oneself.
menghias, menghiasi *v.* to decorate.
menghiaskan *v.* to decorate with something.
perhiasan *n.* decoration; adornment.

hiba *n.* compassion; longing.
hiba hati melancholic.
menghibakan *v.* to move the feeling.

hibur, menghibur, menghiburkan *v.* to entertain; to cheer up.
hiburan *n.* entertainment; amusement.
penghibur *n.* entertainer.
terhibur *v.* entertained.

hidang, menghidangkan *v.* to serve; to present.
hidangan *n.* a dish of food.

hidap, menghidap, menghidapi *v.*

suffer from an illness.

hidayat *n.* guidance.

hidrogen *n.* hydrogen.

hidu, menghidu *v.* smell.

hidung *n.* nose.
hidung tinggi snobbish. *n.* snob.

hidup *v.* to live; long live. *adj.* alive.
n. life.
hidup-hidup *adj.* alive.
hidupan *n.* living things.
kehidupan *n.* life.
menghidupkan *v.* to start something;
to switch on.
penghidupan *n.* livelihood.

hi-fi *n.* high fidelity.

hijau *adj.* green; childish.
kehijauan *adj.* greenish. *n.* greenness.
menghijau *adj.* appear to be green.
v. cause to become green.

hijrah *n.* Muslim era.
berhijrah *v.* to evacuate; to emigrate.
penghijrahan *n.* migration;
emigration.

hikayat *n.* story; history.

hikmat *n.* wisdom; magical powers.

hilang *v.* lose. *adj.* lost; vanished; dead.
hilang akal lose one's senses.
hilang dara lose one's virginity.
hilang kepercayaan lose faith.
hilang semangat lose one's spirit.
kehilangan *n.* loss; disappearance.
menghilang *v.* disappear.
menghilangkan *v.* to cause to vanish;
cause to disappear.

hilir *n.* lower course; downstream.
hilir-mudik *adv.* up and down.
menghilir *v.* to sail downstream.

himpit *v.* to squeeze; crush.
himpitan *n.* squeezing; crushing;
crowd.
berhimpitan *v.* pushing; pressing;
squeezing; crushing.
menghimpit *v.* to squeeze; press.
terhimpit *v.* squeezed; pressed;

crushed.

himpun, berhimpun *v.* to assemble; to
put together.
himpunan *n.* accumulation; collection.
menghimpunkan *v.* to assemble; to
collect.
perhimpunan *n.* assembly; gathering.

hina *adj.* contemptible; mean.
menghinakan *adj.* insulting.
penghinaan *n.* humiliation; insult.
terhina *v.* scorn; disdain.

hincut *adj.* lame.
terhincut-hincut *v.* limping.

hindar, menghindar, menghindari
v. to pull to the side; go; be off; avoid;
evade.
menghindarkan *v.* to stop something
or someone from proceeding.
terhindar *v.* averted; escaped.

hingar, hingar-bingar *adj.* noisy.

hingus *n.* mucus from the nose.

hingga. *prep.* until; till.

hinggap *v.* to perch.
menghinggapi *v.* to perch on; to attack
(by illness).

hinggut *v.* shake; sway.

hipermedia *n.* hypermedia.

hiperteks *n.* hypertext.

hipotesis *n.* hypothesis.

hiput *n.* saprophyte.

hirau, menghiraukan *v.* to pay
attention to.

hiris, menghiris *v.* cut into thin pieces;
slice. *n.* segment; shred; slice.
hirisan *n.* slice; thin broad piece cut
from something.
terhiris *v.* be offended; be hurt; be
touched.

hiruk-pikuk *n.* clamour; uproar.

hirup, menghirup *v.* to sip; to suck.

hisab *n.* calculation.

hisap, menghisap *v.* to suck; to smoke.
menghisap darah to suck blood.
penghisap *n.* smoker; sucker; straw.

hitam *adj.* black.
kehitaman *adj.* very black.
menghitamkan *v.* to blacken.

hitung, menghitung *v.* to count; to consider.
berhitung *v.* to count.
memperhitungkan *v.* to take into consideration.
perhitungan *n.* consideration; calculation; judgement.

hobi *n.* hobby.

hodoh *adj.* ugly.

hologram *n.* hologram.

hon *n.* horn.

honar *n.* chaos; cheating; deceit; disturbance; fraud.

hormat, menghormati *n.* respect; regard; an attitude of deference.
berhormat *adj.* respected.
kehormat *adj.* honourable.
kehormatan *n.* honour.
penghormatan *n.* honour; respect.
terhormat *adj.* respected.

hospital *n.* hospital.

hostel *n.* accommodation for students, nurses, etc.; a supervised place of low cost accommodation; hostel.

hotel *n.* hotel.

hubung *v.* to communicate.
hubungan *n.* connection; ties.
berhubung *prep.* regarding; in respect of.
berhubungan, menghubungkaitkan *v.* interrelated.
menghubungi *v.* to contact somebody.
menghubungkan *v.* to connect.
perhubungan *n.* connection; relationship.
perhubungan darah blood relationship.

hujah *n.* argument; debate; altercation.
berhujah *v.* to wrangle; to contend; to argue.
menghujahkan *v.* contention.

hujan *n.* rain. *v.* to rain.
hujan lebat heavy rain; heavy downpour; pouring rain.
hujan panas rain with sunshine.
hujan rahmat rain of blessing.
hujan rintik-rintik drizzle.
berhujan *v.* to expose oneself in the rain.
kehujanan *v.* caught in the rain.
menghujani *v.* to rain upon; to pour down on.

hujung *n.* end; edge.
hujung jalan end of the road.
hujung kampung end of a village.
hujung minggu weekend.
hujung tahun end of the year.
penghujung *n.* conclusion; ending.

hukum *n.* law. *v.* punish.
hukuman *n.* punishment.
hukuman bunuh; hukuman mati death sentence.
hukuman gantung sentence to death by hanging.
hukuman penjara jail sentence.
menghukum *v.* to punish.

hulu *n.* upper end; handle.

hulubalang *n.* commander; warlord.

hulur, menghulur *v.* to put out; to stretch.
menghulurkan *v.* to release; to stretch.

huma *n.* dry field.

humban, menghumban *v.* to fling; to hurl; to sling.

huni, berhuni *adj.* occupied.
berpenghuni *v.* inhabited.
menghuni *v.* to dwell in.
penghuni *n.* inhabitant.

hunjam, menghunjam *v.* to bore vertically; dive; plunge down.

hunus, menghunus *v.* to draw out; to unsheathe.

hurai, menghuraikan *v.* untie; separate; settle; decide; explain.
huraian *n.* elaboration; explanation; description.
huru-hara *n.* uproar.
menghuru-harakan *v.* to cause; chaos.
huruf *n.* letter.
huruf besar capital letter; block letters.
huruf kecil small letter; lower case.

hurung, menghurung *v.* cancel.
hutan *n.* forest.
perhutanan *n.* forestry.
hutang *n.* debt.
hutang lapuk bad debt.
hutang-piutang all kinds of debts.
berhutang *v.* to owe.
huyung, terhuyung-hayang *v.* to stagger.

Ii

ia *pn.* it (refers to animals, plants, activities, inanimate object, etc.).
beria-ia *v.* discuss, talk truly; really.
mengiakan *v.* to assent to. *adj.* affirmative.
seia sekata *adj.* agreeable.

ialah *v.* is; are.

iau *n.* sound made by a cat.
mengiau *v.* to mew.

ibadat *n.* pious duties; devotion to God.

ibarat *n.* parable; example. *prep.* like.
mengibaratkan *v.* liken to.

iblis *n.* devil.

ibu, ibunda *n.* mother.
ibu ayam pimp.
ibu jari the thumb.
ibu kota *n.* capital city.
ibu mertua *n.* mother-in-law.
ibu negara *n.* capital (nation).
ibu sawat *n.* exchange.
ibu sawat telefon *n.* telephone exchange.
keibuan *adj.* motherly.

idah *n.* a period of time in which a divorced or widowed Muslim woman may not remarry.

idam *v.* year; crave.
idaman *n.* desire.
mengidam *v.* crave; long to eat something.
mengidamkan *v.* to be keen on somthing; to crave.

ide *n.* idea.

ideograf *n.* ideograph.

ideografi *n.* ideography.

idealis *n.* idealist.

ideologi *n.* ideology.

igal, mengigal *v.* to display its feathers.

igau, mengigau *v.* to mutter in sleep.
igauan *n.* nightmare; ravings.

iglu *n.* igloo.

ihsan *n.* good deed; kindness.

ijab *n.* answer to a prayer; tender for goods.
ijab kabul formalization of a matrimony.

ijazah *n.* degree (of education).

ijtihad *n.* study.

ijuk *n.* black fibre of enau palm.

ikal *adj.* curly.
ikal mayang *adj.* long and curly hair.

ikan *n.* fish.
ikan air tawar, ikan darat freshwater fish.
ikan basah fresh fish.
ikan kering dried fish.
ikan laut sea fish.
ikan masin salted fish.
perikanan *n.* fishery.

ikat *v.* band; bunch; bundle; tie.
ikat jamin bail.
ikatan *n.* string; union; band; restriction.
ikatan kasih love ties.
ikatan keluarga family ties.
ikatan perkahwinan matrimonial ties; nuptial knot.
mengikat *v.* to tie; bind. *adj.* binding; obligatory.
pengikat *n.* fastener; an object used

for fastening.
perikatan *n.* federation; alliance;
union; confederation.

ikhlas *adj.* sincere; honest; artless;
frank.
keikhlasan *n.* honesty; sincerity.

ikhtiar *n.* effort; endeavour; make an
effort.
berikhtiar *v.* endeavour.
mengikhtiarkan *v.* devise; plan; exert.

ikhtisar *n.* compendium; summary.

ikhtisas *adj.* professional.

ikhwan *n.* brothers.

iklan *n.* advertisement.
mengiklankan *v.* advertise; publicize.
pengiklanan *n.* act of advertising.
periklanan *n.* pertaining to
advertising.

iklim *n.* climate.

ikon *n.* icon.

ikonik *adj.* iconic.

ikrab *adj.* intimate.

ikrar *n.* promise; pledge; vow.
berikrar *v.* to promise.
mengikrarkan *v.* to pledge to carry
out something.

iktibar *n.* example; teaching.

iktikad *n.* faith.
beriktikad *v.* intend to.

iktiraf, mengiktiraf *v.* recognize;
acknowledge; accept.
pengiktirafan *n.* recognition;
acknowledgement; acceptance.

iktisad *n.* economy.

ikut, mengikut *v.* to follow; go or come
after; obey.
ikut angin temperamental; moody.
ikut serta participate; partake.
ikut-ikutan *v.* follow blindly; not
having one's own opinion.
berikut *adj.* following; next; about to
be mentioned; after.

berikutan *adj.* following that.
mengikut perintah obey orders.
mengikuti *v.* shadow; follow.
pengikut *n.* follower.
terikut-ikut *v.* to copy; to imitate.

ilai, mengilai *v.* to laugh loudly; scream.

ilham *n.* inspiration.
mengilhamkan *v.* inspire; stimulate to
creative; instil an idea into.

ilmiah *adj.* scholarly; academic.

ilmiawan *n.* scholar.

ilmu *n.* knowledge; learning.
berilmu *adj.* learned.

ilustrasi *n.* illustration.
mengilustrasikan *v.* serve to illustrate.

imaginasi *n.* imagination.

imam *n.* a male who leads the Muslims
while praying (both men and women
in the mosque, surau or anywhere).

imbang, mengimbang *v.* balance.
berimbang *adj.* matched; equal;
balanced. *v.* balance.
keseimbangan *n.* balance; equilibrium.
seimbang *adj.* equal; balanced.

imbas *v.* glimpse.
mengimbas *v.* glimpse; descry.
imbasan *n.* a glimpse.

imbuh *n.* supplement; extra.
imbuhan *n.* affix; addition.

imej *n.* image.

imigran *n.* immigrant.
imigrasi *n.* immigration.

imaginasi *n.* imagination; fancy;
creative thought.

imigresen *n.* immigration.

impedans *n.* impedance.

imperialis *n.* imperialist.
imperialisme *n.* imperialism.

impi, mengimpikan *v.* dream; have
visions in sleep.
impian *n.* dream.

implikasi *n.* implication.

import *n.* import.

imsak *n.* time indicating the beginning of fasting.

inai *n.* henna.
berinai *v.* to apply henna on the nails, etc.

inang *n.* nursery maid.

inap, menginap *v.* lodge; to spend the night; reside.
penginapan *n.* lodging.

incang *adj.* zigzag.

inci *n.* inch.

incut *adj.* cripple; lame.

indah *adj.* beautiful.
keindahan *n.* beauty.
mengindahkan *v.* to beautify.

indeks *n.* index.
indeks analisis analytical index.

indera, panca indera *n.* the five senses.

indik, mengindik *v.* trample.

individu *n.* & *adj.* individual.

induk *n.* mother (animal).

industri *n.* industry.
industri berat heavy industry.
industri ringan light industry.
perindustrian *adj.* industrial; industrialized.

inflasi *n.* inflation.

influenza *n.* influenza.

informasi *n.* information.

infrastruktur *n.* infrastructure.

ingat, mengingat, mengingati *v.* to remember; to be careful; recall.
ingat-ingat *v.* to be cautious; to look out; remember.
ingatan *n.* memory; recollection; remembrance.
ingatan baca sahaja read only memory (ROM)
ingatan jangka panjang long term memory.
beringat-ingat *v.* be careful; be aware.
mengingatkan *v.* remind; warn; reminisce.
memperingati *v.* to commemorate.
peringatan *n.* reminder; warning.
seingat *v.* recalled; as remembered.
teringat *adj.* to be reminded.
teringat-ingat *v.* recall repeatedly; pictured in the mind.

Inggeris *n.* English.
orang Inggeris (the) English.

ingin *v.* wish; want.
keinginan *n.* desire; want; wish.
menginginkan *v.* to wish for; to desire; to yearn for.
teringin *v.* crave; yearn.

ingkar *v.* to break a pledge.
adj. disobedient.
mengingkari *v.* to break a pledge; disobey.

ingus *n.* mucus from the nose.
beringus *adj.* running nose.

ini *pn.* this.

inisiatif *n.* initiative.

injak *n.* pedal; footboard on either side of a motorcar.
menginjak *v.* to step on; trample.

injap *n.* valve. *adj.* valvular.

injeksi *n.* injection.

inovasi *n.* innovation.

insaf *v.* realize; aware; repent.
adj. repentant.
keinsafan *n.* realization.
menginsafi *v.* to realize; repent.

insan *n.* mankind; human beings.

insang *n.* gills.

inspektor *n.* inspector.

inspirasi *n.* inspiration.
berinspirasi *adj.* inspiring.

institusi *n.* institution.

institut *n.* institute.

insurans *n.* insurance.

intai, mengintai *v.* to peep; to spy.
pengintaian *n.* observation; spying.

intan *n.* diamond.

intelek *n.* intellect; intellectual.
adj. intellectual.

intensif *adj.* intensive.

interkom *n.* intercom.

internasional *adj.* international.

inti *n.* ingredient or the filling in a tart or a pie.

intip, mengintip *v.* to spy on.
pengintip *n.* secret agent; a spy.
pengintipan *n.* spy.

intonasi *n.* intonation.

inventori *n.* inventory.

invertebrata *n.* invertebrate.

invois *n.* invoice.

iodin *n.* iodine.

ion *n.* ion.

ipar *n.* brother or sister-in-law.
ipar duai *n.* in-laws.

irama *n.* rhythm.
berirama *adj.* having rhythm; rhythmic.

iras *adj.* alike. *v.* resemble.

iri, iri hati *adj.* jealous; envious.

irik, mengirik *v.* to thresh stalks of paddy with the feet.

iring *v.* to accompany.
iringan *n.* accompaniment.
beriringan *adv.* followed by; walk together.
mengiringi *v.* to escort; to accompany. *adj.* accompanying.
pengiring *n.* attendant; follower;

escort; chaperon.
seiring *adv.* side by side.

isak *v.* to sob.
terisak-isak *adv.* sobbing.

iris *n.* iris.

isi *n.* contents.
isi hati what is in the heart; feelings.
isi padu volume.
isi surat contents of a letter.
berisi *adj.* containing something; filled.
mengisi, mengisikan *v.* to fill up; make full; occupy.
perisian *n.* programming.

Islam *n.* Islam (religion).
orang Islam *n.* (the) Muslim.
Islamisasi *n.* Islamization.
keislaman *n.* Islamic.
mengislamkan *v.* convert to Islam; Islamize.
pengislaman *n.* conversion to Islam.

Isnin *n.* Monday.

isotop *n.* isotope.

israk *n.* the journey taken by Prophet Muhammad from Mecca to Jerusalam in a single night.

istana *n.* palace.

isteri *n.* married woman; wife.
isteri muda second wife.
isteri tua first wife.
beristeri *adj.* married (of a man).
memperisteri *v.* to take a wife; to marry a woman.
memperisterikan *v.* marry; give in marriage.

istiadat *adj.* ceremonial. *n.* ceremony.

istilah *n.* term; terminology.
peristilahan *adj.* terminological.

istimewa *adj.* extraordinary; special; unique; exceptional.
keistimewaan *n.* specialty; peculiarity.
teristimewa *adj.* most special.

istirahat, beristirahat *v.* to rest.

isu *n.* issue.

isyak *n.* evening prayer.

isyarat *n.* warning; signal; hint.
isyarat audio audio signal.
isyarat televisyen television signal.
isyarat video video signal.
mengisyaratkan *v.* cue; signal to do something; sign; beckon.

isytihar, mengisytiharkan *v.* to notify; to declare; to proclaim; announce.
perisytiharan *n.* declaration;

proclamation.

italik *adj.* italic.

itik *n.* duck.

itu *pn.* that; those.

izin *v.* permit; consent.
keizinan *n.* permission.
mengizinkan *v.* to permit; give permission; consent to.

Jj

jabat *v.* hold; grasp; holding a post.
sejabat *n.* colleague.
jabatan *n.* department.
adj. departmental.
berjabat *v.* to shake hands.
menjabat *v.* to seize; to occupy a post.
pejabat *n.* office.

jadam *n.* a kind of medicine for stomach ailments.

jadi *v.* happen; occur; to be born.
jadi-jadian *n.* apparition.
menjadi *v.* to become; come to be.
menjadikan *v.* to make; to cause; to create; set up.
kejadian *n.* incident; event.
terjadi *v.* happen; befall; take place.

jadual *n.* programme; list; schedule.
menjadualkan *v.* schedule.
penjadualan *n.* scheduling.

jag *n.* pitcher; jug.

jaga *v.* to awake; to look after. *n.* guard.
jagaan *n.* custody; charge; care; supervision.
berjaga, berjaga-jaga *v.* be on guard; be careful; take care.
menjaga *v.* to watch; to look after.
penjaga *n.* watchman; caretaker; guardian.
penjagaan *n.* under the care of.
terjaga *v.* awoke; emerge from sleep.

jagat *n.* world.
sejagat *adj.* worldwide; universal.
adv. universally.

jagoan *n.* game cock; champion.

jaguh *n.* champion.

jagung *n.* maize.

jahanam *n.* hell; scoundrel. *adj.* ruined; spoilt.
menjahanamkan *v.* wreck; destroy.

jahat *adj.* immoral; naughty; bad; wicked; evil.
kejahatan *n.* badness; wickedness.
penjahat *n.* bandit.
sejahat-jahat *adj.* however bad.

jahil *adj.* ignorant; uneducated; unaware.
kejahilan *n.* ignorance; lack of knowledge; unawareness.

jahit, menjahit *v.* to sew; to stitch
jahitan *n.* sewing.
tukang jahit *n.* tailor.
jahit-menjahit *n.* needlework.
menjahitkan *v.* sew for someone.

jail, penjail *n.* a kind of rod with a noose and made of fibre which is used to catch prawns.

jaja, berjaja, menjaja *v.* to hawk; peddle goods.
penjaja *n.* hawker.

jajah, menjajah *v.* to colonize; to establish a colony.
jajahan *n.* colony.
penjajah *n.* colonialist; colonizer.
adj. colonial.
penjajahan *n.* colonialism; domination; imperialism.

jajar *n.* row; line.
berjajaran *adj.* in a row; next to
sejajar *adj.* parallel; in line with; in alignment.

jaket *n.* jacket.

jaksa *n.* justice.

jala *n.* fishing net.

jala-jala *n.* hairnet.
menjala *v.* to fish with cast net.
penjala *n.* fisherman.

jalan *v.* walk.*n.* road; street; way.
jalan belakang back road.
jalan cerita plot.
jalan darat land route.
jalan keluar exit; way out.
jalan laut sea route.
jalan pintas short cut.
jalan raya roadway; road.
jalan sehala one-way street.
jalan tengah middle of the road; moderate.
berjalan *v.* to walk; stroll.
berjalan-jalan *v.* to take a stroll.
menjalani *v.* undergo.
menjalankan *v.* to perform; to carry out.
pejalan kaki *n.* pedestrian; walker.
perjalanan *n.* journey.

jalang *adj.* wild.

jalar, menjalar *v.* creep; crawl.
adj. creeping.

jalin, menjalin *v.* to plait; to braid; weave; establish; bring about; create.
menjalinkan *v.* establish a relationship.
terjalin *v.* woven; plaited; established.

jalur *n.* stripe; strip.
jaluran *n.* stripe.
berjalur-jalur *adj.* striped; stripy.

jam *n.* clock; watch; hour.
berjam-jam *adv.* for hours.

Jamadilakhir *n.* the sixth month of the Muslim calendar.

Jamadilawal *n.* the fifth month of the Muslim calendar.

jamah, menjamah *v.* to touch; to taste; eat in small amount.

jamak *adj.* plural.

jambak *class.* bunch; bouquet.

jamban *n.* toilet; lavatory.

jambang, jambangan *n.* sideburns; flowers arranged in a vase.

jambat, jambatan *n.* bridge.

jambori *n.* jamboree.

jambu *n.* guava.

jambul *n.* tuft of hair; crest.

jamin *v.* guarantee; promise.
jaminan *n.* guarantee.
menjamin *v.* to guarantee; secure.
terjamin *v.* guaranteed; assured; secure.
penjamin *n.* guarantor.

jampi *n.* magic formula; incantation.

jampuk *n.* owl.

jamu *n.* medicine made from herbs.
jamuan *n.* reception; party; feast; banquet.
berjamu *v.* receiving or having guests.
menjamu *v.* to entertain; to feast.

jana *n.* life.
janakuasa *n.* generator.
menjanakan *v.* to generate; produce.
penjana *n.* generator.
penjanaan *n.* generation; production of energy.

janda *n.* widow.
janda berhias childless widow.
janda muda young widow.
menjanda *v.* remain as a widow.

jangan *v.* don't.
jangan-jangan *adv.* maybe.
jangankan *v.* let alone.

janggal *adj.* awkward.
kejanggalan *n.* awkwardness.

jangka *n.* period of time; meter.
jangka angin anemometer.
jangka masa duration of time.
jangka suhu thermometer.
jangkaan *n.* expectation; anticipation.
menjangka, menjangkakan *v.* expect; anticipate.

janggus *n.* a type of tree bearing edible fruit.

janggut *n.* beard.

berjanggut *adj.* bearded.

jangkau *v.* to stretch out the arm to grab something.
jangkauan *n.* extent of reaching; reach.
menjangkau *v.* stretch out; reach.
terjangkau *v.* stretched; reached.

jangkit, berjangkit, menjangkitkan *adj.* infectious; infected.
jangkitan *n.* infection.
menjangkiti *v.* infect; communicate disease.

jangkung *n.* heron.

janji *n.* promise.
janji temu appointment; arrangement to meet someone.
berjanji *v.* to make a promise.
menjanjikan *v.* to promise.
perjanjian *n.* agreement; contract,

jantan *adj.* male; brave.
kejantanan *n.* masculinity; male.

jantina *n.* sex.

jantung *n.* heart.
jantung hati sweetheart.

Januari *n.* January.

jarak *n.* distance; length.
jarak fokus focal length.
berjarak *v.* to be at a distance from.
menjarakkan *v.* to space out; position apart.
menjarakkan anak spaced out the birth of children; spread over a period of time.

jaram *n.* something which is used to cool the head.

jarang, jarang-jarang *adv.* seldom; rarely; hardly.

jarang *adj.* transparent (of material); thin (of hair).

jari *n.* finger.

jaring *n.* net.
penjaring *n.* scorer.

jarum *n.* needle.

jarum gramafon gramophone needle.
jarum jam hand of a clock.
jarum kait knitting needle.
jarum pendek hour hand.
jarum panjang minute hand.
jarum peniti pin.

jasa *n.* merit; service.
jasa baik good deed.
berjasa *v.* to perform one's duty.

jasad *n.* body.

jasmani, jasmaniah *adj.* physical.

jati *adj.* real; pure; genuine; authentic.
n. teakwood.
sejati *adj.* real; true (friends).

jatuh *v.* to fall; to fail.
jatuh cinta fall in love.
jatuh hati fall for.
jatuh miskin become poor.
jatuh sakit fall ill; fall sick.
kejatuhan *n.* fall; collapse.
menjatuhkan *v.* to topple; to cause something to fall.
terjatuh *v.* accidentally fall.

jauh *adj. & adv.* far; distant.
berjauhan *adv.* apart; away from one another.
kejauhan *adv.* afar.
menjauhi *v.* avoid; shun.
menjauhkan bencana avoid disaster.
sejauh *conj.* as far as.

jauhari *n.* jeweller; expert.

jawa, asam jawa *n.* tamarind.

jawab, menjawab *v.* answer; respond; reply.
jawapan *n.* answer; response.
berjawab *adj.* answered.

jawat, sejawat *n.* colleague.
jawatan *n.* post; appointment; job.
jawatankuasa *n.* committee
berjawatan *v.* to hold a post.
menjawat *v.* to hold an office.
perjawatan *n.* post.

Jawi *n.* Arabic characters.

jaya *adj.* successful.

jayanya *adv.* successfully.
berjaya *v.* succeed; manage to gain
something. *adj.* successful.
kejayaan *n.* success.
menjayakan *v.* to make something
successful.

jebak *n.* trap.
menjebak *v.* ensnare; to trap.
terjebak *v.* trapped; tricked; ensnared.

jed *n.* jade.

jeda *n.* interval.

jegil *adj.* bulging; wide open (of eyes).
menjegilkan *v.* stare with horror or
surprise.

jejak *n.* trail; track.
menjejak *v.* to trail.
menjejaki *v.* trailed; track.

jejaka *n.* bachelor; young man.

jejal *adj.* crowded

jejantas *n.* flyover.

jejari *n.* radius.

jejarum *n.* stylus.

jejas *v.* affect.
menjejaskan *v.* affect; act upon
adversely.
terjejas *adj.* affected; adversely acted
upon.

jel *n.* jail; prison.

jela, berjela, berjela-jela *v.* trailing.

jelaga *n.* soot.

jelajah, menjelajah, menjelajahi *v.*
explore.
penjelajah *n.* explorer.
penjelajahan *n.* exploration.

jelak *adj.* fed up with; bored with.

jelang, menjelang *prep.* toward; close
to; approaching.

jelapang *n.* rice bowl.

jelas *adj.* clear; well-defined; evident.
menjelaskan *v.* to explain; to settle.

penjelasan *n.* explanation;
clarification.

jelata *n.* commonality; mass.

jeli *n.* jelly.

jelik *adj.* ugly; bad; repulsive.

jeling *v.* to ogle.
jelingan *n.* sidelong look; glance.
menjeling *v.* exchange side-long
glances; to look out of the corner of
the eyes.

jelir, menjelir, menjelirkan *v.* to stick
out (tongue).

jelita *adj.* lovely; pretty; beautiful.
jelitawan *n.* beautiful girl.
kejelitaan *n.* loveliness; beauty.

jelma, menjelma *v.* to incarnate;
materialize.
jelmaan *adj.* metamorphic; incarnate.
menjelmakan *v.* to create; to
materialize.
penjelmaan *n.* incarnation;
metamorphosis; materialization.

jelujur *n.* temporary stitches.
menjelujur *v.* baste.

jem *n.* jam.

jemaah *n.* assembly; pilgrim;
congregation.

jemba *n.* measure of length.

jembalang *n.* earth gnomes.

jempul *n.* thumb.

jemput, menjemput *v.* to invite; to
receive; to call for.
jemput-jemput *n.* cake made from
mixture of flour and bananas.
jemputan *n.* invitation; request.
sejemput *n.* a pinch.

jemu *adj.* bored; weary.
menjemukan *v.* cause to feel bored.
adj. boring; dull.

jemur, berjemur *v.* to sunbathe; bask.
jemuran *n.* clothes hung out to dry.
menjemur *v.* to dry soemthing.

jenak, sejenak *n.* a moment.

jenaka *n.* joke.
berjenaka *v.* to joke.

jenama *n.* brand; trade mark.
berjenama *v.* branded.

jenang *n.* window or door frame; jamb.

jenayah *n.* crime.
penjenayah *n.* criminal.

jenazah *n.* body of a deceased person; corpse.

jendela *n.* window.

jeneral *n.* general.

jengah, menjengah *v.* to peep; to glance at; look in.

jengkal, sejengkal *n.* a span (between thumb and finger).

jengkau, menjengkau *v.* to reach out.

jengkel *adj.* annoyed; irritated.
menjengkelkan *v.* annoy; irritate; provoke. *adj.* annoying; irritating.

jengket, berjengket, menjengket *v.* stand on tiptoe.

jenguk, menjenguk *v.* to look with head thrust forward; to look in.
menjengukkan *v.* stretch the head forward.

jenggul *v.* stick out; emerge.
menjenggulkan *v.* protrude.

jenis *n.* kind; sort; type.
berjenis-jenis *n.* variety.
penjenisan *n.* grouping; classification.
sejenis *n.* of one kind; a type of.

jenjang *adj.* slender; long.

jentera *n.* machinery; machine.

jentik, menjentik *v.* to snap; flick.

jentik, jentik-jentik *n.* larva.

jenuh *adj.* satisfied; full.

jeram *n.* rapids.

jerami *n.* straw.

jeran *v.* discourage; to deter; daunt.

jerang, menjerang, menjerangkan *v.* to boil; to heat; to put on the fire.

jerangkung *n.* bony framework of the human body; human skeleton.

jerat *n.* a snare.
menjerat *v.* to snare; to trap.

jerawat *n.* pimple.

jerembat, terjerembat *v.* to fall headlong.

jerempak, terjerempak *v.* to meet by chance.

jerih *adj.* tired; exhausted.

jering *n.* a type of tree and its malodorous fruit.

jerit, menjerit *v.* to scream.
terjerit-jerit *v.* shrieking; screaming.

jerjak *n.* trellis; lattice; laths; bar.

jerkah *n.* snarl; yell.
menjerkah *v.* to snarl.

Jerman *n.* German.

jernih *adj.* clear; not turbid; pure.
kejernihan *n.* clearness; purity.
menjernihkan *v.* clear; purify.

jeruk *n.* pickle.

jerumus, menjerumuskan *v.* cause to fall; ensnare.
terjerumus *v.* to fall forward.

jerung *n.* shark.

jerut, menjerut *v.* to tighten a knot; to strangle with rope.

jet *n.* jet.
jet pejuang fighter jet.

jeti *n.* jetty.

jidal *n.* thimble.

jihad *n.* holy war.

jijik *adj.* disgusting.

kejijikan *n.* disgust.
menjijikkan *adj.* loathsome; revolting.

jika *conj.* if.

jikalau *conj.* if.

jilat, menjilat *v.* lapping; to lick.
menjilat-jilat *v.* to lick with the tongue.

jilid *n.* volume; binding.
jilid pilin spiral binding.
jilid sisir comb binding.
menjilid *v.* to bind.
penjilidan *n.* binding.

jimat *adj.* thrifty; economical.
jimat cermat thrifty.
berjimat *adj.* thrifty; prudent; careful.
menjimatkan *v.* to save on.

jin *n.* spirit.

jinak *adj.* tame; domesticated.
berjinak-jinak *v.* to familiarize with.
kejinakan *n.* tameness.
menjinakkan *v.* to tame; domesticate.

jingga *adj.* orange.

jinjang *adj.* slender (of the neck); long.

jinjing, menjinjing *v.* to carry light objects in the hand.

jintan *n.* spice.
jintan manis aniseed.
jintan putih cummin.

jip *n.* jeep.

jiplak, ciplak *v.* to copy; to imitate; plagiarize.

jiran *n.* neighbour.
berjiran *adj.* having someone as a neighbour; neighbouring; neighbourly.
kejiranan *n.* neighbourliness.

jirat *n.* non-Muslim grave.

jirim *n.* matter.

jirus, menjirus *v.* to water; douse; pour.

jisim *n.* body; mass.

jitu *adj.* correct; solid; accurate; exact.
kejituan *n.* accuracy.
menjitukan *v.* to correct.

jiwa *n.* soul; spirit.
berjiwa *v.* to be alive; to have the spirit of.
menjiwai *v.* put more life into.

jodoh *n.* marriage partner; match.
berjodoh *v.* to take as one's mate.
menjodohkan *v.* to marry off.

joget *n.* dance.
berjoget *v.* to dance.

johan *n.* champion.
kejohanan *n.* championship.
kejohanan terbuka open championship.

joki *n.* jockey.

joli, berjoli *v.* to enjoy; to take life easy

jolok, menjolok *v.* to poke; thrust.
menjolok mata shameful; conspicuous; eye-catching; unsightly.

jong *n.* junk.

jongang *adj.* protruding (of teeth); jagged and projecting.

jongkang-jongket *n.* see-saw.

jongkong *n.* large dugout canoe; ingot.

joran *n.* fishing rod.

joreng *n.* small piece; shred.

jorong *n.* betel leaf container; funnel.

jua *adv.* and yet; all the same; also.

juadah *n.* delicacy; comestibles.

juak, juak-juak *n.* court pages.

jual, berjual *v.* to sell.
jualan *n.* merchandise; sale; amount sold.
berjual beli *v.* to trade.
menjual *v.* to sell.
penjual *n.* seller.

juang, berjuang *v.* to fight; to struggle.
memperjuangkan *v.* to fight for.

pejuang n. fighter; soldier.
perjuangan n. fight; struggle.
seperjuangan adj. struggle or fight together.

juara n. champion.
juara bersama joint champion.
juara bertahan defending champion.
kejuaraan n. championship.
menjuarai v. gain victory in championship; win.

jubah n. robe.

jubli n. jubilee.
jubli emas golden jubilee.
jubli perak silver jubilee.

judi, berjudi v. to gamble; lay bets.
memperjudikan v. bet; gamble something away.
penjudi n. gambler.
perjudian n. gambling.

judo n. judo.

judul n. subject; title.
berjudul v. entitled.

juga adv. also; too.

juita adj. lovely; sweet.

jujuh, berjujuh v. trickle.

jujur adj. honest; trustworthy.
kejujuran n. honesty.

Julai n. July.

julang, menjulang v. to soar; to carry a person on the shoulder; praise.

julap n. & adj. laxative.

juling v. squint.

julukan n. nickname; pet name.

julung adj. primary; the first.
julung kali n. the first time.

julur, menjulur v. to stick out.
menjulurkan v. stick something out.

Jumaat n. Friday.

jumlah n. total.
berjumlah v. total.

menjumlahkan v. to add up; to total up.
sejumlah n. an amount of; a sum of.

jumpa, berjumpa v. come together; to meet.
jumpaan n. find; discovery.
menjumpai v. to meet with; to find; discover.
perjumpaan n. meeting.
terjumpa v. found.

Jun n. June.

junam, menjunam v. move or go downwards; diving headlong; dive.
terjunam v. plunge in headlong.

junjung, menjunjung v. to carry on the head; to respect deeply.

juntai, berjuntai v. to dangle.
adj. dangling.

jurang n. ravine; gap.
jurang generasi generation gap.

juri n. jury.

jurnal n. daily record of news; journal.

juru n. an expert.
juruacara master of ceremony (MC); compere.
juruaudit auditor.
juruazan muezzin.
jurubahasa interpreter.
jurubina architect.
juruhebah announcer.
jurujual distributor; salesman.
jurukamera cameraman.
jurukira accountant.
jurumudi helmsman.
jurulatih coach; trainer.
jururawat nurse.
jurusawat mechanic.
juruselam diver for pearls, etc.
jurusolek beautician.
jurutaip typist.
juruteknik technician.
jurutera engineer.
juruterbang aircraft pilot.
jurutrengkas stenographer.
juruukur surveyor.
juruulas commentator.

juruwang cashier.
kejuruteraan n. engineering.
jurus, sejurus n. a moment.
  jurusan n. department; direction; stream.
  menjurus v. direct; guide.
jus n. juice.

jut n. jute.
justeru adv. hence; for this reason.
juta n. million.
  jutawan n. millionaire.
  berjuta-juta n. millions of.
juz n. one of the chapters in the Koran.

Kk

Kaabah *n.* cube-shaped stone building in the mosque at Mecca; Kaaba.

kabel *n.* cable.

kabin *n.* cabin.

kabinet *n.* cabinet.

kabu, kekabu *n.* cotton tree; kapuk.

kabul, mengabulkan *v.* to fulfil; to grant.
terkabul *v.* granted; fulfilled.

kabung, berkabung *v.* to mourn.
perkabungan *n.* mourning.

kabur *adj.* bad (as of eyesight); dim of sight; faded; blurred; hazy.
mengaburkan, mengaburi *v.* make blur; make vision indistinct.

kabus *n.* mist; haze.

kabut *n.* mist; haze.
berkabut *adj.* misty; foggy.
kelam-kabut *adj.* chaotic.

kaca *n.* glass.

kacak *adj.* smart; handsome.

kacang *n.* bean.
kacang bendi ladies' finger; okra.
kacang goreng peanut.

kacau *v.* confuse; disturb; annoy.
kacau-bilau *adj.* chaotic; in disorder.
kekacauan *n.* riot; disturbance; disorder.
mengacau *v.* to stir; to disturb.
mengacaukan *v.* stir; to mix.
pengacau *n.* disturber; troublemaker.

kacip *n.* scissors for cutting betelnuts.

kacukan *adj.* mixed.

kad *n.* card.
kad imbasan flash card.
kad ingat idiot card.

kadam *n.* sole of the foot.

kadang-kadang, kadang kala *adv.* sometimes; now and then.

kadar *n.* ratio; proportion.
kadar ralat error rate.
berkadar *adj.* proportional.
sekadar *adv.* only; at the same rate.

kadbod *n.* cardboard.

kadet *n.* cadet.

kadi *n.* Muslim judge.

kaduk *n.* a person who is foolish.

kaedah *n.* method.
kaedah deduktif deductive method.
kaedah didaktif didactic method.
kaedah eklektik eclectic method.
kaedah induktif inductive method.

kafan *n.* a shroud.

kafilah *n.* caravan; convoy of travellers.

kafir *n.* non-Muslim; unbeliever; infidel.
mengkafirkan *v.* to consider as an infidel.

kafling *n.* cufflinks.

kaget *adj.* startling; surprising; alarming.
mengagetkan *v.* surprise; amaze.

kagum *adj.* astounding; amazing.
mengagumi *v.* amaze.
mengagumkan *adj.* amazing;
kekaguman *n.* astonishment; amazement.

kahak *n.* phlegm.

kahwin *v.* to marry.
kahwin lari elope.
kahwin paksa forced marriage.
mengahwini *v.* marry.
mengahwinkan *v.* marry somebody off.
perkahwinan *n.* marriage; wedding.

kail *n.* fishing rod.
mengail *v.* to fish (with a rod).
pengail *n.* fisherman.

kain *n.* cloth; material.

kais, mengais *v.* to scratch with the claws (animal).

kait, mengait *v.* to knit.
kaitan *n.* correlation; connection; relevance; relationship.
berkaitan *adj.* related; associated.
mengaitkan *v.* to connect; associate.
perkaitan *n.* connection.

kajang *n.* palm-frond roofing for boats or carts.

kaji, mengkaji *v.* to study; examine by research or observation.
kaji bintang astronomy.
kaji bumi geology.
kaji cuaca meteorology.
kaji haiwan zoology.
kaji hayat biology.
kaji purba archaeology.
kaji selidik survey; study.
kaji tumbuhan botany.
kajian *n.* study; analysis; scrutiny of a subject.
kajian kes simulasi simulated case study.
kajian luar field study.
mengaji *v.* read the Koran.
pengajian *n.* study; pursuit of knowledge in a particular branch of learning.
pengkajian *n.* research.
pengkaji *n.* researcher.

kakak *n.* elder sister.

kakaktua *n.* cockatoo.

kakanda *n.* elder brother or sister.

kakap *v.* patrol.

kaki *n.* foot; foot (measure).
kaki ayam barefoot; not wearing shoes.
kaki bangku one who do not play football.
kaki bola one who loves football.
kaki gaduh troublemaker.
kaki judi gambler.
kaki tiga *n.* tripod.
kakitangan *n.* assistant; staff.

kaktus *n.* cactus.

kaku *adj.* stiff; unbending; not supple.
kaku lidah tongue-tied; too shy to speak.

kala *n.* time.
berkala *adj.* periodic; periodical.
kala jengking *n.* scorpion.

kalah *adj.* defeated; lost.
kalah mati knockout system.
kekalahan *n.* defeat.
mengalah *v.* to give in; surrender.
mengalahkan *v.* defeat somebody.

kalam *n.* writing pen.

kalang *n.* transverse support.

kalau *conj.* if.
kalau-kalau *adv.* maybe.

kalbu *n.* heart.

kalendar *n.* calendar.

kali *v.* multiply.
kali-kali *n.* multiplication table.
berkali-kali *adv.* repeatedly.
sekali *adv.* once; very; at the same time.
sekali imbas brief look; glance.
sekali-sekala once in a while.
sekalipun *conj.* although.
sekalian *adj. & pn.* all.

kalimah *n.* two of the Muslim confessions of faith.

kalimantang *n.* fluorescent light.

kalimat *n*. sentence.

kalis *adj*. able to withstand; proof.
kalis air waterproof.
kalis api fireproof.
kalis peluru bulletproof.

kalori *n*. calorie.

kalsium *n*. calcium.

kalung *n*. necklace.
mengalungkan *v*. put a garland.

kalut *n*. disorder.

kamar *n*. room.

kambing *n*. goat.
gembala kambing goatherd.

kamera *n*. camera.
kamera polaroid polaroid camera.

kambus, mengambus *v*. to cover something in; engulf.
terkambus *v*. buried with earth.

kami *pn*. we; us.

kamir *n*. yeast.

kampit *n*. sack.

kampung *n*. village.
berkampung *v*. to assemble.
perkampungan *n*. a group of villages.

kampus *n*. campus.

kamu *pn*. you; your; all of you.

kamus *n*. dictionary.

kanak-kanak *n*. child.

kanan *adj*. right; senior.

kancah *n*. 1. large pot. 2. arena.

kancil *n*. mousedeer.

kancing *n*. buckle; fastener.
berkancing *adj*. having a fastener.
mengancing *v*. fasten; fix firmly.
terkancing *v*. fastened.

kandang *n*. cage; pen.
mengandang *v*. to put in an enclosure.

kandar *n*. a pole balanced over the shoulder to carry things.

kandas *v*. to run aground; to fail.
terkandas *adj*. unsuccessful; stranded; aground.

kandung, mengandung *adj*. pregnant; significant.
kandungan *n*. contents.
mengandungi *v*. to contain; consist of; fill with.

kanggaru *n*. kangaroo.

kangkang, mengangkang *v*. to straddle. *adv*. astride.
terkangkang *v*. place legs wide apart.

kangkung *n*. a kind of vegetable which grows in water.

kanji *n*. starch.
berkanji *adj*. starched; starchy.
menganji *v*. to starch something.

kanser *n*. cancer.

kanta *n*. lens.
kanta cekung concave lens.
kanta cembung convex lens.
kanta pembesar magnifying lens.

kantin *n*. canteen.

kantuk *n*. drowsiness; sleepiness.
mengantuk *adj*. sleepy; drowsy.

kantung *n*. pouch; purse.

kanun *n*. code of law.

kanvas *n*. canvas.

kapah *v*. gasp; tremble.
terkapah-kapah *v*. gasping; trembling.

kapak *n*. axe.
mengapak *v*. cut with an axe.

kapal *n*. ship.
kapal angkasa spaceship.
kapal induk mother ship.
kapal korek dredge.
kapal perang battleship.
kapal selam submarine.
kapal terbang aeroplane.
perkapalan shipping.

kapar, berkaparan *v.* to be scattered; strewn.
terkapar *v.* sprawl; lie with hands and legs spread out; scatter.

kapas *n.* cotton.

kapit *n.* escort; flank.
mengapit *v.* to flank; to escort.
pengapit *n.* bridesmaid.
terkapit *v.* flanked.

kapitalis *n.* capitalist.

kapsul *n.* capsule.

kapsyen *n.* caption.

kapten *n.* captain.

kapuk *n.* kapok-tree; a type of cotton.

kapur *n.* lime; chalk.
kapur tulis writing chalk.
mengapuri *v.* to whitewash.

kara *adj.* all alone.

karam *v.* to sink; to be flooded; submerge.

karan *n.* electric current.
karan rambut to perm the hair.

karang, batu karang *n.* coral.

karang, mengarang *v.* compose; arrange.
karangan *n.* composition.
pekarangan *n.* front portion of a house.
pengarang *n.* author.

karat *n.* carat.
berkarat *adj.* rusted. *v.* to rust.

karbohidrat *n.* carbohydrate.

karbon *n.* carbon.

kari *n.* curry.

kariah *n.* female Quran reader; village.

karib *adj.* intimate.

karipap *n.* curry-puff.

kartrij *n.* cartridge.

kartun *n.* 1. cartoon. 2. carton.

karun *n.* a rich man who was swallowed by the ground due to his pride during the time of Moses.

karung *n.* sack.

karut *adj.* false; untrue. *n.* nonsense.
karut-marut *n.* nonsense.

karya *n.* literary work.
karyawan *n.* writer.

kasa *n.* gauze.

kasap *adj.* rough.

kasar *adj.* rough; rude; coarse.
kekasaran *n.* coarseness; roughness; rudeness.
mengasarkan *v.* roughen.

kaset *n.* cassette.
kaset audio audio cassette.
kaset padat compact cassette.
kaset video video casette.

kasi *adj.* castrated.
mengasi *v.* to castrate.

kasih *v.* to love.
kasih sayang affection; fondness.
kasihan *n.* pity; sympathy.
berkasih-kasihan *v.* to be in love with each other.
kekasih *n.* sweetheart; lover.
mengasihani *v.* to pity; to sympathize with someone.
mengasihi *v.* to love; have affection for someone.
pengasih *n.* lover.
ubat pengasih love spell.

kasta *n.* caste.
berkasta *v.* adopting the caste system.

kastam *n.* customs.

kastard *n.* custard.

kasuari *n.* ostrich.

kasut *n.* shoe.
kasut bola football boots.
kasut getah rubber shoes.

kata *v.* to say. *n.* word.

kata capaian access word.
kata hati intuition.
kata orang as said by people.
katakan *v.* tell; suppose.
berkata-kata *v.* to chatter.
mengata *v.* gossip.
mengatakan *v.* to mention; to tell.
memperkatakan *v.* talk; discuss about.
perkataan *n.* word.
sekata *adj.* even.

katak *n.* frog.

katalog *n.* catalogue.
katalog buku book catalogue.
katalog kad card catalogue.
katalog pengarang author catalogue.

kategori *n.* category.

kati *n.* unit of weight which is equal to 16 tahils.

katik *adj.* small; short; stunted.

katil *n.* bed.
katil bujang single bed.
katil kelamin double bed.

katuk, mengatuk *v.* to knock; tap; hammer.

katung, terkatung-katung *v.* float.

katup *adj.* closely held. *n.* cover.
berkatup *v.* closed; shut.
terkatup *v.* shut tightly.

kau *pn.* you (abbreviation of 'engkau').

kaum *n.* group; community.
perkauman *adj.* racial.

kaunselor *n.* counsellor.

kaunter *n.* counter.

kaut, mengaut *v.* scoop up; gather up with hands; use up.

kawah *n.* large pan; crater.

kawal, berkawal *v.* to guard.
mengawal, mengawali *v.* to guard; to escort; to watch; to control.
mengawal diri control oneself.
pengawal *n.* guard; controller.
kawalan *n.* control; guard.

kawan *n.* friend; companion; comrade; herd; group.
berkawan, berkawan-kawan *v.* be friends; regard as a friend; in groups.
mengawani *v.* to accompany.

kawasan *n.* district; compound; area.
kawasan hitam black area.
kawasan putih white area.

kawat *n.* cable; telegram; wire.

kaya *adj.* wealthy; rich.
kaya anak have many children.
kaya-raya *adj.* very rich; wealthy.
kekayaan *n.* wealth; riches; richness.
memperkayakan *v.* to make richer; to enrich.
terkaya *adj.* richest; wealthiest.

kayap *n.* shingles.

kayu *n.* wood.
kayu-kayuan, kayu-kayan *n.* different types of wood.
kayu api firewood.
kayu balak logs.
perkayuan *n.* logging; timber industry.

kayuh, berkayuh, mengayuh *v.* to row; paddle.
pengayuh *n.* paddle; oar; pedal.

kebal *adj.* impenetrable; invulnerable.
kekebalan *n.* immunity.

kebas *adj.* numb.
kekebasan *n.* numbness.

kebil, terkebil-kebil *v.* to blink.

kebolehpercayaan *n.* credibility.

kebun *n.* garden; plantation.
berkebun *v.* gardening; farming.
pekebun *n.* gardener; farmer.
perkebunan *n.* gardening; farming.

kecai, berkecai *v.* broken into pieces; shatter.

kecam, mengecam *v.* to criticize severely; blast; reprimand severely.
kecaman *n.* criticism.

kecamuk *adj.* furious (of combat or fighting); become disturbed; disorderly; muddled.

kecap, mengecap v. to taste; to enjoy.

kecapi n. lute.

kecewa adj. disappointed; frustrated.
kekecewaan n. disappointment;
unfulfilment of expectation.
mengecewakan v. disappoint
someone; frustrate someone or
something. adj. disappointing.

kecil adj. small; young; insignificant.
kecil hati hurt (of feelings).
kecil-kecilan adj. small scale.
memperkecilkan v. belittle; make to
seem little important.

kecimpung, berkecimpung v. to
plunge in; to participate; dabble;
involve.

kecoh, kekecohan n. uproar; outcry.

kecuali prep. except. n. exception.
berkecuali adj. neutral.
kekecualian n. an exception.
mengecualikan v. to exclude; to
exempt from.
pengecualian n. exemption.

kecundang v. defeated; lost; beaten.

kecur adj. mouthwatering.

kecut adj. shrunken.
kecut hati scared; afraid.
mengecutkan v. shrink; become
smaller.
pengecut n. coward.

kedai n. shop.
kedai makan restaurant.
berkedai v. to keep a shop; maintain a
shop.
pekedai n. shopkeeper.

kedal n. skin disease '(of hands and
feet).

kedana adj. poor.

kedang v. outstretched (of arm or other
limbs).

kedap adj. tightly sealed or closed to
prevent water seeping in.
kedap udara airtight.

kedek, terkedek-kedek v. to waddle
(like a duck).

kedekut adj. stingy.

kedip, berkedip, terkedip v. twinkle;
flicker.

kedondong n. a kind of plant.

kedut adj. wrinkled.
kedutan n. wrinkle; crease; fold.
berkedut adj. wrinkled.
mengedutkan v. cause to crease;
crumple or wrinkle.

keembung n. balsam plant.

kehel, terkehel v. sprain.

kehomogenan n. homogeneity.

kejam adj. cruel.
kekejaman n. cruelty.

kejang adj. cramp; stiff.
kekejangan n. cramps.

kejap, sekejap adj. momentary.
berkejap v. to blink.

kejar, mengejar v. run after; to chase.
berkejar-kejaran v. to chase one
another.
terkejar-kejar adv. hurriedly; hastily.

keji adj. despicable.
mengeji v. to despise; to discredit; to
degrade.

Kejora n. Venus.

keju n. cheese.

kejur adj. unpliable; cramp; stiff.

kejut, terkejut v. shock; startle; wake
up.
kejutan n. shock.
mengejut adj. sudden.
mengejutkan v. cause shock; cause
surprise. adj. shocking.

kek n. cake; loom.

kekal adj. eternal; everlasting.
kekal abadi everlasting; forever;
permanent.
berkekalan v. be permanent; to last.

mengekalkan *v.* to make permanent; to perpetuate; to preserve.

kekek, terkekek-kekek *v.* giggle.

mengekek *v.* giggle.

kekok *adj.* clumsy; awkward.

kekuda *n.* trestle.

kekunci *n.* key.
kekunci aksara character key.

kelab *n.* club.

kelabu *adj.* grey.

keladak *n.* dregs.

keladi *n.* yam.

kelah, berkelah to picnic.
perkelahan *n.* picnic.

kelahi, berkelahi *n.* to quarrel.
perkelahian *n.* quarrel; violent argument; fight.

kelak *adv.* soon; after; later.

kelakar *n.* joke.
berkelakar *v.* to jest; to joke.

kelakuan *n.* behaviour.

kelalang *n.* earthenware pitcher.

kelam *adj.* gloomy; blur; unclear; rather dark.
kelam-kabut *adj.* chaotic.
kekelaman *n.* gloom.

kelambu *n.* mosquito-net.

kelamin *n.* a pair; couple.
sekelamin *n.* husband and wife; a pair.

kelamun, mengelamun *v.* daydream.

kelana *n.* wanderer.
berkelana *v.* to wander.

kelap *v.* sparkle.

kelapa *n.* coconut.
kelapa kering copra.
kelapa sawit oil palm.

kelar *n.* cut or slash marks; segments of centipede; nick.

kelas *n.* standard; grade; class.
mengelaskan *v.* to classify something.

kelasi *n.* sailor.

kelat *adj.* almost bitter in taste.

kelawar *n.* bat.

keldai *n.* ass.

kelecek, mengelecek *v.* dribble.

keledar, keledar topi *n.* helmet.

keledek *n.* sweet potato.

kelek-kelek *n.* banister; handrail; balustrade.

kelekatu *n.* a kind of insect with wings (that looks like an ant).

kelemumur *n.* dandruff.

kelengkeng *n.* little finger.

kelenjar *n.* gland.

kelentong *v.* to bluff. *n.* a hawker's rattle.

kelepur, mengelepur *v.* jump up and down while flapping its wings in pain; flutter.

keletah *adj.* coquettish.

keletar *v.* shiver.

keli *n.* edible river catfish.

keliar, berkeliaran *v.* roam about.

keliat *n.* double-headed paddle.

kelibat *n.* double-headed paddle; shadow.

kelicap *n.* sunbird.

kelikir *n.* gravel; nose-ring made of rattan; rattan rings on the rudder or mast of a ship.

keliling *adv.* around.
berkeliling *v.* go around.
mengelilingi *v.* to encircle; form a circle around; to travel round; encompass.

pekeliling *n.* circular.
sekeliling *n.* surrounding; vicinity.

kelim *n.* seam.

kelindan *n.* 1. spool. 2. lorry attendant.

kelip, berkelip-kelip *v.* to blink; to twinkle; wink.
kelip-kelip *n.* firefly.
sekelip mata in a wink; in the twinkling of an eye.

keliru *adj.* puzzled; confused; bewildered.
kekeliruan *n.* confusion; bewilderment.
mengelirukan *v.* confuse; complicate; bewilder.
terkeliru *v.* confused; perplexed; bewildered.

kelmarin *adv.* the day before yesterday.
kelmarin dulu *adv.* yesterday.

kelok *n.* bend; curve; crook.

kelola, mengelola *v.* to manage; to organize.
kelolaan *n.* management.
mengelolakan *v.* to organize; make arrangement for.
pengelola *n.* organizer.
pengelolaan *n.* managing; supervision; organization.

kelompok *n.* cluster; group.
berkelompok-kelompok *adv.* in groups.
mengelompokkan *v.* to form into groups; to divide into groups.

kelompong *n.* the part of the telephone on which the receiver rests.

kelong *n.* a fish tunnel net.

kelongsong *n.* leaf or paper twisted into an inverted cone and used as a container; wrapper.

kelopak *n.* sepal.
kelopak bunga calyx; sepal.
kelopak mata eyelid.

kelu *adj.* speechless.

keluang *n.* flying fox; fruit-bat; a large bat.

keluar *v.* to go out; exit.
keluaran *n.* publication; product.
mengeluarkan *v.* to bring out; to produce; to publish.
pengeluar *n.* producer.
pengeluaran *n.* production.
terkeluar *v.* excluded; expressed.

keluarga *n.* family.
berkeluarga *v.* having a family.
kekeluargaan *n.* family relationship; kinship.

kelubi *n.* a species of the stemless palm in which the fruit can be eaten and the leaves used for making mats.

kelubung *n.* veil; hood.
berkelubung *v.* cover up; veil.

keluh *n.* sigh.
keluhan *n.* sigh; moan; lament.
berkeluh-kesah *v.* to moan.
mengeluh *v.* to sigh; to moan.

keluk *n.* curve.
berkeluk-keluk *adj.* winding.
keluk lupa forgetting curve.
keluk S S-curve.

keluli *n.* steel.

kelumit *n.* a tiny bit; morsel.

kelupas, mengelupas *v.* peel off; come off.

kem *n.* camp.

kemala *n.* bezoar; stone found in stomach and intestines of animals and believed to have medicinal value.

kemampuan *n.* capacity.

kemanakan *n.* nephew; niece.

kemarau *n.* drought.

kemaruk *adj.* rapacious; ravenous.

kemas *adj.* orderly. *v.* tidy.
kemas kini up-to-date.
berkemas *v.* to pack; to clear away.
mengemaskan *v.* to arrange; to tidy

up; pack.
mengemaskinikan *v.* update.
kembali *v.* to return. *adv.* once again.
mengembalikan *v.* send back; to return.
pengembalian *n.* restoration; restoring.
kemban *n.* a piece of cloth tied above the bosom.
berkemban *v.* to wear the sarong above the bosom.
kembang *v.* to open out (of flowers); to expand; to enlarge.
berkembang *v.* to blossom out; to develop; to expand.
mengembangkan, memperkembangkan *v.* to develop; more successful; expand.
perkembangan *n.* development.
kembar *n.* twin.
kembara, mengembara *v.* explore; wander.
pengembara *n.* wanderer; explorer; traveller; adventurer.
pengembaraan *n.* exploration; adventure.
kemboja *n.* frangipani.
kembung *adj.* puffed up. *n.* mackerel; flatulence.
kemeja *n.* shirt.
kemelut *adj.* critical; crucial. *n.* time of danger; crisis; emergency.
kemenyan *n.* benzoin; incense.
kemik *adj.* dented. *n.* dent.
kemis, mengemis *v.* to beg.
pengemis *n.* beggar.
kempas, kempas-kempis *v.* inflate and deflate.
kempen *n.* campaign.
kempis *v.* shrink.
mengempiskan *v.* to deflate; to shrink.
kempunan *v.* long for.

adj. disappointed.
kemudi *n.* rudder; helm.
mengemudikan *v.* to steer.
pengemudi *n.* helmsman, steersman.
kemudahalihan *n.* portability.
kemudian *adv.* then; in the future; at a later time.
mengemudiankan *v.* postpone; delay.
terkemudian *adj.* last.
kemuncak *n.* top; peak.
kemuncup *n.* love grass.
kena *v.* to be struck; to touch; to suffer; to win; incur.
kena cukai taxable.
kena ekor strike a number.
kena loteri win a lottery.
kena maki to be abused.
kena marah get a scolding; to be scolded.
kena pukul to be hit.
kena-mengena connection; relation.
berkenaan *v.* in connection with; in relation to.
mengenai *v.* in connection with.
mengenakan *v.* to put on; impose.
terkena *v.* tricked; affected; deceived.
kenal *v.* to know; to recognize; usher.
kenalan *n.* acquaintance.
berkenalan *adj.* to be acquainted with.
dikenali ramai well-known.
mengenal, mengenali *v.* know; recognize; identify.
memperkenalkan *v.* to introduce.
pengenalan *n.* identification; introduction; foreword; prologue; preamble.
perkenalan *n.* acquaintance.
terkenal *adj.* famous; well-known; notable.
kenan, berkenan *v.* to agree; assent; to have a liking.
memperkenankan *v.* to approve; assent.
perkenan *n.* consent; approval; assent.
kenang, mengenang *v.* to recall.
kenang-kenangan *n.* reminiscence;

souvenir.

kenangan *n.* reminiscence; remembrance; memory.
mengenangkan *v.* to recall; reminisce about.
terkenang *v.* reminisce; remember; recall the past.

kenanga *n.* a kind of tree which has sweet smelling flowers.

kenapa *adv.* why.

kencang *adj.* strong; fast (of breeze).

kencing *n.* urine.

kendali, mengendalikan *v.* to hold the reins; to manage; deal with; handle.

kendati *conj.* although.

kenderaan *n.* vehicle.

kendi *n.* earthenware pitcher with nozzle.

kendong, mengendong *v.* carry something in the folds of a sarong.

kendur *adj.* loose; not taut; slack.
mengendur *v.* slacken; sag.
mengendurkan *v.* loosen something; slacken something.

kenduri *n.* a feast.

kengkang *adv.* walk with legs open wide.

kening *n.* eyebrow.

kenit *adj.* tiny.

kental *adj.* thick (of fluid).

kentang *n.* potato.

kentut *n.* fart.
terkentut *v.* to fart.

kenyal *adj.* pliable; elastic.

kenyang *adj.* sated (with food).
kekenyangan *n.* fullness. *v.* satiate.
mengenyangkan *v.* to satisfy one's appetite; satiate.

kenyit, mengenyit *v.* wink; blink.

kenyitan mata *n.* wink.

kepada *prep.* to (person).

kepak *n.* wing.
berkepak *adj.* winged.
berkepak-kepak *v.* to flap.

kepal, kepalan *n.* lump.

kepala *n.* head; leader.
kepala angin moody.
kepala berita headline.
kepala keluarga head of the family.
kepala kereta api locomotive.
kepala surat letterhead.
mengepalai *v.* to lead; become the leader.

kepalang *adj.* little.

keparat *n.* infidel. *interj.* damn it.

kepayang *n.* a kind of tree which has seeds that can cause dizziness.

kepialu *n.* typhoid.

kepil, mengepil *v.* attach.

keping *class.* piece; sheet.
kepingan *n.* piece; sheet.
berkeping-keping *adj.* in pieces; fragmentary.

kepit, mengepit *v.* to hold under the arm.

kepiting *n.* soft-shelled crab.

kepompong *n.* chrysalis; pupa.

kepuk *n.* rice barn.

kepul, berkepul-kepul *adj.* thick (as smoke).
kepulan *n.* cloud of smoke; mass of clouds; puff.

kepung, berkepung *v.* to surround.
kepungan *n.* siege; surrounding and blockading of a place by armed forces; blockade.
mengepung *v.* to surround; siege; encircle; encompass; enclose.
pengepungan *n.* siege; blockade.
terkepung *v.* surrounded.

kera n. monkey.

kerabat n. near relations; relative.

kerabu n. 1. a kind of tree. 2. a kind of earring.

kerah, mengerahkan v. to call up.
kerahan n. conscription; mobilization.

kerak n. scorched bits of food adhering to the bottom of a cooking pot; crust.
kerak bumi earth crust.

keramat adj. having supernatural power. n. saint.

kerambit n. a type of small sickle with curved end.

kerana conj. because; for the sake of; just because.

keranda n. coffin.

kerang n. shellfish; shell; cockle.

kerangka n. framework of house, etc.; draft.

kerani n. clerk.

keranjang n. basket.

kerap adj. frequent; close (of texture).
kekerapan n. frequency.

keras adj. hard; tight; harsh; stiff; serious; loud.
keras hati hardheaded; stubborn; obstinate; tough; pigheaded; firm.
berkeras v. to act harshly; stubborn; obstinate.
kekerasan n. force; might; power.
mengeraskan v. to harden; to make loud; to solidify.

kerat, mengerat v. to cut off; make an incision.
keratan n. slice; piece; section.
keratan akhbar n. news clipping.

kerawang n. fretwork.

kerawit, cacing kerawit n. threadworm.

kerbau n. buffalo.

kerdil adj. dwarfish. n. dwarf.

kerdip v. twinkle; wink.

kerekot adj. twisted; crooked; bent; uneven.

kerenah n. whim; caprice.

kerengga n. red ant.

kerepek n. fried banana, fried tapioca, sweet potato chips, etc.

kereta n. carriage; car.
kereta api train.
kereta jenazah, kereta mayat hearse; vehicle for carrying the coffin.
kereta sewa hire-car.
kereta sorong wheelbarrow.

keretek n. a type of cigarette containing tobacco mixed with cloves.

keria n. a kind of cake made from sweet potatoes, flour and fried and coated with sugar.

kericau v. chirp.

kerikil n. small stone; pebble.

kering adj. dry.
kering-kontang adj. parched; dry; arid.
kekeringan n. dryness; condition of being not damp or wet.
mengeringkan v. to dry something up;
pengering n. dryer.
pengering rambut hairdryer.

keringat n. sweat; perspiration.
berkeringat v. to sweat; perspire.

kerinting n. 1. salted and dried shellfish. 2. a kind of small palm.

keris n. Malay dagger; kris.

kerisik n. 1. dry old banana fronds. 2. rustling of dry leaves.

keriting adj. curly.
mengeritingkan v. to curl the hair.

kerja n. work.
kerja luar field work.
kerja pejabat office work.
kerja rumah housework.
kerjasama n. co-operation; support.
kerja sambilan part-time job.

kerja sementara temporary job.
kerja tetap permanent job.
bekerja v. work; having a job.
bekerjasama v. to co-operate.
pekerja n. worker.
pekerjaan n. work; occupation; job employment.

kerjaya n. career.

kerkah, mengerkah v. to crunch something hard.

kerling, mengerling v. to glance sideways.

kerlip n. flicker; wink.

kernyih n. grin.

keroh adj. deceptive.

keroncong v. growling from hunger; tinkling. n. a kind of Malay traditional music.
keroncongan n. a type of plant.

kerongkong, kerongkongan n. throat; gullet.

kerongsang n. brooch.

keropok n. crackers; shrimp chips.

keropong adj. hollow.

kersang adj. barren; dry.

kertas n. paper.
kertas hadiah giftwrap.
kertas pembalut wrapper.

keruan adj. certain; definite; not muddled.

kerubung, berkerubung v. swarm.

keruh adj. muddy; mucky; turbid.
kekeruhan n. condition of turbidity.

kerumun, berkerumun v. to swarm; to throng.
mengerumuni v. to crowd around; to swarm.

keruping n. scab; crust on wound.

kerusi n. chair; seat.
kerusi roda wheelchair.

pengerusi n. chairman.
mempengerusikan v. to chair a meeting; preside.

kerut n. frown.
kerutan n. wrinkle; fold.
berkerut adj. creased; wrinkled.
mengerutkan v. to frown.

kerutu adj. rough to the touch.

kes n. case.

kesah adj. restless.

kesak, mengesak v. to move on slowly.

kesal v. regret. adj. repentant.

kesan n. mark; result; impression.
kesan jari fingerprint.
kesan sampingan side effect.
berkesan adj. efficacious; effective.
keberkesanan n. effectiveness; efficiency; efficacy.
mengesan v. track down.

kesat adj. rough; coarse.
mengesat v. to wipe.
mengesatkan v. roughen; make rough.
pengesat kaki n. doormat.

kesatria n. knight; warrior.

keserasian n. compatibility.

kesinambungan n. continuity.

kesot, berkesot, mengesot v. drag.

ketak v. to cackle (of hens).

ketam n. crab; plane.
mengetam v. to harvest; to plane wood; level; smoothen.

ketap v. close tightly; grit.

ketar n. jitter.

ketara adj. visible; obvious.

ketat adj. tight; taut.
mengetatkan v. to tighten.
memperketatkan v. make stricter; tightened.

ketawa v. laugh. n. laughter.
mengetawakan v. laughed at someone

or something.

ketayap *n.* 1. a kind of white cap usually worn by religious men of the Islamic faith. 2. a kind of rolls with coconut filling.

ketemu *v.* to meet.

ketiak *n.* armpit.

ketika *adv.* when; time.
seketika *n.* a moment.

keting *n.* part of the leg just above the heel.

ketingting *n.* hopscotch.

ketip *n.* sting of a mosquito; bite; pinch.

ketua *n.* headman; elder; chief; leader.
ketua kampung village headman.
ketua rumah head of the house.
ketua pejabat chief of the office.
mengetuai *v.* to act as a leader; head; lead.
pengetua *n.* principal.

ketuhar *n.* oven.

ketuk, mengetuk *v.* blow; rap; to knock.
berketuk *v.* to call like a cock; know; rap (of engine).
mengetuk *v.* strike; knock.

ketul, seketul *class.* a lump.
berketul-ketul *adj.* lumpy.

ketumbar *n.* a kind of plant which is used to make spices.

ketupat *n.* rice cooked in cubical packet of palm leaves.

khabar *n.* news.
khabarnya it is said.
mengkhabarkan *v.* to inform.

khadam *n.* household servant.

khalayak *n.* creature; mankind.

khalifah *n.* leader; caliph.

khalwat *n.* being together (of a couple who is not married) in a secluded place. *v.* to isolate oneself.

Khamis *n.* Thursday.

khanah *n.* building.

khas *adj.* special.

khasiat *n.* nutrient.
berkhasiat *adj.* nourishing; nutritious; wholesome; nutritive.

khatam *v.* to end; to conclude; to complete.

khatan, mengkhatankan *v.* to circumcise.

khatib *n.* preacher in a mosque.

khatulistiwa *n.* equator.

khayal *v.* fantasize; absorbed in; imagine.
berkhayal *v.* to daydream; fantasize.
khayalan *n.* daydream; imagination; fantasy. *adj.* imaginary.
mengkhayalkan *v.* fantasize.

khazanah *n.* treasure house; treasury; property.

khemah *n.* encampment; tent; camp.
berkhemah *v.* to camp out.
perkhemahan *n.* camping.

khianat *n.* treachery; betrayal; traitorous rout.
mengkhianat, mengkhianati *v.* to betray.
pengkhianat *n.* betrayer; traitor.
pengkhianatan *n.* betrayal; treachery; treason.

khidmat, berkhidmat *v.* to serve; work.
perkhidmatan *n.* service.

khilaf *n.* mistake; blunder.

khuatir *adj.* worried; afraid; fearful.

khusus *adj.* specialized; specific.
mengkhusus, mengkhususkan *v.* major in; specialize in.
pengkhususan *n.* specialization.

khusyuk *adj.* engrossed; absorbed. *n.* humility.

khutbah *n.* sermon.
berkhutbah *v.* to preach; to deliver

religious instruction.
pengkhutbah *n.* preacher.

kial, terkial-kial *v.* have difficulty; to struggle; flounder.

kiamat *n.* day of judgment; doomsday.

kiambang *n.* waterlily.

kian, sekian *deter.* this much.

kias *n.* analogy; metaphor.
mengias *v.* to hint at.
mengiaskan *v.* refer to something using metaphors.

kibar, berkibar *v.* to wave; fly (of flag).
mengibarkan *v.* to wave; fly (a flag).

kibas, mengibaskan *v.* to flap vigorously.

kiblat *n.* direction of Mecca.

kicap *n.* soya sauce.

kicau, berkicau *v.* to chirp; to warble.
berkicauan *v.* twitter; chirp in great number.

kidal *adj.* left-handed.

kijang *n.* deer.

kikir *n.* file; a metal tool for smoothing rough surfaces. *adj.* stingy.

kikis, mengikis *v.* to scrape off.

kilan, terkilan *adj.* dissatisfied; discontent.

kilang *n.* factory; gland.
mengilang *v.* to produce; to manufacture.
perkilangan *n.* manufacturing.

kilap *adj.* shine.

kilat *n.* 1. lightning. 2. shine; brightness; sheen.
berkilat *adj.* shiny; glossy; brilliant.
berkilat-kilat *adj.* shining; glittering.
mengilatkan *v.* polish something; make something shiny.
pengilat *n.* wax.

kilau, berkilau-kilau *v.* to sparkle and glitter. *adj.* sparkling.
kilau-kemilau *adj.* luminous; glossy.
kilauan *n.* luminosity; glint; sparkle; glitter.

kilir, mengilir *v.* to sharpen.

kilogram *n.* kilogram.

kilometer *n.* kilometre.

kilowatt *n.* kilowatt.

kimia *n.* chemistry.

kimono *n.* kimono.

kimpal *adj.* solid.
mengimpal *v.* beat; forge.

kincir *n.* water-wheel; windmill; spool; reel.
kincir air water-wheel.
kincir angin windmill.

kini *adv.* now.

kipas *n.* fan.
mengipas *v.* to fan.

kira *v.* to calculate; to guess; to suppose.
kira-kira *adv.* approximately; about; estimate; supposed. *n.* arithmetic.
kiraan *n.* calculation.
kiranya *conj.* in case; if.
berkira *adj.* calculating.
mengira *v.* to count; calculate; compute.
mengira-ngira *v.* estimate.
pengiraan *n.* act of counting; calculation; estimation.

kiraimengirai *v.* shake out; winnow rice; spread out paddy for drying.

kiri *adj.* left.

kirim, mengirim, mengirimkan *v.* to send.
kiriman *n.* a thing sent; consignment.
pengiriman *n.* shipment; delivery.
pengirim *n.* sender.

kisah *n.* story.
mengisahkan *v.* to narrate.
pengisahan *n.* narration.

kisar *v.* to revolve; to move round a

central point; grind; crush.

berkisar *v.* gyrate; move in circles; revolve; focus on.

mengisarkan *v.* to grind; to crush; to grate something.

pengisaran *n.* gyration; grind.

kekisi *n.* grill; trellis; grate.

kisi *n.* 1. grill. 2. cleft. 3. spokes of wheel.

kismis *n.* raisin.

kita *pn.* we; us.

kitab *n.* book (book of divination).

kitar, sekitar *adj.* surrounding.

kiub *n.* cube.

klarinet *n.* clarinet.

klasik *adj.* classic.

klinik *n.* clinic.

klorin *n.* chlorine.

klien *n.* client.

klip *n.* clip.

klorin *n.* chlorine.

klorofil *n.* chlorophyll.

klorofom *n.* chloroform.

kobar, berkobar *v.* to flare up.
berkobar-kobar *adj.* ardour; spirited.

kocak, berkocak *v.* stir (of water).
kocakan *n.* agitation.
mengocak-ngocakkan *v.* agitate; shake; annoy; disturb.

kocek *v.* pocket.

kocok, mengocok *v.* to shake; to shuffle, to mix; to incite.

kod *n.* code.

kodi *n.* twenty; score.

kodok *n.* frog.

koefisien *n.* coefficient.

koko *n.* cocoa.

kokok, berkokok *v.* to crow.

kolah *n.* square stone or cement water tank.

kolaj *n.* collage.

kolam *n.* pond.

kolej *n.* college.

kolek *n.* a kind of small fishing boat.

kolera *n.* cholera.

kolonel *n.* colonel.

kolot *adj.* old-fashioned; out-of-date.

kolum *n.* column.

koma *n.* comma.

komando *n.* commando.

komedi *n.* comedy.

komen *n.* comment; opinion; criticism.

komet *n.* comet.

komik *n.* comic book.

komisen *n.* commission.

kompang *n.* shallow drum.

kompas *n.* compass.

kompleks *n.* a complex; a set of buildings or facilities. *adj.* intricate; complex.

komplot, komplotan *n.* conspiracy; gang.

kompromi *n.* compromise.

komputer *n.* computer.

komunikasi *n.* communication.

komunis *n.* communist.

komuniti *n.* community; the public; society.

kon *n.* cone.

konduktor *n.* conductor.

konfrontasi *n.* confrontation.

kongkong *n.* pillory.

kongres *n.* congress.

kongsi *v.* share; combine.
rakan kongsi partner.
berkongsi *v.* to enter into a
partnership; to share.
perkongsian *n.* partnership.

konkrit *n.* concrete.

konon *v.* it is said.

konsep *n.* concept.

konservatif *adj.* conservative.

konsert *n.* concert.

kontang *adj.* dry; parched; not wet.

konteks *n.* context.

kontigensi *n.* contingency.

kontinjen *n.* contingent.

kontrak *n.* contract. *v.* make an
agreement.

kontraktor *n.* contractor.

konvensyen *n.* convention; agreement
between states and rulers.

konyong, sekonyong-konyong
adj. sudden; abrupt; curt.

konvokesyen *n.* convocation.

kopak *adj.* torn to pieces.
kopak-kapik *adj.* dilapidated.
mengopak *v.* break something open.

kopek, mengopek *v.* to peel; remove
outer covering.
terkopek *v.* peeled off.

koperal *n.* corporal.

koperasi *n.* co-operation.

koperatif *n.* co-operative.

kopi *n.* coffee.

kopiah *n.* Malay cap (specially for
praying).

korban *n.* sacrifice; victim; forfeiture;
offering; immolation; gambit;
hecatomb. *adj.* sacrificial.
berkorban *v.* to offer as sacrifice.
mengorbankan *v.* to offer something
as a sacrifice.
terkorban *v.* killed; deprived of life.
pengorbanan *n.* sacrifice.

korek, mengorek *v.* to dig.
pengorek *n.* excavator; spade; digger.

korelasi *n.* correlation.
korelasi songsang *n.* inverse
correlation.

kornea *n.* cornea.

kos *n.* 1. cost. 2. cosine.

kosong *adj.* empty.
kekosongan *n.* emptiness; vacancy.
mengosongkan *v.* empty; vacate;
drain; remove contents of.

kota *n.* city; fort.
mengotakan *v.* use as a fort;
strengthen with; fortify.

kotak *n.* box.

kotiledon *n.* cotyledon.

kotor *adj.* dirty; obscene; mean.
kekotoran *n.* dirtiness; uncleanness.
mengotorkan *v.* dirty; soil.
pengotor *n.* a dirty person.

koyak *v.* tear; rip. *adj.* torn; ripped.
mengoyakkan *v.* to tear; rip.
terkoyak *v.* torn; ripped.

krayon *n.* crayon.

kren *n.* crane.

kreatif *adj.* creative.

kredit *n.* credit.

kriket *n.* cricket.

krim *n.* cream.

krisis *n.* crisis.

Krismas *n.* Christmas.

Kristian *n.* Christian.

kriteria *n.* criteria.

kritik *adj.* critical. *n.* critique; review.

ku *pn.* I; me (abbreviation of 'aku').

kuaci *n.* dried watermelon seeds.

kuah *n.* gravy.

kuak, menguak *v.* to croak; to bellow.

kuala *n.* estuary; river mouth; confluence.

kuali *n.* frying pan.

kualiti *n.* quality.

kuantiti *n.* quantity.

kuap, menguap *v.* to yawn.
terkuap-kuap *v.* yawn many times.

kuarantin *n.* quarantine.

kuasa *n.* power; authority; ability.
berkuasa *v.* to hold the power; to have the authority.
menguasai *v.* to dominate; to manage.
kekuasaan *n.* power.

kuat *adj.* strong; able; firm.
kekuatan *n.* toughness; strength; power.

kuatkuasa *n.* authority; enforce.
berkuatkuasa *adj.* come into effect; effective.
menguatkan *v.* strengthen; intensify.
menguatkuasakan *v.* implement; to impose; to enforce.
penguatkuasa *n.* enforcement officer.
penguatkuasaan *n.* enforcement.

kubah *n.* dome.

kubang *n.* mudhole.
berkubang *v.* wallow.

kubis *n.* cabbage.

kuboid *adj.* cuboid.

kubu *n.* fortress; fort.

kubur *n.* grave.
menguburkan *v.* to bury somebody.
perkuburan *n.* graveyard.

kucai *n.* chive (vegetable).

kucar-kacir *adj.* disorderly; in confusion.

kucing *n.* cat.

kucup, mengucup *v.* to kiss.
kucupan *n.* kiss.

kuda *n.* horse.
kuda belang zebra.
kuda liar wild horse.
kuda lumba race horse.
kuda padi cob; sturdy short-legged horse for riding.
kuda-kuda *n.* trestles.
memperkuda *v.* use as a horse; exploit.

kudap, kudapan *n.* snack.

kudis *n.* scabies.

kudrat *n.* God's might; power.

kudung *adj.* maimed (without finger, toe or limb).

kudup *n.* buc

kudus *adj.* holy; sacred.

kugiran *n.* musical group.

kuih *n.* cake; cookie.

kuil *n.* temple.

kuini *n.* a kind of mango which has a strong smell and yellow flesh.

kuinin *n.* quinine.

kuis, menguiskan *v.* to kick aside; shove.

kuit *v.* to touch with the fingertips; finger; waggle.

kuiz *n.* quiz.

kuku *n.* nail; claw.

kukuh *adj.* strong; firm.
mengukuhkan *v.* to make firm; to strengthen.

kukur *v.* grate; scrape.
mengukur *v.* to grate; to scrape.
pengukur *n.* scraper; grater.

kukus, mengukus *v.* to steam.

kulai *v.* hanging loosely.
terkulai *v.* dangling.

kulat *n.* fungus; mushroom.

kuli *n.* coolie.
berkuli *v.* to work as a coolie.

kuliah *n.* lecture.

kulit *n.* skin; husk; leather; cover.
menguliti *v.* to peel; to skin.

kulum, mengulum *v.* to suck; keep in mouth.

kuman *n.* germ; bacteria.

kumandang *n.* echo.
berkumandang *v.* echoing; resounding.

kumat-kamit *v.* mumble.
terkumat-kamit *v.* mutter; mumbling.

kumbang *n.* beetle.

kumis *n.* moustache.

kumpul, berkumpul *v.* to assemble; to gather.
kumpulan *n.* collection; group; assembly.
mengumpulkan *v.* to collect; assemble.
pengumpul *n.* collector.
perkumpulan *n.* association; union; club; assembly.

kumur, berkumur *v.* to rinse the mouth; to gargle.

kunang, kunang-kunang *n.* firefly.

kunci *n.* lock; key.
mengunci, menguncikan *v.* fasten; lock; secure.

kundang *n.* a page boy.
tali kundang *n.* ligature.

kuncup *adj.* shut; close.
menguncup *v.* to contract; to become smaller.
menguncupkan *v.* close; furl.
terkuncup *adj.* furled.

kundur *n.* wax-gourd.

kuning *adj.* yellow.
kekuningan *adj.* yellowish.
menguning *v.* turn yellow; begin to ripen.

kunjung, berkunjung *v.* to visit.
kunjungan *n.* visit.
mengunjungi *v.* to visit.
pengunjung *n.* visitor; tourist.

kuno *adj.* old-fashioned; ancient; very old; of early origin.

kuntau *n.* a kind of Chinese art of self-defence.

kuntum *n.* flower bud. *class.* stalk.

kunyah, mengunyah *v.* to chew.

kunyit *n.* turmeric.

kupang *n.* a type of coin used long ago varying in value; mussel.

kupas, mengupas *v.* to peel; to analyse; examine critically.
kupasan *n.* analysis.

kuping *n.* ear; scab.

kupon *n.* coupon.

kupu-kupu *n.* butterfly.

kura-kura *n.* tortoise.

kurang *adv.* less; lack; decreasing.
kurang darah anaemic.
kurang maju underdeveloped.
kurang makan undernourished.
kurang mengerti do not understand.
kurang pasti uncertain; unsure.
kurang percaya unbelieving.
kurang periksa not tested; unchecked.
berkurangan *adj.* lacking.
kekurangan *n.* shortage; lack; deficit.
mengurangkan *v.* to reduce; make less.
sekurang-kurangnya *adv.* at least.

kurap *n.* ringworm.

kurikulum *n.* curriculum.

kurma *n.* date (fruit); a spiced dish.

kurnia, mengurniai *v.* award; give; bestow.
mengurniakan *v.* to confer.
pengurniaan *n.* awarding; bestowal.

kursor *n.* cursor.

kursus *n.* course.
kursus kilat crash course.
berkursus *v.* attending a course.

kurun *n.* century.

kurung, kurungan *n.* cage; prison; bracket.
berkurung *v.* to be confined.
mengurung *v.* to imprison; confine.

kurus *adj.* thin; skinny.

kusam *adj.* dull.

kusta *n.* leprosy.

kusut *adj.* tangled; perplexed; intricate; ruffled.

kekusutan *n.* complication; confusion.
mengusutkan *v.* to entangle; to perplex.

kusyen *n.* cushion.

kutak, mengutak *v.* shake violently.

kutang *n.* brassiere; blouse with short sleeves or sleeveless.

kutip, mengutip *v.* to pick; to quote; to collect.
kutipan *n.* extract; collection.
kutipan derma donation.

kutu *n.* louse; bug.

kutub *n.* pole.

kutuk, mengutuk *v.* condemn; to curse; censure.
kutukan *n.* anathema; damnation; imprecation; condemnation.
terkutuk *adj.* cursed; damned; execrable.

kuyu *adj.* dull; sad; heavy of eye.

kuyup *adj.* drenched.

LI

laba *n.* profit.

labah-labah *n.* spider.

label *n.* label; tag.
melabel *v.* put label on; describe; classify.

labi-labi *n.* river turtle.

labu *n.* gourd.

labuci *n.* sequin.

labuh *adj.* hanging down.
berlabuh *v.* anchor; harbour.
melabuhkan *v.* to drop anchor; moor a ship.
pelabuhan *n.* harbour; port.

labur, melabur *v.* to invest.
pelabur *n.* investor.
pelaburan *n.* investment.

laci *n.* drawer.

lacur *adj.* immoral; indecent.
pelacur *n.* prostitute.
melacurkan *v.* sell oneself physically for money.
pelacuran *n.* prostitution.

lada *n.* chilli.

ladaian *n.* a kind of fish trap.

ladam *n.* horseshoe.

ladang *n.* field; estate; farm.
berladang *v.* to plant on a big scale.
peladang *n.* farmer.

laden, meladeni *v.* serve; respond.

lading *n.* a type of heavy chopper, broad and curved at the centre.

lafaz *n.* utterance.
melafazkan *v.* to utter; to pronounce; express in words.

laga, berlaga *v.* to fight; to collide head on.

lagak *n.* affectation.
berlagak *v.* to show off; affect; swank.

lagang *v.* begin to weave.

lagi *adj., adv. & pn.* again; still; and; also; more; additional.
lagi-lagi *v.* always; again and again.
selagi *adv.* as long as; while.

lagu *n.* song.
melagukan *v.* to sing.

lagun *n.* lagoon.

lah a suffix.

lahad *n.* niche for the corpse in a Muslim grave.

lahap *adj.* greedy; gluttonous. *n.* greed.
pelahap *n.* guzzler; glutton.

lahar *n.* lava.

lahir *v.* born.
melahirkan *v.* to give birth to; to express; bear.
kelahiran *n.* birth.
kelahiran anak child birth.

laici *n.* lychee.

lain *adj.* different. *pn.* others.
lain-lain *adv.* etcetera. *pn.* others.
berlainan *adj.* different; dissimilar.
melainkan *v.* except; excepting.
n. exception.
kelainan *n.* difference; dissimilarity.
selain *prep.* besides.

lajak *v.* not stopping; to proceed.
adj. fast; outspoken.

400

terlajak *m.* overshot; gone too far.
laju *adj.* fast.
  kelajuan *n.* speed.
  melajukan *v.* to speed up; quicken the pace; accelerate.
lakar, melakarkan *v.* sketch; make a rough drawing of.
  lakaran *n.* sketch.
laki *n.* husband.
  lelaki, laki-laki *adj.* male.
  kelelakian *n.* masculinity; manliness.
laknat *adj.* cursed; damned; condemned to hell.
  melaknat *v.* curse; damn.
lakon, lakonan *n.* play; drama.
  berlakon *v.* to act; to take part in a play.
  melakonkan *v.* to perform.
  pelakon *n.* actor; actress.
lakri *n.* sealing wax.
laksa *n.* 1. ten thousand. 2. a type of food made of vermicelli with vegetables in thick hot and spicy gravy.
laksamana *n.* admiral.
laksana *prep.* like; resembling.
  melaksanakan *v.* to bring about; to implement; to carry out.
  pelaksanaan *n.* implementation; execution; accomplishment.
  terlaksana *adj.* accomplishable.
laku *adj.* saleable; can be used; marketable.
  berkelakuan *v.* to behave; conduct oneself. *adj.* behaved.
  berlaku *v.* happen; take place.
  kelakuan *n.* behaviour.
  melakukan *v.* to do; to perform; commit.
  memperlakukan *v.* do something to; consider.
  pelaku *n.* doer; performer; person who does something.
lala *n.* a type of marine mollusc.
lalai *adj.* careless; neglectful; negligent.
  kelalaian *n.* carelessness; negligence;

indifference.
  melalaikan *v.* ignore; disregard.
lalak, melalak *v.* scream or cry loudly; yell; bawl; howl.
  terlalak-lalak *v.* scream continuously.
lalang *n.* tall grass.
lalap *n.* raw vegetables or fruits eaten as a side dish.
lalat *n.* housefly.
lali *adj.* immune.
lalu *v.* to pass; to make way. *adj.* passing; incidental.
  lalu lintas *n.* traffic.
  lalu-lalang *adv.* passing back and forth.
  laluan *n.* way through; passage.
  berlalu *v.* passed; elapsed (of time); come to an end.
  keterlaluan *adj.* an extreme (of action); desperate; drastic.
  melalui *v.* to pass through.
  terlalu *adv.* too; very; more than enough.
lama *adj.* old; long (time).
  lama-lama, lama-kelamaan *adv.* finally; in the long run.
  selama *prep.* for.
  selama-lamanya *adv.* ever more.
lamar, melamar *v.* put forward; to apply for; to propose.
  lamaran *n.* proposal; application.
  melamarkan *v.* propose; request; ask for.
lambai, melambai *v.* to wave (each other).
  lambaian *n.* wave.
lambak *n.* disorderly heap.
  berlambak *adj.* piled up; abundant; stacked.
lambang *n.* symbol; crest; mark; sign.
  melambangkan *v.* symbolize; represent.
  perlambangan *n.* symbol; representation; symbolism.
lambat *adj.* slow; late.

lambat-laun *adv.* sooner or later.
melambatkan *v.* delay; slow down; make late.
terlambat *v.* too late. *adj.* delayed; overdue.

lambuk *adj.* friable.
melambuk *v.* dig up earth.

lambung, melambung *v.* to bounce; to rise; toss.
terlambung *v.* toss up; jump high.

lamin, melamin *v.* to decorate the bridal chamber or room.
pelamin *n.* bridal dais.

lampai *adj.* slim; slender.

lampan *n.* tin mine.

lampau *adj.* past.
melampau *adj.* extreme; excessive; radical.
melampaui *v.* to go too far; to exceed; go beyond.
terlampau *adv.* too; very.
pelampau *n.* extremist.

lampin *n.* napkin; diaper.

lampir, melampirkan *v.* to attach; to enclose; affix.
lampiran *n.* attachment; enclosure; appendix.

lampu *n.* lamp.
lampu kalimantang fluorescent light.
lampu neon neon lamp.
lampu tumpu spotlight.

lampung *v.* float.

lamun, mengelamun *v.* to daydream.
lamunan *n.* daydream.

lanar *n.* alluvium.

lanca *n.* rickshaw.

lancang *adj.* outspoken.

lancang *n.* swift-sailing yacht or ship; a small boat for placing offerings to evil spirits.

lancar *adj.* smooth; trouble free; fluent. *v.* launch.

melancarkan *v.* to launch; to hold.
pelancaran *n.* launching; set off.

lancip *adj.* tapering; tapered.

lancong, melancong *v.* to travel; to tour.
pelancong *n.* tourist.
pelancongan *n.* tourism.

lancung *adj.* phoney; false; treacherous.

lancur, melancur *v.* gush out.

landa, melanda *v.* enter by force; hit; strike.

landai *adj.* gentle slope; steep.

landak *n.* hedgehog; porcupine.

landas *n.* base; foundation.
berlandaskan *v.* base on.
landasan *n.* rail.

langah, melangahkan *v.* open widely.

langak *v.* search.

langgai *n.* shell of leguminous seeds.

langgan, berlanggan *v.* to subscribe.
langganan *n.* subscription.
pelanggan *n.* subscriber.

langgar, berlanggar *v.* to collide; crash.
melanggar *v.* to attack; to infringe; violate.
perlanggaran *n.* collision; infringement.

langit *n.* sky.
langit-langit *n.* canopy.
melangit *v.* to soar.

langkah *n.* step; measure.
melangkah *v.* to step.

langkan *n.* latticed verandah.

langkas *n.* fall of fruit; end of the fruit season.

langkau *v.* skip; pass by.
melangkau *v.* to omit; to skip; to leave something out.

langkup *adj.* overturned; upside-down.

langsai *adj.* settled; cleared.
melangsaikan *v.* settle one's debt.

langsat *n.* a kind of local fruit.

langsing *adj.* slim; slender.

langsir *n.* curtain.

langsuir *n.* a female vampire.

langsung *adj.* direct; straight. *adv.* immediately. **berlangsung** *v.* to take place.

languk, melanguk *v.* to look with the head peering down.

lanjam *n.* ploughshare.

lanjur *v.* to expand. **terlanjur** *v.* gone too far.

lanjut *adj.* long; advanced. **lanjutan** *n.* continuation. **berlanjutan** *v.* drag on; continue; endure; last. **selanjutnya** *adv.* furthermore. **melanjutkan** *v.* to further; lengthen; continue.

lantai *n.* floor.

lantak *v.* to hammer at; to do something as one likes.

lantang *adj.* clarion; audible; loud. **kelantangan** *n.* distinctness; loudness; audibility.

lantar, melantarkan *v.* to cause; to put forward. **lantaran** *adv.* therefore; because of. **terlantar** *adj.* neglected; outstretch; stranded.

lantas *adv.* forthwith; straight away.

lantik, melantik *v.* to appoint. **perlantikan, lantikan** *n.* inauguration; appointment; installation.

lanting *v.* 1. to throw, to hurl. 2. jump, bounce up.

lantun, melantun *v.* to bounce; rebound.

lantung *n.* loud sound.

lantur, melantur *v.* diverge; deviate; divert.

lanun *n.* pirate.

lanyakmelanyak *v.* trample.

lap, mengelap *v.* to wipe; clean by rubbing with a cloth. **pengelap** *n.* mop; wiper.

lapah, melapah *v.* to skin; devour.

lapan *pn.* & *deter.* eight.

lapang *adj.* open; wide; free; spacious. **lapangan** *n.* field; sphere of interest. **kelapangan** *n.* spaciousness; leisure.

lapar *adj.* hungry. **berlapar** *v.* be hungry; to feel hungry. **kelaparan** *n.* in need of food; hunger.

lapik *n.* underlayer; lining. **berlapik** *adj.* lined. **melapik** *v.* line; place a layer on inside surface.

lapis, lapisan *n.* layer; class. **berlapis-lapis** *adj.* in layers. **melapisi** *v.* arrange in layers.

lapor, melaporkan *v.* to report; give an account of; report on. **laporan** *n.* report. **pelapor** *n.* informer; informant; reporter.

lapuk *adj.* mouldy; stale.

lapur, berlabur *v.* moving about flapping the wings. **melapur** *v.* attack using wings and feet.

lara *n.* heartache; sorrow.

laram, melaram *adj.* stylish; dashing; showy.

larang, melarang *v.* to prohibit; forbid; prevent; refuse. **larangan** *n.* prohibition. **terlarang** *adj.* forbidden; prohibited.

laras *n.* key; barrel. *class.* for guns. **menyelaraskan** *v.* co-ordinate. **pelarasan** *n.* adjustment; co-ordination.

selaras *adj.* in accordance; in harmony; in agreement with.

larat *adj.* dragging on; able.
melarat *v.* to spread; to wander on and on.

lari, berlari *v.* to run; to escape.
melarikan *v.* to run away with.
pelari *n.* runner; sprinter.
pelarian *n.* refugee.
selari *adj.* parallel; in the same direction.

larik *v.* to smooth with a lathe; to carve.
melarik *v.* to polish; to turn on a lathe.

laris *adj.* in demand; selling well (of goods); marketable.
melariskan *v.* make saleable; saleable; cause people to buy.

larung *n.* coffin.

larut *v.* melt; dissolve. *adj.* late (of night).
berlarutan *adj.* prolonged; soluble.
melarutkan *v.* to dissolve; melt; liquefy something.

larva *n.* larva.

lasak *adj.* durable; serviceable.

lasam *adj.* faded.

lastik *n.* catapult.

laser *n.* laser.

lata, melata *v.* to creep.

latah, melatah *v.* say or do something unconsciously due to shock or fright.

latar *n.* setting.
latar belakang *n.* background.

latih, berlatih *v.* to train.
latihan *n.* training; practice; exercise; coaching.
latihan asas basic training.
latihan dalam kerja on-the-job-training.
latihan vokasional vocational training.
jurulatih *n.* trainer; coach.
melatih *v.* to coach; to train.
pelatih *n.* trainee.

terlatih *adj.* trained.

latuk *n.* a type of large knife curved at the top.

lauk *n.* cooked fish, meat, etc. eaten with rice; dish.
lauk-pauk *n.* all sorts of dish.

laun *adj.* slow.

laung *n.* a loud call. *v.* to call.
laungan *n.* shout; loud cry; yell; shouting.
melaung *v.* shout; yell.

laut *n.* sea.
lautan *n.* ocean.
melaut *adv.* like the sea.

lava *n.* lava.

lawa *adj.* elegant; pretty.
melawa *v.* dress up.

lawak *adj.* funny, comical.
pelawak *n.* clown; comedian.

lawan *n.* opponent. *prep.* opposite.
berlawan *v.* having an opponent or rival; compete.
berlawanan *adj.* opposite; contradictory; opposing; opposed.
melawan *v.* to oppose; to compete against.
perlawanan *n.* competition.

lawat, melawat *v.* to visit.
lawatan *n.* visit.
lawatan luar field trip.
pelawat *n.* visitor; tourist.

layak *adj.* suitable; qualified; fit; eligible.
berkelayakan *adj.* qualified.
kelayakan *n.* qualification; eligibility.

layan, melayan *v.* to serve a guest with food, etc.; to entertain.
layanan *n.* hospitality; service.
pelayan *n.* waiter; waitress.

layang, melayang *v.* to fly.
layang-layang *n.* kite.

layar, belayar *v.* to sail; travel by water.
pelayar *n.* sailor; seaman.
pelayaran *n.* voyage.

layu *adj.* withered; sleepy.

layur *adj.* withered; soft; parched.

lazat *adj.* delicious; tasty.

lazim *adj.* habitual; usual; common.
kelaziman *n.* habit.

lebah *n.* bee.

lebai *n.* a person with a deep knowledge of Islam.

lebam *adj.* livid; bruise.

lebar *adj.* wide.
lebarnya *n.* width; breadth.
melebarkan *v.* to widen; broader.

lebat *adj.* dense (of foliage, hair); heavy (of rain, fruits).
melebat *v.* to become dense.

lebih *adj.* & *adv.* more (than).
lebih-lebih lagi *adv.* especially.
berlebih *adj.* excessive; superfluous.
kelebihan *n.* speciality.
melebihi *v.* to exceed; go beyond.
selebihnya *n.* the remainder.

lebuh *n.* avenue; main road; street.

lebur *v.* smelt; melt.

lecah *adj.* muddy; sloppy.

leceh *adj.* troublesome; worthless. *v.* dilly-dally.

lecek *adj.* mashed.
melecek *v.* mash; pound.

lecur, melecur *v.* blistered; scalded.

ledak, meledak *v.* cause to burst; explode.
ledakan *n.* explosion.
meledakkan *v.* to cause; to explode.
ledakan maklumat *n.* information explosion.

leftenan *n.* lieutenant.

lega *adj.* relieved; feeling relief.
kelegaan *n.* relief; lessening of pain.
melegakan *v.* relieve; ease from pain; relieve from distress.

legam *adj.* pitch-black.

legar, berlegar *v.* revolve.
ruang legar lobby; foyer.

legeh *n.* watershed.

legenda *n.* legend.

legumelegu *v.* plait a selvage.

legup-legap *n.* sound of heart-beat; throb.

leher *n.* neck.

lejar *n.* ledger.

lejasan *n.* transparency.
lejasan haba thermo transparency.

leka *adj.* absorbed; careful attention.
melekakan *v.* cause to be thoughtless; absorbing; heedless.

lekah *n.* crack.

lekak, lekuk-lekak *adj.* bumpy; full of bumps.

lekang *adj.* easily stripped off.

lekap, melekap *v.* close; stick; cling.

lekar *n.* pot-stand; lacquer.

lekas *adj.* quick; fast.

lekat, melekat *v.* to stick on; become fastened with.
melekatkan *v.* affix; fasten; paste; stick; attach.
terlekat *v.* affixed; fastened.

lekit, melekit *adj.* sticky.

lekuk *n.* a hollow; concavity.

lekung *adj.* sunken.

lelah *adj.* tired; exhausted. *n.* asthma.

lelai, melelai *v.* droop; sag; bend down.

lelaki *n.* man, of the male sex.

lelap *adj.* sound asleep.
terlelap *adj.* asleep; in a state of sleep.

leleh, meleleh *v.* to trickle.

lelehan *n*. trickle.

lelong *n*. auction.
melelong *v*. auction something off.
pelelong *n*. auctioneer.

leluasa *adj*. widespread; freedom from restraint.

lemah *adj*. weak; frail.
lemah gemalai graceful.
lemah hati softhearted.
lemah lembut graceful; gentle.
lemah semangat weak willed.
melemahkan *v*. weaken; cause to become feeble or frail.

lemak *n*. fat. *adj*. savoury; tasty; rich (of taste).

lemang *n*. glutinous rice and coconut milk cooked in bamboo.

lemas *v*. suffocating.
kelemasan *n*. suffocation.
melemaskan *v*. cause to suffocate; choke. *adj*. choking.

lembaga *n*. board; embryo; administrative group.
perlembagaan *n*. constitution.

lembah *n*. valley.

lembap *adj*. moist; humid; damp.
melembapkan *v*. moisturize; humidify; dampen.
pelembap *n*. moisturizer.

lembar *class*. numeral coefficient for thread; sheet.
lembaran *n*. sheeting.

lembik *adj*. flaccid; soft; pulpy.
kelembikan *n*. flaccidity.

lembing *n*. spear; javelin.

lembu *n*. cow.

lembung *adj*. blown up, inflated.

lembur *n*. overtime.

lembusir *n*. shoulder of an ox.

lembut *adj*. soft; gentle; not firm.
berlembut *v*. to be lenient; not strict enough; be gentle.

kelembutan *n*. gentleness; softness; kindness; tenderness.

lemon *n*. lemon.

lempang, melempang *v*. to slap; smack; hit.

lempar, melempar *v*. to throw; fling; hurl.
melempari *v*. to pelt.
melemparkan *v*. to throw; fling; hurl.
melemparkan senyuman to smile.

lempeng *n*. a kind of cake; pancake.

lempuk *n*. a type of cake made from durian or jackfruit cooked with sugar.

lempung *adj*. soft and light.

lemuas, berlemuas *v*. smear; dirty.

lena *adj*. sound asleep.
terlena *v*. sleeping.

lenang *adj*. calm.

lencana *n*. badge.

lencong, melencong *v*. to detour; deviate; swerve. *adj*. deviant (behaviour).
lencongan *n*. deviance; detour.

lendair *adj*. succulent.

lendap, melendap *v*. clot; curdle.

lendir *n*. sticky substance; slime.

lendung *n*. a sag; slag.

lendut, melendut *v*. droop; sag; hang loosely (of rope, wire).

lengah *adj*. inattentive; indifferent; lazy.
berlengah-lengah *v*. to dawdle; delay; dilly-dally; linger; loiter.
melengah-lengahkan *v*. to waste time; to delay.

lengan *n*. arm.
lengan baju sleeve.

lengang *adj*. quiet; deserted; empty.

lengas *adj*. moist; humid.
berlengas *adj*. clammy.

kelengasan *n.* clamminess; humidity.

lenggak *v.* sway.

lenggang *v.* to swing arms; to sway head and body.
berlenggang *v.* to swing the arms while walking.

lenggok *n.* movement of the body or head while dancing, walking, etc.; gait.

lengkap *adj.* full; complete.
kelengkapan *n.* equipment.
melengkapi *v.* equip; furnish; complement.
selengkap *adv.* completely.

lengkok *n.* curve; bend; yaw; flex.

lengkong *n.* black jelly.

lengkuas *n.* a type of root that resembles ginger and is used in cooking.

lengkung, melengkung *v.* curve; arch.
lengkungan *n.* arc; curve.

lenguh, melenguh *v.* to moo; bellow.

lengung, melengung *v.* to brood; reflect; muse.

lensa *n.* lens.

lentam, lentam-lentum *n.* a loud sound or sound like that of a cannon.

lentang *n.* clang. *v.* droop.

lentik, melentik *adj.* somewhat curved.

lenting, melenting *v.* rebound; move quickly; spring.

lentok, melentok *v.* to move the head to one side; droop; incline.

lentuk, melentukkan *n.* bend.

lentur *adj.* flexible; curved.
melentur *v.* curve; become crooked.

lenyak *adj.* sound asleep.

lenyap *v.* disappear.
melenyapkan *v.* cause to vanish; cause to disappeared; go away deliberately.

lepa *n.* plaster, mixture of lime, sand and water; mortar.

lepak, melepak *adj.* very white; fair. *v.* loiter; sit in a lazy way; lounge.

lepas *adj.* loose. *prep.* after; past.
lepas pantang after confinement.
lepasan *n.* graduate; school leaver.
berlepas *v.* depart; leave.
kelepasan *n.* holiday; leave.
melepaskan *v.* to release; to free; loose; free from constraint.
melepaskan tembakan fired a shot.
selepas *adv.* after.

lepat *n.* a type of cake made of flour, sugar, banana, tapioca, etc. wrapped in banana leaves and steamed.

leper *adj.* flat; broad; level surface.

lepuh *n.* blister.
melepuh *v.* become a blister (due to burning).

lepur *v.* died through suffocation in mud.

lerai *v.* break up; to prevent.
meleraikan *v.* break up; separate two persons fighting.

lerang *n.* sound of a drum.

lereng *n.* slope; inclination.
lereng bukit hill slope.

leret, meleret *adj.* too long; trailing.

lesam *adj.* translucent.

lesap *v.* disappear; vanish.

lesen *n.* licence.

lesu *adj.* listless.
kelesuan *n.* listlessness; fatigue.

lesung *n.* rice mortar.

letak, meletakkan *v.* to place; give; put; lay.
terletak *adj.* placed; situated; located; sited.

leter, berleter, meleter *v.* nag; talk too much.

letih *adj.* tired; weary.
meletihkan *adj.* tiring. *v.* tire.

letup, meletup *v.* to explode.
letupan *n.* explosion.
meletupkan *v.* cause to burst; explode.

letus, meletus *v.* erupt; to explode.

lewa, sambil lewa *adv.* half-heartedly.

lewat *adj.* & *adv.* late; coming after the expected time.
kelewatan *n.* delay; lateness.
melewati *v.* exceed; pass.
melewatkan *v.* cause to be late; delay.
selewat-lewatnya *adv.* at the latest.
terlewat *adj.* late; delayed.

liang *n.* hole; burrow; bore.

liar *adj.* savage; wild; uncivilized.
berkeliaran *v.* run wild; stray.
meliar *v.* become wild.

libat, melibatkan *v.* to bind up; to involve.
terlibat *adj.* involved; implicated.
penglibatan *n.* absorption; involvement.

libur *n.* holiday.

licau *adj.* glossy.

licik *adj.* canny; shrewd; slippery; cunning.

licin *adj.* smooth; slippery; cunning.
kelicinan *n.* smoothness.
melicinkan *v.* smooth; flatten.

lidah *n.* tongue.

lidal *n.* thimble.

lidas *adj.* itchy tongue after eating sour fruit.

lidi *n.* palm leaf rib; vein of coconut palm frond.
melidi become like the vein or rib of a palm leaf.

lif *n.* lift.

ligamen *n.* ligament.

liga *n.* league.

ligat, meligat *v.* spin very fast.

lihat, melihat *v.* to look at.
kelihatan *n.* look; expression; appearance.
memperlihatkan *v.* to show; display; exhibit.
penglihatan *n.* sight.

likat *adj.* thick and sticky.

liku *n.* bend; curve.
berliku-liku *adj.* winding.

lilin *n.* candle; wax.

lilit, melilit *v.* wind; twist; entwine; coil.
lilitan *n.* circumference.
melilitkan *v.* twine; coil; wind; twist; entwine around something or someone.

lima *pn.* & *deter.* five.

limau *n.* orange; lemon; lime.

limbat *n.* freshwater fish.

limbung, limbungan *n.* dockyard.

limpa *n.* spleen.

limpah, melimpah *v.* spill over; to overflow.
limpahan *n.* overflow.

limpap *adj.* in layers; too much debt.

linang, berlinang-linang *v.* to flow (as tears or sweat).
linangan *n.* trickling; dripping; gleaming.

lincah *adj.* agile; nimble.
kelincahan *n.* nimbleness; agility.

lincir *adj.* smooth.

lindung, berlindung *v.* to take shelter; place of refuge and safety.
melindungi *v.* to protect somebody or something.
pelindung *n.* shelter; guardian; protector.
perlindungan *n.* protection.
terlindung *adj.* sheltered; concealed.

linen *n.* linen.

lingkar, melingkar v. to coil; wind in loops.
lingkaran n. coil.

lingkup n. cover.

lingkung, melingkungi v. to surround.
lingkungan n. sphere; circle.

lintah n. leech.
lintah darat bleeder; person who drains another of money.

lintang n. width; breadth.
melintang adj. horizontal.

lintas, melintas v. to pass by; cross.
melintasi v. go across.

lipan n. centipede.

lipas n. cockroach.

lipat, melipatkan v. bend double; fold; collapse.
lipatan n. fold; folded part.
berlipat adj. collapsible; folded up.
melipatgandakan v. to double.

lipit n. narrow hem.

lipur v. comfort; console.

liput, meliputi v. to cover; to comprise; overspread.
liputan n. coverage.

lirik n. lyric.
lirik lagu song lyrics; words of a song.
lirik mata sidelong look; glance.

lisan adj. oral; spoken; verbal.

lisut adj. shrunken; soft.

litar n. circuit.

liter n. litre.

litup adj. covered and concealed.

liuk, meliuk v. bend to the left and right; sway.

liwat n. sodomy.

lobak n. radish.

loceng n. bell.
loceng basikal bicycle bell.

lodak n. sediment.

lodeh, sayur lodeh n. mixed vegetables cooked to pulp.

logam n. metal.

logaritma n. logarithm.

loghat n. dialect.

logik n. logic.

logistik n. logistics.

lohong n. hole.

loji n. plant; industrial site.

lok n. curve of a kris.

lokap n. lockup; prison.

lokek adj. mean; stingy; miserly.

loket n. pendant; locket.

lokomotif n. locomotive.

lolong n. a loud cry; scream; howl.
melolong v. scream; cry; shriek.
terlolong-lolong v. howl; wail; shriek unceasingly.

lombong n. mine.
lombong arang batu coal mine.
lombong emas gold mine.
lombong bijih tin mine.
melombong v. mine.
pelombong n. miner.
perlombongan n. mining.

lompang adj. vacant; empty. n. vacuole; air pocket.

lompat v. to jump. n. jump.
lompat bergalah pole vault.
lompat jauh long jump.
lompat tinggi high jump.
lompatan n. leap; length or height of the jump.
melompat v. to jump; to leap forward.
melompati v. to jump over.

loncat, meloncat v. jump; to leap.

londeh v. slip off; drop (as for sarong, etc.).

long *n.* coffin which is bottomless.

longan *n.* a fruit with a sweet taste which looks like lychee.

longgar *adj.* loose.
melonggarkan *v.* to loosen.

longgok *class.* heap; pile.
longgokan *n.* heap; stack; pile.
berlonggok *v.* pile.

longkah *adj.* easily peeled off or separated as of flesh from the seed.

longkang *n.* drain.

longlai *adj.* swaying of body; graceful.

lonjak, melonjak *v.* to jump.
melonjak-lonjak *v.* to bob up and down.

lonjong *adj.* long, straight and slender; oval.

lontar, melontar, melontari, melontarkan *v.* to throw; hurl.
lontaran *n.* throw.

lontong *n.* a type of Malay food of rice and gravy.

lopak *n.* puddle.

lopong *adj.* & *adv.* agape; empty.
melopong *v.* open.

lorek *n.* stripe or band.

lori *n.* lorry.

lorong *n.* lane; path.

losen *n.* lotion.

lot *n.* lot.

loteng *n.* attic.

loteri *n.* lottery.

lotong *n.* black long-tailed monkey.

loya, meloyakan *v.* feeling sick, nauseous; squeamish.

loyang *n.* brass; copper.

luah, meluahkan *v.* to spit out.

luak *adj.* lessened or decreased in quantity.

luang *adj.* free.
meluangkan *v.* to make oneself free.
peluang *n.* opportunity.

luap, meluap *v.* boil over; overflow.

luar *prep.* & *adj.* outside.
luar bandar rural area.
luar batas off limit.
luar biasa extraordinary.
luar dalam inside out.
luar negara overseas; abroad.
luar nikah out of wedlock.

luas *adj.* wide; broad; extensive.
meluas *v.* spread.
meluaskan *v.* to extend.

lubang *n.* hole.

lubuk *n.* deep part of a river.

lucah *adj.* obscene; salacious.

lucu *adj.* funny; amusing.

lucut *v.* to slip off, down or away.
melucutkan *v.* to remove; deprive; dimiss.

ludah *n.* spit; spittle; saliva.
berludah, meludah *v.* to spit.

luhur *adj.* exalted; honourable; noble; majestic.

luka *n.* a wound. *v.* injure; hurt.
luka parah badly wounded.

lukah *n.* fish trap.

lukis, melukis *v.* to draw.
lukisan *n.* drawing; picture.
pelukis *n.* artist.

luluh *adj.* crushed into powder.

lulur, melulur *v.* to swallow whole; gulp.

luluhawa *n.* weathering.

lulus *v.* pass.
meluluskan *v.* to permit; to approve.
kelulusan *n.* permission.

lumang, berlumang *v.* smear.

lumas, melumas *v.* to paint.

lumat *adj.* fine; crushed to tiny bits.
melumatkan *v.* grind; crush.

lumayan *adj.* enough; sufficient.

lumba *n.* race; ikan.
lumba-lumba *n.* dolphin.
berlumba *v.* to race; to compete.
perlumbaan *n.* contest; competition; race.

lumpuh *adj.* paralysed.

lumpur *n.* mud.

lumrah *adj.* normal.

lumur, berlumur *v.* soil; smear.
lumuran *n.* stain.

lumut *n.* moss.

lunak *adj.* soft; mellow.

lunas *n.* main point; source.
melunaskan *v.* to pay adebt.

luncur, meluncur *v.* to slide down.

lungkup, terlungkup *adj.* upside down.

lungsur *v.* slide down.

lunjur, melunjurkan *v.* to stretch out the legs.

luntur *v.* to fade.
melunturi *v.* colour or dye runs and affect other clothes.
melunturkan *v.* cause to fade; cause to discolour.

lupa *v.* forget.
melupakan *v.* to forget something or someone.
pelupa *n.* person who always forgets.
terlupa *v.* forget.

luput *adj.* slipping away from; lost.

lurah *n.* valley; groove.

luru, meluru *v.* to dash forward.

luruh, meluruh *v.* to drop.

lurus *adj.* straight; honest.
meluruskan *v.* straighten up.

lurut, melurut *v.* to rub; to smooth with fingers.

lusa *adv.* day after tomorrow.

lusuh *adj.* worn out; faded.

lut *adj.* penetrative.

lutcahaya *adj.* translucent.

lutsinar *adj.* transparent.

lutut *n.* knee.
berlutut *v.* to kneel.

luyu *adj.* sleepy.
meluyukan *v.* droop.

411

Mm

maaf *n.* forgiveness.
maafkan *v.* excuse; forgive.
memaafkan, memaafi *v.* to forgive; pardon someone.
pemaaf *n.* forgiving person.
pemaafan *n.* forgiveness.

mabuk *adj.* drunk; be crazy about; intoxicated.
mabuk asmara love sick.
mabuk laut seasick.
memabukkan *adj.* to cause to be drunk; intoxicating. *v.* intoxicate; exhilarate.
pemabuk *n.* a drunkard; alcoholic.

Mac *n.* March.

macam *n.* kind; sort. *prep.* as; like.
bermacam-macam *adj.* various. *n.* variety.
semacam *adj.* of the same kind; alike; similar.

macang *n.* horse-mango.

madah *n.* eulogy.

madat *n.* opium.
pemadat *n.* opium smoker.

madrasah *n.* Islamic school.

madu *n.* honey; mistress.
bermadu *adj.* to share a husband.
memadukan *v.* to have a second wife.

magnet *n.* magnet.

maghrib *n.* prayer time for Muslims (sunset).

maging *adj.* flesh-eating; carnivorous.

magnet *n.* magnet.

maha *pref.* great; very.
mahaguru *n.* professor.

mahal *adj.* expensive.

mahar *n.* marriage settlement.

maharaja *n.* emperor.

maharani *n.* queen; empress.

mahasiswa *n.* university student.

maharajalela, bermaharajalela *v.* to rampage; to do as one likes.

mahir *adj.* skilled.
kemahiran *n.* skill; expertise.

mahkamah *n.* court of justice.
Mahkamah Agung Supreme Court.
Mahkamah Rendah Lower Court.
Mahkamah Syariah Syariah Court.
Mahkamah Tinggi High Court.

mahkota *n.* ornamental head-dress of monarch; crown.
memahkotai *v.* place crown on the head of.

mahligai *n.* palace.

mahsul, hasil mahsul *n.* products of a country (to be exported).

mahu *v.* have a desire for; want.
kemahuan *n.* wish; desire.
mahupun *conj.* although; either... or.

main *v.* play.
mainan *n.* toy.
bermain *v.* take part in a game; amuse oneself in an activity.
memainkan *v.* perform; play.
mempermainkan *v.* treat flippantly.
pemain *n.* player.
permainan *n.* game.

majal *adj.* blunt.

majalah *n.* magazine.

majalah berkala periodical.

majikan n. employer.

majistret n. magistrate.

majlis n. meeting; council.
majlis peguam bar council.

majmuk adj. plural; compound;
composite.

majoriti n. most people; majority.

maju adj. progressive; developed.
kemajuan n. progress; advancement.
memajukan v. to develop; to improve.
pemaju n. developer.

mak n. mother (the abbreviation of
'emak').
mak angkat adopted mother.
mak tiri stepmother.

maka adv. then; therefore.

makalah n. newspaper article.

makam n. grave.
pemakaman n. cemetery; funeral;
burial.

makan v. to eat.
makan masa time consuming.
makan malam dinner.
makan pagi breakfast.
makan tengah hari lunch.
makanan n. food.
makanan berzat nourishing food.
makanan ringan snack.
makanan segera fast food.
memakan v. eat; consume.
pemakanan n. nutrition.
termakan v. corroded; consumed.

makaroni n. macaroni.

makbul v. answered; filfilled (of
prayers, etc.)
memakbulkan v. to fulfil.
termakbul v. be fulfilled.

makhluk n. creature.

maki, memaki v. to hurl abuses.
makian n. abuse; curse.

makin adv. increasingly.

makin ... makin ... adv. the more ...
the more ...
semakin adv. increasingly.

maklum v. known; aware of.
memaklumkan, memaklumi v. to
inform; to notify; to declare.
pemakluman n. declaration;
proclamation; notification.

maklumat n. information.
maklumat balas feedback.
memaklumatkan v. notify; inform;
declare.

makmal n. laboratory.
makmal bahasa language laboratory.
makmal komputer computer
laboratory.

makmur adj. prosperous.
kemakmuran n. prosperity.
memakmurkan v. improve; prosper;
enrich.

makna n. meaning.
bermakna adj. meaningful. v. mean.

makruf adj. famous. n. merit or
meritious deed.

maksiat n. vice; immorality.

maksimum adj. maximum.
memaksimumkan v. maximize; raise
to the highest degree.

maksud n. purpose; intention;
meaning.
bermaksud v. to intend; to mean.

maktab n. college.

maktub, termaktub v. to be written.

malah, malahan conj. but.

malai n. chain of flowers made from
gold and worn on the hair.

malaikat n. angel.

malam n. night.
malam buta very late.
malam minggu Saturday night.
bermalam v. to spend the night;
overnight.
semalam-malaman adv. the whole

night; all night long.

malang *adj.* unfortunate.
malangnya *adv.* unfortunately.
kemalangan *n.* accident; bad luck.

malap *adj.* dim.
memalapkan *v.* cause to lose brightness.

malapetaka *n.* disaster; misfortune.

malar *adj.* constant.
kemalaran *n.* constancy.

malaria *n.* malaria.

malas *adj.* lazy; unwilling to work; idle.
bermalas-malas *v.* laze about.
kemalasan *n.* laziness.
pemalas *n.* a lazy person.

malim *n.* learned person; captain.

malu *adj.* shy; bashful.
memalukan *adj.* disgraceful.
kemalu-maluan *adv.* bashfully.
termalu-malu *adj.* quite shy; bashful.

malut, kalut-malut *v.* hustle and bustle.

mamah, memamah *v.* to chew.

mamak *n.* uncle; Indian Muslim.

mamalia *n.* mammal.

mambang *n.* ghost.

mampat *adj.* compressive.
kemampatan *n.* compression; state of being compressed.
memampatkan *v.* press together; compress.
pemampat *n.* compressor (machine)
termampat *v.* be compressed.

mampu *v.* be able to.
berkemampuan *adj.* have financial means to; capable.
kemampuan *n.* capability; capacity.

mampus *v.* to die (vulgar).

mana *adv.* where.
mana satu which one.
mana-mana *adv.* anywhere.
manakan *conj.* how could.

mancung *adj.* high and sharp; clear cut.

mancur, memancur *v.* to spout; to squirt; to spurt.

mancis *n.* matches.

mandat *n.* mandate.

mandi, mandi-manda *v.* bathe.
bermandikan *v.* to bathe in; be bathed in.
memandikan *v.* bathe someone or something.

mandir *v.* rewind.

mandolin *n.* mandolin; a kind of musical instrument.

mandul *adj.* barren; sterile (of female).

mandur *n.* head of a group of labourers.

manfaat *n.* advantage; benefit.
bermanfaat *adj.* beneficial; advantageous.

mangga *n.* mango; padlock.

manggar *n.* stem of coconut palm-blossom; base of coconut palm-frond.

manggis *n.* mangosteen.

mangkat *v.* die (of royalty).
kemangkatan *n.* death (of royalty).

mangkin *n.* catalyst.

mangku *n.* vice.

mangkuk *n.* bowl.

mangsa *n.* prey; victim.

mangu, termangu-mangu *adj.* lost; bewildered.

mani *n.* semen.

manik *n.* bead.
bermanik-manik *adj.* bead like; wearing a string of beads.

manikam *n.* gem.

manis *adj.* sweet.
manisan *n.* fruit preserved in syrup.

pemanis *n.* sweetening.

manja *adj.* pampered; spoilt (of character).
memanjakan *v.* spoil; coddle; treat very well; pamper.

manjur *adj.* effective; potent; fatal.

mansuh *v.* vanish; cease to exist; disappear.
memansuhkan *v.* abolish; do away with; annul.
pemansuhan *n.* abolition; abolishment; annulment.

mantap *adj.* resolute; stable; established.
memantapkan *v.* establish.

mantera *n.* charm; a magic spell.

manual *n.* manual.

manusia *n.* human being; mankind.
kemanusiaan *n.* humanity.

manuskrip *n.* manuscript.

mara *v.* to advance.
kemaraan *n.* advancement; progress.

marah *adj.* angry.
kemarahan *n.* anger.
memarahi *v.* to reprimand.
pemarah *adj.* hot-tempered person.

marak, memarak *v.* to flare up; burst into flame; blaze; burn brightly.

marakas *n.* maraca; a kind of South American musical instrument.

maraton *n.* marathon.

marhaban *n.* songs of praise sung for the Prophet.

marhum, almarhum *n.* the deceased.

mari *v.* to come. *interj.* come here.

Marikh *n.* Mars.

marin *n.* marine.

marjerin *n.* margarine.

markah *n.* mark.
pemarkahan *n.* allotment of marks.

skema pemarkahan marking scheme.

markas *n.* headquarters.

marmar *n.* marble.

marmut *n.* guinea-pig.

martabak *n.* a type of food made from flour with meat or chicken and other ingredients.

martabat *n.* grade; rank.

maruah *n.* pride; respect.

masa *n.* time; period.
masa depan future.
masa kecil childhood.
masa lalu, masa silam past.
masa lapang free time.
masa rehat break time.

masak *adj.* ripe. *v.* cook.
memasak *v.* cook; prepare food.
masakan *n.* act of preparing food; dish; cooking.

masalah *n.* problem; puzzle.
bermasalah *adj.* having problems.

masam *adj.* sour; sullen.
bermasam muka sour-faced.

maserba *adj.* omnivorous.

masih *adv.* still.

masin *adj.* salty.

masing-masing *deter.* each and everyone.

masjid *n.* mosque.

massa *n.* 1. mass. 2. large number.

mastautin, bermastautin *v.* reside.
pemastautin *n.* resident.

masuk *v.* to enter; come or go into.
masuk campur *v.* meddle; intervene; interfere.
masuk Islam convert to Islam.
masuk penjara imprison.
masuk perangkap fall into a trap.
kemasukan *n.* act of joining; entry.
memasuki *v.* to enter; go into.
memasukkan *v.* to put in; to insert;

make record of; cause to be included.
termasuk *v.* be included; have as a part.

masyarakat *n.* society; people as a whole.
kemasyarakatan *adj.* social.

masyghul *adj.* sad; sorrowful.
kemasyghulan *n.* anxiety; great sorrow; distress.

masyhur *adj.* well-known; famous.
kemasyhuran *n.* fame.
pemasyhuran *n.* proclamation; declaration.

mata *n.* eye.
mata air spring (water); beloved.
mata duitan money grubbing.
mata hitam iris (of the eye).
mata-wang *n.* currency.
semata-mata *adv.* obviously; plainly; just because.

matahari *n.* sun.

mata-mata *n.* policeman.

matang *adj.* fully grown; mature.
kematangan *n.* maturity; full development.

mati *v.* die.
mati beranak die during delivery.
mati dibunuh murdered; killed.
mati mengejut sudden death.
mati-matian *adv.* with every effort.
kematian *n.* death.
mematikan diri to keep quiet.

matlamat *n.* aim; objective; target.

matron *n.* matron.

maujud *adj.* existing.

maulid *n.* Prophet Muhammad's birthday.

Maulud *n.* Prophet Muhammad's birthday.

maun *adj.* herbivorous.

maung *adj.* disgusting smell or taste.
pahit maung suffering; endurance; hardship; strain.

maut *n.* death.

mawar *n.* rose.

maya *n.* illusion; delusion.

mayang *n.* palm blossom.

mayat *n.* corpse.

mazhab *n.* religious sect; school of thought.

medan *n.* field; square.
medan perang battlefield.

media *n.* media.
media massa mass media.

megabait, (MB) *n.* megabyte.

megah *adj.* proud.
bermegah feel very proud of; boast.
kemegahan *n.* pride; glory; honour.
memegahkan *v.* to brag about.

Mei *n.* May.

meja *n.* table.
meja makan *n.* dinner table.
meja tulis writing table.

mejar *n.* major.

mekanik *n.* mechanic.

mekar, memekar *v.* to blossom.

mel *n.* mail.
mel elektronik electronic mail.

melarat *adv.* in poor circumstances.
kemelaratan *n.* poverty; misery; unhappiness.

melati *n.* jasmine.

Melayu *n.* Malay.

meleset *adj.* wrong; irrelevant; unspecific; depressed.
kemelesetan *n.* depression.

melodi *n.* melody.

meluat *v.* feel like vomiting; hate; feel disgusted.

melukut *n.* broken rice grain.

melulu *adj.* hasty. *adv.* only.

melur *n.* jasmine.

memang *adv.* of course; naturally.
sememangnya *adv.* certainly; actually; indeed.

memerang *n.* otter.

mempelai *n.* bride; bridegroom.

mempelam *n.* mango.

menang *v.* win.
kemenangan *n.* victory.
memenangi *v.* win; gain victory in competition.
pemenang *n.* winner; victor.

menantu *n.* daughter-in-law; son-in-law.
bermenantukan *v.* to have as son or daughter-in-law.

menara *n.* a tower.

mendak *n.* sediment. *v.* settle.

mendap *v.* precipitate.
mendapan *n.* sediment.
pemendapan *n.* precipitation; sedimentation.

mendiang *n.* the late.

mendung *adj.* cloudy; overcast; gloomy.

mengah, termengah-mengah *v.* pant.

mengasal *v.* initialise.

mengkal *adj.* half-ripe.

menjajarkan *v.* align.

mentadak *n.* mantis.

mentah *adj.* raw; uncooked; not manufactured.
mentah-mentah *adj.* raw; uncooked.

mentang, mentang-mentang *conj.* just because.

mentega *n.* butter.

menteri *n.* minister.
kementerian *n.* ministry.

mentimun *n.* cucumber.

mentol *n.* bulb.

mentua *n.* parents-in-law.

menung, termenung *v.* to ponder; think deeply.

merah *adj.* red.
muka merah red-faced.
merah padam lotus red.
memerahkan *v.* cause to become red; redden.
pemerah pipi blusher.

merak *n.* peacock.

merana *adj.* endure long illness; always ill.

merbah *n.* thrush.

merbahaya *adj.* dangerous.

merbuk *n.* turtle dove.

mercu *n.* peak; summit.

mercun *n.* firecracker.

merdeka *adj.* independent; free.
kemerdekaan *n.* freedom; independence.
memerdekakan *v.* release; setting free.

merdu *adj.* melodious; sweet (of voice).
kemerduan *n.* melodiousness.

mereka *pn.* they; them; their.

mergastua *n.* animals in the forest.

meriah *adj.* happy; joyful.
kemeriahan *n.* joy; merry.
memeriahkan *v.* to make happy or joyful.

meriam *n.* cannon.

merinyu *n.* inspector.

merosot *v.* deteriorate; to decrease; decline.
kemerosotan *n.* decline; deterioration.

merpati *n.* pigeon.

mersik *adj.* shrill.

mertua *n.* parents-in-law.

mesin *n.* machine.
mesin lekap mounting machine.

meskipun *conj.* although; inspite of (the fact that).

mesra *adj.* intimate; familiar; close.
bermesra *v.* to be close to; to familiarize with.
kemesraan *n.* intimacy; close familiarity.

mesti *v.* must; expressing resolution.
kemestian *n.* necessity; certainty.
semestinya *v.* ought to; should.

mestika *n.* jewel; a bezoar.

mesyuarat *n.* meeting.
bermesyuarat *v.* to hold a meeting.

metaanalisis *n.* meta-analysis.

metakognisi *n.* meta-cognition.

metafora *n.* metaphor.

meter *n.* metre.

meterai *n.* official mark; insignia; seal.
memeterai *v.* stamp with seal.

metrik *adj.* metric.

mewah *adj.* luxurious; characterized by wealth.
kemewahan *n.* luxury; enjoyment of rich and comfortable living.

mi *n.* noodles.

miang *adj.* itchy.

mikrofilem *n.* microfilm.

microfis *n.* microfiche.

mikrofon *n.* microphone.

mikrokomputer *n.* microcomputer.

mikroprojektor *n.* microprojector.

mikroskop *n.* microscope.

miligram *n.* milligramme.

milik *n.* possession.

memiliki *v.* to possess; own.
pemilik *n.* owner.
pemilikan *n.* possessory; possession; ownership.

mililiter *n.* millilitre; measurement for volume.

milimeter *n.* millimeter; measurement for length or distance.

mimbar *n.* pulpit.

mimpi *n.* dream.
bermimpi *v.* to dream; have visions in sleep.
memimpikan *v.* dream about something or someone; have visions in sleep.
termimpi *v.* imagined; dreamt.

minat *n.* interest.
berminat *v.* to have an interest; keen; interested.
meminati *v.* like; enjoy; long for.
peminat *n.* interested person; admirer; fan.

minggu *n.* week; Sunday.
mingguan *adj.* weekly.
berminggu-minggu *adv.* for weeks.

minimum *adj.* minimum.

minit *n.* minute.

minta, meminta *v.* to beg; to ask for; make a request.
meminta-minta *v.* ask for earnestly for something.
permintaan *n.* request.

minum *v.* drink.
minuman *n.* drink.
peminum *n.* drinker.

minyak *n.* oil; fat.
minyak masak cooking oil.
minyak pelincir grease.
minyak rambut hair oil.
minyak sapi suet; ghee.
minyak tanah kerosene.
minyak wangi perfume.
minyak zaitun olive oil.
berminyak *adj.* greasy; oily.

miring *adj.* tilted; slanting.

memiringkan *v.* cause to slant, tilt or keel over.

mirip *v.* to resemble.

misai *n.* moustache.

misal *n.* example.
memisalkan *v.* use as an example; compare.

miskin *adj.* poor.
kemiskinan *n.* poverty.

misteri *n.* mystery.

modal *n.* capital.
modal pusing working capital.
pemodal *n.* capitalist.

model *n.* model.

modem *n.* modem.

moden *adj.* moden.

moga-moga *conj.* may it be.

mogok *n.* a strike. *v.* to strike.
mogok kerja organized stoppage of work by employees in protest of working condition.
mogok lapar hunger strike.
pemogokan *n.* strike.

mohon, bermohon, memohon *v.* to apply for; make a request.
permohonan *n.* request; application.

mohor *n.* seal.

molek *adj.* pretty.

molekul *n.* molecule.

moluska *n.* mollusc.

momok *n.* ghost; something that cause fear.
memomokkan *v.* dislike.

mongel *adj.* beautiful; attractive.

monokrom *n.* monochrome.

monopoli *n.* monopoly.
memonopoli *v.* monopolize; dominate.

monsun *n.* monsoon.

montel *adj.* plump and healthy.

montok *adj.* chubby; plump; fleshy.

monyet *n.* monkey.

moral *n.* moral.

motif *n.* motive.

morfin *n.* morphine.

motobot *n.* motor-boat.

motokar *n.* motor-car.

motor *n.* motor.

motosikal *n.* motor-cycle.

moyang *n.* great-grandparents.

mu *pn.* you (abbreviation of 'kamu').

muafakat *n.* agreement; arrangement.
bermuafakat *v.* to meet in conference.
permuafakatan *n.* conference; discussion; meeting.

muak *adj.* disgusting; nauseating; sated; loathing.
memuakkan *v.* cause nauseousness; cause to feel disgust.

mual *n.* nausea; queasiness.
memualkan *v.* cause nauseousness; cause queasiness.

mualim *n.* religious teacher; guide.

muara *n.* mouth of a river.

muat *adj.* big enough to contain.
muatan *n.* load; cargo.
memuat *v.* to load with.
memuatkan *v.* to load; to fill up something.

muazin *n.* summoner to prayer; muezzin.

mubaligh *n.* preacher; missionary.

mubazir *adj.* wasteful.

muda *adj.* young; not ripe.
pemuda *n.* youth; young man.

419

pemuda-pemudi *n.* youth; young men and women.

mudah *adj.* easy; not difficult; comfortable.
mudah-mudahan *conj.* possibly; perhaps.
kemudahan *n.* services to facilitate a process; facility; aids.
memudahkan *v.* simplify; facilitate.
pemudahan *n.* simplification; act of simplifying; facilitation.

mudarat *adj.* dangerous; harmful.
memudaratkan *v.* cause harm; cause damage.
kemudaratan *n.* harmfulness.

mudik *v.* to go upstream.

muflis *adj.* bankrupt; insolvent.
kemuflisan *n.* bankruptcy; condition of being bankrupt.
memufliskan *v.* cause bankruptcy.

mufti *n.* religious expert who is authorized to decide on Islamic matters.

Muharam *n.* the first month of the Muslim calendar.

muhibah *n.* goodwill.

mujarab *adj.* effective; efficacious.
kemujaraban *n.* effectiveness of medicine or remedy; efficacy.

mujur *adv.* luckily; fortunately.

muka *n.* face; front.
muka baru a new face.
muka depan front page.
muka pintu doorway.
muka selamba poker face.
muka surat page.
muka tebal thick-skinned.
bermuka-muka *v.* to be a hypocrite; pretend.
bersemuka *v.* to meet face to face.
mengemukakan *v.* propound; put forward.
permukaan *n.* surface.
terkemuka *adj.* prominent; well-known; famous.

mukah *n.* fornication.
bermukah *v.* fornicate.

mukim *n.* district.

mukjizat *n.* miracle.

muktamad *adj.* final; definite; conclusive.

muktamar *n.* conference.

mula *v.* start.
mula-mula *adv.* at first.
mulai *v.* to start; begin.
bermula *v.* begin; start; come into being.
memulakan *v.* start something; begin.
permulaan *n.* beginning; start; commencement.
semula *adv.* from the beginning; again.

mulas, mulas perut *n.* colic.

mulia *adj.* noble.
kemuliaan *n.* glory; fame; nobility.
memuliakan *v.* worship (of God); glorify.

multipleks *n.* multiplex.

mulut *n.* mouth.
mulut manis sweet-tongued.
mulut murai chatterbox; a very talkative person.

mumbang *n.* green young coconut.

mumbung *adj.* filled to the brim.

munafik *adj.* hypocritical.

munasabah *adj.* reasonable; suitable.

muncul *v.* to appear; to emerge.
kemunculan *n.* becoming visible; appearance.

muncung *n.* snout; spout; muzzle.

mundar-mandir *v.* to and fro; pace up and down.

mundur *adj.* backward; underdeveloped.
kemunduran *n.* backwardness; underdeveloped state.

mungkar *adj.* sinful.
memungkari *v.* disobey; disavow; to deny; to ignore.

mungkin *adj.* possible.
kemungkinan *n.* possibility.

mungkir *v.* to deny; to be unfaithful.
memungkiri *v.* to deny; to break a promise.

munsyi *n.* a language teacher.

muntah, memuntahkan *v.* vomit or throw out something from the mouth.

murah *adj.* cheap; generous.
murah hati generous; kindhearted.
kemurahan *n.* generosity; readiness to give.
pemurah *n.* one who is generous.

murai *n.* magpie.

muram *adj.* sombre; sad and serious.
kemuraman *n.* sombreness.

murid *n.* pupil; student.

murka *adj.* wrathful (refers to God or King).
kemurkaan *n.* wrath (refers to God or King).
memurkai *v.* cause to become angry; enrage.

murni *adj.* clean; pure.
kemurnian *n.* cleanliness; chastity.
memurnikan *v.* cleanse; purify.

murtad *adj.* apostate.

murung *adj.* depressed.

musafir *n.* traveller.

musang *n.* civet cat.

musim *n.* season.
musim banjir flood season.
musim buah fruit season.
musim bunga spring.
musim hujan rainy season.

musim kemarau dry season.
musim menuai harvesting season.
musim panas summer.
musim sejuk winter.
bermusim *adj.* seasonal.

Muslim *n.* Muslim.

Muslimat *n.* Muslim women.

Muslimin *n.* Muslim men.

muslihat *n.* trick; stratagem.

musnah *v.* dash; destroy.
kemusnahan *n.* destruction.
memusnahkan *v.* tear down something; to destroy something; ruin something completely.

mustahak *adj.* important.

mustahil *adj.* impossible; incredible.

mustajab *adj.* efficacious of medicine.

musuh *n.* enemy; foe.
musuh ketat arch-enemy.
bermusuhan *v.* be enemies.
permusuhan *n.* enmity; hostility.

Musytari *n.* Jupiter.

musykil *adj.* thorny.

mutakhir *adj.* modern; the latest.

mutalaah *n.* study.

mutiara *n.* pearl.

mutlak *adj.* absolute; assured; cocksure.

mutu *n.* quality; degree of excellence.
bermutu *adj.* of high quality; of high standard.

muzakarah *n.* discussion.

muzik *n.* music.

muzium *n.* museum.

Nn

nabi *n.* prophet.

nada *n.* intonation; tone.
nada tinggi treble.

nadi *n.* pulse.

nafas *n.* breath.
bernafas *v.* to breathe; respire.
nafas baru breathe new life.
pernafasan *n.* respiration; to act of breathing.

nafi, menafikan *v.* to deny; disavow.
penafian *n.* denial; disavowal.

nafkah *n.* livelihood; subsistence; alimony; expense.

nafsu *n.* desire; lust.

naga *n.* dragon.

nahas *n.* misfortune; disaster.

nahu *n.* grammar.

naib *n.* deputy.
naib johan runner-up.
naib presiden vice-president.

naik *v.* to ascend; to rise; to climb; to go with; to ride; to increase.
naik angin bad mood.
naik darah get into a temper.
naik gaji increase in wages; increase in salary.
naik gila drive someone mad.
naik pangkat promotion.
naik pelamin marry; wed.
naik takhta to ascend a throne.
naik turun fluctuate; up and down movement.
kenaikan *n.* rise; increase.
kenaikan harga increase in price.
menaiki *v.* to climb on; to ride in.
menaikkan *v.* to raise or increase

something.

najis *n.* filth; night soil; excreta.

nak *v.* want (abbreviation of 'hendak').

nakal *adj.* naughty; mischievous.
kenakalan *n.* naughtiness; mischievousness.

nakhoda *n.* captain (of ship).

naluri *n.* instinct.

nama *n.* name.
nama baik good name.
nama fail file name.
nama keluarga family's name.
nama pena pen name.
nama samaran pseudonym.
nama timang-timangan nickname.
bernama *v.* to be called.
menamai, menamakan *v.* to call; to name someone or something.
kenamaan *adj.* famous.
penama *n.* nominee; person who nominates.
ternama *adj.* famous; well-known.

nampak *v.* to see; to be visible.
nampaknya *v.* it seems; apparently.
menampakkan *v.* display; exhibit; show.
ternampak *v.* saw; seen; can be seen; visible.

namun *adv.* yet; still.

nanah *n.* pus.

nanas *n.* pineapple.

nangka *n.* jackfruit.

nanti *v.* to wait. *adv.* later.
menanti, menantikan *v.* to wait for; to await.

penantian *n.* waiting; wait; anticipation.
ternanti-nanti *v.* looking forward; wait hopefully.

nasi *n.* cooked rice.

nasib *n.* fate; luck.
nasib baik good luck.
nasib malang misfortune; bad luck; disastrous event.
bernasib baik lucky.
senasib *adj.* of the same fate, destiny or luck.

natijah *n.* result; consequence; conclusion.

nasihat *n.* advice.
menasihati, menasihatkan *v.* to advise.
penasihat *n.* adviser.

nasional *adj.* national.
nasionalis *n.* nationalist.

naskhah *n.* copy; manuscript.

Nasrani *n.* Christian; Catholic.

nat *n.* nut.

naung, naungan *n.* shade; protection; shelter; patronage.
bernaung *v.* sheltered; shaded.
menaungi *v.* to shelter; to shade; to protect; to patronize.
penaung *n.* patron; protector; guardian.

nazak *n.* state of a person who is about to die.

nazar *n.* vow; promise.
menazarkan *v.* vow; make a solemn; declare; swear.

nazir *n.* inspector.

negara *n.* country.
negara dunia ketiga third world countries.
negara jiran neighbouring country.
negara maju developed country.
negara membangun developing country.
negara miskin poor country.

hutang negara national debt.
taman negara national park.
kepentingan negara national interest.
negarawan *n.* a statesman.
memiliknegarakan *v.* nationalize.
pemiliknegaraan *n.* nationalization.

negeri *n.* state.
kenegerian *adj.* concerned with a state.

negatif *adj.* negative.

nekad *adj.* determined.

nelayan *n.* fisherman.

nenek *n.* grandmother.

nenenda, nenda *n.* grandmother (usually used in writing).

neraca *n.* balance.

neraka *n.* hell.

nescaya *adv.* certainly.

nestapa *adj.* sorrowful, sad.

net *n.* net.

nganga, menganga *v.* to open the mouth widely.
mengangakan *v.* to gape; to open the mouth wide.
ternganga *adj.* open-mouthed.

ngeri, mengerikan *adj.* terrible; fearful.

ngiau, mengiau *v.* to mew (of a cat).

ngiang, terngiang-ngiang *v.* whistling as of sound; buzzing; whizzing.

ngilu *adj.* unpleasant to the ears; nerve-racking.
kengiluan *n.* setting one's teeth on edge.

niaga, berniaga *v.* to trade.
memperniagakan *v.* exchange; trade; barter.
peniaga *n.* trader.
perniagaan *n.* trade; commerce; trading.

niat *n.* intention; wish.

niat baik good intention.
niat hati intention; wish.
niat jahat bad intention.
berniat *v.* to have an intention.
terniat *v.* intended; wished.

nikah *n.* marriage ceremony.
bernikah *v.* to have married.
menikahi *v.* to marry; to wed.
menikahkan *v.* to give in marriage.
pernikahan *n.* marriage; wedding;
nuptials.

nikel *n.* nickel.

nikmat *n.* bliss; enjoyment; comfort.
kenikmatan *n.* enjoyment; delight;
pleasure.
menikmati *v.* to enjoy.

nila *n.* indigo.

nilai *n.* value.
bernilai *adj.* valuable.
menilaikan *v.* to evaluate; to assess.
penilaian *n.* assessment; valuation;
evaluation.

nilon *n.* nylon.

nipah *n.* a species of palm.

nipis *adj.* thin.

nisan *n.* gravestone.

nisbah *n.* ratio.

nista *n.* insult; abuse.
menista, menistakan *v.* use foul
language on someone.

nitrogen *n.* nitrogen.

nobat *n.* royal drum.

noda *n.* spot of dirt; stain.
menodai *v.* to stain; to disgrace; to
shame.
ternoda *adj.* defiled; dirtied; soiled,
stained.

noktah *n.* full stop.

nomad *n.* nomad.

nombor *n.* number.
nombor ganjil odd number.

nombor genap even number.
nombor kaki footage number.
nombor panggilan call number.
plat nombor number-plate.
bernombor *adj.* having a number.

nona *n.* Miss.

nota *n.* note.

notis *n.* notice; announcement.

novel *n.* novel.

November *n.* November.

nujum, ahli nujum *n.* fortune-teller.

nuklear *n.* nuclear.

nuri *n.* parrot.

nusa *n.* fatherland; motherland; mother
country.

Nusantara *n.* Malay Archipelago.

nya *pn.* his; her; its.

nyah *interj.* get away.

nyahsilap *v.* debug.

nyala, bernyala, menyala *v.* to set
aflame.
bernyala-nyala *v.* to burn.
adj. burning.
menyalakan *v.* to set fire; to kindle.

nyaman *adj.* fresh; pleasant.
menyamankan *v.* refresh; revive;
enliven. *adj.* refreshing.
penyaman udara *n.* air-conditioner.

nyamuk *n.* mosquito.

nyanyi, bernyanyi, menyanyi *v.* sing.
nyanyian *n.* song.
menyanyikan *v.* to sing (for someone).
penyanyi *n.* singer; vocalist.

nyanyuk *adj.* senile.

nyaring *adj.* loud and clear; shrill.

nyaris *adv.* almost; nearly.

nyata *adj.* clear; concrete.
kenyataan *n.* report; declaration.

menyatakan *v.* to state.
penyata *n.* statement; official report.
pernyataan *n.* statement; explanation; announcement.
ternyata *adj.* explained; obvious; clear; proved.
nyawa *n.* life; soul.
bernyawa *adj.* alive.
persenyawaan *n.* fertilization.

nyenyak *adj.* to be sound asleep.
nyiru *n.* triangle-shaped winnowing tray.
nyiur *n.* coconut.
nyonya *n.* Mrs.; Madam; a term used to address a married woman.
nyunyut, menyunyut *v.* to suck.

Oo

oasis *n.* oasis.

oat *n.* oat.

objek *n.* discussion topic; purpose; target; object.

objektif *adj.* objective.
objektiviti *n.* objectivity.

obor *n.* torch.

Ogos *n.* August.

oksigen *n.* oxygen.

Oktober *n.* October.

olah *n.* way of doing things.
olah, olahan *adj.* whirling; eddy (of wind, water).
olah-olah *adv.* playfully.
mengolah deceive; be tricky.
pengolahan *n.* execution; manufacturing; processing.
seolah-olah *conj.* as if; as though.

olahraga *n.* athletics.
olahragawan *n.* male athlete.
olahragawati *n.* female athlete.

oleh *prep.* by; because of.
beroleh *v.* to get; to obtain.
memperoleh *v.* gain; obtain; acquire.
perolehan *n.* earnings; gains; acquisition.

oleng *v.* sway.

Olimpik *n.* the Olympic games.

olok-olok *v.* joke.
berolok-olok *v.* to joke.
memperolok-olokkan *v.* to tease someone; to mock someone; make fun of someone.

ombak *n.* wave.

berombak *v.* to roll in waves.

omel, mengomel *v.* to grumble.

omong *n.* words. *v.* talk.
beromong, mengomong *v.* cheat; talk.

onar *n.* commotion; uproar; trickery.

onde-onde *n.* sweet dumpling.

ongkos *n.* cost; charges; expenses.
mengongkosi *v.* to pay the cost; to finance.

ons *n.* ounce; a unit of measurement for weight.

opah *n.* grandmother.

operasi *n.* operation.

operator *n.* operator.

optik *adj.* optic.

optimis *n.* optimist. *adj.* optimistic.

optimum *adj.* optimum.

orang *class.* numeral coefficient for people. *n.* people.
orang asing foreigner.
orang atasan upper class.
orang awam civilian; the public.
orang barat westerner.
orang baru newborn.
orang bawah lower class.
orang buangan exiled; banished.
orang dalam insider.
orang kampung villager.
orang kaya rich person.
orang kebanyakan commoner.
orang lama old person.
orang luar outsider.
orang mendatang immigrant.
orang miskin poor person.

orang muda young person.
orang putih westerner.
orang ramai the public.
orang rumah wife.
orang tengah middleman.
orang timur easterner.
orang tua parents; old person.
orang-orangan *n.* puppet; scarecrow.
keseorangan *adj.* solitary; lonely; alone.
perseorangan *n.* individual.

orbit *n.* orbit.

oren *n.* orange.

organ *n.* organ.

organisasi *n.* organization.

organisme *n.* organism.

orientasi *n.* orientation.

orkes *n.* orchestra.

orkestra *n.* orchestra.

orkid *n.* orchid.

oskar *n.* awards; Oscar.

osmosis *n.* osmosis.

otak *n.* brain.

otak-otak *n.* a kind of food.
otak udang stupid.
berotak *adj.* brainy; clever; bright.

otot *n.* muscle.

ovari *n.* ovary.

overdraf *n.* overdraft.

ovul *n.* ovule.

ovum *n.* ovum.

Pp

pacak, memacak, memacakkan v. to poke; drive; pierce a pole or stick into the ground.
terpacak v. erected; planted; pierced.

pacal pn. me (when addressing royalty).

pacat n. land leech.

pacul, memacul v. appear suddenly.
terpacul v. appear suddenly.

pada prep. on; in; according to.
berpada-pada v. within limits.
memadai v. to be enough; suffice.

padah n. negative consequence.

padahal conj. actually, whereas.

padam v. to put off; to switch off; to clean.
memadamkam v. extinguish; to put out (fire, light, etc.)
pemadam n. eraser; extinguisher.
pemadam api fire extinguisher.

padan adj. matching; fitting well; suited. v. suit.
padanan n. comparison; match.
berpadanan adj. matching; compatible; suitable.
memadankan v. to match; to harmonize with; to suit.
sepadan adj. matching.

padang n. field.
padang pasir desert.
padang ragut grazing land.
padang rumput grassland; pasture.

padat adj. crowded; compact; dense; thick.
kepadatan n. density; compactness.
memadatkan v. to pack closely; to cram; to stuff.

paderi n. priest.

padi n. paddy.

padu adj. solid; united.
berpadu p. combine; unite; join together.
bersepadu adj. integrated.
memadukan v. unite; combine; mix; merge two or more people or things.
menyepadukan v. combine into a whole; integrate.
perpaduan n. consolidation; solidarity.
persepaduan n. integration; to act of becoming part of a larger group.

paduka n. excellency.

pagar n. fence.
berpagar adj. with a fence; fenced.
memagar v. to make a fence.

pagi n. morning.
pagi-pagi adv. early in the morning.
sepagian adv. throughout the morning; the whole morning.

pagut, memagut v. to peck.

paha n. thigh.

pahala n. merit; reward.

pahat n. chisel.
berpahat adj. chiselled.
memahat v. chisel; cut; shape with chisel.
pemahat n. sculptor.

pahit adj. bitter.
pahit getir with bitterness; bitter; hard to bear.
kepahitan n. bitterness; animosity.

pahlawan n. hero; warrior.
kepahlawanan n. heroism.

pajak *n.* tax. *v.* pawn.
pajak gadai pawn for money borrowed.
memajakkan *v.* grant on lease; to lease; deposit as security for money borrowed; to pawn.

pak *n.* 1. father; uncle. 2. pack.
pak cik *n.* uncle.
pak cakera disk pack.

pakai, memakai *v.* to use; to wear.
pakaian *n.* clothes.
pakaian seragam uniform.
berpakaian *v.* dressed; clothed.
memakaikan *v.* dressing; put clothes on for someone.
pemakai *n.* user; wearer.
pemakaian *n.* use; usage.
terpakai *adj.* secondhand; used; that has been used.

pakar *n.* expert.
pakar media media specialist.
pakar runding consultant.
kepakaran *n.* expertise; skill.

pakat, berpakat *v.* to agree; to discuss; to confer.
pakatan *n.* conspiracy; pact..
bersepakat *v.* agree; be in harmony; discuss; confer.
sepakat *adv.* unanimously; in agreement.

pakej *n.* package.
pakej pelbagai media *n.* multimedia kit.

paksa *n.* compulsion. *v.* force.
paksaan *n.* force; compulsion.
memaksa *v.* to force; to compel.
pemaksaan *n.* pressure; to act of forcing; compulsion.
terpaksa *v.* be compelled; be forced.

paksi *n.* axis.

paku *n.* nail; ferns.
memaku *v.* to nail.
memakukan *v.* to nail something; to fix something.
terpaku *v.* be nailed; be rooted to the spot; still.

pala, buah pala *n.* nutmeg.

palang *n.* crossbar.

paling[1] *adv.* the most.
paling-paling *adv.* the most; very; extremely.

paling[2], **berpaling** *v.* to turn the head.
berpaling haluan to change attitude, stand, etc.
memaling, memalingkan *v.* to swing round.

palit, memalit *v.* to smear.
memalitkan *v.* to smudge; to smear on.
terpalit *v.* smudged; involved; smeared.

palma *n.* palm.

palpa *n.* pulp.

palsu *adj.* false.
kepalsuan *n.* forgery; imitation; fraud; falsehood.
memalsukan *v.* to falsify; to counterfeit; to forge.
pemalsuan *n.* forgery; falsification; imitation; counterfeiting.

palu, memalu *v.* to hit; to beat; to strike.
paluan *n.* stroke; knock; blow; beat.

palung *n.* pool; trough.

palut, berpalut *adj.* wrapped.
memalut *v.* to wrap.

pam *n.* pump.

pamah *n.* low ground.

paman *n.* uncle.

pamer, mempamerkan *v.* to show; to exhibit.
pameran *n.* exhibition.

pampang *v.* to spread out.
terpampang *adv.* clearly seen; be shown ostentatiously.

pampas *n.* compensation; restitution.
pampasan *n.* compensation; indemnity.
memampasi *v.* recompense;

compensate.

panah *n.* bow.
panahan *n.* archery; a shot made with a bow and arrow.
memanah *v.* to shoot with a bow.
memanahkan *v.* shoot something with an arrow.
pemanah *n.* archer; bowman.

panas *adj.* hot; feverish.
panas terik blistering; scorching; very hot.
panas-panas *adj.* hot; strong and fresh.
berpanas *v.* sun; be in the hot sun.
kepanasan *n.* warmth; heat.
memanaskan *v.* to heat; to make hot.
pemanas *n.* heater.

panau *n.* a type of skin disease.

panca *pref.* five; multiple.
pancalogam *n.* alloy of five or several metals.
pancaindera *n.* the five senses.

pancang *n.* pole or stake driven into the ground.

pancar, memancarkan *v.* to radiate; to broadcast; to emit.
pancaran *n.* spout; broadcast; emission.
memancar *v.* shine brightly; give out bright light; radiate.
pemancar *n.* emitter; transmitter.
terpancar *v.* spurted out; squirted; emitted.

pancaragam *n.* a band.

pancing *n.* fishhook.
memancing *v.* to fish.

pancit *adj.* punctured.

pancur, memancur *v.* to spout; to spray (of water).

pancut, memancut *v.* to gush out; spurt.
pancutan *n.* spurt; squint; ejection; spout.

pancung *v.* to cut off the head.
memancung *v.* to cut off a projection; to behead.

pandai *adj.* clever; capable.
kepandaian *n.* cleverness; skill.
memandai, memandai-mandai *v.* be too smart; to do something according to one's liking.

pandan *n.* pandan; a kind of plant.

pandang, memandang *v.* to look at; to consider.
pandang-memandang *v.* exchange looks or glances.
pandang-lintang *n.* landscape.
pandangan *n.* opinion; view.
berpandang-pandangan *v.* exchange looks; to look at each other.
berpandangan *v.* exchange looks or glances; confront; meet.
memandangkan *v.* in view of.
pemandangan *n.* view.

pandir *adj.* stupid.

pandu, memandu *v.* to guide; to drive.
panduan *n.* guidance; guide.
panduan kurikulum curriculum guide.
berpandukan *v.* to use something as a guide.
pemandu *n.* driver; guide; pilot.

panggang *v.* to roast. *adj.* roasted.
memanggang *v.* to roast.

panggil, memanggil *v.* to call.
panggilan *n.* call; summon.

panggung *n.* stage; theatre.
panggung wayang *n.* cinema; theatre.

pangkah *n.* a cross.
memangkah *v.* to cross; mark made by drawing a cross.

pangkal *n.* beginning; the base.
pangkal cerita beginning of a story.
pangkal jalan the start of a journey; the beginning.
pangkalan *n.* base.
berpangkalan *adj.* having a base (at).

pangkas *n.* barber's shop.
pangkasan *n.* cropping.

pangkat *n.* rank.

pangkat besar high rank.
berpangkat *v.* to hold an important position.

pangku, memangku *v.* to take on one's lap; to act.
memangku jawatan acting.
pemangku *n.* acting.
pangkuan *n.* lap.

panglima *n.* warrior; commander.

pangsa *n.* section (of fruit).

pangsapuri *n.* apartment.

panitia *n.* committee.

panjang *adj.* long.
panjang akal resourceful; intelligent.
panjangnya *n.* length.
berpanjangan *adj.* endless; continuous; dragging.
memanjangkan *v.* to prolong; to lengthen.
sepanjang *prep.* along.

panjat, memanjat *v.* to climb.
memanjatkan *v.* raise or lift up something.

panji-panji *n.* a streamer.

pankreas *n.* pancreas.

pantai *n.* beach.

pantang *n.* prohibition. *v.* abstain.
pantang larang prohibition; taboo.
berpantang *v.* prohibited; forbidden.
memantang *v.* prohibit; abstain.

pantas *adj.* quick; suitable; reasonable.
kepantasan *n.* quickness; speed; agility.

pantomim *n.* pantomine.

pantul, memantul *v.* to bounce back.
pantulan *n.* reflection; reflex; rebound.
memantulkan *n.* reflect something.

pantun *n.* quatrain.

papa *adj.* poor.
papa kedana very destitute.

papah, berpapah *v.* be supported.

memapah *v.* to support or to carry someone.

papan *n.* plank.
papan catur chessboard.
papan hitam blackboard.
papan iklan billboard.
papan induk motherboard.
papan kekunci keyboard.
papan kenyataan notice board.
papan lekap mounting board.
papan magnet magnetic board.
papan tulis writing board.

papar *adj.* flat.
memaparkan *v.* to explain.
paparan *v.* display.
paparan hablur cecair (LCD) liquid crystal display (LCD).

papas, memapas *v.* to take off.

para *pref.* to denote plurality.
n. paragraph.

para-para *n.* shelf.

parah *adj.* serious.

parang *n.* machete.
memarang *v.* to chop; hack.

paras *n.* face; level.

parau *adj.* hoarse.

parasit *n.* parasite.

pari, ikan pari *n.* ray.

pari-pari *n.* fairy.

parit *n.* ditch.

parlimen *n.* parliament.

parti *n.* party.

partikel *n.* particle.

paru-paru *n.* lung.

paruh *n.* beak.
separuh *pn.* half.
separuh masa half-time.

parut *n.* scar. *v.* to rasp.
memarut *v.* grate.

pas *n.* pass.

pasak *n.* pin; peg; wedge.

pasang *class.* pair; set. *v.* switch on; rise.
pasang badan dress up.
pasang telinga eavesdrop.
pasangan *n.* pair; partner; mate.
berpasangan *v.* form a pair.
memasang *v.* switch on; light; apply; fix; put on; fasten.

pasar *n.* market.
pasar besar central market.
pasar borong wholesale market.
pasar gelap black market.
pasar malam night market.
pasar mini mini market.
pasaraya supermarket.
pasaran *n.* market.
pasaran bebas free market.
pasaran dunia world market.
pasaran saham share market.
pasaran tempatan local market.
pasaran terbuka open market.
pasaran wang money market.
memasarkan *v.* to market something.
pemasaran *n.* marketing.

pasif *adj.* passive.

pasir *n.* sand.

passport *n.* passport.

pasti *adj.* definite; certain.
kepastian *n.* certainty.
ketidakpastian *n.* uncertainty.
memastikan *v.* ensure; to ascertain.

pasu *n.* pot.

pasukan *n.* troop; team.
berpasukan *v.* in groups; in teams.

pasung, pasungan *n.* stocks; pillory; police station.

patah *adj.* broken (of long objects).
class. a coefficient for words.
patah hati broken-hearted.
berpatah balik to turn back.
mematahkan *v.* to cause to break; to sabotage.
sepatah *n.* a piece; a fragment.

pateri, memateri *v.* to solder.

pati *n.* essence.
pati santan cream of the coconut.

patik *pn.* I; me (used when talking to a member of the royal family).

patriot *n.* patriot.
patriotik *adj.* patriotic.

patuh *adj.* obedient.
mematuhi *v.* to comply; to obey.

patuk, mematuk *v.* to peck.

patung *n.* doll; statue.
patung-patung, pepatung *n.* dragonfly.

patut, berpatutan *adj.* fair; reasonable.
sepatutnya *adv.* by right; in fact; naturally.

paun *n.* pound.

paus, ikan paus *n.* whale.

paut *v.* closely connected; to hang on.
berpaut *v.* to cling to; to hold tightly to.
berpautan *v.* hold or cling to each other; joined; attached to.

pawah, memawah *v.* share profits between the tenant and the landlord.

pawang *n.* a witch doctor; an elephant tamer.

paya *n.* swamp.
paya bakau mangrove swamp; marsh.

payah *adj.* difficult; critical.
kepayahan *n.* difficulty; hardship; trouble.

payung *n.* umbrella.

pecah *adj.* broken (into bits).
pecah amanah breach of trust.
berpecah *v.* to break up.
memecahkan *v.* to break something.
memecahbelahkan *v.* to disintegrate; to disunite; to divide.
pecahan *n.* pieces; fraction.

pecal *n.* a kind of Javanese dish.

pecat, memecat *v.* to dismiss; to criticize; to sack.
pemecatan *n.* dismissal; expulsion.

pecut, memecut *v.* to speed; sprint.

pedang *n.* sword.

pedas *adj.* pungent; severe; hot.
kepedasan *n.* hotness (of taste).

pedati *n.* carriage; cart pulled by horses or bulls.

pedih *adj.* sorrowful; smarting.
kepedihan *n.* hurt; in pain; poignancy.

pedoman *n.* compass; guide.

peduli *v.* to bother about; to mind.
mempedulikan *v.* to care for something or someone; to heed; to mind.

pegaga *n.* a creeping herb.

pegang, memegang *v.* to hold; to control.
pegangan *n.* grip; grasp; hold.
berpegangan *v.* hold one another; grasp.
pemegang *n.* handle; holder.
pemegang amanah trustee.

pegawai *n.* officer.
pegawai daerah district officer.
pegawai kanan senior officer.
pegawai kerajaan government officer.
pegawai tinggi higher official.

peguam *n.* lawyer.
peguambela *n.* advocate; barrister.
peguamcara *n.* solicitor; lawyer who prepares legal documents.

pegun, terpegun *v.* to be silent in meditation.

pejal *adj.* solid; firm.
memejalkan *v.* to solidify; to make compact.

pejam *adj.* close (of eyes).
memejamkan *v.* to close one's eyes.

peka *adj.* responsive; perceptive; sensitive.
kepekaan *n.* sensitivity; responsiveness.

pekak *adj.* deaf.
memekakkan *v.* to deafen.
adj. deafening.

pekan *n.* town; market.

pekasam *n.* salted fish or meat.

pekap, memekap *v.* to cover (ears, mouth) with the hand.

pekat *adj.* thick (of liquid).

pekerti *n.* character.

pekik *n.* scream.
memekik, memekikkan *v.* scream; yell; shriek; shout.
terpekik *v.* screamed; shrieked.

pelamin *n.* bridal dais.

pelamina *n.* laminator.
pelaminaan *n.* lamination.

pelampung *n.* float.

pelan *n.* plan.

pelana *n.* saddle.

pelanduk *n.* mousedeer.

pelangi *n.* rainbow.

pelantar *n.* long bench; platform; terraced steps.

pelanting, terpelanting *v.* to fall and rebound.

pelat *n.* faulty (of pronunciation); accent.

pelawa, mempelawa *v.* to invite.
pelawaan *n.* invitation.

pelbagai *adj.* various kinds; assorted.
pelbagai media multimedia.

pelecok *v.* sprained.

pelekat *n.* gum; sticker.

pelengkap komputer *n.* computer peripheral.

pelepah *n.* rib of a palm leaf; rib of feather; fronds.

433

pelesir *v.* to go out for pleasure.

pelihara, memelihara *v.* to take care of; to rear.
peliharaan *n.* that is fostered, reared, bred, nursed.
pemeliharaan *n.* act of rearing; caring; safe guarding.
terpelihara *v.* be cared for; reared; protected.

pelik *adj.* strange; curious; not easy; remarkable.

pelita *n.* lamp.

pelopor *n.* pioneer.

pelosok *n.* corner; remote spot.

peluang *n.* chance; opportunity.
berpeluang *v.* having a chance or an opportunity.

peluh *n.* sweat; perspiration.
berpeluh *v.* to sweat; perspire.

peluk, memeluk *v.* to embrace.
pelukan *n.* embrace; hug.
berpeluk *v.* hug; embrace.
berpeluk-pelukan *v.* hug; embrace each other.
terpeluk *v.* accidentally embraced or hugged.

peluru *n.* bullet.

pemacu cakera *n.* disk drive.

pemain cakera video *n.* video disc player.

pemampatan *n.* compression.

pemancar *n.* transmitter.

pemantul *n.* reflector.

pembaca tanda optik *n.* optical mark reader.

pembesar suara *n.* loudspeaker.

pembidangan *n.* framing.

pemerolehan *n.* acquisition.

pemindai *n.* scanner.

pemodelan *n.* modelling.

pen *n.* pen.

pena *n.* pen.

penala *n.* tuner.

penalti *n.* penalty.

penat *adj.* tired.
kepenatan *n.* tiredness; exhaustion.
memenatkan *v.* tiring; exhausting.

penawar *n.* antidote.

pencak *n.* self-defence.

pencen *n.* pension.

pencetak *n.* printer.

pencil, terpencil *v.* isolated.
memencilkan *v.* to isolate someone or something.
terpencil *adj.* be isolated; remote; detached.

pendakwaraya *n.* prosecutor.

pendam, memendamkan *v.* to conceal; to keep to oneself.
terpendam *v.* be concealed; hidden.

pendek *adj.* short.
kependekan *n.* shortness; abbreviation.
memendekkan *v.* to make shorter; to shorten; to abbreviate.

pendekar *n.* expert at the Malay art of self-defence; warrior.

pendeta *n.* great scholar.

pendramaan *n.* dramatisation.

pendua *v.* duplicate.
penduaan *n.* duplication.

penebuk kad *n.* card puncher.

peneguhan *n.* reinforcement.

penerapan *n.* diffusion.

pengadun *n.* mixer.

pengantin *n.* bride; bridegroom.

pengaruh *n.* influence.
berpengaruh *adj.* powerful; influential.
mempengaruhi *v.* to influence.
terpengaruh *v.* be influenced.

pengatup *n.* shutter.

penggal *n.* term; paragraph; piece.
memenggal *v.* to cut; to chop off the head.

penggawa *n.* village chief; village headman.

penghalamanan *n.* paging.

penghargaan *n.* credit.

penghulu *n.* leader; headman; village leader.

pengirap *n.* toner.

pengkolasi *n.* collator.

pengsan *v.* faint.

pengubahsuaian *n.* modification.

pengulas *n.* commentator.

pengurusan *n.* management.
pengurusan krisis crisis management.

pengwajaran *n.* justification.

penimbal *n.* buffer.

pening *adj.* dizzy.
pening-pening lalat slightly dizzy.
memeningkan *v.* to confuse; to make dizzy. *adj.* confusing.

penisilin *n.* penicillin.

peniti *n.* pin.

penjajaran *n.* alignment.

penjara *n.* jail; prison.
penjara seumur hidup life sentence.
memenjarakan *v.* to imprison; to jail.
terpenjara *adj.* imprisoned; jailed.

penjuru *n.* corner; angle.
penjurusan *n.* streaming.

pensel *n.* pencil.

pensijilan *n.* certification.

pensintesis *n.* synthesis.

pentafsir *n.* interpreter.

pentas *n.* stage.
mementaskan *v.* to stage a play.
pementasan *n.* the act of staging.

pentauliahan *n.* accredition.

penting *adj.* important.
berkepentingan *adj.* important; significant.
kepentingan *n.* interest; importance.
mementingkan *v.* to consider something or someone as important.

penuh *adj.* full; complete.
penuh harapan full of hope.
penuh sesak full up; congested; filled up.
memenuhkan *v.* fill; make full; fulfil.
sepenuhnya *adv.* entirely; completely; totally.

penunjuk *n.* key.
penunjuk LED LED indicator.

penyampai *n.* narrator.

penyebaran *n.* dissemination.

penyek *adj.* flattened.
memenyekkan *v.* flatten; dent.

penyiaran *n.* broadcasting.

penyu *n.* turtle.

pepatah *n.* maxim; adage; saying.

pepenyu *n.* turtle.

perabot *n.* furniture.

perah, memerah *v.* to wring; to squeeze.
memerah kain to wring clothes.
memerah susu to milk a cow.
perahan *n.* product of squeezing; juice.

perahu *n.* boat.

perajurit *n.* soldier.

perak *n.* silver.

perakam *n.* recorder.
perakam audio audio recorder.
perakam video kaset video cassette recorder.
perakam pita tape recorder.
perakam video video recorder.

peram, memeram *v.* to keep warm (unripe fruit).

peran *n.* a clown.

peranan *n.* role.

Perancis *n.* France.

perang *n.* war.
berperang *v.* to wage war.
memerangi *v.* to battle with; to fight against; to eradicate; to eliminate.
peperangan *n.* battle.

perang *n.* brown.

perangai *n.* nature; disposition; behaviour.

perangkap *n.* trap.
memerangkap *v.* to trap.
terperangkap *v.* be trapped.

peranjat, terperanjat *adj.* startled; shocked; surprised.
memeranjatkan *v.* to surprise.
adj. startling; shocking; surprising.

perap, memerap *v.* to flap wings; to shut up in the house.

peras, memeras *v.* extort.
perasan *adj.* aware of; realize; conscious of.
pemerasan *n.* extraction; extortion.

perawan *n.* maiden.
keperawanan *n.* virginity; maidenhood.

perduaan *adj.* binary.

perca *n.* rag or remnants.

percaya *v.* to believe.
kepercayaan *n.* belief; confidence.
mempercayai *v.* to believe in.
mempercayakan *v.* trust; entrust; give

as a responsibility.

percik *v.* sprinkle.
memercik *v.* to splash; to spatter.
terpercik *v.* splashed; splattered.

percuma *adj.* in vain; free of charge.

perdana *n.* premier; principal.

perdu *n.* base of a tree trunk.

peredaran *n.* circulation.

pereka *n.* innovator.

perempuan *n.* female; woman.
keperempuanan *n.* feminity.

perenggan *n.* boundary; paragraph.

pergi *v.* to go; to leave.
pergi haji *v.* go on a pilgrimage.
pemergian *n.* leaving; journey; departure.

peri *n.* way; manner; proposition; concerning.
terperi *adj.* described; narrated; told.

peria *n.* bitter gourd.

peribadi *adj.* private; personal.
keperibadian *n.* characteristic; individuality; personality.

peribahasa *n.* proverb.

peribumi *n.* native.

perigi *n.* well.
perigi buta disused or dried-up well.

perihal *n.* matters; condition; situation.
prep. regarding; about; concerning.

perikemanusiaan *n.* compassion; humanity.
berperikemanusiaan *adj.* humane.

periksa, memeriksa *v.* to check; to investigate; to examine.
peperiksaan *n.* examination.
pemeriksa *n.* examiner.
pemeriksaan *n.* the act of checking; close study of something; examination.

perinci, memperincikan *v.* describe

fully; to examine in detail.

perincian *n.* detail; particular.

terperinci *adj.* detailed.

peringkat *n.* grade; stage.

berperingkat *adv.* in stages.

perintah *n.* command; order.

perintah keras strict orders.

memerintah *v.* to govern; to command; to rule.

memerintahkan *v.* give an order.

pemerintah *n.* government; ruler.

pemerintahan *n.* rule; administration; government.

perisai *n.* shield.

peristiwa *n.* incident; event.

perit *adj.* painful; agonizing.

periuk *n.* cooking-pot.

periuk belanga pots and pans.

perkakas *n.* instrument; tools.

perkakasan *n.* hardware.

perkara *n.* matter.

perkara kecil small matter.

perkasa *adj.* brave; powerful.

perkosa *adj.* courageous; strong.

perkosaan *n.* force; rape; attack; compulsion.

memperkosa *v.* to rape; to force.

perlahan *adj.* slow.

memperlahankan *v.* cause something to slow down; to soften (sound).

perli, memerli *v.* to tease; to make fun of.

perlu *v.* need. *adj.* necessary.

keperluan *n.* needs; necessity; things that are needed; requirement.

memerlukan *v.* to need someone or something; require.

permai *adj.* beautiful.

permaidani *n.* carpet.

permaisuri *n.* queen.

permata *n.* jewel.

permatang *n.* sandy ridge found along the coast.

permit *n.* permit.

pernah *adv.* ever.

peroi *adj.* friable.

peronyok, memperonyokkan *v.* to crumple.

terperonyok *adj.* crumpled.

perosok, terperosok *v.* to sink into.

persegi *n.* square.

persisian *n.* peripheral.

personaliti *n.* personality.

perspektif *n.* perspective.

pertama *adj.* first. *adv.* firstly; in the first place.

pertindihtepatan *n.* superimposition.

pertiwi *n.* goddess of the earth.

perut *n.* stomach.

perut bumi earth's crust.

perwira *n.* hero.

pesan, berpesan *v.* remind; advise.

pesanan *n.* order; advice; message; order for goods.

memesan *v.* to order.

pesat *adj.* quick; rapid.

kepesatan *n.* haste; quickness; progress.

pesawat *n.* machine.

pesimis *adj.* pessimistic. *n.* pessimist.

pesisir *n.* beach.

pesona *n.* spell.

mempesona *adj.* charming.

mempesonakan *v.* hold someone spellbound; enchant; bewitch.

terpesona *v.* be enthralled; be captivated; be spellbound.

pesong *v.* change direction or course.

memesongkan *v.* casue to deviate;

cause to change direction; be diverted.
terpesong *v.* be deviated; be diverted.

pesta *n.* festival.
berpesta *v.* celebrate; feast.

pesuruhjaya *n.* commissioner.

peta *n.* map.
peta dunia *n.* world map.
memetakan *v.* to map something out;
to illustrate.
pemetaan *n.* mapping; cartography.

petah *adj.* eloquent.
kepetahan *n.* eloquence.

petai *n.* edible green bean with a
pungent smell.

petak *n.* compartment; partition.

petala *n.* layer; stratum; fold.

petang *n.* afternoon; evening.
petang ini this evening.
petang esok tomorrow evening.
petang semalam yesterday evening.

peti *n.* case.
peti ais refrigerator.
peti jenazah casket.
peti radio radio.
peti surat postbox.

petik, memetik *v.* to pluck; to quote.
memetik jari snap the fingers.
pemetik *n.* trigger; switch; picker.
petikan *n.* extract from a book;
quotation.
pemetik api lighter.

petola *n.* angled loofah.

petir *n.* thunder.

petrol *n.* petrol.

petua *n.* advice; rules; regulations;
lesson.

piagam *n.* charter.

piala *n.* trophy; cup; ornamental goblet
as a prize.

piano *n.* piano.

piat, memiat *v.* to twist.

piatu *n.* orphan.

piawai *adj.* competent; able; skilled;
exact. *n.* standard; correct
measurement.

picagari *n.* syringe.

picing *v.* blink; close (the eye).
sepicing *adv.* in a wink.

picit, memicit *v.* to press; to squeeze; to
massage.

pidato *n.* speech; oration.
berpidato *v.* to give a speech.
pemidato *n.* orator.

pihak *n.* side; party.
pihak berkuasa authorities.
pihak ketiga third party.
pihak lawan opponent.
berpihak, memihak *v.* to take sides;
to side with.

pijak, memijak *v.* to step on.
pemijak *n.* footrest; stirrup; pedal.
terpijak *v.* stepped on accidentally.

pijat, pijat-pijat *n.* bedbug.

pikat, memikat *v.* to trap; to tempt; to
attract.
memikat hati captivate; fascinate;
attract.
terpikat *v.* attracted to; captivated.
adj. attracted; smitten.

pikul *n.* weight equal to 133 lbs.
memikul *v.* to carry load on the
shoulder.

pil *n.* pill.

pilin *adj.* twisted.
berpilin-pilin *v.* spiralling.

pilih, memilih *v.* to elect; to choose.
pilihan *n.* selection; choice.
pilihanraya *n.* election.
pemilihan *n.* selection; choice.

pilu *n.* regret; sympathy.
kepiluan *n.* sadness; sorrow; anxiety.
memilukan *v.* to cause anxiety; to
cause sadness.

pimpin, memimpin *v.* to lead; to guide.

pimpinan *n.* leadership.
kepimpinan *n.* leadership.
pemimpin *n.* leader.

pin *n.* pin.

pinang, pinangan *n.* proposal; areca nut.
buah pinang areca nut.
meminang *v.* to propose (in marriage).
peminangan *n.* courtship; proposal.

pinar, berpinar *adj.* shimmering; glowing.

pincang *adj.* lame; unbalanced.

pinda, meminda *v.* correct; amend.
pindaan *n.* amendment.

pindah, berpindah *v.* to shift; to move.
pindah milik transfer of ownership.
pindah tangan change hands.
memindahkan *v.* to move; to transfer something.
pemindahan *n.* act of shifting or moving.
perpindahan *n.* transfer.

pindai *v.* scanning.

pinga, terpinga-pinga *v.* bewildered.

pingat *n.* medal.

pinggan *n.* plate; dish.
pinggan mangkuk crockery.

pinggang *n.* waist.

pinggir *n.* edge.
pinggir jalan road side.
pinggir kota suburbs.
pinggir laut sea coast.
pinggiran *n.* edge; boundary.

pinggul *n.* buttocks.

pingpong *n.* table tennis.

pinjam, meminjam *v.* to borrow.
pinjaman *n.* loan.
meminjamkan *v.* to lend; loan.
peminjam *n.* borrower.

pinta *v.* to ask for.
pintaan *n.* request.

pintal, memintal *v.* to spin.
berpintal-pintal *adj.* twisted; tangled.

pintar *adj.* clever; smart; able.
kepintaran *n.* cleverness; smartness.

pintas *v.* to cut short; to intercept by cutting across.
memintas *v.* overtake; come abreast or level with.
sepintas lalu *n.* a glimpse; a passing glance.

pintu *n.* door.
pintu gerbang archway.
pintu keluar exit.
pintu masuk entrance.

pipi *n.* cheek.

pipih *adj.* flat.

pipis, memipis *v.* to mash.

pipit *n.* sparrow.

piramid *n.* pyramid.

piring *n.* saucer.

pisah, berpisah *v.* to separate.
memisahkan *v.* to separate something or someone.
perpisahan *n.* separation; parting.
terpisah *v.* be separated; be isolated.

pisang *n.* banana.

pisau *n.* knife.

pistol *n.* pistol.

pita *n.* ribbon.
pita rakam recording tape.
pita ukur measuring tape.
pita video video tape.

pitam *adj.* dizzy.

piutang *n.* credit.

plag *n.* plug.
memplag *v.* to plug.

planet *n.* planet.

plaster *n.* plaster.

plastik *n.* plastic.

platinum n. platinum.

platun n. platoon.

playar n. pliers.

plaza n. plaza.

plumbum n. lead.

pohon n. tree.
pepohon n. trees.
pohon, memohon v. to beg; to apply.

poket n. pocket.

pokok n. tree; basic. adj. fundamental.

polio n. polio.

polis n. police.

polisi n. policy.

politeknik n. polytechnic.

politik n. politics.

polo n. a kind of ball game played on horseback with mallets.

pondan n. transvestite.

pondok n. hut; booth.

ponteng v. to swindle; to play truant.

pontianak n. vampire.

popular adj. popular.

porak, porak-peranda adj. in disorder; chaotic.

posisi n. position.

positif adj. definite; sure.

poskad n. postcard.

posmen n. postman.

poster n. poster.

potensi n. potential.

potong n. piece. v. cut.
potongan n. cutting; cut of clothes.
memotong v. to cut.

potret n. portrait.

prakata n. foreword.

pramugara n. air steward.

pramugari n. air stewardess.

prasangka n. prejudice.

prasejarah adj. prehistoric.

prasekolah n. preschool; kindergarten.

prebet n. private.

predikat n. predicate.

presiden n. president.

prestasi n. performance.

primitif adj. primitive.

prestasi n. performance.

prinsip n. principle.

prisma n. prism.

produksi n. production.

produktif adj. productive.

profesion n. profession.

profesional adj. professional.

profesor n. professor.

profil n. profile.

program n. programme.

projek n. project.

propaganda n. propaganda.

projeksi n. projection.

projektor n. projector.
projektor overhed overhead projector (OHP).

prosa n. prose.

prosedur n. procedure.

proses n. process.

protein n. protein.

pruf n. proof.

psikiatri *n.* psychiatry.

psikodrama *n.* psychodrama.

psikologi *n.* psychology.

psikomotor *n.* psychomotor.

puak *n.* group; tribe.
berpuak-puak *adv.* tribes; in groups.

puaka *n.* evil spirit; evil person.

puan *n.* lady; plate for betel-leaf, etc.

puas *adj.* satisfied.
kepuasan *n.* satisfaction; contentment.
ketidakpuasan *n.* discontentment; dissatisfaction.
memuaskan *adj.* satisfactory. *v.* to satisfy.
sepuas-puas hati fully satisfied; contented.

puasa *n.* fast.

pucat *adj.* pale.

pucuk *n.* shoot of a plant.
class. a numeral coefficient for letter or gun.

pudar *adj.* dim; faded.
memudarkan *v.* to make faint or dim; make pale.

puding *n.* an ornamental shrub; pudding.

puisi *n.* poetry.

puja, memuja, memuja-muja *v.* to worship; glorify; adore.
pujaan *n.* object of worship; idol.
pemujaan *n.* adoration; to act of worshipping.

pujangga *n.* author; man of letters.

puji, memuji *n.* to praise.
pujian *n.* praise; compliment.
kepujian *n.* distinction; compliment.

pujuk, memujuk *v.* to coax; to console.

pukal *n.* lump; block. *adj.* precise; accurate.

pukang, lintang-pukang *adj.* helter-skelter.

pukat *n.* dragnet.

pukau *n.* charm used to make someone fall asleep.

pukul *v.* to beat. *n.* hour.
memukul *v.* to beat; to hit.

pula *adv.* again; also; yet.

pulang *v.* to go home; to return.
pulangan *n.* return.
kepulangan *n.* home coming; return.
memulangkan *v.* to give back; to return.
pemulangan *n.* repayment; returning.
terpulang *v.* left up to; depend on.

pulas, memulas *v.* to twist.

pulau *n.* island.
kepulauan *n.* group of islands; archipelago.
memulaukan *v.* to boycott.
pemulauan *n.* boycott.

pulih *v.* to recover.
memulihkan *v.* to restore.
pemulihan *n.* recovery; restoration.

puluh *pn.* & *deter.* ten.
perpuluhan *adj.* in tenth or tens; decimal.

pulut *n.* glutinous rice.

pun *adv.* also.

punah *adj.* destroyed; gone; extinct.

punai, burung punai *n.* the common green pigeon.

punat *n.* button.

punca *n.* source; beginning.
punca pendapatan source of income.

puncak *n.* top; summit.

pundi-pundi *n.* purse.

punggah, memunggah *v.* to unload.
pemunggahan *n.* unloading.

pungguk *n.* owl.

punggung *n.* back.

pungut, memungut *v.* to pick; to collect; to harvest.
pungutan *n.* collection.

puntal, berpuntal-puntal *v.* winding around.
memuntal *v.* to wind around.

puntianak *n.* female evil spirit that likes to suck blood.

puntung *n.* butt.
puntung rokok cigarette butt.

punya *v.* to have; to possess.
kepunyaan *n.* possession; ownership.
mempunyai *v.* to own; to possess; to have.

pupu, sepupu *n.* first cousin.

pupuk, memupuk *v.* to nurture; to manure.

pupus *v.* wipe out; extinct.
kepupusan *n.* extinction.

pura-pura *v.* to pretend.
kepura-puraan *n.* sham; pretence.

purata *n.* average.

purba *adj.* ancient.
purbakala ancient times; days of old.

purdah *n.* veil.

purnama *adj.* full moon.

pusaka *n.* heirloom.

pusar, berpusar, memusar *v.* to revolve.

pusara *n.* cemetery.

pusat *n.* navel; centre.
pusat sumber resource centre.
berpusat *v.* centred at.
memusatkan *v.* to centralize; to concentrate.
pemusatan *n.* centralization; concentration.

pusing, berpusing *v.* to rotate; to revolve.
pusingan *n.* rotation; circulation.
memusingkan *v.* cause to turn; cause to rotate; cause to spin.

pustaka *n.* book; divining manual.
pustakawan *n.* librarian.
perpustakaan *n.* library.

putar, berputar *v.* to rotate; to revolve.
putaran *n.* rotation.
berputar-putar *v.* revolving; rotating.
memutar *v.* cause to turn; cause to rotate.

putera *n.* prince.
diputerakan *v.* born.
keputeraan *n.* birth (of king or rulers).

puteri *n.* princess.

putih *adj.* white; fair.
keputihan *adj.* whitish; pure.
n. pureness; purity.
memutih, memutihkan *v.* cause to turn white; to become white; to whiten.

putik *n.* newly-formed fruit; pistil.
berputik *v.* starting to bear fruits; budding.

puting *n.* nipple; teat.
puting beliung *n.* whirlwind; tornado.

putus *v.* break off; finish.
berputus *v.* break up; finish; stop.
berputus asa give up hope.
keputusan *n.* decision; result.
memutus *v.* break; snap.
memutuskan *v.* to decide; to break off.
terputus *v.* stopped; broken.

puyu, angin puyu *n.* whirlwind.

puyuh *n.* quail.

Qq

qada *n.* an action that is performed or done as a replacement.

qadak *n.* fate; reward and punishment (from Allah).

qadar *n.* destiny; decision (of Allah).

qari *n.* a male Koran reader.

qariah *n.* a female Koran reader.

qasidah *n.* religious chant in Arabic.

qunut, doa qunut *n.* prayers said during dawn prayers.

Quraisy *n.* one of the tribes in Arabia.

Quran *n.* the Koran.

Rr

raba, meraba *v.* to grope.
  teraba-raba *v.* grope; fumble.

rabak *n.* a large tear. *adj.* ragged;
tattered.

Rabiulakhir *n.* the fourth month of the
Muslim calendar.

Rabiulawal *n.* the third month of the
Muslim calendar.

rabik *adj.* torn; ripped.

rabit *adj.* torn (at edge).

Rabu *n.* Wednesday.

rabuk *n.* tinder; inflammable material;
manure.

rabun *n.* poor sight.
  rabun dekat long sightedness;
  long-sighted.
  rabun jauh short sightedness;
  short-sighted.

rabung *n.* ridge of a roof; top edge
where two sloping surfaces meet.

racik, meracik *v.* cut up into thin slices.

racun *n.* poison.
  beracun *adj.* poisonous; toxic;
  poisoned.
  meracuni *v.* kill or harm with poison;
  put poison in.
  peracunan *n.* poisoning.

radak, meradak *v.* to stab; to attack.

radang *adj.* angry; enraged; inflamed.
  meradang *adj.* to be angry; strongly
  displeased.

radar *n.* radar.

radas *n.* apparatus.

raden *n.* title of nobility for prince or
princess of Javanese descend.

radian *n.* radian.

radiator *n.* radiator.

radikal *adj.* radical.

radioaktif *adj.* radioactive.

radiogram *n.* radiogram.

radius *n.* radius.

raga *n.* basket; wicker ball.

raga, memperagakan *v.* display;
exhibit; show off.
  peragaan *n.* display; arrangement of
  things.

ragam *n.* way; manner.
  beragam-ragam *adj.* various.
  keseragaman *n.* uniformity.
  menyeragamkan *v.* unify; make
  uniform.
  meragam *v.* colour; sing.
  seragam *adj.* uniform; even; regular.

ragbi *n.* rugby.

ragi *n.* yeast.
  beragi *adj.* yeasty.

ragu, ragu-ragu *adj.* having misgivings;
doubtful.
  keraguan *n.* doubt.
  meragui *v.* to doubt someone or
  something; have misgivings about.
  meragukan *adj.* causing doubt.

ragum *n.* pincer.

ragut, meragut *v.* to grab; to snatch;
browse; feed; graze on.

rahang *n.* jaw.

rahap, rahap kain *n.* pall or cloth to cover corpse.

rahim *n.* womb.

rahmat *n.* blessing; favour bestowed by God.
rahmati *adj.* blessed; worthy of blessing.

rahsia *n.* secret.
berahsia *adj.* secretive; inclined to secrecy.
merahsiakan *v.* to keep as a secret; sworn to secrecy.

rai, meraikan *v.* to entertain; to celebrate; receive as a guest.
keraian *n.* celebration; occasion for celebrating.

raih, meraih *v.* to buy up for resale.
peraih *n.* wholesaler; middleman.

raja *n.* king; male sovereign.
kerajaan *n.* kingdom; territory ruled by king; government; ruling body.
kerajaan buangan exile government.
kerajaan sementara temporary government.
kerajaan tempatan local government.

rajah *n.* diagram; chart.
rajah ujian test pattern.

rajau *n.* unripe rice-stalks left at reaping.

rajawali *n.* sparrowhawk.

rajin *adj.* hardworking; diligent; industrious.
kerajinan *n.* quality of being hardworking; diligence.

rajuk , merajuk *v.* to sulk; fret; show displeasure, unwillingness, etc.

rak *n.* shelf.

rakam, merakam, merakamkan *v.* to record; to preserve on a tape, etc.
rakaman *n.* recording.
perakam *n.* recorder; person who records; something that records.

rakan *n.* friend; acquaintance; partner.

raket *n.* racket.

rakit *n.* raft.
berakit *v.* to go on a raft.

raksa *n.* mercury.

raksasa *n.* giant. *adj.* gigantic.

rakus *adj.* greedy; filled with selfish desire; rapacious.

rakyat *n.* people; citizen; subject.
kerakyatan *n.* citizenship.

ralat *n.* error; mistake.

rama-rama *n.* butterfly.

Ramadan *n.* the ninth month of the Muslim calendar; the fasting month.

ramah, peramah *adj.* friendly; amiable (of person).
ramah-tamah *adj.* friendly.
keramahan *n.* friendliness.

ramai *pn.* many; a large number.
beramai-ramai *adv.* en masse.
seramai *adj.* as many as (of persons).

ramal, meramalkan *v.* to predict.
ramalan *n.* prediction.
ramalan cuaca weather forecast; weather prediction.

ramas, meramas *v.* to knead; to squeeze.

rambai *n.* 1. a kind of local fruit which is small, round with yellow skin. 2. the feathers around the neck of a cock.

rambak, merambak *v.* spread in every direction.

rambang *adj.* random.
rambang mata flirt; to roving eye.

rambu-rambu *n.* fringe.

rambut *n.* hair.
rerambut *n.* capillary.

rami *n.* jute.

rampai *adj.* mixed; various.

rampas, merampas *v.* to seize; to confiscate; hijack.

perampas *n.* hijacker.
perampasan *n.* hijacking; confiscation; seizure.
perampasan kuasa coup d'etat.

ramping *adj.* slim; slender (of waist).

ramu, meramu *v.* to collect materials of all sorts.
ramuan *n.* ingredients.

rampok *n.* band of burglars.
merampok *v.* to break into a house; to burgle.

ran *n.* tree-house.

ranap *v.* to flatten out.
meranapkan *v.* destroy by bringing to the ground.

rancak *adj.* lively (of song, melody); animated (of debate, book).

rancang, merancang *v.* plan; prepare; arrange beforehand.
rancangan *n.* plan; detailed scheme for achieving an objective.
perancang *n.* organizer; planner.
perancangan *n.* planning.
terancang *adj.* planned; organized.

rancangusaha *n.* project.

randah, berpindah randah *v.* nomadic, shifting from one place to another.

randai *n.* a kind of dance. *v.* to wade through.

randek, jam randek *n.* stop watch.

randuk, meranduk *v.* to wade.

rang *n.* draft.
rang undang-undang bill (in Parliament). *adj.* fallow (of land).

ranggi *adj.* handsome. *n.* petal.

rangin *n.* a kind of shield which is long in shape.

rangka *n.* skeleton; outline; draft; plan.
rangka lawatan course of visit.
rangka manusia skeleton.
merangkakan *v.* make a plan; outline.

rangkai *n.* a bunch; a cluster; link; unit of length.
berangkai *adj.* joined; linked.
merangkaikan *v.* to join; to link.
rangkaian *n.* linkage; series; network; linkup.
rangkaian komputer computer network.
rangkaian mikrogelombang microwave link.

rangkak, merangkak *v.* to crawl; move on hands and knees; proceed slowly.

rangkap *n.* verse.
merangkap *v.* hold two or more posts simultaneously.
perangkap *n.* a trap.

rangking *n.* a type of big basket with a lid.

rangkul, merangkul *v.* to embrace; hold closely in the arms.

rangkum, merangkum, merangkumi *v.* to embrace; to enclose; include; comprise.

rangsang, rangsangan *n.* stimulus.
rangsangan deria sensory stimulus.
merangsang *v.* to stimulate; inspire; arouse; provoke. *adj.* stimulating.
perangsang *n.* stimulant; stimulator.
perangsangan *n.* stimulation.

rangup *adj.* crunchy (as a biscuit); crisp; brittle.
kerangupan *n.* crispness.
merangupkan *v.* crisp up.

ranjang *n.* a type of bed.

ranjau *n.* mantrap; booby-trap.

rantai *n.* chain.
rantai leher necklace.
rantai tangan bracelet.
rantaian *n.* connected series or sequence.
berantai *v.* having a chain.
merantaikan *v.* chain something or someone.

rantau *n.* bay; bight; region.
merantau *v.* to go abroad; to wander.
perantau *n.* wanderer.

perantauan *n.* journey; foreign place; settlement; travel.

ranting *n.* twig.
ranting kering dry twigs.
meranting *adj.* like twigs. *v.* stretch upwards.

ranum *adj.* fully ripened.

rapat *adj.* close; intimate; compact.
rapat-rapat in close proximity; compact.
merapat *v.* become close; draw close; approach.
merapatkan *v.* draw near; make compact; draw something or someone close.

rapi *adj.* neat; in order.

raptai *n.* rehearsal.

rapuh *adj.* fragile; weak; brittle; easily cracked; broken; easily damaged.

ras *n.* race.

rasa *n.* feeling; taste.
rasa hormat respect; esteem; deference.
rasa manis sweet taste.
rasa sakit painful; physical suffering.
rasa sedih sad.
berasa *v.* have a certain flavour; taste; to feel; perceive physical sensation.
berasa hati easily offended; sensitive.
berasa lega feeling relief; relieved.
berasa takut frightened; afraid.
merasa *v.* to taste; examine by touching; perceive the flavour of.
merasakan *v.* feel; have an emotional sensation; have the impression.
perasaan *n.* feeling; sentiment; sensitivity; emotion; opinion.
terasa *v.* felt; give a certain sensation or expression.

rasional *adj.* rational; based on reasoning; sane. *n.* rationale.

rasi, serasi *adj.* compatible; able to work or live together harmoniously.
keserasian *n.* compatibility.

rasmi *adj.* official; formal.

merasmikan *v.* to officiate; formalize.
perasmian *adj.* inaugural.

rastali, pisang rastali *n.* a variety of banana.

rasuah *n.* bribe.

rasuk *adj.* to be possessed; controlled by evil spirit.
merasuk *v.* enter the body of possess; be controlled by evil spirit; obsess.

rasul *n.* messenger of God; prophet.

rata *adj.* flat; even.
rata-rata *adv.* average; generally; evenly. *n.* average; amount.
merata *adv.* in all places; everywhere.
meratakan *v.* level off; make flat and even; flatten.
serata *adv.* everywhere.

ratap *v.* lament.
ratapan *n.* lamentation; expression of grief.
meratap *v.* to lament.
meratapi *v.* lament for; express sorrow for.

ratna *n.* jewel.

ratu *n.* queen.

ratus *pn.* & *deter.* hundred.
ratus-ratus *adj.* & *n.* by the hundred.
peratus *adj.* & *adv.* per cent.

raungan *n.* wailing; loud weeping; whine.
meraung *v.* wail; howl; whine.

raup, mengaup *v.* to scoop up with both hands.

raut, meraut *v.* to pare (pencil).

rawa *n.* swamp.

rawak *adj.* random.

rawan *adj.* anxious; gristly.
class. numeral coefficient for articles made of cord. *n.* melancholy; gristle.

rawat, merawat *v.* to nurse.
rawatan *n.* treatment; medical or surgical care.

perawatan *n.* treatment; subjection to some process for a purpose.

raya *adj.* large; great; public.
merayakan *v.* to celebrate.
perayaan *n.* celebration.

rayap, merayap *v.* to creep; to crawl.

rayau, merayau *v.* to wander; ramble; roam.

rayu, merayu *v.* to appeal; plead.
rayuan *n.* appeal; earnest request; urgent plea.

reaksi *n.* reaction.

realia *n.* realia, real objects.

rebah *v.* to settle; collapse.
merebahkan *v.* cause to collapse.

rebak, merebak *v.* to spread; affect an increasing area.

reban *n.* a fowl's pen.

rebas *n.* drizzle.

reben *n.* ribbon.

rebana *n.* a type of tamborine.

reben *n.* ribbon.

rebung *n.* bamboo shoot.

rebus *adj.* boiled. *v.* boil.
rebusan *n.* something which is boiled.
merebus *v.* boil; cook in boiling liquid.

rebut *v.* grab; take quickly; snatch.
berebut-rebut *v.* compete to get something; scramble; struggle.
merebut *v.* snatch; snap up.
perebutan *n.* scramble; disorderly struggle.

receh, recehan *n.* small change (money).

recik, merecik *v.* to sprinkle.

reda *v.* decrease in violence or intensity; abate; subside. *adj.* willing; resigned.
keredaan *n.* calmness; peace; willingness; readiness.

meredakan *v.* decrease; lessen; reduce.

redah, meredah *v.* wade.
meredah banjir wade through the flood.
meredah hutan forge through the jungle.
meredah hujan lebat force a way through heavy rain.
meredah lautan force a way through the ocean.

redaksi *n.* editorial staff.

redap *n.* a type of small drum.

redup *adj.* cloudy; gloomy.

refleksi *n.* reflection.

regang, meregang *v.* to stretch; be elastic; tauten.
keregangan *n.* tautness.
meregangkan *v.* to stretch out; extend in length, breadth; tauten.

regu *n.* team; group; pair.
beregu *adj.* doubles.

rehat *n.* rest.
berehat *v.* to rest; repose.
merehatkan *v.* rest something; cause to cease activity.

reja *n.* scraps; leftover.

Rejab *n.* the seventh month of the Muslim calendar.

rejam, merejam *v.* to stone to death.

rejim *n.* regime.

rejimen *n.* regiment.

reka, mereka-rekakan *v.* to invent; to create; to design.
mereka bentuk draw a plan; sketch; to design.
reka bentuk design.
rekaan *n.* invention; new creation; something made up.
pereka *n.* inventor.
pereka bentuk *n.* designer.

rekah, merekah *v.* to split into fissures;

crack.
rekahan *n.* split; fissure; crack.

rekat, merekatkan *v.* join together with glue.
perekat *n.* glue; adhesive.

rekod *n.* record. *v.* to record.
merekodkan *v.* jot down; record.
rekoder *n.* recorder.

rekreasi *n.* recreation.

rekrut *n.* recruit.

rel *n.* rail.

rela *adj.* willing; done gladly.
kerelaan *n.* willingness; goodwill.
merelakan *v.* give permission; permit.

relatif *adj* relative.

relau *n.* smelter; furnace.

relung *n.* 1. hollow. 2. a unit of measurement for area.

remah *n.* crumb.

remai *v.* suffer from rheumatism.

remaja *adj.* adolescent.
keremajaan *n.* adolescence.

remang, meremang *v.* stand on end (hair). *n.* fine hair on the body.

rembat, merembat *v.* beat with a whip; to whip.

rembes, merembeskan *v.* secrete.
rembesan *n.* secretion.

remeh, remeh-temeh *adj.* unimportant; petty; trivial.
keremehan *n.* triviality; insignificance.

rempah *n.* spices. *v.* to rush.
berempah *adj.* spicy; spiced.
berempuh-rempuhan *v.* stampede; rush away suddenly.
rempuhan *n.* stampede; sudden headlong rush.
merempuh *v.* collide with something; run into.

rempak *adj.* chipped.
serempak *adj.* at the same time;

simultaneous; concurrent.

rempang *adj.* with wounds; tattered.

rempeyek *n.* a kind of peanut crackers.

remuk *v.* destroy; ruin; crush.
remuk-redam *adj.* smashed into pieces.
meremukkan *v.* crush, destroy or ruin something.

renang *n.* swimming; swim.
berenang *v.* to swim.
perenang *n.* swimmer.

rencah, perencah *n.* seasoning; condiment.

rencana *n.* feature; article.
merencanakan *v.* to plan.

rencat, terencat *adj.* retarded; stunted.
terencat akal mentally retarded.

rencik *v.* to sprinkle.

renda *n.* lace.

rendah *adj.* low; not high; not elevated.
rendah akhlak no morals.
rendah hati *n.* modesty; free from vanity.
merendahkan *v.* to lower.
merendahkan diri to be modest; humble; unassuming.

rendam, merendam *v.* to soak; impregnate in liquid.
berendam *v.* soak; remain steeped in water.
terendam *v.* draw (of tea).

rendang *n.* meat cooked with spices in coconut milk until dry.
merendang *v.* to fry.

renek *adj.* small and short. *n.* shrub.

renggang *adj.* drifted apart; estranged; ajar; alienated.
kerenggangan *n.* estrangement.
merenggang, merenggangkan *v.* draw apart; move away; alienate; estrange.

rengus, merengus *adj.* grumpy.
perengus *n.* grumpy person.

renik *adj.* small, fine.

renjer *n.* ranger.

renjis, merenjis *v.* scatter; to sprinkle.

rentak *n.* rhythm.
serentak *adv.* all at once; simultaneously.

rentang, merentang *v.* to stretch; to spread along.
merentangi *v.* to hinder; to stretch.

rentap, merentap *v.* to pull violently; snatch.

rentas, merentas *v.* to take a short cut; cross.

rentetan *n.* chain; sequence; series.

renung, merenung *v.* to stare at; to gaze at; ponder.
renungan *n.* stare; gaze.
merenungkan *v.* ponder; contemplate; meditate on.

renyai *n.* drizzle.

renyuk *v.* crumple.
merenyukkan *v.* crumple up; crease or crush up.

repek, merepek *v.* talk nonsense; speechify.

reptilia *n.* reptile.

republik *n.* republic.

reput *adj.* rotten; decayed.

reputasi *n.* reputation.

rerambut *n.* capillary.

resah *adj.* restless; unsettled; uneasy.
keresahan *n.* restlessness.

resam *n.* custom.

resap, meresap *v.* fill or spread through; to penetrate.
meresapi *v.* enter; pierce; penetrate through.

Residen *n.* Resident; one sent to another country as adviser.

resipi *n.* recipe.

resit *n.* receipt.

resmi *adj.* customary.

resolusi *n.* resolution.

restoran *n.* restaurant.

restu *n.* blessing.
merestui *v.* bless.

retak *n.* crack; slight split accompanied by thin lines.
keretakan *n.* crack.
meretak *v.* split into thin lines; crack.

retina *n.* retina.

retorik *n.* rhetoric.

retas, meretas *v.* to rip open.

revolusi *n.* revolution.

rezeki *n.* livelihood.

ria *adj.* jovial; gay; cheerful.
beria-ria *v.* to be happy; enjoy.
meriakan *v.* cause to be happy; merry.
keriaan *n.* happiness; joy.

riadah *n.* exercise; recreation.

riak *n.* ripple; indication.

riang *adj.* cheerful; gay; happy.
keriangan *n.* joviality.
periang *n.* one who is happy or jovial.

riba, ribaan *n.* lap; interest.
meriba *v.* to take on one's lap.

ribu *pn. & deter.* thousand.
beribu-ribu *adj. & n.* by the thousands.

ribut *n.* violent weather; storm.
keributan *n.* disturbed state; furore; tumult.

ridip *n.* fin on the back of a fish.

rim *n.* ream, unit of measurement.

rima *n.* rhyme.

rimas *adj.* uneasy.
merimaskan *v.* trouble; worry; cause

discomfort.

rimban, rimba *n*. jungle.

rimbas *n*. adze; a tool which is like an axe.

rimbun *adj*. leafy; thick; dense.

rinci *v*. to divide into smaller parts.
memperincikan *v*. plan in detail; describe fully.
perincian *n*. particular; detail specification.
terperinci *adj*. detailed.

rincih *n*. slice.

rindu *v*. feel unhappy at the absence of; long for.
rindu dendam passionate longing.
kerinduan *n*. longing; yearning.
merindukan *v*. to yearn for; long for.
perindu *n*. person who yearns.

ringan *adj*. light; not heavy; easy.
ringan mulut friendly; amicable; amiable.
ringan tangan active; energetic; industrious.
ringan tulang hardworking.
meringankan *v*. lighten; make less heavy.

ringgit *n*. the Malaysian currency.

ringkas *adj*. brief; concise.
meringkaskan *v*. to shorten; reduce the length.
ringkasan *n*. summary.

ringkuk, meringkuk *v*. bend.

rintang, merintang, merintangi *v*. to block or defend with a barricade.
rintangan *n*. barricade; barrier; obstacle; hindrance.
merintangkan *v*. to block; barricade.

rintih, merintih *n*. to groan; to moan.
rintihan *n*. groan; low cry of pain; moan.

rintik *n*. speckle; speck; spot.
rintik-rintik *n*. drizzle.

rintis, merintis *v*. to clear a way; to do

pioneering work; open up.
perintis *n*. forerunner; pioneer.

risalah *n*. pamphlet.

risau *v*. to worry.
kerisauan *n*. worry; feeling of anxiety.
merisaukan *v*. cause worry to.

risik, merisik *v*. to make private inquiries.
perisik *n*. investigator; spy; secret agent.
perisikan *n*. investigation; the act of spying.

risiko *n*. risk.

riuh *adj*. noisy.
keriuhan *n*. noisiness; din; clamour; loud outcry.

riwayat *n*. story; narrative; tale.
meriwayatkan *v*. narrate; relate.

robek *adj*. torn.
merobek, merobekkan *v*. to tear; rip.

roboh *v*. collapse.
kerobohan *n*. ruins; cave-in.
merobohkan *v*. to demolish; tear down.
perobohan *n*. demolition; overthrow.

robot *n*. robot.

roda *n*. wheel.

rodok *v*. to stab.

rogol, merogol *v*. to rape.

roh *n*. spirit; soul.

rohani, kerohanian *n*. spirituality.
rohaniah *adj*. spiritual.

rojak *n*. fruit or vegetable salad.

roket *n*. rocket.

rokok *n*. cigarette.
merokok *v*. to smoke.
perokok *n*. smoker.

roma *n*. fine body hair.

roman *n*. a person's looks; countenance.

romantik *adj.* romantic.

rombak, merombak *v.* reshuffle.
rombakan *n.* reshuffle.

rombong *n.* basket made of palm leaves.
rombongan *n.* group (of travellers).

rombus *n.* rhombus, shape like a kite.

rompak, merompak *v.* to rob.
rompakan *n.* robbery.
perompak *n.* robber.

rompong *adj.* mutilated; damaged at the tip.

ronda, meronda *v.* to patrol.
rondaan *n.* patrol.
peronda *n.* patrolman.

rongak *n.* gap (between teeth).

rongga *n.* hollow space; cavity.
berongga *adj.* with cavity.

ronggeng *n.* a dance.

rongkong, kerongkong *n.* throat.

ronta, meronta *v.* to struggle free.
meronta-ronta *v.* to struggle.

ros *n.* rose.

rosak *adj.* damaged; broken; spoilt.
kerosakan *n.* damage; harm.
merosakkan *v.* damage. *adj.* damaging.
perosak *n.* destroyer.

rosan *n.* a particular kind of roof in a palace.

roset *n.* rosette.

rosok *adj.* damaged, spoilt.

rosot, merosot *v.* decline; deteriorate; diminish.
kemerosotan *n.* decline; fall; deterioration.
merosotkan *v.* decrease; lessen; decline; deteriorate.

rotan *n.* rattan; cane.
merotan *v.* to cane.

roti *n.* bread.

royalti *n.* royalty.

ru *n.* casuarina.

ruam *n.* rash.

ruang *n.* space; room or empty area.
ruang makan dining room.
ruang waktu time frame.
ruangan *n.* column.

ruap, meruap *v.* to bubble up; to foam up.

ruas *n.* space between two joints.
beruas *adj.* segmented.

rugi *v.* suffer a loss; lose.
kerugian *n.* loss.
merugikan *v.* to inflict loss.

ruji *adj.* basic; staple food; main.

rujuk *v.* to refer.
rujukan *n.* identification; reference.
merujuk *v.* seek information from; to refer.

rukun *n.* pillar; foundation; commandment; divine command; principle.
kerukunan *n.* peace.

rum *n.* rum; a kind of liquor.

rumah *n.* house.
rumah api lighthouse.
rumah batu brick house.
rumah ibadat mosque.
rumah kedai shop houses.
rumah pangsa flat.
rumah panjang longhouse.
rumah pasung police station.
rumah pelacuran brothel.
rumah setinggan squatter house.
rumah sewa rented house.
rumah tangga household; home.
rumah tumpangan lodging house.
rumah urut massage parlour.
berumah *v.* to have a house and family.
perumahan *n.* housing estate.
serumah *adv.* living under one roof.

rumbia *n.* sago palm.

Rumawi *n.* Romanised numerical.

Rumi *n.* Roman.

rumit *adj.* difficult; not easy; complicated; full of hardship.
kerumitan *n.* complication; difficulty.
merumitkan *v.* complicate.

rumpai *n.* weed.

rumpair *n.* algae.

rumpun *n.* cluster; clump.
serumpun *n.* a clump; of the same family.

rumput *n.* grass.

rumus, merumuskan *v.* to formulate; devise.
rumusan *n.* formula.
perumusan *n.* formulation.

runcing *adj.* tapered; pointed; sharp.
meruncing *v.* to taper; sharp at the edge.
meruncingkan *v.* taper; to sharpen.

runcit *adj.* various.
peruncit *n.* sudry shop owner.

runding, berunding *v.* to discuss; negotiate.
rundingan *n.* negotiation; discussion.
merundingkan *v.* to discuss; negotiate.
perunding *n.* negotiator.
perundingan *n.* act of negotiating; negotiation.

rungut, merungut *v.* to grumble; complain.
rungutan *n.* grumble; complaint.

runsing *adj.* worried.

kerunsingan *n.* anxious; feeling of anxiety; worry.
merunsingkan *adj.* worrying. *v.* worry; cause worry to.

runtuh *v.* collapse; fall down; cave in.
keruntuhan *n.* destruction; collapse.
meruntuhkan *v.* to cause to collapse; demolish.

runtun, meruntun *v.* to drag; to pull hard.
runtunan *n.* succession; series.

rupa *n.* appearance; form; look; expression.
rupa taip type face.
rupa-rupa *adj.* various; all kinds.
rupanya *v.* it appears.
rupawan *adj.* beautiful; pretty.
berupa *v.* in the form of.
menyerupai *v.* resemble.
merupakan *v.* form; shape; become.
serupa similar; resemble.

rusa *n.* deer.

rusuh *v.* to create trouble.
rusuhan *n.* riot; rioting.
kerusuhan *n.* riot; disturbance.
merusuh *v.* to riot.
perusuhan *n.* a riot; disturbance; rebellion.

rusuk *n.* side; the edge; rib.
merusuk *v.* to approach from the side.

rutin *n.* routine.

ruyung *n.* the bark or thick outer covering of palms. *adj.* aslant.

ruyup *adj.* sleepy.
meruyupkan *v.* to close the eyes.

Ss

saat *n.* second; time; moment.

saban *adv.* every.

sabar *adj.* patient.
  bersabar *v.* to be patient.
  kesabaran *n.* forbearance; patience.
  menyabarkan *v.* to pacify; to make someone calm.
  penyabar *n.* a patient person; forbearing.

sabda, bersabda *v.* to speak; to say (of the prophet).

sabatical *adj.* sabbatical; study leave or holidays given by the universities to the lecturers.

sabit *n.* sickle.
  menyabit *v.* to cut grass with a sickle.
  penyabit *n.* sickle.

sabotaj *n.* sabotage.

Sabtu *n.* Saturday.

sabun *n.* soap.

sabung, bersabung *v.* to fight; clash; be in conflict.
  sabung-menyabung *v.* flash (of lightning).

sabut *n.* husk.

sadai, tersadai *adj.* stranded; beached (of a boat).

sadap, menyadap *v.* to tap a palm tree for its juice.

saderi *n.* celery.

sadur *v.* coat; plate.
  bersadur *adj.* coated with metal.
  menyadur *v.* cover or coat with metal; to plate; to adapt.

penyaduran *n.* plating; coating.
saduran *n.* plated object.

Safar *n.* the second month of the Muslim calendar.

safari *n.* safari; an expedition to observe or hunt wild animals.

saga *n.* 1. a type of tree. 2. long narrative; long detailed account.

sagat, menyagat *v.* grate; scrape.

sagu *n.* sago.

sagun *n.* a kind of local food made from flour and fried with grated coconut and sugar.

sah *adj.* legal; lawful; authentic; genuine.
  mengesahkan *v.* to verify; confirm; finalize; ratify.
  pengesahan *n.* confirmation; ratification; verification.

sahabat *n.* friend.
  bersahabat *v.* to be friendly with; to make friends.
  persahabatan *n.* friendship.

sahaja *adv.* & *adj.* only; merely; just.
  bersahaja *adj.* simple.

saham *n.* share.

sahih *adj.* true; certain; proven; valid.
  kesahihan *n.* validity.

sahsiah *n.* personality; individuality.

sahur *n.* postmidnight meal.

sahut, menyahut *v.* to answer.
  bersahutan *v.* to exchange; responding; answering.
  sahutan *n.* answer; reply; response.

saing, bersaing *v.* to compete.
bersaingan *v.* to compete with one another.
menyaingi *v.* emulate; compete with; to rival.
persaingan *n.* competition; rivalry.
pesaing *n.* competitor.
saingan *n.* competition.
sains *n.* science.
saintifik *adj.* scientific.

saiz *n.* size.

sajak *n.* poem.
bersajak *adj.* to rhyming.
penyajak *n.* poet.

saji, menyajikan *v.* to serve (food)
sajian *n.* dish; food.
tersaji *v.* served; prepared.

saka *n.* 1. heirloom; an object that is passed down from generation to generation. 2. female ancestry. 3. *adj.* not fertile.

sakai *n.* aborigines.

sakat, menyakat *v.* to tease; make fun of.

saki, saki-baki *n.* remainder; balance.

sakit *n.* ill; pain.
sakit hati annoyed; sore.
sakit kepala headache.
sakit mata eyesore.
sakit otak mentally ill.
sakit perut stomachache.
sakit puan diseases of the female reproductive system.
sakit teruk seriously ill.
kesakitan *n.* pain; illness; painfulness.
menyakiti *v.* to hurt; to harm.
menyakitkan *v.* to cause pain. *adj.* painful.
penyakit *n.* disease; sickness; illness.
pesakit *n.* patient.

saksama *adj.* just; impartial; fair.

saksi *n.* witness.
saksi palsu false witness.
saksi penting main witness.
bersaksi *v.* having a witness; with a witness.

menyaksikan *v.* to witness something; to watch something.

saksofon *n.* saxophone.

sakti *adj.* supernatural; magical.
kesaktian *n.* magic power; supernatural power.

saku *n.* pocket.

salad *n.* lettuce.

salah *adj.* wrong; faulty; bad; immoral; not correct.
salah ambil took by mistake.
salah anggap misjudge.
salah bawa to bring the wrong thing.
salah cakap say the wrong thing.
salah cetak misprint.
salah duga bark up the wrong tree; misjudge.
salah faham misunderstand; misapprehend.
salah guna misuse; abuse.
salah jalan wrong road; wrong turn.
salah kira miscalculate.
salah pakai wear the wrong clothes; misuse something.
salah sangka misjudge.
salah sedikit a small mistake; a little error.
salah tangkap arrest the wrong person.
bersalah *v.* be wrong or guilty.
bersalahan *adj.* adverse; opposing; unfavourable.
kesalahan *n.* something done incorrectly; mistake.
menyalahgunakan *v.* to abuse; to misuse; use wrongly.
menyalahtafsirkan *v.* misinterpret.
menyalahkan *v.* to blame someone.
penyalahgunaan *n.* abuse.
pesalah *n.* offender; guilty person.
tersalah *v.* mistaken; have wrong idea about. *adj.* incorrect.

salai, menyalai *v.* to dry over a fire.

salak[1] *n.* bark; a jungle fruit.

salak[2]**, menyalak** *v.* to bark.
salakan *n.* bark.

455

salam *n.* greeting. *v.* greet.
bersalam *v.* to shake hands; greet.
bersalaman *v.* to exchange greetings.

salang *n.* a type of execution.

salasilah *adj.* genealogical.
n. genealogy.

salib *n.* cross.

salih *adj.* virtuous; devout; pious.
kesalihan *n.* devoutness; piety.

salin, bersalin *v.* to change (clothes); to give birth.
menyalin *v.* to change; to copy.
persalinan *n.* change of clothes; suit of clothes.
salinan *n.* copy.

saling *adj.* mutual; shared.
saling tindak interaction.

salir, menyalir *v.* flow off; drain away.
penyaliran *n.* the act of draining water.
saliran *n.* drainage.

salji *n.* snow.

salmon *n.* salmon, a kind of fish.

salur *v.* to lead into.
salur darah blood vessel.
salur nadi artery.
saluran *n.* channel.
menyalurkan *v.* to channel.
penyaluran *n.* channel.

salut *v.* coat; cover with a layer.
bersalut *adj.* coated.
menyalut *v.* coat; cover; conceal.

sama *adj.* same; very; alike; unchanged.
bersama, bersama-sama
adv. together; along with; with one another.
bersamaan *v.* almost alike; to coincide.
kesamaan *n.* similarity; likeness; sameness; equality.
menyamakan *v.* liken to.
menyamaratakan *v.* to equalize; to make equal.
persamaan *n.* similarity; similitude; resemblance; likeness.
sesama *prep.* among; between.

samak *n.* a type of acid obtained from certain trees.
menyamak *v.* cleanse.

saman *n.* summons; official order from court.

samar *adj.* dim; vague; obscure.
nama samaran pseudonym.
menyamar *v.* to disguise.
penyamar *n.* a person who uses a disguise.
samaran *n.* disguise; camouflage.

sambal *n.* spicy condiment.

sambar, menyambar *v.* to swoop down and seize; to snatch.

sambil *conj.* while.
sambilan *adj.* part-time.

sambung, menyambung *v.* fasten; bring together; join.
menyambungkan *v.* join one thing to another; fasten one thing to another.
penyambung *n.* connector.
penyambungan *n.* connection; extension.
sambungan *n.* extension; continuation.

sambut, menyambut *v.* to welcome; to receive; greet with pleasure.
menyambut baik welcome with open arms.
penyambut tetamu *n.* receptionist.
sambutan *n.* response; welcome.

sami *n.* Buddhist monk.

sampah *n.* rubbish; litter.
sampah masyarakat dregs of society.
sampah-sarap rubbish; litter; waste material; refuse.
menyampah *adj.* disgusting.

sampai *v.* reach; arrive; get to.
prep. till; until.
sampai hati has the heart to do something.
kesampaian *adv.* arrived; achieved; fulfilled.
menyampaikan *v.* present something; to deliver something; to convey something.

penyampai *n.* presenter; deliverer; sender.

penyampaian *n.* presentation; manner of speaking; delivery.

sesampai *adv.* on arrival; on reaching.

sampan *n.* boat.

samping *n.* side.
di samping by the side; beside; next to; in addition to.
ke samping to the side.
bersampingan *adv.* side by side.
sampingan *n.* by product; as a sideline; side.

sampuk, menyampuk *v.* to interfere; to interrupt; butt in.

sampul *n.* a cover; envelope.
bersampul *v.* covered with; wrapped.

samseng *n.* gangster.

samudera *n.* ocean; sea.

samun, menyamun *v.* to rob.
penyamun *n.* robber.

sana *adv.* there.
ke sana ke mari to and fro.

sanak *n.* relatives on the maternal side.
sanak saudara relatives; relations.

sanatorium *n.* sanatorium, a place to recuperate after an illness.

sandang *n.* shoulder strap.
menyandang *v.* to strap on.

sandar, bersandar *v.* to lean against.
sandar-menyandar *v.* to depend on one another.
bersandarkan *v.* to depend on.
menyandarkan *v.* to rest something upon; lean something against; to mortgage.
sandaran *n.* prop; rest.

sanding, bersanding *adj.* to sit side by side; adjacent.
persandingan *n.* the act of sitting together (of a bride and groom on a dais).

sandiwara *n.* stageplay.

sang *n.* an honorific or title.

sangat *adv.* very; extremely; exceedingly; intensely.
tersangat *adv.* excessively; intensely.

sangga, menyangga *v.* to support; hold up; bear the weight of.
penyangga *n.* prop; support.

sanggah, menyanggah *v.* oppose; protest; expostulate.
penyanggahan *n.* opposition; protest.

sanggul *n.* bun; knot of hair.
menyanggul *v.* make or twist into a bun.

sanggup *adj.* able; capable; willing; ready; prepared.
kesanggupan *n.* capability; willingness; readiness.

sangka *v.* to think; to guess.
menyangkakan *v.* regard as; consider.
sangkaan *n.* conjecture; guess expectation.

sangkak, menyangkak *v.* hinder; oppose.

sangkal, menyangkal *v.* deny; declare untrue.

sangkar *n.* cage.

sangkut *v.* to hang.
sangkut-paut *adj.* involved; implicated.
bersangkutan *v.* to be concerned with. connected with.
menyangkut, menyangkutkan *v.* to hang; to suspend; to hook.
penyangkut *n.* hanger; peg.
tersangkut *v.* suspended; hung.

sangsi *v.* doubt; suspect.
kesangsian *n.* uncertainty; doubt; suspicion.
menyangsikan *v.* to doubt; have misgivings about.

sanjung, menyanjung *v.* to praise; to flatter; adulate.
sanjungan *n.* praise; adulation; flattery.

santai, bersantai *v.* relax.

santan *n.* coconut milk.

santap, bersantap *v.* to eat; dine.
santapan *n.* dishes; meal.

santun, sopan santun
adj. well-mannered; polite.

sanubari *n.* the human heart.

sapa, sapaan *n.* mode of address;
greeting; salutation.
menyapa *v.* to address; to speak or
talk to; greet; acknowledge.

sapi *n.* cow.

sapu, menyapu *v.* clean as with a
broom; to sweep.
menyapu bersih win all the prizes;
sweep the board.
menyapu lantai to sweep the floor.
sapu tangan handkerchief.
penyapu *n.* broom.

saput *n.* filem.
saput asetat acetate film.

sara, bersara *v.* to retire.
sara hidup livelihood.
persaraan *n.* retirement.
pesara *n.* pensioner.

saraf, urat saraf *n.* nerve.

saran *v.* suggest.
menyarankan *v.* to suggest; to
propose; to put forward.
saranan *n.* suggestion; proposal.

sarang *n.* nest.
bersarang *v.* to make a nest; to use as
a hiding place; inhabit a nest.

sarap, bersarapan *v.* to have breakfast.
sarapan *n.* breakfast.

sarat *adj.* heavy with; laden.

sardin *n.* sardine.

sari *n.* 1. essence. 2. a kind of traditional
costume worn by Indian woman.

saribunga *n.* corolla.

sari kata *n.* subtitle.

saring, menyaring *v.* to filter; to refine;
sift; sieve.
saringan *n.* heat; preliminary contest;
filter; sieve.

sarjan *n.* sergeant.

sarjana *n.* scholar; learned person.

sarkas *n.* circus.

sarung *n.* sheath; cover (for a pillow);
cloth worn round the body.
menyarung, menyarungkan
v. sheathe; put on; wear; encase.

sasa *adj.* strong; sturdy; robust.

sasar, tersasar *adj.* to get confused;
crazy; eccentric.
sasaran *n.* target; object of verbal
attack; objective.

saspens *n.* suspense.

sastera *n.* literature.
sasterawan *n.* man of letters; expert in
literature.
kesusasteraan *n.* literature; creative
writings. *adj.* literary.

sasul, tersasul *v.* gone too far.

satah *adj.* flat; level. *n.* plane; flat
surface.
satah fokus focal plane.

satelit *n.* satellite.

satin *n.* satin.

satu *pn.* & *deter.* one.
satu-satu one by one.
satu-satunya *adj.* only.
bersatu *v.* unite. *adj.* united.
bersatu padu to unite; combine.
kesatuan pekerja workers' union.
kesatuan sekerja trade union.
menyatupadukan *v.* to unify.
menyatukan, mempersatukan *v.* to
unite; to join into one; link by a bond.
penyatuan *n.* unification.
persatuan *n.* association; club; society.

saudagar *n.* wholesale trader;
merchant.

saudara *n.* brother and sister; relative; relation.
saudara angkat foster relative.
saudara dekat close relative.
saudara kandung having the same mother and father.
saudara-mara relatives in general.
persaudaraan *n.* relationship; brotherhood; friendship.
saudari *n.* female relative or friend (female).

sauh *n.* anchor.

saujana *adj.* wide; far; extensive.

sauk *n.* scoop.
menyauk *v.* to scoop up.

saus *n.* sauce.

savana *n.* savanna, a kind of vegetation, grassland.

sawa *n.* python.

sawah *n.* rice-field; paddy field.
bersawah *v.* to cultivate; to own a rice field.
pesawah *n.* paddy planter.

sawan *n.* epilepsy.

sawang *n.* cobweb.
bersawang *adj.* with cobwebs.

sawat *n.* shoulder belt; shoulder strap.

sawi *n.* a kind of green vegetable.

sawit, kelapa sawit *n.* a kind of palm.

saya *pn.* I; me; my.

sayang *n.* affection; fondness; love.
v. like; love.
kesayangan *adj.* favourite; the most loved.
menyayangi *v.* to feel love for; have affection for.
penyayang *n.* one who is affectionate, merciful, loving.
tersayang *adj.* the most loved; loved very much.

sayap *n.* wing.
sayap kanan right wing.

sayap kiri left wing.
bersayap *adj.* winged.

sayat, menyayat *v.* to slice off skin, etc.
menyayat hati heart-breaking.

sayembara *n.* competition.

sayu *adj.* sad; melancholy.
kesayuan *n.* sadness; unhappiness; melancholy.
menyayukan *v.* sadden; cause to be depressed.

sayup *adj.* faintly visible or audible.
sayup-sayup *adj.* vague; indistinct.

sayur *n.* vegetable.
sayur-sayuran, sayur-mayur *n.* vegetables (variety).

se *pref.* one; same; all; when; as soon; as...as.

sebab, sebab-musabab *n.* reason; cause.
conj. & adv. because.
bersebab *v.* having a reason, purpose, motive, etc.
menyebabkan *v.* cause something to happen.
penyebab *n.* reason; cause.

sebak *adj.* to feel tightness in the chest.

sebal *adj.* resentful; angry.

sebar, menyebarkan *v.* to spread; make something widely known; distribute.
menyebarluaskan *v.* to spread; disseminate; propagate.
penyebar *n.* propagator.
penyebaran *n.* spread of; distribution; dissemination; propagation.
tersebar *v.* become widely known; spread.
sebaran *n.* something that is spread on.

sebat, menyebat *v.* to whip; to steal; beat with a whip.
sebatan *n.* whipping; caning.

seberang *adj.* opposite.
tanah seberang overseas.
berseberangan,
seberang-menyeberang *adj. & adv.*

opposite; across.
menyeberangi *v.* to cross; go across.

sebu, menyebu *v.* fill up; choke up.

sebut, menyebut *v.* to mention.
menyebut-nyebut *v.* always mention.
menyebutkan *v.* to utter; to speak; to mention.
penyebutan *n.* pronunciation; utterance.
sebutan *n.* expression; pronunciation; utterance.
tersebut *adj.* mentioned.

sedak, tersedak *v.* choke.

sedang *v.* to be in the process of. *adj.* medium; average. *conj.* while.

sedap *adj.* pleasant; nice (of voice); tasty; delicious (to taste, smell).
menyedapkan *v.* delight; please; to flavour.

sedar *v.* be conscious; be aware; be alert; awake.
kesedaran *n.* consciousness; awareness; state of being alert and awake; realization.
menyedari *v.* to realize; aware of.
menyedarkan *v.* to make one realize; to be conscious of.
tersedar *v.* roused to consciousness.

sedekah *n.* alms.
bersedekah *v.* to give alms.
menyedekah *v.* donate; contribute to charity.

sederhana *adj.* simple; plain; unsophisticated; moderate; average.
kesederhanaan *n.* moderation; temperance.
menyederhanakan *v.* make something moderate; simplify.

sedia *adj.* ready; prepared.
bersedia *v.* be ready; be able to deal with something; prepare.
kesediaan *n.* readiness; willingness.
menyediakan *v.* to prepare something; make ready for action.
persediaan *n.* preparation.
tersedia *adj.* easily available at hand;

ready.

sediakala *adj.* past; former; of old; as usual.

sedih *adj.* sad; sorrowful.
bersedih *v.* grieve; to be sad.
kesedihan *n.* sadness; unhappiness; sorrow; grief.
menyedihkan *v.* to sadden; grieve.

sedu, sedu-sedan *v.* sob.
tersedu-sedu, tersedu-sedan sobbing.

sedut, menyedut *v.* inhale; to breathe in.
sedutan *n.* inhalation; suction.

segak *adj.* smart; spruce and stylish.

segala *adj.* all; entire; any.
segala-galanya *pn.* everything; all things.

segan, segan-silu *adj.* shy; bashful.
penyegan *n.* a shy person; bashful.

segar, segar-bugar *adj.* fresh; bright and clear.
kesegaran *n.* refreshment; freshness; coolness.
menyegarkan *v.* freshen; refresh; make fresh.
penyegar *n.* freshener.

segera *adj.* immediate; without delay; urgent; instant.
menyegerakan *v.* to speed up.

segi *n.* facet; angle; aspect; face; side; phase.
segi tiga triangle.
segi tiga sama kaki isosceles triangle.
segi tiga sama sisi equilateral triangle.
bersegi *adj.* with sides, edges or angles.
persegi *adj.* used before or after units of length; square.

segmen *n.* segment.

sejahtera *adj.* prosperous; peaceful.
kesejahteraan *n.* peace; tranquillity; well-being; prosperity.

sejak *prep.* since.

sejarah *n.* history.

bersejarah *adj.* historic; historical; famous in history.
pensejarahan *n.* writing of history; historiography.

sejat, menyejat *v.* to evaporate; change into vapour.
penyejatan *n.* evaporation.

sejuk *adj.* cool; cold; not warm; without enthusiasm.
kesejukan *n.* coldness.
menyejukkan *v.* to make cool or cold; to comfort; to pacify.
penyejukan *n.* cooling.

sekaligus *adv.* all at once.

sekalipun *conj.* although.

sekam *n.* husk; chaff.

sekarang *adv.* these days; now; nowadays.

sekat, menyekat *v.* to block; obstruct.
penyekat *n.* that which blocks or obstructs.
sekatan *n.* destruction; partition; blockage.
tersekat *v.* blocked; obstructed.
tersekat-sekat *adj.* disconnected; disjointed; stumble through.

sekerap *n.* waste; discarded articles; scrap.

sekerja *adj.* colleague.

sekoci *n.* a kind of small sailing boat.

sekoi *n.* millet.

sekolah *n.* school.
sekolah menengah secondary school.
sekolah rendah primary school.
sekolah tinggi high school.
bersekolah *v.* attending an educational institution; at school.
menyekolahkan *v.* enrol someone in a school.
persekolahan *n.* schooling; school education.

sekretariat *n.* secretariat.

sekongkol *n.* gangster; conspirator.

seks *n.* sex.

seksa *v.* torture.
menyeksa *v.* inflict torture on; punish; torment.
penyeksa *n.* tormentor; torturer.
penyeksaan *n.* torture; suffering.
seksaan *n.* suffering; torture; pain.

seksyen *n.* section.

sekutu *n.* ally; partner.
bersekutu *v.* unite; ally; federate.
mempersekutukan *v.* ally; unite; federate.
persekutuan *n.* federation.

sel *n.* cell.

sela *n.* gap; interval.
bersela *adj.* at intervals.

seladang *n.* wild ox.

selak,, penyelak *n.* bolt.
berselak *v.* barred; bolted.
menyelak *v.* to bolt; close with a bolt.
terselak *v.* pulled out; lifted.

selalu *adv.* always.

selam, menyelam, menyelami *v.* to dive; to plunge; go under water.
penyelam *v.* diver.

selamat *adj.* safe; secure from danger or harm.
selamat datang *interj.* welcome.
selamat jalan *interj.* goodbye; farewell.
selamat malam *interj.* goodnight.
keselamatan *n.* safety; security.
menyelamatkan *v.* to save someone or something; rescue from harm.
penyelamat *n.* rescuer; saviour.
terselamat *v.* protected from; saved; rescued.

selamba *adj.* poker-faced.

selampit *n.* loincloth.

selang *prep.* within.
berselang *adj.* alternate; every other.
berselang-selang *adj.* & *v.* alternating; alternate.
berselang-seli *v.* alternate; intermittent; alternating.

selaput *n.* membrane.
selaput mata cornea.
berselaput *v.* cover.
menyelaputi *v.* to cover.

selar *n.* branding iron.
menyelar *v.* to brand; to criticize.

Selasa *n.* Tuesday.

selasih *n.* a type of herbaceous plant.

selat *n.* strait.

selatan *n.* & *adj.* south.

selawat *n.* prayer for peace and prosperity.

selekeh, berselekeh *adj.* frowzy; slatternly.

selekoh *n.* curved part; bend; corner.

selempang *n.* long strip of cloth worn over one's shoulder; sash.
menyelempangkan *v.* to wear a sash over one's shoulder and across the chest.

selendang *n.* shawl.

selenggara, menyelenggarakan *v.* maintain; keep in good condition.
penyelenggara *n.* organizer.
penyelenggaraan, selenggaraan *n.* maintenance.

selera *n.* appetite; desire (for food).
berselera *v.* have an appetite.
menyelerakan *adj.* appetizing.
pembuka selera appetizer.

selerak, berselerak *adj.* scattered; situated far apart.
jamuan berselerak buffet.
menyelerakkan *v.* strew with things.

selesa *adj.* caused to be comfortable.
keselesaan *n.* comfort.
menyelesakan *v.* make or cause to be comfortable.

selesai *v.* come to an end; finish; complete.
menyelesaikan *v.* finish; to solve; to discharge a debt; resolve.
penyelesaian *n.* completion; solution;

settlement; agreement; act of finding answer to a problem.

seleweng *v.* change from the original course; divert.
menyeleweng *v.* to divert; to deviate.
menyelewengkan *v.* cause something or someone to deviate.
penyelewengan *n.* deviation.

selia, menyelia *v.* to inspect; to oversee; supervise.
penyelia *n.* supervisor; overseer.
penyeliaan, seliaan *n.* supervision.
adj. supervisory.

selidik *v.* to investigate; to study; to make a research.
menyelidik, menyelidiki *v.* investigate; make inquiry; research.
penyelidik *n.* researcher.
penyelidikan *n.* investigation; research.

selimut *n.* blanket.
menyelimuti *v.* envelop; cover completely as to conceal from sight.
menyelimutkan *v.* to cover something or someone; to conceal; put a blanket over.

selinap, menyelinap *v.* to slip away; decamp; slide.

selindung, berselindung *v.* conceal; hide.
terselindung *adj.* hidden; concealed; covered.

selingan *n.* interlude.

selipar *n.* slippers.

seliput *v.* cover.

selirat, berselirat *adj.* confused; mixed up.

selisih *n.* difference; dispute.
berselisih *v.* to disagree; to quarrel; to pass each other.
perselisihan *n.* disagreement.

selit, menyelit *v.* to insert.
menyelit-nyelit *v.* slip in; squeeze in between.
menyelitkan *v.* to insert something in

between; slide; slip.
terselit *v.* slipped in between; inserted.

seliuh, terseliuh *v.* sprain.

selok, selok-belok *n.* intricacy; something intricate.

seloka *n.* a kind of poem which contains a moral.

selongkar, menyelongkar *v.* ransack; search thoroughly; plunder.

seloroh *n.* joke.
berseloroh *v.* joke.

selsema *n.* a cold; influenza.

seluar *n.* trousers.
seluar dalam underpants.
seluar panjang pants, slacks; trousers.
seluar pendek shorts.

selubung *n.* cover; veil.
berselubung *v.* to cover up.
menyelubungi *v.* to cover.
menyelubungkan *v.* protect or conceal in a wrapping.

seludang *n.* 1. the sheath of the flowers of the palm trees. 2. a small kind of boat.

seludup, menyeludup *v.* to smuggle.
menyeludupkan *v.* to smuggle in; take secretly.
penyeludup *n.* smuggler.
penyeludupan *n.* smuggling.

seluk, menyeluk *v.* put the hand in the pocket.
penyeluk saku *n.* pickpocket.

selumbar *n.* wood splinter.

seluruh *adj.* entire; whole.
keseluruhan *adj.* totally; entire; whole; all.
menyeluruh *adj.* widespread.

selusup, menyelusup *v.* to infiltrate; to penetrate.

selut *n.* mud; wet soft earth.

semadi, bersemadi *v.* to rest; be buried.

semaisemaian *n.* nursery; place for nurturing young plants.

menyemai, menyemaikan *v.* to sow seeds in ground.

semak *n.* bush.
semak, menyemak *v.* to check; read over to improve.
penyemakan *n.* revision.

semalu *n.* the mimosa plant.

semambu *n.* a kind of rattan plant.

semangat *n.* spirit; courage; soul; vigour.
bersemangat *adj.* enthusiastic; spirited; energetic; forceful.

semangka *n.* watermelon.

semantik *adj.* semantic.

semarak *adj.* bright.

semat *n.* pin.
menyematkan *v.* to pin; fasten with pin.

semayam, bersemayam *v.* to sit or to reside (of king or queen).
persemayaman *n.* throne; royal residence.

sembah *v.* to worship.
sembah salam regards; good wishes.
menyembah *v.* worship; idolize.
mempersembahkan *v.* to dedicate; to present.
penyembah *n.* worshipper; idolator.
penyembahan *n.* idolization; worship.
persembahan *n.* presentation.

sembahyang, bersembahyang *v.* to worship; to pray.

sembam, tersembam, menyembamkan *v.* fall in a prone position; bury one's face in something.

sembang, bersembang *v.* to chat.

sembap *adj.* swollen.

sembarang *adj.* arbitrary; whoever; any; whatever.
sembarangan *n.* random; arbitrary.

sembelih, menyembelih *v.* slaughter; killing an animal especially for food.

penyembelihan *n.* slaughter.

sembelit *n.* constipation.

sembilan *pn.* & *deter.* nine.

sembilu *n.* thin and sharp bamboo splinter.

semboyan *adj.* signal.

sembuh *v.* recover; regain health after sickness.
menyembuhkan *v.* to cure; to heal.
penyembuhan *n.* act or process of curing or healing; recovery.

sembul *v.* protruding (of eyes).
tersembul *adj.* protruding.

sembunyi, bersembunyi *v.* hide; conceal.
menyembunyikan *v.* to hide something or someone; to conceal something or someone.
persembunyian *n.* hiding place; hideout.
tersembunyi *v.* hidden; concealed.

sembur, bersembur-sembur *v.* to spout; to spray.
menyembur *v.* to spray; spout.
penyembur *n.* sprayer.
semburan *n.* spray.
tersembur *v.* squirted; sprayed.

semenanjung *n.* peninsula.
adj. peninsular

semenjak *prep.* since.

sementara *adj.* provisional; temporary.
conj. while.

semerbak *adj.* fragrant; sweet smell.

semesta *adj.* pertaining to the universe; universal.

semi *v.* sprout. *adj.* half of.

seminar *n.* seminar.

semikonduktor *n.* semiconductor.

sempadan *n.* boundary.
bersempadan *v.* bounded by.
bersempadankan *v.* have as a border; boundary.

sempang *n.* hyphen.

sempat *adv.* having time to; early enough.
berkesempatan *adv.* have the opportunity.
kesempatan *n.* chance; opportunity.

sempena *v.* commemorate.
bersempena *v.* commemorating.

sempit *adj.* narrow.
kesempitan *n.* narrowness; rigidness.
kesempitan hidup hardship of life.
kesempitan wang shortage of money.
menyempitkan *v.* reduce width; limit.

sempurna *adj.* perfect; excellent; without fault.
kesempurnaan *n.* perfection; completeness.
menyempurnakan *v.* fulfil something; complete something.
penyempurnaan *n.* perfection; completion; fulfillment.

semua *adj.* all; any; whatever.
semuanya *adv.* entirely; wholly.

semuncup *n.* lovegrass.

semut *n.* ant.

sen *n.* cent.

senak *adj.* tight; a stuffed feeling.
senak perut indigestion.

senam, bersenam *v.* to do physical exercise.

senandung *n.* a kind of tune or song that is hummed or sung to oneself softly.

senang *adj.* easy; comfortable.
senang hati happy.
bersenang-senang *v.* to enjoy; to have pleasure; ease.
kesenangan *n.* comfort; pleasure; ease.
menyenangi *v.* like; favour.
menyenangkan *adj.* cushy; comfortable.

senangin *n.* a kind of sea fish.

senapang *n.* gun.
senapang patah shot gun.
senarai *n.* list.
menyenaraikan *v.* put on a list; list.
menyenaraihitamkan *v.* blacklist.
tersenarai *v.* listed.
senator *n.* senator.
senda, gurau senda *v.* to joke; say in jest.
mempersendakan *v.* to make fun of; to tease; joke about.
sendal *n.* something used to cushion an object from shaking.
sendat *adj.* tight; closely fitting.
sendawa, bersendawa *v.* to belch; burp.
sendeng *adj.* sloping; slanting; tilted.
menyendengkan *v.* tilt; place in a slanting position.
sendi *n.* joint.
bersendi *adj.* jointed.
sendiri *adj.* & *adv.* alone; on one's own.
sendiri-sendiri *adv.* each; individually.
bersendiri *adj.* alone; solitary.
bersendirian *adj.* be alone; solitary.
menyendiri *v.* be alone; isolate oneself.
tersendiri *adj.* individual; isolated; separated.
sendúk *n.* ladle.
menyenduk *v.* ladle.
sengaja *adv.* purposely.
sengal *n.* pain in the joints.
sengat *n.* sting.
menyengat *v.* sting; prick on wound with a sting (of insect).
penyengat *n.* wasp.
sengau *adj.* nasal.
senget *n.* slant; inclination.
menyenget *v.* tilt; place in a slanting position.
senggara, menyenggara *v.* to run or manage something.

senggok, menyengguk *v.* toss with the head.
sengguk *v.* nod.
senggulung *n.* a kind of millipede.
sengih, tersengih *v.* grin; smile broadly.
sengit *adj.* violent.
sengkang *n.* dash; hyphen.
sengketa *n.* dispute.
bersengketa *v.* to quarrel.
persengketaan *n.* dispute.
sengkuang *n.* a kind of climber plant.
sengsara, kesengsaraan *n.* misery; suffering; agony.
seni *n.* art; fine; skill.
seni bina architecture.
seni lukis art.
seni ukir sculpture.
seniman *n.* actor (male).
seniwati *n.* actress (female).
kesenian *n.* art.
senja, senjakala *n.* dusk; twilight.
senjata *n.* weaponry; weapon.
senjata api firearm; arm.
senjata tajam sharp weapon.
bersenjata *adj.* maintained by arms; armed.
bersenjatakan *v.* to use something as a weapon.
persenjataan *n.* armament.
senonoh *adj.* well-behaved; proper.
sensasi *n.* sensation; state of excitement and interest.
sensitif *adj.* easily offended; sensitive.
sentak, menyentak *v.* to pull suddenly; jerk.
tersentak *v.* to wake suddenly; jerked.
sental, menyental *v.* to rub.
sentap, menyentap *v.* to tug; pull sharply; jerk.
senteng *adj.* too short (of clothes).

465

sentiasa *adv.* always; every time; at all times; forever.

sentigram *n.* centigram, unit of weight measurement.

sentimen *n.* tender feeling; emotion; sentiment.

sentimental *adj.* sentimental.

sentosa *adj.* peaceful; without war.

sentuh, bersentuh *v.* to touch.
bersentuhan *v.* touching each other; brushing slightly against; come into contact.
menyentuh *v.* come into contact with; to touch.
sentuhan *n.* touch; slight contact.
tersentuh *v.* brushed against; touched.

senyap *adj.* quiet; not loud or noisy.
kesenyapan *n.* quietness.
penyenyap *n.* silencer.
senyap-senyap *adj.* secretly; on the quiet.

senyum *v.* smile.
senyuman *n.* a smile.
tersenyum *v.* smiled.

sepah *n.* chewed betel leaf or sugarcane.

sepah, bersepah *adj.* scattered.
menyepahkan *v.* to scatter.

sepak, menyepak *v.* to slap; kick.

sepana *n.* spanner.

sepanduk *n.* banner.

separa *adj.* semi; half.

sepatu *n.* shoe.

seperti *adj. & pn.* like; such as.
sepertinya *adj. & pn.* such as.

sepi *adj.* quiet; desolate; forlorn.
kesepian *adj.* lonely; forlorn.
n. loneliness; forlornness.
menyepi *v.* go to a quiet place; seclude oneself.

sepit *n.* tweezers; chopsticks; pincers.
menyepit *v.* to pinch; to nip.

penyepit *n.* tongs; tweezers; chopsticks.
tersepit *v.* pinched; pressed hard between two objects.

September *n.* September.

sepoi, sepoi-sepoi, sepoi-sepoi bahasa *adv.* gently; softly; mildly.

sepuh, bersepuh *adj.* gilled.
menyepuh *v.* gild; glaze.
tersepuh *v.* gilt.

serabut *n.* fibre.
berserabut *adj.* fibrous; with fibres.

serah, menyerah *v.* to surrender oneself; hand over.
menyerah diri surrender.
menyerah kalah give in; surrender; capitulate.
menyerahkan *v.* to hand over; to give up; relinquish something.
penyerahan *n.* surrender; delivery.
terserah *adj.* depend on; let someone esle shoulder the responsibility.

serai *n.* lemon-grass.

serak *adj.* hoarse.
keserakan *n.* hoarseness.

seram, menyeramkan *adj.* terrifying; hair-raising.

serambi *n.* verandah.

serambik *n.* things made from porcelain.

serampang *n.* harpoon; gaff.
menyerampang *v.* to harpoon; seize with a gaff.

serang, menyerang *v.* attack; assault physically; assail.
penyerang *n.* attacker; assailant.
penyerangan *n.* offensive; aggression; attack.
serangan *n.* attack; physical assault.

serangga *n.* insect.

Serani *n.* Eurasian.

serap, menyerap *v.* to absorb; to suck up; take in.

serapah, menyerapah *v.* to curse; to charm.

seraya *n.* while; at the same time.

serba *adj.* all.
serba aneka various.
serba salah in two-mind.
serba sama identical.
serba sedikit a little of everything.
serba-serbi all sorts of things.

serban *n.* turban.

serbat *n.* syrup; a kind of sweet drink.

serbu, menyerbu *v.* to attack; to dash in.
penyerbuan *n.* attack; assault; onslaught.
serbuan *n.* hostile raid; attack.

serbuk *n.* powder.

serempak, terserempak *v.* to meet by chance.

serendeng *adj.* slanting.

serentak *adv.* simultaneously.
adj. simultaneous.

seret, menyeret *v.* to drag; to pull along by force; trail.
terseret dragged; trailed along; pulled along.

sergah, menyergah *v.* to snap; to snarl.
sergahan *n.* snarl; snap.

sergam, tersergam *adj.* monumental; outstanding; conspicuous.

seri[1] *n.* splendour; royal honorific; beam; glow.
seri muka countenance.
seri panggung the star of the play.
berseri, berseri-seri *adj.* bright; radiant; beaming.
menyeri, menyerikan *v.* to brighten.

seri[2] *n.* draw (in a game).

seri[3], **menyeri** *v.* draw up honey from flowers.

serigala *n.* wolf.

serik *v.* discourage; daunt.

serikaya *n.* a kind of plant and fruit.

sering *adv.* often; frequently.
seringkali *adv.* often; frequently.

serius *adj.* serious.

seringai *n.* grin; broad smile.
menyeringai *v.* grin.

serkap *n.* conical-shaped fish trap; a coop for chicken.
menyerkap *v.* to catch; to arrest; coop up.

serkup, menyerkup *v.* to enclose with a conical-shaped cover.

serlah, menyerlah, terserlah *adj.* clear; distinct.

serong *adj.* askew.
menyerong *v.* crooked; not straight.

seronok, menyeronok *v.* enjoyable.
berseronok *v.* have fun; enjoy.
keseronokan *n.* pleasure; delight; joy.
menyeronokkan *adj.* cause enjoyment.

serpih *n.* splinter.
serpihan *n.* chip; fragment; splinter.

serta *prep.* together with.
berserta *adv.* together with.
menyertai *v.* to participate.
menyertakan *v.* enclose.
penyertaan *n.* participation.
peserta *n.* participant.
serta-merta *adv.* immediately.

seru, berseru *v.* to call; exclaim.
menyeru, menyerukan *v.* to call; exclaim.
seruan *n.* exclamation.

seruling, serunai *n.* flute.

serunai *n.* a kind of flute.

sesah, menyesah *v.* beat with a cane; bash.

sesak *adj.* crowded; congested; full of people.
penuh sesak crowded; packed.
bersesak-sesak *v.* crowd.
kesesakan *n.* congestion; overcrowding.

kesesakan lalu lintas traffic jam.

sesal, menyesali v. regret; repent.
menyesal v. feel repentance; regret.
menyesalkan v. to be sorry for.
sesalan n. regret; repentance.

sesat adj. lost.
menyesatkan v. misled; deviate.
tersesat adj. go astray.

sesuai adj. suitable; fitting; appropriate.
bersesuaian v. be appropriate for;
convenient to.
kesesuaian n. suitability;
appropriateness.
menyesuaikan v. to adapt; adjust.
penyesuaian n. adjusting; adaptation.

sesungut n. feelers; antenna.

set n. set.

setan n. satan.

setem n. stamp.

seterika n. iron.
menyeterika v. to iron; ironing.

seteru n. enemy; foe.
berseteru v. be enemies; foe.
perseteruan n. hostility; enmity.

setia adj. loyal; obedient; faithful.
kesetiaan n. loyalty; faithfulness.
persetiaan n. treaty.

setiausaha n. secretary.
setiausaha akhbar press secretary.
setiausaha peribadi personal
secretary.
setiausaha politik political secretary.
setiausaha sulit private secretary.
kesetiausahaan secretarialship.

setinggan n. squatter.

sewa v. rent; hire. n. rental.
sewa rumah house rental.
sewa beli hire purchase.
sewaan n. rental.
menyewa v. to rent; to hire.
menyewakan v. to let; to rent out.
penyewa n. tenant; hirer.

sfera n. sphere.

sia-sia adj. advantage.
mensia-siakan v. neglect; frustrate;
waste.

siak n. caretaker of a mosque.

sial adj. unlucky; unfortunate.

siamang n. gibbon.

siang n. daytime. adj. early.
siang hari daytime; daylight.
siang-siang adj. early.
kesiangan adj. late in getting up.

siang, menyiang v. to clean (fish).

siap adj. completed; finished; prepared.
siap sedia adj. ready; properly
prepared.
bersiap, bersiap sedia v. get ready.
mempersiapkan v. get ready oneself;
prepare oneself.
menyiapkan v. to prepare something;
to arrange something.
persiapan n. preparation;
arrangement.

siapa pn. who; whose; what.
sesiapa pn. whoever; whosoever;
anyone.

siar, siar-siar v. stroll.
menyiarkan v. to broadcast; to
announce; to publish; to spread.
penyiar n. announcer.
penyiaran n. broadcasting.
siaran n. broadcasting.
tersiar v. broadcast; announced;
published.

siasat, menyiasat v. investigate; to
interrogate.
penyiasat n. investigator.
penyiasatan n. investigation.
siasatan n. investigation.

siat, menyiat v. shred; tear into small
pieces.
tersiat v. shred.

sibernetik n. cybernetic.

sibuk adj. busy.
kesibukan n. bustle; busyness.

sidai, menyidai v. to hang clothes to dry.

penyidai *n.* clothes line; clothes rack.
tersidai *v.* hanging on a clothes line.
sibur, sibur-sibur *n.* dragonfly.
sidang *n.* gathering; council.
sidang audio audio conference.
sidang video video conference.
bersidang *v.* to hold a conference; in conference.
persidangan *n.* conference.
sifar *n.* zero.
sifat *n.* characteristic; feature; trait.
bersifat *v.* to have a certain trait or character.
menyifatkan *v.* describe something as; characterize something as.
sifir *n.* an arithmetical table.
sihat *adj.* healthy.
kesihatan *n.* health.
menyihatkan *adj.* conducive to health; healthy.
sihir *n.* magic.
sijil *n.* certificate.
sikap *n.* attitude.
bersikap *v.* to have a certain attitude.
sikat *class.* a comb of; a bunch. *n.* comb.
menyikat *v.* to comb.
siku *n.* elbow.
siku-siku, sesiku *n.* a set-square.
menyiku *v.* elbow someone; nudge
sila *interj.* welcome; please.
silakan masuk do come in; please come in.
bersila *v.* to sit cross-legged.
menyilakan, mempersilakan *v.* to invite.
silam *adj.* past.
silang *n.* cross.
bersilang *v.* cross; intersect.
menyilang *v.* place across each other; cross.
silap, kesilapan *n.* error mistake.
tersilap *adj.* mistaken; wrong in opinion.

silat *n.* the Malay art of self-defence.
silau *v.* dazzle.
menyilaukan *v.* dazzle. *adj.* dazzling.
silih *adj.* alternate.
bersilih *v.* alternate; perform by turns.
menyilih *v.* alternate.
silinder *n.* cylinder.
siling *n.* ceiling.
silu *adj.* timid; shy. *n.* shyness; modesty.
simbah, menyimbah *v.* splash; splatter; sprinkle.
tersimbah *v.* splashed; spattered; sprinkled.
simbol *n.* symbol; mark; sign.
simen *n.* cement.
simetri *n.* symmetry.
simfoni *n.* symphony.
simpan, menyimpan *v.* to store; to keep; to save; keep for future use.
penyimpan *n.* saver; one who saves or keeps.
simpanan *n.* savings; money saved; store.
tersimpan *adj.* kept; stored.
simpang *n.* junction.
bersimpang-siur *v.* criss-cross.
menyimpang *v.* deviate; diverge.
simpati *n.* sympathy.
simposium *n.* symposium.
simpuh, bersimpuh *v.* to sit with the legs resting on one side.
simpul, simpulan *n.* knot; bond.
simpulan bahasa idiom.
kesimpulan *n.* conclusion.
menyimpul *v.* to knot; to conclude.
menyimpulkan *v.* tie something in a knot; deduce; conclude.
tersimpul *v.* knotted; tied.
sinar, sinaran *n.* ray; glitter.
bersinar *v.* shine; glow; gleam.
bersinar-sinar *v.* shining; beaming;

gleaming; glittering.
menyinari *v.* to shine upon.

sindiket *n.* syndicate.

sindir, menyindir *v.* to hint at;
insinuate.
sindiran *n.* insinuation.
tersindir *v.* insinuated; ridiculed;
mocked.

singa *n.* lion.

singgah *v.* to stop on the way; drop by;
stay a while.
persinggahan *n.* place of call; place to
stop over; stopping place.

singgahsana *n.* throne.

singgung, menyinggung *v.* to insult;
offend; wound the feelings of.
tersinggung *v.* offended; hurt (of
feelings).

singkap *v.* reveal; lift.
tersingkap *v.* opened; lifted; revealed.

singkat *adj.* short; brief; lasting a little
time.
singkatan *n.* abbreviation.

singkir, menyingkir *v.* expel; dismiss.
menyingkirkan *v.* to remove; put out
of mind; dismiss; eliminate.
penyingkiran *n.* dismissal; expulsion;
elimination.
tersingkir *v.* eliminated; expelled; left
out.

singlet *n.* singlet.

singsing, menyingsing *v.* to roll one's
sleeves up.
tersingging *v.* lifted up; rolled up.

sini *adv.* here; at.

sinis *adj.* cynical.

sink *n.* sink.

sinonim *n.* synonym.

sintaksis *n.* syntax.

sintesis *n.* synthesis.

sipi *v.* fail to hit the target; miss.

sipu, tersipu-sipu *adj.* shy.

siput *n.* snail.

siram, menyiram, menyiramkan *v.* to
water; pour water on plant.

sirap, menyirap, menyirapkan *v.* to
raise slightly; to make angry.

sirat, menyirat *v.* to make fishing-net.
tersirat *adj.* implied; concealed;
hidden.

siren *n.* siren.

siri *n.* series.

sirih *n.* betel leaf.

sirip *n.* fin.

sisa *n.* remainder; remnant; leftovers.
bersisa *adj.* having leftovers.

sisi *n.* side; edge.
di sisi *adv.* alongside.
menyisi *v.* to go along the side.

sisih, menyisih *v.* isolate; segregate;
separate.
bersisih *v.* to stay apart.
menyisihkan *v.* to isolate something
or oneself; stay aloof; seclude oneself.
tersisih *v.* separated; isolated.

sisik *n.* scale.
menyisik, menyisiki *v.* remove the
scales from.

sisip, menyisip *v.* to insert.
menyisipkan *v.* to slip; insert
something between something; inset.
sisipan *n.* inset; insertion.
tersisip *v.* put in; inserted.

sisir *n.* comb (hair). *class.* comb
(banana, etc.).
menyisir *v.* to comb.

sistem *n.* system.
sistem input-output asas (BIOS) basic
input-output system (BIOS).

sistematik *adj.* systematic.

siswa *n.* graduate.

siswazah *n.* graduate.

sita *n.* writ of summons.
menyita *v.* to seize; to confiscate.
penyitaan *n.* confiscation.
sitaan *n.* confiscated goods.

sitar *n.* sitar; a kind of musical instrument.

sitoplasma *n.* cytoplasm.

situ *adv.* there.

siul, bersiul *v.* to whistle.
siulan *n.* whistle.

siuman *adj.* recovered; sound in mind; sane; mentally normal.

sivik *n.* civics.

skala *n.* scale.

skandal *n.* scandal.

skema *n.* ordered system; scheme.

sketsa *n.* sketch.

skim *n.* scheme.

skirt *n.* skirt.

skop 1. *n.* spade. 2. scope.

skrin *n.* screen.

skrip *n.* script.

skru *n.* screw.

skuadron *n.* squadron.

skuter *n.* scooter.

slaid *n.* slide.

slogan *n.* slogan.

soal *v.* question; ask.
soal jawab question-and-answer.
soal selidik questionaire.
mempersoalkan *v.* to discuss; to talk seriously about something; question.
menyoal *v.* question; to ask; request information from.
persoalan *n.* question.
soalan *n.* question.

pokok persoalan main question.

sodok, menyodok *v.* lift with shovel; move; shovel.
penyodok *n.* spade.

sofbol *n.* softball; a kind of game like baseball.

sogok, menyogok, menyogokkan *v.* bribe; give bribe to.
sogokan *n.* bribe.

soket *n.* socket.

sokong, menyokong *v.* to support; back up.
penyokong *n.* supporter.
sokongan *n.* allegiance; backing; support.

soldadu *n.* soldier.

solek, bersolek *v.* to dress up.

sombong *adj.* conceited; arrogant; proud; snobbish.
kesombongan *n.* snobbishness; snobbery.
menyombong *v.* be a snob.
penyombong *n.* snob; one who is arrogant, conceited or proud.

sompek *adj.* chipped.

sondol, menyondol *v.* to charge by lowering the head; butt.

songket *n.* a kind of embroidery of gold or silver thread.

songkok *n.* cap (head-dress, especially for the Malays).

songsang *adj.* upside down; inversed.
menyongsangkan *v.* overturn; invert; place upside down.
penyongsangan *n.* inversion.

sopan *adj.* respectful; courteous. *n.* correctitude.
sopan santun courtesy.
bersopan santun courteous.
kesopanan *n.* politeness; good manners.

sorak *v.* applause; cheer.
bersorak *v.* cheer; shout (of applause).

sorakan *n.* shout; cheer.

sore *n.* afternoon; evening.

sorok, menyorok *v.* to hide; to conceal.
menyorokkan *v.* conceal something; hide something.
tersorok *adj.* concealed; hidden.

sorong, menyorong *v.* to push; to urge; shove.

sorot *v.* to review.
sorotan *n.* reflection; ray of light; review.

sos *n.* sauce.

sosial *adj.* social.

sosialis *n.* socialist.

sosialisasi *n.* socialization.

sosioekonomi *n.* socioeconomic.

sosiogram *n.* sociogram.

sotong *n.* cuttlefish.

soya *n.* soya bean.

spageti *n.* spaghetti.

spastik *adj.* spastic.

speaker *n.* Speaker; the chairman in Parliament.

sped *n.* spade in cards used for gambling.

spektrograf *n.* spectrograph.

spektrometer *n.* spectrometer.

spektrum *n.* spectrum.

spekulasi *n.* speculation.

sperma *n.* sperm.

spirit *n.* spirit.

spesies *n.* species.

spesifikasi *n.* specification.

spontan *adj.* spontaneous.

spora *n.* spore.

spring *n.* spring.

stabil *adj.* stable.

stadium *n.* stadium.

staf *n.* staff.

stail *n.* style.

stalagmit *n.* stalagmite.

stalaktitt *n.* stalactite.

stamen *n.* stamen, the male reproductive part of flowers.

stamina *n.* stamina.

standard *n.* standard.

statik *adj.* static.

statistik *n.* statistic.

stensil *n.* stencil.

steno *n.* stenographer.

stenografi *n.* stenography.

stensil *n.* stencil.

stereng *n.* steering wheel.

stereo *adj.* stereophonic.

stereograf *n.* stereograph.

stesen *n.* station.

stetoskop *n.* stethoscope.

stigma *n.* stigma.

stim *n.* steam; vapour.

stok *n.* stock.

stoking *n.* stocking.

stor *n.* store.

strategi *n.* strategy.

strawberi *n.* strawberry.

stroboskop *n.* stroboscope.

struktur *n.* structure.

studio *n.* studio.

sua, bersua *v.* meet.
menyua *v.* to meet face-to-face.
menyuakan *v.* offer; give; stretch out the hand.
tersua *v.* encounter; meet; come across.

suai *v.* match; fit.
suai kenal orientation.
sesuai *adj.* suitable; fitting.

suam *adj.* lukewarm; feverish.

suami *n.* husband.
bersuami *v.* to be married (of a woman); have a husband.

suap *n.* bribe. *v.* feed.
makan suap *v.* to receive bribe.
menyuap *v.* to eat with the hands; to bribe; spoon-feed.
menyuapkan *v.* to feed somebody.

suara *n.* voice.
suara hati conscience; person's sense of right and wrong.
suara ramai majority.
bersuara *v.* to produce a sound; voice a suggestion or complaint. *adj.* voiced.
menyuarakan *v.* to express in words; state one's feeling; give voice to something.
sebulat suara united; unanimous.

suasana *n.* mood; situation; atmosphere; ambience.

suatu *adv.* once; in the past.
sesuatu *adj.* a certain.

subahat *n.* accomplice.
bersubahat *v.* collaborate; co-operate with an enemy.

subang *n.* ear-studs; ear-ring.

subjek *n.* topic; subject.

subjektif *adj.* subjective.

subsidi *n.* subsidy.

subsidiari *n.* subsidiary.

subuh *n.* dawn; daybreak.

subur *adj.* healthy; flourishing; fertile.
kesuburan *n.* fertility.
menyuburkan *v.* make fertile; fertilize.
penyuburan *n.* pollination (flowers); fertilization.

suci *adj.* chaste; holy; virtuous; pure; clean.
kesucian *n.* state of being virtuous; chastity.

sudah *adv.* already; endlessly.
sudah-sudah *adj.* past; gone by.
berkesudahan *v.* result in; end with.
kesudahan *n.* end; conclusion.
menyudahi *v.* finish; end; conclude.
menyudahkan *v.* complete something; to finish something.
penyudah *n.* conclusion; end.
sesudah *adv.* after.
sesudahnya *adv.* afterwards; behind; in pursuit.

sudi *adj.* willing. *v.* to like; to try.
kesudian *n.* willingness; readiness.

sudip *n.* wooden ladle.

sudu *n.* spoon.
sudu makan tablespoon.
sudu teh teaspoon.

sudut *n.* corner; angle; direction; point of view; standpoint; aspect.

suf *n.* wool.

sufi *n.* mystic.

sugul *n.* sadness; grief; sorrow.

suhu *n.* temperature.

suis *n.* switch.

sujudbersujud *v.* to prostrate in prayer.
tersujud *v.* prostrated.

suka *v.* liking; like; enjoy; pleased.
sukacita *adj.* cheerful; happy; glad.
suka hati delighted; happy.
suka ria happy; gay.
tidak suka dislike.
bersuka ria rejoice.
bersuka-suka *v.* to enjoy oneself.
kesukaan *n.* fondness; liking.
menyukai *v.* like; adore; have a

fondness for.
menyukakan *v.* to cause cheer; to cause delight.

sukan *n.* sport.

sukar *adj.* difficult; hard; not easy.
kesukaran *n.* difficulty; hardship; suffering.
menyukarkan *v.* to make difficult.

sukarela *adj.* voluntary; done willingly.
sukarelawan *adj.* volunteer.

sukat, menyukat *v.* measure; determine volume, quantity, length, etc.
penyukat *n.* something used for measuring.
sukatan *n.* measure; measurement.

suku *n.* a quarter; tribe; clan.
suku batu a quarter of a mile.
suku kata a syllable.
suku-sakat *n.* clan; family.

sula, menyula *v.* to impale.

sulah *adj.* hairless; bald.

sulam, sulaman *n.* embroidery.
menyulam *v.* to embroider.

sulfur *n.* sulphur.

suling *adj.* distilled.
penyulingan *n.* distillation.

sulit *adj.* secret; private; confidential; difficult.
perkara sulit confidential matter.
tempat sulit secret place.
kesulitan *n.* difficulty.
menyulitkan *v.* make difficult; complicate.

sultan *n.* sultan; ruler.
sultanah *n.* consort; wife of monarch.
kesultanan *n.* sultanate.

suluh *n.* torch.
bersuluhan *v.* use a torch.
menyuluh *v.* light; guide with a light; shine with a torch.

sulung *adj.* first; eldest.
anak sulung first born; eldest child.
buah sulung first fruit.

sulur *n.* tendril; sucker.

sumbang, menyumbang *v.* donate; contribute.
menyumbangkan *v.* to contribute.
sumbangan *n.* contribution.

sumbangsih *n.* contribution; aid.

sumbat *n.* cork; bung.
menyumbat *v.* cork up; bung up.
menyumbatkan *v.* stop or plug up with a bung.
tersumbat *v.* be bunged up.

sumber *n.* source.
sumber kewangan financial source.

sumbing *adj.* chipped; harelipped; broken at the edge.

sumbu *n.* wick; rhinoceros-horn.
badak sumbu rhinoceros.

sumpah *n.* solemn promise; oath; curse.
sumpah-sumpah chameleon.
bersumpah *v.* to swear.
menyumpah, menyumpahi *v.* swear at; curse.
sumpahan *n.* curse.

sumpit, menyumpit *v.* to shoot with a blowpipe.
sumpitan *n.* blowpipe.
penyumpit *n.* person who uses a blowpipe.

sumsum *n.* marrow.

sumur *n.* well.

sunat, menyunat *v.* circumcise.
sunatan *n.* circumcision.

sundal *adj.* immoral. *n.* prostitute.

sungai *n.* river.

sungguh *adv.* truly; indeed; earnestly; positively.
sungguh-sungguh *adj.* serious; sincere; expressed wholeheartedly; earnest.
sungguhpun *conj.* although.
bersungguh-sungguh *adv.* in earnest.
kesungguhan *n.* earnestness; sincerity.

sungkur, menyungkur *v.* to lower the

head; to dig up.
tersungkur *adj.* to fall head first.

sungut, bersungut *v.* grumble;
disgrunt; complain.
sungut-sungut *n.* feeler.

sunti *n.* girl; female child who has just
reached the age of puberty.

suntik, menyuntik *v.* to inject; to
inoculate.
suntikan *n.* inoculation; injection.

sunting[1], **menyunting** *v.* to edit.
penyunting *n.* editor.
sutingan *n.* editing.

sunting[2] *n.* ornament worn behind the
ear or hair.
bersunting *v.* to wear flowers or
ornaments behind the ear or hair.

suntuk *adv.* short of time.

sunyi *adj.* quiet; silent; lonely; free from
noise.
senyap-sunyi *adj.* desolate quiet.
kesunyian *n.* loneliness; forlornness;
lonesome; quietness. *adj.* lonely.

sup *n.* soup.

supaya *conj.* so that; in order to; with
the purpose that.

surah *n.* chapter in the Koran.

surai, bersurai *v.* disperse.
menyuraikan *v.* to disperse
something; scatter something.

suram *adj.* hazy; gloomy; dim;
pessimistic.

surat *n.* letter.
surat beranak birth certificate.
surat berantai chain letter.
surat berdaftar registered letter.
surat cerai divorce letter.
surat gadai pawn ticket.
surat hutang debt.
surat jemputan invitation card.
surat kebenaran permission letter.
surat kiriman letter.
surat nikah marriage license.
surat pekeliling circular.

surat perjanjian agreement letter.
peti surat letter box.
surat-menyurat *n.* correspondence;
communication by letters.
persuratan *n.* writings; letters.
tersurat *v.* written down.

suratkhabar *n.* newspaper.
persuratkhabaran *n.* of newspaper;
journalism.

surau *n.* Muslim prayer house.

suri *n.* good example; queen.
suri rumahtangga *n.* housewife.

suria *n.* sun.

suruh, menyuruh *v.* tell someone to do
something; to send; to order.
pesuruh *n.* messenger.
suruhan *n.* message; order.

suruhanjaya *n.* commission.

surut *v.* to ebb; to decrease; subside.

susah *adj.* difficult; not easy; poor; hard.
susah hati troubled; worried.
susah-susah *v.* bother.
jangan susah-susah don't bother;
don't trouble.
bersusah payah take the trouble; go to
a lot of trouble.
bersusah-susah *v.* to make every
effort; to take the trouble.
kesusahan *n.* difficulty; trouble;
annoyance; instance of distress.
menyusahkan *v.* to make difficult; to
cause trouble or worry.

susastera, kesusasteraan *n.* literature.

susila *adj.* ethical.
kesusilaan *n.* morals; moral
behaviour; good manners; politeness;
morality.

susu *n.* milk.
susu badan mother's milk.
susu pekat condensed milk.
susu tepung powdered milk.
menyusu, menyusui *v.* suckle.
menyusukan *v.* to breast-feed
someone or the young of an animal.

susuh *n.* spur.

susuk *n.* figure.
susuk badan the build of the body; bodily shape.

susul, menyusul *v.* to follow; to join; ensure; happen or come later.
menyusuli *v.* to follow up; to greet; go after; soon after in sequence of events.
susulan *n.* follow-up.

susun *v.* pile.
bersusun *v.* in layers; well-arranged; in rows.
menyusun *v.* to pile; to compose; to compile; to prepare; to arrange.
penyusun *n.* compiler; arranger.
susunan *n.* arrangement; compilation.

susup, menyusup *v.* infiltrate; enter secretly.
menyusupkan *v.* cause to enter stealthily; infiltrate.
penyusupan *n.* infiltration.

susur *n.* edge; fringe.
menyusur *v.* to go along the edge.

susut *v.* decrease; reduce; shrink.
menyusut *v.* to decrease.
menyusuti *v.* cause to reduce; cause to decrease.

sut *n.* suit.

sutera *n.* silk.

sutradara *n.* director of a play or film.

swasta *adj.* private.
menswastakan *v.* privatize.
penswastaan *n.* privatization.

Syaaban *n.* 8th month of the Muslim calendar.

syabas *n.* congratulations.

syah *n.* ruler.

syahadat *n.* evidence, confession.

syahbandar *n.* harbour-master.

syahdan *adv.* then; meanwhile.

syahid *n.* martyr.

syair *n.* poetry.

syaitan *n.* satan; the Devil.

syak *n.* suspicion.
mengesyaki *v.* to suspect.

syampu *n.* shampoo.

syarah, bersyarah *v.* to lecture.
pensyarah *n.* lecturer.
syarahan *n.* lecture.

syarak *n.* Islamic law.

syarat *n.* condition; requirement; prerequisite.
bersyarat *adj.* conditional.
mensyaratkan *v.* stipulate; to lay down condition.

syariah *n.* Islamic law.

syarikat *n.* company.
bersyarikat *v.* to be a partner in a company.
persyarikatan *n.* partnership; alliance; confederation.

Syawal *n.* the tenth month of the Muslim calendar.

syer *n.* share.

syiling *n.* shilling.

syirik *n.* polytheism.

syok *adj.* attractive; appealing.

syor *n.* suggestion.
mengesyorkan *v.* to suggest; propose.

syukur *v.* thank.
bersyukur *adj.* thankful; grateful.
kesyukuran *n.* thankfulness; gratefulness; thanksgiving.
mensyukuri *v.* to offer thanks to.

syurga *n.* heaven.

Tt

taakul *n.* reason.

taat *v.* to obey. *adj.* faithful; loyal.
  ketaatan *n.* adherence.
  mentaati *v.* to obey; adhere.

tabah *adj.* persevering. *v.* persevere.
  ketabahan *n.* steadfastness;
  perseverance; persistence.

tabal *v.* install; ascend.
  menabalkan *v.* to install as a ruler;
  enthrone.
  pertabalan *n.* ascension to the throne;
  installation of a king.

tabiat *n.* habit; behaviour.

tabii *adj.* physical; inborn; natural.

tabib *n.* physician; doctor.

tabik *v.* salute.

tabir *n.* curtain.

tabuh *n.* drum in the mosque.

tabung *n.* money box; fund.
  menabung *v.* accumulate savings;
  save up.
  tabungan *n.* money box; savings;
  money saved.

tabur, bertabur, bertaburan
adj. scattered; strewn.
  menabur, menaburkan *v.* to sow; to
  scatter; to throw something in all
  directions.

tadah, menadah *v.* to receive with both
hands; to receive stolen goods.
  tadahan *n.* catchment.

tadbir *v.* administer.
  mentadbirkan *v.* to administer; to
  manage.
  pentadbir *n.* administrator.

pentadbiran *n.* administration.

tadi *adv.* just now; short time ago.

tadika *n.* kindergarten.

tafakur, bertafakur *v.* meditate.

tafsir *v.* interpret.
  mentafsirkan *v.* to explain; to
  interpret.
  pentafsiran *n.* interpretation.
  tafsiran *n.* interpretation; explanation.

tagak, tertagak-tagak *v.* to hesitate;
dilly-dally; dawdle.

tagih, menagih *v.* to ask for payment; to
crave for. *adj.* addictive.
  ketagih *v.* be addicted to.
  penagih *n.* addict.
  penagihan *n.* addiction.

tahan *v.* endure; last out; tolerate;
survive.
  tahan api fireproof.
  tahan lasak durable; hardy.
  tahan uji endurance test.
  ketahanan *n.* endurance; tolerance;
  fortitude.
  menahan *v.* to hold back; to restrain;
  to hold; to arrest; stop; check.
  menahan diri control oneself; restrain
  oneself.
  mempertahankan *v.* to defend; justify.
  mempertahankan diri defend
  oneself; to protect oneself.
  penahanan *n.* detention; captivity;
  imprisonment
  pertahanan *n.* defence. *adj.* defensive.
  tahanan *n.* detention; detainee.
  tertahan *adj.* durable; preventable.

tahap *n.* level; stage; standard.
  bertahap-tahap *adv.* in stages.

tahi *n*. dung; excrement.
  tahi arak alcoholic; drunkard; tippler.
  tahi judi gambler.
  tahi telinga ear wax.

tahil *n*. unit of measurement for weight.

tahniah *n*. congratulations.

tahu *v*. know.
  berpengetahuan *adj*. knowledgeable; knowing.
  ketahuan *v*. able to know.
  mengetahui *v*. to know; have knowledge of.
  pengetahuan *n*. knowledge.
  setahu *adv*. as far as... know.

tahun *n*. year.
  tahun depan next year.
  tahun lalu last year.
  bertahun-tahun *adv*. for many years.
  penyata tahunan annual statement.
  setahun *adj*. one year; year-long.
  tahunan *adv*. yearly; annually.

tahyul *n*. superstition.

taip, menaip *v*. type.
  taip-menaip *n*. typing.

taja, menaja *v*. sponsor.
  tajaan *n*. sponsorship.
  penaja *n*. sponsor; backer.

tajak *n*. hoe.

tajam *adj*. sharp; not blunt.
  ketajaman *n*. sharpness.
  menajamkan *v*. cause to become sharp; to sharpen.

tajuk *n*. title.
  bertajuk *v*. entitle.

tak abbreviation of **tidak**; no; not.

takabur *adj*. proud; boast.

taji *n*. a metal spur used in cock fighting.

takal *n*. pulley.

takar *n*. jar.

takat *n*. extent; limit; degree.
  setakat *adv*. so far; up to; as far as.

takbir *n*. recitation of the Arabic phrase to praise God, 'Allahu akhbar'.

takdir *n*. destiny; fate.
  mentakdirkan *v*. to determine course of events; to determine one's fate.

takhta *n*. throne.
  bertakhta *v*. be on the throne; to rule.

takik *n*. notch.
  menakik *v*. notch; make a V-shape.

takjub *adj*. astonished; amazed.
  menakjubkan *v*. astonish; astound.
  ketakjuban *n*. astonishment; amazement.

taklimat *n*. briefing.

takluk, menakluk *v*. conquer; overcome in war; subjugate.
  penaklukan *n*. subjugation; conquest
  tertakluk *adj*. subject to; bound by.

takrif *n*. definition; statement of meaning.
  mentakrifkan *v*. to define; explain meaning of.
  pentakrifan *n*. act of defining.

takraw, sepak takraw *n*. a Malay ball game using a rattan ball which is kicked over a net.

taksir, menaksirkan *v*. to assess; to estimate; appraise; to evaluate.
  taksiran *n*. assessment; estimate; appraisal; evaluation.

taktik *n*. tactic.

takung *n*. container.
  bertakung *adj*. stagnant.
  menakung *v*. to collect (water); to keep water from flowing out.
  takungan *n*. place where water is stored; reservoir; sump.

takut *adj*. afraid; frightened; fearful.
  takut mati fear of death.
  ketakutan *n*. fear; fright; terror. *adj*. frightened.
  menakut-nakutkan *v*. to cause panic; cause general alarm; scare.
  menakutkan *v*. to frighten. *adj*. scary; frightening.

penakut *n.* coward.

takwim *n.* almanac; calendar.

takziah *n.* condolence.

takzim *n.* obsequiousness; respect.

tala *n.* tune.
menalakan *v.* to tune an instrument; set musical instrument to correct pitch.

talak *n.* divorce.

talam *n.* tray.

tali *n.* rope.
tali-menali *n.* all sorts of rope.
bertalian *v.* relate to; bear; apply.
pertalian *n.* connection; ties; relation; relevance.
talian *n.* line (of telephone).

talu, bertalu-talu *adv.* continuously; repeatedly.

tamadun *n.* civilization.
bertamadun *adj.* civilized.
ketamadunan *n.* civilization.

tamak *adj.* greedy.
ketamakan *n.* greed; excessive desire for money, power, etc.

taman *n.* garden; park.

tamar *n.* date.

tamat *v.* finish; graduate; end; complete.
menamatkan *v.* conclude; end; bring to an end.
penamat *n.* end.

tambah *v.* to add.
bertambah *v.* increase.
menambah, menambahkan *v.* increase something; add to.
menambahi *v.* to add to.
pertambahan *n.* increase.
tambahan *n.* addition; increase. *adj.* additional.

tambak *n.* embankment.
menambak *v.* embank.

tamban *n.* a kind of fish.

tambang *n.* fare.

tambat, bertambat *v.* tie up; moor.
menambat, menambatkan *v.* tie up; moor a boat.
tambatan *n.* mooring buoy.
tertambat *v.* tied up.

tamborin *n.* tambourine.

tampak *adj.* visible.
menampakkan *v.* to indicate; to show; sign; make evident; reveal.
tampaknya *adv.* apparently; seemingly.

tampal, menampal *v.* to patch; to stick on.
menampalkan *v.* paste something; stick something on; to patch something.
tampalan *n.* sticker; poster; patch.

tampan *adj.* handsome; smart; good-looking. *v.* to stop something moving.
ketampanan *n.* attractiveness; handsomeness.

tampar, menampar *v.* to slap.
penampar *n.* smack; slap.
tamparan *n.* a blow; a slap.

tampi, menampi *v.* to winnow.
penampi *n.* sieve.

tampil, menampil *v.* to come forward; to appear.
menampilkan *v.* to bring something to the fore; show; display.
penampilan *n.* public appearance.

tampuk *n.* calyx.
tampuk pimpinan leadership; position of a leader.

tampung *v.* bear; endure. *adj.* patched.
menampung *v.* to patch; support.

tamsil *n.* simile; analogy; parable.
mentamsilkan *v.* compare; assess.
tamsilan *n.* comparison; simile; example.

tamu *n.* guest.

tanah *n.* soil; land; a piece of land; area

of ground; ground.
tanah air motherland; land of one's birth; fatherland.
tanah gambut peat.
tanah haram illegal land.
tanah jajahan colony.
tanah kebun farmland; farm.
tanah kerajaan government land.
tanah lapang open area; open space.
tanah liat clay.
tanah merah red soil.
tanah perkuburan cemetery.
tanah rata flat land.
tanah suci the Holy Land.
tanah tumpah darah land of one's birth; fatherland.

tanak, bertanak *v*. to cook rice.
menanak *v*. to cook rice; to cook by boiling or steaming.
sepenanak nasi the time it takes to cook rice.

tanam *v*. plant.
tanam-menanam *n*. the act of planting.
tanam-tanaman *n*. all sorts of plants.
tanaman *n*. plants.
bertanam *v*. to plant; to bury.
menanam, menanamkan *v*. to plant something; to invest; to bury something.
penanam *n*. planter; cultivator.
penanam modal investor.
penanaman *n*. cultivation; planting.
tertanam *v*. ingrained.

tanda *n*. sign; mark; signal; spot; symbol.
bertanda *adj*. marked; with a sign.
menandakan *v*. indicate something; to signify something; to denote smething; be a sign of.
penanda *n*. marker.

tandan *class*. bunch; cluster.

tandang, bertandang *v*. to visit.

tandas *n*. toilet.

tandatangan *n*. signature.
bertandatangan *adj*. signed.
menandatangani *v*. to sign.

penandatangan *n*. signatory.

tanding, bertanding *v*. to compete; to match; contesting.
menanding *v*. to compete.
mempertandingkan *v*. to put into combat.
pertandingan *n*. competition.
setanding *adj*. equivalent; similar; comparable with; on a par.

tandu *n*. stretcher.

tanduk *n*. horn.
bertanduk *adj*. to have horns.
menanduk *v*. to head the ball (in football).

tangan *n*. hand.
menangani *v*. to slap; to smack.
penangan *n*. slap; smack.

tangga *n*. ladder; scale.

tanggal *v*. to fall off; to take off.
menanggalkan *v*. to take something off; to pull something out; dismantle; doff.

tanggap, menanggap *v*. to listen carefully.
tanggapan *n*. concept; impression.

tangguh *v*. postpone.
bertangguh *v*. to postpone; delay. *adj*. delaying.
menangguhkan *v*. to postpone something; to delay something.
penangguhan *n*. postponement.
tertangguh *v*. postponed; delayed; make late.

tangguk *n*. a small fishing net (with handle).
menangguk *v*. attempt to catch fish with landing net.
penangguk *n*. fishing net.

tanggung *v*. endure; support; bear.
menanggung *v*. to bear; to endure; to suffer; to support; shoulder; to be responsible for; be accountable for.
bertanggungjawab *v*. to be responsible for; assume responsibility for.
adj. responsible.

mempertanggungjawabkan v. to hold someone responsible for.
tanggungan n. responsibility; guarantee; suffering; burden.
tanggungjawab n. responsibility.

tangis v. weep.
bertangis, bertangis-tangisan v. exchange cries of happiness or sorrow.
menangis v. to cry; to weep.
menangisi v. to weep over.
tangisan n. weeping; crying.

tangkai class. stalk. n. handle.

tangkal n. amulet; talisman.

tangkap, menangkap v. catch; capture; grasp something moving.
menangkapkan v. catch; apprehend.
penangkapan n. catch; act of catching.
tangkapan n. capture; arrest; catch; amount or number caught; apprehending.
tertangkap v. caught.

tangkas adj. nimble; agile.
ketangkasan n. nimbleness; agility.

tangki n. tank.

tangkis, menangkis, menangkiskan v. to ward off; to repulse; to repel.

tanglung n. lantern.

tangsi n. barrack.

tani n. farmer.
bertani v. to farm.
petani n. farmer.
pertanian adj. agricultura. n. agriculture.

tanjak n. head-dress.

tanjung n. cape.

tanpa prep. without; not having; in the absence of.

tanya, bertanya v. to inquire; to ask.
bertanya-tanya v. make enquiries; ask questions often.
bertanyakan v. inquire about; ask.
menanya v. to ask; put a question to.

menanyakan v. to inquire after; to ask about.
pertanyaan n. question; inquiry.
tertanya-tanya adj. in bewilderment; in amazement.

tapa, bertapa v. to live as an ascetic.
pertapa n. hermit; person living in solitude.

tapak n. palm (of the hand); site; base.
bertapak adj. with a base.
menapak v. to track; to stride out.

tapir n. tapir.

tapis, menapis v. to filter; to correct; to sieve; censor.
penapis n. filter; strainer; sieve; censor; colander.
tapisan n. filtrate.

tara adj. equal; even; par.
menyetarakan v. to make equal; to make on par with.
setara adj. equivalent; uniform; equable; equal in value.

taraf n. standard; position; level; of attainment; status.
taraf sosial social status.
bertaraf v. to be of a certain status.
menyetarafkan v. to make equal.
setaraf v. of equal status.

tarah, menarah v. to smooth or level wood with a knife, etc.

tari n. dance.
menari v. to dance; move in rhythmical steps.
menari-nari v. dancing.
penari n. dancer.
tari-menari n. dancing.
dewan tari-menari ballroom; dancing hall.
tarian n. dance.

tarik, menarik v. exert a pulling force; pull; to draw out.
menarik hati attract.
menarik nafas breathe in.
menarik perhatian catch attention.
menarik-narik v. pull something repeatedly.
bertarik-tarikan v. pulling.

481

tertarik *adj.* attracted. *v.* attract.

tarikh *n.* date; specified day of month.
bertarikh *adj.* provided with a date; dated.
menarikhkan *v.* mark letter with date; give a date.

taring *n.* tusk.

taruh, bertaruh *v.* to bet; stake; wager.
bertaruhkan *v.* entrust; deposit; wager.
menaruh *v.* to put; give; lay; place (hope, trust, etc.).
mempertaruhkan *v.* to bet; to sacrifice; risk; wager.
pertaruhan *n.* bet; wager.
taruhan *n.* bet; stake.

tarung, bertarung *v.* to dispute; to fight; contend; compete.
pertarungan *n.* collision; clash; competition; skirmish.

tasbih *n.* praise to God.

tasik *n.* lake.

tata *n.* order; system.
tataacara *n.* programme; agenda.
tatabahasa *n.* grammar.
tatacara *n.* procedure.
tatahukum *n.* legal system; legal order.
tatanegara *n.* order of government.
tatasusila *n.* rules of morality.
tatatertib *n.* discipline; rules of behaviour.
tataurusan *n.* order of affairs.

tatah, bertatah, bertatahkan *v.* inlaid; stud; decorated with substance set in it.

tatang, menatang *v.* to carry in the palm of the hand.

tatap, menatap, menatapi *v.* to observe intently; to scrutinize.
tatapan *n.* scrutiny; observation.

tatatertib *n.* discipline.

tatih, bertatih-tatih *v.* to toddle; walk with unsteady steps.

tatkala *conj., adv.* & *pn.* when.

tatu *n.* tattoo.

taubat *n.* repentance; penitence.

taucu *n.* a kind of food made from soya bean.

taufan *n.* typhoon.

tauge *n.* bean sprout.

tauhu *n.* bean curd.

tauke *n.* proprietor; merchant; trader.

taulan *n.* friend.

tauliah *n.* commission; letter of appointment.

taun *n.* cholera.

Taurat *n.* Old Testament.

taup, bertaup *v.* to close up; to cohere.

taut, bertaut *v.* to close something up (of wound); to cohere.

tawa, ketawa *v.* laugh.
mengetawakan, mentertawakan *v.* laugh something to scorn.

tawan, menawan *v.* capture; captivate; conquer; seize.
tawanan *n.* prisoner.
tertawan *v.* captivated.

tawar *adj.* tasteless; flavourless.
v. haggle; bargain.
tawar hati dishearten; lose hope. disheartened.
tawar hambar tasteless; flavourless.
tawaran *n.* offer; act of offering.
menawar *v.* to bargain.
menawarkan *v.* offer; ask if someone would like to accept; provide; supply; afford.
penawar *n.* antidote.
penawar hati love one.
penawaran *n.* supply.
tawar-menawar *v.* to bargain; to haggle.

tawarikh *n.* history.

tayang, menayangkan *v.* to display (of film); show.

penayangan *n.* show; display; presentation.
tayangan *n.* show.

tayar *n.* tyre.

tebal *adj.* thick; dense (of growth).
muka tebal shameless; thick-skinned.
menebal *v.* thicken; become dense.

tebang, menebang *v.* to fell (trees); cut down.
penebangan *n.* act of felling.

tebar, bertebaran *v.* scatter; cast; act of throwing.
menebar, menebarkan *v.* to cast a fishing-net.

tebas, menebas *v.* to clear undergrowth.

tebat *n.* 1. dam. 2. insulator.

tebing *n.* bank (of river).

tebu *n.* sugarcane.

tebuan *n.* hornet.

tebuk, menebuk *v.* to make a hole; perforate.

tebus, menebus *v.* recover by payment; to redeem.
menebus maruah regain respect; redeem respect.
tebusan *n.* ransom.

teduh *n.* shelter; protection.
berteduh *v.* to take shelter.

tedung *n.* cobra.

tegah, menegah, menegahkan *v.* forbid; refuse.
tegahan *n.* prohibition.

tegak *adj.* upright; erect.
menegakkan *v.* to erect; to build; put up.

tegang *adj.* taut; tight; tense.
ketegangan *n.* tension.
menegang *v.* tauten.
menegangkan *v.* tauten something.

tegap *adj.* well-built; firm; sturdy; stalwart.

ketegapan *n.* strength; sturdiness.
menegapkan *v.* to strengthen.

tegar *adj.* stubborn; intransigent; obstinate.
ketegaran *n.* obstinacy; intransigence; stubbornness.

tegas *adj.* firm; not changing; definite; resolute.
bertegas *v.* stand firm; emphasize.
ketegasan *n.* definiteness; firmness; resoluteness.
menegaskan *v.* maintain; declare positively; defend in words; assert.
penegasan *n.* assurance; explanation; assertion.
tegasan *n.* clarification; confirmation.

teguh *adj.* firm; secure; steady.
keteguhan *n.* profoundness; strength; firmness; secureness.
meneguhkan *v.* to hold firmly; to strengthen.

teguk, seteguk *n.* quantity taken at one time (drinks, liquid, etc.); a gulp.
meneguk *v.* to swallow; to gulp down.

tegun, tertegun *v.* to stop suddenly; astound; amaze; shock.

tegur *v.* greet.
bertegur, berteguran *v.* to address one another; greet.
menegur *v.* to address; to admonish; to greet; reprimand; reprove; to criticize.
menegurkan *v.* admonish; reprove.
teguran *n.* admonishment; reprimand; reproof; admonition. *adj.* admonitory; conveying reproof.

teh *n.* tea.

teka, meneka *v.* guess.
peneka *n.* one who guesses or makes a guess.
teka-teki *n.* riddle.
tekaan *n.* guess; guesswork.

tekad *n.* resolve; strong will; determination.
bertekad *v.* resolve; make firm decision; determine.

tekak *n.* throat.
  bertekak *v.* to quarrel; to argue; be at each other's throat.

tekan, menekan *v.* exert pressure by pushing; to press; to oppress; treat cruelly.
  menekankan *v.* stress; emphasize; press; push firmly and steadily against.
  penekanan *n.* importance given to something; emphasis.
  tekanan *n.* pressure; stress; emphasis.
  tertekan *v.* pressured; exert pressure.

tekap, menekap, menekapkan *v.* trace; copy by following lines on superimposed transparent sheet.

tekat, menekat *v.* embroider.
  tekatan *n.* embroidery.

teknik *n.* technique.

teknologi *n.* technology.

teko *n.* teapot.

tekong *n.* anchorman (sport).

teks *n.* text.

teksi *n.* taxi.

tekukur *n.* cuckoo-dove.

tekun *adj.* assiduous; diligent; hardworking; persevering.
  bertekun *v.* be diligent; industrious.
  ketekunan *n.* assiduity; perseverance; diligence.

telaah, menelaah *v.* to study; mug.

teladan *n.* example.
  meneladan, meneladani *v.* to follow the example of.

telaga *n.* well.

telagah, bertelagah *v.* to argue; quarrel; dispute.
  pertelagahan *n.* argument; loggerhead.

telah *v.* already; have.
  penelahan *n.* prediction; forecast.
  setelah *prep.* after; following in time.
  menelahkan *v.* to forecast; to predict; foretell.
  telahan *n.* prediction.

telan, menelan *v.* to swallow; accept patiently.
  tertelan *v.* swallowed accidentally.

telangkup *adj.* upside-down; inverted; capsized; keel over.
  menelangkupkan *v.* place something upside down; invert something.

telanjang, bertelanjang *adj.* nude; naked; unclothed.
  menelanjangi *v.* to strip off; bare; expose; reveal.

telanjur *v.* to exceed.

telap *adj.* permeable.
  menelap *v.* penetrate; permeate.

telapak *n.* palm; inner surface of hand.

telatah *n.* behaviour.

telecetak *n.* teleprinter.

telefon *n.* telephone.

telegraf *n.* telegraph.

telegram *n.* telegram.

telekomunikasi *n.* telecommunications.

teleskop *n.* telescope.

televisyen *n.* television.

telekom *n.* telecommunication.

teleks *n.* telex.

telekung *n.* white praying-veil used by Muslim women.

telesidang *n.* teleconference.

telentang, menelentang *v.* lie on one's back; supine.
  menelentangkan *v.* make to lie on one's back.

telinga *n.* ear.

telingkah, bertelingkah *v.* dispute; to argue; quarrel.
  pertelingkahan *n.* dispute;

disagreement; skirmish.

teliti *adj.* meticulous; careful.
  ketelitian *n.* care.
  meneliti *v.* pore over; examine
  carefully; scrutinize.
  penelitian *n.* scrutinizing;
  examination.

teluk *n.* bay.

telungkup, menelungkup *v.* to lie face
downward; lie prone; invert.

telunjuk, jari telunjuk *n.* index finger.

telur *n.* egg.
  telur dadar omelette.
  telur masin salted eggs.
  bertelur *v.* lay egg.
  menelurkan *v.* lay an egg or eggs.

telut, bertelut *v.* to kneel down.

tema *n.* theme.

teman *n.* friend; companion.
  berteman *v.* to have a friend.
  bertemankan *v.* accompany by.
  menemani, menemankan *v.* to
  accompany; go or come with.

temasya *n.* cultural, musical event.
  bertemasya *n.* merry-making; festivity.

tembaga *n.* copper.

tembak, menembak *v.* to shoot; fire
bullets from a gun.
  bertembak-tembakan *v.* exchange of
  fire.
  penembak *n.* shooter.
  tembakan *n.* fire; shooting.
  tembak-menembak *n.* the act of
  shooting each other; act of firing guns
  at someone; shootout; firing;
  exchange of shots.
  tertembak *v.* shot accidentally.

tembakau *n.* tobacco.

tembam *adj.* fat; plump; chubby, fleshy
and rounded.

tembelang *adj.* addled (of eggs).

temberang *v.* lie; make an untrue
statement.

tembikai *n.* watermelon.

tembikar *n.* porcelain; pottery.

tembok *n.* masonry; wall.

tembolok *n.* crop; pouch in gullet of
bird.

tembuk *v.* perforate.

tembung, bertembung *v.* meet; crash.
  tembuni *n.* placenta; afterbirth.

tembus *adj.* penetrable.
  menembus *v.* to pierce; to penetrate;
  pass; enter into; infiltrate.
  menembusi *v.* pierce; penetrate
  through semthing.

tempa *v.* forge.
  menempa *v.* to make metal objects; to
  forge; shape by heating and
  hammering.
  tempaan *n.* something that is forged.

tempah, menempah, menempahkan *v.*
reserve; book.
  tempahan *n.* order; booking.

tempang *adj.* lame.

tempat *n.* place; particular point; exact
location.
  tempat asal place of origin.
  tempatan *adj.* local.
  bertempat *v.* to take place at.
  menempatkan *v.* to place; put in a
  certain position.
  penempatan *n.* settlement; process of
  inhabiting a region; placement.
  setempat *adj.* the same area or place;
  local.

tempayan *n.* large earthenware.

tempe *n.* fermented soya bean.

tempek *v.* to smear.

tempel, menempel *v.* to stick; to paste;
sponge on.

tempelak, menempelak *v.* reproach;
rebuke.
  tempelakan *n.* rebuke; reproach;
  humiliation.

tempeleng, menempeleng v. to slap on the face; hit sharply with the open hand.

tempiar, bertempiaran v. scattered; cause to disperse in different directions.

tempias n. the splashing of water.

tempik, tempikan n. loud sharp cry; yell; shout.
bertempik v. to shout; to yell.
menempikkan v. shout; yell.

tempoh n. portion of time; period.

tempoyak n. preserved durian.

tempua n. weaver-bird.

tempuh, menempuh v. to pass through.
menempuhi v. to undergo difficulties.

tempuling n. harpoon; fishing-spear.

tempur, bertempur v. engage in a skirmish; clash.
pertempuran n. battle; clash; skirmish.

tempurung n. coconut shell.

temu, bertemu v. to meet; come together; join; make the acquaintance of someone.
temu bual interview.
temu duga interview.
temu ramah interview.
menemu v. meet.
menemui, menemukan v. discover; be the first to come upon.
mempertemukan v. cause to meet; bring together; unite.
penemuan n. discovery; finding.
pertemuan n. meeting.

temurun adj. by descent; through the ages.

tenaga n. strength; power; energy.
bertenaga adj. full of energy.
adj. energetic.

tenang adj. peaceful; quiet; composed; calm.
bertenang v. keep calm.
ketenangan n. calmness; peace; composure.
menenangkan v. pacify; calm.
menenangkan fikiran calm one's mind.

tenat adj. very sick; critical.

tendang, menendang v. to kick; a strike with the foot.
tendangan n. kick.

tengadah, menengadah v. to look up at.

tengah adj. middle; centre. n. central point; middle.
tengah hari noon.
ke tengah move towards the middle.
menengah adj. secondary.
mengetengahkan v. bring to the middle; put forward.
pertengahan adj. middle.
setengah adj. half.
setengah-setengah, sesetengah adj. some.

tenggala n. plough.
menenggala v. to plough.

tenggara adj. southeast.

tenggek, bertenggek v. to perch.

tenggelam v. to drown; to sink; be submerged; to set (of sun).
menenggelamkan v. to submerge something in water; to cause to sink.

tengger, bertengger v. to perch.
tenggeran n. branch on which a bird rests.

tenggiling n. armadillo.

tenggiri n. a kind of sea fish.

tengik adj. rancid.

tengkar, bertengkar v. to quarrel; have a quarrel; argue; dispute.
pertengkaran n. quarrel; dispute; argument.

tengking, menengking v. snarl; yell; shout.
tengkingan n. snarl; scold; shout; yell.

tengkolok n. headgear; head-dress.

tengkorak *n.* skull.

Tengku *n.* a royal Malay title.

tengkujuh *n.* rainy season.

tengkuk *n.* nape.

tengok, menengok *v.* to see; to visit; consider; look after.

tenis *n.* tennis.

tentang *prep.* about; regarding.
bertentang *adj.* to be opposite; adverse.
bertentangan *v.* to be in contradiction.
adj. opposing; opposite; adverse.
menentang *v.* oppose.
penentang *n.* opponent; adversary; opposition.
penentangan *n.* opposition.
pertentangan *n.* contradiction.
tentangan *n.* objection; opposition; resistance; strong, violent disagreement.

tentera *n.* army. *adj.* military.
tentera darat military land forces of a country; army.
tentera laut naval force; navy.
tentera udara air force.
ketenteraan *adj.* militaristic.

tenteram *adj.* tranquil; peace.
adj. quiet; peaceful; calm.
ketenteraman *n.* calmness; quietness; peacefulness.
menenteramkan *v.* calm something or someone; quieten something or someone; pacify something or someone.

tentu *adj.* certain; specified; sure.
menentu *v.* ensure; make definite or certain.
menentukan *v.* to determine; specify.
penentuan *n.* decision.
tertentu *adj.* specific; exact; particular (make cloth, etc. from thread).

tenun, menenun *v.* to weave.
tenunan *n.* act of weaving.

tenung, menenung *v.* to foretell; to gaze at.

tenusu *n.* dairy.

teori *n.* theory.

tepak *n.* a metal box.

tepat *adj.* right; correct; exact; accurate; precise.
bertepatan *adj.* exact.
ketepatan *n.* exactness; accuracy; precision; exactitude; correctness.
menepati *v.* to fulfil; carry out.

tepi *adj.* side; at the side; from the side.
ke tepi *adv.* aside.
mengetepikan *v.* to put aside.

tepis, menepiskan *v.* push aside with the hand; ward off; parry.

tepu *adj.* brimful; full; saturated.

tepuk *v.* clap; applaud.
tepukan gemuruh loud applause.
bertepuk *v.* clapping; applauding.
bertepuk tangan clapping of hands.
menepuk *v.* to pat; to strike gently with the open hand; flatten.
tepukan *n.* applause.

tepung *n.* flour.
tepung beras rice flour.
tepung gandum wheat flour.
tepung jagung corn flour.
tepung susu milk powder.
tepung ubi tapioca flour.

tera *n.* stamp; official mark; seal.
tertera *n.* seal; insignia; official mark.

terajang, menerajang *v.* to kick and trample.

teraju *n.* scales.

terang *adj.* bright; emitting light, vivid; clear.
berterang-terangan *adv.* openly; frankly; without secrecy.
keterangan *n.* explanation; statement; information.
menerangi *v.* lighten; light up; brighten; illuminate.
menerangkan *v.* explain; describe; give an account of.
penerangan *n.* explanation;

information.
terang-benderang *adj.* very bright.
terang-terang *v.* openly; clearly;
frankly; publicly.

terap, menerapkan *v.* apply.
penerapan *n.* application.

teras *n.* core; essence.
berteraskan *v.* base on.

teratai *n.* waterlily; lotus.

teratak *n.* hut.

terbang *v.* move through the air; fly.
berterbangan *v.* fly about.
menerbangkan *v.* to let fly; to fly
something; transport someone or
something by air.
penerbangan *n.* aviation; flight; air
passage.

terbit *v.* rise; appear above the horizon;
to arise.
menerbitkan *v.* to publish; to cause.
penerbit *n.* publisher.
penerbitan *n.* publication; issue.
terbitan *n.* publication; edition; issue;
something published.

teres *n.* terrace.

teriak, berteriak *v.* to shout; to scream;
yell.
meneriak, meneriakkan *v.* cry out;
shout out; yell.
teriakan *n.* screaming; shouting.

terik *adj.* tight; oppressive (heat).
menerikkan *v.* strengthen; tighten.

terima, menerima *v.* to receive; to
accept; undertake; to pay; acquire;
welcome.
terima kasih thank you; thanks.
menerima surat received a letter.
penerima *n.* recipient; receiver.
adj. receiving.
penerimaan *n.* acceptance; receipt;
reception; receiving of signals.

terjang, menerjang *v.* attack.

terjemah, menterjemahkan *v.*
translate; render into another
language.

penterjemah *n.* translator.
penterjemahan *n.* translation; act of
translating; act of rendering into
another language.
terjemahan *n.* translation.

terjun *v.* jump; leap; plunge.
menerjuni *v.* jump; down; leap; dive.
menerjunkan *v.* dive.
penerjunan *n.* dive; jump.
terjunan *n.* dive; plunge.

terka, menerka *v.* guess; estimate.

terkam, menerkam *v.* pounce; make
sudden attack by leaping or leap.
terkaman *n.* pounce; leap.

terminal *adj.* terminal.

termometer *n.* thermometer.

termos *n.* thermos.

ternak *v.* rear; breed.
berternak, menternak *v.* to breed; rear.
penternak *n.* breeder.
penternakan *n.* breeding; rearing;
propagation.
ternakan *n.* livestock.

teroka, meneroka *v.* to open new land;
be the first to settle.
peneroka *n.* pioneer; early settler.

terompah *n.* clog; shoe with wooden
sole.

teropong *n.* telescope.
meneropong *v.* look through a
telescope.

terowong *n.* tunnel.

terpa, menerpa *v.* leap; rush; to pounce.
terpaan *n.* dash; pounce.

tertib *n.* order. *adj.* orderly;
well-mannered.
bertertib *v.* orderly; well-regulated;
methodical.

terubuk *n.* a type of seafish; alosa
macrura.

teruk *adj.* very bad; serious; difficult;
severe.

teruna *adj.* youthful; young man.

terung *n.* brinjal.

terup *n.* card game.

terus *adv.* in direct course; by direct route; straight; continuous; straight away.
berterus-terang *v.* say frankly or in a straightforward manner.
berterusan *v.* continue; last; endure; extend. *adv.* endlessly; continuously; non-stop. *adj.* continued; continuing.
menerusi *prep.* go through; via; by means of; by way of.
meneruskan *v.* go on with; to continue; resume.
seterusnya *adv.* then; after that; following it.
terus-menerus *adv.* continuously.
terusan *n.* canal.

tetak, menetak *v.* to chop.
tetakan *n.* the act of hacking, chopping, cutting, slashing.

tetamu *n.* guest.

tetangga *n.* neighbour.

tetap *adj.* permanent; same. *v.* settle; fix to.
menetap *v.* stay; reside; live.
menetapkan *v.* to decide; to fix; settle; determine.
penetapan *n.* fulfilment; appointment; determination.

tetapi *conj.* but; yet; on the contrary.

tetas, menetas *v.* to slit open; to hatch.
menetaskan *v.* hatch.

tetek *n.* breast.
menetek *v.* suckle.
menetekkan *v.* breastfeed.

tetes *n.* drop (of blood, water, sweat, etc.)
menetes *v.* to drip.
tetesan *n.* droplet.

tetikus *n.* mouse.

tertingkap *n.* window.

tewas *v.* lose.

ketewasan *n.* loss; failure to win.
menewaskan *v.* to defeat; to beat.

tiada *adj.* no; not any.
ketiadaan *n.* absence; non-availability; state of being away.
meniadakan *v.* to abolish.

tiang *n.* pole; pillar; post.

tiap, setiap *adv.* every; each; each and every.

tiarap, meniarap *v.* to lie face downward.
meniarapkan *v.* to invert; to turn upside down.
tertiarap *v.* prone; lying flat on one's front.

tiba[1] *v.* to arrive; to come; reach the destination.
ketibaan *n.* arrival.
setiba *adj.* on arrival.

tiba[2], **tiba-tiba** *adv.* suddenly.

tibi *n.* tuberculosis.

tidak *adv.* no; not.
tidak apa never mind.
tidak apa-apa nothing.
tidak baik not good; bad; very unsatisfactory.
tidak boleh cannot; could not.
tidak pasti not sure; uncertain.
tidak sekali-kali never.
menidakkan *v.* to deny; declare untrue.
setidak-tidaknya in any case; at least.

tidur *v.* to sleep.
tidur mati sleep like a log.
meniduri *v.* to sleep with somebody.
menidurkan *v.* to put someone to sleep.
tertidur *v.* over slept.

tiga *pn.* & *deter.* three.
bertiga *adj.* to constitute a group of three.
ketiga *adj.* third.
ketiga-tiganya *adv.* all three.

tikai, bertikai *v.* dispute; argue; quarrel over.
mempertikaikan *v.* dispute; argue; question.

pertikaian *n.* disputation; dispute; argument; controversy.

tikam, menikam *v.* to stab.
tertikam *v.* stab.
tikaman *n.* stab; act of stabbing.

tikar *n.* mat.

tiket *n.* ticket.

tikus *n.* rat.
menikus *v.* be quiet.

tilam *n.* mattress.
bertilamkan *v.* with a mattress.

tilik, menilik *v.* to observe carefully; predict one's fortune; foretell.
tilik nasib fortune telling.
penilikan *n.* prediction; forecast.
tilikan *n.* prediction; observation.

timah *n.* tin.

timang, menimang *v.* dandle.
timang-timangan *n.* nick name.

timba *n.* pail; bucket.
menimba *v.* to bale.

timbal, bertimbal *v.* to balance; to be in balance; to be in equilibrium.

timbalan *n.* deputy.

timbang, menimbang *v.* weigh; consider; contemplate.
timbang tara arbitral.
timbang rasa considerate.
mempertimbangkan *v.* to consider; compare carefully; think about.
penimbang *n.* person who weighs; weighing scales.
pertimbangan *n.* thoughtfulness for others; judgment; consideration.

timbul *v.* to rise; to float; to appear; emerge.
menimbulkan *v.* to bring about; to lead to.

timbun *v.* heap; pile; stalk.
bertimbun *adv.* in a heap.
timbunan *n.* heap; pile; stack; mass.
bertimbun-timbun *adv.* in heaps.
menimbun *v.* to pile up; lie in a heap.
menimbunkan *v.* pile something up.

timbus, menimbus *v.* to fill up (hole); engulf; bury.
tertimbus *v.* buried.

timpa, menimpa *v.* to hit; to strike (by falling object).
bertimpa-timpa *v.* pile up one on top of the other.
tertimpa *v.* to suffer illness.

timpal, setimpal *adj.* balanced.

timun *n.* cucumber.

timpuh, bertimpuh *v.* to sit with legs resting on one side.

timur *adj. & n.* east.
ketimuran *adj.* oriental.

tin *n.* tin.

tindak, bertindak *v.* to act; take action.
tindak balas *n.* reaction.
tindak tanduk *n.* character; behaviour.
bertindak *v.* to take action; to act upon.
bertindak balas response to; react.
tindakan *n.* action; effect; deed; act.

tindas, menindas *v.* to oppress; to suppress; treat cruelly, unfairly.
penindas *n.* oppressor.
penindasan *n.* oppression; suppression.
tertindas *v.* oppressed.
tindasan *n.* oppression.

tindih, menindih *v.* to press; to suppress; to oppress.
tertindih *adj.* oppressed.

tindik, bertindik *v.* pierce (ears).

tinggal *v.* live; to remain; reside.
ketinggalan *adj.* left behind; backward; slow to catch up.
meninggal *v.* to die.
meninggalkan *v.* to leave; to leave behind; go; depart from; cease to; put aside.
peninggalan *n.* heritage; heirloom; artefacts.
tertinggal *v.* left behind.

tinggi *adj.* tall; high.
Mahkamah Tinggi *n.* High Court.

sekolah tinggi *n.* high school.
ketinggian *n.* altitude; height.
meninggikan *v.* heighten; raise something.

tingkah *n.* behaviour.

tingkap *n.* window.

tingkat *n.* storey; floor.
tingkatan *n.* form; class in secondary school.
bertingkat-tingkat *adj.* multi-storey; multi-level; in level.
mempertingkatkan *v.* to step up; upgrade.
meningkat *v.* to rise; to ascend; upgrade; increase.

tinjau, meninjau *v.* to observe; to watch; to view; to survey; examine in detail.
peninjau *n.* surveyor.
tinjauan *n.* survey; review.

tinju, bertinju, meninju *v.* to box; to fight with the fists.
peninju *n.* boxer.
peninjuan *n.* boxing.

tinta *n.* ink.

Tionghua *n.* Chinese.

Tiongkok *n.* China.

tipis *adj.* thin.

tipu *v.* cheat; lie.
menipu *v.* to deceive; to cheat; deceit; swindle.
penipu *n.* deceiver; swindler; trickster.
penipuan *n.* deception; swindle; trickery; fraud; cheat; deceit.
tertipu *v.* cheated; deceived.

tirai *n.* curtain.

tiram *n.* oyster.

tiri *adj.* step.
bapa tiri step-father.
emak tiri step-mother.

tiris *v.* to leak; trickle.
tirisan *v.* leak.

tiru, meniru *v.* follow as model or example; to imitate; to copy.
tiruan *n.* counterfeit; imitation; copy.

tirus *n.* taper.

tisu *n.* tissue.

titah *n.* formal speech (by monarch); royal command.
bertitah *v.* to command; to address (of royalty).
menitahkan *v.* command; order.

titi *n.* wooden bridge.
meniti *v.* cross a bridge.
titian *n.* bridge (of planks, palm-trunk, etc.)

titik^1 *n.* drop; globule of liquid.
titikberat; menitikberatkan *v.* give emphasis to; stress upon; emphasize.
menitik *v.* to drop; to drip.

titik^2 *n.* fullstop; dot; small round spot.

titip, menitipkan *v.* entrust.

titis *v.* drop.
titisan *n.* drop; trickle.
menitis *v.* to drip; trickle.
menitiskan *v.* drip on something; cause to fall in drops.

tiub *n.* tube.

tiung *n.* mynah; a kind of bird.

tiup, bertiup *v.* to blow.
meniup *v.* blow; expel current of air; drive with a current of air.
meniupkan *v.* blow.
tiupan *n.* blow; gust; blast.

tocang *n.* plait; braid.

todak, ikan todak swordfish.

todi *n.* toddy.

togel *adj.* bald; without fur or feathers.

tohor *adj.* shallow; not deep.

toko *n.* shop.

tokoh *n.* figure; personality.
ketokohan *n.* figure; character;

personage.

tokok *v.* add.
bertokok, menokok *v.* to increase; to add.

tokong *n.* a Buddhist temple.

tol *n.* toll.

tolak *v.* push; reject.
tolak ansur give and take; compromise.
tolak bala avert evil.
tolak tepi ignore; put or push something aside; not take into account.
bertolak *v.* depart; leave.
bertolak-tolakan *v.* pushing and shoving.
menolak *v.* give a push; apply force to; thrust roughly; discard; refuse; to reject; to subtract.
penolakan *n.* rejection; refusal.
tolakan *n.* push; shove; rejection.

toleh, menoleh *v.* look back; look behind one.

tolok *adj.* equal. *n.* gauge; instrument of measurement.

tolol *adj.* stupid.
ketololan *n.* stupidity.

tolong *v.* help. *interj.* please; help.
bertolong-tolongan *v.* to help one another.
menolong *v.* to help; to assist.
penolong *n.* helper; assistant; servant.
pertolongan *n.* assistance; help; aid; support.
tolong-menolong *v.* to give mutual help, assistance; help one another.

tomato *n.* tomato.

tombak *n.* spear; lance.

tombol *n.* knob.

tompok *n.* spot; blotch; mark.
bertompok-tompok *adj.* in patches; marked with stain; spotted; blotchy.

tong *n.* barrel.

tonggek *adj.* protruding of buttocks.
menonggek *v.* protrude (of buttock).

tongkah *n.* planks used as platform or bridge over muddy area.

tongkang *n.* lighter, flat-bottomed boat.

tongkat *n.* walking-stick.
bertongkat *v.* using a walking-stick.
menongkat *v.* prop up; support.

tongkol *n.* cob.

tonjol, menonjol *v.* project; protrude.
menonjolkan *v.* obtrude.
penonjolan *n.* protrusion.

tonton, menonton *v.* to watch a show; look at (as a spectator).
mempertontonkan *v.* show; exhibit.
penonton *n.* spectator.
tontonan *n.* show; display.

tonyoh, menonyoh *v.* scrub; clean thoroughly.

topang *n.* support; prop.
bertopang *v.* supported by a prop.
menopang *v.* to support; prop something up.

topeng *n.* mask.

topi *n.* hat.

toreh, menoreh *v.* to tap.
penoreh *n.* tapper; instrument used to tap rubber.
torehan *n.* cut that is not deep; incision.

toyol *n.* a type of evil spirit; ghost.

tradisi *n.* tradition.
tradisional *adj.* traditional.

trafik *n.* traffic.

tragedi *n.* terrible event; tragedy.

tragik *adj.* tragic.

trak *n.* truck.

traktor *n.* tractor.

transistor *n.* transistor.

transitif *adj.* transitive.

transkripsi *n.* transcription.
mentranskripsi *v.* transcribe.

trengkas *n.* shorthand.
juru trengkas stenographer.

troli *n.* trolley.

trombon *n.* a kind of large brass musical instrument; trombone.

trompet *n.* trumpet.

tropika *adj.* tropical.

tua, tua-tua *adj.* old; dark of colour; ripe.
orang tua *n.* parents; old folks.
ketua *n.* leader; head; elder; chief.
pengetua *n.* principal; head.
tertua *adj.* oldest.

tuah *n.* luck; fortune.
bertuah *adj.* lucky; fortunate.

tuai, menuai *v.* to harvest; to gather crops.

tuak *n.* palm wine.

tuala *n.* towel.
tuala mandi bath towel.
tuala wanita sanitary towel.

tuam , menuam *v.* apply a hot compress.

tuan *n.* sir; owner; master; you.
tuan besar master; chief; overlord.
tuan rumah landlord; landlady; house owner.
bertuankan *v.* regard as a chief.
ketuanan *n.* sovereign right.

tuang, menuang, menuangkan *v.* to pour liquid or smelted metal.

tuanku *n.* your highness.

tuas *n.* lever.

tuba *n.* poisonous roots used in fishing.
menuba *v.* catch fish by using poisonous roots.

tubi, bertubi-tubi *adv.* persistently.

tubuh *n.* body.
menubuhkan *v.* to organize; form and put into working order.
penubuhan *n.* formation.
pertubuhan *n.* organization.
setubuh, persetubuhan *n.* copulation.

tuduh, menuduh *v.* to accuse.
penuduh *n.* accuser; person who accuses.
tertuduh *adj.* accused.
tuduhan *n.* accusation.

tuding, menuding *v.* to point with the index finger.

tudung *n.* cover; lid.
bertudung *adj.* with a lid or cover.

tugas *n.* duty; task; work.
bertugas *v.* on duty.
menugaskan *v.* to assign someone to a task.
petugas *n.* person who is given a duty.
tugasan *n.* to carry out one's duty; assignment.

tugu *n.* monument.

Tuhan *n.* God.
ketuhanan *adj.* godlike.

tujah, menujah *v.* pierce; stab; poke.

tuju *v.* direct; head towards.
bertujuan *v.* have purpose; intend.
menuju *v.* to go forward; head for.
tujuan *n.* intention; aim; purpose.

setuju *v.* to agree (with).
bersetuju *v.* reach an agreement; assent; to agree.
menyetujui *v.* agree; consent; permit.
persetujuan *n.* agreement.

tujuh *pn.* & *deter.* seven.

tukang *n.* skilled workman; artisan; craftsman; artificer.
tukang tilik fortune teller; palmist.
ketukangan *n.* craftsmanship; skill.
pertukangan *n.* industrial arts; craft.

tukar, bertukar *v.* to exchange; change; transform; alter.
bertukar-tukar *v.* exchange; substitute; transform; alter.

menukar, menukarkan v. transfer;
convert; replace; change; shift.
penukar n. changer.
penukaran n. change; replacement;
shifting; transfer.
pertukaran n. changeover; exchange;
transfer; change.
tukaran n. replacement; exchange.
adj. changeable.

tukul, penukul n. hammer.
menukul v. to hammer; strike with
hammer.

tulang n. bone.
bertulang *adj.* bony.

tular, menular v. spread; affect an
increasing area.

tulat n. third day after today.

tulen *adj.* pure.
ketulenan n. purity.

tuli *adj.* deaf.

tulis, menulis v. to write; put down in
writing; be the author of.
menuliskan v. to write for another.
penulis n. writer.
penulisan n. literary work; writing.
tulisan n. writing; something that has
been written.

tulus *adj.* honest; heartfelt; sincere.
ketulusan n. sincerity; honesty.

tumbang v. to collapse; to fall.
menumbangkan v. to cause
something to fall.

tumbesar v. grow and enlarge.

tumbuh v. to grow; to develop.
ketumbuhan n. growth.
menumbuhkan v. to grow.
pertumbuhan n. growth;
development; act of growing.
tumbuh-tumbuhan n. plants.

tumbuk, bertumbuk v. to punch.
menumbuk v. to pound; to strike;
punch.
penumbuk n. pounder; crusher; fist;
punch.

tumis, menumis v. fry in oil; sauté.

tumit n. the heel.

tumpah v. spill.
tumpahan n. spill; spillage.
menumpahi v. spill.
menumpahkan v. spill out; cause to
spill.
pertumpahan n. act of spilling.
tertumpah v. spilt.

tumpang, menumpang v. to take
shelter with; to lodge; to take a lift;
reside; lodge.
menumpangkan v. lodge; give a lift to;
give someone a ride.
penumpang n. passenger.
tumpangan n. temporary stay.

tumpas, menumpaskan v. win victory
over; defeat.

tumpat *adj.* crowded; compact; full.
ketumpatan n. density (ratio of mass
or volume).

tumpu, menumpukan v. to
concentrate; focus.
bertumpu v. converge; gather.
tertumpu v. focus on; concentrate on.
tumpuan n. focus; centre of attraction.

tumpul *adj.* blunt; not sharp.

tunai n. cash.
menunaikan v. carry out; to fulfil.

tunang, tunangan n. fiancé (lelaki);
fiancée (perempuan).
ditunangkan *adj.* betrothed.
menunangkan v. betroth.
pertunangan n. engagement;
betrothal.

tunas n. new shoot; bud.
bertunas v. produce underdeveloped
branches or leaves; have young
shoots; sprout.

tunda, menunda v. to tow; to postpone;
adjourn.
bertunda-tunda v. move one behind
the other.

tunduk v. to obey; submit; bow down.
menundukkan v. cause someone to

sumit; to conquer; bend the head or body.

tunggak, menunggak *v.* being in arrears.
tunggakan *n.* arrears.

tunggal *adj.* one only; sole; single.

tunggang1. *adj.* & *adv.* upside down; topsy-turvy. 2. *v.* ride.
menunggang *v.* to ride.
penunggang *n.* rider.
tunggangan *n.* something to ride on.

tunggu, menunggu *v.* to wait; to watch over; await; wait around; wait for.
menunggu-nunggu *v.* wait for a long time.
penunggu *n.* watchman; guard.

tunggul *n.* stump.

tungku *n.* brazier; trivet.

tungkus, tungkus lumus *v.* to work hard.

tunjal *v.* to poke; thrust.

tunjam, menunjam *v.* plunge; dive.

tunjang *n.* tap root. *v.* support.

tunjuk, menunjuk *v.* to point forward; to show.
tunjuk ajar teaching; advice.
tunjuk cara demonstration.
tunjuk perasaan demonstration.
mempertunjukkan *v.* to show; to exhibit.
menunjuk-nunjuk *v.* to show off.
menunjukkan *v.* to show.
penunjuk *n.* guide; pointer; indicator.
pertunjukan *n.* show; performance.

tuntun, menuntun *v.* to lead by hands; guide.

tuntut, menuntut *v.* to demand; to claim; to study.
menuntut bela take revenge; avenge.
menuntut janji demand fulfilment.
penuntut *n.* student.
tuntutan *n.* demand; claim.

tupai *n.* squirrel.

turas *n.* filter.

turun *v.* to get off; to decrease; down; going down. *n.* descent.
turun harga decrease in price; become lower in price.
turun naik fluctuate; rise and fall.
turun-temurun *n.* from generation to generation.
keturunan *n.* descendant; generation.
menurun *v.* slope; go down; descend. *adj.* descending.
menurunkan *v.* to drop; to lower; cause to move down on descend; reduce.

turus *n.* pillar.

turut *v.* to join in; to follow; partake; participate.
berturut-turut *adv.* continuously; consecutively; successively.
menurut *v.* to follow. *prep.* according to; in accordance with.
menuruti *v.* follow; trail; copy.
turutan *n.* in sequence; series of events, etc.

tusuk, menusuk *v.* to stab; jab; pierce; poke; thrust.
menusukkan *v.* pierce; prick; stab something.

tutor *n.* tutor.

tutorial *n.* tutorial.

tut *n.* graft; shoot; plant cutting inserted in cut for grafting.

tutorial *n.* & *adj.* tutorial.

tutup, menutup *v.* to shut; to close.
menutupi *v.* close something; cover something.
penutup *n.* cover; lid; shutter.
tertutup *adj.* shut; closed.

tutur, bertutur *v.* to speak; talk; discuss; chat; converse.
menuturkan *v.* utter; talk; converse.
penutur *n.* one who speaks a particular language; speaker.
pertuturan *n.* speech; faculty of speaking; utterance.

Uu

uak, menguak *v.* to croak.

uap, menguap *v.* to yawn.

ubah *v.* change.
ubah suai, mengubahsuaikan *v.*
modify; make partial changes.
berubah *v.* to change; alter;
transform. *adj.* changed; altered.
berubah-ubah *adj.* changing;
changeable; inconsistent.
mengubah *v.* to change; to transplant.
pengubahsuaian *n.* modification.
perubahan *n.* modification; change.

uban *n.* grey hair.
beruban *adj.* having grey hair.

ubat *n.* medicine; medicatement.
ubat angin ointment.
ubat bius anaesthetic.
ubat tidur sleeping pill.
ubat-ubatan *n.* medicament.
berubat *v.* to have treatment; to apply
medicine.
mengubat, mengubati *v.* to treat
medically; heal.
pengubatan *n.* medical treatment.
perubatan *n.* medicine. *adj.* medical.
terubat *adj.* curable; can be treated.

ubi *n.* tapioca; tuber.

ubin *n.* tile.

ubun, ubun-ubun *n.* spot on the crown
of a baby's head; crown of the head.

ubur-ubur *n.* jellyfish.

ucap, berucap *v.* to make a speech.
ucap selamat greeting; a toast; good
wishes.
mengucapkan *v.* to express.
pengucapan *n.* expression; utterance.
ucapan *n.* speech.

udang *n.* prawn.
udang galah lobster.
udang kering dried shrimp.
udang sungai crayfish; freshwater
shellfish.

udara *n.* air; atmosphere.
angkatan udara air force.
pesawat udara aircraft.
pos udara air mail.
pengudaraan *n.* aeration.

udarakasa *n.* atmosphere.

udik *adv.* & *adj.* upstream.

ufti *n.* tribute.

ufuk *n.* horizon.

ugut, mengugut *v.* intimidate; to
threaten.
ugutan *n.* intimidation; threat.

ujar *n.* expression; utterance.

uji, menguji *v.* to test; try out.
mengujikaji *v.* to experiment.
penguji *n.* tester; examiner.
teruji *v.* tested.
ujian *n.* examination; test.
ujikaji *n.* experiment.

ujud *n.* intention.

ukir, mengukir *v.* to carve.
berukir *adj.* engraved; carved.
mengukirkan *v.* to carve; to engrave;
inscribe.
pengukir *n.* engraver; carver.
pengukiran *n.* carving; engraving.
terukir *v.* carved; engraved.
ukiran *n.* sculpture.

ukur, mengukur *v.* to measure; assess.
pita ukur measuring tape.
pengukuran *n.* measuring;

measurement.
ukuran *n.* measurement; size; measure.

ulam *n.* raw vegetables eaten with rice.

ulama *n.* Muslim scholar.

ulang *v.* to repeat.
ulang tahun anniversary.
ulang tayang repeat the showing of a show.
ulang-alik, berulang-alik commute; travel to and fro regularly.
ulang kaji revision.
berulang-ulang *adv.* repeatedly.
mengulang, mengulangi *v.* to repeat; to revise; say aloud.
mengulang kaji to revise; to review.
perulangan *n.* repetition; recurrence; repeat.

ular *n.* snake.

ulas[1] *class.* slice.

ulas[2], **ulasan** *n.* comment. debriefing; commentary.
ulasan buku book review.
ulasan selari direct commentary.
mengulas *v.* to comment; review.
pengulas *n.* commentator; reviewer.

ulat *n.* worm.
ulat buku bookworm.

ulet *adj.* hard.

uli, menguli *v.* knead.

ulit, mengulit *v.* sing to sleep.

ultrasonik *adj.* ultrasonic.

ulung, terulung *adj.* first.

umang-umang *n.* hermit crab; person who likes to use other's belongings as his own.

umat *n.* followers (of religion); people.

umbai *n.* appendix, small intestine.

umbang *v.* float; drift; to sail.
terumbang-ambing *v.* to bob up and down; to drift.

umbi *n.* tuber; root.
berakar umbi *v.* establish firmly and deeply.

umbuk, mengumbuk *v.* to convince; to persuade.

umbut *n.* edible palm pith.

umpama *n.* & *prep.* like; as; for example.
mengumpamakan *v.* to exemplify; to show respect to; listen to.
perumpamaan *n.* proverb; simile.
seumpama *adj.* such as; for instance.

umpan *n.* bait; decoy.
mengumpan *v.* decoy; bait.

umpat, umpatan *n.* slander; backbiting.
mengumpat *v.* backbite; gossip about.
pengumpat *n.* gossiper; slanderer.

umum *adj.* public; general.
rapat umum rally.
mengumumkan *v.* to announce.
pengumuman *n.* announcement.

umur *n.* age; life.
berumur *adj.* aged; old.
seumur *adj.* of the same age.

uncit *v.* to pay on a monthly basis or installment.

undan *n.* swan; pelican.

undang[1], **undang-undang** *n.* law.
perundangan *n.* legislation.

undang[2], **mengundang** *v.* to invite.
undangan *n.* invitation.

undi *n.* vote; ballot.
undi sulit secret ballot.
mengundi *v.* to draw lots; to cast a vote.
pengundi *n.* voter.
pengundian *n.* voting; ballot.
undian *n.* vote; ballot.

undur, berundur *v.* to move back; to retreat.
mengundurkan *v.* to drive back; to withdraw; to retire; to postpone.
penguduran *n.* withdrawal.

unduk *n.* seahorse.

unggas *n.* all types of birds.

unggul *adj.* superior.
keunggulan *n.* superiority.

unggun *n.* woodpile; campfire.

ungka *n.* gibbon.

ungkai, mengungkai *v.* to untie;
unfasten; undo.
terungkai *adj.* unfastened; undone.

ungkap, terungkap *v.* to express
feelings.
ungkapan *n.* expression; phrase;
sentence.

ungkit, mengungkit *v.* to lift; to
reiterate; to rake up old stories.
pengungkit *n.* lever.

ungu *adj.* purple.

unik *adj.* unique.

unit *n.* unit.

universiti *n.* university.

unjuk, mengunjuk, mengunjukkan *v.*
to hold out; to hand over.

unjur, mengunjurkan *v.* to stretch
one's legs.

unsur *n.* element; substance;
component.
berunsur, berunsurkan
adj. characterized by; with an element
of.

unta *n.* camel.

untai, seuntai *class.* a piece of string.
untaian *n.* chain; string.

untuk *conj.* in order to. *prep.* for.
memperuntukkan *v.* to provide; to
allot; allocate.
peruntukan *n.* allocation; fixed
provision.

untung *n.* profit. *adj.* lucky.
beruntung *adj.* profitable.
keuntungan *n.* advantage; profit;
benefit.
menguntungkan *v.* obtain a profit. *adj.*
profitable; beneficial; lucrative.

untung-untung *adv.* maybe; possibly.

untut *n.* elephantiasis.

upacara *n.* ceremony.

upah *n.* wage.
mengupah *v.* to employ.
upahan *n.* person who is paid to work.

upaya *n.* means; ability.
berupaya *v.* cope; manage
successfully; capable.
berkeupayaan *adj.* capable.
ketidakupayaan *n.* incapability.
keupayaan *n.* capability; ability;
potential; capacity.
mengupayakan *v.* to find ways and
means; to enable.

upiah *n.* milky stork.

ura, ura-ura *n.* discussion; meeting;
suggestion.
berura-ura *v.* propose; suggest.

urai, menguraikan *v.* disentangle;
unravel.
penguraian *n.* disentanglement; act of
unravelling.
terurai *v.* loosened; torn asunder;
separated.

urat *n.* vein.

uri *n.* placenta.

urus, mengurus *v.* to put in order; to
manage; to settle.
urus setia secretariat.
berurusan *v.* deal; do business; trade.
menguruskan *v.* supervise; manage;
regulate; organize.
pengurus *n.* manager.
pengurusan *n.* management.
terurus *adj.* manageable; regulated;
organized.
urusan *n.* affair; matter.

urusniaga *n.* business deal.

urut[1]**, mengurut** *v.* to rub; to massage.

urut[2]**, berurutan** *adj.* in series; in
sequence.

usah *v.* don't.

usahkan so far from (doing, saying, etc.)

usaha *n.* effort.
usaha sama *n.* joint venture.
berusaha *v.* make an effort.
keusahawanan *n.* entrepreneurship.
mengusahakan *v.* to carry on; to make an effort; to exert.
pengusaha, usahawan *n.* entrepreneur.
perusahaan *n.* industry.

usai *adj.* finished; dispersed.
mengusai *v.* to disperse.

usang *adj.* worn out; decrepit; old; dilapidated.

usap, mengusap *v.* caress; to stroke.

usia *n.* age.
berusia *adj.* of a certain age; aged.

usik, mengusik *v.* to tease; to touch on.
usikan *n.* disturbance; teasing.

usir, mengusir *v.* to chase away.
pengusiran *n.* exile.

ustaz *n.* male religious teacher.
ustazah *n.* female religious teacher.

usul *n.* proposal; origin.
usul periksa careful investigation; inquiries.
mengusulkan *v.* to bring forward; to propose; to suggest.

usung, mengusung *v.* to carry on the shoulder.
usungan *n.* litter; stretcher.

usus *n.* intestine.

utama *adj.* important; main.
keutamaan *n.* preference; priority.
mengutamakan *v.* to emphasize; to give priority to.
terutama *v.* especially.

utara *n.* north.
utara, mengutarakan *v.* to suggest; to put an idea forward.
pengutaraan *n.* explanation; clarification.

utas *class.* string; chain.

utuh *adj.* whole; undamaged; firm; intact.
keutuhan *n.* perfection; firmness; totality.

utus, mengutus, mengutuskan *v.* to send.
berutus *v.* to correspond.
perutusan *n.* message; speech (of a statesman).
utusan *n.* messenger; delegate.

uzur *adj.* weak; sick; feeble.
menguzurkan *v.* weaken.

Vv

vakum *n.* vaccum; empty space devoid of matter or gas.

van *n.* van; covered vehicle for transporting goods.

vanila *n.* vanilla; a type of orchid with sweet-smelling flowers.

varia *n.* assortment; variety.

variasi *n.* variation; change in form.

velodrom *n.* velodrome; an arena for bicycling.

versi *n.* version; translation; account of an event.

veto *n.* veto; the right or power to forbid the implementation of an action, a proposal, etc.

video *n.* video; recording of moving pictures and sounds on a magnetic strip, and which can be broadcast or played.

villa *n.* villa; a large house in a residential area.

viola *n.* viola; a stringed musical instrument played with a bow.

virus *n.* virus; an organism which causes disease.

visa *n.* visa; a stamp on a passport which permits one to enter or leave a country.

visi *n.* vision; ability to see; foresight.

vitamin *n.* vitamin; a type of nutrient.

vokal *n.* vowel.

Ww

wabak *n.* epidemic.

wacana *n.* discourse.

wad *n.* ward.

wafat *v.* to pass away.

wah *interj.* well

waham *n.* suspicion; doubt.

wahyu *n.* revelation through a vision or dream.

waja *n.* steel.

wajah *n.* appearance; face.

wajar, sewajarnya *adv.* naturally. *adj.* appropriate.
mewajarkan *v.* to make appropriate.

wajib *adj.* obligatory; necessary; imperative.
kewajipan *n.* duty; obligation.
mewajibkan *v.* compel; obligate.

wajik *n.* sweet sticky rice cake.

wakaf *n.* donation for religious purpose.
mewakafkan *v.* to donate something for a religious purpose.
pewakaf *n.* a person who donates.

wakil *n.* representative; delegate.
berwakilkan *v.* to be represented by.
mewakili *v.* to represent; embody.
mewakilkan *v.* to act as one's representative; send as delegate.
perwakilan *n.* delegation; representative; representation.

waktu *n.* time; occasion; period of time.
waktu lapang free time.
waktu tidur bedtime.
sewaktu *prep.* & *conj.* while; during.

walau *conj.* even if.
walaupun *conj.* although; even though; even if.

walhal *conj.* in fact.

walhasil *adv.* eventually; in the end.

wali *n.* guardian.

wang *n.* money.
wang belanja expenditure; pocket money; amount spent.
berwang *adj.* to have money; moneyed.
kewangan *n.* finance. *adj.* financial.

wangi *adj.* fragrant.
wangi-wangian *n.* all types of perfume, scents or fragrance.
mewangikan *v.* deodorize; to make fragrant.

wanita *n.* woman; female.
kewanitaan *n.* feminity.

wap *n.* vapour; steam.
berwap *v.* steam over. *adj.* steaming.
mengewap, mengewapkan *v.* vaporize.
pengewapan *n.* vaporization.

warak *adj.* devout; religious; pious.

waran *n.* warrant.

waras *adj.* mentally normal; sane.
ketidakwarasan *n.* insanity.
kewarasan *n.* sanity.

warga *n.* member.
wargakota *n.* inhabitant of a city.

warganegara *n.* citizen; inhabitant of a country.
kewarganegaraan *n.* citizenship.

warid *v.* perform the acts carried out by Prophet Muhammad

waris *n.* heir; inheritor.
mewariskan *v.* to bequeath; leave by will.
mewarisi *v.* inherit.
pewaris *n.* beneficiary; heir.
warisan *n.* heritage; legacy; things inherited.

warkah *n.* letter.

warna *n.* colour; hue.
berwarna *adj.* coloured.
berwarna-warni *adj.* colourful; multicoloured.
mewarnakan *v.* to colour; apply colour to.
pewarnaan *n.* colouring; application of colour.

warta *n.* gazette; news.
warta berita news.
warta kerajaan government gazette.
mewartakan *v.* to inform; to report; announce; gazette.
pewartaan *n.* reporting; informing.

wartawan *n.* journalist.
kewartawanan *n.* journalism. *adj.* journalistic.

warung *n.* stall.

wasangka *n.* suspicion.

wasiat *n.* will.
mewasiatkan *v.* to bequeath; leave by will.

waspada, berwaspada *adj.* cautious.

waswas *n.* doubt.

wat *n.* Buddhist temple.

watak *n.* character; role.
perwatakan *n.* characterization.

watan *n.* native country.

wataniah *adj.* that which is related to the mother country.

watikah *n.* letter of authority (power, etc.); letter of appointment.

watt *n.* watt, unit of electrical power.

wau *n.* kite.

wawancara *n.* press interview.
mewawancara *v.* to interview.

wawasan *n.* vision.

wayang *n.* film show.
wayang gambar show; movie.
wayang kulit shadow play.

wayar *n.* wire.

wayarles *n.* wireless; radio.

wazir *n.* minister.

wenang *n.* power.
sewenang-wenangnya *v.* to do as one pleases; to act irresponsibly.

wibawa, kewibawaan *n.* authority.
berwibawa *adj.* authoritative; having the authority to give orders.

wilayah *n.* district; territory; province.

wira *n.* hero; man admired for his bravery.
wirawan *n.* hero.
wirawati *n.* heroine.
keperwiraan *n.* heroism.

wisel *n.* whistle.

wiski *n.* whiskey.

wisma *n.* house.

wizurai *n.* viceroy.

woksyop *n.* workshop.

wolfram *n.* tungsten.

wuduk *v.* to wash oneself before prayer.

wujud *v.* exist; have being; be; live.
kewujudan *n.* existence.
mewujudkan *v.* to give form; to create.

wuquf *v.* to stop over at Mount Arafah during the Muslim pilgrimage.

Xx

xenofobia *n*. hatred and fear of foreigners.

xenogami *n*. pollination.

xenolit *n*. rock fragments not related to the rock in which they occur; xenolith.

xenomorf *adj*. xenomorphic.

xenon *n*. a colorless, odorless gaseous element in the atmosphere, very rare and chemically inactive.

xerofit *n*. a plant adapted to live in surroundings of extreme drought and heat; xerophyte.

xerografi *n*. a method of photocopying.

xilem *n*. xylem.

xilofaj *n*. wood-eating insect.

xilograf *n*. wood-engraving.

xilografi *n*. the art of wood-engraving.

xilokap *n*. hard and woody fruit.

xilosa *n*. sugar in plants, especially in woody area of the plant.

X-ray *n*. examination of the internal parts of the body with X-ray; X-ray. *v*. to examine with X-ray; to take an X-ray.

Yy

ya *adv.* yes.
mengeyakan *v.* say yes; agree.

Yahudi *n.* Jew.

yakin *adj.* confident.
berkeyakinan *adj.* have faith; assured;
confident.
keyakinan *n.* confidence; trust;
self-reliance.
meyakini *v.* believe.
meyakinkan *v.* assure; tell
confidently; convince.

yakni *adj.* that is.

yang *conj. adj. & pn.* who; which; that.
Yang Amat Arif Your Lordship.
Yang Amat Berhormat Your Honour.
Yang Arif Your Lordship.
Yang Dipertua His Majesty (for ruler),
President (of Council).

Yang Maha Kuasa Almighty; God.

kayangan *n.* abode of the gods.

yasin *n.* chapter 37 of the Koran.

yatim *n.* orphan.
rumah anak yatim orphanage.

yayasan *n.* foundation.

yis *n.* yeast.

yoga *n.* yoga; exercises based on yoga
techniques.

yogia *adj.* proper; suitable.
seyogia *adv.* actually; properly.

yu *n.* shark.

yuran *n.* subscription; fee.

Zz

zahid *adj.* ascetic; holy. *n.* recluse; person who avoids social life.

zaitun *n.* olive.

zakat *n.* tithe.

zalim *adj.* cruel; wicked; unkind.
kezaliman *n.* cruelty.
menzalimi *v.* be cruel; unjust to others; oppress.

zaman *n.* era; time; period.
zaman bahari ancient days; older days; long ago.
zaman gangsa bronze age.
zaman gemilang golden age.
zaman meleset depression.
zaman pertengahan middle ages.
zaman sekarang the present day.
zaman-berzaman *adv.* long period of time; too long.
berzaman-zaman *adv.* through the ages; long period of time.
sezaman *adj.* contemporary; of the same period or age.

zamrud *n.* emerald.

zamzam *n.* water from a well in Mecca.

zapin *n.* song and dance which originated from Arabia.

zarah *n.* particle; atom.

zat *n.* food value; nutrient; essence.

ziarah, berziarah *v.* to go and see; to visit.
menziarahi *v.* to visit splace or someone.

zigot *n.* zygote.

zikir, berzikir *v.* to recite religious verses.

zilofon *n.* xylophone.

zina *n.* adultery.
berzina *v.* to commit adultery; fornicate.
penzina *n.* adulterer.
perzinaan *n.* fornication; adultery.

zink *n.* zinc.

zip *n.* zip.

zirafah *n.* giraffe.

zodiak *n.* an imaginary belt in the sky; a diagram representing the belt; zodiac.

zon *n.* one of the five divisions of the earth's surface; an area divided off from adjoining areas; an area possessing specific geological features; specific districts under certain restrictions; zone.

zoo *n.* zoo.

zoologi *n.* zoology.

Zuhur *n.* midday prayer for Muslim; noon.

Zuhal *n.* Saturn.

Zuhrah *n.* Venus.

Zulhijah *n.* twelfth month of the Muslim year.

Zulkaedah *n.* eleventh month of the Muslim year.

zuriat *n.* descendant.

Common Errors in Malay

beliau Gantinama diri ketiga ini digunakan untuk orang tua atau orang yang dihormati. Tidak boleh digunakan untuk orang muda atau orang biasa.

Contoh: No. 1

(inaccurate / tidak tepat) <u>Dia</u> dianugerahi pingat berjasa kerana jasa-jasanya kepada negara.

(accurate / tepat) <u>Beliau</u> dianugerahi pingat berjasa kerana jasa-jasanya kepada negara.

Contoh: No. 2

(inaccurate / tidak tepat) <u>Beliau</u> dihukum kerana menyeludup dadah.

(accurate / tepat) <u>Dia</u> dihukum kerana menyeludup dadah.

'Beliau' is used to indicate elderly people or respected people. It is not used to indicate young or ordinary people.

Example: No. 1 'Beliau' is used for someone who is respected by the country.

Example: No. 2 'Beliau' is not used for someone who had committed a crime such as smuggling drugs.

berbagai-bagai 'Berbagai-bagai' tidak boleh disingkatkan.

Contoh: No. 1

(inaccurate / tidak tepat) <u>Berbagai</u> perkara telah dibincang dalam mesyuarat.

(accurate / tepat) <u>Berbagai-bagai</u> perkara telah dibincang dalam mesyuarat.

'Berbagai-bagai' cannot be shortened to become 'berbagai'. Refer to the above sentence.

Kata himpunan lain yang tidak boleh disingkatkan ialah 'berjenis-jenis', 'bermacam-macam', 'kedua-dua', 'berbulan-bulan', 'bertahun-tahun dsbnya.

Other words that cannot be shortened are 'berjenis-jenis', 'bermacam-macam', 'kedua-dua', 'berbulan-bulan', bertahun-tahun', etc.

Contoh:

(*inaccurate / tidak tepat*) <u>Bertahun</u> dia menunggu kepulangan anda.

(*accurate tepat*) <u>Bertahun-tahun</u> dia menunggu kepulangan anda.

dari 'Dari' digunakan sebagai kata sendinama yang menerangkan tempat bermulanya sesuatu iaitu tempat permulaan arah atau waktu.

Contoh: No. 1

(*inaccurate / tidak tepat*) Saya bertolak <u>daripada</u> Johor Bahru.

(*accurate / tepat*) Saya bertolak <u>dari</u> Johor Bahru.

Contoh: No. 2

(*inaccurate / tidak tepat*) Ali bekerja <u>daripada</u> pukul lapan pagi hingga empat petang.

(*accurate / tepat*) Ali bekerja <u>dari</u> pukul lapan pagi hingga empat petang.

'Dari' is a preposition which means 'from' indicating 'from a certain place' or 'from a certain time'.

Example No. 1 'dari' is used to indicate 'from' Johor Bahru'

Example No. 2 'dari' is used to indicate 'from eight o'clock in the morning'

dia / ia Gantinama diri ketiga. 'Dia' boleh digunakan untuk lelaki atau perempuan. Tidak boleh digunakan untuk benda atau haiwan. 'Ia' digunakan untuk benda dan haiwan.

Contoh: No. 1

(*inaccurate / tidak tepat*) Cikgu Abu sakit.

<u>Ia</u> tidak datang ke sekolah.

(*accurate / tepat*) Cikgu Abu sakit.

<u>Dia</u> tidak datang ke sekolah.

Contoh: No. 2

(*inaccurate / tidak tepat*) Kereta itu diimpot dari Jepun.

<u>Dia</u> adalah model yang paling baru.

(*accurate / tepat*) Kereta itu diimpot dari Jepun.

<u>Ia</u> adalah model yang paling baru.

'Dia' is used to indicate third person pronoun such as 'he' and 'she'.

'Dia' should not be used to indicate things, objects or animals.

Example: No. 1 'Dia' is used to indicate Cikgu Ahmad. (he)

Example No. 2 'Dia' should not be used to indicate 'the car' because it is an object.

siapa 'Siapa' digunakan untuk menanyakan tentang orang atau nama orang. Tidak boleh digunakan untuk menanyakan tentang benda atau haiwan.

Contoh: No. 1
(inaccurate / tidak tepat) <u>Apa</u> yang menemankan awak semalam?
(accurate / tepat) <u>Siapa</u> yang menemankan awak semalam?

Contoh: No. 2
(inaccurate / tidak tepat) <u>Siapakah</u> benda yang awak bawa?
(accurate / tepat) <u>Apakah</u> benda yang awak bawa?

'Siapa' is used to ask about people or a person's name.

Example: No. 1 'Who accompanied you last night?'

Example No. 2 'What did you bring?'

sesiapa / siapa-siapa 'Sesiapa' / 'siapa-siapa' digunakan sebagai kata keterangan. Tidak boleh digunakan sebagai kata pertanyaan.

Contoh: No. 1
(inaccurate / tidak tepat) <u>Siapa</u> yang didapati bersalah akan didakwa.
(accurate / tepat) <u>Sesiapa</u> / <u>Siapa-siapa</u> yang didapati bersalah akan didakwa.

'Sesiapa / Siapa-siapa' is used in statements. It should not be used to ask questions.

'Sesiapa / Siapa-siapa' is used in the above sentence because it is not a question but a statement.

setiap / tiap-tiap 'Setiap' / 'tiap-tiap' digunakan untuk membawa maksud 'satu daripada banyak' atau 'masing-masing'. Perkataan 'tiap' dianggap tidak wajar.

Contoh: No. 1

(*inaccurate / tidak tepat*) <u>Tiap</u> murid mesti mematuhi peraturan sekolah.

(*accurate / tepat*)   <u>Setiap</u> murid mesti mematuhi peraturan sekolah.

Contoh: No. 2

(*inaccurate / tidak tepat*) <u>Tiap</u> hari dia menolong ibunya.

(*accurate / tepat*)   <u>Tiap-tiap</u> hari, dia menolong ibunya.

'Setiap' / 'tiap-tiap' means 'every', 'each', or 'each and every'. It is not appropriate to use the word 'tiap'.

para 'Para' digunakan sebagai kata yang mendahului kata-kata lain yang menyatakan ramai. Perkataan 'para' tidak boleh digandakan untuk membawa maksud ramai kerana 'para-para' bermaksud rak untuk menyimpan perkakas dapur, buku, pakaian, kasut dsbnya yang dibuat dari kayu.

Contoh:

(*inaccurate / tidak tepat*) <u>Para-para</u> peserta berhimpun di dewan.

(*accurate / tepat*)   <u>Para</u> peserta berhimpun di dewan.

'Para' is used to denote 'plurality' whereas 'para-para' means 'shelf'.

In the above sentence, 'para' is used to indicate many participants.

agar / supaya 'Agar' dan 'supaya' mempunyai maksud yang sama iaitu mudah-mudahan tercapai maksud. Oleh itu, 'agar' dan 'supaya' tidak boleh digunakan serentak pada masa yang sama.

Contoh: No. 1

(*inaccurate / tidak tepat*) Belajarlah bersungguh-sungguh <u>agar supaya</u> berjaya dengan cemerlang.

(*accurate / tepat*)   Belajarlah bersungguh-sungguh <u>supaya</u> berjaya dengan cemerlang.

Contoh: No. 2

(*inaccurate / tidak tepat*) Makanlah ubat <u>agar supaya</u> cepat sembuh.

(*accurate / tepat*)   Makanlah ubat <u>agar</u> cepat sembuh.

'Agar' and 'supaya' mean 'so that' or 'in order to'. Both the words have the same meaning. Therefore, they should not be used together.

daripada 'Daripada' digunakan sebagai kata sendinama untuk menerangkan asal sesuatu benda.

Contoh: No. 1
(inaccurate / tidak tepat) Botol dibuat <u>dari</u> kaca.
(accurate / tepat) Botol dibuat <u>daripada</u> kaca.

'Daripada' digunakan sebagai sendinama untuk menyatakan perbandingan atau perbezaan.

Contoh: No. 2
(inaccurate / tidak tepat) Makanan di kedai ini lebih sedap <u>dari</u> makanan di kedai itu.
(accurate / tepat) Makanan di kedai ini lebih sedap <u>daripada</u> makanan di kedai itu.

'Daripada' digunakan sebagai kata sendinama untuk menerangkan maksud mencegah.

Contoh: No. 3
(inaccurate / tidak tepat) Kita patut menghalang anak-anak <u>dari</u> bergaul dengan budak-budak jahat.
(accurate / tepat) Kita patut menghalang anak-anak <u>daripada</u> bergaul dengan budak-budak jahat.

'Daripada' digunakan sebagai kata sendinama untuk menerangkan maksud orang yang mengirim sesuatu.

Contoh: No. 4
(inaccurate / tidak tepat) Bilangan penduduk di kampung itu bertambah <u>dari</u> 200 orang hingga 500 orang.
(accurate / tepat) Bilangan penduduk di kampung itu bertambah <u>daripada</u> 200 orang hingga 500 orang.

'Daripada' is a preposition which means 'from'. It can be used to indicate the following meanings.

Examples:
No. 1: to indicate the origin of a certain thing
No. 2: to make comparisons
No. 3: to prevent
No. 4: to indicate changes

Therefore, 'dari' should not be used in the above examples to replace 'daripada' because both the words are used for different functions.

ke 'Ke' digunakan sebagai kata sendinama yang menerangkan tentang arah, masa atau tempat.

Contoh: No. 1
    (inaccurate / tidak tepat) Jalan terus dan belok <u>kepada</u> kiri.
    (accurate / tepat)   Jalan terus dan belok <u>ke</u> kiri. (arah).

Contoh: No. 2
    (inaccurate / tidak tepat) Dia bercadang hendak pergi <u>kepada</u> Melaka esok.
    (accurate / tepat)   Dia bercadang hendak pergi <u>ke</u> Melaka esok.
                             (tempat)

Contoh: No. 3
    (inaccurate / tidak tepat) Hujan turun daripada pagi hingga <u>kepada</u> petang.
    (accurate / tepat)   Hujan turun daripada pagi hingga <u>ke</u> petang.
                             (masa)

'Ke' is a preposition which means 'to'. It is used to indicate direction, time, or place.

Examples: No. 1: to indicate direction
                             No. 2: to indicate place
                             No. 3: to indicate time

kepada 'Kepada' digunakan sebagai kata sendinama sebelum nama orang.

Contoh: No. 1
    (inaccurate / tidak tepat) Dia mengirim sepucuk surat <u>ke</u> ibunya.
    (accurate / tepat)   Dia mengirim sepucuk surat <u>kepada</u> ibunya.

Contoh: No. 2
    (inaccurate / tidak tepat) Abu memberi sekuntum bunga <u>ke</u> buah hatinya.
    (accurate / tepat)   Abu memberi sekuntum bunga <u>kepada</u> buah hatinya.

'Kepada' is used as a preposition before nouns which indicate a person. Refer to examples 1 and 2.

Therefore, 'ke' should not be used to replace 'kepada' because both the words are used for different functions.

selain 'Selain' membawa maksud 'hanya' / 'kecuali' / 'di samping' / 'bersama-sama dengan'.

'Selain' digunakan sebagai kata sendi. Oleh itu, 'daripada' / 'dari' tidak wajar digunakan selepas 'selain'.

Contoh: No. 1
(inaccurate / tidak tepat) <u>Selain daripada</u> dia ...
(accurate / tepat) <u>Selain</u> dia ...

Contoh: No. 2
(inaccurate / tidak tepat) <u>Selain dari</u> taklimat ...
(accurate / tepat) <u>Selain</u> taklimat ...

'Selain' means 'besides' / 'except'. It is used as a preposition. Therefore, it is not appropriate to use 'daripada' / 'dari' after 'selain' because these words are also prepositions.

demi 'Demi' membawa maksud 'untuk'. Maka, perkataan 'demi' tidak boleh digunakan bersama perkataan 'untuk'.

Contoh: No. 1
(inaccurate / tidak tepat) <u>Demi untuk</u> kepentingan dan kebajikan rakyat ...
(accurate / tepat) <u>Demi</u> kepentingan dan kebajikan rakyat ...

Contoh: No. 2
(inaccurate / tidak tepat) <u>Demi untuk</u> bangsa dan negara ...
(accurate / tepat) <u>Demi</u> bangsa dan negara ...

'Demi' means 'for'. Therefore, 'demi' should not be used together with 'untuk' which also means 'for'. Refer to examples No. 1 and 2.

di dalam 'Di dalam' digunakan untuk menunjukkan bahawa ada 'ruang yang wujud'.

Contoh: No. 1
(inaccurate / tidak tepat) <u>Di dalam</u> Bahasa Malaysia ...
(accurate / tepat) <u>Dalam</u> Bahasa Malaysia ...

Contoh: No. 2
(inaccurate / tidak tepat) <u>Dalam</u> periuk itu ada air.
(accurate / tepat) <u>Di dalam</u> periuk itu ada air.

'Di dalam' is used to indicate 'space within a certain thing or place'.

Example: 'di dalam botol', 'di dalam bilik', etc.

'di dalam' should not be used when there is no indication of 'space within something'.

Example: 'di dalam matematik', ' di dalam ujian', etc.

semenjak / selama 'Semenjak' membawa maksud 'mulai dari'.
'selama' membawa maksud 'sepanjang waktu' / 'masa yang tertentu'.

Contoh: No. 1
(inaccurate / tidak tepat) Saya bekerja di sini <u>semenjak</u> dua tahun.
(accurate / tepat)   Saya bekerja di sini <u>selama</u> dua tahun.

Contoh: No. 2
(inaccurate / tidak tepat) John tidak pernah balik kampung <u>selama</u> dia berumah tangga.
(accurate / tepat)   John tidak pernah balik kampung <u>semenjak</u> dia berumah tangga.

'Semenjak' means 'since'.
'Selama' means 'for a duration of time' / 'as long as'.
Therefore, 'semenjak' cannot replace 'selama'.

mesti / pasti 'Mesti' membawa maksud wajib yang perlu dilakukan atau diamalkan.
'Mesti' digunakan sebelum kata kerja.
'Pasti' membawa maksud tetap tentu.

Contoh: No. 1
(inaccurate / tidak tepat) Ali <u>mesti</u> lulus dalam ujian ini.
(accurate / tepat)   Ali <u>pasti</u> lulus dalam ujian ini.

Contoh: No. 2
(inaccurate / tidak tepat) Semua murid <u>pasti</u> menghormati guru.
(accurate / tepat)   Semua murid <u>mesti</u> menghormati guru.

'Mesti' means 'must'. It is used before a verb.
'Pasti' means 'definite' / 'certain'. Therefore, 'mesti' and 'pasti' should be used correctly depending on the context.

Penggandaan Kata Kata tertentu yang sudah membawa maksud jamak/banyak, tidak perlu dipergandakan.

Contoh: No. 1
(*inaccurate / tidak tepat*) penuntut-penuntut universiti
(*accurate / tepat*) penuntut universiti

Contoh: No. 2
(*inaccurate / tidak tepat*) pelajar-pelajar maktab
(*accurate / tepat*) pelajar maktab

Contoh: No. 3
(*inaccurate / tidak tepat*) rakyat-rakyat negeri itu.
(*accurate / tepat*) rakyat negeri itu.

Contoh: No. 4
(*inaccurate / tidak tepat*) masyarakat-masyarakat di sini
(*accurate / tepat*) masyarakat di sini

Contoh: No. 5
(*inaccurate / tidak tepat*) penduduk-penduduk kampung
(*accurate / tepat*) penduduk kampung

Certain words should not be repeated such as 'penuntut-penuntut universiti' which means 'university students'. Instead it should be 'penuntut universiti'. Refer to the phrases in No. 1, 2, 3, 4 and 5.

Penggandaan Kata Majmuk Dalam penggandaan kata majmuk, kata pertama ialah nama dan kata kedua ialah penerangannya. Dalam kata nama, kata pertama digandakan dalam kata majmuk.

Contoh:
'jalan-raya' menjadi 'jalan-jalan raya'
'alat tulis' menjadi 'alat-alat tulis'
'kertas soalan' menjadi 'kertas-kertas soalan'
'Guru Besar' menjadi 'Guru-Guru Besar'
'Ketua Menteri' menjadi 'Ketua-Ketua Menteri'
'Naib Canselor' menjadi 'Naib-Naib Canselor'
'Timbalan Perdana Menteri' menjadi 'Timbalan-Timbalan Perdana Menteri'

In compound nouns, the first word is normally repeated to indicate 'many'.

515

Example: 'kertas soalan' means a question paper but 'kertas-kertas soalan' means many question papers. Refer to the examples above.

Penggandaan Kata Adjektif Kalau kata adjektif digandakan, maka kata nama tidak perlu digandakan.

Contoh: No. 1
(inaccurate / tidak tepat) Gadis-gadis di sana cantik-cantik belaka.
(accurate / tepat) Gadis di sana cantik-cantik belaka.

Contoh: No. 2
(inaccurate / tidak tepat) Bangunan-bangunan di Kuala Lumpur tinggi-tinggi.
(accurate / tepat) Bangunan di Kuala Lumpur tinggi-tinggi.

Sebaliknya, kalau kata nama digandakan, kata adjektif tidak perlu digandakan.

Contoh: No. 3
(inaccurate / tidak tepat) Mahasiswa-mahasiswa di sini pandai-pandai belaka.
(accurate / tepat) Mahasiswa-mahasiswa di sini pandai belaka.

Contoh: No. 4
(inaccurate / tidak tepat) Makanan-makanan di kedai ini sedap-sedap.
(accurate / tepat) Makanan-makanan di kedai ini sedap.

If the adjective is repeated, then the noun should not be repeated. Similarly, if the noun is repeated, then the adjective should not be repeated.

Example No. 1 'gadis-gadis' is a noun.
'cantik-cantik' is an adjective.

Therefore, if the adjective is repeated, then the noun should not be repeated. Example No. 2 is similar to example No. 1.

Example No. 3 'mahasiswa-mahasiswa' is a noun.
'pandai-pandai' is an adjective.

Therefore, if the noun is repeated, then the adjective should not be repeated. Example No. 4 is similar to example No. 3.

Penjodoh Bilangan Penjodoh bilangan perkataan yang digunakan pada kata nama untuk menunjukkan bilangan.

Contoh: seekor lembu

                     sepucuk surat

                     sebatang kayu

                     sebuah rumah

Penjodoh bilangan tidak boleh digunakan dengan perkataan yang bermaksud banyak / ramai / semua / kebanyakan.

Contoh: No. 1
(inaccurate / tidak tepat) ramai orang pembeli
(accurate / tepat)   ramai pembeli

Contoh: No. 2
(inaccurate / tidak tepat) banyak orang murid
(accurate / tepat)   banyak murid.

Contoh: No. 3
(inaccurate / tidak tepat) kebanyakan orang penduduk.
(accurate / tepat)   kebanyakan penduduk.

'Penjodoh bilangan' is used to indicate the quantity of nouns. However, it should not be used with words which denote 'many / all / most'. Refer to examples No. 1, 2 and 3.

Frasa nama [Noun phrase] Kata kerja dalam frasa nama tidak perlu imbuhan awalan.

Contoh: No. 1
(inaccurate / tidak tepat) bilik membaca
(accurate / tepat)   bilik bacaan

Contoh: No. 2
(inaccurate / tidak tepat) pusat membeli belah
(accurate / tepat)   pusat beli belah

Contoh: No. 3
(inaccurate / tidak tepat) tempat meletak kereta
(accurate / tepat)   tempat letak kereta

Contoh: No. 4
(inaccurate / tidak tepat) ruang menunggu
(accurate / tepat)   ruang tunggu

Contoh: No. 5

(inaccurate / tidak tepat)	mesin menaip
(accurate / tepat)	mesin taip.

Contoh: No. 6

(inaccurate / tidak tepat)	meja menulis.
(accurate / tepat)	meja tulis

Contoh: No. 7

(inaccurate / tidak tepat)	alat menulis
(accurate / tepat)	alat tulis

Contoh: No. 8

(inaccurate / tidak tepat)	bilik merawat
(accurate / tepat)	bilik rawatan

Contoh: No. 9

(inaccurate / tidak tepat)	bilik mengawal.
(accurate / tepat)	bilik kawalan.

Contoh: No. 10

(inaccurate / tidak tepat)	alat membedah
(accurate / tepat)	alat bedah.

A verb in a noun phrase should not have a prefix.
Refer to examples No. 1, 2, 3, 4, 5, 6, 7, 8, 9 and 10.